21 世纪通才系列教材

经济法通论

（第四版）

主　编　黎江虹
副主编　杨守信　陈虹

图书在版编目(CIP)数据

经济法通论/黎江虹主编. —4版. —北京:北京大学出版社,2015.1
(21世纪通才系列教材)
ISBN 978-7-301-25445-5

Ⅰ.①经… Ⅱ.①黎… Ⅲ.①经济法—中国—教材 Ⅳ.①D922.29

中国版本图书馆CIP数据核字(2015)第017982号

书　　　名	经济法通论(第四版)
著作责任者	黎江虹　主编
责 任 编 辑	王　晶
标 准 书 号	ISBN 978-7-301-25445-5
出 版 发 行	北京大学出版社
地　　　址	北京市海淀区成府路205号　100871
网　　　址	http://www.pup.cn
电 子 信 箱	law@pup.pku.edu.cn
新 浪 微 博	@北京大学出版社　@北大出版社法律图书
电　　　话	邮购部 62752015　发行部 62750672　编辑部 62752027
印 刷 者	北京大学印刷厂
经 销 者	新华书店
	730毫米×980毫米　16开本　31.75印张　605千字
	2006年9月第1版　2008年1月第2版
	2012年8月第3版
	2015年1月第4版　2015年11月第2次印刷
定　　　价	56.00元

未经许可,不得以任何方式复制或抄袭本书之部分或全部内容。
版权所有,侵权必究
举报电话:010-62752024　电子信箱:fd@pup.pku.edu.cn
图书如有印装质量问题,请与出版部联系,电话:010-62756370

第四版说明

本书第三版于2012年8月出版,其后《公司法》《商标法》《消费者权益保护法》《预算法》《安全生产法》等主要法律有所修订,第四版根据上述以及其他最新经济法领域的发展变化,对企业法律制度、工业产权法律制度、竞争法律制度、消费者权益保护法律制度、产品质量法律制度、财政法律制度、税收法律制度、证券法律制度、保险法律制度、外汇法律制度、劳动与社会保障法律制度、环境资源法律制度等章节相关内容均进行了修订,更新了资料,力争全书内容与现行最新适用的法律法规保持一致。今后我们也将不断吸收前沿信息,及时更新内容,努力提高出版质量。期待读者一如既往,继续赐教,以匡不逮。

北京大学出版社
2015年1月

目　录

第一章　导　论 ……………………………………………………………… 1
第一节　市场经济与经济法律制度 ………………………………………… 1
第二节　经济法律制度的基本框架 ………………………………………… 5
第三节　经济法律制度的制定与实施 ……………………………………… 6

第二章　企业法律制度 …………………………………………………… 14
第一节　企业与企业立法 …………………………………………………… 14
第二节　公司法律制度 ……………………………………………………… 17
第三节　个人独资企业法律制度 …………………………………………… 45
第四节　合伙企业法律制度 ………………………………………………… 47
第五节　企业破产法律制度 ………………………………………………… 62

第三章　物权法律制度 …………………………………………………… 80
第一节　物权法概述 ………………………………………………………… 80
第二节　所有权 ……………………………………………………………… 88
第三节　用益物权 ………………………………………………………… 100
第四节　担保物权 ………………………………………………………… 104

第四章　工业产权法律制度 …………………………………………… 110
第一节　工业产权法概述 ………………………………………………… 110
第二节　专利法 …………………………………………………………… 112
第三节　商标法 …………………………………………………………… 121

第五章　合同法律制度 ………………………………………………… 131
第一节　合同法概述 ……………………………………………………… 131
第二节　合同的订立 ……………………………………………………… 133
第三节　合同的效力 ……………………………………………………… 137
第四节　合同的履行 ……………………………………………………… 140
第五节　合同的担保 ……………………………………………………… 144
第六节　合同的变更、转让和终止 ……………………………………… 151
第七节　违约责任 ………………………………………………………… 155
第八节　典型合同 ………………………………………………………… 157

第六章　竞争法律制度 … 173
第一节　竞争法概述 … 173
第二节　反不正当竞争法律制度 … 175
第三节　反垄断法律制度 … 190

第七章　消费者权益保护法律制度 … 215
第一节　消费者及其权利 … 215
第二节　经营者的义务 … 222
第三节　争议的解决 … 226
第四节　违反《消费者权益保护法》的法律责任 … 228

第八章　产品质量法律制度 … 233
第一节　概述 … 233
第二节　产品质量监督管理制度 … 235
第三节　产品质量义务 … 242
第四节　产品质量法律责任 … 244

第九章　财政法律制度 … 250
第一节　财政法律制度概述 … 250
第二节　财政预算法律制度 … 254
第三节　政府采购法律制度 … 263
第四节　财政转移支付制度 … 268
第五节　财政信用制度 … 270

第十章　税收法律制度 … 274
第一节　税收法律制度概述 … 274
第二节　商品税法律制度 … 280
第三节　所得税法律制度 … 298
第四节　财产税和行为税法律制度 … 304
第五节　税收征管法律制度 … 317

第十一章　银行法律制度 … 326
第一节　银行法概述 … 326
第二节　中央银行法 … 330
第三节　银行业监督管理法 … 340
第四节　商业银行法 … 346
第五节　政策性银行法 … 354

第十二章　证券法律制度 … 360
第一节　证券法概述 … 360
第二节　证券发行 … 364

  第三节 证券交易 ……………………………………………… 369
  第四节 证券交易所与证券中介机构 ……………………… 378
  第五节 证券监督管理机构 ………………………………… 381
第十三章 保险法律制度 ……………………………………… 385
  第一节 保险法概述 ………………………………………… 386
  第二节 保险合同制度 ……………………………………… 391
  第三节 保险业监管制度 …………………………………… 407
第十四章 票据法律制度 ……………………………………… 418
  第一节 票据法概述 ………………………………………… 418
  第二节 票据权利和票据行为 ……………………………… 422
  第三节 汇票制度 …………………………………………… 427
  第四节 本票和支票制度 …………………………………… 435
第十五章 外汇法律制度 ……………………………………… 439
  第一节 外汇与外汇管理立法 ……………………………… 439
  第二节 外汇管理基本制度 ………………………………… 441
第十六章 价格法律制度 ……………………………………… 456
  第一节 价格法概述 ………………………………………… 456
  第二节 经营者的价格权利和价格行为 …………………… 459
  第三节 政府的价格行为和调控措施 ……………………… 461
第十七章 劳动与社会保障法律制度 ………………………… 466
  第一节 劳动法律制度 ……………………………………… 466
  第二节 社会保障法律制度 ………………………………… 477
第十八章 环境资源法律制度 ………………………………… 487
  第一节 环境保护法律制度 ………………………………… 487
  第二节 自然资源法律制度 ………………………………… 493

后记 ………………………………………………………………… 499

第一章 导 论

内容提要

在分析市场经济及其运行机制以及我国社会主义市场经济的产生、发展与特点的基础上,本章主要阐述市场经济的法律需求,以及由此决定的经济法律制度基本框架,并说明我国经济法律制度的制定和实施。我国社会主义市场经济是现代市场经济,为实现市场经济的良性运行,需要发挥市场机制的基础调节作用,同时也需要发挥国家(政府)作用,对经济生活进行适度的干预与调控。我们应当正确处理市场与政府的关系。市场经济是法治经济,法制是其内在的客观要求。市场经济需要市场主体法律制度、财产权法律制度、合同等市场交易法律制度、市场竞争法律制度、商品质量监管法律制度、消费者权益保护法律制度、宏观经济调控法律制度、银行证券保险等金融法律制度、劳动与社会保障法律制度、环境资源法律制度等。这些构成经济法律制度的基本框架。目前我国已初步建立起与市场经济相适应的经济法律制度体系,并正在不断使之完善,保障实施。

第一节 市场经济与经济法律制度

一、市场经济及其运行机制

市场经济是指市场在资源配置中起基础作用的经济形式。资源是指人力、物力和财力,包括劳动(力)、资本、技术、自然资源(如土地、矿产)、信息等,相对于人类需求来说,具有稀缺性。人类从事社会生产的过程,就是利用和配置资源的过程。通过市场抑或通过计划都可以实现资源的配置和利用。但经济实践证明,在现代社会,一个国家通过市场配置资源是最为有效的。

市场是指商品交换关系的总和,会随着社会经济的发展而不断扩大、完善。它包括有形市场和无形市场,消费资料市场、生产资料市场等一般商品市场,也包括金融市场、劳动力市场、技术市场、房地产市场、产权交易市场、信息市场等生产要素市场。因而,市场经济体现了资源的商品化交换。但市场经济不是简单的商品经济,从经济发展史讲,它是社会生产力发展到一定历史阶段的产物,是社会化的商品经济。当商品经济发展到社会化大生产阶段,客观上要求市场在资源配置中起基础性作用时,市场经济才得以产生。市场经济经历了从近代自由市场经济到现代市场经济的发展过程。

市场经济作为一种经济运行方式,具有以下基本特征:(1)平等性,即市场主体之间的关系是平等的。这种平等性既意味着当事人没有社会地位的差别,也意味着在交换中要遵循等价交换原则(价值规律)。(2)竞争性,即市场主体之间存在着广泛的竞争。竞争是商品交换得以进行的前提,能促进资源优化配置的实现,是市场经济有效运行的必要条件。(3)契约性,即市场主体之间实现商品交换是通过缔结合同、履行合同而完成的,没有契约性也就没有商品交换。(4)开放性,即市场不是封闭的,全国是一个统一的大市场,并同世界市场联系在一起。开放性是社会分工和生产专业化广泛发展的要求。(5)法制性,即市场经济运行有健全的法制基础。健全的法制是协调和处理矛盾、体现公正平等的依据和准则,维护公平竞争的保证。越高度发展的市场经济,越需要法律制度的健全完善。

在市场经济条件下,商品生产者和经营者根据价格、供求、竞争等市场信号和自身的生产经营条件,自主决定扩大或减少某种商品的生产和需求,市场自发地调节着资源在社会范围内的分配,实现市场经济的正常运行。这一点已经为经济学理论和市场经济实践充分认同。但是,强调市场机制调节经济的基础作用,并非意味着市场这只"无形之手"是唯一的、万能的,任何夸大市场作用或将市场作用绝对化的观点、学说都是不可取的。尤其是当社会经济发展到了现代市场经济阶段,更是如此。市场机制不能解决所有经济问题,存在着"市场的失灵",这主要表现在:(1)市场机制无法克服市场主体行为的外部效应问题;(2)市场机制无法有效实现公共产品的供给和公共资源的利用;(3)市场机制无法解决垄断行为和自然垄断现象;(4)市场机制无法解决信息的不充分和不均衡现象;(5)市场机制无法克服分配不公现象,建立有效的社会保障制度;(6)市场机制无法解决经济的周期性波动,实现宏观经济的协调发展;(7)市场机制不能应付社会突发事件。

同样,削弱市场作用以至排斥市场作用的看法和做法也是不行的。20世纪30年代以后,西方市场经济发达国家基于市场失灵,开始推崇凯恩斯主义,主张国家(政府)对经济生活实行干预和调节,忽视了市场的作用,结果导致政府干预过度,市场作用受到削弱。在后来"滞胀"并存的经济危机面前,凯恩斯国家(政府)干预主义也显得无能为力。与此同时,新生的社会主义国家普遍推行计划经济体制而由政府全面管理经济的做法导致国民经济缺乏活力乃至崩溃,因而他们开始进行市场取向的经济改革。这些使得人们认识到政府干预的缺陷,即"政府失灵"。"政府失灵"主要表现在:(1)政府居于市场之外,没有随时受到市场惩罚的压力,这导致政府调控市场的行为缺乏效率和责任心;(2)政府难以完全掌握市场信息,不能保证对经济现象作出符合客观经济规律的正确认识,并科学决策;(3)政府官员的权力寻租行为,会导致决策的非理性化和执行的非法性、有欠公正性;(4)官僚化和政策效应递减,导致效率低下。

因此,市场经济的良性运行需要发挥市场机制的基础调节作用,也需要发挥国家(政府)作用,对经济生活进行适度的干预与调控。这就产生了市场与政府的关系如何处理的问题。事实上,正如有的学者所说:"以市场经济为基础的现代各国经济被称为'混合经济',在市场与政府互相作用之下进行经济活动。"[①]在经济活动中,必须始终由市场对资源进行配置,应当充分发挥市场的作用。同时,政府也应成为市场经济运行的必要因素和"有形之手"。市场与政府存在着互补的关系。从一定意义上可以说,凡是市场机制无法解决的,就需要政府干预;凡是市场机制能够解决的,就无需政府干预。

二、我国社会主义市场经济

市场经济作为资源配置和经济运行的方式,不存在姓"资"姓"社"的问题。我国《宪法》规定:"国家实行社会主义市场经济。"我国社会主义市场经济是现代市场经济,既要发挥市场的作用,也要发挥政府的作用,注重市场与政府关系的互动、互补。

我国社会主义市场经济体制的建立和发展经历一个曲折渐进的过程。新中国成立近三十年,长期实行计划经济体制。1979年党的十一届三中全会确立改革开放的路线方针,1984年党的十二届三中全会通过《关于经济体制改革的决定》,提出建立"有计划的商品经济",1992年党的十四大正式提出中国经济体制改革的目标模式是"社会主义市场经济",次年党的十四届三中全会通过《关于建立社会主义市场经济体制若干问题的决定》,勾画出社会主义市场经济体制的基本框架。自此中国经济改革迈进市场经济发展之路。应当肯定,三十多年取得可喜的成就。2014年中国经济总量超过美国,成为全球最大经济体,人均GDP达到中等收入国家水平;中国昂首加入世贸组织,成为全球最大出口国;全国绝大多数商品和服务价格放开,市场体系渐次发育,资本、技术、劳动力、土地等要素市场化程度明显提高;我们从短缺走向充裕,从卖方市场变为买方市场,从单纯追求经济增长转向追求以人为本、全面协调可持续的科学发展。

一般认为,完善的市场经济体制具有五个共同特点,即独立的企业制度、有

[①] 〔日〕青木昌彦等编著:《市场的作用 国家的作用》,林家杉译,中国发展出版社2002年版,第83页。

效的市场竞争、规范的政府职能、良好的社会信用和健全的法治基础。[①]但是,从现实情况看,我国市场经济具有以下特征[②]:(1)它是公有制经济成分占主体基础上的市场经济;(2)它是发展中大国的市场经济;(3)它是由计划经济转型而来的市场经济;(4)它是压缩发展阶段的市场经济;(5)它是民主和法治条件尚不完备的市场经济。因此,中国市场经济发展之路并不顺坦,出现了许多问题,市场失灵与政府失灵交替、混杂而生。2003年党的十六届三中全会通过《关于完善社会主义市场经济体制若干问题的决定》,提出完善社会主义市场经济体制的目标和任务。2013年党的十八届三中全会作出《关于全面深化改革若干重大问题的决定》,其中明确提出经济体制改革是全面深化改革的重点,核心问题是处理好政府和市场的关系,使市场在资源配置中起决定性作用和更好发挥政府作用。市场决定资源配置是市场经济的一般规律,健全社会主义市场经济体制必须遵循这条规律,着力解决市场体系不完善、政府干预过多和监管不到位问题。必须积极稳妥从广度和深度上推进市场化改革,大幅度减少政府对资源的直接配置,推动资源配置依据市场规则、市场价格、市场竞争实现效益最大化和效率最优化。政府的职责和作用主要是保持宏观经济稳定,加强和优化公共服务,保障公平竞争,加强市场监管,维护市场秩序,推动可持续发展,促进共同富裕,弥补市场失灵。

三、市场经济的法制需求

市场经济就是法治经济,法制是其内在的客观要求。

马克思曾经指出:"商品不能自己到市场去,不能自己去交换。因此,我们必须找寻它的监护人,商品所有者……为了使这些物作为商品彼此发生关系,商品监护人必须作为有自己意志体现在这些物中的人彼此发生关系,因此,一方只有符合另一方的意志,就是说每一方只有通过双方共同一致的意志行为,才能让渡自己的商品,占有别人的商品,可见,他们必须彼此承认对方是私有者。"[③]这段话揭示出商品交换的三个必备条件:主体(商品所有者)、所有权或其他财产权(商品所有者对其商品享有的财产权)、合同(双方共同一致的意志行为),而主体、所有权和合同无不闪烁着法律的光芒。再者,现代市场经济中许多复杂的市场关系,如票据关系、证券关系、期货交易、融资租赁、产权交易、电子商务等,本身就是法律的创造物。可以说,在高端市场领域,没有法律制度的支撑,就不可能产生相关的市场关系。

---

① 参见《现代市场经济的五大特征》,http://www.lzyxrx.com.cn/xinxi/jrxx0307214.htm;《市场经济标准》,http://finance.sina.com.cn,2004年5月18日。
② 参见王全兴:《经济法基础理论专题研究》,中国检察出版社2002年版,第93—99页。
③ 《资本论》第1卷,人民出版社1975年版,第102页。

不仅如此,为保证市场经济的运行,一方面要克服市场缺陷,发挥政府的作用,另一方面也要避免政府缺陷,彰显市场作用,这两方面都需要法律制度加以确认并提供保障。其中,内容上包括市场(竞争)秩序维护、市场交易监管、公共产品提供、国有资产经营和国有资源开发利用、消费者权益保护、商品质量和安全生产监管、宏观经济环境控制、社会保障、社会经济可持续发展、国家经济安全等,这些都须通过专门法律法规加以规范,确立起市场作用与政府作用的原则和边界。并且,政府干预还需要相应的公法(宪法与行政法)制度为公权力的行使和各种政府经济行为提供一般性的规范,以免政府干预的扩张削弱了市场作用。

应当指出,市场经济对法制的需求是全方位的,包括一国的法律体系乃至整个法制系统。这里只不过概括性地提到了与市场经济密切相关的一些法律制度,主要涉及民法、商法、经济法、社会法等部门法的内容。本书主要围绕这些法律制度予以阐述,并将它们概称为"经济法律制度"。

第二节 经济法律制度的基本框架

"经济法律""经济法律制度"并非规范的法学概念,它们在我国的政治文献中常常被使用,但所指也不确切。本书使用这样的术语,意在与法学界越来越确定的"经济法"概念相区别,以满足非法学专业"经济法"课程教学上的需要。基于上一节对市场经济及其法制需求的阐述,这里对于"经济法律制度"可作这样的表述:经济法律制度是指市场经济条件下与社会经济活动密切相关的法律制度和法律规范的总和。

自我国锁定市场经济的改革目标之后,建立社会主义市场经济法律体系引起了人们广泛的关注和讨论。1993年,乔石同志在第八届全国人大常委会第二次会议上的讲话中提出努力建立社会主义市场经济法律体系,该体系框架中必须有规范市场主体的法律,调整市场主体关系、维护公平竞争的法律,改善和加强宏观调控、促进经济协调发展方面的法律,建立和健全社会保障制度方面的法律等四个方面。1994年,全国人大发布了名为《社会主义市场经济法律体系基本框架》的立法规划图,该规划图一共包括5大门类(民商法、经济法、行政法、社会保障法、经济刑法)、4个领域(市场主体法、市场秩序法、宏观调控法、社会保障法)和12个方面(市场主体组织法、市场主体行为法、市场管理和监督法、市场体系法、宏观调控手段法、产业振兴发展法、宏观调控主体法、行政程序法、工资制度法、失业养老保险制度法、劳动保障法、惩治经济犯罪法)。还有学者在不同时间也提出了一些看法,如社会科学院法学所研究员兼全国人大法律委员会委员王家福指出,市场主体、物权、合同、宏观调控、社会保障等五个方面的法律制度构成我国市场经济法律体系的基础①;知名经济学家、全国人大常委会副委员长成思危认为,市场经济法律体系必须包括规范市场主体行为的法律(如公司法、企业法和商业银行法等)、规范市场基本关系的法律(如合同法、信托法等)以及规范市场竞争秩序的法律(如反不当竞争法、反垄断法和反倾销法等)三个方面。②

可见,大家对于经济法律制度的外延并没有一个统一的认识。一般而言,它主要包括以下方面:(1)市场主体法律制度,主要表现为各类企业法律制度,也涉及民事主体(如公民个人、合伙、法人等)制度;(2)财产权法律制度,主要涉及物权法律制度和知识产权法律制度;(3)市场交易法律制度,主要表现为合同法律制度,另在一些特定市场领域适用特定制度(如房地产市场、证券市场等);(4)竞争法律制度,主要涉及反不正当竞争制度和反垄断制度;(5)消费者权益保护法律制度;(6)商品质量法律制度;(7)财政法律制度;(8)税收法律制度;(9)银行法律制度,涉及中央银行制度、商业银行制度、政策性银行制度、银行业监管制度等;(10)非银行金融法律制度,涉及证券、保险、票据等金融商事制度和金融监管制度;(11)国有资产法律制度;(12)劳动与社会保障法律制度;(13)环境资源法律制度。③

简言之,经济法律制度范围广泛,内容涉及民法领域的物权、合同、知识产权等制度,商法领域的企业(公司)制度、(商业)银行、证券、保险、票据等金融商事制度,经济法领域的竞争、消费者保护、产品质量、财政、税收、中央银行、国有资产等制度,社会法领域的劳动、社会保障、环境保护和自然资源等制度。

第三节 经济法律制度的制定与实施

一、经济法律制度的制定

经济法律制度在我国具有多种表现形式。根据《立法法》*的规定和学理认识,通常有以下形式:(1)宪法规范;(2)法律,即全国人民代表大会及其常务委员会依法定程序制定的规范性文件;(3)行政法规,即国务院根据宪法和法律制

---

① 肖玮:《我国社会主义市场经济法律体系初步形成 五大标志凸现》,载《检察日报》2002年9月8日。

② 《成思危表示,与时俱进建立市场经济法律体系》,http://www.xinhuanet.com,2005年3月10日访问。

③ 也有些不同的归纳,如将竞争、消费者权益保护、商品质量等法律制度概称为市场管理(规制)法律制度;将财政、税收、中央银行、国有资产等法律制度概称为宏观经济调控法律制度;将银行、非银行金融制度概称为金融法律制度。

* 本书以下未特别说明皆为中华人民共和国法律法规,为简便起见不另作全称标注。

定的规范性文件;(4)地方性法规,即省、自治区、直辖市以及较大的市①的人民代表大会及其常务委员会根据本行政区域的具体情况和实际需要,在不与上位法相抵触的前提下制定的规范性文件;(5)自治条例和单行条例,即民族自治地方的人民代表大会依照当地民族的政治、经济和文化的特点制定的规范性文件;(6)规章,包括国务院各部(委、行、署)和具有行政管理职能的直属机构单独或联合制定的部门规章以及省、自治区、直辖市和较大的市的人民政府制定的地方政府规章;(7)立法解释、司法解释和其他有权解释。

经济法律制度的制定反映的是经济法律制度的立法活动,包括制定、修改和废止等一系列环节。经济法律制度的制定应当坚持以下原则:(1)符合市场经济客观规律;(2)法制统一;(3)科学民主;(4)借鉴外国经验与适应国情相结合;(5)稳定性与变动性相结合;(6)前瞻性与可操作性相结合。

考察我国经济法律制度的制定,自改革开放以来,特别是1992年党的十四大确立社会主义市场经济体制的改革目标模式以后,立法的步伐明显加快,一系列有关市场经济的新法顺利出台,同时一些不符合市场经济发展要求的法律也得到了及时的修改,目前已初步建立起与市场经济相适应的经济法律制度体系。

(一)关于《宪法》的修订

我国现行《宪法》颁布于1982年12月4日,当时对我国的基本经济制度、财产权制度等进行了规定。作为根本大法和建立社会主义市场经济法律体系的基础和依据,《宪法》首先对经济体制改革的现实作出了积极的反映,这表现在1988年、1993年、1999年、2004年的四个宪法修正案中。1988年宪法修正案规定:"允许私营经济在法律规定的范围内存在和发展。私营经济是社会主义公有制经济的补充。国家保护私营经济的合法的权利和利益,对私营经济实行引导、监督和管理。"同时还规定:"土地的使用权可以依照法律的规定转让。"1993年宪法修正案将"国家实行社会主义市场经济""国家加强经济立法"明确写入宪法。1999年宪法修正案把"实行依法治国,建设社会主义法治国家"的法治目标写入《宪法》。2004年宪法修正案规定:"国家保护个体经济、私营经济等非公有制经济的合法的权利和利益。国家鼓励、支持和引导非公有制经济的发展,并对非公有制经济依法实行监督和管理。""国家为了公共利益的需要,可以依照法律规定对土地实行征收或者征用并给予补偿。""公民的合法的私有财产不受侵犯。""国家依照法律规定保护公民的私有财产权和继承权。""国家为了公共利益的需要,可以依照法律规定对公民的私有财产实行征收或者征用并给予补偿。""国家建立健全同经济发展水平相适应的社会保障制度。""国家尊重和保

---

① 较大的市是指省、自治区的人民政府所在地的市、经济特区所在地的市和经国务院批准的较大的市。

障人权。"《宪法》的这些修改使得有关规范的内容进一步适应市场经济的客观实际,为社会的全面发展与进步提供了有力的法律保障,也为相关具体经济法律制度的制定、修改提供了依据。

(二) 关于市场主体法律制度

市场主体即市场上经济活动的参加者,包括作为个体的公民个人和作为经济组织体的企业。公民个人在参加市场经济活动时,可以表现为多种身份,如商品或生产要素的所有者、经营者、消费者、投资者、劳动者等。企业是基本的市场主体,包括工商企业和金融企业,充当商品所有者、经营者、投资者。

对市场主体的立法,最早的是有关外商投资企业的法律,1979年、1986年、1988年先后出台了《中外合资经营企业法》(2001年修正)、《外资企业法》(2000年修正)、《中外合作经营企业法》(2000年修正),由此外商投资企业法律制度得以确立。

1986年颁布的《民法通则》规定了民事主体制度,主要确立了自然人、法人两类民事主体。自然人指公民个人,个体工商户、农村承包经营户适用自然人的规定。法人指具有民事权利能力和民事行为能力,依法独立享有民事权利和承担民事责任的组织,包括企业法人、国家机关法人、事业单位法人和社会团体法人。另外,《民法通则》还对合伙的法律地位作出了规定。

1988年《全民所有制工业企业法》和1992年《全民所有制工业企业转换经营机制条例》确立起了国有企业法律制度。1990年、1991年、1996年先后发布的《乡村集体所有制企业条例》《城镇集体所有制企业条例》《乡镇企业法》确立起了集体企业法律制度。

为适应市场经济发展的要求,与国际社会的企业制度接轨,我国开始废弃按所有制标准给企业定型的做法,改为按出资、责任、组织三位一体的法律标准来确立企业的法律形态,建立现代企业制度。为此,分别于1993年、1997年、1999年颁布了《公司法》《合伙企业法》《个人独资企业法》三部法律。其中,《公司法》作为发展社会主义市场经济的重要法律,规定了有限责任公司和股份有限公司的设立条件、组织机构、公司股份与债券的发行与转让、解散与清算、外国公司分支机构以及违反《公司法》的法律责任等内容,目前已经经过四次修订,最高人民法院也出台有三个相关的司法解释。《合伙企业法》于2006年修改,从两种类型定义合伙企业,包括普通合伙企业和有限合伙企业,并分别作出规定。《个人独资企业法》规定了个人独资企业的设立、投资人及事务管理、解散与清算、法律责任等内容。这三部法律的颁布实施,标志着中国开始按照市场经济的要求,构建市场主体结构。这样,我国企业法律形态形成公司、合伙、独资三者并存的格局,并以公司制企业为主。这有利于实现市场主体之间真正的平等,有利于保障交易安全和公平竞争秩序,因而符合市场经济运行的需要。

市场主体立法是以企业立法为主,且主要适用于工商企业,而金融企业另有特殊规定。同时,企业立法中还涉及退出机制。1988年《企业破产法》(试行)和1991年《民事诉讼法》对此作出相应规定,但存在很大局限。2006年我国制定了统一的《企业破产法》,该法共分12章136条,规定了总则、企业破产的申请和受理、管理人、债务人财产、破产费用和共益债务、债权申报、债权人会议、重整、和解、破产清算、法律责任等内容。

(三)关于财产权法律制度

在物权法律制度方面,我国在《民法通则》《土地管理法》《城市房地产管理法》《担保法》《农村土地承包法》等立法基础上,2007年出台《物权法》,规定了物权法的调整范围、基本原则、物权变动、物权保护等基本制度以及所有权、用益物权、担保物权、占有等具体物权制度。《物权法》的制定与和实施对于我国财产权的保护,乃至于整个社会主义法治建设,具有划时代的意义。《物权法》出台后,相关立法或作出相应修改如《城市房地产管理法》等,或予以废止如《城市房屋拆迁管理条例》代之以《国有土地上的房屋征收与补偿条例》,或正在制定之中如《不动产登记暂行条例》,最高人民法院也出台有相关的司法解释。

在知识产权法律制度方面,我国制定有《商标法》及其《实施条例》《专利法》及其《实施细则》《著作权法》及其《实施条例》等法律、法规,并适时作出修正,最高人民法院也作出了相关的司法解释。

(四)关于市场交易法律制度

一般认为,市场交易法律制度主要为合同法律制度。在我国,1999年制定统一的《合同法》,该法包括总则、分则、附则三编,规定了合同的订立、效力、履行、变更和解除、终止、违约责任以及15种典型合同等内容,为促进商品流通、化解交易纠纷提供了基本准则。最高人民法院对于《合同法》的具体适用作出有多个相关的司法解释。

1995年颁布的《担保法》和《票据法》也具有市场交易法的属性。《担保法》规定了保证、抵押、质押、留置和定金等五种担保方式,《票据法》规定了汇票、本票和支票三种票据制度,这两部法律的出台对于促进资金融通、加速商品交易具有重大意义。

在一些特殊领域,如房地产、证券、保险、拍卖、期货、典当、产权交易、电子商务等方面,当事人的交易规则具有专业性、特殊性,各国立法常常将当事人的交易规则和政府的监管规则在一部法律文件中一并加以规定。我国也不例外,已制定了《城市房地产管理法》《建筑法》《招标投标法》《证券法》《保险法》《拍卖法》等,并适时予以修订。

(五)关于市场管理法律制度

市场管理法律制度主要包括竞争法律制度、商品质量法律制度、消费者保护法律制度等。另外,市场准入监管法律制度以及一些特殊市场的监管法律制度,也属于市场管理法律制度的内容。

1993年我国先后出台的《产品质量法》《反不正当竞争法》《消费者权益保护法》,被称为"市场三法"。它们从不同方面规范和约束了主体的市场行为,对于加强市场管理、保障市场秩序具有重要作用。其中,《反不正当竞争法》规定了11种不正当竞争行为及其法律责任;《产品质量法》经过2000年和2009年两次修正,规定了产品质量监督、企业产品质量责任和义务、损害赔偿、罚则等内容;《消费者权益保护法》规定了消费者的权利、经营者的义务、国家对消费者的保护、争议解决、经营者法律责任等内容,该法于2013年进行了较大的修订。2007年制定的《反垄断法》,规定了协议垄断、滥用市场支配地位、经营者集中、行政垄断等行为以及反垄断法的规制措施和法律责任等内容,它将原由《反不正当竞争法》调整的有关垄断(或限制竞争)行为纳入到自身的调整范围。同时,我国还制定有《食品安全法》《药品管理法》《标准化法》《计量法》《广告法》《价格法》等法律、法规。对于《反不正当竞争法》《反垄断法》《消费者权益保护法》《产品质量法》《食品安全法》等法律适用中的问题,最高人民法院也作出一些专门的司法解释。

另外,在一些行业或市场领域的法律法规如《商业银行法》《证券法》《保险法》《邮政法》《旅游法》《铁路法》《烟草专卖法》《民用航空法》《电力法》《电信条例》《外汇管理条例》等,也含有大量具有市场管理性质的规范。

(六)关于宏观经济调控法律制度

宏观经济调控法律制度主要包括财政法律制度、税收法律制度、中央银行法律制度等。另外,计划统计制度、产业政策制度、国有资产制度等也属于宏观经济调控法律制度的范围。

在财政方面,1994年制定《预算法》及其《实施条例》,对我国预算体系、预算管理职权、预算收支范围、预算活动程序及其规则等作出规定,该法于2014年进行了较大修订,细化、强化了预算约束。2002年《政府采购法》规定了政府采购当事人、采购方式、采购程序、采购合同、质疑与投诉、监督检查、法律责任等内容,为我国实施政府采购提供了基本法律依据。

在税收方面,立法任务较为突出与迫切。目前主要有四部税收法律。1992年《税收征收管理法》经过1995年、2001年、2013年三次修订(其中2001年作出较大修订),成为税收征管的基本法,规定了税务管理、税款征收、税务检查、法律责任等内容,肯定了纳税人的权利。1980年《个人所得税法》经过1993年、1999年、2005年、2007年6月和12月、2011年六次修正,将工资所得减除费用标准由800元先后提高到1600元、2000元、3500元,不断减轻中低收入阶层的税负,同时,对于年收入超过12万或者在两处以上取得工资薪金收入等纳税个人,实行自行申报纳税,这些修改适应了城镇居民收入变化和基本生活支出增长的新情况。在企业所得税方面,我国一直实行内外两套税制,分别适用《企业所得税暂行条例》和《外商投资企业和外国企业所得税法》(1991年),2007年制定统一的《企业所得税法》,之后配套制定《企业所得税法实施条例》。该法具体包括总则、应纳税所得额、应纳税额、税收优惠、源泉扣缴、特别纳税调整、征收管理等内容,适用于内外企业。2011年出台《车船税法》,原车船税条例升格为法。围绕这四部法律还制定有相关配套法规、规章,如《税收征收管理法实施细则》《个人所得税法实施条例》等。另外,国务院、财政部和国家税务总局就其他相关税种也制定(并适时修改)相关法规、规章,如《增值税暂行条例》《消费税暂行条例》《营业税暂行条例》《资源税暂行条例》《契税暂行条例》《土地增值税暂行条例》等。

在金融调控方面,1983年国务院决定由中国人民银行专门行使中央银行职能,1995年全国人大常委会颁布《中国人民银行法》,从法律上使中央银行与商业银行的职能得到分离。之后,随着金融改革的深入,中国人民银行作为金融管理机构的职能也不断发生变化。2003年成立银行业监督管理委员会,修订后的《中国人民银行法》确定,中国人民银行的职能主要是制定和执行货币政策,对金融市场实行宏观调控。同时,立法也要求中国人民银行与其他金融监督管理机构之间建立金融监督管理协调机制和信息共享机制。

在其他方面,1993年《农业法》《农业技术推广法》《科学技术进步法》,2002年《中小企业促进法》《指导外商投资方向规定》,2004年《关于投资体制改革的决定》、2008年《企业国有资产法》等法律法规,对于扶持中小企业和相关产业发展,实现科技推广和技术进步,改善投资结构,推动国企改革实现国有资产保值增值具有重要作用。

(七) 关于金融法律制度

金融是现代经济的核心,金融法律制度自成体系,将金融市场的主体制度、交易制度、监管制度以及调控制度都包括在内,涉及中央银行法、商业银行法、政策性银行法、货币法、信贷法、票据法、证券法、保险法、信托法等。

1995年是我国的金融立法年,这一年制定出台了《中国人民银行法》《商业银行法》《保险法》《票据法》,之后相继出台《外汇管理条例》(1996)、《证券法》(1998)、《信托法》(2001)等。2003年出台《银行业监督管理法》《证券投资基金法》,修改《中国人民银行法》和《商业银行法》。《商业银行法》规定了商业银行的业务范围、经营原则、设立和组织机构、对存款人的保护、贷款和其他业务规则、财务会计、监督管理、接管和终止、法律责任等内容。《证券法》2005年作出较大修改,2013年略有修改。《保险法》经过2002年、2009年修改,规定了总则、保险合同、保险公司、保险经营规则、保险代理人和保险经纪人、保险业监督管理等内容。另外,由国务院、中国人民银行和银监会、证监会、保监会等金融管理机构制定有大量金融法规、规章,并适时作出修改。

(八) 关于劳动与社会保障法律制度

在规范劳动和社会保障立法方面,先后制定了《劳动法》《工会法》《劳动合同法》《劳动合同法实施条例》《劳动争议调解仲裁法》《社会保险法》等。另外,国务院及劳动与社会保障部颁布有大量相关配套法规、规章,并适时修订。

(九) 关于环境资源法律制度

在环境保护和资源开发利用方面,先后颁布实施与修订了《环境保护法》《大气污染防治法》《噪声污染防治法》《固体废物污染环境保护法》《海洋环境保护法》《水污染防治法》《水法》《环境影响评价法》《清洁生产促进法》《土地管理法》《矿产资源法》《煤炭法》《森林法》《草原法》《渔业法》《电力法》等法律,2014 年《环境保护法》作出较大修改。与此同时,国务院、环境保护主管部门、国土资源部门也颁布了有关环境保护、资源开发利用的配套行政法规或规章。

二、经济法律制度的实施

经济法律制度的实施反映的是经济法律制度得到人们普遍的遵守和贯彻执行,它包括有关经济法律的执法、司法、守法环节和过程。经济法律制度的实施具有重要意义,这表现在:其一,它是市场经济条件下法治建设的内在要求。制定了经济法律制度只是做到了有法可依,而有法必依、执法必严、违法必究体现了经济法律制度的实施过程。其二,经济法律制度只有得到贯彻实施,才能促进市场经济的发展,停留在纸上的经济法律制度是毫无用处的。

经济法律制度的实施应当遵循法律适用的一般原则:一是以事实为根据,以法律为准绳;二是法律面前人人平等。

经济法律制度实施涉及以下几个要素:(1) 好的经济法律制度。一是富有操作性,法律规定不能过于原则,否则须有配套规定或实施细则。二是具有确定性,法律规定不能指示不明,缺少程序规定和法律责任规定;授权执法要明确执法机关的职权和职责。三是具有适应性,不合时宜的法律规定应当及时修改、完善或者废止。因此,应当注重经济立法的质量。(2) 好的执法、司法人员。执法、司法人员的素质主要包括两方面:一是业务素质;二是职业道德。(3) 好的执法、司法体制。执法、司法体制也是影响法律实施的重要因素。(4) 良好的法律意识和权利意识。

思 考 题

1. 简述市场经济的一般特征和我国社会主义市场经济的特征。
2. 怎样认识市场经济条件下市场与政府的关系?
3. 简述经济法律制度的基本框架。
4. 简述我国经济法律制度的制定。

参 考 文 献

〔日〕青木昌彦等编著:《市场的作用,国家的作用》,林家杉译,中国发展出版社 2002 年版。

王全兴:《经济法基础理论专题研究》,中国检察出版社 2002 年版。

杨祖功、田春生、莫伟:《国家与市场》,社会科学文献出版社 1999 年版。

梁慧星主编:《社会主义市场经济管理法律制度研究》,中国政法大学出版社 1993 年版。

顾功耘主编:《经济法教程》,上海人民出版社 2003 年版。

第二章 企业法律制度

内容提要

现代市场经济条件下,根据企业的资本构成和投资者的责任形式的不同,各国确立的企业基本组织形式主要有公司、合伙企业和个人独资企业,在此基础上建立起来的企业立法体系也主要由公司法、合伙企业法和个人独资企业法所构成。在我国,鉴于特殊的国情和出于国家干预经济的需要,传统上以所有制性质为标准进行的分类立法,如全民所有制企业法、集体所有制企业法等并没有被废除,而是作为对特殊形态企业的立法在我国企业立法体系中仍占据着一定的地位。但要看到,这类企业立法的地位正日益衰落。鉴于此,本章只阐述了公司法、合伙企业法、个人独资企业法的基本知识,而没有涉及全民所有制企业法、集体所有制企业法等法律的内容。外商投资企业大多采用公司的组织形式(也有一些采用合伙或独资的形式),也必须遵守公司法等基本法律规范;当然,外商投资企业法有特别规定的,应首先适用特别法的规定。而外商投资企业法的特别规定有较强的政策性和阶段性,原理性的规定较少,因此这一章亦略去了外商投资企业法的相关内容。

本章第一节介绍企业与企业法的基本知识。第二节公司法律制度是本章的重点内容。此节首先阐述了各类公司共有的一些基本制度,如公司资本制度、公司产权制度、公司债制度、公司财务会计制度等,然后重点介绍有限责任公司和股份有限公司的制度规定。第三、四节简要介绍了个人独资企业法和合伙企业法的基本内容。最后一节是企业破产法律制度,对我国现行的企业破产法律问题进行了扼要的说明。

第一节 企业与企业立法

一、企业的概念和特征

企业一词,源于英语中的 enterprise,原意为企图冒险从事某项事业。现在我们所讲的企业,是指依法设立,以营利为目的从事经营性活动并具有独立或相对独立的法律人格的经济组织。

(一) 企业在形式上表现为一种组织体

企业是由一定的生产要素有机结合而组成的集体,具有一定的组织形式。一定的生产要素主要是指人和物。任何类型的企业都是将这两种要素通过合理的组织、利用而取得效益,达到其经营的目的。就人的要素而言,企业是个人之间的结合,但又独立于结合成企业的个人。一般而言,企业作为一种组织体,通常是由若干个成员组成的,如合伙、公司等。虽然个人独资企业由一人组成,其营利与风险亦由一人承担,但它仍属于一种具有法律意义的组织形式,有自己的名称或商号,有相对稳定的经营场所,有自己独立的商业登记和商业账簿等,因此它与创设独资企业的个人是两个不同的概念。

(二) 企业具有独立或相对独立的法律人格

在企业基本法律形态中,公司企业属于法人企业,具有独立的法律人格。这具体表现为,公司的财产和责任与股东的个人财产和责任是完全分开的。个人独资企业和合伙企业则属于自然人企业,不具有法人资格,企业财产与企业主或合伙人的个人财产不完全分离,企业的债务要由企业主或合伙人承担无限或连带的责任。然而,即使它们是非法人企业,法律仍赋予其一定的主体资格。企业不仅可以自己的名义对外进行经营活动,而且在财产和责任的承担上也表现出一定的独立性。

(三) 企业的设立目的具有营利性

企业经营的目的是营利,即获得利益并将所得利益分配给成员。因此,从投资人的角度看,营利是其创办企业的目的;从企业自身的角度看,营利则是企业活动的宗旨。

(四) 企业必须依法设立

现代世界各国对各类企业的设立都规定有法律上的审查核准制度,这些制度的程序繁简不一,管辖机关也不尽相同。目前,各国通行的企业设立制度主要有特许设立、许可设立和准则设立。特许设立是指企业成立的依据是国家元首颁发的特许状或议会通过的特别法令,每成立一家公司就颁发一道特许状或特别法令。许可设立,又称审批设立,是指企业的设立除具备法律规定的条件之外,还需经过政府主管部门的审核批准。准则设立是指设立企业不需经过政府主管部门审批,只要具备法律规定的条件,即可向注册登记机关申请登记。发达资本主义国家主要实行准则设立制度,实践中也将这种设立制度称为"注册制"。我国目前也确立了准则设立制度,但有法律规定企业经营的业务必须报经政府有关部门批准的,则企业在注册时就应提交批准文件。

二、企业法的概念和性质

企业法是调整企业在设立、组织、变更、解散、管理等过程中产生的社会关系的法律规范的总称。

首先,企业法是组织法,规范企业组织的产生和消灭、组织机构活动范围、活动规则及责任方式等。也就是说,企业法要调整在这些活动过程中发生的企业与出资人之间、企业组织机构之间、出资人与企业组织机构之间、经营者与企业之间的社会关系。这种组织关系既包括内部各方基于平等地位发生的关系,也包括企业内部的组织管理关系。

其次,企业法还具有一定的行为法性质。它在规范企业主体的内部组织关系的同时,还对与企业组织特点密不可分或专属于某种企业的行为作出规定。此外,企业法也调整一定范围的国家对企业的经济调控管理关系,这一点在特殊形态企业的立法如国有企业立法中表现得尤为明显。

三、企业法律形态与企业立法体系

企业的法律形态,又称企业的法律形式,是企业依法律规定的标准和条件所形成的组织形式。企业的法律形态由法律直接规定,体现了政府对市场主体类型的规范以及对市场秩序的维护。投资人只能在法律规定的企业组织形式内选择所要设立的企业类型,而不能在法定范围之外进行选择。

企业法律形态同企业的法律地位、权利义务、设立程序、法律责任、内外部关系等密切相关,能够揭示各种类型企业的鲜明特点,从而使得针对各种类型的企业分别立法具有必要和可能,所以企业法律形态决定着企业立法的体系和结构。现代西方发达国家根据企业的资本构成和投资者的责任形式的不同,将企业基本法律形态主要确立为公司、合伙企业和独资企业,在此基础上建立起来的企业立法体系也主要是由公司法、合伙企业法和独资企业法所构成。

我国在计划经济体制下,一直是以所有制性质为标准划分企业类型,并在此基础上进行企业立法。很明显,按这种标准进行的分类立法,以企业出资者的身份不同而加以区别对待,不利于各类企业进行公平竞争。目前,我国已按企业资本构成和投资者责任形式标准构建起新的企业立法体系,《公司法》《合伙企业法》和《个人独资企业法》均已颁布,且随着经济体制的变迁、经济情势的变化而不断频频修正。与此同时,鉴于我国的特殊国情和出于国家干预经济的需要,传统上以所有制性质为标准进行的分类立法,如全民所有制企业法、集体企业法、外商投资企业法等虽不断淡化,却没有完全被废除,而是作为对特殊形态企业的立法在我国企业立法体系中占据着辅助性地位。

第二节 公司法律制度

一、公司概述

(一) 公司的概念

在传统上,大陆法系国家一般将公司定义为:股东共同出资,依法定条件和程序设立的以营利为目的的社团法人。依此定义,公司作为最主要的企业类型,除具有所有企业都具备的营利性和依法成立的特征外,还存在以下独特之处:

1. 人格性

与自然人一样,公司有其独立的法律人格,具有相应的权利能力、行为能力和相应的责任能力:(1) 公司的权利能力。公司的权利能力始于公司成立,终于公司终止。作为法律的拟制物,公司与自然人一样,取得了享有民事权利和承担民事义务的资格。但是,作为法律的创造物,其权利能力相应地会受到公司性质上和法律上的限制,甚至股东还可以通过公司的章程加以限制,例如,基于性质上的限制:一些专属于自然人的权利,如基于自然人的生命、健康、身份、继承等所产生的权利,公司自然无法享有;基于法律上的限制:该限制基于社会经济政策的考虑,不同国家甚至同一国家在不同时期的限制亦可能不尽相同;基于公司章程的限制:股东为了保证公司资产的安全,约束董事、经理的行为,为了公司经营的某些特殊目的,都可以以章程的形式加以明确规定,予以限制。(2) 公司的行为能力。公司的行为能力是指公司能够以自己的意思和名义,取得民事权利和承担民事义务的资格。与自然人的首要差异就是,公司的权利能力和行为能力同时产生和消灭。其次,公司毕竟只是法律上的拟制物,其独立意思的形成有赖于公司意思机构。为了确保公司的有效和健康运行,切实保障各个利益相关者的利益,公司形成了分权制衡的治理机构,即股东(大)会、董事会、经理和监事会,分别为公司的权力机构、决策机构、执行机构和监督机构。它们各司其职,各负其责,在各自的职责范围内形成公司的意思。(3) 公司的责任能力。公司的责任能力系权利能力和行为能力的必然逻辑延伸,即公司既然具有自身的权利能力和行为能力,自应具有独立承担责任的能力。具体而言,公司的责任能力包括公司的侵权责任能力、行政责任能力和刑事责任能力,其在公司法责任规范中体现得较为明显。

2. 社团性

公司属于法人。依据大陆法系经典法人理论,法人分为社团法人和财团法人,前者以社员的结合为基础,如公司、合作社等;后者以财产的组合为基础,如基金会等。公司是由股东或社员共同出资组成的,在法人分类中被定位为社团法人。对于公司而言,社团性不仅有助于公司吸收社会闲散资本,实现资本的聚集和集中,壮大公司的规模。同时,也为股东分散投资,分散风险,提供了良好的机会。然而随着实践的发展,一人公司的地位逐渐被越来越多的国家法律所承认,公司正逐渐被动摇其社团性特征。我国《公司法》博采众长,吸纳各国公司立法的趋势,亦承认一人有限责任公司的合法性,规定一个自然人或一个法人可以设立有限责任公司。

3. 有限责任性

有限责任是公司的又一重要特征,也是其与独资企业、合伙企业的显著差异。依据《公司法》第3条第2款,有限责任公司的股东以其认缴的出资额为限对公司承担责任,股份公司的股东以其认购的股份为限对公司承担责任。究其原因,公司具有独立人格,股东与公司的人格发生分离,公司实行集中管理,股东自然无须为他人的行为承担责任。但是,犹如硬币的两面,有限责任在有效地保护股东权益、规避投资风险、鼓励股东投资的积极性同时,也可能被滥用,凸显有限责任的负面作用,致使公司成为逃废债务、进行不法活动的工具和挡箭牌,甚至严重地危害社会经济秩序,破坏交易安全。鉴于此,英美国家法院通过创造性司法,确立了"揭开公司面纱"制度(又称为法人人格否认制度),此后各国相继效仿。我国《公司法》第20条亦规定:公司股东滥用公司法人独立地位和股东有限责任,逃避债务,严重损害公司债权人利益的,应当对公司债务承担连带责任。

(二) 公司的分类

1. 无限责任公司、两合公司、股份有限公司、股份两合公司和有限责任公司

大陆法系国家公司法中通常规定了五种不同的公司,它们是依股东所承担的责任形式的不同而划分的。这五种公司分别是无限责任公司、两合公司、股份有限公司、股份两合公司和有限责任公司。

无限责任公司,又称为无限公司,是指由两个以上股东所组成,股东对公司的债务负无限连带责任的公司。有的国家视无限公司为法人,如法国、日本、意大利等;有的国家否认无限公司为法人,但承认其是一种公司形式,如德国、瑞士等;有的国家则将无限公司视为合伙,准用有关合伙的规定,此以英美为代表。

两合公司,是指由部分无限责任股东和部分有限责任股东共同组成的公司。无限责任股东对公司债务负连带无限责任,有限责任股东对公司债务仅以其出资额为限承担有限责任。

股份有限公司,是指全部资本划分为等额股份,股东以其所持股份为限对公司承担责任,公司以其全部资产对公司债务承担责任的企业法人。

股份两合公司,指在两合公司中的有限责任股东以认购股份的形式出资而

形成的一种公司形态。

有限责任公司,是指股东以其出资额为限对公司承担责任,公司以其全部资产对公司债务承担责任的企业法人。

作为大陆法系国家,我国公司法仅仅规定了两种公司形式,即有限责任公司和股份有限公司。

2. 母公司和子公司

法律上彼此独立的公司,事实上也许存在某种特殊的控制与被控制,依附与被依附的关系。根据一个公司对另一个公司的控制与依附关系,可以将公司分为母公司与子公司两类。

母公司,是指拥有其他公司一定数额的股份或者根据协议,能够控制、支配其他公司的经营活动的公司。

子公司,是指受母公司实际控制的公司。

3. 总公司和分公司

公司在存续过程中,有时需要在不同地方开展业务,因此设置分支机构以共同从事经营活动,从而原有公司与新设机构之间形成一种管辖与被管辖的关系。按公司内部这种组织关系的不同,可以将公司分为总公司和分公司。

总公司,是指具有独立法人资格、并对其组织系统内部各分支机构行使管辖权的公司。

分公司,指不具备独立的法人资格、受总公司管辖的分支机构。

4. 本国公司、外国公司和多国公司

公司的国籍,是公司作为一个特定国家的成员而隶属于这个国家的一种法律上的身份。根据公司国籍的不同,可以将公司分为本国公司、外国公司和多国公司。

本国公司,是指具有本国国籍、并享有本国法律所赋予的权利和履行本国法律所规定的义务的公司。

外国公司,是指不具有内国国籍的公司。

多国公司,也称跨国公司,是指以本国为中心、通过对外直接投资的方式、在不同国家或地区设立子公司或分支机构、从事国际性生产经营活动的公司组织。多国公司不是一个独立实体,它表现的是公司之间所形成的母子、总分公司的特殊关系。

关于公司国籍的认定,各国所采标准不尽一致。有的采住所地说,有的采登记国说。我国采复合标准说:登记注册地和适用的法律。凡根据我国法律成立并在我国境内登记注册的公司为中国公司;反之为外国公司。

二、公司资本制度

(一) 公司资本的概念

公司资本,是指公司成立时公司章程确定的、由全体股东出资构成的公司财产。公司资本不仅是公司进行经营活动的基础,也是公司对外独立承担民事责任的基本保证。

公司资本不同于公司资产。公司资产概念的外延大于公司资本的外延,它是指公司实际拥有的财产的价值总额,从来源上讲,包括了股东出资、股东出资形成的资产以及公司负债。可见,公司资本只是公司资产当中的自有部分。

在公司的实际运作过程中,公司资本往往呈现出不同的形态,从而形成一些近似的概念,如注册资本、实缴资本、授权资本等。注册资本是指在公司成立时章程确定的,并在主管机关登记核准的资本总额,我们一般所讲的公司资本,指的就是公司的注册资本。在实行法定资本制的国家,注册资本指公司在设立当时全部股东的出资;在实行授权资本制的国家,它则包含股东已缴纳的资本和将来拟缴纳的资本。实缴资本,又称为实收资本,是指公司实际收到的现款或以货币计算的其他财产之总额。

(二) 公司资本形成制度的类型

1. 法定资本制

法定资本制要求在公司设立时,必须在公司章程中对公司的资本总额作出明确的规定,并须由股东全部认购和缴足,否则公司不能成立。公司成立之后要增加资本时,必须经股东大会作出决议,变更公司章程中的资本数额,并办理相应的变更登记手续。法定资本制由法国、德国公司法首创,并为许多大陆法系国家所采纳。

法定资本制可以保证公司资本的真实可靠,防止在设立过程中出现欺诈、投机行为而导致的资本不实,有利于强化公司自身的信用,并对债权人的利益和社会交易安全的维护有益。但法定资本制也存在一些难以避免的缺陷。比如,按法定资本制的要求,在法律规定了公司成立的最低资本限额时,发起人只有募集到超过该限额的资本时才能成立公司。这势必加重发起人的负担,增加公司设立的难度。此外,法定资本制一开始就要求确定资本数额,显得过于僵化。因为设立公司的行业、目的、经营范围不同,所需的资本数量也不一致。完全采纳这种制度可能造成不应有的浪费,使得资本不能进行有效的周转使用。

2. 授权资本制

授权资本制要求设立公司时,在章程中确定公司资本总额,发起人和股东只需认购并缴足资本总额中的一部分,公司即可成立,未认足的那部分资本,授权董事会在公司成立之后,根据需要随时发行募集。授权资本制是英美法系国家创立并采用的一种资本制度。

授权资本制不要求在公司设立时募足所有股份,使公司的成立变得较为容易,并且也可以避免因全部资本一次发行完毕而可能出现的资金闲置和浪费。但授权资本制对资本数额不加限制,可能导致公司的实收资本极其有限,当公司发生财务问题时,将威胁到债权人的利益。

3. 折中资本制

折中资本制是介于法定资本制与授权资本制之间的一种资本制度,它比法定资本制灵活,但比授权资本制严格。这一制度要求公司资本总额在公司设立时由公司章程明确载定,但股东只需认足不低于一定比例的资本数额,公司即可成立,其余部分则授权董事会在法律规定的一定期限内发行募集。

折中资本制对公司首次发行的股份数额和公司资本总额的最后筹集期限均作了明确限制,使公司资本相对确定和稳定,有利于保护债权人利益和社会经济秩序的稳定。相对而言,它是一种比较优越的资本模式。

我国的公司资本制度经历了从严格走向宽松的过程。1993年《公司法》实行严格的法定资本制,要求公司成立时不仅在章程中明确公司的资本总额,而且还必须全部缴纳到位。2005年修订的《公司法》则主要采用折中资本制,规定公司的注册资本为在公司登记机关登记的全体股东认缴的出资额,股东的首次出资额不得低于注册资本的20%,也不得低于法定的注册资本最低限额,其余部分由股东自公司成立之日起两年内缴足。2013年《公司法》修订后,公司资本制度进一步放松,不仅取消了法定最低资本限额的要求,而且公司成立时注册资本是否缴纳到位、分几期到位、在多长时间内到位,法律不作强制规定,由股东通过公司章程自行决定。但是,法律、行政法规以及国务院决定对公司注册资本实缴、注册资本最低限额另有规定的,从其规定。可以说,现行的公司资本制度已经超出了传统意义上的折中资本制、授权资本制的范畴,其宽松程度在世界上是不多见的。

(三)公司资本的原则

为保护债权人利益及保障交易安全,大陆法系国家公司法规定了一系列确保公司资本真实、安全的法律准则,其中普遍确认的公司资本原则是资本确定原则、资本维持原则和资本不变原则。

1. 资本确定原则

资本确定原则,是指在公司设立时,必须在公司章程中对公司的资本总额作出明确规定,并须由股东全部认购和缴足,不然公司不能成立。法定资本制就是公司资本确定原则的具体体现。

根据1993年《公司法》的规定,有限责任公司和股份有限公司的注册资本均不得低于法律规定的最低限额,且必须记载于公司章程,并在公司成立时被认定和缴足,其是严格地实行资本确定原则的。2005年修订的《公司法》和2013年修订的《公司法》则发生了重大改变,仅要求注册资本总额须明确记载于公司章程之中,但并不强制要求公司成立时全部缴纳到位。

2. 资本维持原则

资本维持原则又称为资本充实原则,是指在公司的营运存续过程中,应当保持与其资本总额相适应的财产,其目的在于防止公司资本实质上的减少,以维持公司清偿债务的能力、保护债权人的利益。

在我国《公司法》中,体现资本维持原则的规定主要有:股份公司不得以低于股票面额的价格发行股份;除依本法特别规定的目的和程序外,公司不得收购本公司的股票;公司在弥补亏损、提取公积金和公益金之前,不得向股东分配利润。

3. 资本不变原则

资本不变原则,是指公司的资本一经确定,即不得随意变更,如需有所增减,必须严格依法定程序进行。此原则的目的,一是防止资本减少而损害债权人的利益,二是防止资本过剩而使股东承担过多的风险。

我国《公司法》规定,公司增加和减少资本均需股东会议通过。其中,减少资本还应编制资产负债表、财产清单,向债权人发出通知,并于30日内在报纸上公告。

公司资本三原则是在债权人与股东利益关系出现失衡,尤其是在公司债权人的风险加大的特定历史背景下,为了均衡地保护公司及其投资者与债权人的利益而创设的,其首要目标在于平衡有限责任制度对股东有利但对债权人难免保护不周的缺憾,以实现股东与公司债权人之间的利益平衡。在实践中,资本三原则对于维护债权人利益和保护交易安全以及保障股东利益都起到了一定的积极意义。比如,在资本确定原则下,成立公司必须具有一定的初始资本以启动和维持公司的营业,公司资本的增加必须经股东会同意,以免因公司任意增加资本给股东带来资本收益的稀释。

然而,随着公司实践的发展和公司理论研究的深入,资本三原则影响交易自由和效率的缺陷日益显露,其地位受到了极大的质疑,各国公司法逐渐对传统公司资本三原则进行适度修正,我国公司法对注册资本形成制度的修改就是一个典型例证。

(四)股东出资的种类

依据我国《公司法》第27条,股东可以用货币出资,也可以用实物、知识产权、土地使用权等可以用货币估价并可以依法转让的非货币财产作价出资,具体而言:(1)现金出资。现金出资是一种简便易行的出资方式,为了使公司资本中有足够的现金来满足公司运营的需要,许多国家的公司法对现金出资占公司总资本的比例提出了明确的要求。如法国和德国都规定,现金出资须占公司资本的 25% 以上。我国 2005 年修订的《公司法》规定,有限责任公司股东的货币出资金额不得低于注册资本的 30%,但 2013 年修订的《公司法》则取消了这一规定。(2)实物出资。实物是指有形财产,包括厂房、办公用房、设备、设施、机器、原材料、运输工具等。股东以实物出资时必须对该物拥有完整的所有权或处分权。对于实物的评估作价,应当由具有相应资格的资产评估机构进行。(3)知识产权出资。知识产权是指商标权、专利权以及非专利技术等。2013 年修订的《公司法》取消了 1993 年《公司法》中对于以知识产权作价出资的比例限制。(4)土地使用权出资。土地使用权是非土地所有人依法对土地加以利用和取得收益的权利,以土地使用权出资,必须依照法律法规的规定进行评估作价。

至于实物、知识产权、土地使用权之外的其他非货币财产能否出资,如债权、股权等,则是看它能否用货币估价,能否依法转让。只要能够用货币估价,且能够依法转让,理论和实务中多作从宽解释。但根据《公司注册资本登记管理规定》,股东或发起人不得以劳务、信用、自然人姓名、商誉、特许经营权或者设定担保的财产作价出资。

三、公司的产权制度

(一)股东的股权

1. 股权的概念

股权,是指股东因持有公司已发行的股份,基于股东资格而享有的从公司获取经济利益和参与公司经营管理的各项权利的总称。

股东取得股权有原始取得和继受取得两种方式。在原始取得中,股权以出资行为为发生根据;在继受取得中,股权以受让行为为取得根据。作为股权原始取得依据的出资行为,是指投资者以成为公司股东为目的,向公司投资并由此换取股权的法律行为。这是一种双方行为,一方为投资人,一方为设立中的公司。这一行为的法律效果就是投资人取得股权,公司取得投资人出资财产的所有权。继受取得是以股权的转让或继承等作为发生根据。此时股权业已存在,不存在股权的创设问题,只是股权的转移而已。

2. 股权的分类

以行使目的为标准,股权可分为自益权和共益权。股东为自己的利益而行使的权利为自益权,如股利分配请求权、剩余财产分配请求权、新股认购优先权、股票交付请求权、股份转让权等。股东为自己利益的同时兼为公司的利益而行使的权利为共益权,如股东会议出席权、表决权、股东大会召集请求权、提案权、会计账簿查阅权等。就自益权和共益权的性质而论,前者主要是财产权,后者主要是公司事务的参与权,二者相辅相成,共同构成了股权的完整内容。

以重要程度为标准，股权可分为固有权与非固有权。所谓固有权，又称法定股东权，是指未经股东同意，不得以章程或股东大会决议予以剥夺或限制的权利；非固有权是指可以通过章程或股东大会决议予以剥夺或限制的权利。二者区分的意义在于，让公司发起人和股东明确哪些权利是可以限制的，哪些权利是不可以限制的，从而增强权利意识。凡是对固有权加以限制的行为，均为违法行为，股东可依法主张其权利，并采取相应的救济措施。

以行使方法为标准，股权可分为单独股东权和少数股东权。所谓单独股东权，是指不问股东的持股数额多寡，仅持有一股的股东即可单独行使的权利；所谓少数股东权，是指持有股份占公司已发行股份总数一定比例的股东才能行使的权利。法律将一部分股权设定为少数股东权，一方面是为了防止资本多数决原则下的大股东的专横，另一方面是为了防止单独股东权条件下个别股东滥用股权，以保障公司的运作效率。

3. 中小股东股权的保护

股权保护的基础之一是股东平等原则，而现代公司的资合性质决定了股东的平等须以股份为基础，须根据股东出资比例的多少来确定股东与公司之间的具体权利义务关系。也就是说，股东平等实际上是通过股份平等体现出来的。就每一股而言，不论持有者的身份、地位如何，其所含有的权利是相同的。但就大股东和小股东而言，由于所持股份有悬殊，二者在公司决策中所占的地位以及所起的作用差别很大。为防止大股东滥用资本多数而损害中小股东利益，各国公司法律中创设了许多保护中小股东权益的制度，如股东对股东会议的直接召集制度、累积投票制度、公司解散请求制度、股东派生（代表）诉讼制度等，给予中小股东以特殊的保护。我国现行《公司法》已经采纳这些先进的法律制度：例如，第151条确立了股东派生（代表）诉讼制度；第74条和第142条确立了异议股东股份回购请求权制度；第182条确立了公司解散请求制度等，凡此种种，集中体现了特殊保护中小股东的立法宗旨与精神。

（二）公司法人财产权

《公司法》第3条第1款规定："公司是企业法人，有独立的法人财产，享有法人财产权。"我国《公司法》以"法人财产权"概称公司对股东投资所形成的公司财产的权利，但却未对法人财产权的含义作出明确界定。一般认为，公司法人财产权就是公司对其全部法人财产依法独立享有的占有、使用、收益和处分的权利。

四、公司债券

公司债券，是指公司依照法定程序发行，约定在一定期限内还本付息的有价证券；公司通过证券发行与他人之间形成的金钱债务关系，称为公司债。公司债与公司债券是内容和形式的关系,即公司债这一概念体现了因公司发行债券而产生的债权债务关系。

发行债券是公司向公众募集资金的又一重要方式,与发行股份和银行借贷一起构成公司资金的主要来源。

(一) 公司债券与股份的区别

(1) 公司债的债权人和股份的持有人与公司的关系不同。公司债的债权人与公司之间是债权债务关系,而股份的持有人与公司之间是一种股权关系。

(2) 二者在权益方面不同。公司债是公司的确定债务,不论公司是否盈余都不影响清偿,债权人享有偿还请求权;而股东只有在公司盈余时才可要求支付股息,红利多少也随公司盈利大小浮动。

(3) 二者的出资方式不同。公司债只能以金钱出资,而股东除以金钱出资外,还可以实物、工业产权等出资。

(4) 二者在期限方面不同。公司债有到期日,到期即必须还本付息;而公司股份本身无到期问题,股金归公司永久支配,直到公司解散。

(5) 公司股份可以在公司成立之前募集,而股票的交付可以在公司成立之后;公司债的募集与债券的交付,都只能发生在公司成立之后。

(二) 公司债券的分类

1. 记名公司债券与无记名公司债券

二者的区分标准在于是否在公司债券上记载债权人姓名。债券上记载债权人姓名的,是记名公司债券;债券上未记载债权人姓名的,是无记名公司债券。二者在性质上并无不同,只是在转让方式上存在差别。转让记名公司债,转让人应在公司债券上背书,并由公司将受让人的姓名或名称及住所记载于公司债券存根簿,用以对抗第三人;而无记名公司债可直接转让,并于交付债券时发生转让效力。

2. 可转换公司债券与不可转换公司债券

二者的区分标准是公司债券是否可转换为公司的股票。预先规定的条件允许债权人将债券转换成股票的公司债是可转换公司债;不允许债权人将债券转换成股票的公司债是不可转换公司债。

可转换公司债实际上是给予债权人一项选择权:债权到清偿期之后,债权人或者收回本金,取得固定利息,或者以债权抵缴认股款而取得公司股份。是行使债权,还是以放弃债权为代价而拥有股权,全由债券持有人自主决定。

发行可转换公司债券被视同发行新股,因此我国《公司法》规定,发行人必须是股票已经上市的股份公司,而且要同时具备债券和股票的发行条件。

3. 有担保公司债券和无担保公司债券

二者的区分标准是公司债的发行有无担保。发行债券的公司或第三人以其财产作为偿还债权人本息的担保的公司债券是有担保公司债券;仅凭公司信誉作担保而发行的公司债券是无担保公司债券。

区分有担保公司债与无担保公司债的法律意义在于,法律对二者的发行条件有不同的要求:发行无担保公司债的公司一般必须是资产规模较大、信誉较好的公司;而公司发行有担保公司债,只需提供相应担保即可,对资产规模、信誉度则一般不作强制要求。

(三) 发行公司债券的条件

各国法律一般规定仅股份有限公司有权发行公司债。这是由股份有限公司的优势地位决定的。股份有限公司资本规模大,能够保证到期还本付息;财务状况公开,能够避免公司对公众的欺诈行为的发生。

按《证券法》第16条的规定,企业发行公司债券必须满足以下条件:

(1) 股份有限公司净资产额不低于人民币3000万元,有限公司的净资产不低于人民币6000万元;

(2) 累计债券总额不超过公司净资产的40%;

(3) 公司最近3年平均可分配利润足以支付公司债券1年的利息;

(4) 筹集的资金投向符合国家产业政策;

(5) 债券的利率不得超过国务院规定的利率水平。

(6) 国务院规定的其他条件。

五、公司的财务会计制度

(一) 公司财务会计制度概况

公司财务会计制度由公司财务制度和会计制度两部分组成。公司财务制度是指运用财务手段处理货币资金的筹集、支配和使用活动的法律制度;公司会计制度则是公司办理会计事务所应遵循的规则、方法和程序的总称。公司的财务和会计制度在实质上是紧密结合在一起的。

公司作为企业的一种组织形式,其财务会计事项必须适用《会计法》《企业会计准则》和《企业财务通则》的一般规定。但是,由于公司在诸多方面有其特殊性,各国公司法都对其财务会计制度另作规定,而且这些规定优先于一般财务会计法规的适用,以便更为有效地保障股东、债权人和其他人的利益。我国《公司法》也特设"公司财务会计"一章,对公司的财务会计制度作出相应的规定,并要求公司依照法律、行政法规和国务院主管部门的规定建立本公司的财务会计制度,从而使公司的财务会计制度成为公司法律制度的重要组成部分。

(二) 公司的财务会计报告

公司财务会计报告是指公司对外提供的,反映公司某一特定日期财务状况和某一会计期间经营成果、现金流量的文件。

1. 公司财务会计报告的主要构成

(1) 资产负债表。资产负债表是反映公司在某一特定日期财务状况的报表,又称财务状况表。它按照"资产＝负债＋所有者(股东)权益"的会计平衡公式,根据一定的分类标准和一定的次序,将一定时期的资产、负债、所有者权益项目分别列出,以说明公司所拥有的多种资源及偿债能力、公司所负担的长短期债务的数量和偿还期限的长短以及公司的投资者对本公司资产所持有的权益等。

(2) 损益表。损益表是反映公司在一定期间的经营成果及其分配情况的报表。它以收益、费用和利润三个会计要素为基础,将当期收入及相关的费用进行配比,从而计算反映盈亏。若收入大于费用,即为盈利,反之则为亏损。

(3) 财务状况变动表。财务状况变动表是综合反映一定会计期间内营运资金来源和运用及其增减变动情况的报表。它是根据公司一定会计期间内各种资产、负债和所有者权益的增减变化,分析反映资金的取得来源和资金的流出用途,说明财务状况变动情况的会计报表,是反映公司资金运动的动态报表。

(4) 财务情况说明书。财务情况说明书是对前述重要的财务会计报表及其他会计报表所列示的资料和未能列示但对公司财务状况有重大影响的其他重要事项所作出的必要的和进一步的说明。

(5) 利润分配表。利润分配表是反映公司一定会计期间已实现利润的分配情况或亏损弥补情况以及年末未分配利润的节余情况的会计报表,是损益表的附属明细表。

2. 公司财务会计报告的提供与公示

公司财务会计报告制作以后,必须依法公开,以便让股东、债权人及其他人了解公司财务的实际状况。有限责任公司应当按照章程规定的期限将公司财务会计报告送交各股东。股份有限公司的财务会计报告应当在召开股东大会年会的 20 日以前备置于本公司,供股东查阅;公开发行股票的股份有限公司还必须公告其财务会计报告。财务会计报告须经注册会计师审计,公司应当将注册会计师及其会计师事务所出具的审计报告随同财务会计报告一并对外提供。

(三) 公司的利润分配制度

公司是以营利为目的的企业法人,人们之所以投资于公司,公司之所以从事生产经营活动,其最终目的都是获得一定的利润。各国公司法大都规定,公司应将经营获得的利润按一定的原则、方式和顺序分配给各股东,这就是公司的利润分配制度。

1. 利润分配顺序

公司利润,是指公司在一定时期(一年)内生产经营的财务成果,包括营业利润、投资净收益和营业外收支净额。

公司利润在缴纳所得税后,按照下列顺序分配:(1) 弥补亏损;(2) 提取法定公积金;(3)提取法定公益金;(4)支付优先股股利;(5)提取任意公积金;(6)支付普通股股利。

2. 公积金制度

公积金,是指除公司资本之外,另从公司盈余中提取作为公司积累的一定数额的资金。

从提取来源看,公积金可分资本公积金和盈余公积金:(1)资本公积金是从公司资本盈余中提取的公积金,来源于股份溢价收入、捐赠收入、因资产重估增值所获得的估价溢额、处分资产或出售资产的溢价收入等。(2)盈余公积金指从公司营业盈余中提取的公积金。所谓营业盈余,指各年度的营业收入减去成本费用和税金后的剩余部分。关于法定盈余公积金,法律规定强制提取,数额为税后利润的10%,但累计金额达注册资本的50%以上时可不再提取;任意盈余公积金由章程规定或股东会决议是否提取以及提取多少。

法定公积金的主要用途是弥补亏损和转增股本,但资本公积金不得用于弥补亏损。任意公积金的用途一般由公司自行决定。

3. 公益金制度

公益金,是从公司每年利润中提取用于本公司职工集体福利的基金。1993年《公司法》规定,公司应提取税后利润的5%—10%列入法定公益金。现行《公司法》则无此要求。

六、公司的合并、分立、解散和清算

(一)公司合并

公司合并,是指两个以上的公司依法定程序组成为一个公司的法律行为。

1. 公司合并的形式

我国《公司法》规定了两种常见的公司合并形式:吸收合并和新设合并。前者是指一个公司吸收其他公司,吸收者存续,而被吸收的公司解散;后者是指两个以上的公司合并设立一个新的公司,合并各方解散。

2. 公司合并的程序

(1)签订合并协议。参与合并的各方董事会首先制定合并方案,并在平等协商的基础上,就合并的有关事项达成协议。

(2)股东会作出决议。合并协议达成后,应提交公司股东会表决。公司合并属于特别决议事项,股份有限公司股东大会作出合并决议,须由出席股东会议的股东所持表决权的2/3通过;有限责任公司股东会作出合并决议,必须经代表2/3以上表决权的股东通过。

(3)编制资产负债表及财产清单。合并各方应编制资产负债表及财产清单,以供债权人查询。

(4) 通知或公告债权人。公司合并应当自股东会作出合并决议之日起10日内通知债权人,并于30日内在报纸上公告。债权人自接到通知书之日起30日内,未接到通知书的债权人自第一次公告之日起45日内,有权要求公司清偿债务或提供相应的担保。

(5) 实施合并。各方根据合并协议的规定合并资本,移交财产。合并后,公司应立即召开股东大会,进行合并事项的报告。

(6) 办理合并登记。因合并而存续的公司,其登记事项发生变化的,应申请办理变更登记;因合并而解散的公司,应办理注销登记;因合并而新设的公司,应办理设立登记。

3. 公司合并的效力

(1) 公司新设、变更和消灭。新设合并的效力是一个新的公司成立,而参与合并的各公司消灭;吸收合并的效力是存续的公司发生变更,被吸收的公司消灭。

(2) 公司权利义务的概括转移。参与合并各方公司原有的权利义务均概括地转移给合并后存续或新设的公司,由后者全部承受。

(3) 股东身份的变化。通常而言,参与合并公司的股东以其持有的股份或出资,按合并合同的规定,换取合并后存续或新设公司的股份或出资,从而成为合并后新公司的股东。但在实践中,因采取的具体合并方法不同,解散公司股东身份的改变情况也有差异。

(二) 公司分立

公司分立是指一个公司依照法律规定的条件和程序分为两个或两个以上公司的行为。

1. 公司分立的形式

公司分立有派生分立和新设分立两种形式。前者是指原公司法人资格仍存续,只是分出一部分资产或业务,成立新的公司;后者是指原公司法人资格消灭,以其财产分割为两个或两个以上具有法人资格的新公司。

2. 公司分立的程序

公司分立要遵循拟定分立方案、股东会决议、编制资产负债表和财产清单、通知或公告债权人、分立后的各公司代表签署内部协议、实施分立、办理登记的程序规定。

3. 公司分立的效力

公司分立的效力:(1) 公司的新设、变更和消灭。在新设分立中,原公司消灭,新公司成立,在派生分立中,原公司存续,但因股东、注册资本等发生变化而必须进行变更登记,新公司成立。(2) 公司的权利义务按分立协议转移给存续或新设公司,但公司分立前的债务由分立后的公司承担连带责任。(3) 股东取得分立后存续的或新设的公司的出资或股份。在公司分立过程中,股东身份也能发生变化,即由原公司的股东变为新公司的股东。即使是留在原公司中保留原公司的股东身份,其持股额也会发生变化。

（三）公司解散

公司解散是指公司因法律或章程规定的解散事由出现而停止其积极的业务活动,并开始处理未了结事务的一种法律程序。我国《公司法》规定,公司解散是公司法人资格消灭的必经程序。但公司解散并不立即导致公司人格发生消灭,而只是导致公司人格发生消灭的原因。换言之,已经成立的公司,由于一定的原因而解散后,仅导致其在营业上的权利能力的丧失,其法人资格仍然存在。

根据公司解散原因的不同,可将公司解散分为自愿解散、行政强制解散和司法强制解散。

1. 自愿解散

自愿解散,或称任意解散,是指基于公司或股东的意愿而解散公司。具体包括以下几种情况:(1) 公司章程规定的营业期限届满或者其他解散事由出现;(2) 股东会决议解散;(3) 因公司合并或者分立需要解散。

2. 行政强制解散

行政强制解散,是指公司成立后,因违反法律、行政法规或实施危害社会公共利益的行为,依据行政机关的命令而解散。如公司因违法活动而被责令关闭的,应当解散;公司成立后无正当理由超过 6 个月未开业或开业后连续停业 6 个月以上而被登记机关吊销营业执照,导致公司解散;公司违法被撤销登记,公司解散,《公司登记管理条例》第 64 条规定:"虚报注册资本,取得公司登记的,由公司登记机关责令改正,处以虚报注册资本金额 5% 以上 15% 以下的罚款;情节严重的,撤销公司登记或者吊销营业执照。"

3. 司法强制解散

司法强制解散是西方市场经济国家普遍确立的一种司法干预制度,其目的是通过司法权的介入,强制公司解散,以保护在公司中受压制的小股东和公司债权人的利益。在这些国家,当公司出现股东无力解决的不得已事由、公司董事的行为危及公司存亡、公司业务遇到显著困难或公司财产有遭受重大损失之虞时,法院可根据股东或债权人的申请,裁决解散公司。

我国《公司法》第 182 条规定:"公司经营管理发生严重困难,继续存续会使股东利益受到重大损失,通过其他途径不能解决的,持有公司全部股东表决权 10% 以上的股东,可以请求人民法院解散公司。"正当的公司判决解散制度要求股东用尽其他救济途径之后才能诉请法院判决解散公司,这是提起诉讼的前置程序。这里的"其他途径",是指除诉讼外的其他方式,包括采取股权转让、协商、自行和解、民间调解等方式。提起诉讼的股东有义务提供证据证明已经用尽了其他途径。

（四）公司清算

公司清算,是指公司解散后,对公司资产、债权债务进行清理处分,以终结公司的一切法律关系,使公司归于消灭的一系列法律行为和制度的总称。在我国,除因合并和分立导致公司解散外,凡公司解散均应进行清算,但公司因破产而解散的,按照破产程序进行清算。这里所讲的公司清算,是指非破产清算。

1. 公司清算的分类

公司清算分为任意清算和法定清算两种。任意清算是指按章程的规定或全体股东的意见,而不是按法律规定的方法进行的清算;法定清算是指必须按照法律规定的程序进行的清算,主要适用于资合公司。在资合公司中,由于股东仅负有限责任,公司债权人债权的实现全依赖于公司的资产,且股东人数较多,不可能都参与公司清算,因此,必须规定严格的清算程序,以最大限度地维护债权人和股东的利益。由于我国只承认有限责任公司和股份有限公司,不承认无限公司和两合公司,故在我国不存在任意清算。

2. 公司清算组

清算组是公司解散后从事清算事务,处理公司财产和清理公司债权债务的临时性执行机构,又称为清算机关,国外一般称为清算人。

公司解散后,应在解散事由出现之日起15日内组成清算组。其中,有限责任公司的清算组由股东组成;股份有限公司的清算组由董事或股东大会确定的人选组成。公司解散后15日内不能组成清算组进行清算的,债权人可申请法院指定清算人进行清算。

清算组在执行清算事务的范围内,行使下列职权:清理公司财产,分别编制资产负债表和财产清单;通知或公告债权人;处理与公司清算有关的公司未了结的业务;清缴所欠税款;清理债权债务;代表公司参与民事诉讼活动;处理公司清偿债务后的剩余财产。

3. 公司清算程序

公司清算必须依以下法定程序进行:(1)选任清算组成员,依法成立清算组;(2)通知公告债权人,清算组应在自成立之日起10日内通知债权人,并于60天内在报纸上公告;(3)债权人申报债权,债权人自接到通知书之日起30日内,未接到通知书的自第一次公告之日起45日内,向清算组申报债权;(4)清理公司财产,包括及时收回公司债权,限期追缴股东在清算开始后仍未缴足其认缴的出资,及时变卖若不及时变卖将无法挽回损失的清算财产;(5)制定清算方案报公司股东会或清算主管机关确认;(6)分配公司清算财产;(7)清算结束,清算组应当制作清算报告,报股东会或有关主管机关确认,并报送公司登记机关,申请公司注销登记。

按照《公司法》第 186 条的规定,公司财产能够清偿公司债务的,应当按下列顺序分配:支付清算费用;支付职工工资、社会保险费用和法定补偿金;缴纳所欠税款;清偿公司各项债务;向股东分配剩余财产。

七、有限责任公司

(一) 有限责任公司的概念和特征

有限责任公司,又称有限公司,是指由符合法定人数股东组成,股东以其出资额为限对公司承担责任,公司以其全部资产对公司债务承担责任的企业法人。与其他类型的公司相比,有限责任公司具有以下特征:

(1) 股东人数的限定性。对有限公司的股东人数,许多国家的公司法都有上限和下限的规定,有的国家虽未规定股东的最低人数,但对股东的最高人数作出限制。对有限公司的最高人数作出限制是由有限责任公司的自身性质决定的。因为,有限公司虽为资合公司,却有一定的人合性,股东之间须相互合作和信任,如果股东人数过多,将会影响股东之间的了解和合作。

(2) 股东责任的有限性。有限公司的股东仅以其出资额为限对公司债务承担责任,而对公司及公司的债权人不负任何财产责任,债权人亦不得直接向股东主张债权或请求清偿。

(3) 股东出资的非股份性。股份有限公司的资本,要划分成若干金额相等的股份,股东就其所认购的股份对公司负责。而有限公司的资本一般不分为股份,每个股东只有一份出资,其出资额可以不同,股东仅以出资额为限对公司负责。

(4) 公司资本的封闭性。有限责任公司的资本只能由全体股东认缴,公司不能向社会公开募集股份,不能发行股票,公司发给股东的出资证明书也不能在证券市场流通转让。公司股东出资的转让也受到严格的限制,须经其他股东同意并经公司登记。

(5) 公司组织的简便性。有限责任公司的设立程序简单,只有发起设立,而无募集设立。其组织机构也较为简单、灵活,股东会由全体股东组成,董事、监事由股东选举产生,其中规模较小和股东人数较少的有限责任公司可以不设董事会和监事会,只设一名执行董事和 1—2 名监事。另外,股东会的召集方法和议事程序也较为简便。

(二) 有限责任公司的设立

1. 有限责任公司的设立条件

(1) 股东符合法定人数。《公司法》规定,有限责任公司由 50 个以下的股东出资设立。

(2) 注册资本方面,有符合公司章程规定的全体股东认缴的出资额。但要注意,法律、行政法规及国务院决定对注册资本实缴、注册资本最低限额另有规定的,从其规定。

(3)股东共同制定公司章程。有限责任公司章程是全体股东意志的体现,各国公司法均要求章程应由全体股东共同制定。对公司外部来讲,公司章程是公司登记机关对其进行审查的依据,也是公司向他人表明信用和相对人了解公司财产与组织状况的重要法律文件;对公司内部来讲,公司章程是股东协商形成的事先约定,并由股东在上面签字盖章,在公司存续期间,对公司、股东、董事、监事和高级管理人员都具有约束力。

(4)有公司名称,建立符合有限责任公司要求的组织机构。

(5)有公司住所。

2. 有限责任公司的设立程序

与股份有限公司相比,有限责任公司的设立程序相对简便。

(1)签订发起人协议。发起人是公司的创办人,是指订立公司发起人协议,提出设立公司申请,向公司出资或认购股份,并对公司设立承担责任的人。发起人协议是发起人之间就设立公司事项所达成的明确彼此之间权利义务关系的书面协议,与旨在规范成立后公司及其成员的公司章程不同,它重在约束、规范发起人的行为,其性质类似合伙协议。

(2)订立公司章程。任何公司的设立均须订立公司章程,其目的是确定公司的宗旨、设立方式、经营范围、注册资本、组织机构以及利润分配等重大事项,为公司设立创造条件,并为公司成立后的活动提供一个基本的行为规范。

(3)缴纳出资。股东承诺出资后,应当缴纳出资。以货币出资的,应当将出资存入准备设立的有限公司在银行开设的临时账户;以非货币财产作价出资的,应当办理其财产权的转移手续。

(4)确立公司的组织机构。公司在成立登记前必须对公司的权力机关、业务执行机关和监督机关的组织及其成员的分工作出决定,并须符合法律的规定。

(5)申请设立登记。设立有限责任公司,应当由全体股东指定的代表或者共同委托的代理人向公司登记机关申请设立登记。申请登记时,应当向登记机关提交设立登记申请书、公司章程、股东的法人资格证明或者自然人的身份证明等文件。

(三)有限责任公司的治理结构

所谓公司法人治理结构,是指公司作为一个独立的法人实体,为保证正常运转所具有的一整套组织管理体系。公司制企业与合伙企业、独资企业等非公司制企业的根本区别之一,就是借用公法上权力制衡的机制与原理,与公司复合式的产权结构相适应,采取了分权制衡的管理模式,即股东、经营决策者和监督者之间通过公司的权力机构、经营决策与业务执行机构、监督机构而形成各自独立、责任明确、相互制约的关系。

1. 股东会

(1) 股东会的性质和职权

《公司法》第 36 条规定:"有限责任公司股东会由全体股东组成,股东会是公司的权力机构,依照本法行使职权。"由此可见,股东会应由全体股东组成;股东会是有限责任公司的最高权力机关和意思决定机关,公司法规定必须由股东会决定的重大事项,均应由股东会作出决定;股东会是法定的必设机构,除有特别规定的以外,有限公司必须设立股东会;股东会不是常设机构,只有在召开股东会会议时,才作为公司机关存在。

股东会是公司的权力机关,决定公司的重大事项,在公司的机关中居于中心地位。但随着公司管理专业化程度的提高,在有限公司中,也存在从"股东会中心主义"向"董事会中心主义"转移的趋势。这反映在立法上就是,各国公司法大都对股东会的职权作出明确列举,除必须由股东会决定的事项外,其他事项均可交董事会决定。我国《公司法》第 37 条对股东会的职权也作出了明确规定:决定公司的经营方针和投资计划;选举和更换非由职工代表担任的董事、监事,决定有关董事、监事的报酬事项;审议批准董事会的报告;审议批准监事会或者监事的报告;审议批准公司的年度财务预算方案、决算方案;审议批准公司的利润分配方案和弥补亏损方案;对公司增加或者减少注册资本作出决议;对发行公司债券作出决议;对公司合并、分立、解散、清算或者变更公司形式作出决议;修改公司章程;公司章程规定的其他职权。

(2) 股东会会议

股东会作为有限责任公司的非常设机关,其对公司重大事项的决定是通过会议的形式进行的。股东会会议分为定期会议和临时会议两种。定期会议,也称股东常会,是指按照公司章程的规定定期召开的由全体股东出席的例会,通常每年召开一次,所以又称股东年会。临时会议是指公司根据需要在定期会议的间隔中临时召开的股东会议。根据我国《公司法》规定,有权提议召开临时会议的人有:代表 1/10 以上表决权的股东;1/3 以上的董事;监事会或不设监事会的公司监事。

有限责任公司的股东会会议,一般由董事会召集,董事长主持;董事长因特殊原因不能履行职务或不履行职务时,由副董事长主持;副董事长不能履行或不履行职务时,由半数以上的董事共同推举一名董事主持。

(3) 股东会的议事规则

股东会是通过股东行使表决权的方式形成股东会决议。根据《公司法》规定,股东会会议由股东按照出资比例行使表决权。特别决议须经过代表 2/3 以上表决权的股东通过。有限责任公司股东会必须以特别决议通过的事项有:公司增加或减少注册资本;公司分立、合并或者变更形式;公司解散;修改章程。

股东会的议事方式和表决程序,《公司法》没有规定的,由公司章程规定。

2. 董事会

(1) 董事会的性质和职权

董事会是依照法定程序产生,由全体董事组成的公司常设的经营决策和业务执行机关。董事会的这一概念表明:第一,董事会是公司的业务执行机关,股东会作出的各项决议必须由董事会负责主持和实施;第二,董事会是日常经营决策机关,有独立的决策权限和责任,特别是随着董事会权力的不断扩大和股东会职权的日渐削减,董事会已成为事实上的经营决策和领导机关;第三,董事会是集体执行公司事务的机关,通过召集和举行董事会会议的方式形成决议;第四,董事会是法定的常设机关。

现代公司法中一般避免采用列举方式规定董事会的职权,除法定的股东决议的事项外,董事会对公司的其他各项事务,均可作出决定。但我国《公司法》第 48 条列举了董事会的职权:召集股东会,并向股东会报告工作;执行股东会决议;决定公司的经营计划和投资方案;制订公司的年度财务预算方案、决算方案;制订公司利润分配方案和弥补亏损方案;制订公司增加或减少注册资本以及发行公司债券的方案;制订公司合并、分立、解散、或者变更形式的方案;决定公司内部管理机构的设置;决定聘任或解聘公司经理及其报酬事项,并根据经理的提名决定聘任或解聘公司副经理、财务负责人及其报酬事项;制订公司的基本管理制度;公司章程规定的其他职权。

(2) 董事会的人数和组成

各国公司法一般视公司类型的不同,对董事的人数作出相当弹性的规定。我国《公司法》规定,有限责任公司设董事会,其成员为 3—13 人。但规模较小和股东人数较少的有限公司也可以不设董事会,而只设一名执行董事。

董事会成员一般由股东会选举产生,但两个以上国有企业或其他两个以上的国有投资主体投资设立的有限责任公司的董事会成员中应有公司职工代表。职工代表由公司职工民主选举产生。

董事会设董事长一人,可以设副董事长。董事长、副董事长的产生办法由公司章程规定。董事长或执行董事一般为公司的法定代表人,对外代表公司,并主持董事会的日常工作,负责召集董事会和主持股东会。但公司章程也可以规定经理担任法定代表人。

(3) 董事会会议

董事会会议由董事长召集和主持;如果董事长不能履行或不履行这一职务,则由副董事长主持;副董事长不能履行或不履行职务时,由半数以上的董事共同推举一名董事召集和主持。

董事会实行一人一票表决制,其议事方式和表决程序,除公司法有规定的以外,由公司章程规定。为了确保董事会决议的公正,各国公司法一般都规定,凡涉及董事自身利益的事项,该董事不得参加表决,也不得代理他人进行表决。

3. 监事会

（1）监事会的性质和职权

监事会是对董事及公司经理执行业务活动情况进行监督检查的公司内部的监督机构。各国法律对这一机构的称谓不同,有的称监事会,有的称监察委员会,有的称监察人等。在一些国家和地区,有限责任公司的监事会为公司任意机关,公司可以设监察人,也可以不设。如在美国就没有监事会制度。

根据我国《公司法》第53条的规定,监事会行使下列职权:检查公司财务;对董事、高级管理人员执行公司职务的行为进行监督,对违反法律、法规、公司章程或股东会决议的董事、高级管理人员提出罢免的建议;当董事、高级管理人员的行为损害公司利益时,要求董事和高级管理人员予以纠正;提议召开临时股东会会议,在董事会不履行公司法规定的召集和主持股东会会议职责时召集和主持会议;向股东会会议提出议案;依照公司法相关规定,对董事、高级管理人员提起诉讼;公司章程规定的其他职权。

（2）监事会的人数和组成

许多国家的公司法对监事会的人数未作上限规定,而是授权公司根据具体情况以章程确定。根据《公司法》第51条的规定,规模较大或股东人数较多的有限责任公司均应设立监事会,其成员不得少于3人;规模较小或股东人数较少的有限责任公司可以不设监事会,只设1—2名监事。监事会应当由股东代表和不低于1/3比例的职工代表组成,具体比例由章程规定。监事会中的职工代表由公司职工民主选举产生。

为了保证监事的独立,各国立法均禁止公司董事、经理及财务负责人兼任公司监事。

4. 经理

经理是在董事会领导下负责公司日常经营管理事务的高级管理人员。经理由董事会聘任或解聘,对董事会负责。它与董事会共同组成了公司的业务执行机构。

我国《公司法》第49条列举了有限责任公司经理的一些基本职权,如主持公司的生产经营管理工作,组织实施董事会决议,制订公司的具体规章,提请聘任或解聘公司副经理、财务负责人等。

5. 董事、监事和经理等高管的义务和责任

有权必有责,董事、监事和经理等高管均行使公司职权,即应承担相应的义务和责任。作一简单梳理,董事、监事和经理等高管一般应担负两大义务,即忠

实义务和勤勉义务:前者旨在克服董事、监事和经理等高管的贪婪和自私行为,后者旨在防止其偷懒和没有责任心。我国《公司法》第147条明确规定了上述两项义务。

勤勉义务,在英美法系被称为"注意义务"(duty of care)、"勤勉、注意和技能义务",基本含义是指董事、监事、高级管理人员有义务对公司履行管理者的职责,而且履行义务必须是诚实的,行为人必须合理地相信他是为了公司的最佳利益,并尽了一个普通谨慎的人在类似的地位与状况下所应有的合理注意。在大陆法系国家,勤勉义务也被称为"善良管理人的注意义务"或"善管义务",要求董事等在其职责范围内,要像与他们有同样学识、地位及经验的人处理自己的事务一样来处理公司事务,具备善良管理人的谨慎品质。总之,勤勉义务是指董事等必须谨慎、尽力履行其作为公司负责人职责的义务,强调的是董事等作为公司相关事务的负责人有积极作为的义务,必须施展其聪明才智,以应有的勤勉谨慎从事公司的经营决策、业务执行和经营监督,不得懈怠,因而勤勉义务主要与董事等的能力有关,是对董事等称职的要求。

忠实义务(duty of loyalty),亦称忠诚义务等,关于其含义,立法和学理上多有不同表述。如日本龙田节教授认为,忠实义务,即董事必须遵守法令、章程以及股东大会的规定和决议,忠实地为公司履行职责的义务。《日本公司法》规定:"董事负有遵守法令和章程的规定及股东大会的决议,为公司忠实执行职务的义务。"在英国,一般认为,忠实义务是指董事必须竭尽忠诚地为公司工作并诚实地履行职责,司法实践中,法院把"诚实"和"努力"两个条件作为忠实义务的最低要求。忠实义务的核心是强调董事等应当对公司忠心耿耿,始终把公司利益放在首位,不得为个人利益而牺牲公司利益或放弃公司的最佳利益而追求私利,因而忠实义务主要与董事的品德有关,是道德义务的法律化。我国公司法具体规定了董事、经理的不得与公司进行自我交易、竞业禁止、不得篡夺公司机会、不得将公司资金借贷给他人或者以公司财产为他人提供担保等方面的忠实义务。

如果董事、监事、经理等违反所应承担的义务,应对公司承担相应的责任。

(四) 有限责任公司的股权转让限制

有限责任公司股东的股权转让之所以会受到一定的限制,主要原因在于有限责任公司具有很强的人合性因素。为了防止公司股东不信任和不喜欢的第三人成为有限责任公司的成员,公司股东在设立公司时往往会通过具体的协议或章程对股东股权的自由转让加以明确的限制,以避免股东之间的和谐稳定和相互信赖关系遭到破坏。在当今社会,有限责任公司的股权不得自由转让被认为是有限责任公司的重要特征,各国公司法均原则上承认此种限制的有效性,甚至在股东之间没有就限制性事项作出约定时,公司法直接对此作出规定。如法国

《商事公司法》也规定,只有在征得至少 3/4 公司股份的多数股东同意后,公司股份才可以转让给与公司无关的第三人。

根据我国《公司法》第 71 条和第 72 条的规定,公司章程对有限责任公司的股权转让有规定的从其规定,没有规定的,按下列规则办理:

1. 在公司内部转让股权

有限责任公司的股东可以相互转让其全部或者部分股权,法律对此不设任何限制,只要转让方与受让方协商一致,转让即可进行。

2. 向股东以外的人转让股权

股东向公司以外的人转让股权时,要遵循下列限制性规定:(1) 股东向非股东转股权必须经过其他股东过半数同意。这里的"过半数"指的是股东人数,而不是指的股权数额。(2) 股东应就其股权转让事项书面通知其他股东征求意见,其他股东自接到书面通知之日起满 30 日未答复的,视为同意转让。其他股东半数以上不同意转让的,不同意的股东应当购买该转让的股权,不购买的,视为同意转让。这种规定的理由在于,限制有限责任公司股权的自由转让并不等于禁止转让,当其他股东不同意转让又不同意购买时,股东的出资就会被锁定在公司,这违背了财产可转让的本质特性,也不利于特殊情况下的股东及时退出公司。所以法律规定,如果不同意的股东不购买该转让的股权的,应视为同意转让。(3) 经过股东同意转让的股权,在同等条件下,其他股东有优先购买权。两个以上股东主张行使优先购买权的,协商确定各自的购买比例;协商不成的,按照转让时各自的出资比例行使优先购买权。优先购买权的规定,既保护了转让股东的利益,也照顾到了其他股东的利益,较好地实现了二者权益的平衡。

3. 在强制执行程序中发生的股权转让

人民法院依照法律规定的强制执行程序转让股东的股权的情形下,应当及时通知公司及全体股东,其他股东在同等条件下有优先购买权。其他股东自法院通知之日起满 20 日不行使优先购买权的,视为放弃优先购买权。

(五) 一人有限责任公司

1. 一人有限责任公司的概念

一人有限责任公司,是指只有一个自然人股东或者一个法人股东的有限责任公司。一人有限责任公司既为公司,便对经典的公司概念有所发展,是公司立法为适应现实需要所作出的适当变通。

一人公司的最突出法律特征在于其股东的唯一性,即一人公司的股东只有一个自然人或一个法人,全部股份或出资额均由唯一的股东持有。虽然一人公司的股东只有一人,但一人公司不同于独资企业,它具备公司的所有法律特征,包括独立的财产、独立的组织机构、独立的法人资格和独立的民事责任,而独资企业则没有独立的财产、独立的组织机构和独立的法人资格,出资人对企业的债务承担无限责任。

2. 一人有限责任公司的特别规定

尽管一人公司的存在有其理论基础和实践意义,作为一种企业组织形式也得到越来越多国家法律的承认,但由于其股东只有一人,权力集中于唯一的股东,相对于多数人组成的公司,很容易导致公司的人格被股东所吸收,造成股东滥用公司制度下的有限责任特权,从而损害到债权人的利益。为此,我国《公司法》在第二章第三节对一人有限责任公司作出了一些特别规定。

(1) 设立一人有限责任公司的限制。一个自然人只能投资设立一个一人有限责任公司,该一人有限责任公司不能投资设立新的一人有限责任公司。

(2) 特别的公示要求。一人有限责任公司应当在公司登记中注明自然人独资或者法人独资,并在公司营业执照中载明。以此将使他人对一人公司的性质有所了解,并对与之交易所可能承受的风险进行准确分析。

(3) 公司的财务会计制度。一人有限责任公司应当在每一会计年度终了时编制财务会计报告,并经会计师事务所审计。其目的在于保持一人公司财产的独立并与股东的财产相区分。

(4) 发生债务纠纷时的举证责任。由于一人有限责任公司为一个股东控制,极易出现公司财产与股东财产混同或公司财产被股东不当占有和支配的情形,所以公司法规定,在发生债务纠纷时,举证责任倒置,由被告股东举证证明公司财产独立于股东自己的财产,证明不了的,即否认一人有限责任公司的法人人格,由股东对公司债务承担连带责任。

(六) 国有独资公司

1. 国有独资公司的概念和特征

国有独资公司是指国家单独出资、由国务院或地方人民政府委托本级人民政府国有资产监督管理机构履行出资人职责的有限责任公司。

国有独资公司实际上是一人公司在国有企业中的运用,其立法意图主要在于借鉴国外一人公司制度,对国有企业中必须由国家完全控股的部分进行制度创新,即通过国家所有权向国家股权及公司法人财产权转换,实现国家所有权实现方式的改革。

国有独资公司具有有限责任公司的一般特征,但又有其特殊之处,具体表现在投资主体的单一性、资产的国有性、股东责任的有限性、组织机构的特殊性、适用范围的特定性等方面。

我国《公司法》没有对国有独资公司的适用范围作出规定。

2. 国有独资公司的治理结构

由于股东的单一性,国有独资公司不设股东会,股东会的职权由国有资产监督管理机构行使,也可以授权一部分给董事会行使。但有关公司的合并、分立、解散、增减资本和发行公司债券等事项必须由国有资产监督管理机构决定。

国有独资公司设董事会,负责公司的经营决策和业务执行。其成员由国有资产监督管理机构按照董事会的任期委派或更换。成员中应当有公司职工代表,职工代表由职工民主选举产生。董事会设董事长1人,可以根据需要设副董事长,董事长、副董事长由国有资产监督管理机构从董事会成员中指定。

国有独资公司监事会由国有资产监督管理机构委派的人员组成,并有公司职工代表参加。监事会的成员不得少于5人。董事、经理及财务负责人不得兼任监事。

八、股份有限公司

(一) 股份有限公司的概念和特征

股份有限公司,又称为股份公司,是指全部资本划分为等额股份,股东以其所持股份为限对公司承担责任,公司以其全部资产对公司债务承担责任的企业法人。

与其他类型公司相比,股份有限公司具有下列特征:

(1) 股东的广泛性。各国公司法为确保公司股东具有一定的广泛性,均对股东的最低人数作了要求,而对最高人数则不作限制,其股东可以成千上万,只要认购公司股份的人都可以成为公司的股东。

(2) 资本募集的公开性与公司运营的开放性。股份有限公司可以通过公开发行股票的方式募集公司的资本。由于股东人数众多,公司资金多为社会公众投资而成,为了使投资者了解公司的经营状况和发展前景,公司的财务会计报表必须向投资者公开。

(3) 资本的股份化和证券化。股份有限公司的资本划分为等额股份,并以股票这种有价证券形式加以表示,每个股东持有的股份数可以不同,但每股代表的金额必须相等。公司资本股份化和证券化,有利于股东认购股份、行使股东权益及进行利润分配。

(4) 公司的资合性。股份公司是一种纯粹的资合公司,公司的信用建立在公司的资本、即股东的出资基础上,而对股东的身份并无特殊要求,只要认购公司股份就可成为公司的股东,这和在一定程度上强调股东之间的信任和合作的有限责任公司完全不同。

(5) 充分的法人性。股份公司具有最为完备的组织机构和最为独立的财产,而且实现了所有与控制的完全分离,这一切造就了公司人格的彻底独立,充分体现了法人组织的基本特征,因而股份公司被公认为是最典型的法人企业。

（二）股份有限公司的设立

1. 股份有限公司的设立条件

（1）发起人符合法定人数的要求，即设立股份有限公司应有2个以上200个以下的发起人，其中半数以上的发起人在中国境内有住所。

（2）在注册资本方面，有符合公司章程规定的全体发起人认购的股本总额或者募集的实收股本总额。其中，采用发起方式设立的，注册资本为在公司登记机关登记的全体发起人认购的股本总额；采用募集方式设立的，注册资本为在公司登记机关登记的实收股本总额。

（3）股份发行、筹办事项符合法律规定。

（4）发起人制定公司章程。采用募集方式设立的，需经创立大会通过。股份有限公司章程的制定不同于有限责任公司：有限责任公司章程由全体股东制定，而股份有限公司的股东众多，法律只要求发起人参与制订章程，但应由全体认股人参加的创立大会加以确认和通过。

（5）有公司名称，建立符合股份公司要求的组织机构。

（6）有公司住所。

2. 股份有限公司的设立程序

股份有限公司因采取的设立方式不同，其设立程序也有较大的差异。股份公司的设立方式有发起设立和募集设立两种。发起设立是指公司的资本由发起人全部认购，不向发起人以外的任何人募集而设立公司的方式；募集设立是指由发起人认购公司一定比例的股份，其余部分向发起人以外的社会公众公开募集或者向特定对象募集而设立公司的方式。相对而言，发起设立的程序较为简单，而募集设立的程序则较为复杂。

（1）发起设立的程序

由于公司资本全部由发起人认缴，无需向社会公众招募，因此设立的程序相对简单，与有限责任公司设立基本相同。包括订立发起人协议、制订设立公司的可行性研究报告、制订公司章程、发起人认股和缴纳股款、选举公司董事和监事、申请设立登记等。

我国《公司法》采用准则主义，即只有法律法规有特别规定须报经批准的，才应在股份有限公司的发起设立过程中办理批准手续。

（2）募集设立的程序

第一，签订发起人协议、制订公司章程、有特别规定时报送政府审批。这几处与发起设立相同。

第二，发起人认购股份。为加重发起人责任，减少投资者风险，各国公司法都要求发起人在采取募集设立方式设立公司时，必须认购占公司注册资本一定比例的股份。我国《公司法》将此比例设定为35%。

第三,发起人募集股份。发起人募股是公司广泛吸收社会投资的一种方式,它直接关系到社会公众的利益,影响社会资金的流向。因而,各国对此均加强法律监管,规定了严格的程序。我国法律规定的程序如下:向国务院证券监督管理部门提出募股申请;公告招股说明书,招股说明书是公司发起人制作的使公众了解公司的基本情况和认股办法等事宜的书面文件;制作认股书,认股书是公司制作的供认股人在认股时填写之用的书面法律文件,也是确认认购权的一种书面凭证;委托证券承销机构承销;认股人认购缴纳股款。

第四,召开创立大会。在股份的股款缴足后,发起人应当在得到验资机构的验资证明后30日内主持召开创立大会。创立大会是指募集设立的股份有限公司成立之前,由发起人召集,并由包括发起人在内的全体认股人参加的、商讨公司是否设立以及公司设立中和成立后重大事项的会议。创立大会是设立中公司的意思决定机关,是股东大会的前身。创立大会行使下列职权:审议发起人关于公司筹办情况的报告;通过公司章程;选举董事和监事;对公司的设立费用和发起人用于抵作股款的财产作价进行审核;发生不可抗力或者经营条件发生重大变化直接影响公司设立的,可以作出不设立公司的决议。

第五,申请设立登记。董事会应于创立大会结束后30日内向公司登记机关申请设立登记。

(三)股份有限公司的股份和股票

1. 股份和股票的概念及特征

可以从多种角度理解股份的内涵:其一,股份是公司资本的组成部分及最小计算单位,即公司全部资本划分为金额相等的股份,全部股份金额的总和即为公司资本的总额;其二,股份是股东权存在的基础及计算股东权利义务的基本单位,股东权利义务的大小及股东在公司中的法律地位取决于其拥有的股份数量大小;其三,股份以股票为其外在表现形式,股票的价值内容就是股份。股份有限公司的股份与其他公司股东出资相比较,具有以下特征:(1)平等性,每一股份所代表的资本额一律相等,所包含的权利义务也一律平等;(2)可自由转让性,股份通过股票的形式可以在法律规定的场所进行自由转让;(3)不可分性,股份是最小的公司资本构成单位,不可再分;(4)证券性,股份有限公司股份的表现形式是股票,股份是股票的实质内容,而股票则是股份的证券形式。

股票是股份有限公司签发的、证明股东按其所持有股份享有权利和承担义务的书面凭证,是股份的表现形式。在本质上,股票是一种有价证券。所谓有价证券,是指设定并证明持券人具有取得一定金额的权利的凭证,它反映的是一种财产权利,且该财产权利的行使以提示证券为前提。

2. 股份的种类

(1) 普通股和优先股

普通股是指股东权利平等而无差别待遇的股份。普通股股东都享有对公司事务的表决权。普通股股息不稳定,随公司利润而定,且在支付了公司债利息和优先股股息后方能分得。在公司清算时,普通股股东分配公司剩余财产,亦须排列于公司债权人和优先股股东之后。优先股是指对公司享有与普通股相比具有优先内容或优先权利的股份。优先股的"优先"之处主要表现在公司股利分配优先和剩余财产分派优先,但是其表决权必须受到限制,甚至通常没有表决权。

(2) 记名股和无记名股

记名股的股份权利只能由股东本人享有,其转让必须以背书形式进行,并要向公司办理股东名册的过户登记,否则不产生对抗公司的效力。无记名股与股票不可分离,股东权利的行使须以占有和提示股票为要件,其转让只需交付即可。

我国《公司法》规定,向发起人、法人发行的股票应当为记名股。

(3) 国有股、法人股、公众股和外资股

国有股是指国家投资的机构或部门以国有资产向公司投资形成的股份。在广义上,国有股还包括国有法人股,即由具有国有性质的法人单位持有的股份。法人股是指具有法人资格的企业、事业单位、社会团体以其所有或依法可支配的财产向股份公司投资而形成的股份。公众股也称个人股,是指社会个人或公司内部职工向公司投资而形成的股份。外资股是指由境外的投资机构和个人以外币认购和进行交易、以人民币标明面值的股份。但目前,内地居民也可购买境内上市外资股。

3. 股份的发行

(1) 设立发行

设立发行是在公司设立过程中所进行的股份发行。在采取募集设立方式时,第一次发行的股份除由发起人认缴一部分外,应向社会公开发行。

《证券法》第12条规定:设立股份有限公司公开发行股票,应当符合公司法规定的条件和国务院批准的国务院证券监督管理机构规定的其他条件。按此规定,公司设立时发行股份首先必须符合股份有限公司设立的条件,而且股份发行价格的确定也要遵守同股同价、不得折价发行的要求。其次,按照国务院颁布的《股票发行与交易管理暂行条例》第8条的规定,设立股份有限公司申请公开发行股票,应当符合以下条件:(1) 其生产经营符合国家产业政策;(2) 其发行的普通股限于一种,同股同权;(3) 发起人认购的股本数额不少于公司拟发行的股本总额的35%;(4) 在公司拟发行的股本总额中,发起人认购的部分不少于人民币3000万元,但是国家另有规定的除外;(5) 向社会公众发行的部分不少于公司拟发行的股本总额的 25%,其中公司职工认购的股本数额不得超过拟向社会公众发行的股本总额的 10%;公司拟发行的股本总额超过人民币 4 亿元的,证监会可以酌情降低向社会公众发行的部分的比例,但是最低不少于公司拟发行的股本总额的 10%;(6)发起人在近 3 年内没有重大违法行为;(7)证监会规定的其他条件。

(2)新股发行

新股发行是指公司成立后再次发行股份。根据《证券法》第 13 条的规定,公开发行新股应满足以下条件:具备健全且运行良好的组织机构;具有持续盈利能力,财务状况良好;公司在最近 3 年内财务会计文件无虚假记载,无其他重大违法行为;经国务院批准的证券监管机构规定的其他条件。

(四)股份有限公司的治理结构

股份有限公司内部组织机构的运作机理与有限责任公司大致相同。为避免重复,此处不再赘述。不过概括而言,与有限责任公司相比,股份有限公司的治理结构呈现出两个方面的重大不同:第一,所有权与控制权相分离,股东会中心主义向董事会中心主义转移的趋势更明显;第二,公司治理的灵活性相对较小,法定性则比有限责任公司突出,例如,股东人数较少和公司规模较小的有限责任公司可以不设董事会和监事会,只设 1 名执行董事和 1 至 2 名监事,公司是否设经理由公司根据自己的情况决定,而董事会、监事会和经理在股份有限公司中都是必设机构,不能由公司自主决定是否设立。

(五)上市公司

1. 上市公司概述

上市公司是指发行的股票经国务院或国务院授权的证券管理部门批准在证券交易所挂牌交易的股份有限公司。上市公司作为股份有限公司的一种形式,具有股份公司的共同特征。但由于其股票能够在证券交易所公开自由买卖,股份的流动性更强,其公众性公司和开放式公司的特点表现得更为突出,因而对其要求就更加严格。我国法律不仅对公司股票上市的条件和上市程序作出了明确规定,而且在公司治理结构、信息披露等方面有更严格的要求。

2. 公司股票上市的条件

我国《证券法》第 50 条规定,股份公司股票上市须符合以下条件:股票经国务院证券管理部门核准并已向社会公开发行;公司股本总额不少于人民币 3000万元;向社会公开发行的股份达公司股份总额 25% 以上,公司股本总额超过 4亿元的,公开发行股份的比例为 10% 以上;在最近 3 年内无重大违法行为,财务会计报告无虚假记载;国务院规定的其他条件。

3. 上市公司组织机构的特别规定

(1)上市公司须设独立董事。独立董事(Independent Director)这一概念来自于美国,意指那些不在公司担任除董事职务以外的任何其他职务,并与所受聘的公司及其主要股东不存在可能妨碍其进行独立客观判断的一切关系的董事。我国《公司法》已经正式引入了独立董事制度,中国证监会《关于上市公司建立独立董事的指导意见》对独立董事的相关问题作了较详细的规定。独立董事除应符合公司法规定的董事任职资格外,还有特殊的积极资格和消极资格的要求。其积极资格为:根据法律、行政法规及其他有关规定,具备担任上市公司董事的资格;具备上市公司运作的基本知识,熟悉相关法律、行政法规、规章及规则;具有 5 年以上法律、经济或者其他履行独立董事职责所必需的工作经验;公司章程规定的其他条件。消极资格即不得担任独立董事的情形包括:① 在上市公司或者其附属企业任职的人员及其直系亲属、兄弟姐妹、岳父母、儿媳女婿、兄弟姐妹的配偶、配偶的兄弟姐妹;② 直接或间接持有上市公司已发行股份1%以上或者是上市公司前 10 名股东中的自然人股东及其直系亲属;③ 直接或间接持有上市公司已发行股份5%以上的股东单位或者在上市公司前 5 名股东单位任职的人员及其直系亲属;④ 最近一年曾经具有前三项所列情形的人员;⑤ 为上市公司或其附属企业提供财务、法律、咨询等服务的人员;⑥ 公司章程规定的其他人员。

(2)上市公司设董事会秘书,负责股东大会和董事会会议的筹备、文件保管以及股权管理、办理信息披露事宜。

第三节 个人独资企业法律制度

一、个人独资企业的概念和特征

个人独资企业是指在中国境内依《个人独资企业法》设立的,由一个自然人投资,财产为投资人个人所有,投资人以其个人财产对企业债务承担无限责任的经营实体。这是企业最古老,也是最简单的法律形态。具体而言,个人独资企业具有以下法律特征:

(1)个人独资企业是依照《个人独资企业法》设立的,而依照外商投资企业法律制度在国内设立的由一个自然人投资的企业则为外商独资企业。

(2)个人独资企业是在中国境内设立的具有中国国籍的企业。

(3)个人独资企业的投资人仅为一个自然人,但不包括外国人。

(4)个人独资企业的投资人对企业债务承担无限责任,投资人承担责任的财产不限于投入企业的财产,还包括投入其他企业的财产以及投资人的其他财产。

(5)个人独资企业作为经营实体,有自己的名称、固定的经营场所和必要的生产经营条件,但由于没有独立的财产和独立的责任能力,因而没有独立于投资人之外的法律人格。

二、个人独资企业的设立条件

(1) 投资人为一个自然人,且只能是中国公民。

(2) 有合法的企业名称。名称中不得使用"有限""有限责任"或者"公司"字样。

(3) 有投资人申报的出资。个人独资企业没有最低注册资本金额的要求,仅要求投资人有自己申报的出资。投资人可以以个人财产出资,也可以以家庭共有财产作为个人出资。以家庭共有财产作为个人出资的,投资人应当在设立登记申请书上予以注明,在责任承担上,也应以家庭共有财产对企业债务承担无限责任。

(4) 有固定的生产经营场所和必要的生产经营条件。

(5) 有必要的从业人员。这一点与个体工商户有所区别,我国法律没有要求个体户必须有从业人员。

三、个人独资企业的权利和义务

个人独资企业区别于投资者个人,其享有的权利和承担的义务也与个人有所区别。

个人独资企业在核准经营范围内享有自主经营权、组织机构设置权、工资制度决定权、企业名称专用权、专利和商标的申请权、贷款申请权,也可以依法申请企业用地,取得土地使用权。同时,个人独资企业应依法缴纳增值税、营业税、房产税、企业所得税等税收;依法设置会计账簿,进行会计核算;依法与职工签订劳动合同,保障职工的劳动安全;按国家规定参加社会保险,为职工缴纳社会保险费。

四、个人独资企业投资人的权利和义务

按《个人独资企业法》的规定,个人独资企业投资人对本企业的财产依法享有所有权,其有关权利可以依法进行转让和继承。这表明,个人独资企业并不是独立的财产所有权主体,企业的财产与投资人的个人财产并没有明确的界限。

个人独资企业是一个投资人以其个人财产对企业债务承担无限责任的经营实体,企业财产不足以清偿债务的,投资人应当以其个人的其他财产予以清偿。如果投资人在申请企业设立登记时明确以其家庭共有财产作为出资的,应当以家庭共有财产对企业债务承担无限责任。

五、个人独资企业的事务管理

个人独资企业投资人可以自行管理企业事务,也可以委托或者聘用其他具有民事行为能力的人负责企业的事务管理。投资人委托或者聘用他人管理企业事务时,应当与受托人或者被聘用人签订书面合同,明确委托的具体内容和授予的权限范围。但投资人对受托人或被聘用人员职权的限制,不得对抗善意第三人。

六、个人独资企业的解散和清算

根据法律规定,个人独资企业应当解散的情形包括:投资人决定解散;投资人死亡或被宣告死亡,无继承人或者继承人决定放弃继承;被依法吊销营业执照;法律、行政法规规定的其他情形。

个人独资企业解散,由投资人自行清算或者由债权人申请人民法院指定清算人进行清算。投资人自行清算的,应在清算前15日内书面通知债权人,无法通知的,应当予以公告。债权人应当在接到通知之日起30日内,未接到通知的应当在公告之日起60日内,向投资人申报债权。企业解散后,原投资人对独资企业存续期间的债务仍应承担偿还责任,但债权人在5年内未向债务人提出偿债请求的,该责任消灭。

个人独资企业解散,财产应按照下列顺序清偿:所欠职工工资和社会保险费用;所欠税款;其他债务。

企业清算结束后,投资人或者人民法院指定的清算人应当编制清算报告,并于15日内到登记机关办理注销登记。

第四节 合伙企业法律制度

一、合伙企业法概述

(一)合伙企业的概念与特征

合伙企业,是指自然人、法人和其他经济组织依照我国《合伙企业法》在中国境内设立的普通合伙企业和有限合伙企业。

与其他法律形式的企业相比较而言,合伙企业具有下列特征:

(1)必须有两个以上的自然人、法人或其他经济组织共同合作参加组建,这同独资企业或一人有限责任公司只有一个投资主体有区别。

(2)合伙企业必须有人对企业债务承担无限连带责任,这同公司企业区别明显。

(3) 全体合伙人(有限合伙人除外)原则上都有权参与合伙事务的执行,并对执行合伙事务享有同等的权利,合伙人之间在合伙业务范围内形成相互代理关系,这同公司企业有区别。公司企业股东并不都有权直接管理企业,通常由股东选举产生的公司的机关管理企业,股东之间也不形成类似的代理关系。

(4) 合伙企业赖以存在的法律基础是合伙协议,它以合伙人之间存有信任关系为基础,这与公司企业是有区别的。有限责任公司的股东人数不多,也存在一定程度上要求有相互信任关系以维持良好的合作,但通常并没有合伙关系那样密切;股份公司是典型的资合企业,股东之间即使缺少信任关系也不会影响其运作。

(5) 合伙企业由于不具有法人资格,且有合伙人必须要对企业的债务承担连带责任,故合伙企业并无注册资本的要求,只要其他合伙人同意,合伙人可以劳务、技能、社会信誉等方式参与投资(有限合伙人除外);而公司股东则享有有限责任,公司本身拥有独立的法人格,为保护债权人利益,公司有最低注册资本要求,而且股东不得以劳务等方式出资。

(二) 合伙企业的类型

合伙企业按照合伙人对合伙债务承担责任的不同,可分为普通合伙企业和有限合伙企业:普通合伙企业,是指由普通合伙人组成,合伙人对合伙企业债务承担无限连带责任的营利性经济组织;有限合伙企业,是指由有限合伙人和普通合伙人共同组成,普通合伙人对合伙企业债务承担无限连带责任,而有限合伙人则以其认缴的出资额为限对合伙企业债务承担责任的营利性经济组织。我国1997年的《合伙企业法》仅规定了普通合伙,不承认有限合伙。而2006年修订的《合伙企业法》顺应国际上立法的趋势,吸纳了我国某些高技术园区内授权立法的突破和经验,对上述两种形态的合伙企业都进行了规定,承认了有限合伙。

(三) 合伙企业法的概述

合伙企业法,是指国家立法机关或者其他有权机关依法制定的、调整合伙企业关系的各种法律规范的总称。

为了规范合伙企业的行为,保护合伙企业及其合伙人、债权人的合伙权益,维护社会经济秩序,促进社会主义市场经济的发展,第八届全国人民代表大会常务委员会第二十四次会议于1997年2月23日通过了《合伙企业法》,并于1997年8月1日起施行。此后,第十届全国人民代表大会常务委员会第二十三次会议于2006年8月27日对《合伙企业法》进行了修订,并于2007年6月1日开始施行。此外,国务院于1997年11月19日发布的《合伙企业登记管理管理办法》,目前仍为调整合伙企业经济关系的主要法律规范。

二、普通合伙企业

（一）普通合伙企业的设立

1. 普通合伙企业的设立条件

（1）有两个以上合伙人，合伙人为自然人的，应当具备完全民事行为能力。合伙企业必须得有两个以上的投资主体共同投资，其设立不得低于两个人。《合伙企业法》规定，合伙人可以是自然人，也可以是法人或者其他组织。当投资人为自然人的场合，其必须具备完全民事行为能力；当投资人为法人或其他组织的场合，其不得为国有独资公司、国有企业、上市公司以及公益性的事业单位、社会团体。

（2）有书面合伙协议。合伙协议是合伙企业赖以存在的法律基础，合伙协议必须是书面协议，合伙协议对全体合伙人有法律上的约束力。《合伙企业法》第18条规定了合伙协议应具备的内容：① 合伙企业的名称和主要经营场所的地点；② 合伙目的和合伙经营范围；③ 合伙人的姓名或者名称、住所；④ 合伙人的出资方式、数额和缴付期限；⑤ 利润分配、亏损分担方式；⑥ 合伙事务的执行；⑦ 入伙与退伙；⑧ 争议解决办法；⑨ 合伙企业的解散与清算；⑩ 违约责任。

（3）有合伙人认缴或者实际缴付的出资。普通合伙人因要对合伙企业的债务承担无限连带责任，因此在合伙企业法中并无必要要求注册资本。但是，合伙企业作为营利性的组织，其从事营利活动必须具有经营的基础。我国《合伙企业法》规定合伙企业需各合伙人认缴或者实际缴付的出资。合伙人可用货币出资，也可用实物、知识产权、土地使用权、劳务等非货币财产出资；对作为非货币出资财产需评估作价的，可由全体合伙人协商确定，也可由全体合伙人委托评估机构进行评估；合伙人以劳务出资的，其评估办法由全体合伙人协商确定，并在合伙协议中载明。合伙人应当按合伙协议约定的出资方式、数额和缴付期限，履行出资义务；以非货币出资的，根据法律、行政法规的规定，需要办理财产权转移手续的，应当依法办理。合伙人可以实际一次性缴付出资，也可以认缴的形式分散出资。

（4）有合伙企业的名称和生产经营场所。合伙企业作为一个市场主体，同自然人一样需要有自己的称谓，以示区别，同时也便于自己同其他市场主体进行经济上等方面的交易。合伙企业设定自己的称谓时必须遵守相关法律、行政法规及行政规章的规定：一是名称必须登记注册。企业应当选择自己的名称，并向相应的工商行政管理局申请登记注册。二是名称必须符合法定要求。普通合伙企业应当在其名称中标明"普通合伙"字样，有限合伙企业应当在其名称中标明"有限合伙"字样。由于合伙企业中普通合伙人对企业债务承担无限连带责任，因此，合伙企业的名称中不得出现"有限责任""股份"等字样，以免给正常的商业交易秩序带来混乱。

（5）法律、行政法规规定的其他条件。《合伙企业法》并无该兜底性规定，由于2006年修订的《合伙企业法》在普通合伙企业中增加了承担有限责任的合伙人的特殊普通合伙企业的规定，对某些特殊的要求，需在专门的法律、行政法规中作出具体的规定。

2. 普通合伙企业设立的程序

普通合伙企业的设立程序包括：合伙人订立合伙协议；合伙人缴付出资；申请合伙企业设立登记；企业登记机关予以登记，发给营业执照等步骤。我国《合伙企业法》规定，申请合伙企业设立登记，应当向企业登记机关提交登记申请书、合伙协议书、合伙人身份证明等文件。合伙企业的经验范围中有属于法律、行政法规规定在登记前须经批准的项目，该项经营业务应当依法经过批准，并在登记时提交批准文件。申请人提交的登记申请材料齐全、符合法定形式，企业登记机关能够当场登记的，应予以当场登记发给营业执照。对于不符上述情形的申请，企业登记机关应当自收到申请登记文件之日起20日内，作出是否登记的决定。合伙企业营业执照签发日期，为合伙企业成立日期。合伙企业领取营业执照前，合伙人不得以合伙企业名义从事合伙业务。

（二）普通合伙企业的内部关系

1. 合伙企业的财产管理及其使用

（1）合伙企业财产的构成

根据我国《合伙企业法》第20条的规定，合伙企业财产由原始财产和累积财产两种情况构成：

其一，原始财产。原始财产即全体合伙人的出资，是合伙企业成立的必要条件，也是合伙企业积累财产的重要基础。

其二，积累财产。积累财产，是指合伙企业成立以后以合伙企业的名义依法取得的全部收益。其积累财产包括两个方面：一是以合伙企业名义取得的收益，即营业性的收入，包括合伙企业的公共积累资金、未分配的盈余、合伙企业债权、合伙企业取得的工业产权和非专利技术以及合伙企业的名称（商号）、商誉等财产权利。二是依法取得的其他财产，即根据法律、行政法规等的规定合法取得的其他财产，比如合法接受赠与的财产等。

（2）合伙企业财产的分割、转让

① 合伙企业财产的分割。合伙企业的财产具有独立性和完整性两方面的特征。所谓独立性，是指合伙企业的财产独立于合伙人，合伙人出资以后，一般而言，便丧失了对其作为出资部分的财产的所有权或者持有权、占有权，合伙企业的原始财产和积累财产的财产权主体都是合伙企业，而不是单独的每一个合伙人。所谓完整性，是指合伙企业的财产作为一个完整的统一体而存在。合伙

人对合伙企业财产权益的表现形式仅是依照合伙协议所确定的财产收益份额或者比例。因此,在最终清算前,合伙企业有权保障其财产的独立性和完整性,以维护全体合伙人以及合伙企业债权人的合法权益。除法律另有规定外,任何合伙人都不得在合伙企业存续期间主张分割合伙企业的财产。

② 合伙企业财产的转让。合伙企业财产的转让,是指合伙人将自己在合伙企业中的全部或者部分财产份额转让于他人的行为。由于合伙企业及其财产性质的特殊性,合伙人在合伙企业财产中的份额与合伙人的身份是紧密联系的,故其财产的转让将会影响到合伙企业以及各合伙人的切身利益,因此,我国《合伙企业法》在合伙企业财产的转让方面作出了以下限制性的规定:

合伙企业财产在合伙企业外部转让的场合,原则上须经其他合伙人一致同意;合伙财产在合伙企业内部转让的场合,只需通知其他合伙人即可;合伙人向合伙人以外的人转让其在合伙企业中的财产份额时,在同等条件下,其他合伙人有优先购买权。其目的在于维护合伙企业现有合伙人的利益,维护合伙企业在原有基础上的稳定。

合伙人以外的人依法受让合伙人在合伙企业中的财产份额时,经修改合伙协议即成为合伙企业的合伙人,依照修改后的合伙协议享有权利和承担责任。

2. 合伙人的权利与合伙事务的执行

(1) 合伙人的权利

合伙人是合伙企业的投资人,也是合伙企业财产的共有人。合伙人于合伙企业的权利既来自于其投资行为,同时也于合伙协议中有所体现。合伙人基于合伙关系而取得并行使其正当的权利,受合伙企业法及其相关法律的保护。但合伙人权利的行使,必须遵守法律的规定,且要接受合伙协议的约束,并应当履行相关的义务。其主要表现在以下几个方面:

① 财产上的权利。合伙人向合伙企业履行出资义务后,即与其他合伙人共同共有合伙企业的全部财产。合伙人虽不能以自己的个人意志去支配其投入合伙企业中的财产,但共有只是对个人财产权利主张的一种限制,并不否定,经其他合伙人同意或在合伙企业解散时,合伙人自然可取得应属于自己的财产份额。

同时,合伙人也是以合伙企业名义取得的收益和依法取得的其他财产的共有人,在合伙企业解散时合伙人可参与分配此财产。

另外,合伙人按照合伙协议的约定或者经全体合伙人决定,有权增加或者减少对合伙企业的出资。

最后,除非合伙协议另有规定,否则合伙人向合伙人以外的人转让其在合伙企业中的财产份额时,其他合伙人有优先购买权。

② 企业管理权利。合伙人作为合伙企业财产的共有投资人,拥有管理企业的权利。主要表现在以下几个方面:

首先,合伙人对合伙企业拥有全面的管理权。合伙人在合伙企业的营业范围内对其他的合伙人具有当然的代理权。《合伙企业法》第26条规定,合伙人对执行合伙事务享有同等的权利。

其次,合伙人拥有知情权。合伙人为了解合伙企业经营状态和财务状况,有权查阅企业的财务账簿,有权过问生产经营业务。

再次,合伙人拥有监督权。全体合伙人委托一个或者数个合伙人对外代表合伙企业、执行合伙事务的,执行合伙人以外的合伙人有权监督执行事务合伙人执行合伙事务的情况,有权定期听取执行合伙人就事务执行情况以及合伙企业的经营和财务状况的汇报。当受委托执行合伙事务的合伙人不按照合伙协议或者全体合伙人的决定执行事务时,其他合伙人有权决定撤销该委托。

最后,合伙企业决议有关事项时,合伙人拥有表决权。依照《合伙企业法》第30条的规定,合伙人对合伙企业有关事项作出决议,按照合伙协议约定的表决办理。合伙协议未约定或者约定不明确的,实行合伙人一人一票并经全体合伙人过半数通过的表决办法。

(2) 合伙事务的执行

全体合伙人原则上都有权参与合伙事务的执行,并对执行合伙事务享有同等的权利。在此,小规模的合伙企业通常由全体合伙人共同执行合伙事务;规模较大的合伙企业由于合伙人数较多,共同执行合伙事务则有较多不便,例如:召集合伙人会议难以齐聚,不易形成有效决议,失去市场机会;人多难免良莠不齐,人人有权单独代表合伙企业可能造成意见不一、决策失误增多,因此法律许可经全体合伙人决定或依据合伙协议的约定,可委托一个或数个合伙人对外代表合伙企业,并负责执行合伙事务。受委托执行合伙事务的合伙人便称为执行合伙人。

执行合伙人的权力主要来源于两方面:一是他或他们本身是合伙人,于合伙企业有投资,具有当然的管理合伙企业的权利;二是基于合伙协议的约定或全体合伙人的授权。执行合伙人产生后,其对外代表合伙企业,其他合伙人则不再执行合伙企业的事务,但他们拥有监督执行合伙人行为的权利。

执行合伙人一般须以善良人的诚信和谨慎处理合伙企业的事务,不得实施有损合伙企业或全体合伙人利益的行为,否则全体合伙人即可撤销委托。其不正当行为如给合伙企业造成损害,其他合伙人有权要求其赔偿。

执行合伙人在法律上是其他合伙人的代理人,也是合伙企业的负责人,其在履行职责执行合伙事务所产生的收益归全体合伙人,所产生的亏损及其他民事责任,由全体合伙人承担。

(三) 普通合伙企业的外部关系

在合伙企业设立以后,必然要以合伙企业的名义从事生产经营活动,从而与其他市场主体发生联系,形成其外部关系。基于合伙企业的特点,《合伙企业法》对合伙企业与第三人关系作了相应的规范和调整。

1. 对外代表权的效力

依照《合伙企业法》的规定,执行合伙事务的合伙人对外代表合伙企业,其执行合伙事务所产生的收益归全体合伙人,所产生的亏损或者民事责任,由全体合伙人承担。即执行合伙事务的合伙人对外代表合伙企业,具有合伙企业的对外代表权。

合伙企业内部对合伙人执行合伙事务及对外代表合伙企业的限制,对不知情的善意第三人不具有抗辩权。换言之,合伙企业中的每一合伙人均有权代表合伙企业。基于合伙协议或经合伙人协商一致,可由一个或数个合伙人来执行合伙事务,而执行合伙人以外的其他合伙人依法不再执行合伙事务,也无权代表合伙企业。但是这种内部的约定只是在合伙人内部形成了限制,对于善意第三人而言,非执行合伙人实施越权行为时,其他合伙人及执行合伙人不得以越权合伙人越权而主张行为无效。这样的原则也可适用于执行合伙人超越合伙人授权而实施行为的情况。

2. 合伙企业的债务与合伙人的无限连带责任

合伙企业对其债务,应先以企业的全部财产进行清偿。合伙企业财产不足以清偿其到期债务的,其不足部分,由各合伙人对合伙企业的债务承担无限连带责任。合伙人承担无限连带责任,清偿数额超过了其依法应分担亏损的比例的,有权就该超出部分,向其他合伙人追偿。合伙人对于合伙企业亏损分担的比例,按照合伙协议约定办理;合伙协议未约定或者约定不明确的,由合伙人协商决定;协商不成的,由合伙人按照实缴出资比例分担;无法确定出资比例的,由合伙人平均分担。

(四)入伙与退伙

1. 入伙

入伙,是指在合伙企业存续期间,非合伙人加入合伙企业,取得合伙人身份的行为。

(1)入伙的方式

入伙的方式一般有三种:其一,非合伙人接受原合伙人转让的全部或者部分财产份额,从而成为新的合伙人。原合伙人如果是部分转让其财产份额,则仍为合伙企业的合伙人;原合伙人如果是全部转让其财产份额,则完全退出合伙企业,不再是合伙企业的合伙人。新合伙人加入后,合伙企业的财产不增加。其二,在没有合伙人转让财产份额的情况下,非合伙人依法加入合伙企业,从而成为新的合伙人。新合伙人加入后,合伙企业的财产增加。其三,合伙人死亡或者被依法宣告死亡时,对该合伙人在合伙企业中的财产份额享有合法继承权的人,愿意成为该合伙企业合伙人的人,依法加入合伙企业,成为新的合伙人,但合伙企业的财产不增加。

(2) 入伙的条件及程序

合伙企业的存续基础是各合伙人之间存在信赖关系,合伙企业接纳新的合伙人入伙,将会涉及合伙企业的合伙出资比例、盈余分配比例、债务分担比例的变动,需要对原有的合伙协议进行调整,因此,新合伙人入伙必须得到全体合伙人的同意。

新合伙人对入伙前合伙企业所负的债务,可与其他合伙人共同承担无限连带责任,但需在新合伙协议中载明。因此,依法订立书面入伙协议时保证新合伙人入伙的重要环节。

由于合伙企业是典型的人合组织,各合伙人之间存在相互信赖关系,因此当新合伙人加入合伙企业,订立入伙协议时,原有合伙人应当向新合伙人如实告知原合伙企业的经营状况和财务状况。当然,原合伙人履行告知义务时,必须遵循诚实、如实、全面的原则,不得有任何的隐瞒、遗漏或欺诈,否则需承担相应的法律责任。

(3) 新入伙人的权利和责任

入伙的后果是合伙人获取合伙人的资格。入伙的新合伙人对入伙前合伙企业的债务承担无限连带责任,与原合伙人享有同等的权利并承担同等的责任。但是,如果原合伙人愿意以更优越的条件吸引新合伙人入伙,或者新合伙人愿意以较为不利的条件入伙,也可以在入伙协议中另行约定。入伙协议另有约定的,从其约定,但如果入伙人与原合伙人约定其对入伙前的合伙债务不承担责任,这种约定不能对抗善意第三人。

2. 退伙

(1) 退伙的概念和条件

退伙,是指合伙人在企业存续期间退出合伙企业,从而丧失合伙人资格的法律事实。退伙一般可分为任意退伙、法定退伙和除名退伙三种。

任意退伙,也称为声明退伙,即以合伙人自己的意思表示而决定并于适当时间告知其他合伙人而发生的退伙行为。根据合伙企业在合伙协议中是否约定经营期限的不同,《合伙企业法》将任意退伙分为两种情形,并分别规定了退伙条件:一是合伙协议约定合伙企业的经营期限的,有下列情形之一时,合伙人可以退伙:合伙协议约定的退伙事由出现;经全体合伙人一致同意;发生合伙人难以继续参加合伙的事由;其他合伙人严重违反合伙协议约定的义务。二是合伙协议未约定合伙企业的经营期限的,合伙人在不给合伙事务执行造成不利影响的情况下,可以退伙,但必须提前30日通知其他合伙人。合伙人未按规定擅自退伙的,应当赔偿由此给其他合伙人造成的损失。

法定退伙,也称当然退伙,是指基于法律的规定以及法定事由而当然退伙的情况。《合伙企业法》第48条规定,合伙人有下列情形之一的,当然退伙:作为合伙人的自然人死亡或者被依法宣告死亡;个人丧失偿债能力;作为合伙人的法人或者其他组织依法被吊销营业执照、责令关闭、撤销,或者被宣告破产;法律规定或者合伙协议约定合伙人必须具有相关资格而丧失该资格;合伙人在合伙企业中的全部财产份额被人民法院强制执行。

除名退伙,是指合伙人因严重违反合伙协议的规定或者有其他重大不轨行为损害了合伙企业的利益或者威胁合伙企业的生存与发展,而被其他合伙人一致决定开除的行为。《合伙企业法》第49条规定,合伙人有下列情形之一的,经其他合伙人一致同意,可以决议将其除名:未履行出资义务;因故意或者重大过失给合伙企业造成损失;执行合伙事务时有不正当行为;发生合伙协议约定的事由。

(2)退伙的法律效力

① 退还退伙人的财产份额。合伙人退伙,其他合伙人应当与该退伙人按照退伙时的合伙企业财产状况进行结算,退还退伙人的财产份额。退伙人对合伙企业造成的损失负有赔偿责任的,相应扣减其应当赔偿的数额。合伙人负担的合伙企业的事务在退伙时尚未了结的,应当在事务了结后进行结算。退伙人在合伙企业中财产份额的退还办法,由合伙协议约定或者由全体合伙人决定,可以退还货币,也可以退还实物。

② 退伙人对基于其退伙前的原因发生的合伙企业债务,承担无限连带责任。

③ 退伙人退伙时,合伙企业财产少于合伙企业债务的,退伙人应当依照《合伙企业法》的规定分担亏损。

④ 合伙人死亡或者被依法宣告死亡的,对该合伙人在合伙企业中的财产份额享有合法继承权的继承人,按照合伙协议的约定或者经全体合伙人一致同意,自继承开始之日起,即取得该合伙企业的合伙人资格。

(五)特殊的普通合伙企业

特殊的普通合伙企业,又称为有限责任合伙,是普通合伙企业的一种特殊形式,是指以专业知识和专门技能为客户提供有偿服务的专业机构性质的合伙企业。

1. 特殊的普通合伙制度的立法背景

在市场经济体制建立中,我国出现了大量会计师事务所、律师事务所以及资产评估事务所等专业服务机构。它们以其拥有的专业知识和信息为客户提供服务,既满足不同客户的服务要求,又促进自身的发展。顺应经济发展的现实需求,这类专业机构在我国第三产业中具有越来越重要的地位。它们中有不少迫切需要或者已采用了合伙制,但立法却相对滞后,并未对其设立、事务执行、入伙退伙、解散清算等具体内容作出规定。另一方面,一般合伙要求所有合伙人都承担无限连带责任。由于上述专业服务机构没有多少资本,仅以其专业知识与信息为客户提供专业服务,要求每一合伙人都对合伙债务承担无限连带责任,必然导致许多无过错合伙人承担因其他合伙人过错所导致的连带责任,特别是要求全体合伙人对异地分支机构合伙人独立开展业务所产生的债务也负无限连带责任,限制了此类专业服务机构的发展。而且,大量国外会计师事务所、律师事务所等专业服务机构已相继进入我国开展业务,他们绝大多数采用有限责任合伙制度。我国立法如果缺乏相应的制度规定,既不利于它们在我国的商事登记,又会因登记为有限责任公司而降低对我国客户的风险承担能力。为此,迫切需要修改《合伙企业法》,增加有限责任合伙规定,明确采用合伙制的专业服务机构对合伙企业法的适用。鉴于此,我国于2006年修订《合伙企业法》时增加了特殊的普通合伙制度。

2. 特殊的普通合伙企业的责任形式

相对于普通合伙企业,特殊的普通合伙企业主要区别在于承担责任的原则不同。普通合伙企业由普通合伙人组成,合伙人对合伙企业债务承担无限连带责任。而特殊的普通合伙企业中,对合伙人本人执业行为中因故意或者重大过失引起的合伙企业债务,其他合伙人以其在合伙企业中的财产份额为限承担责任;执业行为中有故意或者重大过失的合伙人,应当承担无限连带责任。对合伙人本人执业中非因故意或者重大过失引起的合伙企业债务和合伙企业的其他债务,全体合伙人承担无限连带责任。

3. 对第三人的保护制度

由于特殊的普通合伙企业中的有限责任合伙限定了合伙人对合伙企业债务承担无限连带责任的范围,因此客观上需要增加对客户和第三人的补充保护制度。在此,我国《合伙企业法》规定,特殊的普通合伙企业名称中应当标明"特殊普通合伙"字样。这主要是为了使社会公众通过企业的名称就能够了解合伙企业的性质、责任形式,进而能够基本评价企业的实力、信用,保障交易的安全。此外,我国《合伙企业法》第59条还规定,特殊的普通合伙企业应当建立执业风险基金、办理职业保险。执业风险基金用于偿付合伙人执业活动造成的债务。执业风险基金应当单独立户管理。

三、有限合伙企业

(一)有限合伙制度的背景

有限合伙在至少有一名合伙人承担无限责任的基础上,允许其他合伙人承担有限责任,它将具有投资管理经验或技术研发能力的机构和个人,与具有资金实力的投资者进行有效结合,既激励管理者全力创业和创新,降低决策与管理成本,提高投资效益,又使资金投入者在承担与公司制企业同样责任的前提下,获取更高收益。有限合伙主要适用于风险投资,它使承担无限连带责任的合伙人在企业中行使事务执行权,负责企业的经营管理;并规定有限合伙人依据合伙协议享受投资收益,对企业债务只承担有限责任,但不能对外代表合伙,也不直接参与经营。为鼓励、推动风险投资事业的发展,2006年修订的《合伙企业法》中增加了"有限合伙企业"一章,主要规定有限合伙人的权利与义务,有限合伙的事务执行,以及有限合伙不同于普通合伙的特殊规定等内容。

(二)有限合伙企业的设立

与普通合伙企业不同,设立有限合伙企业,通常需满足以下几个特殊条件:

1. 有2个以上50个以下的合伙人,其中至少应当有1个普通合伙人。有限合伙企业是由普通合伙人和有限合伙人共同构成的企业,缺少任何一种类型的合伙人,有限合伙企业就无法成立。依照《合伙企业法》的规定,自然人、法人和其他组织可以依照法律规定设立有限合伙企业,但国有独资公司、国有企业、上市公司以及公益性的事业单位、社会团体不得成为有限合伙企业的普通合伙人。

2. 为便于社会公众及交易对象了解有限合伙企业的性质,有限合伙企业的名称中应表明"有限合伙"字样。

3. 与普通合伙企业一样,设立有限合伙企业也应有合伙协议。但有限合伙企业的合伙协议应当包含两部分内容:一是与普通合伙企业合伙协议相同的部分;二是与普通合伙企业合伙协议不同的部分。对于前者,适用《合伙企业法》有关普通合伙企业合伙协议的规定;而对于后者,《合伙企业法》第63条作了特别规定:有限合伙企业的合伙协议还应当载明下列事项:(1)普通合伙人和有限合伙人的姓名或者名称、住所;(2)执行事务合伙人应具备的条件和选择程序;(3)执行事务合伙人权限与违约处理办法;(4)执行事务合伙人的除名条件和更换程序;(5)有限合伙人入伙、退伙的条件、程序以及相关责任;(6)有限合伙人和普通合伙人相互转变程序等。

4. 与普通合伙企业一样,有限合伙企业虽然并无注册资本的要求,但有限合伙企业也应有各合伙人认缴或者实际缴付的出资。与普通合伙企业不同的是,有限合伙企业中的有限合伙人的出资只能以货币、实物、知识产权、土地使用权及其他财产权作为出资,而不能以劳务作为出资。原因在于,有限合伙人并不参与有限合伙企业的日常经营活动,同时也为保护债权人利益的缘故。

(三)有限合伙企业的事务执行

1. 有限合伙人不得执行合伙事务

有限合伙企业中合伙事务的执行是有限合伙企业经营管理中最为重要的事

项。由于有限合伙企业的普通合伙人对有限合伙企业的债务承担无限连带责任,而有限合伙人仅以其认缴的出资额为限对合伙企业债务承担责任,因此,按照权利义务相一致的原则,有限合伙企业的事务执行应由普通合伙人负责,而有限合伙人则不得执行合伙事务,也不得对外代表合伙企业。

在此,执行事务合伙人由普通合伙人推举或由合伙协议约定而产生,有权对外进行经营活动,其经营活动的后果由全体合伙人承担。执行事务合伙人除享有承担与一般合伙人相同的权利和义务外,还有接受其他合伙人的监督,善良执行合伙事务的义务,如因自己的过错造成合伙财产的损失,必须对合伙企业或其他合伙人承担赔偿责任。相较于不执行事务的合伙人,执行事务的合伙人对有限合伙企业付出劳动,甚至支出费用,因此执行事务的合伙人可以要求在合伙协议中确定执行事务的报酬及报酬提取方式。

2. 有限合伙企业的利润分配

根据《合伙企业法》的规定,普通合伙企业的合伙协议不得约定将全部利润分配给部分合伙人。但是,有限合伙企业则不同,其合伙协议可约定将全部利润分配给部分合伙人。

3. 有限合伙人与企业的交易、竞业

普通合伙企业的场合,合伙人不得自营或者同他人合作经营与本合伙人相竞争的业务。而且除合伙协议另有约定或者经全体合伙人一致同意外,合伙人不得同本合伙企业进行交易。但是,有限合伙企业的场合,除非合伙协议另有约定,否则有限合伙人可以与本有限合伙企业进行交易及竞业。这主要因为,有限合伙人与普通合伙人不同,其并不参与有限合伙企业的事务执行,对有限合伙企业的重大决策并无实质的控制权,有限合伙人参与本企业的交易及竞业时,一般不会损害企业的利益。

(四)有限合伙人的财产处理制度

1. 有限合伙人转让财产份额

有限合伙企业兼具资合因素和人合因素。其中,有限合伙人与普通合伙人之间的联系属于资本的联合,而普通合伙人之间的联合属于信用的联合。有限合伙人向合伙人以外的其他人转让其在有限合伙企业中的财产份额,并不影响有限合伙企业的财产基础和有限合伙企业债权人的利益,因此,有限合伙人的财产份额可以对外转让。

但是,有限合伙人对外转让其在有限合伙企业的份额应当依法进行。《合伙企业法》规定了两个方面的条件:一是按照合伙协议的约定进行转让。有限合伙人对外转让其在有限合伙企业中的财产份额,是有限合伙企业经营活动中的重要事项,合伙人应当在有限合伙协议中对此问题作出约定。转让发生时,应当按照协议的约定进行。二是应当提前30天通知其他合伙人,以便其他合伙人决定是否行使优先购买权。

2. 有限合伙人出质财产份额

有限合伙人在有限合伙企业中的财产份额,是有限合伙人的财产权益,在有限合伙企业存续期间,有限合伙人可以对该财产权利进行一定的处分。有限合伙人将其在有限合伙企业中的财产份额进行出质,产生的结果仅仅是有限合伙企业的有限合伙人存在变更的可能,这对有限合伙企业的财产基础并无根本的影响。因此,有限合伙人可以按照《担保法》及相关规定进行财产份额的出质,普通合伙人如果要禁止有限合伙人将其在有限合伙企业中的财产份额出质的,应当在合伙协议中作出约定。

3. 有限合伙人清偿债务

有限合伙人在清偿其与合伙企业无关的债务时,首先应当以自有财产进行清偿。只有在自有财产不足清偿时,有限合伙人才可以使用其在有限合伙企业中分取的收益进行清偿。当有限合伙人没有清偿到期债务时,其债权人可以要求有限合伙人以其在有限合伙企业中的财产份额清偿其债务。有限合伙人拒绝履行清偿义务的,债权人可以请求法院依法强制执行有限合伙人在有限合伙企业中的财产份额。

(五)有限合伙人的入伙、退伙及资格继受

1. 入伙

新有限合伙人入伙,除合伙协议另有约定外,应当经全体合伙人一致同意,并依法订立书面入伙协议。这与普通合伙人入伙的场合并无区别。但是,新入伙的有限合伙人对入伙前的有限合伙企业的债务仅以其认缴的出资额为限对有限合伙企业的债务承担责任,而不同于普通合伙企业中"新合伙人对入伙前合伙企业的债务承担无限连带责任"的规定。

2. 退伙

有限合伙人的退伙,也可分为任意退伙、法定退伙和除名退伙三种。有限合伙人退伙的条件及程序基本上可适用普通合伙企业中相关的规定。但是,由于有限合伙人仅以其认缴的出资额为限对有限合伙企业的债务承担责任,其即使丧失偿债能力也不会损害有限合伙企业其他合伙人及债权人的利益,因此,关于当然退伙的条件,普通合伙企业中"个人丧失偿债能力"的规定并不适用于有限合伙人。此外,由于有限合伙人对有限合伙企业只进行投资,而不负责事务执行,因此,作为有限合伙人的自然人在有限合伙企业存续期间丧失民事行为能力,并不影响有限合伙企业的正常经营活动,其他合伙人不能要求该丧失民事行为能力的合伙人退伙。另外,应注意的是,有限合伙人退伙后,对基于其退伙前的原因发生的有限合伙企业债务,仅以其退伙时从有限合伙企业中取回的财产承担责任。

3. 资格继受

在有限合伙企业存续期间,因主客观条件的变化,有限合伙人的民事权利能力可能终止,此时有限合伙人作为独立民事主体的资格不复存在,其在有限合伙企业中的相关权利只能由其继承人或者权利继受人依法取得。《合伙企业法》第80条规定,作为有限合伙人的自然人死亡、被依法宣告死亡或者作为有限合伙人的法人及其他组织终止时,其继承人或者权利承受人可以依法取得该有限合伙人在有限合伙企业中的资格。

(六)合伙人类型的转变

有限合伙企业中,普通合伙人转变为有限合伙人,或者有限合伙人转变为普通合伙人,其本质是两类法律责任的转变,这对有限合伙企业的生产经营会产生一定的影响。因此,对有限合伙企业两类合伙人的转变,除合伙协议另有约定外,应当经全体合伙人一致同意。对于转变后的债务责任承担问题,依照《合伙企业法》的规定,有限合伙人转变为普通合伙人的,对其作为有限合伙人期间有限合伙企业发生的债务承担无限连带责任;普通合伙人转变为有限合伙人的,对其作为普通合伙人期间合伙企业发生的债务承担无限连带责任。另外,应注意的是,合伙人类型转变的结果将导致有限合伙企业结构的变化。当有限合伙企业仅剩普通合伙人时,该企业应当转为普通合伙企业;当有限合伙企业仅剩有限合伙人时,该企业应当解散。

四、合伙企业的解散、清算

(一)合伙企业解散

合伙企业解散,是指依法定原因或约定原因而使合伙企业终止经营活动,全体合伙人的合伙关系归于消灭的法律行为。根据《合伙企业法》的规定,合伙企业有下列情形之一的,应当解散:(1)合伙期限届满,合伙人决定不再经营;(2)合伙协议约定的解散事由出现;(3)全体合伙人决定解散;(4)合伙人已不具备法定人数满30天;(5)合伙协议约定的合伙目的已经实现或者无法实现;(6)依法被吊销营业执照、责令关闭或者被撤销;(7)法律、行政法规规定的其他原因。

(二)合伙企业清算

合伙企业清算是与合伙企业解散密切联系的、结束合伙企业的一个法定程序。合伙企业解散后应当清算,只有在清算结束后,合伙企业才能真正终止合伙关系,终止其活动。我国《合伙企业法》对合伙企业清算作了以下几方面的规定:

1. 确定清算人

清算人是指负责企业清算事务的人。清算人的产生分为三种情况:

（1）由全体合伙人担任清算人。合伙人是合伙企业的财产所有者，全体合伙人有权对合伙企业的债权、债务作出最后的安排。在合伙企业解散时，由合伙人担任清算人，能够使合伙企业的清算比较全面、客观、公正，避免个别合伙人的利益受到损害。

（2）由合伙人指定或者委托清算人。此类清算人的产生应具备以下三个条件：第一，合伙企业的清算人未能由全体合伙人担任；第二，必须经全体合伙人过半数同意；第三，自合伙企业解散后15日内作出指定或委托。

（3）由人民法院指定清算人。自合伙企业解散事由出现之日起15日内未确定清算人的，合伙人或者其他利害关系人可以申请民法院指定清算人。

2. 清算人的职责及法律责任

《合伙企业法》规定，清算人在清算期间执行下列事务：（1）清理合伙企业财产，分别编制资产负债表和财产清单；（2）处理与清算有关的合伙企业未了结事务；（3）清缴所欠税款；（4）清理债权、债务；（5）处理合伙企业清偿债务后的剩余财产；（6）代表合伙企业参加诉讼或者仲裁活动。

清算人在执行清算事务时，谋取非法收入或者侵占合伙企业财产的，应当将该收入和侵占的财产退还合伙企业；给合伙企业或者其他合伙人造成损失的，依法承担赔偿责任。清算人违反法律规定，隐匿、转移合伙企业财产，对资产负债表或者财产清单作虚假记载，或者在未清偿债务前分配财产，损害债权人利益的，依法承担赔偿责任。

3. 清算的通知与公告

通知和公告债权人是合伙企业清算的必要程序，也是保护债权人利益的法定事项。依照《合伙企业法》第88条的规定，清算人自被确定之日起10日内将合伙企业解散事项通知债权人，并于60日内在报纸上公告。债权人应当自接到通知之日起30日内，未接到通知书的自公告之日起45日内，向清算人申报债权。

4. 财产清偿顺序

财产的分配是清算的核心部分，也是关系到各方利益的焦点。《合伙企业法》规定，合伙企业财产的清偿顺序如下：（1）支付清算费用；（2）支付合伙企业职工工资、社会保险费用、法定补偿金；（3）缴纳所欠税款；（4）清偿债务；（5）剩余财产依本法第33条第1款的规定分配给合伙人。

5. 清算终结

清算结束后，清算人应当编制清算报告，经全体合伙人签名、盖章后，在15日内向企业登记机关报送清算报告，申请办理合伙企业注销登记。

第五节 企业破产法律制度

一、破产法概述

(一) 破产

破产(bankrupt)简单地说就是债务人不能清偿到期债务。从词源上讲,"bankrupt"一词源于意大利语"banca rotta";"banca"意为"板凳","rotta"意为"砸烂"。它来源于中世纪后期意大利商业城市的习惯。当时,商人们在市中心交易市场中各有自己的板凳,当某个商人不能偿付债务时,他的债权人就按照惯例砸烂他的板凳,以示其经营失败。现代破产法意义上的破产,包含事实上的破产和法律上的破产。

事实上的破产,有多种表现形式,可以指债务人丧失了继续经营事业的财产承受能力,也可以指债务人发生了债务清偿不能的财务危机。法律意义上的破产,是指债务人不能清偿到期债务时,由法院通过法定程序,将债务人全部财产强制向全体债权人公平清偿并使债务人丧失其主体资格的事件。债务人清偿债务后其主体资格赖以存在的财产已完全丧失,故称破产。

破产具有以下的法律特征:

(1) 破产是一种债务清理法定手段。当出现债务人不能清偿到期债务的事实状态时,如何对债务人的财产进行公正的分配,满足债权人的清偿要求,一般的民事诉讼程序或者执行程序无法解决这些问题,必须由法律进行特别规定。

(2) 破产必须以债务人不能清偿到期债务为前提。"不能清偿到期债务"是指债务的履行期限已届满,且债务人明显缺乏清偿债务的能力。当债务人停止清偿到期债务并呈连续状态,如无相反证据时,也可推定为"不能清偿到期债务"。

(3) 破产以公平清偿债权为宗旨。在破产的情况下,通常有多个债权人,并且债务人全部财产往往不能满足全部债权要求,这样,各债权人之间就存在债权受偿上的利益冲突。所以需要向全体债权人公平地清偿债务,以协调各债权人之间的利益冲突,使各债权人合理地共担损失和共享利益。

(4) 破产是一种强制执行程序。一旦进入破产程序,则必须受法院的破产执行程序的支配。非经破产程序和法律的特别规定,任何人或者机构都不能处分或者执行债务人的财产。

(二) 破产法

1. 破产法的概念

破产法是指调整破产债权人和债务人、法院、管理人以及其他破产参加人相互之间在破产过程中所发生的社会关系的法律规范的总称。主要包括破产程序规定、破产实体规范和罚则。破产法是破产制度的法律表现形式,是法院处理破产案件以及破产关系人行使权利的法律依据。

2. 我国破产法的构成

我国破产法主要由普通规范和特殊规范构成:

(1) 普通规范,主要是指破产案件中一般破产主体所适用的程序性及实体性的法律规范。包括第十届全国人大常委会第二十三次会议于 2006 年 8 月 27 日通过,自 2007 年 6 月 1 日起实施的《企业破产法》、1991 年《民事诉讼法》第 19 章《企业法人破产还债程序》、1991 年最高人民法院《关于贯彻执行〈企业破产法(试行)〉若干问题的意见》以及 1992 年《关于适用〈民事诉讼法〉若干问题的意见》(以下简称《民诉意见》)的第 16 部分"企业法人破产还债程序"的规定。此外,还包括 2002 年最高人民法院《关于审理企业破产案件若干问题的规定》等。上述司法解释大多依照原《企业破产法(试行)》作出,与 2006 年《企业破产法》有一定的出入,且 2007 年修订的《民事诉讼法》已不再单章规定有关破产的相关程序,本节主要阐释《企业破产法》。

(2) 特殊规范,主要指由于破产主体的特殊性和经济发展的特殊需要而制定的法规,主要有:《商业银行法》第 71 条对商业银行破产所作的特殊规定;国务院关于试点城市国有企业破产的文件;地方破产条例等。

3. 破产法的适用范围

关于破产法的适用范围,各国依照本国的实际情况作了不同规定,有些仅适用于法人或自然人,也有些同时适用于法人和自然人。我国 1986 年《企业破产法》(试行)的适用范围较窄,仅包括企业法人,不包括没有法人资格的企业、个体工商户、合伙组织、农村承包经营户和自然人。我国的破产主体为企业法人。2006 年《企业破产法》适用的范围涵盖了所有的企业法人,不论是国有企业、私营企业,还是外资企业,也不论是有限责任公司还是股份有限公司。

二、破产申请的提出和受理

(一) 破产界限

破产界限,又称为"破产原因",是指适用破产程序所依据的特定法律条件或法律事实,也就是受理破产案件的实质条件。各国破产法对破产界限的规定大致可以归纳为两种:

(1) 列举主义。主要为英美法系国家所用,以英国破产法和 1978 年前的美国破产法为代表。其破产法对破产界限进行逐一列举,主要是一些有损于或可能有损于债权人利益的行为,这些行为与债务人是否已丧失偿债能力往往没有必然联系,只要债务人具备了其中之一,即可认为其具有破产原因。

（2）概括主义。主要为大陆法系国家所采用。其特点是，对破产界限作高度抽象的概括规定。总体来说，是以债务人无清偿能力为核心。在判断"无清偿能力"的时候有两个标准：一是现金流量标准，当债务人不能支付到期债务时，即认为无清偿能力；二是资产负债表标准，是指债务人的资产不能够清偿它的负债，即"资不抵债"。

我国对于破产界限的规定采取的是概括方式，对不同性质的主体，规定了不同的破产界限。我国《企业破产法》第2条规定，企业法人可以进入破产的界限是："企业法人不能清偿到期债务，并且资产不足以清偿全部债务或者明显缺乏清偿能力的，依照本法规定清理债务。"比较原《企业破产法（试行）》，《企业破产法》明确了经营不善的主观因素条件和严重亏损的不确定概念，对破产界限的规定具有进步意义。商业银行的破产界限在《商业银行法》第71条中予以规定，其破产界限仅由"不能支付到期债务"一项事实构成。

（二）破产申请

破产申请是指破产申请人向法院请求受理破产案件，适用破产程序，宣告破产的意思表示。关于破产开始程序的立法有两种体例，即申请主义和职权主义。申请主义，即法院根据破产申请人的申请而开始破产程序，这体现了私法上"不告不理"的原则；职权主义，即法院在无破产申请的情况下根据其职权开始破产程序，这体现了公力救济主义特点。近、现代破产法大多以申请主义为原则，而以职权主义为例外。我国现行破产法采用了申请主义。

破产申请人是与破产案件有利害关系、依法具有破产申请资格的民事主体。申请人应当提交破产申请书和有关证据。破产申请书应列明：(1)申请人、被申请人的基本情况；(2)申请目的；(3)申请的事实和理由；(4)法院认为应当载明的其他事项。在法院受理破产申请前，申请人可以请求撤回申请。

根据我国法律的规定，破产申请人可以是债权人，也可以是债务人本身。

（1）债权人申请。申请破产的债权人，可以是法人、公民和具有诉讼主体资格的非法人组织。为解决可能申请人不了解债务人资产负债的情况，新法对债权人启动破产程序仅规定了债务人不能清偿到期债务的要求。

（2）债务人申请。债务人申请破产，究竟是一种权利还是义务，取决于破产制度能否为债务人带来利益。现代破产制度摒弃了早期破产制度以债权人为中心的原则，兼顾债权人、债务人和社会三者的利益，进入破产程序有利于维护债务人利益，因而，申请破产对于债务人来说是一种权利，并且这种权利还具有处分实体权利的性质。

为便于法院审查和操作，企业破产法规定对债务人提出破产申请的，除了向人民法院提交破产申请书和有关证据外，还应当提交：(1)财产状况说明书；(2)债务清册；(3)债权清册；(4)有关财务会计报告；(5)职工安置预案；

(6) 职工工资的支付和社会保险费用的缴纳情况。

(三) 破产案件的管辖和受理

1. 破产案件的管辖

是否具有破产案件管辖权是法院受理一个破产案件首先要解决的问题。我国现行破产法规对管辖权作了以下规定：

(1) 地域管辖。我国《企业破产法》第3条规定，破产案件由债务人住所地人民法院管辖。

(2) 级别管辖。根据《关于审理企业破产案件若干问题的规定》，基层人民法院一般管辖县、县级市或者区的工商行政管理机关核准登记企业的破产案件；中级人民法院一般管辖地区、地级市(含本级)以上的工商行政管理机关核准登记企业的破产案件；纳入国家计划调整的企业破产案件，由中级人民法院管辖。

2. 破产案件的受理

破产案件的受理，又称为破产案件的立案，指法院在收到破产申请后，经审查认为符合法定的立案条件而裁定予以接受，并因此开始破产程序的司法行为。由于破产程序的开始具有一系列的法律效果，破产案件受理规则在破产法上意义重大。对于破产案件的受理，《企业破产法》围绕是否受理作出了相应的规定：

(1) 债务人异议权。《企业破产法》第10条规定，债权人提出破产申请的，人民法院应当自收到申请之日起5日内通知债务人，债务人对申请有异议的，应当自收到该通知之日起7日内向法院提出。

(2) 裁定受理期限。债权人提出破产申请而债务人有异议的，法院应当自异议期满之日起10日内裁定是否受理；除上述情形以外的情形，法院应当自收到破产申请之日起15日内裁定是否受理。有特殊情况需要延长前述两种期限的，经上一级法院批准，可以延长15日。

(3) 申请人对不受理破产申请裁定的上诉权。法院裁定不受理破产申请的，应当自裁定作出之日起5日内送达申请人并说明理由，申请人对裁定不服的，可以自裁定送达之日起10日内向上一级法院上诉。

3. 受理的法律效果

法院受理破产案件后，应通知已知债权人，并予以公告，从而开始形成债务人财产和破产费用，由此产生的法律效果有：

(1) 对债务人的约束。自破产案件受理之日起，债务人的有关人员，包括法定代表人或经法院决定的财务管理人员和其他经营管理人员，应当正当履行破产法规定的义务，包括：财产保管的义务，妥善保管其占有和管理的财产、印章和账簿、文书等资料；根据人民法院、管理人的要求进行工作，并如实回答询问；列席债权人会议并如实回答债权人的询问；未经人民法院许可，不得离开住所地；

不得新任其他企业的董事、监事、高级管理人员。不得对个别债权人清偿债务；担任保证人的债务人应当及时转告有关当事人等。

（2）对债权人的约束。法院受理破产申请后，债权人应向管理人申报债权、债权人在申报债权的同时亦应自动停止其个别追索行为，这是债权人参加破产程序行使权利的基础。这也意味着，债权人能通过破产程序行使权利。在破产申请受理时，未到期的债权视为到期；附利息的债权自破产申请受理时起停止计息。

（3）对债务人的债务人或者财产持有人的约束。债务人的债务人或者财产持有人应当向管理人清偿债务或者交付财产。前述两类人员故意违反规定向债务人清偿债务或者交付财产，使债权人受到损失的，不免除其清偿债务或者交付财产的义务。

（4）管理人的权利。人民法院裁定受理破产申请的，应当同时指定管理人。管理人对破产申请受理前成立而债务人和对方当事人均未履行完毕的合同有权决定解除或者继续履行，并通知对方当事人。管理人自破产申请受理之日起2个月内未通知对方当事人，或者自收到对方当事人催告之日起30日内未答复的，视为解除合同。管理人决定继续履行合同的，对方当事人应当履行，对方当事人有权要求管理人提供担保。管理人不提供担保的，视为解除合同。

（5）对其他民事程序的影响，法院受理破产案件后，有关债务人财产的促使措施应当解除，执行程序应当中止。已经开始而尚未终结的有关债务人的民事诉讼或者仲裁应当中止；在管理人接管债务人的财产后，该诉讼或者仲裁继续进行。有关债务人的民事诉讼，只能向受理破产申请的人民法院提起。

4．管理人

管理人制度是《企业破产法》所创设的，管理人是法院受理破产后，接管债务人并处理债务人经营管理和破产事务的个人或组织。个人担任管理人的，应当参加职业责任保险。管理人由法院指定，可以由有关部门、机构的人员组成的清算组或者依法设立的律师事务所、会计师事务所、破产清算事务所等社会中介机构担任。因故意犯罪受过刑事处罚、曾被吊销相关专业职业证书或与本案有利害关系等情形的不得担任管理人。

（1）管理人所受的监督。① 债权人会议。债权人认为管理人不能依法、公正执行职务或者有其他不能胜任职务情形的，可以申请人民法院予以更换。管理人应当列席债权人会议，向债权人会议报告职务执行情况，并回答询问。② 人民法院。管理人依照企业破产法规定执行职务，向人民法院报告工作。管理人没有正当理由不得辞去职务，辞职应当经人民法院许可。③ 管理人还应接受债权人委员会的监督。

（2）管理人的职责。管理人应当勤勉尽责，忠实执行职务，其主要职责有：

① 接管债务人的财产、印章和账簿、文书等资料;② 调查债务人的财产状况,制作财产状况报告;③ 决定债务人的内部管理事务;④ 决定债务人的日常开支和其他必要开支;⑤ 在第一次债权人会议召开之前,决定继续或者停止债务人的营业;⑥ 管理和处分债务人的财产;⑦ 代表债务人参加诉讼、仲裁或者其他法律程序;⑧ 提议召开债权人会议;⑨ 人民法院认为管理人应当履行的其他职责。

5. 债务人财产

法院受理破产申请的时间是确定债务人财产的起始时间,债务人财产即为法院受理破产申请时属于债务人的全部财产,以及此后至破产程序终结前债务人取得的财产。

根据我国《企业破产法》,债务人财产由以下几部分构成:

(1) 破产申请受理时属于债务人的全部财产。包括固定资产、流动资金、专项基金等,无论是通过国家财政拨款、企业积累、银行借款,追缴债务人的出资人未完全缴纳的出资,还是通过法律允许的其他方式形成的,均构成债务人财产。

我国《企业破产法》就债权人在破产申请受理前对债务人负有债务的,可以向管理人主张抵销,但不得抵销的有三种情形:第一,债务人的债务人在破产申请受理后取得他人对债务人的债权的;第二,债权人已知债务人有不能清偿到期债务或者破产申请的事实,对债务人负担债务的;但是,债权人因为法律规定或者有破产申请一年前所发生的原因而负担债务的除外;第三,债务人的债务人已知债务人有不能清偿到期债务或者破产申请的事实,对债务人取得债权的;但是,债务人的债务人因为法律规定或者有破产申请一年前所发生的原因而取得债权的除外。

(2) 债务人在破产申请受理后至破产程序终结前所取得的财产。是指在债务人的财务报表上作为债权或预期收益加以反映,但在破产申请受理时,债务人并未实际取得,而在破产程序终结前取得的财产。包括因债务人的债务清偿债务而取得的财产;因管理人决定继续履行债务人未履行的合同所得到的财产;由于债务人的无效行为或可撤销行为而由管理人追回的财产等。

《企业破产法》第 33 条规定,涉及债务人财产的无效行为有:为逃避债务而隐匿、转移财产的;虚构债务或者承认不真实的债务的。该法第 31 条则规定,法院受理破产申请前一年内,管理人可请求法院撤销的涉及债务人财产的行为包括:无偿转让财产的;以明显不合理的价格进行交易的;对没有财产担保的债务提供财产担保的;对未到期的债务提前清偿的;放弃债权的。法院受理破产申请前 6 个月,债务人有上述情形,对个别债权人进行清偿的,管理人也有权请求法院予以撤销,但个别清偿使债务人财产受益的除外。

(3) 担保物的价款超过担保债务数额部分的担保财产。债务人的财产中已作为担保物的财产不属于债务人财产;担保物的价款超过其所担保的债务数额的,超过部分仍属于债务人财产。

(4)应当由债务人行使权利的其他财产权。包括应当由债务人行使的物权、债权、知识产权、证券权利、股东出资缴纳请求权、投资收益权,以及由债务人享有的、可以用财产价值衡量并可以变现为金钱利益的其他任何财产权利。新破产法专门规定了债务人的董事、监事等利用职权从企业获取的非正常收入和侵占的企业财产,应由管理人追回作为债务人财产。

6. 破产费用和共益债务

破产费用是指人民法院受理破产申请后发生的费用,包括:(1)破产案件的诉讼费用;(2)管理、变价和分配债务人财产的费用;(3)管理人执行职务的费用、报酬和聘用工作人员的费用。

共益债务是指人民法院受理破产申请后发生的下列债务,包括:(1)因管理人或者债务人请求对方当事人履行双方均未履行完毕的合同所产生的债务;(2)债务人财产受无因管理所产生的债务;(3)因债务人不当得利所产生的债务;(4)为债务人继续营业而应支付的劳动报酬和社会保险费用以及由此产生的其他债务;(5)管理人或者相关人员执行职务致人损害所产生的债务;(6)债务人财产致人损害所产生的债务。

7. 债权申报

人民法院受理破产申请后,应当确定债权人申报债权的期限,申报期限自法院发布受理破产申请公告之日起计算,最短不少于30日,最长不超过3个月。在债权申报期限内,债权人应向管理人申报债权,未申报债权的,可以在破产财产最后分配前补充申报;但已经进行的分配,不再对其补充分配。连带债权人可以由其中一人代表全体连带债权人申报债权,也可以共同申报债权。

可以申报的债权有:(1)附条件、附期限的债权和诉讼、仲裁未决的债权。(2)保证人承担保证义务对债务人形成的债权。债务人的保证人或者其他连带债务人已经代替债务人清偿的,以其对债务人的求偿权申报债权。(3)保证人因承担保证义务对债务人形成的将来债权。债务人的保证人或者其他连带债务人尚未代替债务人清偿债务的,以其对债务人的将来求偿权能申报债权。但是,债权人已经向管理人申报全部债权的除外。(4)解约损害赔偿请求权。管理人或者债务人依照破产法规定解除合同的,对方当事人以因合同解除所产生的损害赔偿请求权申报债权。(5)债务人的受托人处理委托事务形成的债权。债务人是委托合同的委托人,被裁定适用破产法规定的程序,受托人不知该事实,继续处理委托事务的,受托人以由此产生的请求权申报债权。(6)付款人对债务人所出的票据付款或承兑而形成的债权。

不必申报的债权有:债务人所欠职工的工资和医疗、伤残补助、抚恤费用,所欠的应当划入职工个人账户的基本养老保险、基本医疗保险费用,以及法律、行政法规规定应当支付给职工的补偿金。

三、债权人会议和债权人委员会

(一) 债权人会议

1. 债权人会议的概念

债权人会议是依法申报债权的债权人参加破产程序并集体行使权利的决议机构。它是在破产财产处理过程中,集中体现全体债权人意志的一种临时性的组织形式,也是在人民法院的监督下讨论决定破产事宜的最高决策机构。债务人的财产无法满足所有债权人的清偿请求时,各个债权人之间不可避免地存在利益冲突,债权人会议制度就是为了化解债权人之间的矛盾和增进彼此合作,以保证破产程序的公平、公正和高效。

2. 债权人会议的组成

债权人会议由依法申报债权的债权人组成。不论债权人享有的债权属于何种性质,数额多寡,均为债权人会议成员。其成员分为两类:

(1) 有表决权的成员,包括无财产担保的普通债权人,放弃了优先受偿权利的有财产担保的债权人,有优先受偿的权利但优先权的行使未能就担保物获得足额清偿的债权人,代替债务人清偿了债务的保证人等。

(2) 无表决权的成员,即未放弃优先受偿权利的有财产担保的债权人;债权附有停止条件,但其条件尚有待成就的债权人;尚未代替债务人向他人清偿债务的保证人或者其他连带债务人。《企业破产法》具体化了无表决权成员的情形,包括债权尚未确定的债权人,除人民法院能够为其行使表决权而临时确定债权额的外,不得行使表决权;对债务人的特定财产享有担保的债权人,未放弃优先受偿权利的,不享有表决通过和解协议和通过破产财产的分配方案的权利。

债权人会议设主席一人,由人民法院从有表决权的债权人中指定。债权人会议主席主持债权人会议。

3. 债权人会议的召开和职权

(1) 债权人会议的召开。破产程序开始后,根据破产法的规定应当召开债权人会议。召开债权人会议,分为两种情况:其一是法律规定必须召开的债权人会议,如第一次债权人会议;其二是在必要时召开的债权人会议,如管理人提议时召开的债权人会议。

第一次债权人会议由人民法院召集,自债权申报期限届满之日起 15 日内召开。除第一次债权人会议外,其他的债权人会议只在破产程序进行中必要时召开。根据我国现行法律的规定,应当召开债权人会议的情形为:一为法院认为必要时;二为管理人、债权人委员会、占债权总额 1/4 以上的债权人向债权人会议主席提议时。值得注意的是,这里不是指债权人人数总和的 1/4 以上,而是指代表债权总额 1/4 以上数额的债权人。

(2) 债权人会议的职权。依照我国现行法律,债权人会议在法定议事范围内讨论决定事务的权限主要为:

第一,核查债权。确认债权有无财产担保及其数额,这是债权人会议的首要职权。债权人会议对债权存有疑问或异议时,可以向申报人提出询问,由债权人会议最终加以定夺。

第二,监督权。《企业破产法》授予了债权人会议对管理人和债权人委员会成员的监督权,主要包括申请人民法院更换管理人,审查管理人的费用和报酬、监督管理人,选任和更换债权人委员会成员。

第三,通过和解协议。和解协议通常是因优先权人作出让步而达成的,因此应当通过债权人的集体行为来实现,所以对于和解协议草案,不得以债权人的私下意思表示或法院的决定来代替债权人会议的决定。

第四,决定债务人营业并通过债务人财产的管理方案。新《企业破产法》规定了债权人会议有权决定债务人是继续营业还是停止营业,并授予了债权人会议通过债务人财产的管理方案的权利。

第五,通过破产财产的变价和分配方案。《企业破产法》区分了债务人财产和破产财产,债务人财产只有在债务人被宣告破产后才成为破产财产。破产财产变价方案是管理人对破产财产行使清理、变卖等处分行为的具体方法。破产财产分配方案是对破产财产依照法定清偿顺序进行分配的具体办法。管理人应当及时拟定破产财产变价和分配方案,提交债权人会议讨论通过,债权人会议通过破产财产分配后,由管理人将该方案提请人民法院裁定认可,后由管理人执行。

第六,通过重整计划。根据我国《企业破产法》的规定,债务人或者管理人应当自人民法院裁定债务人重整之日起 6 个月内,同时向人民法院和债权人会议提交重整计划草案。经债权人会议中不同债权的各表决组均通过重整计划草案时,重整计划即通过。表决组按照下列债权分类:对债务人的特定财产享有担保权的债权;债务人所欠职工的工资和医疗、伤残补助、抚恤费用,所欠的应当划入职工个人账户的基本养老保险、基本医疗保险费用、以及法律、行政法规规定应当支付给职工的补偿金;债务人所你税款;普通债权。

4. 债权人会议的决议

(1) 债权人会议决议规则。合法有效的债权人会议决议,应具备两个要件:第一,决议的内容以债权人会议的职权范围为限;第二,决议必须达到一定数量的票额才能获得通过。一般性的决议,应当由过半数的出席会议的有表决权的债权人通过,并且其所代表债权额,必须占无财产担保债权总额的 1/2 以上,即同时满足"人数"和"债权"过半数。这样,既可以照顾有表决权的多数债权人的利益,又可以保护那些债权数额较大的债权人的利益。而涉及全体债权人重大利益的事项,如通过和解协议草案的决议,不仅要求"人数"过半数,还要求他们所代表的债权总额需占无财产担保债权数额的 2/3 以上。

（2）可由人民法院裁定的决议事项。两种情形下人民法院可对决议事项作出裁定:一是债务人财产的管理方案或破产财产的变价方案,债权人会议若未表决通过,可由人民法院裁定;二是债权人会议二次表决仍未通过破产财产的分配方案的,也由人民法院裁定。债权人若对第一种情形的裁定不服的,或债权额占无财产担保债权总额 1/2 以上的债权人对第二种情形的裁定不服的,可以自裁定宣布之日或者收到通知之日起 15 日内向该法院申请复议。复议期间不停止裁定的执行。

（3）债权人会议决议的约束力。债权人会议一旦形成决议,全体债权人都必须遵守。不管是否出席债权人会议,或是否同意债权人会议的决议。

如果债权人认为债权人会议决议违反法律规定、损害其利益的,可以自债权人会议作出决议之日起 15 日内,请求人民法院裁定撤销该决议。

（二）债权人委员会

我国《企业破产法》专门规定了债权人委员会,债权人会议可以决定设立债权人委员会,由债权人会议选任的债权人代表和一名债务人的职工代表或者工会代表组成,总成员不超过 9 人。债权人委员会的职权有:(1) 监督债务人财产的管理和处分;(2) 监督破产财产分配;(3) 提议召开债权人会议;(4) 债权人会议委托的其他职权。可见,债权人委员会所发挥的主要是监督职能。

四、重整与和解

重整是 2006 年《企业破产法》引入的一个重要程序,目的是使面临困境但仍存在挽救希望的企业特别是大中型企业恢复生机,避免破产清算。新法对重整与和解作出完整全面的规范,使该法不仅是一部规范企业死亡的法律,也是一部体现企业复兴的法律。

（一）重整

1. 重整的申请和重整期间

债务人符合破产或可能破产的情形,但仍有挽救希望,债权人或债务人可向人民法院申请对债务人进行整顿,以期在一定期限内恢复清偿能力的法律程序。

重整的申请有三种情形:一是债务人直接向人民法院提出申请;二是债权人直接向人民法院提出申请;三是债权人申请对债务人进行破产清算,在人民法院受理破产申请后、宣告破产前,债务人或者出资额占债务人注册资本 1/10 以上的出资人,可以向人民法院申请重整。自人民法院裁定债务人重整之日起至重整程序终止,为重整期间。

2. 重整计划

（1）重整计划草案的制订。谁管理、经营债务便由谁提交重整计划草案。债务人或者管理人应当自人民法院裁定债务人重整之日起 6 个月内,同时向人民法院和债权人会议提交重整计划草案。重整计划草案应当包括的内容有：① 债务人的经营方案；② 债权分类；③ 债权调整方案；④ 债权受偿方案；⑤ 重整计划的执行期限；⑥ 重整计划执行的监督期限；⑦ 有利于债务人重整的其他方案。

（2）重整计划草案的通过。人民法院应当自收到重整计划草案之日起 30 日内召开债权人会议,对重整计划草案进行表决。债权人按不同的优先权进行分组,各组分别对草案进行表决,出席会议的同一表决组的债权人过半数同意重整计划草案,并且其所代表的债权额占该组债权人无财产担保债权总额的 2/3 以上的,即为该组通过重整计划草案。

各表决组均通过重整计划草案时,重整计划即为通过。部分表决组未通过重整计划草案的,债务人或者管理人可以同未通过重整计划草案的表决组协商。该表决组可以在协商后再表决一次。双方协商的结果不得损害其他表决组的利益。未通过重整计划草案的表决组拒绝再次表决或者再次表决仍未通过重整计划草案,在符合法律规定的条件下,债务人或者管理人可以申请人民法院批准重整计划草案。

（3）批准重整计划。自重整计划通过之日起 10 日内,债务人或者管理人应当向人民法院提出批准重整计划的申请。人民法院经审查认为符合企业破产法规定的,应当自收到申请之日起 30 日内裁定批准,终止重整程序,并予以公告。

重整计划草案未获得通过,且也未获得人民法院批准,或者已通过的重整计划未获得批准的,人民法院应当裁定终止重整程序,并宣告债务人破产。

（4）重整计划的效力。经人民法院裁定批准的重整计划,对债务人和全体债务人均有约束力。重整计划排除了未按法律规定申报债权的债权人在该计划执行期间主张权利的效力,在重整计划执行完毕后,此类债权人可以按照重整计划规定的同类债权的清偿条件行使权利。

（5）重整计划的执行。重整计划由债务人负责执行。在重整计划规定的监督期内,管理人监督重整计划的执行。债务人不能执行或者不执行重整计划的,人民法院经管理人或者利害关系人请求,应当裁定终止重整计划的执行,并宣告债务人破产。

（二）和解

1. 和解的概念

和解是指债务人不能清偿到期债务,但仍有挽救希望,为了免其破产,由债务人和债权人相互间达成的解决债务问题的一揽子谅解协议,该协议经人民法院裁定认可的法律程序。和解制度成本较小,有利于社会经济秩序的稳定。

2. 和解的过程

(1) 申请和解。债务人可以依照破产法规定,直接向人民法院申请和解;也可以在人民法院受理破产申请后,宣告债务人破产前,向人民法院申请和解。债务人申请和解,应当提出和解协议草案。

(2) 法院裁定和解。人民法院审查后认为和解申请符合法律规定的,应当裁定和解,予以公告,并由债权人会议讨论和解协议草案。

(3) 通过和解协议。债权人会议通过和解协议的决议,由出席会议的有表决权的债权人过半数同意,并且其所代表的债权额占无财产担保债权总额的2/3以上。债权人会议通过和解协议的,由人民法院裁定认可,终止和解程序,并予以公告。

和解协议草案经债权人会议表决未获得通过,或者已经债权人会议通过的和解协议未获得人民法院认可的,人民法院应当裁定终止和解程序,并宣告债务人破产。我国《企业破产法》还规定了破产程序中的和解:人民法院受理破产后,债务人与全体债权人就债权债务的处理自行达成协议的,可以请求人民法院裁定认可,并终结破产程序。

3. 和解协议

和解协议是债务人与债权人双方就债务的延期、分期偿付或免除而成立的合同。它作为一种特殊合同,其特征主要有:(1) 和解协议的当事人是债务人和全体债权人。和解债权人是指人民法院受理破产申请时对债务人享有无财产担保债权的人。(2) 和解协议的内容主要有:清偿债务的财产来源;清偿债务的办法;清偿债务的期限等。(3) 和解协议的生效以法院裁定认可为要件。因债务人的欺诈或者其他违法行为而成立的和解协议,人民法院应当裁定无效,并宣告债务人破产。法院对和解协议只能在认可与不认可之间择一裁定,而无权裁定修改其内容。

4. 和解的效力

和解的效力,是和解协议生效所产生的法律后果。主要有以下几个方面:(1) 中止破产程序。中止的起始时间与和解协议的生效时间一致,即法院公告之日。(2) 解除对债务人的破产保全。破产保全解除后,作为原保全标的财产可继续为债务人占用和正常处分。(3) 变更债权债务关系。和解生效后,原有债权债务关系变更为和解债权债务关系,即原有债权债务按和解协议重新确定,当事人双方均只能按和解协议的规定索偿和清偿。(4) 对未申报债权的和解债权人的效力。和解协议执行期间,未申报债权的和解债权人不得行使权利;在和解协议执行完毕后,可以按照和解协议规定的清偿条件行使权利。

5. 和解的终结

（1）和解协议执行完毕后的终结。债务人严格按照和解协议条件清偿债务，则协议执行完毕也意味着和解的当然终结。按照和解协议减免的债务，自和解协议执行完毕时起，债务人不再承担清偿责任。

（2）和解协议未执行完毕的终结。债务人不能执行或者不执行和解协议的，人民法院经和解债权人请求，应当裁定终止和解协议的执行，并宣告债务人破产。和解债权人因执行和解协议所受的清偿仍然有效，和解债权未受清偿的部分作为破产债权。

五、破产清算

破产清算主要包括破产宣告、破产财产的变价和分配、破产程序的终结三个阶段。

（一）破产宣告

1. 破产宣告的概念及特征

破产宣告，是法院对债务人不能清偿到期债务的事实作出的法律上的认定。依照我国法律，有下列情形之一的，由人民法院裁定宣告企业破产：（1）债务人在重整期间因法定事由，被人民法院裁定终止重整程序；（2）债务人或管理人未按期提出重整计划草案，被人民法院裁定终止重整程序；（3）重整计划草案未获通过且未被批准，或者重整计划已通过但未被批准，被人民法院裁定终止重整程序；（4）债务人不能执行或不执行重整计划的，经管理人或利害管理人请求，人民法院裁定终止重整计划的执行；（5）债务人不能清偿债务且与债权人达成和解协议的；（6）和解协议草案经债权人会议表决未获通过，或者已获通过但未获得人民法院认可的，被人民法院裁定终止和解程序；（7）因债务人的欺诈或其他违法行为而成立的和解协议，被人民法院裁定无效；（8）债务人不执行或者不能执行和解协议的。

破产宣告是一项司法行为，它产生一系列法律效果，构成了破产法的一个重要事件，它标志着企业破产程序进入实质性阶段，是整个破产程序中最重要的阶段和环节。破产宣告的裁定一旦作出，破产企业应当立即停止生产经营活动，进入破产清算程序。

破产宣告具有以下基本特征：

（1）破产宣告的适用对象是不能清偿到期债务的债务人。对于一般的债务人，能够清偿债务而拒不清偿的。可通过民事诉讼和执行程序，强制其清偿债务，不能宣告债务人破产。

（2）破产宣告的权力机关是人民法院。破产宣告对债权人和债务人的利益有着重大影响，且具有不可逆转的性质。破产宣告是法院行使破产案件专属管辖权的具体形态,法院以外的国家行政机关或者其他任何机构,都没有权力对债务人不能清偿债务作出具有法律意义的判定。

（3）破产宣告是破产清算开始的标志。唯有债务人经法院确认被宣告破产,才能开始破产清算,对债务人所有的财产进行处分。

2. 破产宣告的法律效力

破产宣告的法律效力,是指破产宣告对被宣告破产的债务人、债权人等所产生的法律后果。主要有以下几个方面:对债务人而言,债务人被宣告破产后,债务人称为破产人。在破产清算期间,破产人只能从事清算范围内的活动,即结清未了事务的活动以及为清算所必需的一些经营活动;并且,这些经营活动不是由破产人的原机关而是由管理人实施。债务人财产成为破产财产,破产财产在归属、用途和处置方法上都服从于实现财产清算的目的。

对债权人而言,人民法院受理破产申请时对债务人享有的债权称为破产债权。对破产人的特定财产享有担保权的债权人,对该特定财产享有优先受偿的权利,该债权人行使优先受偿权利未能完全受偿的,其未受偿的债权作为普通债权;放弃优先受偿权利的,其债权作为普通债权。

（二）破产财产的变价和分配

1. 破产财产

破产财产,是指破产宣告时至破产程序终结期间,归管理人占有、支配并用于破产分配的破产人的全部财产的总和。它作为破产宣告后继续进行破产程序的财产基础而存在,决定着破产债权的受偿程度和破产关系中有关主体的利益分配。破产宣告后,债务人财产转为破产财产。

2. 变价

（1）拟定变价方案。管理人应当及时拟订破产财产变价方案,提交债权人会议讨论通过;债权人会议表决未通过的,由人民法院裁定。

（2）变价出售破产财产。管理人应当根据债权人会议通过或人民法院裁定的破产财产变价方案,适时变价出售破产财产。除非债权人会议另有决议,变价出售破产财产应当通过拍卖进行。

（3）变价出售方法。破产企业可以全部或者部分变价出售。企业变价出售时,可以将其中的无形资产和其他财产单独变价出售。按照国家规定不能拍卖或者限制转让的财产,应当按照国家规定的方式处理。

3. 分配

除非债权人会议另有决议,破产财产的分配应当以货币分配方式进行。

（1）财产分配顺序。破产财产在优先清偿破产费用和共益债务后,依照下列顺序清偿:第一,破产人所欠职工的工资和医疗、伤残补助、抚恤费用,所欠的应当划入职工个人账户的基本养老保险、基本医疗保险费,以及法律、行政法规规定应当支付给职工的补偿金;第二,破产人欠缴的除前项规定以外的社会保险费用和破产人所欠税款;第三,普通破产债权。破产财产不足以清偿同一顺序的清偿要求的,按照比例分配。破产企业的董事、监事和高级管理人员的工资按照该企业职工的平均工资计算。

《企业破产法》实行后,破产人在该法公布之日前所欠职工的工资和医疗、伤残补助、抚恤费用,所欠的应当划入职工个人账户的基本养老保险、基本医疗保险费用,以及法律、行政法规规定应当支付给职工的补偿金,依照前述分配顺序的规定清偿后不足以清偿的部分,优先于对特定财产享有担保权的权利人受偿。这是我国《企业破产法》作出的突破性规定,目的是保障破产人职工的基本利益,这也是市场经济下,企业更应承担相应的社会责任的表现。

(2) 分配过程。管理人拟定破产财产分配方案,提交债权人会议讨论;债权人会议通过该方案后,由管理人将该方案提请人民法院裁定认可;人民法院认可后,由管理人执行。

(3) 分配过程中的公告。管理人按照破产财产分配方案实施多次分配的,应当公告本次分配的财产额和债权额。管理人实施最后分配的,应当在公告中指明。

(4) 分配过程中的提存。在三种情况下应提存:一是对于附生效条件或者解除条件的债权,管理人应当将其分配额提存;二是债权人未受领的破产财产分配额,管理人应当提存;三是破产财产分配时,对于诉讼或者仲裁未决的债权,管理人应当将其分配额提存。

(5) 追加分配。因债务人财产不足以支付破产费用,或破产人无财产可供分配,或破产财产分配完毕后,有下列情形之一的,债权人可以请求人民法院按照破产财产分配方案进行追加分配:第一,发现依照法律有涉及债务人财产可撤销或无效的规定应当追回的财产的;第二,发现破产人有应当供分配的其他财产的。当然,如果追回的财产数量不足以支付分配费用的,则不再进行追加分配,由人民法院将其上交国库。

(三) 破产程序的终结

破产程序的终结发生于以下三种情形:

(1) 破产人脱离破产困境。主要有:第一,第三人为债务人提供足额担保或者为债务人清偿全部到期债务的;第二,债务人已清偿全部到期债务的。

(2) 财产不够分配。在债务人财产如果不足以支付破产费用,或者是破产人无财产可分配的情况下,管理人应当请求人民法院裁定终结破产程序。

(3) 管理人在最后分配完结后,应当及时向人民法院提交破产财产分配报告,并提请人民法院裁定终结破产程序。

破产程序的终结应当同人民法院作出裁定,并予以公告。

管理人应当自破产程序终结之日起10日内,持人民法院终结破产程序的裁定,向破产人的原登记机关办理注销登记。管理人于办理注销登记完毕的次日终止执行职务。但是,存在诉讼或者仲裁未决情况的除外。

(四)取回权、别除权、抵销权、追回权

(1)取回权。《企业破产法》第38条规定:"人民法院受理破产申请后,债务人占有的不属于债务人的财产,该财产的权利人可以通过管理人取回。但是,本法另有规定的除外。"在法院受理破产申请后,由管理人占有管理的财产中,混杂的本属其他人(即第三人)的财产,如企业借用、租用的属于他人的财产,他人由于某种原因放置在企业里的财产,所有人可依法通过破产管理人取回,这种权利便是取回权。

(2)别除权(优先受偿权)。别除权是指不依破产程序而能从破产企业的特定财产得到单独优先受偿的权利。《企业破产法》第109条规定,对破产人的特定财产享有担保权的权利人,对该特定财产享有优先受偿的权利。别除权表明了担保物权优于债权的一般原理,有以下法律特征:① 别除权以担保权为基础权利;② 别除权以实现债权为目的;③ 别除权以破产人的特定财产为标的物;④ 别除权的行使不参加集体清偿程序;⑤ 别除权的标的不列入破产财产。

(3)抵销权。债权人在破产申请受理前对债务人负有债务的,可以不论债的种类和到期时间,在清算分配前以破产债权向管理人主张抵销其所负债务的权利。即当破产企业的债权人恰恰又是破产企业的债务人,双方的债务可以相互抵销,这体现在《企业破产法》第40条中。行使抵销权的主张由债务人的债权人向管理人提出。

(4)追回权。追回权是指对于债务人或破产人在破产宣告前一定期间内所为的有害于债权人的行为进行否认,使其归于无效,并将无效或被撤销的行为处分的财产追回,并入破产财产的权利。法律关于追回权的规定是为了否认与破产制度相违背的行为,保障债权人的利益。

思 考 题

1. 简述公司资本制度的基本类型。
2. 比较股份有限公司与有限责任公司的异同。
3. 简述公司股份与公司债的主要区别。
4. 试述合伙企业的类型。
5. 一人有限责任公司与个人独资企业有什么区别?
6. 简述我国企业破产法规定的基本破产程序。
7. 简述破产财产的分配顺序。

实战案例

1. 甲公司与龙某签订一投资合同，约定：双方各出资200万元，设立乙有限责任公司；甲公司以其土地使用权出资，龙某以现金和专利技术出资（双方出资物已经验资）；龙某任董事长兼总经理；公司亏损按出资比例分担。双方拟定的公司章程未对如何承担公司亏损作出规定，其他内容与投资合同一致。乙公司经工商登记后，在甲公司用以出资的土地上生产经营，但甲公司未将土地使用权过户到乙公司。

2000年3月，乙公司向丙银行借款200万元，甲公司以自己名义用上述土地使用权作抵押担保。同年4月，甲公司提出退出乙公司，龙某书面表示同意。2003年8月，法院判决乙公司偿还丙银行上述贷款本息共240万元，并判决甲公司承担连带清偿责任。此时，乙公司已资不抵债，净亏损180万元。另查明，龙某在公司成立后将120万元注册资金转出，替朋友偿还债务。

基于上述情况，丙银行在执行过程中要求甲公司和龙某对乙公司债务承担责任。甲公司认为，自己为担保行为时，土地属乙公司所有，故其抵押行为应无效，且甲公司已于贷款后1个月退出了乙公司，因此，其对240万元贷款本息不应承担责任；另外乙公司注册资本中的120万元被龙某占用，龙某应退还120万元的一半给甲公司。龙某则认为，乙公司成立时甲公司投资不到位，故乙公司成立无效，乙公司的亏损应由甲公司按投资合同约定承担一半。

问题：

(1) 甲公司的抵押行为是否有效？为什么？

(2) 乙公司的成立是否有效？为什么？

(3) 甲公司认为其已退出乙公司的主张能否成立？为什么？

(4) 甲公司可否要求龙某退还其占用的120万元中的60万元？为什么？

(5) 甲公司应否承担乙公司亏损的一半？为什么？

(6) 乙公司、甲公司和龙某对丙银行的债务各应如何承担责任？

2. 甲、乙、丙三人合伙设立A企业，约定甲出资4万元，乙出资3万元，丙出资3万元。三人按4：3：3的比例分配和分担合伙损益。A企业成立后，与B公司签订一购货合同，保证人为丁。后因A企业无力偿还货款，B公司要求丁承担保证责任，丁以未约定保证形式，只承担一般保证责任为由拒绝。B公司遂对A企业和丁提起诉讼。法院经审理查明，甲对戊负有债务2万元，戊对A企业负有债务2万元；乙对C公司负有债务2万元。

问题:

(1) 丁认为未约定保证形式,自己只承担一般保证责任的观点是否正确?为什么?

(2) 戊能否将甲欠他的 2 万元债务与他欠 A 企业的 2 万元债务抵销?为什么?

(3) 若乙的个人财产不足以清偿对 C 公司的 2 万元债务,则 C 公司可以通过何种途径用乙在 A 企业中的财产份额清偿 2 万元债权?

参考文献

董学立编著:《商事组织法》,北京大学出版社 2004 年版。

冯果著:《公司法要论》,武汉大学出版社 2003 年版。

甘培忠著:《企业与公司法学》(第七版),北京大学出版社 2014 年版。

王欣新主编:《破产法》,中国人民大学出版社 2002 年版。

第三章 物权法律制度

内容提要

物权法是民法的重要组成部分。本章主要介绍了物权的概念和特征、物权法的基本原则、物与物权的分类、物权的变动以及物权的保护等物权制度的基本原理,具体阐述了所有权制度、用益物权制度、担保物权制度的基本内容。

第一节 物权法概述

一、物权的概念和特征

物权是一种重要的财产权,它是指权利人依法对特定的物享有直接支配和排他的权利,包括所有权、用益物权和担保物权。物权作为民法的重要概念,它是财产归属秩序的法律表现形式,反映了特定社会人与人之间对物的占有或支配关系。物权具有以下法律特征:

(1)从客体方面看,物权是以特定的物为客体的权利。此"物"一般为有体物或有形物,包括动产和不动产。不动产是指土地以及房屋、林木等土地定着物;动产是指不动产以外的物,如汽车、电视机等。所谓有体物或有形物,指物理上的物,包括固体、液体、气体、电等,它主要与精神产品相对而言,如著作、商标、专利等是精神产品,是无体物或无形物,则不能成为物权客体,产生于这些无体物之上的权利属知识产权。不过,应当指出,并非所有的有体物或有形物都可以成为物权客体,能作为物权客体的,还必须是具有独立意义的、为人力所能控制并有利用价值的物。另外,法律规定权利也可以作为物权客体,如商标权、专利权、著作权等知识产权中的财产权可以出质产生权利质权。

(2)从内容方面看,物权为直接支配物并享受物之利益的权利。各种物权都以直接支配标的物为其基本内容。这里,"直接"表明权利人实现其权利不需借助于他人;"支配"表明权利人依其意思对标的物加以管领处分,包括占有、使用、收益、处分等权能。权利人享受物之利益,通常包括两方面:一是获得物的使用价值利益,即对权利人标的物进行实际的占有、使用、收益,此为"用益利益";二是获得物的价值利益,即在转移标的物或是当由他人实际占有、使用标的物以及发生毁损标的物时,权利人可以得到一定的价值补偿,此为"(交换)价值利益"。当然,由于物权的种类不同,权利人对物的支配是存在一定差别的,可以是全面支配(如所有权),也可以是限定支配(如用益物权或担保物权)。

(3) 从效力角度看,物权是排他性的权利。当一项物权成立后,即具有排除他人干涉而由权利人独享权利的效力。这种排他性具体可表现在:第一,当特定物上依法成立某人的某项物权后,他人即不得再于该物之上成立与之性质相抵触或内容不相容的另一物权;第二,当发生物权的客体与债权的给付标的物同一时,物权优先于债权;第三,当一项物权成立后,权利人完全依其意愿合法地行使对物的支配权,其他任何人都应尊重,均对物权人负有不得妨害或干涉的义务;第四,当物权人行使及实现其物权遇到任何他人的不法妨害时,物权人得主张物上请求权,以排除他人的侵害并恢复物权应有的支配状态。

(4) 从比较角度看,物权为绝对权、对世权。由于物权是直接支配物的权利,因而物权称为"支配权""绝对权"。同时,又因权利人享有物权,其他任何人都不得非法干预,其义务人是权利人以外的任何其他人,故物权称为"对世权"。物权的这一性质与债权明显不同,债权(如合同)的权利义务限于当事人之间,债权只是债权人请求债务人作为或不作为的权利,债权人不能要求与此无关的人作为或不作为。因此,债权称为"请求权""对人权""相对权"。

二、物权法的立法发展

物权法是规范财产关系的民事基本法律,调整因物的归属和利用而产生的民事关系,包括明确各种权利人的物权以及对物权的保护。

对于物权,长期以来我国通过《民法通则》《土地管理法》《城市房地产管理法》《农村土地承包法》《担保法》等法律以及一些行政法规、最高人民法院的司法解释作出规定,这些规定对经济社会发展发挥了重要作用。但随着改革的深化、开放的扩大和社会主义经济、政治、文化、社会建设的发展,对物权制度的共性问题和现实生活中迫切需要规范的问题,有必要较为科学合理、系统全面地作出规定,进一步明确物的归属,定分止争,发挥物的效用,保护权利人的物权,建立并完善中国特色的社会主义物权制度。在这种情形下,1993年我国开始着手《物权法》的起草工作,历经14年,在充分调研、反复修改和广泛吸收民意的基础上,2007年3月16日第十届全国人民代表大会第五次会议审议通过了《物权法》。该法共5编19章247条,在总则编中规定了物权法的调整范围、基本原则、物权变动、物权保护等基本制度内容,之后分别规定了所有权、用益物权、担保物权、占有等物权制度。这部法律自 2007 年 10 月 1 日起施行。该法的制定和实施,对于我国财产权的保护,乃至于整个社会主义法治建设,都将具有划时代的意义。

三、我国物权法的基本原则

（一）坚持社会主义基本经济制度

《物权法》规定:"国家在社会主义初级阶段,坚持公有制为主体、多种所有制经济共同发展的基本经济制度。国家巩固和发展公有制经济,鼓励、支持和引导非公有制经济的发展。"

我国的物权制度是由基本经济制度决定的。我国是社会主义国家,处于社会主义初级阶段,实行以公有制为主体、多种所有制经济共同发展的基本经济制度。所有权是所有制在法律上的表现,是物权的核心和基础。坚持社会主义基本经济制度,就成为物权法的一条基本原则,贯穿并体现在整部物权法的始终。

（二）平等保护国家、集体、私人的物权

《物权法》规定:"国家实行社会主义市场经济,保障一切市场主体的平等法律地位和发展权利。""国家、集体、私人的物权和其他权利人的物权受法律保护,任何单位和个人不得侵犯。"

实行社会主义市场经济是坚持和完善社会主义基本经济制度的必然要求。多种所有制经济只有在市场经济中才能得到共同发展。而实行市场经济,最重要的一条就是要保障市场主体的平等地位和发展权利。没有平等的财产关系,也就没有物权法。

在财产归属依法确定的前提下,作为物权主体,无论是国家的、集体的物权,还是私人的物权,也都应当给予平等地保护。如果不同权利人的物权受到同样的侵害,国家的、集体的应当多赔,私人的可以少赔,那么就势必损害群众依法创造、积累财富的积极性,不利于民富国强、社会和谐。因此,在对待公有物权与私人物权上应当贯彻平等保护精神,同样都是不容侵犯的。

（三）物权法定

《物权法》规定:"物权的种类和内容,由法律规定。"

物权法定原则,是指物权的种类和内容只能由法律规定,而不得由民事权利主体随意设定。物权法定是各国法律均予以确认的原则。物权因为具有排他性,是民事权利中最强的权利,所以必须是社会公认的权利,而不是当事人私自约定的权利。物权是人们进行交易和商品交换的前提和结果,各种物权的内容及其含义,在一国法律领域内必须统一。物权法定为社会各个领域的交易行为提供了统一的法律基础。

根据物权法定原则,不依照法律规定的物权种类而设定的物权,不被认可为物权;不依照法律规定的物权内容而设定的物权,不具有物权的效力。该类行为设定的物权无效,但是该类行为符合其他法律行为的生效条件的,依据有关法律规定产生相应的法律后果。

（四）物权公示

物权公示是物权变动的基本原则,是指物权的各种变动(包括设立、变更、转让或消灭)必须以一种公开的、能够表现这种物权变动的方式予以展示,进而决定物权变动的效力。物权公示为各国所通行,动产以交付(或转移占有)为公示方法,不动产以登记为公示方法。

《物权法》规定:"不动产物权的设立、变更、转让和消灭,应当依照法律规定登记。动产物权的设立和转让,应当依照法律规定交付。"这表明,在我国不动产须经登记才产生物权变动的效力,动产须经交付才产生物权变动的效力。但是,法律另有规定的除外。

与物权公示相联系,还涉及一个物权公信的问题。物权公信,是指公示方式(即不动产登记或动产交付)所反映的物权变动,是值得社会公众信赖的。即使依该公示方式所反映的物权存在错误或瑕疵,但因信赖该物权存在而从事物权交易的人,法律上仍承认其具有与真实物权相同的法律后果。

（五）公序良俗(即物权不得滥用)

《物权法》规定:"物权的取得和行使,应当遵守法律,尊重社会公德,不得损害公共利益和他人合法权益。"这表明,物权虽是排他性的支配权,是所谓"绝对权",但这是与其他民事基本权利(如债权)相对来讲的,从法律理论上说物权并不是绝对的、不受任何限制的权利。其实,权利就是做法律许可之事,现代社会不承认不受限制的权利。无论是取得物权,还是行使物权,权利人都须在法律限定的范围内,应当遵守法律,尊重社会公德,不得损害公共利益和他人合法权益。

四、物的分类

物权法上的物,指能够为人力所控制并具有价值的有体物或有形物。我国《物权法》规定:"本法所称物,包括不动产和动产。"这对物作了基本分类。另外,学理上对物还有一些不同划分。

（一）动产和不动产

不动产是指依自然性质或者法律规定不可移动的物,包括土地以及房屋、林木等土地定着物。动产是指不动产之外的其他物,如汽车、电视机等。货币为特别动产。

动产和不动产的分类,在物权法上具有极其重要的意义。我国《物权法》就是根据这一划分分别按照动产和不动产各自特点确立物权制度的。如在物权变动规则上,不动产依登记公示方式,动产遵循交付(占有)公示方式;在物权体系设置上，不动产物权种类齐备，用益物权基本上依不动产而成立，而动产物权则有些欠缺。

(二) 主物和从物

独立发挥效用的物，为主物。非主物的组成部分而附着于主物，并对主物发挥辅助效用的物，为从物。但是交易习惯不认为是从物者，依习惯。例如，电视机与遥控器，前者为主物，后者为从物，后者对前者发挥辅助作用。但是，一辆汽车的轮胎则为该汽车的组成部分，而不是从物。

主物与从物的划分，对于确定物权效力范围具有一定意义，通常适用从物随主物处分的规则，但另有特别约定者除外。

(三) 原物和孳息

能够产生孳息的物，为原物。孳息分为天然孳息和法定孳息。天然孳息，指依自然而产生的出产物、收获物，如耕作土地收获的粮食或其他出产物、种植果树产生的果实等；法定孳息指依法律规定由原物而产生的收益，如利息、租金等。

区分原物和孳息，其法律意义在于确定孳息的归属。天然孳息，自脱离原物时起，由享有取得孳息权利的人取得，这包括原物所有权人、用益物权人、债权(如租赁权)人、亲属法上的权利人等。法定孳息，由享有取得权利的人按法定方式、约定方式或者交易习惯取得。

五、物权的分类

物权按不同标准可以作不同分类，并且在各国立法中物权有不同的种类和形式。我国《物权法》规定，物权包括所有权、用益物权和担保物权，另还规定了类物权(即占有)制度。

(一) 所有权和限制物权

这是关于物权最常见的一种分类。它是以对标的物的支配范围为标准所作的区分。

所有权，指权利人在法律范围内对于其所有物为全面支配的权利。这种全面支配包括了权利人对其所有物进行占有、使用、收益、处分等各个方面，既涉及实物形态的支配，也涉及价值形态的支配。基于权利人是对物的全面支配，故所有权又称完全物权；基于权利人是对自己所有之物的支配，故所有权又称自物权。

限制物权(或称定限物权)，指所有权以外的只在一定限度内对物进行支配的物权。基于它是权利人对他人所有之物进行支配的物权，故又称他物权。其中，依支配内容为标准，限制物权又分为用益物权和担保物权。用益物权，是为实际用益而以支配标的物的使用价值为内容的物权，涉及的是实物形态的支配，如农村土地承包经营权、建设用地使用权、宅基地使用权、地役权等；担保物权，是为保证债务的履行和债权的实现而以支配标的物的交换价值为内容的物权,涉及的是价值形态的支配,如抵押权、留置权、质权等。

(二)动产物权、不动产物权和权利物权

这是以标的物的种类为标准所作的区分。以动产为标的物的物权,为动产物权,包括动产所有权、动产质权、动产抵押权及留置权。以不动产为标的物的物权,为不动产物权,如不动产所有权、用益物权、不动产抵押权等。以权利为标的物的物权,为权利物权,包括权利质权和权利抵押权。在此,应当指出,物权制度体现在不动产上最为全面,不动产的物权形式最为充分、丰富,有些物权形式可以说是专为不动产设定的。

(三)主物权和从物权

这是以物权是否从属于其他权利为标准所作的区分。主物权,也称独立物权,指不以权利人享有的其他民事权利为前提,能够独立存在的物权,如所有权、建设用地使用权等。从物权,也称从属物权,指从属于其他权利而成立的物权,如抵押权、质权等,它们是因债权而存在。

此外,物权还可分为约定物权和法定物权、有期限物权和无期限物权、本物权和类物权(占有)、普通物权和特别物权等。

六、物权的变动

(一)物权变动及其原因

物权变动,是指物权的设立、变更、转让和消灭。设立,指创设一个原来不存在的物权;变更,指在权利人不变的情况下改变物权的相关内容;转让,指权利人将其享有的物权依法有偿或无偿地转移给他人;消灭,指一项已经存在的物权基于法定的事由而终止。物权变动,依其发生根据可以分为两类:

(1)依法律行为而进行的物权变动。这是指以一方当事人的单方意思表示或双方(或多方)当事人共同的意思表示为基础而发生的物权变动。这是最主要的、常见的物权变动情形。此种物权变动,必须遵循物权公示的一般原则,即除其原因行为应为有效外,还须履行登记或交付,才能发生效力。

(2)非依法律行为而进行的物权变动。这是指与权利人的意思表示无关的、基于事实行为或法律的直接规定而发生的物权变动。此种物权变动,不需遵循物权公示的一般原则,即不必履行登记或交付,即可发生效力。根据《物权法》规定,具体包括有以下三种情形:

第一,因人民法院、仲裁委员会的法律文书或者人民政府的征收决定等,导致物权设立、变更、转让或者消灭的,自法律文书或者人民政府的征收决定等生效时发生效力。

第二,因继承或者受遗赠取得物权的,自继承或者受遗赠开始时发生效力。

第三，因合法建造、拆除房屋等事实行为设立或者消灭物权的，自事实行为成就时发生效力。

但是，应当指出，在上述物权变动情形下，享有不动产物权的当事人在处分该物权时，依照法律规定需要办理登记的，未经登记，不发生物权效力。

（二）物权变动与原因行为的区分原则

在因法律行为（多表现为合同）引起物权变动时，依照物权公示原则，不动产依登记、动产依交付，才产生物权变动的效力。但若未登记或交付，该合同行为是否有效呢？对此，《物权法》第15条规定："当事人之间订立有关设立、变更、转让和消灭不动产物权的合同，除法律另有规定或者合同另有约定外，自合同成立时生效；未办理物权登记的，不影响合同效力。"

这一规定表明《物权法》确立起物权变动与原因行为的区分原则，即把物权变动本身与引起物权变动的原因行为看成两个法律事实区别对待，未登记或交付只是不发生物权变动效力，而并不影响合同的有效成立。当事人以发生物权变动为目的而订立的合同（原因行为），其成立、生效应该遵循合同法、债权法的规定。合法成立的合同可能发生物权变动的结果，也可能不发生物权变动的结果。例如，在"一物二卖"的情形中，其中一个买受人先进行了不动产登记或者接受了动产的交付，另一买受人便不可能取得合同指定的物权。可见，买卖合同与物权变动本身是两个不同法律事实，只有在买卖合同有效成立后，才发生合同的履行问题，即请求办理不动产登记或者动产交付手续，未交付或未登记的法律后果是不发生物权变动，但不因此而否认买卖合同的效力，违约方应依照合同法承担违约责任。

（三）不动产登记

不动产登记是不动产物权变动的法定公示手段，也是不动产物权依法获得承认和保护的依据。根据《物权法》规定，不动产登记，由不动产所在地的登记机构办理。国家对不动产实行统一登记制度。统一登记的范围、登记机构和登记办法，由法律、行政法规另行规定。不动产物权的设立、变更、转让和消灭，依照法律规定应当登记的，自记载于不动产登记簿时发生效力。不动产登记簿是物权归属和内容的根据。不动产登记簿由登记机构管理。不动产权属证书是权利人享有该不动产物权的证明。不动产权属证书记载的事项，应当与不动产登记簿一致；记载不一致的，除有证据证明不动产登记簿确有错误外，以不动产登记簿为准。权利人、利害关系人认为不动产登记簿记载的事项错误的，可以申请更正登记。不动产登记簿记载的权利人不同意更正的，利害关系人可以申请异议登记。当事人签订买卖房屋或者其他不动产物权的协议，为保障将来实现物权，按照约定可以向登记机构申请预告登记。预告登记后，未经预告登记的权利人同意，处分该不动产的，不发生物权效力。

关于不动产登记的效力,《物权法》规定:"不动产物权的设立、变更、转让和消灭,经依法登记,发生效力;未经登记,不发生效力,但法律另有规定的除外。"这表明,在我国原则上确立起登记要件主义,即把登记作为不动产物权变动的生效要件。但也应指出,我国并非一概地要求进行不动产登记。从《物权法》规定看,就有三种例外情形:(1)依法属于国家所有的自然资源,所有权可以不登记。(2)非因法律行为(合同)而发生的物权变动情形,不因登记产生效力(见前所述)。(3)考虑到现行法律的规定以及我国的实际情况(尤其是农村的情况),物权法并没有对不动产物权的设立、变更、转让和消灭,一概规定必须经依法登记才发生效力。如,关于土地承包经营权一章中规定:土地承包经营权自土地承包经营权合同生效时设立。土地承包经营权人将土地承包经营权互换、转让,当事人要求登记的,应当向县级以上地方人民政府申请土地承包经营权变更登记;未经登记,不得对抗善意第三人。类似的规定还出现在地役权一章中,"地役权自地役权合同生效时设立。当事人要求登记的,可以向登记机构申请地役权登记;未经登记,不得对抗善意第三人"。关于宅基地使用权,也没有规定必须登记才发生效力,而是规定"已经登记的宅基地使用权转让或者消灭的,应当及时办理变更登记或者注销登记"。在这种情形下,我国事实上确立了不动产登记(对第三人)的对抗效力。

(四)动产的占有与交付

依照《物权法》规定,动产物权的设立和转让,自交付时发生效力,但法律另有规定的除外。船舶、航空器和机动车等物权的设立、变更、转让和消灭,未经登记,不得对抗善意第三人。动产物权设立和转让前,权利人已经依法占有该动产的,物权自法律行为生效时发生效力;第三人依法占有该动产的,负有交付义务的人可以通过转让请求第三人返还原物的权利代替交付。动产物权转让时,双方又约定由出让人继续占有该动产的,物权自该约定生效时发生效力。

七、物权的法律保护

(一)物权保护方式

根据《物权法》规定,物权保护方式主要有以下六种:

(1)确认物权请求权。因物权的归属、内容发生争议的,利害关系人可以请求确认权利。

(2)返还请求权。无权占有不动产或者动产的,权利人可以请求返还原物。

(3)排除妨害、消除危险请求权。妨害物权或者可能妨害物权的,权利人可以请求排除妨害或者消除危险。

(4)恢复原状请求权。造成不动产或者动产毁损的,权利人可以请求修理、重作、更换或者恢复原状。

(5) 损害赔偿请求权。侵害物权,造成权利人损害的,权利人可以请求损害赔偿。

(6) 其他请求权。侵害物权,造成权利人损害的,权利人可以请求侵权人承担其他民事责任。

上述物权保护方式,可以单独适用,也可以根据权利被侵害的情形合并适用。

(二) 关于救济途径和侵权人的法律责任

根据《物权法》规定,物权受到侵害的,权利人可以通过和解、调解、仲裁、诉讼等途径解决。侵害物权,侵权人除承担民事责任外,违反行政管理规定的,还依法承担行政责任;构成犯罪的,应依法追究刑事责任。

第二节 所 有 权

一、所有权的一般原理

(一) 所有权的概念

一般认为,所有权是指所有权人在法律范围内对于其所有物进行全面支配并排除他人干涉的权利。《物权法》第 39 条规定:"所有权人对自己的不动产或者动产,依法享有占有、使用、收益和处分的权利。"根据这一规定,所有权在内容上包括以下四项基本权能:

(1) 占有权能,指所有人对财产的实际控制或掌握。拥有一个物的一般前提就是占有,这是财产所有权的基本表现。

(2) 使用权能,指按照财产的性能和用途加以利用,发挥财产的使用价值。

(3) 收益权能,指通过财产的占有、使用等方式获得经济利益。收益通常与使用相联系,但是处分财产也可以带来收益。收益包括原物的价值(差额)利益,也包括天然孳息和法定孳息。

(4) 处分权能,指依法对物进行处置,而决定物的命运,包括事实上的处分和法律上的处分。处分权是决定财产在事实上和法律上命运的权利。事实上的处分是指所有人把财产直接消耗在生产或生活活动之中,如把原材料投入生产,把肥料施于农田,把粮食吃掉等。法律上的处分是指按照所有人的意志,通过某种法律行为对财产进行处置,如出卖、转让、赠与等。处分权一般由所有人行使,它是所有人最基本的权利,是所有权的核心。

应当指出,所有权的上述几项权能,在一定条件下都可与所有权相分离,而由非所有人享有,所有人并不以对所有物的现实支配为必要,转而向非所有人收取对价或获得金钱融资,重在追求物的价值利益。这种情形正是近代以来所谓

"所有权的价值化或观念化"①。

还应指出,上述几项权能,在民法理论上称为所有权的积极权能,而完整理解所有权,还应包括所有权的消极权能。所有权的消极权能,是指所有人排除他人干涉的权利。这体现在《物权法》第2条关于物权定义的规定中,所有权作为典型的物权,当然具有排他性。

(二) 所有权的特征

(1) 完全性。所有权是全面支配物的权利,即所有人有权概括地对物进行支配,包括占有、使用、收益、处分,并排除他人的干涉。而其他物权,如用益物权和担保物权,仅仅在某一方面或者一定范围内对物进行支配。

(2) 整体性。所有权不是占有、使用、收益、处分等各项权能的总和,而是对标的物具有统一的支配力,是整体的权利。所有人在其物上设定他物权,即使其物的占有、使用、收益、处分等权能分别归他人享有,所有人的所有权性质也不受影响。

(3) 恒久性。所有权具有永久性,其存在没有存续期间,不因时效而消灭。

(4) 弹力性。所有权人在其物上为他人设定权利,即使所有权的全部已知表征权利均被"剥夺",仍潜在的保留其完整性。当这种"剥夺"终止后,所有权当然地重新回复其圆满状态。

所有权制度作为有关物的归属的重要法律制度,自罗马法以来备受各国关注。在自由资本主义时代,所有权一度被鼓吹为无任何约束的可任意行使的权利。但自19世纪末20世纪初以来,根据社会发展的需要,越来越对所有权进行若干限制(如征收、征用以及相邻关系等)。大多数人认为,所有权的行使不得超出法律规定的范围。所有权思想经由个人的所有权思想发展到社会的所有权思想,当代则以个人与社会调和的所有权思想作为主流。

所有权问题与所有制密切相关,所有权是所有制在法律上的体现。一定社会形态的所有制对于所有权具有决定作用。尤其是涉及生产要素方面的所有权(如土地所有权等),事关一国经济、政治制度。从现代各国来看,所有权制度已经突破纯粹私权范畴,日益社会化甚至公法化。从我国来看,与实行公有制经济和非公有制经济共同发展这一基本经济制度相适应,《物权法》确立起国家所有权、集体所有权和私人所有权。

(三) 所有权与他物权的关系

《物权法》第40条规定:"所有权人有权在自己的不动产或者动产上设立用益物权和担保物权。用益物权人、担保物权人行使权利,不得损害所有权人的权益。"

---

① 参见梁慧星、陈华彬编著:《物权法》,法律出版社1997年版,第104—105页。

这一规定表明了三层意义:(1)在所有权之上可以设立他物权。这反映了所有权的权能分离,同时这也正是所有人行使所有权的具体表现。从另一方面说,用益物权和担保物权的设定,大多源于所有权。(2)他物权的设定并不导致所有权的消灭。(3)他物权的行使不得侵害所有权。

(四)所有权的划分

按照不同标准从不同角度可对所有权进行不同的划分。

从权利主体性质不同,所有权分为国家所有权、集体所有权、私人所有权。与所有制相联系,我国《物权法》第五章就专门规定了这三种不同主体性质的所有权,另外也还规定了法人所有权和社会团体所有权。

从客体性质不同,所有权可分为动产所有权与不动产所有权。动产所有权是指以动产为客体的所有权;不动产所有权是以不动产为客体的所有权。比较来说,我国《物权法》与相关立法对于不动产所有权作出了更为突出的规定,如建筑物区分所有权、土地所有权等。

从权利主体数量不同,所有权可分为单独所有与共有。单独所有是所有权的常态,共有则显特殊。因此,我国《物权法》在确立所有权制度中专门规定共有关系。

(五)所有权的取得

根据《物权法》规定,所有权的取得必须是合法的,否则,不受法律承认和保护。所有权的取得方式可以分为原始取得和继受取得。原始取得的根据主要包括:劳动生产、天然孳息和法定孳息、善意取得、没收、无主财产收归国有等;继受取得的根据主要包括:买卖、赠与、继承、遗赠、互易等。《物权法》主要就一些特别事项作出了特别规定,具体表现以下方面:

1. 关于善意取得

善意取得,是指无处分权人将不动产或动产转让给受让人时,受让人因具有善意,且支付了合理价款,完成了不动产登记或动产交付,因而依法取得该财产的所有权(或其他物权)。

《物权法》第106条第1款规定:"无处分权人将不动产或者动产转让给受让人的,所有权人有权追回;除法律另有规定外,符合下列情形的,受让人取得该不动产或者动产的所有权:(一)受让人受让该不动产或者动产时是善意的;(二)以合理的价格转让;(三)转让的不动产或者动产依照法律规定应当登记的已经登记,不需要登记的已经交付给受让人。"这一规定表明善意取得是所有权特别取得的重要方式。一般来说,无处分权人将其占有的一项财产转让给受让人,所有权人都有权追回。但是如果构成善意取得,则受让人就会取得财产的所有权,原所有权人将无法追回,而只能向无处分权人主张赔偿损失。

善意取得应当具备的条件有三点:(1)受让人受让财产时须是善意的,即不知道或不应知道转让人是无处分权人;(2)受让人支付了合理的价格;(3)转让的财产完成了登记或交付(占有)即物权变动公示。

关于善意取得的法律后果,除了产生财产所有权变动即受让人取得所有权而原所有权人丧失所有权外,立法还规定了两点:一是原所有权人有权向无处分权人请求赔偿损失;二是善意受让人取得动产后,该动产上的原有权利(主要表现为抵押权、质权等)消灭,但善意受让人在受让时知道或者应当知道该权利的除外。

善意取得制度既适用于动产,又可适用于不动产。并且,当事人善意取得其他物权的,准用善意取得所有权的规则。另外,从《物权法》和其他相关规定看,须注意不适用善意取得的情况。如遗失物、漂流物、埋藏物或隐藏物、文物等,第三人就不能基于善意取得而取得所有权。《物权法》第107条规定:"所有权人或者其他权利人有权追回遗失物。该遗失物通过转让被他人占有的,权利人有权向无处分权人请求损害赔偿,或者自知道或者应当知道受让人之日起2年内向受让人请求返还原物,但受让人通过拍卖或者向具有经营资格的经营者购得该遗失物的,权利人请求返还原物时应当支付受让人所付的费用。权利人向受让人支付所付费用后,有权向无处分权人追偿。"

2. 关于拾得遗失物、漂流物和发现埋藏物或隐藏物

拾得遗失物、漂流物,发现埋藏物或隐藏物,拾得人或发现人是否取得所有权以及怎样处理?对此,《物权法》确立了以下一些具体规则:

(1)拾得遗失物,应当返还权利人。拾得人应当及时通知权利人领取,或者送交公安等有关部门。

(2)有关部门收到遗失物,知道权利人的,应当及时通知其领取;不知道的,应当及时发布招领公告。

(3)拾得人在遗失物送交有关部门前,有关部门在遗失物被领取前,应当妥善保管遗失物。因故意或者重大过失致使遗失物毁损、灭失的,应当承担民事责任。

(4)权利人领取遗失物时,应当向拾得人或者有关部门支付保管遗失物等支出的必要费用。权利人悬赏寻找遗失物的,领取遗失物时应当按照承诺履行义务。拾得人侵占遗失物的,无权请求保管遗失物等支出的费用,也无权请求权利人按照承诺履行义务。

(5)遗失物自发布招领公告之日起6个月内无人认领的,归国家所有。

(6)拾得漂流物、发现埋藏物或者隐藏物的,参照拾得遗失物的有关规定。文物保护法等法律另有规定的,依照其规定。

3. 关于从物和孳息

主物转让的,从物随主物转让,但当事人另有约定的除外。

天然孳息,由所有权人取得;既有所有权人又有用益物权人的,由用益物权人取得。当事人另有约定的,按照约定。法定孳息,当事人有约定的,按照约定取得;没有约定或者约定不明确的,按照交易习惯取得。

(六) 所有权的限制

在强调要尊重和保护财产所有权或其他物权的同时,也要求所有权或其他物权的取得和行使要受到必要的法律限制。对此,《物权法》和相关立法规定的限制性条款是多方面的,主要表现如下:

1. 国有财产专属原则

《物权法》第41条规定:"法律规定专属于国家所有的不动产和动产,任何单位和个人不能取得所有权。"这一规定确立国有财产专属原则。依此原则,专属于国家的自然资源、国防资产等,就不能为其他人所有,并且也不得擅自处分。这样限制,意在保障国家对这些财产的专有权,维护国家的基本经济制度。

2. 征收制度

征收是指国家为了公共利益需要,通过公权力强制性地将不属于国有的财产转为国有,并依法对相关权利人给予合理补偿。《物权法》第42条第1款规定:"为了公共利益的需要,依照法律规定的权限和程序可以征收集体所有的土地和单位、个人的房屋及其他不动产。"

从世界范围看,基于公共利益需要都可对私人财产予以征收,各国立法都建立了征收制度。征收对于财产权利人来说意味着限制并剥夺其所有权(或其他物权),从国家来说则是取得所有权。

为防止出现滥用征收权,侵害私人所有权,故立法也严格规定了征收应当具备的条件,主要有:(1) 要满足公共利益的需要;(2) 要依照法律规定的程序进行;(3) 要对权利人给予合理的补偿。对此,我国《物权法》第42条第2款、第3款、第4款进一步规定:"征收集体所有的土地,应当依法足额支付土地补偿费、安置补助费、地上附着物和青苗的补偿费等费用,安排被征地农民的社会保障费用,保障被征地农民的生活,维护被征地农民的合法权益。""征收单位、个人的房屋及其他不动产,应当依法给予拆迁补偿,维护被征收人的合法权益;征收个人住宅的,还应当保障被征收人的居住条件。""任何单位和个人不得贪污、挪用、私分、截留、拖欠征收补偿费等费用。"

3. 耕地保护制度

基于人多地少的国情,我国实行严格的耕地保护制度,不允许集体土地(主要表现为农用地)随意转为建设用地,进入房地产交易流通领域。这体现出对集体土地所有权以及农村土地承包经营权的限制。《物权法》第43条规定:"国家对耕地实行特殊保护,严格限制农用地转为建设用地,控制建设用地总量。不得违反法律规定的权限和程序征收集体所有的土地。"

4. 征用制度

征用是指国家为了公共利益需要,在紧急情况下,将权利人(主要表现为私人)的财产强制性地予以使用,待紧急情况消除后给予返还或是合理补偿。《物权法》第44条规定:"因抢险、救灾等紧急需要,依照法律规定的权限和程序可以征用单位、个人的不动产或者动产。被征用的不动产或者动产使用后,应当返还被征用人。单位、个人的不动产或者动产被征用或者征用后毁损、灭失的,应当给予补偿。"

征用与征收既有相同之处,也有不同之处。相同点在于:都是国家(或政府)行为,都体现出对私人行使其财产权利的限制要求,私益须服从公益需要。不同点主要有:征收涉及所有权(或其他物权)的转移或消灭,征用不转移所有权而只让与使用权;征收主要适用于不动产,征用可适用于动产或不动产。

5. 相邻关系

相邻关系是指两个或两个以上相互毗邻的不动产的所有人或者使用人,在行使不动产的所有权或使用权时,相互之间应当给予便利或者接受限制而发生的权利义务关系。简言之,相邻关系就是不动产相邻各方因行使所有权或使用权而发生的权利义务关系。对于处理相邻关系,《物权法》在第84—92条作出了原则规定和一些具体规定。

(1)不动产的相邻权利人应当按照有利生产、方便生活、团结互助、公平合理的原则,正确处理相邻关系。

(2)法律、法规对处理相邻关系有规定的,依照其规定;法律、法规没有规定的,可以按照当地习惯。

(3)不动产权利人应当为相邻权利人用水、排水提供必要的便利。对自然流水的利用,应当在不动产的相邻权利人之间合理分配。对自然流水的排放,应当尊重自然流向。

(4)不动产权利人对相邻权利人因通行等必须利用其土地的,应当提供必要的便利。

(5)不动产权利人因建造、修缮建筑物以及铺设电线、电缆、水管、暖气和燃气管线等必须利用相邻土地、建筑物的,该土地、建筑物的权利人应当提供必要的便利。

(6)建造建筑物,不得违反国家有关工程建设标准,妨碍相邻建筑物的通风、采光和日照。

(7)不动产权利人不得违反国家规定弃置固体废物,排放大气污染物、水污染物、噪声、光、电磁波辐射等有害物质。

(8)不动产权利人挖掘土地、建造建筑物、铺设管线以及安装设备等,不得危及相邻不动产的安全。

(9) 不动产权利人因用水、排水、通行、铺设管线等利用相邻不动产的,应当尽量避免对相邻的不动产权利人造成损害;造成损害的,应当给予赔偿。

二、国家、集体和私人所有权

(一) 国家所有权

1. 国家所有权制度的意义

国家所有权是指国家对国有财产的占有、使用、收益和处分的权利,它是全民所有制在法律上的表现。《物权法》第45条第1款规定:"法律规定属于国家所有的财产,属于国家所有即全民所有。"

建立国家所有权制度,具有重要意义:(1) 确认和维护国家基本经济制度;(2) 确认国有所有权的排他性;(3) 建立保护国有财产的基本规则,防止国有资产流失;(4) 建立处理产权争议的规则,实现不同物权平等保护,完善市场经济法则。

2. 国家所有权的行使

国家所有权的主体是国家。《物权法》在我国宪政体制和相关法律法规规定的基础上,对如何行使国家所有权作出了以下方面的规定:

(1) 国务院统一代表国家行使所有权。《物权法》第45条第2款规定:"国有财产由国务院代表国家行使所有权;法律另有规定的,依照其规定。"这肯定了在我国现行体制下,国家所有权主要是通过国务院代表国家来行使的。考虑到中央政府与地方政府的关系,国家所有权的行使实际上是国务院统一代表、各级政府分级管理的形式。

(2) 国家机关对国有财产的权利。《物权法》第53条规定:"国家机关对其直接支配的不动产和动产,享有占有、使用以及依照法律和国务院的有关规定处分的权利。"

(3) 国有事业单位对国有财产的权利。《物权法》第54条规定:"国家举办的事业单位对其直接支配的不动产和动产,享有占有、使用以及依照法律和国务院的有关规定收益、处分的权利。"

(4) 政府对国有企业的出资人权益。《物权法》第55条规定:"国家出资的企业,由国务院、地方人民政府依照法律、行政法规规定分别代表国家履行出资人职责,享有出资人权益。"这表明对于国家出资的企业,由中央政府和地方政府分别代表国家履行出资人职责,享有出资人权益。

(5) 企业法人财产权。《物权法》第68条规定:"企业法人对其不动产和动产依照法律、行政法规以及章程享有占有、使用、收益和处分的权利。"这一规定表明,涉及有国家投资的企业法人,无论是国家独资、控股,还是参股,企业法人本身作为民事主体,对于来源于投资或经过运营而形成的财产,依法可以享有占有、使用、收益和处分的权利。对此,《公司法》上称为"企业法人财产权"。

3. 国家所有权的客体

国家所有权的客体,涉及的范围是非常广泛的。对此,《物权法》在概括性规定"法律规定属于国家所有的财产属于国家所有"的基础上,在第46—52条又分两类作出特别规定。

(1) 专属于国家所有的财产,具体包括有:矿藏、水流、海域;城市的土地;法律规定属于国家所有的野生动植物资源;无线电频谱资源;国防资产等。

(2) 非专属于国家所有的财产。《物权法》规定,法律规定属于国家所有的农村和城市郊区的土地,属于国家所有;森林、山岭、草原、荒地、滩涂等自然资源,属于国家所有,但法律规定属于集体所有的除外;法律规定属于国家所有的文物,属于国家所有;铁路、公路、电力设施、电信设施和油气管道等基础设施,依照法律规定为国家所有的,属于国家所有。

(二) 集体所有权

集体所有权是指劳动群众集体对集体财产享有的占有、使用、收益和处分的权利,它是集体所有制在法律上的表现。它又分为农村集体所有权和城镇集体所有权。对于集体所有权,《物权法》规定了以下内容:

1. 集体财产范围

集体所有的不动产和动产包括:(1) 法律规定属于集体所有的土地和森林、山岭、草原、荒地、滩涂;(2) 集体所有的建筑物、生产设施、农田水利设施;(3) 集体所有的教育、科学、文化、卫生、体育等设施;(4) 集体所有的其他不动产和动产。

2. 农民集体所有权与村民民主管理权

农民集体所有的不动产和动产,属于本集体成员集体所有。下列事项应当依照法定程序经本集体成员决定:(1) 土地承包方案以及将土地发包给本集体以外的单位或者个人承包;(2) 个别土地承包经营权人之间承包地的调整;(3) 土地补偿费等费用的使用、分配办法;(4) 集体出资的企业的所有权变动等事项;(5) 法律规定的其他事项。

3. 农民集体土地所有权及其行使

农村和城市郊区的土地(国家所有的除外)以及宅基地、自留地、自留山,属于集体所有。对于集体所有的土地和森林、山岭、草原、荒地、滩涂等,依照下列规定行使所有权:(1) 属于村农民集体所有的,由村集体经济组织或者村民委员会代表集体行使所有权;(2) 分别属于村内两个以上农民集体所有的,由村内各该集体经济组织或者村民小组代表集体行使所有权;(3) 属于乡镇农民集体所有的,由乡镇集体经济组织代表集体行使所有权。

4. 城镇集体所有权

城镇集体所有的不动产和动产，依照法律、行政法规的规定由本集体享有占有、使用、收益和处分的权利。

5. 集体财产公布制度

集体经济组织或者村民委员会、村民小组应当依照法律、行政法规以及章程、村规民约向本集体成员公布集体财产的状况。

6. 集体所有权保护

集体所有的财产受法律保护，禁止任何单位和个人侵占、哄抢、私分、破坏。

7. 集体成员的撤销权

集体经济组织、村民委员会或者其负责人作出的决定侵害集体成员合法权益的，受侵害的集体成员可以请求人民法院予以撤销。

（三）私人所有权

私人所有权是指公民个人依法对其所有的财产享有的占有、使用、收益、处分的权利，以及私人投资者对于投资到各类企业中所享有的出资人权益。它是私人所有制在法律上的表现。对于私人所有权，《物权法》规定了以下内容：

（1）私人对其合法的收入、房屋、生活用品、生产工具、原材料等不动产和动产享有所有权。

（2）私人合法的储蓄、投资及其收益受法律保护。

（3）国家依照法律规定保护私人的继承权及其他合法权益。

（4）私人的合法财产受法律保护，禁止任何单位和个人侵占、哄抢、破坏。

（四）相关规定

国家、集体和私人依法可以出资设立有限责任公司、股份有限公司或者其他企业。国家、集体和私人所有的不动产或者动产，投到企业的，由出资人按照约定或者出资比例享有资产收益、重大决策以及选择经营管理者等权利并履行义务。

社会团体依法所有的不动产和动产，受法律保护。

三、业主的建筑物区分所有权

（一）建筑物区分所有权的概念和构成

依《物权法》第 70 条规定，建筑物区分所有权是指业主对建筑物内的住宅、经营性用房等专有部分享有所有权，对专有部分以外的共有部分享有共有和共同管理的权利。可见，建筑物区分所有权，是由专有部分所有权、共有权和共同管理权相结合而组成的一个"复合物权"。这种权利形态是随着城市土地紧张，现代建筑物不断向多层高空发展而产生的。比如，业主买了一套商品房，他对套内面积享有的是专有部分的房屋所有权，对电梯、走廊以及小区绿地、道路等公共部分享有的是共有权,对小区财产和共同事务还享有管理权,由此就结合成为建筑物区分所有权。对于建筑物区分所有权,《物权法》给予了充分肯定,并作出了相应规定。

(二) 专有部分所有权(专有权)

专有部分所有权,即专有权,是指业主对其建筑物内的住宅、经营性用房等专有部分所享有的占有、使用、收益和处分的权利。专有部分是指建筑物中在构造上和使用上具有独立性、并可分割出来单独登记的部分。

专有权在建设物区分所有权中居于主导地位,专有权的大小可决定共有权、管理权的大小,专有权的处分效力自然及于共有权、管理权,而共有权、管理权却不能单独处分。但从另一方面说,共有权、管理权也不可缺少,离开共有权、管理权,专有权则无法保障。

《物权法》规定,专有权的行使,不得危及建筑物的安全,不得损害其他业主的合法权益。业主转让建筑物内的住宅、经营性用房,其对共有部分享有的共有和共同管理的权利一并转让。

(三) 共有权

共有权是指业主对建筑物专有部分以外的共有部分所享有的财产权利。

关于共有部分的范围,一般认为建筑物在构造上和使用上具有公共性或不具有独立性的部分,如壁、板、柱等承重结构,外墙、屋顶、楼梯、楼道、门厅、存车间、电梯、冷暖系统、消防设施、有关管线等,都属于共有部分。另外,共有部分还包括为人们约定为共有和共用的建筑物专有部分,如管理用房、商业用房等。

《物权法》第 73 条规定:"建筑区划内的道路,属于业主共有,但属于城镇公共道路的除外。建筑区划内的绿地,属于业主共有,但属于城镇公共绿地或者明示属于个人的除外。建筑区划内的其他公共场所、公用设施和物业服务用房,属于业主共有。"第 74 条规定:"建筑区划内,规划用于停放汽车的车位、车库应当首先满足业主的需要。建筑区划内,规划用于停放汽车的车位、车库的归属,由当事人通过出售、附赠或者出租等方式约定。占用业主共有的道路或者其他场地用于停放汽车的车位,属于业主共有。"另外,第 79 条规定:"建筑物及其附属设施的维修资金,属于业主共有。经业主共同决定,可以用于电梯、水箱等共有部分的维修。维修资金的筹集、使用情况应当公布。"

对于共有权的性质,理论上有不同看法。一般认为,它既不是按份共有,也不是共同共有,而是一种特殊的共有。这种共有与专有部分不可分割,并且常常采取法定共有形式(约定共有较少),业主大多根据持有份行使权利。《物权法》第 72 条规定:"业主对建筑物专有部分以外的共有部分,享有权利,承担义务;不得以放弃权利不履行义务。""建筑物及其附属设施的费用分摊、收益分配等事项,有约定的,按照约定;没有约定或者约定不明确的,按照业主专有部分占建筑物总面积的比例确定。"

(四) 管理权

管理权是指业主对建筑物内的共同财产和公共事务参与决策、管理而所享有的权利。从性质上说，管理权属于成员权。根据《物权法》规定，主要包括以下内容：

1. 设立业主大会，选举业主委员会

业主可以设立业主大会，选举业主委员会。地方人民政府有关部门应当对设立业主大会和选举业主委员会给予指导和协助。业主大会或者业主委员会的决定，对业主具有约束力。业主大会或者业主委员会作出的决定侵害业主合法权益的，受侵害的业主可以请求人民法院予以撤销。

2. 重大事项共同决定权

下列事项由业主共同决定：(1) 制定和修改业主大会议事规则；(2) 制定和修改建筑物及其附属设施的管理规约；(3) 选举业主委员会或者更换业主委员会成员；(4) 选聘和解聘物业服务企业或者其他管理人；(5) 筹集和使用建筑物及其附属设施的维修资金；(6) 改建、重建建筑物及其附属设施；(7) 有关共有和共同管理权利的其他重大事项。

其中，决定前述第(5)、(6)事项，应当经专有部分占建筑物总面积 2/3 以上的业主且占总人数 2/3 以上的业主同意。决定其他事项，应当经专有部分占建筑物总面积过半数的业主且占总人数过半数的业主同意。

3. 决定物业管理事宜

业主可以自行管理建筑物及其附属设施，也可以委托物业服务企业或者其他管理人管理。对建设单位聘请的物业服务企业或者其他管理人，业主有权依法更换。

物业服务企业或者其他管理人根据业主的委托管理建筑区划内的建筑物及其附属设施，并接受业主的监督。

4. 遵守法律、法规以及管理规约

业主不得违反法律、法规以及管理规约，将住宅改变为经营性用房。业主将住宅改变为经营性用房的，除遵守法律、法规以及管理规约外，应当经有利害关系的业主同意。

业主大会和业主委员会，对任意弃置垃圾、排放污染物或者噪声、违反规定饲养动物、违章搭建、侵占通道、拒付物业费等损害他人合法权益的行为，有权依照法律、法规以及管理规约，要求行为人停止侵害、消除危险、排除妨害、赔偿损失。业主对侵害自己合法权益的行为，可以依法向人民法院提起诉讼。

四、共有

共有是指两个或两个以上的权利人对同一财产共同享有一个所有权。《物权法》第 93 条规定:"不动产或者动产可以由两个以上单位、个人共有。共有包括按份共有和共同共有。"对于共有,《物权法》主要规定有以下内容:

(一) 按份共有

按份共有人对共有的不动产或者动产按照其份额享有所有权。

(二) 共同共有

共同共有人对共有的不动产或者动产共同享有所有权。

(三) 共有财产的管理

共有人按照约定管理共有的不动产或者动产;没有约定或者约定不明确的,各共有人都有管理的权利和义务。

对共有物的管理费用以及其他负担,有约定的,按照约定;没有约定或者约定不明确的,按份共有人按照其份额负担,共同共有人共同负担。

处分共有的不动产或者动产以及对共有的不动产或者动产作重大修缮的,应当经占份额 2/3 以上的按份共有人或者全体共同共有人同意,但共有人之间另有约定的除外。

(四) 共有财产的分割

共有人约定不得分割共有的不动产或者动产,以维持共有关系的,应当按照约定,但共有人有重大理由需要分割的,可以请求分割;没有约定或者约定不明确的,按份共有人可以随时请求分割,共同共有人在共有的基础丧失或者有重大理由需要分割时可以请求分割。因分割对其他共有人造成损害的,应当给予赔偿。

共有人可以协商确定分割方式。达不成协议,共有的不动产或者动产可以分割并且不会因分割减损价值的,应当对实物予以分割;难以分割或者因分割会减损价值的,应当对折价或者拍卖、变卖取得的价款予以分割。

共有人分割所得的不动产或者动产有瑕疵的,其他共有人应当分担损失。

(五) 共有财产的转让与优先购买权

按份共有人可以转让其享有的共有的不动产或者动产份额。其他共有人在同等条件下享有优先购买的权利。

(六) 共有财产上的债权债务

因共有的不动产或者动产产生的债权债务,在对外关系上,共有人享有连带债权、承担连带债务,但法律另有规定或者第三人知道共有人不具有连带债权债务关系的除外;在共有人内部关系上,除共有人另有约定外,按份共有人按照份额享有债权、承担债务,共同共有人共同享有债权、承担债务。偿还债务超过自己应当承担份额的按份共有人,有权向其他共有人追偿。

(七)约定不明时的处理

共有人对共有的不动产或者动产没有约定为按份共有或者共同共有,或者约定不明确的,除共有人具有家庭关系等外,视为按份共有。

按份共有人对共有的不动产或者动产享有的份额,没有约定或者约定不明确的,按照出资额确定;不能确定出资额的,视为等额享有。

(八)他物权的准共有

两个以上单位、个人共同享有用益物权、担保物权的,参照适用共有关系。

第三节 用 益 物 权

一、用益物权概述

用益物权是对于他人之物,以物的使用收益为目的而设立的物权。根据《物权法》规定,用益物权是指权利人对他人所有的不动产或者动产,依法享有占有、使用和收益的权利。国家所有或者国家所有由集体使用以及法律规定属于集体所有的自然资源,单位、个人依法可以占有、使用和收益。国家实行自然资源有偿使用制度,但法律另有规定的除外。用益物权人行使权利,应当遵守法律有关保护和合理开发利用资源的规定。所有权人不得干涉用益物权人行使权利。因不动产或者动产被征收、征用致使用益物权消灭或者影响用益物权行使的,用益物权人有权依照征收、征用制度获得相应补偿。

用益物权主要以不动产为标的物,它在现代物权法体系中占有重要地位,在现实生活中具有十分重要的意义。长期以来,用益物权制度一直是我国的薄弱环节,最终《物权法》几经周折,确立起土地承包经营权、建设用地使用权、宅基地使用权、地役权等用益物权形式。

二、土地承包经营权

土地承包经营权指权利人为从事种植业、林业、畜牧业等农业生产,对其承包经营的耕地、林地、草地等依法享有的占有、使用和收益的权利。这一用益物权,可以说它是我国在探索农村经济改革的实践中总结出来的,经历政策调整后于2002年得到《农村土地承包法》确认。对于土地承包经营权,《物权法》充分予以肯定,主要规定有以下内容:

(一)关于土地承包经营权的取得

《物权法》第124条规定:"农村集体经济组织实行家庭承包经营为基础、统分结合的双层经营体制。农民集体所有和国家所有由农民集体使用的耕地、林地、草地以及其他用于农业的土地,依法实行土地承包经营制度。"将这一规定与《农村土地承包法》结合起来,土地承包经营权的取得涉及以下方面:

(1) 土地承包经营权有两种取得方式:一是通过家庭承包方式取得,二是通过招标、拍卖、公开协商等方式承包取得。其中前者是主要的,后者主要表现为"四荒地"(即荒山、荒沟、荒丘、荒滩)承包经营权。

(2) 土地承包经营权的客体来源于两种不同性质的土地:一是农民集体所有的土地,二是国家所有依法由农民集体使用的土地。

(3) 土地承包经营权细分为耕地、林地、草地以及其他农地经营权。其中,耕地承包经营权是主要的。

(二) 土地承包经营权的期限

《物权法》第126条规定,耕地的承包期为30年。草地的承包期为30年至50年。林地的承包期为30年至70年;特殊林木的林地承包期,经国务院林业行政主管部门批准可以延长。承包期届满,由土地承包经营权人按照国家有关规定继续承包。

(三) 土地承包经营权的设立与登记

《物权法》第127、128条规定:"土地承包经营权自土地承包经营权合同生效时设立。县级以上地方人民政府应当向土地承包经营权人发放土地承包经营权证、林权证、草原使用权证,并登记造册,确认土地承包经营权。""土地承包经营权人将土地承包经营权互换、转让,当事人要求登记的,应当向县级以上地方人民政府申请土地承包经营权变更登记;未经登记,不得对抗善意第三人。"

(四) 土地承包经营权的流转与限制

土地承包经营权人依照农村土地承包法的规定,有权将土地承包经营权采取转包、互换、转让等方式流转。流转的期限不得超过承包期的剩余期限。未经依法批准,不得将承包地用于非农建设。

通过招标、拍卖、公开协商等方式承包荒地等农村土地,依照农村土地承包法等法律和国务院的有关规定,其土地承包经营权可以转让、入股、抵押或者以其他方式流转。

承包期内发包人不得调整承包地。因自然灾害严重毁损承包地等特殊情形,需要适当调整承包的耕地和草地的,应当依照农村土地承包法等法律规定办理。

承包期内发包人不得收回承包地。农村土地承包法等法律另有规定的,依照其规定。

三、建设用地使用权

（一）建设用地使用权的概念

《物权法》第135条规定："建设用地使用权人依法对国家所有的土地享有占有、使用和收益的权利，有权利用该土地建造建筑物、构筑物及其附属设施。"这一规定将建设用地使用权的客体限定为国有土地，但第151条规定："集体所有的土地作为建设用地的，应当依照土地管理法等法律规定办理。"此外，第136条规定："建设用地使用权可以在土地的地表、地上或者地下分别设立。新设立的建设用地使用权，不得损害已设立的用益物权。"因此综合来看，建设用地使用权是指权利人依法享有的在国有或集体土地及其上下，为建造并保有建筑物、构筑物及其附属设施，而占有、利用土地的权利。需要明确以下几点：

（1）建设用地使用权主要产生在国有土地之上，但也可以成立在集体土地之上。后者按《土地管理法》规定，表现为兴办乡村企业或从事乡村公共设施、公益事业建设，使用集体所有的土地，产生建设用地使用权。如果集体土地用于村民建房的，则产生宅基地使用权。

（2）建设用地使用权常常依地表而设立，但也设立于土地的上、下空间。但在这种不同土地层次上设立的建设用地使用权，新设的不得损害已设立的用益物权。

（3）建设用地使用权设立的目的在于让土地用于建设用途，即用于建造并保有建筑物、构筑物及其附属设施。其中又可分为住宅用途、工业用途和商业用途等。

（二）建设用地使用权的设立与登记

《物权法》规定，设立建设用地使用权，可以采取出让或者划拨等方式。

工业、商业、旅游、娱乐和商品住宅等经营性用地以及同一土地有两个以上意向用地者的，应当采取招标、拍卖等公开竞价的方式出让。

严格限制以划拨方式设立建设用地使用权。采取划拨方式的，应当遵守法律、行政法规关于土地用途的规定。

采取招标、拍卖、协议等出让方式设立建设用地使用权的，当事人应当采取书面形式订立建设用地使用权出让合同。

设立建设用地使用权的，应当向登记机构申请建设用地使用权登记。建设用地使用权自登记时设立。登记机构应当向建设用地使用权人发放建设用地使用权证书。

建设用地使用权转让、互换、出资或者赠与的，应当向登记机构申请变更登记。建设用地使用权消灭的，出让人应当及时办理注销登记。登记机构应当收回建设用地使用权证书。

（三）建设用地使用权人的权利义务

建设用地使用权人应当合理利用土地，不得改变土地用途；需要改变土地用途的，应当依法经有关行政主管部门批准。

建设用地使用权人应当依照法律规定以及合同约定支付出让金等费用。

建设用地使用权人建造的建筑物、构筑物及其附属设施的所有权属于建设用地使用权人，但有相反证据证明的除外。

建设用地使用权人有权将建设用地使用权转让、互换、出资、赠与或者抵押，但法律另有规定的除外。

建设用地使用权转让、互换、出资、赠与或者抵押的，当事人应当采取书面形式订立相应的合同。使用期限由当事人约定，但不得超过建设用地使用权的剩余期限。

（四）建设用地使用权的期限

建设用地使用权通过出让方式取得，在我国是有期限限制的。从目前立法规定看，有三种法定最高期限标准：居住用地70年；工业用地、公益用地（即教育、科学、文化、卫生、体育用地）、综合或其他用地50年；商业、旅游、娱乐用地40年。

《物权法》规定，住宅建设用地使用权期间届满的，自动续期。非住宅建设用地使用权期间届满后的续期，依照法律规定办理。该土地上的房屋及其他不动产的归属，有约定的，按照约定；没有约定或者约定不明确的，依照法律、行政法规的规定办理。

（五）涉及建设用地使用权的交易规则

建设用地使用权转让、互换、出资或者赠与的，附着于该土地上的建筑物、构筑物及其附属设施一并处分。建筑物、构筑物及其附属设施转让、互换、出资或者赠与的，该建筑物、构筑物及其附属设施占用范围内的建设用地使用权一并处分。

四、宅基地使用权

宅基地使用权是指农户为建造住房及其附属设施，对集体所有的土地依法享有的占有和使用的权利。对此，《物权法》规定有以下内容：（1）宅基地使用权的取得、行使和转让，适用土地管理法等法律和国家有关规定。（2）宅基地因自然灾害等原因灭失的，宅基地使用权消灭。对失去宅基地的村民，应当重新分配宅基地。（3）已经登记的宅基地使用权转让或者消灭的，应当及时办理变更登记或者注销登记。

宅基地使用权体现了农村居民的集体福利，根据规定，实行"一户一宅"，并且宅基地面积不得超过标准；村民出卖、出租住房后，再申请宅基地的，不予批准。农民的住宅不得向城市居民出售,也不得批准城市居民占用农民集体土地建住宅,有关部门不得为违法建造和购买的住宅发放土地使用证和房产证。

五、地役权

地役权是指为使用自己土地的方便和利益而利用他人土地的权利。其中,为自己土地的便利而使用他人土地的一方称为需役地人或地役权人,将自己的土地供他人使用的一方称为供役地人;地役权人使用的土地称为供役地,需要提供便利的土地称为需役地。地役权的发生以需役地和供役地的同时存在为前提,但并不以邻近为必要。

对于地役权,《物权法》主要规定有以下内容:(1)设立地役权,当事人应当采取书面形式订立地役权合同。地役权合同一般包括下列条款:当事人的姓名或者名称和住所;供役地和需役地的位置;利用目的和方法;利用期限;费用及其支付方式;解决争议的方法。(2)地役权自地役权合同生效时设立。当事人要求登记的,可以向登记机构申请地役权登记;未经登记,不得对抗善意第三人。(3)供役地权利人应当按照合同约定,允许地役权人利用其土地,不得妨害地役权人行使权利。(4)地役权人应当按照合同约定的利用目的和方法利用供役地,尽量减少对供役地权利人物权的限制。(5)地役权的期限由当事人约定,但不得超过土地承包经营权、建设用地使用权等用益物权的剩余期限。(6)土地所有权人享有地役权或者负担地役权的,设立土地承包经营权、宅基地使用权时,该土地承包经营权人、宅基地使用权人继续享有或者负担已设立的地役权。(7)土地上已设立土地承包经营权、建设用地使用权、宅基地使用权等权利的,未经用益物权人同意,土地所有权人不得设立地役权。(8)地役权不得单独转让、抵押。土地承包经营权、建设用地使用权等发生转让,或实现抵押权时,地役权一并转让,但合同另有约定的除外。

第四节 担保物权

一、担保物权概述

(一)担保物权的概念

担保物权是为保证债务的履行和债权的实现而以支配标的物的交换价值为内容的物权。根据《物权法》第170条的规定,担保物权是指担保物权人在债务人不履行到期债务或者发生当事人约定的实现担保物权的情形,依法享有就担保财产优先受偿的权利。关于担保物权,《物权法》主要规定了抵押权、留置权、质权等三种形式。

（二）担保物权适用的范围

《物权法》第 171 条规定："债权人在借贷、买卖等民事活动中,为保障实现其债权,需要担保的,可以依照本法和其他法律的规定设立担保物权。第三人为债务人向债权人提供担保的,可以要求债务人提供反担保。反担保适用本法和其他法律的规定。"

（三）担保合同与主合同的关系

设立担保物权,应当依照本法和其他法律的规定订立担保合同。担保合同是主债权债务合同的从合同。主债权债务合同无效,担保合同无效,但法律另有规定的除外。

担保合同被确认无效后,债务人、担保人、债权人有过错的,应当根据其过错各自承担相应的民事责任。

（四）担保物权的担保范围

担保物权的担保范围包括主债权及其利息、违约金、损害赔偿金、保管担保财产和实现担保物权的费用。当事人另有约定的,按照约定。

（五）担保物权的物上代位性

担保期间,担保财产毁损、灭失或者被征收等,担保物权人可以就获得的保险金、赔偿金或者补偿金等优先受偿。被担保债权的履行期未届满的,也可以提存该保险金、赔偿金或者补偿金等。

（六）担保物权的消灭

有下列情形之一的,担保物权消灭:（1）主债权消灭;（2）担保物权实现;（3）债权人放弃担保物权;（4）法律规定担保物权消灭的其他情形。

二、抵押权

抵押权是指债权人对于债务人或者第三人不转移占有而供作债务履行担保的财产,在债务人不履行债务时,予以变价并就其价款优先受偿的权利。提供担保财产的债务人或者第三人为抵押人,债权人为抵押权人,提供担保的财产为抵押财产。抵押权属于典型的担保物权,对此,《物权法》作了较为详细的规定。但因本书在"合同法律制度"一章中另有介绍,故从略。

三、质权

质权是指债权人于债务人不清偿其债务时,得就债务人或第三人移转占有而供担保的动产或权利的价值优先受偿的权利。在质权关系中,享有质权的债权人称为质权人,将财产移转给质权人占有而提供担保的债务人或第三人,称为出质人;作为债权担保的财产,称为质物或质押物、质押标的。对于质权,《物权法》分动产质权和权利质权分别作出规定。

(一) 动产质权

1. 动产质权的设立。《物权法》规定有以下内容：(1) 法律、行政法规禁止转让的动产不得出质。(2) 设立质权，当事人应当采取书面形式订立质权合同。质权合同一般包括下列条款：被担保债权的种类和数额；债务人履行债务的期限；质押财产的名称、数量、质量、状况；担保的范围；质押财产交付的时间。(3) 禁止流质。质权人在债务履行期届满前，不得与出质人约定债务人不履行到期债务时质押财产归债权人所有。(4) 质权自出质人交付质押财产时设立。

2. 质权人的权利义务。(1) 质权人有权收取质押财产的孳息，但合同另有约定的除外。(2) 质权人在质权存续期间，未经出质人同意，擅自使用、处分质押财产，给出质人造成损害的，应当承担赔偿责任。(3) 质权人负有妥善保管质押财产的义务；因保管不善致使质押财产毁损、灭失的，应当承担赔偿责任。质权人的行为可能使质押财产毁损、灭失的，出质人可以要求质权人将质押财产提存，或者要求提前清偿债务并返还质押财产。(4) 因不能归责于质权人的事由可能使质押财产毁损或者价值明显减少，足以危害质权人权利的，质权人有权要求出质人提供相应的担保；出质人不提供的，质权人可以拍卖、变卖质押财产，并与出质人通过协议将拍卖、变卖所得的价款提前清偿债务或者提存。(5) 质权人在质权存续期间，未经出质人同意转质，造成质押财产毁损、灭失的，应当向出质人承担赔偿责任。(6) 质权人可以放弃质权。债务人以自己的财产出质，质权人放弃该质权的，其他担保人在质权人丧失优先受偿权益的范围内免除担保责任，但其他担保人承诺仍然提供担保的除外。(7) 债务人履行债务或者出质人提前清偿所担保的债权的，质权人应当返还质押财产。

3. 质权的实现。(1) 债务人不履行到期债务或者发生当事人约定的实现质权的情形，质权人可以与出质人协议以质押财产折价，也可以就拍卖、变卖质押财产所得的价款优先受偿。质押财产折价或者变卖的，应当参照市场价格。(2) 出质人可以请求质权人在债务履行期届满后及时行使质权；质权人不行使的，出质人可以请求人民法院拍卖、变卖质押财产。出质人请求质权人及时行使质权，因质权人怠于行使权利造成损害的，由质权人承担赔偿责任。(3) 质押财产折价或者拍卖、变卖后，其价款超过债权数额的部分归出质人所有，不足部分由债务人清偿。

4. 出质人与质权人可以协议设立最高额质权。

(二) 权利质权

1. 可以出质的权利范围。债务人或者第三人有权处分的下列权利可以出质：(1) 汇票、支票、本票；(2) 债券、存款单；(3) 仓单、提单；(4) 可以转让的基金份额、股权；(5) 可以转让的注册商标专用权、专利权、著作权等知识产权中的财产权；(6) 应收账款；(7) 法律、行政法规规定可以出质的其他财产权利。

2. 票据权利的出质。以汇票、支票、本票、债券、存款单、仓单、提单出质的，当事人应当订立书面合同。质权自权利凭证交付质权人时设立；没有权利凭证的，质权自有关部门办理出质登记时设立。汇票、支票、本票、债券、存款单、仓单、提单的兑现日期或者提货日期先于主债权到期的，质权人可以兑现或者提货，并与出质人协议将兑现的价款或者提取的货物提前清偿债务或者提存。

3. 基金份额、股权的出质。以基金份额、股权出质的，当事人应当订立书面合同。以基金份额、证券登记结算机构登记的股权出质的，质权自证券登记结算机构办理出质登记时设立；以其他股权出质的，质权自工商行政管理部门办理出质登记时设立。基金份额、股权出质后，不得转让，但经出质人与质权人协商同意的除外。出质人转让基金份额、股权所得的价款，应当向质权人提前清偿债务或者提存。

4. 涉及知识产权的出质。以注册商标专用权、专利权、著作权等知识产权中的财产权出质的，当事人应当订立书面合同。质权自有关主管部门办理出质登记时设立。知识产权中的财产权出质后，出质人不得转让或者许可他人使用，但经出质人与质权人协商同意的除外。出质人转让或者许可他人使用出质的知识产权中的财产权所得的价款，应当向质权人提前清偿债务或者提存。

5. 应收账款的出质。以应收账款出质的，当事人应当订立书面合同。质权自信贷征信机构办理出质登记时设立。应收账款出质后，不得转让，但经出质人与质权人协商同意的除外。出质人转让应收账款所得的价款，应当向质权人提前清偿债务或者提存。

四、留置权

留置权是指债权人按照合同约定占有债务人的动产，于债务人未按照合同约定的期限履行义务时，对该动产予以留置并就其变价优先受偿的权利。留置权关系中的债权人为留置权人，占有的动产为留置财产，留置物一般限定为债务人本人的财产。对于留置权，《物权法》主要规定了以下内容：

（一）留置财产

债权人留置的动产，应当与债权属于同一法律关系，但企业之间留置的除外。

法律规定或者当事人约定不得留置的动产，不得留置。

留置财产为可分物的，留置财产的价值应当相当于债务的金额。

（二）留置权人的权利义务

留置权人负有妥善保管留置财产的义务；因保管不善致使留置财产毁损、灭失的，应当承担赔偿责任。留置权人有权收取留置财产的孳息。

（三）留置权的实现

留置权人与债务人应当约定留置财产后的债务履行期间；没有约定或者约

定不明确的,留置权人应当给债务人两个月以上履行债务的期间,但鲜活易腐等不易保管的动产除外。债务人逾期未履行的,留置权人可以与债务人协议以留置财产折价,也可以就拍卖、变卖留置财产所得的价款优先受偿。留置财产折价或者变卖的,应当参照市场价格。

债务人可以请求留置权人在债务履行期届满后行使留置权;留置权人不行使的,债务人可以请求人民法院拍卖、变卖留置财产。

留置财产折价或者拍卖、变卖后,其价款超过债权数额的部分归债务人所有,不足部分由债务人清偿。

同一动产上已设立抵押权或者质权,该动产又被留置的,留置权人优先受偿。

思 考 题

1. 什么是物权?物权具有怎样的特点?
2. 我国《物权法》的基本原则有哪些?
3. 物权变动有哪两种情形?如何理解物权变动与原因行为的区分原则?
4. 物权保护方式有哪些?
5. 如何理解所有权及其内容?
6. 所有权的限制有哪些?
7. 国家所有权的行使有怎样的规定?
8. 国家所有权的客体有怎样的规定?
9. 集体土地所有权的行使有怎样的规定?
10. 如何理解私人所有权?
11. 如何理解建筑物区分所有权?
12. 用益物权有哪些?担保物权有哪些?
13. 建设用地使用权怎样取得?
14. 宅基地使用权有怎样的规定?

实战案例

1. 秦某曾于1986年建造一栋三层楼房,面积约210平方米。1990年秦某将一层转让给本镇居民郑某,郑某在一层开了一家餐馆。双方在办理房屋产权变更登记时,在登记簿和产权证书上都注明该房屋为双方共有,但在登记簿的"附记栏"中注明一层为郑某所有,二、三层为秦某所有。1994年,当地遭遇罕见的洪灾,该楼一层遭水淹,水退后房屋严重受损。秦某与郑某遂协商决定:将该房屋拆除后,由秦某出资 15 万元,郑某出资 10 万元,翻盖一栋三层楼房,郑某占有一层,秦某占有二、三层。协议订立的第二天,双方遂将旧房屋拆除。10 天以后,有一家公司找到秦某,提出因该块地段位置较好,愿出高价购买该块地基。秦某也考虑到自己难以筹措 15 万元的盖房资金,遂决定转让地基。双方协商,以 8 万元的价格转让该块地基。价款交付秦某以后,秦某告知了郑某。郑某并未表示异议,但提出,因该房属于双方共有,且自己所有原房屋的一层,对地基享有全部的使用权,因此卖地基的价款应当由双方均分。秦某认为自己应分得价金的 2/3,郑某只能分得 1/3。因双方不能达成协议,郑某遂向法院提起诉讼,请求分得 4 万元价款。

问题:本案应如何处理?

2. 甲、乙签订了一份借款合同,甲为借款人,乙为出借人,借款数额为 500 万元,借款期限为两年。丙、丁为该借款合同进行保证担保,担保条款约定,如甲不能如期还款,丙、丁承担保证责任。戊对甲乙的借款合同进行了抵押担保,担保物为一批布匹(价值 300 万元),未约定担保范围。

问题:

(1) 设甲、乙均为生产性企业,借款合同的效力如何?为什么?

(2) 设甲、乙均为生产性企业,甲到期无力还款,丙、丁应否承担责任?为什么?

(3) 设甲、乙之间的合同有效,甲与乙决定推迟还款期限 1 年,并将推迟还款协议内容通知了丙、丁、戊,丙、丁、戊未予回复。丙、丁、戊是否承担担保责任?为什么?

(4) 设甲、乙决定放弃戊的抵押担保,且签订了协议,但未取得丙、丁的同意。则丙、丁是否承担保证责任?为什么?

(5) 设甲到期不能还款,乙申请法院对戊的布匹进行拍卖,拍卖价款为 550 万元,扣除费用后得款 520 万元,足以偿还乙的本金、利息和费用。乙能否以拍卖所得清偿自己的全部债务?为什么?

(6) 设戊的布匹因不可抗力灭失;丙被宣告失踪,其财产已由庚代管。现甲不能偿还到期债务,丁偿还了乙的全部债权,丁的追偿权可向谁行使?为什么?

参考文献

王利明等:《中国物权法教程》,人民法院出版社 2007 年版。

王胜明主编:《物权法解读》,中国法制出版社 2007 年版。

史尚宽:《物权法论》,中国政法大学出版社 2000 版。

第四章 工业产权法律制度

内 容 提 要

工业产权是指人们依照法律、法规对应用于商品生产和流通中的智力成果享有的专有权。我国目前所称的工业产权,主要指专利权和商标权。工业产权具有无形性、法定性、专有性、地域性、时间性的特征。《保护工业产权巴黎公约》是保护工业产权方面影响最大的国际公约。该公约的主要原则和制度有国民待遇原则、独立性原则和优先权制度。

第一节 工业产权法概述

一、工业产权的概念和法律特征

工业产权是一种特殊的财产权利,是指人们依照法律、法规对应用于商品生产和流通中的智力成果享有的专有权。具体包括发明、实用新型、外观设计、商标、服务标记、厂商名称、货源标记、原产地名称和制止不正当竞争的权利。上述工业产权的保护范围是《保护工业产权巴黎公约》(简称《巴黎公约》)所确认的,原则上为各缔约国所承认。我国目前所称的工业产权,主要指专利权和商标权。

工业产权与著作权(版权)合称为知识产权,工业产权是知识产权的重要组成部分。

工业产权作为知识产权的重要组成部分,是一种与物权、债权并列的民事权利,具有不同于物权、债权的法律特征。具体表现在:

(1)工业产权的无形性。工业产权的客体是智力成果或具有财产价值的标记,是一种没有形体的财富。工业产权客体的非物质性,是工业产权的本质属性,是它与其他有形财产所有权最根本的区别。

(2)工业产权的法定性。工业产权的法定性是指工业产权的范围和产生由法律规定。本质上,工业产权的法定性由其无形性决定,由于没有形体,因此它可以同时为多个主体共同占有,很难为拥有者完全控制。因而,工业产权必须通过法律加以确认。

(3) 工业产权的专有性。专有性即排他性。工业产权的专有性主要体现在两个方面:一是工业产权为权利人所独占,权利人垄断这种专有权并受到严格保护,没有法律规定或未经权利人许可,任何人不得使用权利人的知识产品;二是不允许有两个或两个以上的主体同时对同一属性的知识产品享有权利。

(4) 工业产权的地域性。工业产权作为专有权,其在空间上的效力并不是无限的,其要受到地域的限制,其效力仅限于本国境内。按照一国法律获得承认和保护的工业产权,只能在该国发生法律效力。

(5) 工业产权的时间性。工业产权作为一种民事权利,有时间上的限制,即工业产权只有在法律规定的期限内受到保护,一旦超过法律规定的有效期限,这一权利就自行消灭,而其客体就会成为整个社会的共同财富,为全人类所共同使用。

二、工业产权法的概念

工业产权法是调整因确认、保护和使用工业产权而发生的各种社会关系的法律规范的总称。自改革开放以来,我国十分重视工业产权的立法工作。特别是我国加入WTO以后,立法部门根据我国加入WTO的有关承诺,对工业产权的有关法律、法规以及规章进行了修订和完善。迄今为止,我国已经初步建立起了一套完整的工业产权法律制度。目前,我国调整和保护工业产权的基本法律、法规主要有:《专利法》(1984年3月12日颁布,于1992年、2000年、2008年修订)、《专利法实施细则》(2001年6月15日颁布,于2002年、2010年修订)、《商标法》(1982年8月23日颁布,于1993年、2001年和2013年修订)、《商标法实施条例》(2002年8月3日颁布,2014年修订)以及《民法通则》(1986年4月12日颁布)第五章第三节"知识产权"。

三、工业产权的国际保护

由于社会经济的迅速发展,国际的技术交流和贸易往来越来越频繁,各国各自为政的工业产权制度已不能适应这种形势发展的需要。19世纪80年代出现了专利制度国际合作的趋势,到20世纪70年代合作得到更大发展,一些新的国际条约和国际组织产生。最主要的有:《保护工业产权巴黎公约》(1883年3月20日在巴黎签订)、《专利合作条约》(1970年6月19日在华盛顿签订)、《商标国际注册马德里协定》(1891年4月14日在马德里签订)、《商标注册条约》(1973年6月12日在维也纳签订)。1970年4月26日成立了世界知识产权组织。1974年12月17日,该组织成为联合国的专门机构。我国于1980年参加了世界知识产权组织。我国加入 WTO 后,也将遵守 WTO 有关工业产权保护的协议。

《保护工业产权巴黎公约》是保护工业产权方面影响最大的国际公约。该公约从 1883 年 3 月签订以来,经过 6 次修改。我国已于 1984 年 11 月 14 日正式加入《巴黎公约》。该公约的主要原则和制度有:

(1) 国民待遇原则。这是指在保护工业产权方面,每一缔约国对其他缔约国的国民给予同本国国民相同的待遇。非缔约国国民在缔约国内的住所或营业场所,也应得到同样的保护。这是促进工业产权国际化的重要基础,一直为《巴黎公约》各缔约国所信守。

(2) 独立性原则。这是指各缔约国独立地按照自己国内法授予专利权和商标权,不受该专利权或商标权在其他缔约国决定的影响。也就是说,同一发明创造或商标在一个缔约国取得专利权和商标权,并不意味着在其他缔约国也一定取得专利权或商标权;专利权或商标权在一个缔约国被撤销或终止,也不意味着在其他缔约国一定要被撤销或终止。

(3) 优先权制度。这是指缔约国国民首次在一个缔约国正式提出专利或商标注册申请后,又在规定的期限内就同一专利和商标向其他缔约国提出申请,其第二次申请日应视同首次申请日,申请人享有优先权。这种优先权制度对缔约国间相互申请专利和商标起到保护和鼓励的作用,从而有利于促进工业产权的国际交流。

第二节 专 利 法

一、专利权的概念

专利权是指专利权人在法定期限内对其发明创造成果享有的专有权利。它是国家专利行政部门授予发明人或申请人生产经营其发明创造并禁止他人生产经营其发明创造的某种特权,是对发明创造的独占的排他权。

作为工业产权之一的专利权,具有工业产权所具有的各项特征。

二、专利权的主体

专利权的主体是指具体参加特定的专利权法律关系并享有专利权的人。根据《专利法》的规定,发明人或者设计人、职务发明创造的单位、外国人和外国企业或者外国其他组织都可以成为专利权的主体。

(一) 发明人或者设计人

我国《专利法》所称发明人或者设计人,是指对发明创造的实质性特点作出创造性贡献的人。在完成发明创造过程中,只负责组织工作的人、为物质技术条件的利用提供方便的人或者从事其他辅助工作的人,不是发明人或者设计人。

(二) 职务发明创造的单位

职务发明创造是指发明人或者设计人执行本单位的任务,或者主要是利用本单位的物质技术条件所完成的发明创造。凡是不能被证明为职务发明创造的,为非职务发明创造。

发明人或者设计人作出的发明创造,凡符合下列条件之一的,均属于职务发明创造:

(1) 在本职工作中作出的发明创造;

(2) 履行本单位交付的本职工作之外的任务所作出的发明创造;

(3) 退职、退休或者调动工作后 1 年内作出的,与其在原单位承担的本职工作或者原单位分配的任务有关的发明创造;

(4) 主要利用本单位的物质技术条件完成的发明创造。

对于职务发明创造申请专利的权利属于该单位,申请被批准后,该单位为专利权人。对于非职务发明创造申请专利的权利属于发明人或者设计人,申请被批准后,该发明人或者设计人为专利权人。就利用本单位的物质技术条件所完成的发明创造,单位与发明人或者设计人订有合同,对专利申请权和专利权的归属作出约定的,从其约定。

(三) 外国人、外国企业或者外国其他组织

外国人、外国企业或者外国其他组织也可以成为专利权的主体。

三、专利权的客体

专利权的客体,也称专利法保护的对象,是指可以获得专利法保护的发明创造。我国《专利法》规定的发明创造是指发明、实用新型和外观设计。

(一) 发明

发明是指对产品、方法或者其改进所提出的新的技术方案。发明分为产品发明和方法发明两类。产品发明是指人们通过研究开发出来的关于各种新产品、新材料、新物质等的技术方案。方法发明是指人们为制造产品或者解决某个技术课题而研究开发出来的操作方法、制造方法以及工艺流程等技术方案。

(二) 实用新型

实用新型是指对产品的形状、构造或者其结合所提出的适于实用的新的技术方案。

虽然实用新型与发明同属于专利法保护的发明创造,又都是一种新的技术方案,但两者也存在许多区别:(1) 两者保护的范围不同。发明专利保护的范围宽于实用新型专利。(2) 两者对创造性的要求不同。发明专利要求的创造性高

于实用新型专利。（3）两者的审查程序不同。审查发明专利时，既要对发明专利申请进行形式审查，也要对发明专利的内容进行实质审查；而实用新型专利采用形式审查制度，即只审查形式内容而不审查实质内容。（4）两者的保护期限不同。《专利法》规定，发明专利的保护期限为20年，而实用新型专利的保护期限为10年。

（三）外观设计

外观设计是指对产品的形状、图案或者其结合以及色彩与形状、图案的结合所作出的富有美感并适于工业应用的新设计。

四、授予专利权的条件

（一）授予专利权的发明和实用新型应当符合的条件

《专利法》规定，授予专利权的发明和实用新型，应当具备新颖性、创造性和实用性。

（1）新颖性。新颖性，是指该发明或者实用新型不属于现有技术；也没有同样的发明或者实用新型由他人在申请日以前向国务院专利行政部门提出过申请，并记载在申请日以后公布的专利申请文件或者公告的专利文件中。

《专利法》规定，申请专利的发明创造在申请日前6个月内，有下列情形之一的，不丧失新颖性：一是在中国政府主办或者承认的国际展览会上首次展出的；二是在规定的学术会议或者技术会议上首次发表的；三是他人未经申请人同意泄露其内容的。

（2）创造性。创造性，是指与现有技术相比，该发明具有突出的实质性特点和显著的进步，该实用新型具有实质性特点和进步。

所谓实质性特点是指发明创造具有一个或几个技术特征，与现有技术相比有本质的区别。所谓进步是指与现有技术相比有所发展和前进。

（3）实用性。实用性是指该发明或者实用新型能够制造或者使用，并且能够产生积极效果。一般应具备三个条件：一是具有可实施性；二是具有再现性；三是具有有益性。

专利法所称现有技术，是指申请日以前在国内外为公众所知的技术。

（二）授予专利权的外观设计应当符合的条件

《专利法》规定，授予专利权的外观设计，应当不属于现有设计；也没有任何单位或者个人就同样的外观设计在申请日以前向国务院专利行政部门提出过申请，并记载在申请日以后公告的专利文件中。

授予专利权的外观设计与现有设计或者现有设计特征的组合相比，应当具有明显区别。

授予专利权的外观设计不得与他人在申请日以前已经取得的合法权利相

冲突。

专利法所称现有设计,是指申请日以前在国内外为公众所知的设计。

(三) 不授予专利权的项目

《专利法》规定,对下列各项,不授予专利权:

(1) 科学发现;

(2) 智力活动的规则和方法;

(3) 疾病的诊断和治疗方法;

(4) 动物和植物品种,不包括动物和植物品种的生产方法;

(5) 用原子核变换方法获得的物质;

(6) 对平面印刷品的图案、色彩或者二者的结合作出的主要起标识作用的设计。

此外,我国《专利法》还规定,对违反国家法律、社会公德或者妨害公共利益的发明创造,如专用于伪造货币的方法或者工具等,不授予专利权。若发明创造本身的目的并不违法,但其实施可能破坏社会公德或者妨害公共利益,如万能钥匙等,这样的发明创造也不能被授予专利权。

另外,根据《生物多样性公约》的规定,遗传资源的利用应当遵循国家主权、知情同意、惠益分享的原则,并明确规定,专利制度应有助于实现保护遗传资源的目标。目前,一些国家已经通过专利法律制度保护遗传资源。我国是遗传资源大国,为防止非法窃取我国遗传资源进行技术开发并申请专利,2008年修订的《专利法》第2条规定,对违反法律、行政法规的规定获取或者利用遗传资源,并依赖该遗传资源完成的发明创造,不授予专利权。专利法所称遗传资源,是指取自人体、动物、植物或者微生物等含有遗传功能单位并具有实际或者潜在价值的材料;专利法所称依赖遗传资源完成的发明创造,是指利用了遗传资源的遗传功能完成的发明创造。

五、专利权的取得、终止和无效

(一) 专利权的取得

1. 专利的申请

专利申请应当遵循下列原则:(1)禁止重复授权原则。指对于同样的发明创造,即使完全满足授予专利权的其他各种条件,也不能授予两项以上专利权。此为2008年修订的《专利法》所增加的一项重要原则。根据《专利法》的规定,同样的发明创造只能授予一项专利权。但是,同一申请人同日对同样的发明创造既申请实用新型专利又申请发明专利,先获得的实用新型专利权尚未终止,且申请人声明放弃该实用新型专利权的,可以授予发明专利权。(2)先申请原则。指在两个以上的申请人就同样的发明创造申请专利的情况下,对先提出申请的申请人授予专利权。先申请的判断标准是专利申请日。如果两个以上申请人在同一日分别就同样的发明创造申请专利,那么他们应当在收到专利行政部门的通知后自行协商确定申请人。(3) 单一性原则。指一份专利申请文件只能就一项发明创造提出专利申请,即"一申请一发明"原则。单一性原则的另一含义是,一项发明只能取得一项专利。《专利法》规定,同样的发明创造只能授予一项专利权。但是,同一申请人同日对同样的发明创造既申请实用新型专利又申请发明专利,先获得的实用新型专利权尚未终止,且申请人声明放弃该实用新型专利权的,可以授予发明专利权。(4) 优先权原则。包括外国优先权和本国优先权。外国优先权是指,申请人自发明或者实用新型在外国第一次提出专利申请之日起12个月内,或者自外观设计在外国第一次提出专利申请之日起6个月内,又在中国就相同主题提出专利申请的,依照该外国同中国签订的协议或者共同参加的国际条约,或者依照相互承认优先权的原则,可以享有优先权。本国优先权是指,申请人自发明或者实用新型在中国第一次提出专利申请之日起12个月内,又向国务院专利行政部门就相同主题提出专利申请的,可以享有优先权。申请人要求优先权的,应当在申请的时候提出书面声明,并且在3个月内提交第一次提出的专利申请文件的副本;未提出书面声明或者逾期未提交专利申请文件副本的,视为未要求优先权。

申请发明或者实用新型专利的,应当提交请求书、说明书及其摘要和权利要求书等文件。依赖遗传资源完成的发明创造,申请人应当在专利申请文件中说明该遗传资源的直接来源和原始来源;申请人无法说明原始来源的,应当陈述理由。国务院专利行政部门收到专利申请文件之日为申请日。如果申请文件是邮寄的,以寄出的邮戳日为申请日。

专利申请的修改,可以由申请人自己主动提出,也可以根据国务院专利行政部门的要求进行。

申请人可以在被授予专利权之前随时撤回其专利申请。专利申请被撤回后,该申请视为自始即不存在。

2. 专利申请的审查批准

(1) 发明专利申请的审查批准。发明专利申请的审查批准,一般要经过如下程序:① 初步审查。② 申请公开。国务院专利行政部门对发明专利申请经初步审查认为符合《专利法》规定要求的,自申请日起满18个月,即行公布。国务院专利行政部门还可以根据申请人的请求早日公布其申请。③ 实质审查。发明专利申请自申请日起3年内,国务院专利行政部门可以根据申请人随时提出的请求,对其申请进行实质审查;申请人无正当理由逾期不请求实质审查的,该申请即被视为撤回。国务院专利行政部门认为必要时,可以自行对发明专利申请进行实质审查。④ 授权决定。

(2) 实用新型和外观设计专利申请的审查批准。国务院专利行政部门受理实用新型和外观设计专利申请后,只进行初步审查,不进行申请公开和实质审查程序。

实用新型和外观设计专利申请经初步审查没有发现驳回理由的,由国务院专利行政部门作出授予实用新型专利权或者外观设计专利权的决定,发给相应的专利证书,同时予以登记和公告。实用新型专利权和外观设计专利权自公告之日起生效。

(3) 专利的复审。国务院专利行政部门设立专利复审委员会。专利申请人对国务院专利行政部门驳回申请的决定不服的,可以自收到通知之日起3个月内,向专利复审委员会请求复审。专利复审委员会复审后,作出复审决定,并通知专利申请人。专利申请人对专利复审委员会的复审决定不服的,可以自收到通知之日起3个月内向人民法院起诉。

(二) 专利权的终止

专利权的终止,是指专利权因期限届满或者在期限届满前因其他原因失去法律效力。专利权终止后,被授予专利权的发明创造成为人类的共同财富,任何单位和个人都可以无偿使用。

根据《专利法》的规定,有下列情形之一的,专利权终止:(1)专利权的期限届满的;(2)没有按照规定缴纳年费的;(3)专利权人以书面声明放弃其专利的;(4)专利权人死亡,无继承人或受遗赠人的。

专利权在期限届满前终止的,由国务院专利行政部门登记和公告。

(三) 专利权的无效

1. 专利权无效的概念和理由

专利权无效是指已经取得的专利权因不符合《专利法》的规定,根据有关单位或个人的请求,经专利复审委员会审核后被宣告无效。

宣告专利权无效的理由,具体包括:授予专利权的发明创造不符合《专利法》规定的授予专利权的实质性条件;授予专利权的发明创造不符合《专利法》规定的关于专利申请文件的撰写要求或专利申请文件修改范围的规定等。

2. 专利权宣告无效的程序

请求宣告专利权无效的单位或个人,应当向专利复审委员会提出请求书,并说明理由。专利复审委员会收到请求宣告专利权无效的请求书后,应当及时审查和作出决定,并通知请求人和专利权人。宣告专利权无效的决定,由国务院专利行政部门登记和公告。对专利复审委员会宣告专利权无效或者维持专利权的决定不服的,可以自收到通知之日起3个月内向人民法院起诉。人民法院应当通知无效宣告请求程序的对方当事人作为第三人参加诉讼。

3. 专利权宣告无效的法律效力

专利权宣告无效的法律效力具体体现为：(1) 宣告无效的专利权视为自始即不存在。(2) 宣告专利权无效的决定，对在宣告专利权无效前人民法院作出并已执行的专利侵权的判决、裁定，已经履行或者强制执行的专利侵权纠纷处理决定，以及已经履行的专利实施许可合同和专利权转让合同，不具有追溯力。但是因专利权人的恶意给他人造成损失的，应当给予赔偿。(3) 如果依照上述规定，专利权人或者专利权转让人不向被许可实施专利人或者专利权受让人返还专利使用费或者专利权转让费，明显违反公平原则，专利权人或者专利权转让人应当向被许可实施专利人或者专利权受让人返还全部或者部分专利使用费或者专利权转让费。

六、专利实施的强制许可

专利实施的强制许可，是指国务院专利行政部门依照法定条件和程序给予申请人实施专利的一种强制性许可方式。申请人获得这种许可后，不必经专利权人的同意，就可以实施专利。

根据《专利法》第 48 条的规定，有下列情形之一的，国务院专利行政部门根据具备实施条件的单位或者个人的申请，可以给予实施发明专利或者实用新型专利的强制许可：

(1) 专利权人自专利权被授予之日起满 3 年，且自提出专利申请之日起满 4 年，无正当理由未实施或者未充分实施其专利的；

(2) 专利权人行使专利权的行为被依法认定为垄断行为，为消除或者减少该行为对竞争产生的不利影响的。

《专利法》第 50 条规定，为了公共健康目的，对取得专利权的药品，国务院专利行政部门可以给予制造并将其出口到符合中华人民共和国参加的有关国际条约规定的国家或者地区的强制许可。

根据《专利实施强制许可办法》第 5 条的规定，专利权人行使专利权的行为被依法认定为垄断行为的，为消除或者减少该行为对竞争产生的不利影响，具备实施条件的单位或者个人可以根据《专利法》第 48 条第 2 项的规定，请求给予强制许可。

一项取得专利权的发明或者实用新型比前已经取得专利权的发明或者实用新型具有显著经济意义的重大技术进步，其实施又有赖于前一发明或者实用新型的实施的，国务院专利行政部门根据后一专利权人的申请，可以给予实施前一发明或者实用新型的强制许可。在依照此规定给予实施强制许可的情形下，国务院专利行政部门根据前一专利权人的申请，也可以给予实施后一发明或者实用新型的强制许可。

强制许可涉及的发明创造为半导体技术的,其实施限于公共利益的目的和《专利法》第 48 条第 2 项规定的情形。

除依照《专利法》第 48 条第 2 项、第 50 条规定给予的强制许可外,强制许可的实施应当主要为了供应国内市场。

国务院专利行政部门作出给予实施强制许可的决定后,应当及时通知专利权人,并予以登记和公告。给予实施强制许可的决定,应当根据强制许可的理由规定实施的范围和时间。强制许可的理由消除并不再发生时,国务院专利行政部门应当根据专利权人的请求,审查后作出终止实施强制许可的决定。

取得实施强制许可的单位或者个人不享有独占的实施权,并且无权允许他人实施。取得实施强制许可的单位或者个人应当付给专利权人合理的使用费,其数额由双方协商;双方不能达成协议的,由国务院专利行政部门裁决。

专利权人对国务院专利行政部门关于实施强制许可的决定不服的,专利权人和取得实施强制许可的单位或者个人对国务院专利行政部门关于实施强制许可的使用费的裁决不服的,可以自收到通知之日起 3 个月内向人民法院起诉。

七、专利权的保护

(一) 专利权的期限

发明专利权的期限为 20 年,实用新型专利权和外观设计专利权的期限为 10 年,均自申请日起计算。

(二) 专利权的保护范围

发明或者实用新型专利权的保护范围以其权利要求的内容为准,说明书及附图可以用于解释权利要求。外观设计专利权的保护范围以表示在图片或者照片中的该外观设计专利产品为准,简要说明可以用于解释图片或者照片所表示的该产品的外观设计。

(三) 侵害专利权的行为

侵害专利权的行为主要包括以下几种:

1. 未经专利权人许可,实施其专利的行为。包括:(1) 未经专利权人许可,为生产经营目的制造、使用、许诺销售、销售、进口其专利产品,或者使用其专利方法以及使用、许诺销售、销售、进口依照该专利方法直接获得的产品;(2) 未经专利权人许可,为生产经营目的制造、销售、进口其外观设计专利产品等。

2. 假冒他人专利的行为。包括:(1) 在未被授予专利权的产品或者其包装上标注专利标识,专利权被宣告无效后或者终止后继续在产品或者其包装上标注专利标识,或者未经许可在产品或者产品包装上标注他人的专利号;(2) 销售第(1) 项所述产品;(3) 在产品说明书等材料中将未被授予专利权的技术或者设计称为专利技术或者专利设计,将专利申请称为专利,或者未经许可使用他人的专利号,使公众将所涉及的技术或者设计误认为是专利技术或者专利设计;(4)伪造或者变造专利证书、专利文件或者专利申请文件;(5)其他使公众混淆,将未被授予专利权的技术或者设计误认为是专利技术或者专利设计的行为。

专利权终止前依法在专利产品、依照专利方法直接获得的产品或者其包装上标注专利标识,在专利权终止后许诺销售、销售该产品的,不属于假冒专利行为。

3. 侵夺发明人或者设计人的非职务发明创造专利申请权以及其他权益的行为。

有下列情形之一的,不视为侵犯专利权:

(1)专利产品或者依照专利方法直接获得的产品,由专利权人或者经其许可的单位、个人售出后,使用、许诺销售、销售、进口该产品的;

(2)在专利申请日前已经制造相同产品、使用相同方法或者已经作好制造、使用的必要准备,并且仅在原有范围内继续制造、使用的;

(3)临时通过中国领陆、领水、领空的外国运输工具,依照其所属国同中国签订的协议或者共同参加的国际条约,或者依照互惠原则,为运输工具自身需要而在其装置和设备中使用有关专利的;

(4)专为科学研究和实验而使用有关专利的;

(5)为提供行政审批所需要的信息,制造、使用、进口专利药品或者专利医疗器械的,以及专门为其制造、进口专利药品或者专利医疗器械的。

为生产经营目的使用、许诺销售或者销售不知道是未经专利权人许可而制造并售出的专利侵权产品,能证明该产品合法来源的,不承担赔偿责任。

(四)侵害专利权行为的法律责任

侵害专利权行为的法律责任包括:民事责任、行政责任和刑事责任。

1. 民事责任

民事责任主要包括:停止侵害;赔偿损失;消除影响;恢复名誉等。其中,侵犯专利权的赔偿数额,按照权利人因被侵权所受到的损失或者侵权人因侵权所获得的利益确定;被侵权人的损失或者侵权人获得的利益难以确定的,参照该专利许可使用费的倍数合理确定。

2. 行政责任

行政责任主要包括:(1)对未经专利权人许可实施其专利的行为,管理专利工作的部门认定侵权行为成立的,可以责令侵权人立即停止侵权行为。(2)对假冒他人专利的行为,除依法承担民事责任外,由管理专利工作的部门责令改正并予以公告,没收违法所得,可以并处违法所得3倍以下的罚款,没有违法所得的,可以处5万元以下的罚款。(3)对以非专利产品冒充专利产品、以非专利方法冒充专利方法的行为,由管理专利工作的部门责令改正并予以公告,可以处5

万元以下的罚款。(4) 对侵夺发明人或者设计人的非职务发明创造专利申请权以及其他权益的行为,由所在单位或者上级主管机关给予行政处分等。

3. 刑事责任

刑事责任只限于假冒他人专利且情节严重的情形。《刑法》第 216 条规定,假冒他人专利,情节严重的,处 3 年以下有期徒刑或者拘役,并处或者单处罚金。

(五) 诉前救济措施及诉讼时效

(1) 诉前救济措施。专利权人或者利害关系人有证据证明他人正在实施或者即将实施侵犯其专利权的行为,如不及时制止将会使其合法权益受到难以弥补的损害的,可以在起诉前向人民法院申请采取责令停止有关行为和财产保全的措施。

(2) 专利侵权诉讼时效。侵犯专利权的诉讼时效为 2 年,自专利权人或者利害关系人得知或者应当得知侵权行为之日起计算。在发明专利申请公布后至专利权授予前使用该发明未支付适当使用费的,专利权人要求支付使用费的诉讼时效为 2 年,自专利权人得知或者应当得知他人使用其发明之日起计算,但是,专利权人于专利权授予之日前即已得知或者应当得知的,自专利权授予之日起计算。

第三节 商 标 法

一、商标和商标法的概念和作用

(一) 商标的概念

商标是商品和商业服务的标记。它是商品生产者或经营者用以标明自己所生产或销售的商品和商业服务者提供的服务,与其他人生产或销售的同类商品和提供的同类服务相区别的标记。这种标记一般用文字、图形或者用文字和图形的组合来表示,并置于商品表面或商品包装上和服务场所说明书上。

(二) 商标的分类

商标可依不同的标准进行分类:

(1) 根据使用对象的不同,可以分为商品商标和服务商标。

(2) 根据使用目的的不同,可以分为联合商标、防御商标、证明商标和集体商标。

(3) 根据知名度的高低和保护范围大小的不同,可以分为普通商标和驰名商标。

(4) 根据构成成分或状态的不同,可以分为视觉商标、听觉商标(音响商标)和味觉商标(气味商标)。视觉商标又包括平面商标和立体商标两种。

(三) 商标法的概念

商标法是调整在确认、保护商标专用权和商标使用过程中发生的社会关系的法律规范的总称。

1982年颁布的《商标法》确立了以保护商标专用权为核心的商标注册和管理制度,率先拉开了中国知识产权保护立法的序幕,标志着我国商标事业进入了一个崭新的阶段。从此,我国商标工作逐步走上稳定有序的发展轨道。为适应经济发展的需要,我国先后于1993年、2001年、2013年对《商标法》进行了修正。同时,为更好地实施《商标法》,国务院于1983年发布了《商标法实施细则》,并分别于1988年、1993年、1995年和1999年进行了修改;2002年国务院又发布了《商标法实施条例》,该条例于同年9月15日起施行,《商标法实施细则》同时废止。为适用《商标法》的修正,2014年4月29日,国务院对《商标法实施条例》进行了修订。

二、商标权

(一) 商标权的含义

商标权是指一定的民事权利主体占有、使用、收益和处分某个特定商标的资格或能力,是一种与人身有关的财产权,又是一种无形财产权。

(二) 商标权的主体

商标权的主体即商标权人。在我国,自然人、法人或者其他组织均可对其在生产经营活动中的商品或者服务而使用的商标,向商标局申请商标注册,从而成为商标权的主体。另外,外国人和外国企业,按其所属国和中华人民共和国签订的协议或者共同参加的国际条约,或者按对等原则,也可成为我国商标权的主体。

(三) 商标权的客体

商标权的客体即商标法所保护的对象。我国商标权的客体是指注册商标,包括商品商标、服务商标、集体商标和证明商标。另外,我国对驰名商标也给予特别保护。我国现阶段不受理听觉商标和味觉商标的注册申请,视觉商标中仅受理平面商标的注册申请,立体商标尚未予以注册和保护。

在我国,商标使用或者申请注册必须符合法定条件,否则不能使用或注册。这些条件具体包括:

1. 应当具备商标的构成要素。根据《商标法》,商标的构成要素包括文字、图形、字母、数字、三维标志、颜色组合和声音等,以及上述要素的组合。

2. 申请注册的商标应当有显著特征,便于识别,并不得与他人在先取得的合法权利相冲突。

3. 不得使用禁用标志。禁用标志包括不得作为商标使用的标志和不得作为商标注册的标志。

下列标志不得作为商标使用：(1) 同中华人民共和国的国家名称、国旗、国徽、国歌、军旗、军徽、军歌、勋章等相同或者近似的，以及同中央国家机关的名称、标志、所在地特定地点的名称或者标志性建筑物的名称、图形相同的；(2) 同外国的国家名称、国旗、国徽、军旗等相同或者近似的，但经该国政府同意的除外；(3) 同政府间国际组织的名称、旗帜、徽记等相同或者近似的，但经该组织同意或者不易误导公众的除外；(4) 与表明实施控制、予以保证的官方标志、检验印记相同或者近似的，但经授权的除外；(5) 同"红十字"、"红新月"的名称、标志相同或者近似的；(6) 带有民族歧视性的；(7) 带有欺骗性，容易使公众对商品的质量等特点或者产地产生误认的；(8) 有害于社会主义道德风尚或者有其他不良影响的。

县级以上行政区划的地名或者公众知晓的外国地名，不得作为商标。但是，地名具有其他含义或者作为集体商标、证明商标组成部分的除外；已经注册的使用地名的商标继续有效。

下列标志不得作为商标注册：(1) 仅有本商品的通用名称、图形、型号的；(2) 仅直接表示商品的质量、主要原料、功能、用途、重量、数量及其他特点的；(3) 其他缺乏显著特征的。前述标志经过使用取得显著特征，并便于识别的，可以作为商标注册。

商标中有商品的地理标志，而该商品并非来源于该标志所标示的地区，误导公众的，不予注册并禁止使用；但是，已经善意取得注册的继续有效。

4. 不得恶意注册。我国商标法对驰名商标采用特殊的保护措施。根据《商标法》规定，对就相同或者类似商品申请注册的商标是复制、模仿或者翻译他人未在中国注册的驰名商标，容易导致混淆的，不予注册并禁止使用。就不相同或者不相类似商品申请注册的商标是复制、模仿或者翻译他人已经在中国注册的驰名商标，误导公众，致使该驰名商标注册人的利益可能受到损害的，不予注册并禁止使用。

三、商标注册

（一）商标注册的概念

商标注册，是指商标使用人将其使用的商标依照《商标法》以及《商标法实施条例》规定的注册条件、程序，向商标管理机关提出注册申请，经商标局依法审核批准，在商标注册簿上登记，发给商标注册证，并予以公告，授予注册人以商标专用权的法律活动。经过商标局核准注册并刊登在商标公告上的商标称为注册商标。注册商标由商标注册人使用和享有专用权，具有排他性，他人不得侵犯。注册商标所有人可将自己的注册商标有偿地转让或许可他人使用。商标注册人有权就其商品或服务标明"注册商标"字样或者标明注册标记。

商标注册制度是保护商标专用权的一种基本法律制度。我国与世界上许多国家的商标法都允许使用经过商标注册的商标或使用未经商标注册的商标，但只有经过注册的商标才能取得专用权，受法律保护。

（二）商标注册的原则

（1）诚实信用原则。诚实信用是民商事活动应遵循的基本原则。在申请注册和使用商标中，也应当遵循诚实信用原则。表现在商标使用人应当对其使用商标的商品质量负责，不得欺骗消费者。

（2）自愿原则。自然人、法人或者其他组织在生产经营活动中，对其商品或者服务需要取得商标专用权的，应当向商标局申请商标注册。法律、行政法规规定必须使用注册商标的商品，采用强制注册的办法，必须申请注册，未经核准注册的，不得在市场上销售。

（3）优先权原则。商标注册申请人自其商标在外国第一次提出商标注册申请之日起6个月内，又在中国就相同商品以同一商标提出商标注册申请的，依照该外国同中国签订的协议或者共同参加的国际条约，或者按照相互承认优先权的原则，可以享有优先权。

商标在中国政府主办的或者承认的国际展览会展出的商品上首次使用的，自该商品展出之日起6个月内，该商标的注册申请人可以享有优先权。

（三）商标注册申请

我国自然人、法人或者其他组织，以及符合条件的外国人和外国企业都有权向我国国家商标局申请商标注册。

商标注册申请采用"一类商品、一个商标、一份申请"的原则。

（四）商标注册的审查和核准

我国《商标法》采用形式审查和实质审查相结合的制度。商标注册的审查和核准包括以下几个程序：

（1）初步审定。对申请注册的商标，商标局应当自收到商标注册申请文件之日起9个月内审查完毕，符合本法有关规定的，予以初步审定公告。

（2）公告。经过初步审定的商标在商标局编印的定期刊物《商标公告》上进行公告，征询社会各方面意见，以协助商标局进行审查。

两个或两个以上的申请人在同一种商品或类似商品上以相同或者近似的商标申请注册的，初步审定并公告申请在先的商标；同一天申请的，初步审定并公告使用在先的商标，驳回其他人的申请，不予公告。我国《商标法》对两个或两个以上相同或者近似的商标的注册申请，采用申请在先的原则，并以使用在先原则作补充。

（3）驳回商标注册申请的复审。对驳回申请、不予公告的商标，商标局应当书面通知商标注册申请人。商标注册申请人不服的,可以自收到通知之日起15日内向商标评审委员会申请复审。商标评审委员会应当自收到申请之日起9个月内作出决定,并书面通知申请人。有特殊情况需要延长的,经国务院工商行政管理部门批准,可以延长3个月。当事人对商标评审委员会的决定不服的,可以自收到通知之日起30日内向人民法院起诉。

(4)商标异议制度。《商标法》规定,对初步审定公告的商标,自公告之日起3个月内,在先权利人、利害关系人认为违反《商标法》第13条第2款和第3款、第15条、第16条第1款、第30条、第31条、第32条规定的,或者任何人认为违反《商标法》第10条、第11条、第12条规定的,可以向商标局提出异议。

(5)核准注册。经过初步审定公告的商标,3个月内无人提出异议,或者经裁定异议不成立的,商标局即对申请注册的商标予以核准注册,将核准的商标及核准注册的有关事项注录在《商标注册簿》上,发给注册人商标注册证,并予公告。至此,申请人即取得注册商标专用权。

四、注册商标的续展、变更、转让和使用许可

(一)注册商标有效期和续展

注册商标有效期为10年,从商标核准注册之日起计算。注册商标有效期满,需要继续使用的,商标注册人应当在期满前12个月内按照规定办理续展手续;在此期间未能办理的,可以给予6个月的宽展期。每次续展注册的有效期为10年,自该商标上一届有效期满次日起计算。期满未办理续展手续的,注销其注册商标。

(二)注册商标的变更

变更商标注册人名义、地址或者其他注册事项的,应当向商标局提交变更申请书。商标局核准后,发给商标注册人相应证明,并予以公告;不予核准的,应当书面通知申请人并说明理由。

变更商标注册人名义的,还应当提交有关登记机关出具的变更证明文件。未提交变更证明文件的,可以自提出申请之日起30日内补交;期满不提交的,视为放弃变更申请,商标局应当书面通知申请人。

变更商标注册人名义或者地址的,商标注册人应当将其全部注册商标一并变更;未一并变更的,视为放弃变更申请,商标局应当书面通知申请人。

(三)注册商标的转让

注册商标的转让包括两种情形:(1)企业之间、自然人之间及企业与自然人之间的转让。转让注册商标的,转让人和受让人应当签订转让协议,并共同向商标局提出申请。受让人应当保证使用该注册商标的商品的质量。转让注册商标经核准后,予以公告。(2)注册商标专用权因转让以外的其他事由发生移转,例如因自然人死亡从而产生注册商标专用权的继承。

转让注册商标的,商标注册人对其在同一种商品上注册的近似的商标,或者在类似商品上注册的相同或者近似的商标,应当一并转让。对容易导致混淆或者有其他不良影响的转让,商标局不予核准,书面通知申请人并说明理由。

（四）注册商标的使用许可

注册商标的使用许可,是指注册商标的所有人将其注册商标通过签订使用许可合同,许可其他企业或个体工商业者使用,被许可人享有该注册商标的使用权。《商标法》规定,商标注册人可以通过签订商标使用许可合同,许可他人使用其注册商标。许可人应当监督被许可人使用其注册商标的商品的质量。被许可人应当保证使用该注册商标的商品的质量。经许可使用他人注册商标的,必须在使用该注册商标的商品上标明被许可人的名称和商品产地。许可他人使用其注册商标的,许可人应当将其商标使用许可报商标局备案,由商标局公告。商标使用许可未经备案不得对抗善意第三人。

五、注册商标争议的裁定

（1）已经注册的商标,违反《商标法》第10条、第11条、第12条关于禁用文字、图形规定的,或者以欺骗手段或者其他不正当手段取得注册的,由商标局撤销该注册商标;其他单位或者个人可以请求商标评审委员会裁定撤销该注册商标。

已经注册的商标,违反《商标法》第13条、第15条、第16条、第31条规定的,自商标注册之日起5年内,商标所有人或者利害关系人可以请求商标评审委员会裁定撤销该注册商标。对恶意注册的,驰名商标所有人不受5年的时间限制。

除上述两种情形外,对已经注册的商标有争议的,可以自该商标经核准注册之日起5年内,向商标评审委员会申请裁定。商标评审委员会收到裁定申请后,应当通知有关当事人,并限期提出答辩。

对核准注册前已经提出异议并经裁定的商标,不得再以相同的事实和理由申请裁定。

（2）商标评审委员会作出维持或者撤销注册商标的裁定后,应当书面通知有关当事人。当事人对商标评审委员会的裁定不服的,可以自收到通知之日起30日内向法院起诉。法院应当通知商标裁定程序的对方当事人作为第三人参加诉讼。

（3）被撤销的注册商标的商标专用权视为自始即不存在。撤销注册商标的决定或者裁定,对在撤销前法院作出并已执行的商标侵权案件的判决、裁定,工商行政管理机关作出并已执行的商标侵权案件的处理决定,以及已经履行的商标转让或者使用许可合同,不具有追溯力。但是,因商标注册人的恶意给他人造成损失的,则应当予以赔偿。

六、商标使用的管理

(一) 注册商标使用管理
(1) 检查监督注册商标的使用。
(2) 报请撤销停止使用的注册商标。
(3) 必须使用注册商标商品的商标管理。
(二) 对未注册商标的使用管理

如果在未注册商标上擅自加注册商标标识,冒充注册商标,或者商标的构成要素违反商标标识禁用规定的,由地方工商行政管理部门予以制止,限期改正,并可予以通报或者处以罚款。

七、注册商标专用权的保护

注册商标专用权,是指注册商标的所有人对其所有的注册商标享有的独占使用权,未经其许可,任何人都不准在同一种商品或者类似商品上使用与其注册商品相同或近似的商标,否则便构成侵权。

(一) 商标侵权行为的概念和种类

商标侵权行为,是指侵害他人注册商标专用权的行为。

有下列行为之一的,均属侵犯注册商标专用权:(1) 未经商标注册人的许可,在同一种商品上使用与其注册商标相同的商标的;(2) 未经商标注册人的许可,在同一种商品上使用与其注册商标近似的商标,或者在类似商品上使用与其注册商标相同或者近似的商标,容易导致混淆的;(3) 销售侵犯注册商标专用权的商品的;(4) 伪造、擅自制造他人注册商标标识或者销售伪造、擅自制造的注册商标标识的;(5) 未经商标注册人同意,更换其注册商标并将该更换商标的商品又投入市场的;(6) 故意为侵犯他人商标专用权行为提供便利条件,帮助他人实施侵犯商标专用权行为的;(7) 给他人的注册商标专用权造成其他损害的。

(二) 商标侵权的法律责任

有《商标法》所列侵犯注册商标专用权行为之一,引起纠纷的,由当事人协商解决;不愿协商或者协商不成的,商标注册人或者利害关系人可以向人民法院起诉,也可以请求工商行政管理部门处理。

工商行政管理部门处理时,认定侵权行为成立的,责令立即停止侵权行为,没收、销毁侵权商品和主要用于制造侵权商品、伪造注册商标标识的工具,违法经营额 5 万元以上的,可以处违法经营额 5 倍以下的罚款,没有违法经营额或者违法经营额不足 5 万元的,可以处 25 万元以下的罚款。对 5 年内实施两次以上商标侵权行为或者有其他严重情节的,应当从重处罚。销售不知道是侵犯注册商标专用权的商品,能证明该商品是自己合法取得并说明提供者的,由工商行政管理部门责令停止销售。

对侵犯商标专用权的赔偿数额的争议,当事人可以请求进行处理的工商行政管理部门调解,也可以依照《民事诉讼法》向人民法院起诉。经工商行政管理部门调解,当事人未达成协议或者调解书生效后不履行的,当事人可以依照《民事诉讼法》向人民法院起诉。

侵犯商标专用权的赔偿数额,为侵权人在侵权期间因侵权所获得的利益,或者被侵权人在被侵权期间因被侵权所受到的损失,包括被侵权人为制止侵权行为所支付的合理费用。侵权人因侵权所得利益,或者被侵权人因被侵权所受损失难以确定的,由法院根据侵权行为的情节判决给予50万元以下的赔偿。销售不知道是侵犯注册商标专用权的商品,能证明该商品是自己合法取得并说明提供者的,不承担赔偿责任。

对侵犯注册商标专用权的行为,工商行政管理部门有权依法查处;涉嫌犯罪的,应当及时移送司法机关依法处理。

思 考 题

1. 试述工业产权的概念和特征。
2. 试述我国专利权的主体和客体。
3. 试述我国授予专利权的条件。
4. 试述我国商标注册的条件。
5. 试述我国商标侵权行为的表现及其法律责任。

实战案例

1. 张某在 A 研究所从事医疗器械研发工作。2011 年 1 月,张某从 A 研究所退职,并与 B 公司签订了一份合作开发合同。该合同约定:B 公司提供研发经费、设施等必要的研究条件,张某主持从事一种治疗骨质增生的医疗器械的研发工作,该医疗器械被称为"骨质增生治疗仪";该产品研发成功之后,B 公司付给张某 30 万元报酬;该产品的发明人为张某。2012 年 6 月,张某主持研发的"骨质增生治疗仪"获得成功,B 公司依约付给张某 30 万元报酬。

2012 年 7 月,B 公司将"骨质增生治疗仪"的专利申请权以 300 万元的价格转让给 C 公司，C 公司支付了全部价款。

2012 年 8 月 12 日，C 公司就"骨质增生治疗仪"向国务院专利行政部门提出发明专利申请，国务院专利行政部门于同日收到该申请文件，在经初步审查后受理了 C 公司的发明专利申请。同年 9 月 1 日，A 研究所就与"骨质增生治疗仪"相同的发明创造向国务院专利行政部门提出专利申请，该发明创造被称为"骨质增生治疗器"。国务院专利行政部门在初步审查后，以 C 公司已经就相同的发明创造在 A 研究所申请日之前申请专利为由，驳回了 A 研究所的该发明专利申请。

A 研究所经过调查后认为，C 公司无权就"骨质增生治疗仪"向国务院专利行政部门提出发明专利申请，理由为：第一，张某作为"骨质增生治疗仪"的发明人，在 A 研究所从事的工作与该发明创造有关，其退职后与 B 公司合作开发的该产品应当属于 A 研究所的职务发明，A 研究所之外的任何人无权就此发明创造申请专利；第二，A 研究所实际于 2011 年 5 月就已经完成"骨质增生治疗器"的发明，而"骨质增生治疗仪"研发成功的时间是 2012 年 6 月，因此"骨质增生治疗仪"不具有新颖性。为此，A 研究所向专利复审委员会请求复审。

张某在获悉 B 公司将"骨质增生治疗仪"的专利申请权转让给 C 公司之后，以 B 公司将该专利申请权转让给 C 公司未经其同意为由，于 2012 年 10 月 8 日向人民法院提起诉讼，请求人民法院确认该转让行为无效。经查：张某与 B 公司签订的合作开发合同未就合作开发完成的发明创造的归属作出明确规定；C 公司不知道张某与 B 公司的合作开发关系。

问题：

(1) 张某和 B 公司在合作开发合同中约定张某为"骨质增生治疗仪"的发明人是否妥当？为什么？可否将 B 公司列为发明人和专利权人？并说明理由。

(2) 张某退职后与 B 公司合作开发的"骨质增生治疗仪"是否属于 A 研究所的职务发明？为什么？

(3) A 研究所以其完成"骨质增生治疗器"的时间早于"骨质增生治疗仪"的完成时间为由，认为"骨质增生治疗仪"不具有新颖性是否正确？为什么？

(4) 张某请求人民法院确认 B 公司将该专利申请权转让给 C 公司的行为无效是否成立？为什么？

2. A 公司为生产、销售无酒精饮料的有限责任公司，其商标于 2002 年 1 月 5 日申请注册。2012 年 6 月 5 日该公司提出申请续展注册，经商标局审查，续展注册符合《商标法》规定，核准注册并发给证明，予以公告，续展注册的有效期为 2022 年 6 月 5 日止。

2013 年 8 月 1 日，A 公司通过签订商标使用许可合同，许可 B 公司使用其注册商标,同时约定收取一定的许可使用费。B 公司以 A 公司许可使用的商标用于其生产的商品。使用许可有效期约定为 2023 年 8 月 1 日。双方约定 A 公司应当监督 B 公司商品的质量,B 公司应当保证使用该注册商标的商品的质量。商标使用许可合同签订后送当地县级工商行政管理机关存查。

B 公司后来在其生产的酒类商品上使用 A 公司的注册商标,并在其商品上使用 A 公司的名称和 A 公司的商品产地。

2013 年 9 月 1 日,外国 C 公司认为 A 公司使用的注册商标因与其驰名商标近似,侵害了其驰名商标注册人的权益,请求国家工商行政管理总局商标评审委员会予以撤销。A 公司辩称,外国 C 公司驰名商标商品为服务类,而本公司注册商标商品为饮料类,不属于同类商品,且外国 C 公司未在中国注册其驰名商标。

问题:

(1) A 公司提出申请续展注册的时间是否符合规定?续展注册有效期是否正确?为什么?

(2) A 公司与 B 公司签订的注册商标使用许可合同是否符合法律规定?为什么?

(3) B 公司在其商品上使用 A 公司的注册商标是否违反法律规定?为什么?

(4) 外国 C 公司的驰名商标能否得到保护?为什么?

参考文献

吴汉东主编:《知识产权法》(第六版),北京大学出版社 2013 年版。

郑成思:《知识产权法》,法律出版社 1997 年版。

第五章 合同法律制度

内容提要

合同是当事人之间设立、变更、终止某种权利义务关系的协议。合同法律制度主要包括合同的订立、合同的效力、合同的履行、合同的担保、合同的变更和转让以及违约责任等六个方面的内容。本章还对《合同法》分则规定的12种典型合同的特征与要件进行了简略介绍。

第一节 合同法概述

一、合同的概念与特征

合同,又称契约,是当事人之间设立、变更、终止某种权利义务关系的协议。在我国,《合同法》中所指的合同,是平等主体的自然人、法人、其他组织之间设立、变更、终止民事权利义务关系的协议。而同属民事法律领域的婚姻、收养、监护等有关身份关系的协议,以及其他法律性质的协议,适用其他法律的规定。

合同具有以下法律特征:

(1) 合同当事人的法律地位平等。合同当事人的法律地位平等,一方不得将自己的意志强加给另一方。

(2) 合同是多方的法律行为。合同的成立以各方当事人意思表示一致为基本要件,这不同于单方的法律行为。

(3) 合同以确定当事人之间特定权利与义务关系为目的。合同在当事人之间设立、变更、终止某种特定的民事权利义务关系,以实现当事人的特定目的。

(4) 合同具有法律约束力。合同依法成立、发生法律效力之后,当事人不得擅自变更或者解除。当事人不履行合同中约定的义务,要依法承担违约的法律责任。

二、合同法的立法发展

合同法是调整平等主体之间设定的民事权利义务关系及设定行为的法律规

范的总称。

我国曾先后制定了三部合同法，即《经济合同法》《涉外经济合同法》《技术合同法》。这三部合同法在我国的法制建设和经济建设中发挥了重要的作用。但随着改革开放的深入和市场经济体制的形成完善，这三部合同法的立法体例与一些规定已不能适应新形势的要求，三部法律之间也存有明显的冲突，所以需要制定一部统一的合同法，以完善我国的法制建设工作。经过长期的起草工作，1999年3月15日，第九届全国人民代表大会第二次会议通过了《合同法》。《合同法》自1999年10月1日起施行，《经济合同法》《涉外经济合同法》和《技术合同法》同时废止。为保障《合同法》的顺利实施，最高人民法院于1999年12月1日通过了《关于适用〈合同法〉若干问题的解释（一）》（以下简称《合同法解释》），该解释自1999年12月29日起施行。此外，《担保法》以及最高人民法院的其他相关司法解释对合同问题也起着重要的调整作用。

三、合同法的基本原则

《合同法》在总则部分规定了以下基本原则：

（一）平等原则

《合同法》规定，合同当事人的法律地位平等，一方不得将自己的意志强加给另一方。平等原则，是指在合同法律关系中，双方当事人法律地位平等。平等原则贯穿合同的订立、履行以及责任承担的全过程。

（二）自愿原则

《合同法》规定，当事人依法享有自愿订立合同的权利，任何单位和个人不得非法干预。合同的精髓在于双方当事人都享有完全的合同自由。只要不违反法律和社会公共利益，每个当事人都享有完全的合同自由。这种自由被概括为合同自由原则，或称合同自愿原则，被奉为民法的三大基本原则之一。合同自愿原则，是指公民、法人、其他组织是否签订合同、同谁订立合同、订立什么内容的合同，完全取决于他们的自由意志。

（三）公平原则

《合同法》规定，当事人应当遵循公平原则确定双方的权利和义务。公平原则要求民事主体本着公正的观念从事合同活动，正当地行使权利和履行义务，在民事活动中兼顾他人利益和社会公共利益。公平原则实际上是社会道德观念，是正义的观念，要求人与人之间应保持一种正当善良的利益关系。

（四）诚实信用原则

《合同法》规定，当事人行使权利、履行义务应当遵循诚实信用原则。当事人应当诚实守信，善意地行使权利、履行义务，不得有欺诈等恶意行为。在法律、合同未作规定或规定不清的情况下，要依据诚实信用原则解释法律和合同，平衡当事人之间的利益关系。

（五）公序良俗原则

公序良俗是公共秩序与善良风俗的简称,是现代民法一项重要的概念和法律原则。它的主要功能是在市场经济中维护国家、社会利益和一般道德观念,因而它在现代民法中具有至高无上的地位。公序的含义至今未得到统一;善良风俗是以道德为核心的概念,是一定社会应有的道德准则,在我国通常被称为"社会公德"。

第二节　合同的订立

一、合同的订立程序

合同的订立程序,是指当事人经过协商,就合同条款达成一致的过程。这一过程分为要约、承诺两个阶段。

（一）要约

所谓要约,是指希望和他人订立合同的意思表示。根据《合同法》的规定,该意思表示应当符合下列要求:

（1）内容具体确定,即表达出订立合同的意思,并包括一经承诺合同即足以成立的各项基本条款;

（2）表明经受要约人承诺,要约人即受该意思表示约束。

实践中,需将要约与要约邀请区分开:要约邀请是希望他人向自己发出要约的意思表示,以希望别人向自己发出要约为目的,寄送的价目表、拍卖公告、招标公告、招股说明书、商业广告等为要约邀请;要约则以订立合同为目的。如果商业广告的内容符合要约的规定,则为要约。

要约可以向特定人发出,也可以向非特定人发出。

要约到达受要约人时生效。采用数据电文形式订立合同,收件人指定特定系统接收数据电文的,该数据电文进入该特定系统的时间,视为到达时间;未指定特定系统的,该数据电文进入收件人的任何系统的首次时间,视为到达时间。

要约可以撤回。撤回要约的通知应当在要约到达受要约人之前或者与要约同时到达受约人。

要约可以撤销。撤销要约的通知应当在受要约人发出承诺通知之前到达受要约人。但有下列情形之一的,要约不得撤销:

（1）要约人确定了承诺期限或者以其他形式明示要约不可撤销;

（2）受要约人有理由认为要约是不可撤销的,并已经为履行合同做了准备。

有下列情形之一的,要约失效:
（1）拒绝要约的通知到达要约人；
（2）要约人依法撤销要约；
（3）承诺期限届满,受要约人未作出承诺；
（4）受要约人对要约的内容作出实质性变更。

（二）承诺

所谓承诺,是受要约人同意要约的意思表示。

承诺应当由受要约的特定人或非特定人向要约人以通知的方式作出。通知的方式依要约要求可以是口头或书面形式,但根据交易习惯或者要约表明可以通过行为作出承诺的除外。

承诺应当在要约确定的期限内到达要约人。要约没有确定承诺期限的,承诺应当依照下列规定到达:

（1）要约以对话方式作出的,应当即时作出承诺,但当事人另有约定的除外；

（2）要约以非对话方式作出的,承诺应当在合理期限内到达。

要约以信件或者电报方式作出的,承诺期限自信件载明的日期或者电报交发之日开始计算。信件未载明日期的,自投寄该信件的邮戳日期开始计算。要约以电话、传真等快速通讯方式作出的,承诺期限自要约到达受要约人时开始计算。

承诺的意义在于,承诺生效时合同成立。承诺是合同成立的标志。

承诺自通知到达要约人时生效。承诺不需要通知的,自根据交易习惯或者要约的要求作出承诺的行为时生效。采用数据电文形式订立合同,收件人指定特定系统接收数据电文的,该数据电文进入该特定系统的时间,视为到达时间；未指定特定系统的,该数据电文进入收件人的任何系统的首次时间,视为到达时间。

当事人采用信件、数据电文等形式订立合同的,可以在合同成立之前要求签订确认书。签订确认书时合同成立。

承诺人发出承诺后反悔的,可以撤回承诺,但是撤回承诺的通知应当在承诺通知到达要约人之前或者与承诺通知同时到达要约人,即在承诺生效前到达要约人。

受要约人超过承诺期限发出承诺的,为迟延承诺,除要约人及时通知受要约人该承诺有效的以外,应视为新要约。

受要约人在承诺期限内发出承诺,按照通常情形能够及时到达要约人,但因其他原因承诺到达要约人时超过承诺期限的,除要约人及时通知受要约人因承诺超过期限不接受该承诺的以外,该承诺有效。

承诺的内容应当与要约的内容一致。这里所说内容，应是实质内容。《合同法》规定，受要约人对要约的内容作出实质性变更的，为新要约。有关合同标的、数量、质量、价款或者报酬、履行期限、履行地点和方式、违约责任和解决争议方法等内容的变更，是对要约内容的实质性变更。承诺对要约的内容作出非实质性变更的，除要约人及时表示反对或者要约表明承诺不得对要约的内容作出任何变更的以外，该承诺有效，合同的内容以承诺的内容为准。

（三）合同成立的时间

1. 合同成立的时间

《合同法》规定，在一般情况下，承诺生效时合同成立。当事人约定采用合同书形式订立合同的，自双方当事人签字或者盖章时合同成立。如双方当事人未同时在合同书上签字或盖章，则以当事人中最后一方签字或盖章的时间为合同的成立时间。由于法律规定"承诺生效时合同成立"，所以凡合同不以承诺生效时成立，而以双方当事人在合同书上签字或盖章时成立的，当事人应当事先在要约或承诺中作出明确规定。否则，只要已有承诺，未签合同书不能再作为合同未成立的依据。

当事人采用信件、数据电文等形式订立合同的，可以在合同成立之前，即作出承诺之前，要求签订确认书。合同在签订确认书时成立，而不是承诺生效时成立。

2. 实际履行与合同成立的关系

《合同法》规定了两种特殊情况下对合同成立的确认：第一，法律、行政法规规定或者当事人约定采用书面形式订立合同，当事人未采用书面形式，但一方已经履行主要义务，对方接受的，该合同成立；第二，法律、行政法规规定或者当事人约定采用合同书形式订立合同，在签字或者盖章之前，当事人一方已经履行主要义务，对方接受的，该合同成立。

3. 与合同成立有关的规定

采用书面形式订立合同，合同约定的签订地与实际签字或者盖章地点不符的，人民法院应当认定约定的签订地为合同签订地；合同没有约定签订地，双方当事人签字或者盖章不在同一地点的，人民法院应当认定最后签字或者盖章的地点为合同签订地。

当事人采用合同书形式订立合同的，应当签字或者盖章。当事人在合同书上摁手印的，人民法院应当认定其具有与签字或者盖章同等的法律效力。

二、合同的内容

（一）合同的内容

合同的内容，即合同当事人订立合同的各项具体意思表示，具体体现为合同

的各项条款。根据《合同法》的规定,在不违反法律强制性规定的情况下,合同的内容由当事人约定,一般包括以下条款:

(1) 当事人的名称或者姓名和住所;
(2) 标的,即合同双方当事人权利义务所共同指向的对象;
(3) 数量;
(4) 质量;
(5) 价款或者报酬;
(6) 履行期限、地点和方式;
(7) 违约责任;
(8) 解决争议的方法。

当事人对合同条款的理解有争议的,应当按照合同所使用的词句、合同的有关条款、合同的目的、交易习惯以及诚实信用原则,确定该条款的真实意思。合同文本采用两种以上文字订立并约定具有同等效力的,推定各文本使用的词句具有相同的含义。各文本使用的词句不一致的,应当根据合同的目的予以解释。

涉外合同的当事人可以选择处理合同争议所适用的法律,但法律另有规定的除外。涉外合同的当事人对此没有作出选择的,适用与合同有最密切联系的国家的法律。据《合同法》规定,在中华人民共和国境内履行的中外合资经营企业合同、中外合作经营企业合同、中外合作勘探开发自然资源合同,适用中华人民共和国法律。

(二) 格式条款

格式条款,是指当事人为了重复使用而预先拟定,并在订立合同时未与对方协商的条款。

格式条款的适用可简化签约程序,加快交易速度,减少交易成本。但是,由于格式条款是由一方当事人拟订,且在合同谈判中不容对方协商修改,双方地位实际上并不平等,其条款内容难免有不公平之处。所以,《合同法》对其适用有特别规定,以保证另一方当事人的合法权益。

《合同法》第 39 条规定,采用格式条款订立合同的,提供格式条款的一方应当遵循公平原则确定当事人之间的权利和义务,并采取合理的方式提请对方注意免除或者限制其责任的条款,按照对方的要求,对该条款予以说明。第 40 条规定,如果格式条款具有《合同法》规定的合同无效和免责条款无效的情形,或者提供格式条款一方免除其责任、加重对方责任、排除对方主要权利的,该条款无效。此外,《合同法》还规定,对格式条款的理解发生争议的,应当按照通常理解予以解释。对格式条款有两种以上解释的,应当作出不利于提供格式条款一方的解释。格式条款和非格式条款不一致的,应当采用非格式条款。

三、合同的形式

合同的形式,是指合同当事人意思表示一致的外在表现形式。当事人订立合同,可以采取书面形式、口头形式和其他形式。但重要的合同不宜采用口头形式。法律、行政法规规定合同采用书面形式的,当事人应当采用书面形式。当事人自行约定合同采用书面形式的,也应当采用书面形式。

四、缔约过失责任

缔约过失责任是指合同当事人在订立合同过程中,因违反法律规定、违背诚实信用原则,致使合同未能成立,并给对方造成损失,而应承担的损害赔偿责任。

当事人在订立合同过程中,负有遵守关于订立合同的法律规定、遵循诚实信用原则的义务。当事人如违背上述义务,致使合同未能成立,并给对方造成经济损失,应承担相应的损害赔偿责任。按照《合同法》第42条的规定,当事人在订立合同过程中有下列情形之一,给对方造成损失的,应当承担损害赔偿责任:

(1)假借订立合同,恶意进行磋商;
(2)故意隐瞒与订立合同有关的重要事实或者提供虚假情况;
(3)有其他违背诚实信用原则的行为。

《合同法》第43条规定:"当事人在订立合同过程中知悉的商业秘密,无论合同是否成立,不得泄露或者不正当地使用。泄露或者不正当地使用该商业秘密给对方造成损失的,应当承担损害赔偿责任。"

第三节　合同的效力

一、合同的生效

合同的生效与合同的成立既有联系又有区别。合同的成立,是指当事人经过要约和承诺,意思表示一致而达成协议,其实质是一个过程的完结。合同的生效,是指已依法成立的合同,发生相应的法律效力,其实质是国家对该合同的认可。

《合同法》根据合同类型规定了合同生效的时间,主要有以下四种情况:

(1)依法成立的合同,自成立时生效。
(2)法律、行政法规规定应当办理批准、登记等手续才生效的,依照其规定办理批准、登记等手续后生效。

（3）当事人对合同的效力可以约定附条件。附生效条件的合同，自条件成就时生效；附解除条件的合同，自条件成就时失效。当事人为自己的利益不正当地阻止条件成就的，视为条件已成就；不正当地促成条件成就的，视为条件不成就。

（4）当事人对合同的效力可以约定附期限。附生效期限的合同，自期限届至时生效；附终止期限的合同，自期限届满时失效。

根据《合同法解释》的规定，法律、行政法规规定合同应当办理批准手续，或者办理批准、登记手续才生效，在法院审理案件过程中，一审法庭辩论终结前当事人仍未办理批准手续的，或者仍未办理批准、登记等手续的，人民法院应当认定该合同未生效；法律、行政法规规定合同应当办理登记手续，但未规定登记后生效的，当事人未办理登记手续不影响合同的效力，但合同标的的所有权及其他物权不能转移。此类合同的变更、转让、解除等情形，也依据上述规定处理。

二、代理

当事人依法可以委托代理人订立合同。《合同法》就合同订立过程中有关代理问题的处理，作有以下规定：

（1）限制民事行为能力人订立的合同，经法定代理人追认后，该合同有效，但纯获利益的合同或者与其年龄、智力、精神健康状况相适应而订立的合同，不必经法定代理人追认。

为避免因限制民事行为能力人订立的合同效力长期处于不确定状态而影响相对人的权益，《合同法》规定了相对人的催告权。相对人可以催告法定代理人在1个月内予以追认。法定代理人未作表示的，视为拒绝追认。合同被追认之前，善意相对人有撤销的权利。撤销应当以通知的方式作出。

（2）行为人没有代理权、超越代理权或者代理权终止后以被代理人名义订立的合同，未经被代理人追认，对被代理人不发生效力，由行为人承担责任。

相对人可以催告被代理人在1个月内予以追认。被代理人未作表示的，视为拒绝追认。合同被追认之前，善意相对人有撤销的权利。撤销应当以通知的方式作出。

（3）行为人没有代理权、超越代理权或者代理权终止后以被代理人名义订立合同，相对人有理由相信行为人有代理权的，该代理行为有效。这是关于表见代理的规定。所谓表见代理，是指客观上存在使相对人相信无权代理人有代理权的情况。相对人主观上为善意时，该代理行为有效。

（4）法人或者其他组织的法定代表人、负责人超越权限订立的合同，除相对人知道或者应当知道其超越权限的以外，该代表行为有效。

（5）无处分权的人处分他人财产，经权利人追认或者无处分权的人在订立合同后取得处分权的，该合同有效。

三、无效合同

无效合同，是指已经订立，但因违反法律规定而不被国家认可，不受法律保护，不具有法律约束力的合同。

《合同法》第52条规定，有以下情形之一的，合同无效：

（1）一方以欺诈、胁迫的手段订立合同，损害国家利益；

（2）恶意串通，损害国家、集体或者第三人利益；

（3）以合法形式掩盖非法目的；

（4）损害社会公共利益；

（5）违反法律、行政法规的强制性规定。

我国《合同法》还规定了无效免责条款。免责条款，是指合同当事人在合同中规定的免除或限制一方或双方当事人法律责任的条款。通常，对当事人自愿订立的免责条款，法律是不加干涉的。但如果免责条款违反诚实信用原则、违背社会公共利益，法律必须予以禁止。为此，《合同法》规定，下列免责条款无效：

（1）造成对方人身伤害的；

（2）因故意或者重大过失造成对方财产损失的。

根据《合同法解释》的规定，当事人超越经营范围订立合同，人民法院不因此认定合同无效，但违反国家限制经营和特许经营以及法律、行政法规禁止经营规定的除外。

出卖人就同一标的物订立多重买卖合同，合同均不具有《合同法》第52条规定的无效情形，买受人因不能按照合同约定取得标的物所有权，请求追究出卖人违约责任的，人民法院应予支持。

四、可撤销或可变更的合同

可撤销或可变更的合同，是指因存在法定事由，合同一方当事人可请求人民法院或者仲裁机构撤销或者变更的合同。《合同法》规定，下列合同，当事人一方有权请求人民法院或者仲裁机构撤销或者变更：

（1）因重大误解订立的合同。所谓重大误解，是指当事人对合同的性质、对方当事人或标的物的种类、质量、数量等涉及合同后果的重要事项存在错误认识，违背其真实意思表示订立合同的情形。

（2）在订立合同时显失公平的。显失公平是指一方当事人利用优势或者对方没有经验，在订立合同时致使双方的权利与义务明显违反公平、等价有偿原则的情形。

（3）一方以欺诈、胁迫的手段或者乘人之危，使对方在违背真实意思的情况下订立的合同，受损害方有权请求人民法院或者仲裁机构变更或者撤销。

可撤销的合同与无效合同有所不同：无效合同因违法而自始没有法律约束力；可撤销的合同主要是订立合同时意思表示不真实的合同，在合同订立后，当事人的意思表示还可能改变，不一定非得撤销或变更，所以可撤销的合同在被撤销之前仍是有效合同。对可撤销的合同是否撤销，是采取撤销还是变更措施，完全由当事人决定。当事人请求变更的，人民法院或者仲裁机构不得撤销，反之亦然。

《合同法》规定，有下列情形之一的，撤销权消灭：

（1）具有撤销权的当事人自知道或者应当知道撤销事由之日起 1 年内没有行使撤销权；此"1 年"时效为不变期间，不适用诉讼时效中止、中断或者延长的规定；

（2）具有撤销权的当事人知道撤销事由后明确表示或者以自己的行为表示放弃撤销权。

五、无效合同、被撤销的合同的法律后果

无效的合同或者被撤销的合同自始没有法律约束力。合同部分无效，不影响其他部分效力的，其他部分仍然有效。合同无效、被撤销或者终止，不影响合同中独立存在的有关解决争议方法的条款的效力。

合同无效或者被撤销后，因该合同取得的财产，应当予以返还。不能返还或者没有必要返还的，应当折价补偿；有过错的一方应当赔偿对方因此所受到的损失，双方都有过错的，应当各自承担相应的责任；当事人恶意串通，损害国家、集体或者第三人利益的，因此取得的财产收归国家所有或者返还集体、第三人。

根据《合同法解释》的规定，《合同法》实施以后，人民法院确认合同无效，应当以全国人大及其常委会制定的法律和国务院制定的行政法规为依据，不得以地方性法规、行政规章为依据。

第四节　合同的履行

一、合同的履行原则

合同的履行，是指合同的双方当事人正确、适当、全面地完成合同中规定的各项义务。当事人应当按照合同约定全面履行自己的义务。在合同的履行中，当事人应当遵循诚实信用原则,根据合同的性质、目的和交易习惯履行通知、协助、保密等义务。

合同生效后,当事人就质量、价款或者报酬、履行地点等内容没有约定或者约定不明确的,可以协议补充;不能达成补充协议的,按照合同有关条款或者交易习惯确定。依照上述履行原则仍不能确定的,《合同法》作出了下列规定:

(1) 质量要求不明确的,按照国家标准、行业标准履行;没有国家标准、行业标准的,按照通常标准或者符合合同目的的特定标准履行。

(2) 价款或者报酬不明确的,按照订立合同时履行地的市场价格履行;依法应当执行政府定价或者政府指导价的,按照规定履行。

(3) 履行地点不明确,给付货币的,在接受货币一方所在地履行;交付不动产的,在不动产所在地履行;其他标的,在履行义务一方所在地履行。

(4) 履行期限不明确的,债务人可以随时履行,债权人也可以随时要求履行,但应当给对方必要的准备时间。

(5) 履行方式不明确的,按照有利于实现合同目的的方式履行。

(6) 履行费用的负担不明确的,由履行义务一方负担。

合同价格执行政府定价或者政府指导价的,在合同约定的交付期限内政府价格调整时,按照交付时的价格计价。逾期交付标的物的,遇价格上涨时,按照原价格执行;价格下降时,按照新价格执行。逾期提取标的物或者逾期付款的,遇价格上涨时,按照新价格执行;价格下降时,按照原价格执行。

合同生效后,当事人不得因姓名、名称的变更或者法定代表人、负责人、承办人的变更而不履行合同义务。

在合同的履行中,有时会涉及第三人,如当事人约定由债务人向第三人履行或由第三人向债权人履行。为保障涉及第三人的合同履行中各方当事人的正当权益,《合同法》规定,当事人约定由债务人向第三人履行债务的,债务人未向第三人履行债务或者履行债务不符合约定,应当向债权人承担违约责任;当事人约定由第三人向债权人履行债务的,第三人不履行债务或者履行债务不符合约定,债务人应当向债权人承担违约责任。

二、合同的履行抗辩权

抗辩权是当事人所享有的一项重要权利,是指在双务合同中,一方当事人在对方不履行或者履行不符合约定时,依法对抗对方的要求或者否认对方权利主张的权利。

根据《合同法》的规定,在合同的履行中,当事人可享有同时履行抗辩权、后履行抗辩权和先履行抗辩权。

(一) 同时履行抗辩权

根据《合同法》的规定,同时履行抗辩权是指当事人互负债务,没有先后履行顺序的,应当同时履行。一方在对方履行之前有拒绝其履行要求的权利。一方在对方履行债务不符合约定时,有拒绝其相应的履行要求的权利。应当履行的当事人部分履行合同的,对方当事人有权就未履行部分提出抗辩,拒绝相应的给付,只履行对应的部分。

(二) 后履行抗辩权

根据《合同法》的规定,后履行抗辩权是指当事人互负债务,有先后履行顺序,先履行一方未履行的,后履行一方有拒绝其履行要求的权利。先履行一方履行债务不符合约定的,后履行一方有拒绝其相应的履行要求的权利。

(三) 先履行抗辩权

根据《合同法》的规定,先履行抗辩权是指应当先履行债务的当事人,有确切证据证明对方有法定情形的,有中止履行合同直至解除合同的权利。先履行抗辩权又称为不安抗辩权。

应当先履行债务的当事人,有确切证据证明对方有下列情形之一的,可以中止履行:

(1) 经营状况严重恶化;

(2) 转移财产、抽逃资金,以逃避债务;

(3) 丧失商业信誉;

(4) 有丧失或者可能丧失履行债务能力的其他情形。

当事人行使不安抗辩权中止履行的,应当及时通知对方。对方提供适当担保时,应当恢复履行。中止履行后,对方在合理期限内未恢复履行能力并且未提供适当担保的,中止履行的一方可以解除合同。

(四) 其他履行问题的处理

债权人分立、合并或者变更住所没有通知债务人,致使履行债务发生困难的,《合同法》规定,债务人可以中止履行或者将标的物提存。

《合同法》还就提前履行和部分履行问题作了规定。债权人可以拒绝债务人提前履行债务,但提前履行不损害债权人利益的除外。债务人提前履行债务给债权人增加的费用,由债务人负担。债权人可以拒绝债务人部分履行债务,但部分履行不损害债权人利益的除外。债务人部分履行债务给债权人增加的费用,由债务人负担。

三、代位权

代位权,是指当债务人怠于行使其权利而危及债权人利益时,债权人为保全债权,可以自己的名义代位行使债务人权利的权利。《合同法》第 73 条规定:

"因债务人怠于行使其到期债权,对债权人造成损害的,债权人可以向人民法院请求以自己的名义代位行使债务人的债权,但该债权专属于债务人自身的除外。代位权的行使范围以债权人的债权为限。债权人行使代位权的必要费用,由债务人负担。"

根据最高人民法院《合同法解释》的规定,债权人提起代位权诉讼,应当符合下列条件:

(1) 债权人对债务人的债权合法;
(2) 债务人怠于行使其到期债权,对债权人造成损害;
(3) 债务人的债权已到期;
(4) 债务人的债权不是专属于债务人自身的债权。

所谓专属于债务人自身的债权,是指基于扶养关系、抚养关系、赡养关系、继承关系产生的给付请求权和劳动报酬、退休金、养老金、抚恤金、安置费、人寿保险、人身伤害赔偿请求权等权利。

代位权的适用对象是债务人的消极行为,即债务人危及债权人利益的怠于行使其权利的行为,主要是指债务人不履行其对债权人的到期债务,又不以诉讼方式或者仲裁方式向其债务人主张其享有的具有金钱给付内容的到期债权,致使债权人的到期债权未能实现。如次债务人(即债务人的债务人)提出抗辩,不认为债务人有怠于行使其到期债权情况的,次债务人应当承担举证责任。在代位权诉讼中,次债务人对债务人的抗辩,可以向债权人主张。

根据最高人民法院《合同法解释》的规定,债权人行使代位权,有就代位权行使的结果优先受偿的权利。债权人向次债务人提起的代位权诉讼经人民法院审理后认定代位权成立的,由次债务人向债权人履行清偿义务,债权人与债务人、债务人与次债务人之间相应的债权债务关系即予消灭。在代位权诉讼中,债权人胜诉的,诉讼费由次债务人负担,从实现的债权中优先支付。

四、撤销权

撤销权,是指债权人对债务人实施的危及债权人利益的减少财产的行为,可以请求人民法院予以撤销的权利。撤销权的适用对象是债务人的积极行为,撤销权行使的结果是恢复债务人相应的财产与权利,债权人就撤销权行使的结果并无优先受偿权利。《合同法》第74条规定:"因债务人放弃其到期债权或者无偿转让财产,对债权人造成损害的,债权人可以请求人民法院撤销债务人的行为。债务人以明显不合理的低价转让财产,对债权人造成损害,并且受让人知道该情形的,债权人也可以请求人民法院撤销债务人的行为。"对于合同法规定的"明显不合理的低价",人民法院应当以交易当地一般经营者的判断,并参考交易当时交易地的物价部门指导价或者市场交易价,结合其他相关因素综合考虑予以确认。转让价格达不到交易时交易地的指导价或者市场交易价70%的,一般可以视为明显不合理的低价;对转让价格高于当地指导价或者市场交易价30%的,一般可以视为明显不合理的高价。债务人以明显不合理的高价收购他人财产,人民法院可以根据债权人的申请,参照合同法的规定予以撤销。

撤销权的行使范围以债权人的债权为限。债权人行使撤销权的必要费用,由债务人负担。根据最高人民法院《合同法解释》的规定,债权人行使撤销权所支付的律师代理费、差旅费等必要费用,由债务人负担;第三人有过错的,应当适当分担。

《合同法》对撤销权的行使规定有特别时效。撤销权自债权人知道或者应当知道撤销事由之日起1年内行使。自债务人的行为发生之日起5年内没有行使撤销权的,该撤销权消灭;此"5年"时效为不变期间,不适用诉讼时效中止、中断或者延长的规定。

第五节　合同的担保

一、合同担保概述

（一）担保概述

担保,是指法律规定或者当事人约定的保证合同履行、保障债权人利益实现的法律措施。《担保法》规定的担保方式有保证、抵押、质押、留置和定金五种。《担保法》及最高人民法院发布的《关于适用〈中华人民共和国担保法〉若干问题的解释》（以下简称《担保法解释》）等法律、法规、司法解释对担保问题作有详细规定。

担保具有以下法律特征:

（1）从属性。担保合同是从属于主合同的从合同,除担保合同另有约定者外,主合同无效,担保合同也无效。

（2）补充性。担保对债权人权利的实现仅具有补充作用,一般只有在所担保的债务得不到履行时,债权人才行使担保权利。

（二）无效担保合同的责任

担保合同被确认无效时,债务人、担保人、债权人有过错的,应当根据其过错各自承担相应的民事责任,即承担《合同法》规定的缔约过失责任。根据《担保法解释》的规定：

（1）主合同有效而担保合同无效,债权人无过错的,担保人与债务人对主合同债权人的经济损失,承担连带赔偿责任;债权人、担保人有过错的,担保人承担民事责任的部分,不应超过债务人不能清偿部分的1/2。

(2) 主合同无效而导致担保合同无效,担保人无过错则不承担民事责任;担保人有过错的,应承担的民事责任不超过债务人不能清偿部分的1/3。

(3) 担保人因无效担保合同向债权人承担赔偿责任后,可以向债务人追偿,或者在承担赔偿责任的范围内,要求有过错的反担保人承担赔偿责任。

反担保就是为担保之债设立的担保。反担保人可以是债务人,也可以是债务人之外的其他人。反担保方式可以是债务人提供的抵押或者质押,也可以是其他人提供的保证、抵押或者质押。反担保适用担保的规定。

二、保证

(一) 保证的概念

保证,是保证人和债权人约定,当债务人不履行债务时,由保证人按照约定履行债务或者承担责任的行为。在保证关系中,为债务人提供担保的人称为保证人;被担保的债务人,称为被保证人;主合同中的债权人也是保证合同的债权人。

(二) 保证人

具有代为清偿债务能力的法人、其他组织或者公民,可以作为保证人。但不具有完全代偿能力的法人、其他组织或者自然人,以保证人身份订立保证合同后,不能以自己没有代偿能力为由要求免除保证责任。

下列机构不能作为保证人:

(1) 国家机关。

(2) 学校、幼儿园、医院等以公益为目的的事业单位、社会团体。但从事经营活动的事业单位、社会团体可以为保证人。

(3) 企业法人的分支机构、职能部门。但企业法人的分支机构有法人书面授权的,可以在授权范围内提供保证。企业法人的职能部门提供保证的,保证合同无效。债权人知道或者应当知道保证人为企业法人的职能部门的,因此造成的损失由债权人自行承担。债权人不知保证人为企业法人的职能部门,因此造成的损失由企业法人承担。

保证人可为两人以上。同一债务有两个以上保证人的,保证人应当按照保证合同约定的保证份额承担保证责任。各保证人与债权人没有约定保证份额的,应当认定为连带共同保证。连带共同保证的保证人不能以其相互之间约定各自承担的份额对抗债权人。

(三) 保证合同

保证合同应当以书面形式订立。保证人与债权人可以就单个主合同订立保证合同,也可以协议在最高债权额限度内就一定期间连续发生的借款合同或者某项商品交易合同订立一个保证合同。最高额保证合同的不特定债权确定后,保证人应当对在最高债权额限度内一定期间连续发生的债权余额承担保证责任。

保证合同应当包括以下内容:
(1)被保证的主债权种类、数额;
(2)债务人履行债务的期限;
(3)保证的方式;
(4)保证担保的范围;
(5)保证的期间;
(6)双方认为需要约定的其他事项。

第三人单方以书面形式向债权人出具担保书,债权人接受且未提出异议的,保证合同成立。主合同中虽无保证条款,但保证人在主合同上以保证人的身份签字或者盖章的,保证合同成立。

(四)保证方式

保证方式有两种,即一般保证和连带责任保证。

1. 一般保证(又称补充责任保证)

当事人在保证合同中约定,债务人不能履行债务时,才由保证人承担保证责任的,为一般保证。一般保证的保证人对债权人享有先诉抗辩权,即在主合同纠纷未经审判或仲裁,并就债务人财产依法强制执行仍不能清偿债务前,有拒绝向债权人承担保证责任的权利。但有下列情形之一的,保证人不得行使先诉抗辩权:

(1)债务人住所变更,致使债权人要求其履行债务发生重大困难的,如债务人下落不明或移居境外,且无财产可供执行的;
(2)人民法院受理债务人破产案件,中止执行程序的;
(3)保证人以书面形式放弃先诉抗辩权的。

2. 连带责任保证

当事人在保证合同中约定保证人与债务人对债务承担连带责任的,为连带责任保证。只要债务人在主合同规定的债务履行期届满时没有履行债务,债权人就可直接要求保证人在其保证范围内承担保证责任。

当事人对保证方式没有约定或者约定不明确的,按照连带责任保证承担证责任。

(五)保证责任

1. 保证的责任范围与主合同变更的责任处理

根据《担保法》的规定,保证担保的责任范围包括主债权及利息、违约金、损害赔偿金和实现债权的费用。保证合同对责任范围另有约定的,按照约定执行。

当事人对保证担保的范围没有约定或者约定不明确的,保证人应当对全部债务承担责任。

《担保法》规定,除保证合同另有约定外,保证期间,债权人与债务人协议变更主合同的,应当取得保证人书面同意,未经保证人书面同意的,保证人不再承担保证责任。但根据《担保法解释》的规定,未经保证人同意的主合同变更,如果减轻债务人的债务的,保证人仍应当对变更后的合同承担保证责任;如果加重债务人的债务的,保证人对加重的部分不承担保证责任。债权人与债务人对主合同履行期限作了变动,未经保证人书面同意的,保证期间为原合同约定的或者法律规定的期间。债权人与债务人协议变动主合同内容,但并未实际履行的,保证人仍应当承担保证责任。

2. 保证期间与保证的诉讼时效

保证期间,是指当事人约定的或法律规定的保证人承担保证责任的时间期限。保证人与债权人约定保证期间的,按照约定执行。保证人与债权人未约定保证期间的,保证期间为主债务履行期届满之日起6个月。保证合同约定的保证期间早于或者等于主债务履行期限的,视为没有约定,保证期间为主债务履行期届满之日起6个月。保证合同约定保证人承担保证责任直到主债务本息还清时为止等类似内容的,视为约定不明,保证期间为主债务履行期届满之日起2年。主合同对主债务履行期限没有约定或者约定不明的,保证期间自债权人要求债务人履行义务的宽限期届满之日起计算。保证期间不因任何事由发生中断、中止和延长的法律后果。

在合同约定或法律规定的保证期间,债权人未对一般保证的债务人提起诉讼或者申请仲裁的,保证人免除保证责任;债权人已提起诉讼或者申请仲裁的,保证的诉讼时效中断,从判决或者仲裁裁决生效之日起,开始计算保证合同的诉讼时效。在保证期间,债权人未要求连带责任保证的保证人承担保证责任的,保证人免除保证责任;要求保证人承担保证责任的,从债权人要求保证人承担保证责任之日起,开始计算保证合同的诉讼时效。须注意的是,承担连带责任保证的保证人一人或者数人承担保证责任后,有权要求其他保证人清偿应当承担的份额,而不论债权人是否在保证期间内向未承担保证责任的保证人主张过权利。

一般保证中,主债务诉讼时效中断,保证债务诉讼时效中断;连带责任保证中,主债务诉讼时效中断,保证债务诉讼时效不中断。一般保证和连带责任保证中,主债务诉讼时效中止的,保证债务的诉讼时效同时中止。

最高额保证合同对保证期间没有约定或者约定不明的,如最高额保证合同约定有保证人清偿债务期限的,保证期间为清偿期限届满之日起6个月;没有约定的,保证期间为自最高额保证终止之日或自债权人收到保证人终止保证合同的书面通知到达之日起6个月。保证人对于通知到达债权人前所发生的债权,承担保证责任。

根据《担保法》规定,有下列情形之一的,保证人不承担民事责任:

(1)主合同当事人双方串通,骗取保证人提供保证的;

(2)合同债权人采取欺诈、胁迫等手段,使保证人在违背真实意思的情况下提供保证的。

根据《担保法解释》的规定,主合同债务人采取欺诈、胁迫等手段,使保证人在违背真实意思的情况下提供保证的,债权人知道或者应当知道欺诈、胁迫事实的,保证人不承担民事责任。

债务人与保证人共同欺骗债权人,订立主合同和保证合同的,债权人可以请求人民法院予以撤销。因此给债权人造成损失的,由保证人与债务人承担连带赔偿责任。

主合同当事人双方协议以新贷偿还旧贷,除保证人知道或者应当知道者外,保证人不承担民事责任,但是新贷与旧贷系同一保证人的除外。

三、抵押

抵押,是指债务人或者第三人不转移对财产的占有,将该财产作为债权的担保。债务人不履行债务时,债权人有权依法以该财产的价值或者以拍卖、变卖该财产的价款优先受偿。抵押中提供财产的人称为抵押人,债权人称为抵押权人,提供的财产称为抵押物。

我国《担保法》和《物权法》都对抵押作了规定,二者的规定不一致时,以《物权法》规定为准。

(一)抵押的财产范围

法律规定,下列财产可以抵押:

(1)建筑物和其他土地附着物。

(2)建设用地使用权。以建筑物抵押的,该建筑物占用范围内的建设用地使用权一并抵押。以建设用地使用权抵押的,该土地上的建筑物一并抵押。抵押人未依照规定一并抵押的,未抵押的财产视为一并抵押。乡镇、村企业的建设用地使用权不得单独抵押。以乡镇、村企业的厂房等建筑物抵押的,其占用范围内的建设用地使用权一并抵押。

(3)以招标、拍卖、公开协商等方式取得的荒地等土地承包经营权。

(4)生产设备、原材料、半成品、产品。

(5)正在建造的建筑物、船舶、航空器。

(6)交通运输工具。

(7)法律、行政法规未禁止抵押的其他财产。

下列财产不得抵押:

(1) 土地所有权;

(2) 耕地、宅基地、自留地、自留山等集体所有的土地使用权,但是法律规定可以抵押的除外;

(3) 学校、幼儿园、医院等以公益为目的的事业单位、社会团体的教育设施、医疗卫生设施和其他社会公益设施;

(4) 所有权、使用权不明或者有争议的财产;

(5) 依法被查封、扣押、监管的财产;

(6) 法律、行政法规规定不得抵押的其他财产。

(二) 抵押合同与抵押物登记

抵押合同应当以书面形式订立,一般应包括以下内容:

(1) 被担保债权的种类和数额;

(2) 债务人履行债务的期限;

(3) 抵押财产的名称、数量、质量、状况、所在地、所有权归属或者使用权归属;

(4) 担保的范围;

(5) 当事人认为需要约定的其他事项。

订立抵押合同时,抵押权人和抵押人不得约定在债务履行期届满抵押权人未受清偿时,抵押物的所有权转移为债权人所有。

有些财产的抵押,应当办理抵押登记,抵押权自登记时设立。法律规定,如果以建筑物和其他土地附着物、建设用地使用权、以招标、拍卖、公开协商等方式取得的荒地等土地承包经营权、正在建造的建筑物这四类财产抵押的,应当办理抵押登记。

当事人以上述财产以外的其他财产抵押的,可以自愿办理抵押登记,当事人是否办理抵押登记,不影响抵押合同的生效,抵押权自抵押合同生效时设立。但是,未办理抵押登记的,不得对抗善意第三人。

(三) 其他规定

订立抵押合同前抵押财产已出租的,原租赁关系不受该抵押权的影响。抵押权设立后抵押财产出租的,该租赁关系不得对抗已登记的抵押权。

抵押期间,抵押人经抵押权人同意转让抵押财产的,应当将转让所得的价款向抵押权人提前清偿债务或者提存。转让的价款超过债权数额的部分归抵押人所有,不足部分由债务人清偿。

抵押期间,抵押人未经抵押权人同意,不得转让抵押财产,但受让人代为清偿债务消灭抵押权的除外。

抵押权不得与债权分离而单独转让或者作为其他债权的担保。债权转让的,担保该债权的抵押权一并转让,但法律另有规定或者当事人另有约定的除外。

抵押人的行为足以使抵押财产价值减少的,抵押权人有权要求抵押人停止其行为。抵押财产价值减少的,抵押权人有权要求恢复抵押财产的价值,或者提供与减少的价值相应的担保。抵押人不恢复抵押财产的价值也不提供担保的,抵押权人有权要求债务人提前清偿债务。

抵押权人可以放弃抵押权或者抵押权的顺位。抵押权人与抵押人可以协议变更抵押权顺位以及被担保的债权数额等内容,但抵押权的变更,未经其他抵押权人书面同意,不得对其他抵押权人产生不利影响。

债务人以自己的财产设定抵押,抵押权人放弃该抵押权、抵押权顺位或者变更抵押权的,其他担保人在抵押权人丧失优先受偿权益的范围内免除担保责任,但其他担保人承诺仍然提供担保的除外。

(四) 多项担保权并存时的清偿顺序

在合同的担保中,有时会出现同一财产之上多个抵押权并存,以及抵押权与质权、留置权并存的情况,为此必须解决物权担保重合时的清偿顺序问题。

第一,同一财产向两个以上债权人抵押的,拍卖、变卖抵押财产所得的价款依照下列规定清偿:

(1) 抵押权已登记的,按照登记的先后顺序清偿;顺序相同的,按照债权比例清偿;

(2) 抵押权已登记的先于未登记的受偿;

(3) 抵押权未登记的,按照债权比例清偿。

第二,抵押权与质权、留置权并存时,按照以下顺序清偿:

(1) 同一财产上抵押权与质权并存时,抵押权人优先于质权人受偿;

(2) 同一财产上抵押权与留置权并存时,留置权人优先于抵押权人受偿;

(3) 抵押权与建筑工程的工程款优先受偿权并存时,工程款优先受偿权优先于抵押权。

第三,同一债权既有物的担保又有保证担保时,按照以下顺序清偿:

被担保的债权既有物的担保又有人的担保的,债务人不履行到期债务或者发生当事人约定的实现担保物权的情形,债权人应当按照约定实现债权;没有约定或者约定不明确,债务人自己提供物的担保的,债权人应当先就该物的担保实现债权;第三人提供物的担保的,债权人可以就物的担保实现债权,也可以要求保证人承担保证责任。提供担保的第三人承担担保责任后,有权向债务人追偿。

(五) 最高额抵押

最高额抵押,是指为担保债务的履行,债务人或者第三人对一定期间内将要连续发生的债权提供担保财产,债务人不履行到期债务或者发生当事人约定的实现抵押权的情形,抵押权人有权在最高债权额限度内就该担保财产优先受偿。

最高额抵押权设立前已经存在的债权,经当事人同意,可以转入最高额抵押担保的债权范围。

最高额抵押担保的债权确定前,部分债权转让的,最高额抵押权不得转让,但当事人另有约定的除外。

最高额抵押担保的债权确定前,抵押权人与抵押人可以通过协议变更债权确定的期间、债权范围以及最高债权额,但变更的内容不得对其他抵押权人产生不利影响。

质押和留置已在物权法一章作了介绍,这里就不赘述。

四、定金

定金,是由合同一方当事人预先向对方当事人交付一定数额的货币,以保证债权实现的担保方式。定金与预付款不同,预付款是合同一方当事人为履行付款义务而预先向对方当事人支付的一定款项,无担保作用。

我国《担保法》规定,当事人可以约定一方向对方给付定金作为债权的担保。债务人履行债务后,定金应当抵作价款或者收回。给付定金的一方不履行约定的债务的,无权要求返还定金;收受定金的一方不履行约定的债务的,应当双倍返还定金。

定金应当以书面的形式约定。定金的数额由当事人约定,但对超过主合同标的额20%的部分,人民法院不予支持。当事人在定金合同中应当约定交付定金的期限。定金合同从实际交付定金之日起生效。

当事人约定以交付定金作为订立主合同担保的,给付定金的一方拒绝订立主合同的,无权要求返还定金;收受定金的一方拒绝订立合同的,应当双倍返还定金。当事人约定以交付作为主合同成立或者生效要件的,给付定金的一方未支付定金,但主合同已经履行或者已经履行主要部分的,不影响主合同的成立或者生效。

当事人一方迟延履行或者其他违约行为,致使合同目的不能实现的,可以适用定金罚则。但法律另有规定或者当事人另有约定的除外。当事人一方不完全履行合同的,应当按照未履行部分所占合同约定内容的比例,适用定金罚则。因不可抗力、意外事件致使主合同不能履行的,则不适用定金罚则。

第六节 合同的变更、转让和终止

依法成立的合同,受法律保护,对当事人具有法律约束力。当事人应当按照合同约定履行自己的义务,不得擅自变更或者解除合同。但合同订立之后,由于情况的变化,变更、转让和终止合同对当事人更为有利的,基于合同自由法律应当允许,因此《合同法》对此作了相应规定。

一、合同的变更

合同变更有广、狭两义。广义的合同变更,包括合同内容的变更与合同当事人即主体的变更。合同主体的变更,在《合同法》中称为合同的转让,所以在《合同法》中的合同变更仅指合同内容的变更。

合同是由当事人协商一致而订立的,经当事人协商一致,也可以变更合同。但法律、行政法规规定变更合同应当办理批准、登记等手续的,应依照其规定办理批准、登记等手续。当事人对合同变更的内容应作明确约定,变更内容约定不明确的,推定为未变更。

因合同的变更而使一方当事人受到经济损失的,受损一方可向另一方当事人要求赔偿损失。

二、合同的转让

合同的转让,即合同主体的变更,指当事人将合同的权利和义务全部或者部分转让给第三人。合同的转让,分为债权的转让和债务的转让。当事人一方经对方同意,也可以将自己在合同中的权利和义务一并转让给第三人。

《合同法》规定,债权人可以将合同的权利全部或者部分转让给第三人,但有下列情形之一的除外:

(1) 根据合同性质不得转让,主要指基于当事人特定身份而订立的合同,如出版合同、赠与合同、委托合同、雇用合同等;

(2) 按照当事人约定不得转让;

(3) 依照法律规定不得转让。

《合同法》规定,债权人转让权利的,无需债务人同意,但应当通知债务人。未经通知,该转让对债务人不发生效力。债权人转让权利的通知不得撤销,但经受让人同意的除外。债权人转让权利的,受让人取得与债权有关的从权利,如债权的抵押权,但该从权利专属于债权人自身的除外。

债务人接到债权转让通知后,债务人对让与人的抗辩,可以向受让人主张。

债务人对债权人享有的抵销权,不受债权转让的影响。债务人接到债权转让通知时,债务人对让与人享有债权,并且债务人的债权先于转让的债权到期或者同时到期的,债务人可以向受让人主张抵销。

对债务的转让问题,《合同法》规定,债务人将合同义务的全部或者部分转移给第三人的,应当经债权人同意。债务人转移义务的,新债务人可以主张原债务人对债权人的抗辩。新债务人应当承担与主债务有关的从债务,但该从债务专属于原债务人自身的除外。

合同当事人转让权利或者转移义务,法律、行政法规规定应当办理批准、登记等手续的,当事人应依照其规定办理相应手续。

三、合同的终止

(一) 合同终止的原因

合同的终止,是指因发生法律规定或当事人约定的情况,当事人之间的权利义务关系消灭,从而合同终止法律效力。

《合同法》第91条规定,有下列情形之一的,合同的权利义务终止:

(1) 债务已经按照约定履行;

(2) 合同解除;

(3) 债务相互抵销;

(4) 债务人依法将标的物提存;

(5) 债权人免除债务;

(6) 债权债务同归于一人;

(7) 法律规定或者当事人约定终止的其他情形。

合同的权利义务终止后,有时当事人还负有后合同义务。合同终止后,当事人应当遵循诚实信用原则,根据交易习惯履行通知、协助、保密等义务。

(二) 合同的解除

合同的解除,是指已成立生效的合同因发生法律规定或当事人约定的情况,或经当事人协商一致而终止。合同的解除,分为合意解除与法定解除两种情况。

合意解除,是指根据当事人事先约定的情况或经当事人协商一致而解除合同。在订立合同时,当事人可以约定一方解除合同的条件。解除合同的条件成就时,解除权人可以解除合同。法律规定了或者当事人约定了解除权行使期限,期限届满当事人不行使的,该权利消灭。法律没有规定或者当事人没有约定解除权行使期限,经对方催告后在合理期限内不行使的,该权利消灭。合同订立后,经当事人协商一致,也可以解除合同。

法定解除,是指根据法律规定而解除合同。《合同法》第94条规定:有下列情形之一的,当事人可以解除合同:

(1) 因不可抗力致使不能实现合同目的;

(2) 在履行期限届满之前,当事人一方明确表示或者以自己的行为表明不履行主要债务;

(3) 当事人一方迟延履行主要债务,经催告后在合理期限内仍未履行;

(4) 当事人一方迟延履行债务或者有其他违约行为致使不能实现合同目的;

(5) 法律规定的其他情形。

当事人一方行使解除权,或依照《合同法》第94条的规定主张解除合同的,应当通知对方。合同自通知到达对方时解除。对方有异议的,可以请求人民法院或者仲裁机构确认解除合同的效力。

当事人解除合同,法律、行政法规规定应当办理批准、登记等手续的,应依照其规定办理。

合同成立以后客观情况发生了当事人在订立合同时无法预见的、非不可抗力造成的不属于商业风险的重大变化,继续履行合同对于一方当事人明显不公平或者不能实现合同目的,当事人请求人民法院变更或者解除合同的,人民法院应当根据公平原则,并结合案件的实际情况确定是否变更或者解除。

(三) 债务抵销

当事人互为债权人和债务人时,对债务可行使抵销的权利。抵销产生使合同终止的效力。抵销分为法定抵销与约定抵销。

当事人主张抵销的,应当通知对方。通知自到达对方时生效。抵销不得附条件或者附期限。

(四) 提存

在合同履行中,有时会出现因债权人等方面的原因使债务人难以履行债务的情况,这时债务人可以采取提存的方法履行债务。提存之后,合同终止。《合同法》规定,有下列情形之一,难以履行债务的,债务人可以将标的物提存:

(1) 债权人无正当理由拒绝受领;
(2) 债权人下落不明;
(3) 债权人死亡未确定继承人或者丧失民事行为能力未确定监护人;
(4) 法律规定的其他情形。

标的物不适于提存或者提存费用过高的,债务人依法可以拍卖或者变卖标的物,提存所得的价款。

标的物提存后,合同虽然终止,但债务人还负有后合同义务。除债权人下落不明的以外,债务人应当及时通知债权人或者债权人的继承、监护人。

标的物提存后,毁损、灭失的风险由债权人承担。提存期间,标的物的孳息归债权人所有。提存费用由债权人负担。

依照合同法的规定,债务人将合同标的物或者标的物拍卖、变卖所得价款交付提存部门时,人民法院应当认定提存成立。提存成立的,视为债务人在其提存范围内已经履行债务。

(五) 债的免除与混同

债权人免除债务人部分或者全部债务的,合同的权利义务部分或者全部终止。

债权和债务同归于一人,即债权债务混同时,合同的权利义务终止,但涉及第三人利益的除外。

第七节 违约责任

一、违约责任概述

（一）违约责任的概念

违约责任,是指当事人违反合同义务所应承担的民事责任。

《合同法》第107条规定,当事人一方不履行合同义务或者履行合同义务不符合约定的,应当承担继续履行、采取补救措施或者赔偿损失等违约责任。当事人双方都违反合同的,应当各自承担相应的责任。当事人一方因第三人的原因造成违约的,应当向对方承担违约责任。当事人一方和第三人之间的纠纷,依照法律规定或者按照约定解决。

（二）违约责任的归责原则

违约责任的归责原则主要有两项,即过错责任原则和严格责任原则。过错责任原则以过错的存在作为追究违约责任的要件。严格责任原则追究违约责任不以过错的存在作为要件,适用于法律明文规定的情况。《合同法》第107条规定的违约责任归责原则为严格责任原则。

（三）违约行为的种类

对违约行为可按不同标准分为不同种类:按照违约行为发生于合同履行期限届满之前或之后,可分为届期违约和预期违约。当事人在合同履行期限届满后不履行合同为届期违约。当事人在合同履行期限届满之前便以明示或暗示的行为表示将不履行合同为预期违约。对预期违约行为责任的追究,可以更好地保障合同当事人的正当权益。为此,《合同法》第108条规定,当事人一方明确表示或者以自己的行为表明不履行合同义务的,对方可以在履行期限届满之前要求其承担违约责任。按照违约行为是否从根本上违背缔约目的,可分为根本违约与非根本违约。按照违约时合同义务是否得到当事人的履行,可分为不履行违约和不适当履行违约,后者是指当事人虽有履行行为,但不符合合同约定。按照违约行为除违约后果外,是否还造成人身损害、财产权益损害等侵权损害后果,可分为仅有违约后果的瑕疵履行违约与伴有侵权后果的加害履行违约。

《合同法》规定,因当事人一方的违约行为,侵害对方人身、财产权益的,受损害方有权选择依照《合同法》规定要求其承担违约责任或者依照其他法律要求其承担侵权责任。债权人向人民法院起诉时作出选择后,在一审开庭以前又变更诉讼请求的,人民法院应当准许。但如对方当事人对变更后的诉讼请求提出管辖权异议,经审查异议成立的,人民法院应当驳回起诉。

二、承担违约责任的方式

《合同法》规定的承担违约责任的方式主要有以下几种:继续履行、采取补救措施、赔偿损失、支付违约金。

(一) 继续履行

继续履行,又称实际履行、强制实际履行,是指债权人在债务人不履行合同义务时,可请求人民法院或者仲裁机构强制债务人实际履行合同义务。

《合同法》规定,当事人一方未支付价款或者报酬的,对方可以要求其支付价款或者报酬。当事人一方不履行非金钱债务或者履行非金钱债务不符合约定的,对方可以要求履行,但有下列情形之一的除外:

(1) 法律上或者事实上不能履行;

(2) 债务的标的不适于强制履行或者履行费用过高。

(二) 采取补救措施

补救措施,是债务人履行合同义务不符合约定,债权人在请求人民法院或者仲裁机构强制债务人实际履行合同义务的同时,可根据合同履行情况要求债务人采取的补救履行措施。如《合同法》第111条规定,当事人履行合同义务,质量不符合约定的,应当按照当事人的约定承担违约责任。对违约责任没有约定或者约定不明确,受损害方根据标的的性质以及损失的大小,可以合理选择要求对方承担修理、更换、重做、退货、减少价款或者报酬等违约责任。

(三) 赔偿损失

当事人一方不履行合同义务或者履行合同义务不符合约定的,在履行义务或者采取补救措施后,对方还有其他损失的,应当赔偿损失。损失赔偿额应当相当于因违约所造成的损失,包括合同履行后可以获得的利益,但不得超过违反合同一方订立合同时预见到或者应当预见到的因违反合同可能造成的损失。当事人可以在合同中约定因违约产生的损失赔偿额的计算方法。

当事人一方违约后,对方应当采取适当措施防止损失的扩大;没有采取适当措施致使损失扩大的,不得就扩大的损失要求赔偿。当事人因防止损失扩大而支出的合理费用,由违约方承担。

(四) 支付违约金

违约金,是按照当事人的约定或者法律规定,一方当事人违约时应当根据违约情况向对方支付的一定数额的货币。

约定的违约金低于造成的损失的,当事人可以请求人民法院或者仲裁机构予以增加;约定的违约金过分高于造成的损失的,当事人可以请求人民法院或者仲裁机构予以适当减少。

当事人主张约定的违约金过高请求予以适当减少的,人民法院应当以实际损失为基础,兼顾合同的履行情况、当事人的过错程度以及预期利益等综合因素,根据公平原则和诚实信用原则予以衡量,并作出裁决。

当事人约定的违约金超过造成损失的30%的,一般可以认定为合同法规定的"过分高于造成的损失"。

当事人在合同中既约定违约金,又约定定金的,一方违约时,对方可以选择适用违约金或者定金条款,但两者不可同时并用。

(五) 免责事由

免责事由,是指当事人约定或者法律规定的债务人不履行合同时可以免除承担违约责任的条件与事项。《合同法》规定的一般免责事由为不可抗力,其他法律对特定合同免责事由的规定,适用于特定合同。当事人可以在合同中自愿约定合理的免责条款。

不可抗力,是指不能预见、不能避免并不能克服的客观情况。因不可抗力不能履行合同的,根据不可抗力的影响,部分或者全部免除责任,但法律另有规定的除外。当事人迟延履行后发生不可抗力的,不能免除责任。当事人一方因不可抗力不能履行合同的,应当及时通知对方,以减轻可能给对方造成的损失,并应当在合理期限内提供证明。

(六) 时效

因国际货物买卖合同和技术进出口合同争议提起诉讼或者申请仲裁的期限为4年,自当事人知道或者应当知道其权利受到侵害之日起计算。因其他合同争议提起诉讼或者申请仲裁的期限,依照有关法律的规定。

第八节 典型合同

一、买卖合同

(一) 买卖合同概述

买卖合同是出卖人转移标的物的所有权于买受人,买受人支付对价的合同。买卖合同是最基本、最典型的有偿合同,其法律规定最为详细,故《合同法》规定,其他有偿合同,法律有规定的,依照其规定;没有规定的,则参照买卖合同的有关规定执行。此外,当事人约定易货交易,转移标的物的所有权的,参照买卖合同的有关规定执行。

买卖合同的内容除《合同法》规定的一般条款外,还可以包括包装方式、检验标准和方法、结算方式、合同使用的文字及其效力等条款。

(二) 标的物与双方当事人的权利义务

在买卖合同中,当事人的权利义务主要是围绕标的物发生的,故《合同法》

针对标的物就当事人的权利义务作了详尽规定。

1. 标的物所有权的转移

出卖人应当履行向买受人交付标的物或者交付提取标的物的单证,并转移标的物所有权的义务。所以,买卖合同中出卖的标的物,在合同履行时应当是属于出卖人所有或者出卖人有权处分的物。法律、行政法规禁止或者限制转让的标的物,不得随意转让,应依照有关规定执行。

标的物的所有权自标的物交付时起转移,但法律另有规定或者当事人另有约定的除外。出卖人应当按照约定或者交易习惯向买受人交付提取标的物单证以外的有关单证和资料。当事人可以在买卖合同中约定买受人未履行支付价款或者其他义务的,标的物的所有权属于出卖人,即订立所有权保留条款。

出卖具有知识产权的计算机软件等标的物的,除法律另有规定或者当事人另有约定的以外,该标的物的知识产权不属于买受人。

2. 标的物的交付

出卖人应当按照约定的期限交付标的物。当事人约定交付期间的,出卖人可以在该交付期间内的任何时间交付。当事人没有约定标的物的交付期限或者约定不明确的,依照法律规定执行。标的物在订立合同之前已为买受人占有的,合同生效的时间为交付时间。

出卖人应当按照约定的地点交付标的物。当事人没有约定交付地点或者约定不明确,依照《合同法》有关规定仍不能确定的,适用下列规定:

(1) 标的物需要运输的,出卖人应当将标的物交付给第一承运人以运交给买受人;

(2) 标的物不需要运输,出卖人和买受人订立合同时知道标的物在某一地点的,出卖人应当在该地点交付标的物;不知道标的物在某一地点的,应当在出卖人订立合同时的营业地交付标的物。

标的物在交付之前产生的孳息,归出卖人所有;交付之后产生的孳息,归买受人所有。

3. 标的物的风险承担

标的物毁损、灭失的风险,在标的物交付之前由出卖人承担,交付之后由买受人承担,但法律另有规定或者当事人另有约定的除外。

4. 出卖人的权利保证

出卖人就交付的标的物负有权利保证义务,如保证标的物非他人所有或与他人共有,未设有抵押权、租赁权,未侵犯他人的知识产权等。为此,《合同法》规定,出卖人就交付的标的物,负有保证第三人不得向买受人主张任何权利的义务,但买受人订立合同时知道或者应当知道第三人对买卖的标的物享有权利的,或法律另有其他规定的除外。

买受人有确切证据证明第三人可能就标的物主张权利的,可以中止支付相应的价款,但出卖人提供适当担保的除外。

5. 标的物的质量与检验

标的物出卖人应当按照约定的质量要求交付标的物。出卖人提供有关标的物质量说明的,交付的标物应当符合该说明的质量要求。

出卖人对标的物的质量负有瑕疵担保义务。当事人对标的物的质量要求没有约定或者约定不明确,不能通过协议补充,不能按照合同有关条款或者交易习惯确定的,按照国家标准、行业标准履行;没有国家标准、行业标准的,按照通常标准或者符合合同目的的标准履行。出卖人交付的标的物不符合质量要求的,买受人可以依法要求其承担违约责任。

出卖人应当按照约定的包装方式交付标的物。对包装方式没有约定或者约定不明确,依照《合同法》有关规定仍不能确定的,应当按照通用的方式包装,没有通用方式的,应当采取足以保护标的物的包装方式。

买受人收到标的物时应当在约定的检验期间内检验。没有检验期间的,应当及时检验。

当事人约定检验期间的,买受人应当在检验期间内将标的物的数量或者质量不符合约定的情形通知出卖人。买受人怠于通知的,视为标的物的数量或者质量符合约定。当事人没有约定检验期间的,买受人应当在发现或者应当发现标的物的数量或者质量不符合约定的合理期间内通知出卖人。买受人在合同期间内未通知或者自标的物收到之日起 2 年内未通知出卖人的,视为标的物的数量或者质量符合约定,但对标的物有质量保证期的,适用质量保证期,不适用该 2 年的规定。出卖人知道或者应当知道提供的标的物不符合约定的,买受人不受上述通知时间的限制,因为出卖人的这种行为已属于欺诈行为。

6. 价款支付

买受人应当按照约定的数额支付价款。对价款没有约定或者约定不明确的,适用《合同法》的有关规定确定。

买受人应当按照约定的地点支付价款。对支付地点没有约定或者约定不明确,依照《合同法》有关规定仍不能确定的,买受人应当在出卖人的营业地支付,但约定支付价款以交付标的物或者交付提取标的物单证为条件的,在交付标的物或者交付提取标的物单证的所在地支付。

买受人应当按照约定的时间支付价款。对支付时间没有约定或者约定不明确,依照《合同法》有关规定仍不能确定的,买受人应当在收到标的物或者提取标的物单证的同时支付。

出卖人多交标的物的,买受人可以接收或者拒绝接收多交的部分。买受人接收多交部分的,按照合同的价格支付价款;买受人拒绝接收多交部分的,应当及时通知出卖人。

7. 合同解除的效力

因标的物的主物不符合约定而解除合同的,解除合同的效力及于从物。因标的物的从物不符合约定而解除相关部分合同的,解除的效力不及于主物,即从物有瑕疵的,买受人仅可解除与从物有关的合同部分。

标的物为数物,其中一物不符合约定的,买受人可以就该物解除,但该物与他物分离使标的物的价值显受损害的,当事人可以就数物解除合同。

出卖人分批交付标的物的,出卖人对其中一批标的物不交付或者交付不符合约定,致使该批标的物不能实现合同目的的,买受人可以就该批标的物解除。

出卖人不交付其中一批标的物或者交付不符合约定,致使今后其他各批标的物的交付不能实现合同目的的,买受人可以就该批以及今后其他各批标的物解除。

买受人如果就其中一批标的物解除,该批标的物与其他各批标的物相互依存的,可以就已经交付和未交付的各批标的物解除。

(三) 特殊买卖合同

《合同法》对特殊买卖合同有一些专门规定。

分期付款的买受人未支付到期价款的金额达到全部价款的 1/5 的,出卖人可以要求买受人一并支付到期与未到期的全部价款或者解除合同。出卖人解除合同的,双方应互相返还财产,出卖人可以向买受人要求支付该标的物的使用费。

凭样品买卖的当事人应当封存样品,并可以对样品质量予以说明。出卖人交付的标的物应当与样品及其说明的质量相同。凭样品买卖的买受人不知道样品有隐蔽瑕疵的,即使交付的标的物与样品相同,出卖人交付的标的物的质量仍然应当符合同种物的通常标准。这是因为,样品有隐蔽瑕疵是买受人设定样品所不知道的,样品作为质量标准的设定违背了当事人的真实意思表示,故对标的物的质量不再具有约束效力。

试用买卖的当事人可以约定标的物试用期间,对试用期间没有约定或者约定不明确,依据《合同法》有关规定仍不能确定的,由出卖人确定。试用买卖的买受人在试用期内可以购买标的物,也可以拒绝购买。试用期间届满,买受人对是否购买标的物未作表示的,视为购买。此外,如买受人已无保留地支付部分或全部价款,或对标的物进行试用以外的行为的,如出租、出售,也可视为同意购买。

招标投标买卖的当事人的权利和义务以及招标投标程序等,拍卖的当事人的权利和义务以及拍卖程序等,依照有关法律、行政法规的规定。

二、供用电、水、气、热力合同

《合同法》规定,供用水、供用气、供用热力合同参照供用电合同的有关规定执行。

(一) 供用电合同概述

供用电合同是供电人向用电人供电,用电人支付电费的合同。供用电合同通常为格式合同,属连续性合同,其标的的性质决定了合同一般不存在退货、返还、恢复原状等问题。

供用电合同的内容包括供电的方式、质量、时间、容量、地址、性质,计量方式,电价、电费的结算方式,供用电设施的维护责任等条款。供用电合同的履行地点由当事人约定;当事人没有约定或者约定不明确的,供电设施的产权分界处为履行地点。通常,供用电合同是以用电人提出用电申请为要约,供电人批准用电申请为承诺而订立的。

(二) 双方当事人的义务

1. 供电人义务

(1) 供电人应当按照国家规定的供电质量标准和合同约定安全供电。供电人未按照国家规定的供电质量标准和合同约定安全供电,造成用电人损失的,应当承担损害赔偿责任。

(2) 供电人因供电设施计划检修、临时检修、依法限电或者用电人违法用电等原因,需要中断供电时,应当按照国家有关规定事先通知用电人。未事先通知用电人中断供电,造成用电人损失的,应当承担损害责任。

(3) 因自然灾害等原因断电,供电人应当按照国家有关规定及时抢修。未及时抢修,造成用电人损失的,应当承担损害赔偿责任。

2. 用电人义务

(1) 用电人应当按照国家有关规定和当事人的约定及时交付电费。用电人逾期不交付电费的,应当按照约定支付违约金。经催告,用电人在合理期限内仍不交付电费和违约金的,供电人可以按照国家规定的程序中止供电。

(2) 用电人应当按照国家有关规定和当事人的约定安全用电。用电人未按照国家有关规定和当事人的约定安全用电,造成供电人损失的,应当承担损害赔偿责任。

三、赠与合同

(一) 赠与合同概述

赠与合同是赠与人将自己的财产无偿给予受赠人,受赠人表示接受赠与的合同。赠与合同是单务、无偿合同。赠与合同属诺成合同,当事人意思表示一致,合同即告成立。赠与的财产依法需要办理登记等手续的,应当办理有关手续。

赠与可以附义务。赠与附义务的,受赠人应当按照约定履行义务。

因赠与人故意或者重大过失致使赠与的财产毁损、灭失的,赠与人应当承担损害赔偿责任。赠与的财产有瑕疵的,赠与人不承担责任。附义务的赠与,赠与的财产有瑕疵的,赠与人在附义务的限度内承担与出卖人相同的责任。赠与人故意不告知瑕疵或者保证无瑕疵,造成受赠人损失的,应当承担损害赔偿责任。

赠与合同成立后,赠与人的经济状况显著恶化,严重影响其生产经营或者家庭生活的,可以不再履行赠与义务。

(二) 赠与的撤销

赠与的撤销分为任意撤销和法定撤销。任意撤销,是指赠与人在赠与财产的权利转移之前可以撤销赠与。具有救灾、扶贫等社会公益、道德义务性质的赠与合同或者经过公证的赠与合同,不得撤销,赠与人不交付赠与的财产的,受赠人可以要求交付。

法定撤销,是指受赠人有下列法定情形之一的,无论赠与财产的权利是否转移,赠与是否具有救灾、扶贫等社会公益、道德义务性质或者经过公证,赠与人均可以撤销赠与:

(1) 严重侵害赠与人或者赠与人的近亲属;

(2) 对赠与人有扶养义务而不履行;

(3) 不履行赠与合同约定的义务。

赠与人的撤销权,自知道或者应当知道撤销原因之日起 1 年内行使。

因受赠人的违法行为致使赠与人死亡或者丧失民事行为能力的,赠与人的继承人或者法定代理人可以撤销赠与。赠与人的继承人或者法定代理人的撤销权,自知道或者应当知道撤销原因之日起 6 个月内行使。

撤销权人撤销赠与的,可以向受赠人要求返还赠与的财产。

四、借款合同

(一) 借款合同概述

借款合同是借款人向贷款人借款,到期返还借款并支付利息的合同。《合同法》对借款合同是否为诺成合同视合同主体不同有不同规定:金融机构贷款的借款合同是诺成合同,自双方意思表示一致时成立;自然人之间的借款合同为实践合同,自贷款人提供借款时生效。

借款合同应采用书面形式,但自然人之间借款另有约定的除外。借款合同的内容包括借款种类、币种、用途、数额、利率、期限和还款方式等条款,贷款人还可以要求借款人依照《担保法》的规定提供担保。

订立借款合同,借款人应当按照贷款人的要求提供与借款有关的业务活动和财务状况的真实情况。

(二)双方当事人的权利义务

贷款人未按照约定的日期、数额提供借款,造成借款人损失的,应当赔偿损失。借款人未按照约定的日期、数额收取借款的,应当按照约定的日期、数额支付利息。

贷款人按照约定可以检查、监督借款的使用情况。借款人应当按照约定向贷款人定期提供有关财务会计报表等资料。借款人未按照约定的借款用途使用借款的,贷款人可以停止发放借款、提前收回借款或者解除合同。

办理贷款业务的金融机构贷款的利率,应当按照中国人民银行规定的贷款利率的上下限确定。

借款的利息不得预先在本金中扣除。利息预先在本金中扣除的,应当按照实际借款数额返还借款并计算利息。

借款人应当按照约定的期限支付利息。对支付利息的期限没有约定或者约定不明确,依照《合同法》有关规定仍不能确定的,借款期间不满 1 年的,应当在返还借款时一并支付;借款期间 1 年以上的,应当在每届满 1 年时支付,剩余期间不满 1 年的,应当在返还借款时一并支付。

借款人应当按照约定的期限返还借款。对借款期限没有约定或者约定不明确,依照《合同法》有关规定仍不能确定的,借款人可以随时返还;贷款人可以催告借款人在合同期限内返还。借款人未按照约定的期限返还借款的,应当按照约定或者国家有关规定支付逾期利息。

借款人提前偿还借款的,除当事人另有约定的以外,应当按照实际借款的期间计算利息。借款人可以在还款期届满之前向贷款人申请展期。贷款人同意的,可以展期。

自然人之间的借款合同对支付利息没有约定或者约定不明确的,视为不支付利息。自然人之间的借款合同约定支付利息的,借款的利率不得违反国家有关限制借款利率的规定。

五、租赁合同

(一)租赁合同概述

租赁合同是出租人将租赁物交付承租人使用、收益,承租人支付租金的合同。租赁合同为诺成合同,自双方意思表示一致时成立。租赁合同转让的是租赁物的使用权,故租赁物一般应为特定的非消耗物。

租赁合同的内容包括租赁物的名称、数量、用途、租赁期限、租金及其支付期限和方式、租赁物维修等条款。

租赁属临时性使用合同,故对合同的最长期限应有所限制。《合同法》规定,租赁期限不得超过 20 年。超过 20 年的,超过部分无效。租赁期间届满,当事人可以续订租赁合同,但约定的租赁期限自续订之日起仍不得超过 20 年。租赁期限 6 个月以上的,合同应当采用书面形式。当事人未采用书面形式的,视为不定期租赁。

(二) 双方当事人的权利义务

出租人应当按照约定将租赁物交付承租人,并在租赁期间保持租赁物符合约定的用途。承租人应当按照约定的方法使用租赁物。对租赁物的使用方法没有约定或者约定不明确,依照《合同法》有关规定仍不能确定的,应当按照租赁物的性质使用。

承租人按照约定的方法或者租赁物的性质使用租赁物,致使租赁物受到损耗的,不承担损害赔偿责任。承租人未按照约定的方法或者租赁物的性质使用租赁物,致使租赁物受到损失的,出租人可以解除合同并要求赔偿损失。

出租人应当履行租赁物的维修义务,但当事人另有约定的除外。承租人在租赁物需要维修时可以要求出租人在合理期限内维修。出租人未履行维修义务的,承租人可以自行维修,维修费用由出租人负担。因维修租赁物影响承租人使用的,应当相应减少租金或者延长租期。

承租人应当妥善保管租赁物,因保管不善造成租赁物毁损、灭失的,应当承担损害赔偿责任。

承租人经出租人同意,可以对租赁物进行改善或者增设他物。承租人未经出租人同意,对租赁物进行改善或者增设他物的,出租人可以要求承租人恢复原状或者赔偿损失。

承租人经出租人同意,可以将租赁物转租给第三人。承租人转租的,承租人与出租人之间的租赁合同继续有效,第三人对租赁物造成损失的,承租人应当赔偿损失。承租人未经出租人同意转租的,出租人可以解除合同。

在租赁期间因占有、使用租赁物获得的收益,归承租人所有,但当事人另有约定的除外。

承租人应当按照约定期限支付租金。对支付期限没有约定或者约定不明确,依照《合同法》有关规定仍不能确定的,租赁期间不满 1 年的,应当在租赁期间届满时支付;租赁期间 1 年以上的,应当在每届满 1 年时支付。剩余期间不满 1 年的,应当在租赁期间届满时支付。

承租人无正当理由未支付或者迟延支付租金的,出租人可以要求承租人在合理期限内支付。承租人逾期不支付的,出租人可以解除合同。

因第三人主张权利,致使承租人不能对租赁物使用、收益的,承租人可以要求减少租金或者不支付租金。第三人主张权利的,承租人应当及时通知出租人。

租赁物在租赁期间发生所有权变动的,不影响租赁合同的效力,即实行"买卖不破租赁"的原则。出租人出卖租赁房屋的,应当在出卖之前的合理期限内通知承租人,承租人享有以同等条件优先购买的权利。

(三) 租赁合同的解除与延期

因不可归责于承租人的事由,致使租赁物部分或者全部毁损、灭失的,承租人可以要求减少租金或者不支付租金;因租赁物部分或者全部毁损、灭失,致使不能实现合同目的的,承租人可以解除合同。

当事人对租赁期限没有约定或者约定不明确,依照《合同法》有关规定仍不能确定的,视为不定期租赁。当事人可以随时解除合同,但出租人解除合同应当在合理期限之前通知承租人。

租赁物危及承租人的安全或者健康的,即使承租人订立合同时明知该租赁物质量不合格,承租人仍然可以随时解除合同。

租赁期间届满,承租人应当返还租赁物。返还的租赁物应当符合按照约定或者按照租赁物的性质使用后的状态。

租赁期间届满,承租人继续使用租赁物,出租人没有提出异议的,原租赁合同继续有效,但租赁期限为不定期。

承租人在房屋租赁期间死亡的,与其生前共同居住的人可以按照原租赁合同租赁该房屋。

六、融资租赁合同

(一) 融资租赁合同概述

融资租赁合同是出租人根据承租人对出卖人、租赁物的选择,向出卖人购买租赁物,提供给承租人使用,承租人支付租金的合同。典型的融资租赁涉及三方当事人,即出租人、承租人、出卖人,包括租赁合同和买卖合同两个合同。出租人根据承租人对出卖人、租赁物的选择订立买卖合同,出卖人应当按照约定向承租人交付标的物,承租人享有与受领标的物有关的买受人的权利。承租人检验标的物合格后出具验收合格通知书,并与出租人订立融资租赁合同,出租人据此向出卖人付款。

虽然融资租赁合同具有租赁的性质,但其目的是融资。租赁物是出租人为承租人的使用而特别购入的,出租人是通过为承租人提供融资的方式取得租金的,租金是融资的对价。所以,在融资租赁合同中,承租人解除合同的权利应受到一定限制,在合同有效期内,无正当、充分的理由不得解除合同。

融资租赁合同应当采用书面形式。融资租赁合同的内容包括租赁物名称、数量、规格、技术性能、检验方法、租赁期限、租金构成及其支付期限和方式、币种、租赁期间届满租赁物的归属等条款。

出租人、出卖人、承租人可以约定，出卖人不履行买卖合同义务的，由承租人行使索赔的权利。承租人行使索赔权利的，出租人应当予以协助。

出租人根据承租人对出卖人、租赁物的选择订立的买卖合同，未经承租人同意，出租人不得变更与承租人有关的合同内容。

出租人享有租赁物的所有权。承租人破产的，租赁物不属于破产财产。

融资租赁合同的租金，除当事人另有约定的以外，应当根据购买租赁物的大部分或者全部成本以及出租人的合理利润确定。

（二）双方当事人的权利义务

出租人应当保证承租人对租赁物的占有和使用。承租人占有租赁物期间，租赁物造成第三人的人身伤害或者财产损害的，出租人不承担责任。

由于对出卖人、租赁物的选择是承租人决定的，所以，租赁物不符合租赁合同约定或者不符合使用目的的，出租人不承担责任，但承租人依赖出租人的技能确定租赁物或者出租人干预选择租赁物的除外。

承租人应当按照约定支付租金。承租人经催告后在合理期限内仍不支付租金的，出租人可以要求支付全部租金；也可以解除合同，收回租赁物。

当事人约定租赁期间届满租赁物归承租人所有，承租人已经支付大部分租金，但无力支付剩余租金，出租人因此解除合同收回租赁物，收回的租赁物的价值超过承租人欠付租金以及其他费用的，承租人可以要求部分返还。

出租人和承租人可以约定租赁期间届满租赁物的归属。对租赁物的归属没有约定或者约定不明确，依照《合同法》有关规定仍不能确定的，租赁物的所有权归出租人。

七、承揽合同

（一）承揽合同概述

承揽合同是承揽人按照定作人的要求完成工作，交付工作成果，定作人给付报酬的合同。承揽合同是以完成定作人要求的一定工作为目的的，其标的具有特定性，工作成果可以是有形的，也可以是无形的。经定作人同意，承揽人可以将其承揽的工作部分交由第三人完成，承揽人对无论是否自己完成的工作，均要承担全部责任。承揽人可为多人，除当事人另有约定，共同承揽人对定作人承担连带责任。承揽包括加工、定作、修理、复制、测试、检验等工作。

承揽合同的内容包括承揽的标的、数量、质量、报酬、承揽方式、材料的提供、履行期限、验收标准和方法等条款。

（二）双方当事人的权利义务

承揽人应当以自己的设备、技术和劳力，完成主要工作，但当事人另有约定的除外。承揽人将其承揽的主要工作交由第三人完成的，应当就该第三人完成的工作成果向定作人负责;未经定作人同意的,定作人可以解除合同。承揽人可以将其承揽的辅助工作交由第三人完成,并就该第三人完成的工作成果向定作人负责。

合同约定由承揽人提供材料的,承揽人应当按照约定选用材料,并接受定作人检验。合同约定由定作人提供材料的,定作人应当按照约定提供材料。承揽人对定作人提供的材料,应当及时检验,发现不符合约定时,应当及时通知定作人更换、补齐或者采取其他补救措施。承揽人不得擅自更换定作人提供的材料,不得更换不需要修理的零部件。

承揽人发现定作人提供的图纸或者技术要求不合理的,应当及时通知定作人。因定作人怠于答复等原因造成承揽人损失的,应当赔偿损失。定作人中途变更承揽工作的要求,造成承揽人损失的,应当赔偿损失。

承揽工作需要定作人协助的,定作人有协助的义务。定作人不履行协助义务致使承揽工作不能完成的,承揽人可以催告定作人在合理期限内履行义务,并可以顺延履行期限;定作人逾期不履行的,承揽人可以解除合同。

承揽人在工作期间,应当接受定作人必要的监督检验。定作人不得因监督检验妨碍承揽人的正常工作。

承揽人完成工作的,应当向定作人交付工作成果,并提交必要的技术资料和有关质量证明,定作人应当验收该工作成果。承揽人交付工作成果不符合质量要求的,定作人可以要求承揽人承担修理、重作、减少报酬、赔偿损失等违约责任。

定作人应当按照约定的期限支付报酬。对支付报酬的期限没有约定或者约定不明确,依照《合同法》有关规定仍不能确定的,定作人应当在承揽人交付工作成果时支付;工作成果部分交付的,定作人应当作相应支付。

定作人未向承揽人支付报酬或者材料费等价款的,承揽人对完成的工作成果享有留置权,但当事人另有约定的除外。

承揽人应当妥善保管定作人提供的材料以及完成的工作成果,因保管不善造成毁损、灭失的,应当承担损害赔偿责任。承揽人应当按照定作人的要求保守秘密,未经定作人许可,不得留存复制品或者技术资料。

定作人可以随时解除承揽合同,这是承揽合同的一个特点。因承揽合同是为满足定作人的特殊需要而订立的,如订立合同后其需要改变,应允许定作人解除合同,以免给其造成更大的经济损失。但定作人因此造成承揽人损失的,应当赔偿损失。

八、建设工程合同

建设工程合同是由承包人进行工程建设,发包人支付价款的合同。建设工程合同本质上属于承揽合同的性质,但因建设工程合同在实践中形成许多独特的特点,故《合同法》未将其列入承揽合同的规定范围,而是单独作为一类合同加以规定。同时,《合同法》规定,其对建设工程合同没有规定的,可适用承揽合同的有关规定。建设工程合同包括工程勘察、设计、施工合同。

建设工程合同应当采用书面形式,以招标的方式订立。建设工程的招标投标活动,应当依照有关法律的规定公开、公平、公正进行。国家重大建设工程合同,应当按照国家规定的程序和国家批准的投资计划、可行性研究报告等文件订立。

发包人可以与总承包人订立建设工程合同,也可以分别与勘察人、设计人、施工人订立勘察、设计、施工承包合同。发包人不得将应当由一个承包人完成的建设工程肢解成若干部分发包给几个承包人。

总承包人或者勘察、设计、施工承包人经发包人同意,可以将自己承包的部分工作交由第三人完成。第三人就其完成的工作成果与总承包人或者勘察、设计、施工承包人向发包人承担连带责任。承包人不得将其承包的全部建设工程转包给第三人或者将其承包的全部建设工程肢解以后以分包的名义分别转包给第三人。

禁止承包人将工程分包给不具备相应资质条件的单位。禁止分包单位将其承包的工程再分包。建设工程主体结构的施工必须由承包人自行完成。

勘察、设计合同的内容包括提交有关基础资料和文件(包括概预算)的期限、质量要求、费用以及其他协作条件等条款。

施工合同的内容包括工程范围、建设工期、中间交工工程的开工和竣工时间、工程质量、工程造价、技术资料交付时间、材料和设备供应责任、拨款和结算、竣工验收、质量保修范围和质量保证期、双方相互协作等条款。

建设工程监理,是指由发包人委托具有法定资格的工程监理人,依据法律、法规、建设工程合同及设计文件,代表发包人对承包人的工程建设情况进行监督的活动。建设工程实行监理的,发包人应当与监理人采用书面形式订立委托监理合同。发包人与监理人的权利和义务以及法律责任,应当依照《合同法》关于委托合同的规定以及其他有关法律、行政法规的规定执行。

九、运输合同

运输合同是承运人将旅客或者货物从起运地点运输到约定地点,旅客、托运人或者收货人支付票款或者运输费用的合同。运输合同分为客运合同、货运合同和多式联运合同。运输合同一般均为格式合同,旅客、托运人通常无法协商变更合同的格式条款,故需要特别注意对旅客、托运人合法利益的保护,排除格式条款的不合理限制。公共运输业的运输合同的订立具有强制性,以保障旅客、托运人的利益和社会秩序。《合同法》规定,从事公共运输的承运人不得拒绝旅客、托运人通常、合理的运输要求。

十、技术合同

(一) 技术合同概述

技术合同是当事人就技术开发、转让、咨询或者服务订立的确立相互之间权利和义务的合同。技术合同包括技术开发合同、技术转让合同、技术咨询合同和技术服务合同四种。

(二) 技术开发合同

技术开发合同是指当事人之间就新技术、新产品、新工艺或者新材料及其系统的研究开发所订立的合同。技术开发合同包括委托开发合同和合作开发合同。技术开发合同应当采用书面形式。当事人之间就具有产业应用价值的科技成果实施转化订立的合同,参照技术开发合同的规定。

(三) 技术转让合同

技术转让合同包括专利权转让、专利申请权转让、技术秘密转让、专利实施许可合同。技术转让合同应当采用书面形式。法律、行政法规对技术进出口合同或者专利、专利申请合同另有规定的,依照其规定。

(四) 技术咨询合同和技术服务合同

技术咨询合同,是指科技人员作为受托人就特定技术项目向委托人提供可行性论证、技术预测、专题技术调查、分析评价报告等工作成果的合同。

技术服务合同,是指当事人一方以技术知识为另一方解决技术问题所订立的合同,不包括建设工程合同和承揽合同。

十一、保管合同和仓储合同

(一) 保管合同

保管合同是保管人保管寄存人交付的保管物,并返还该物的合同。保管合同一般为实践合同,自保管物交付时成立。但当事人另有约定的,保管合同可自当事人约定的时间成立,为诺成合同。

(二) 仓储合同

仓储合同是保管人储存存货人交付的仓储物,存货人支付仓储费的合同。仓储合同为诺成合同,自成立时生效。《合同法》对仓储合同没有规定的,适用其有关保管合同的规定。

存货人交付仓储物的,保管人应当给付仓单。保管人应当在仓单上签字或者盖章。仓单是存货人交付仓储物后,保管人向其出具的提取仓储物的凭证。存货人或者仓单持有人在仓单上背书并经保管人签字或者盖章的,可以转让提取仓储物的权利。

当事人对储存期间没有约定或者约定不明确的,存货人或者仓单持有人可以随时提取仓储物,保管人也可以随时要求存货人或者仓单持有人提取仓储物,但应当给予必要的准备时间。

十二、委托合同、行纪合同和居间合同

(一) 委托合同

委托合同是委托人和受托人约定,由受托人处理委托人事务的合同。委托与代理关系有所不同。委托关系的存在是办理委托事项的前提,办理委托事项的形式有多种,代理只是其一,行纪、居间等也都是由委托关系产生的。委托只涉及委托人和受托人之间的关系,而代理则涉及与第三人的关系。

委托分为特别委托与概括委托:委托人可以特别委托人处理一项或者数项事务,也可以概括委托受托人处理一切事务。

(二) 行纪合同

行纪合同,是行纪人以自己的名义为委托人从事贸易活动,委托人支付报酬的合同。行纪合同与委托合同有许多共同之处,广义上讲,属于委托合同的一种。所以《合同法》规定,该法对行纪合同没有规定的,适用其有关委托合同的规定。

行纪合同与委托合同的主要区别在于:

(1) 行纪合同的适用范围仅为贸易活动,而委托合同的受托人为委托人提供服务的适用范围广泛,包括各种可以委托的事项。

(2) 行纪人应以自己的名义与第三人订立合同,而委托合同的受托人可以以委托人或者自己的名义订立合同,如以自己的名义订立合同,则负有披露义务。

(3) 行纪合同为有偿合同,而委托合同可以是有偿的,也可是无偿的。

(4) 行纪人处理委托事务支出的费用,除当事人另有约定,应自行承担,而委托合同的受托人的费用由委托人承担。

(三) 居间合同

居间合同是居间人向委托人报告订立合同的机会或者提供订立合同的媒介服务,委托人支付报酬的合同。居间行为分为两种情况,其一是受委托报告订立合同的机会,其二是除报告订立合同的机会外,还向委托人提供订立合同的媒介服务。

居间人负有报告义务,应当就有关订立合同的事项向委托人如实报告。居间人故意隐瞒与订立合同有关的重要事实或者提供虚假情况,损害委托人利益的,不得要求支付报酬并应当承担损害赔偿责任。

居间人促成合同成立的,委托人应当按照约定支付报酬。对居间人的报酬没有约定或者约定不明确,依照《合同法》有关规定仍不能确定的,根据居间人的劳务合理确定。因居间人提供订立合同的媒介服务而促成合同成立的,由该合同的当事人平均负担居间人的报酬。居间人促成合同成立的,居间活动的费用,由居间人负担。居间人未促成合同成立的,不得要求支付报酬,但可以要求委托人支付从事居间活动支出的必要费用。

思 考 题

1. 合同成立与合同生效有何区别?
2. 抵押合同都需要登记吗?
3. 承担违约责任的方式有哪些?

实战案例

2002年1月,A房地产开发公司(下称A公司)就一商品楼开发项目与B建筑公司(下称B公司)签订建筑工程承包合同。该合同约定:由B公司作为总承包商承建该商品楼开发项目,A公司按工程进度付款;建筑工期为2年。2002年7月,A公司与C银行签订借款合同,该合同约定:A公司向C银行借款5000万元,借款期限1年;同时约定将在建的商品楼作为借款的抵押担保,A公司与C银行共同办理了抵押登记手续。由于A公司资金不足,不能按期向B公司支付工程款项,该建筑工程自2003年6月起停工。A公司欠付B公司材料款800万元、人工费400万元;A公司依合同应承担违约金200万元。B公司多次催要未果,为追索欠款和违约金,于2003年8月诉至法院,申请保全在建商品楼并根据合同法的有关规定要求拍卖受偿。C银行因A公司逾期未还借款也于2003年8月向法院提起诉讼并对A公司的在建商品楼主张抵押权。

问题:

(1) A公司以在建商品楼作为借款的抵押担保是否有效?并说明理由。

(2) 请说明B公司要求以在建商品楼拍卖所得受偿的法律依据的内容。

(3) 在B公司与C银行均要求对在建商品楼行使受偿权利的情况下,谁的受偿权利更为优先?并说明理由。

(4) B公司追索的材料款、人工费、违约金中哪些属于享有优先权的范围?

参考文献

崔建远:《合同法》(第二版),北京大学出版社2013年版。
王利明、崔建远:《合同法新论·总则》,中国政法大学出版社2000年版。
谢怀栻等:《合同法原理》,法律出版社2000年版。
孙礼海主编:《合同法实用释解》,工商出版社1999年版。

第六章　竞争法律制度

内容提要

本章第一节主要介绍竞争法的基本原理,包括竞争法的规制对象、立法模式、反不正当竞争法与反垄断法的关系。第二节主要介绍反不正当竞争法律制度,阐述不正当竞争的一般界定和具体界定,具体分析各种典型不正当竞争行为以及不正当竞争的法律责任。第三节主要介绍反垄断法律制度,阐述反垄断法的一般原理,具体分析协议垄断、滥用市场支配地位、经营者集中、行政垄断等行为,以及反垄断法的规制措施和法律责任。

第一节　竞争法概述

一、竞争法的规制对象

市场经济是竞争经济,竞争机制不可缺少。但是,经济现实表明,作为竞争的伴生物,反竞争的现象总是存在,通常表现有三种情形:一是垄断(行为),指的是经营者通过自身经营或企业合并等方式,形成对一定市场的独占或控制。二是限制竞争(行为),指的是单个经营者滥用其市场优势或几个经营者通过联合方式而损害竞争对手的利益。三是狭义不正当竞争(行为),指的是经营者采取有违诚实信用或商业惯例的手段进行市场竞争。其中,垄断与限制竞争具有同质性,反映的是排斥竞争或避免、减少竞争;不正当竞争表明的是不择手段的过度竞争。现代竞争法就是以这些反竞争行为或现象为规制对象的法律制度体系。

二、竞争立法模式

基于法律传统、经济、文化、立法时间等差异,各国(地区)竞争立法在对以上三类行为进行法律调整时,所选择的立法模式不尽相同。归纳起来看,主要呈现三种情形:

一是以反垄断法为重心的法群式立法模式。这以美国为代表。1890年美国颁布《保护贸易和商业免受非法限制和垄断之害法》,即《谢尔曼法》,开创竞争法的先例。之后,又出台了《克莱顿法》《联邦贸易委员会法》等。美国独具特色的系列反托拉斯法由此形成。内容主要是反垄断或限制竞争,但也含有反不正当竞争规范。

二是分立式立法模式(二元式),即分别制定法律调整垄断(或限制竞争)和不正当竞争,形成形式意义上的反垄断法(或反限制竞争法)和反不正当竞争法。这以德国、日本为代表,流行于大陆法系内。德国1896年制定《反不正当竞争法》,1957年出台《反限制竞争法》;日本1934年制定《不正当竞争防止法》,1947年颁布《禁止私人垄断及确保公正交易法》。

三是合并式立法模式(一元式),即只制定一部法律调整三类行为,形成形式意义上的二法一体。在名称上,有的直接以反不正当竞争法命名,如匈牙利1990年《禁止不正当竞争法》;有的以其他命名,如我国台湾地区1991年"公平交易法"。合并立法多发生在竞争立法较晚的国家或地区。

另外,法国、意大利等国的情况较特殊,一则立法较晚,二则因加入有关国际公约和欧盟组织,受形势所迫而制定的竞争单行法突出反垄断,而有关反不正当竞争的内容则分散规定在民商法典、知识产权法等立法中,有人称之为分散式立法模式。

上述竞争立法模式以分立式和合并式两种情形具有示范意义,为各国仿效。两相比较,各有优劣。分立式立法的优点主要有:(1)立法目的明确;(2)立法内容界限清楚;(3)操作相对容易。合并式立法的优点主要有:(1)突出"两反"共性,使两法合为一体,不致分别归属;(2)有利于发展中国家反垄断的需要,反垄断的任务并不多,立法在于防范;(3)有利于强化反不正当竞争的力度,发挥行政执法作用。

我国竞争立法经历了一个曲折发展过程。1993年制定出台了《反不正当竞争法》,该法共5章33条,在"不正当竞争"名义下,同时规范了各种典型不正当竞争行为和一些垄断(或限制竞争)行为,很显然这部立法受到合并立法的一定影响。之后,我国将《反垄断法》列入立法规划,采行分立式立法体例。历经14年,《反垄断法》于2007年8月30日由第十届全国人大常委会第二十九次会议通过,该法共8章57条,规定了协议垄断、滥用市场支配地位、经营者集中、行政垄断等行为,以及反垄断法的规制措施和法律责任等内容,它将原由《反不正当竞争法》调整的有关垄断(或限制竞争)行为纳入到自身的调整范围。该法自2008年8月1日起施行,之后《反不正当竞争法》也有必要修订,最后形成两部法律并立,分别规范不正当竞争和垄断行为。

三、反不正当竞争法与反垄断法的关系

反不正当竞争法与反垄断法是竞争法体系中的两个基本分支,分别从不同的角度来保障和促进公平、自由的竞争秩序,以使市场竞争机制正常发挥作用。它们既相互区别又紧密联系。

(一) 区别

(1) 两法在规制对象上不同。一般认为,反不正当竞争法规范不正当竞争,禁限过度的竞争行为;反垄断法规范垄断或限制竞争,禁限排斥、消灭竞争的行为。

(2) 两法在立法目的、保护对象和法律地位上不同。反不正当竞争立法的要点在于制止和矫正不正当竞争对竞争秩序的个别性、局部性破坏,实现市场竞争的公平、正当,从实际来看,是较多地保护名牌企业或大型企业的利益,通常它与民事侵权法、知识产权法相联系(有些国家将其视为民事特别法),具有"兜底法"的特征。反垄断立法的要点在于制止和矫正垄断行为对竞争秩序的结构性、全局性破坏,实现市场竞争的自由、充分,从实际来看,是较多地保护中小企业或新入市企业的利益,它与促进社会公共利益和经济民主秩序相联系,具有强烈的公法性,常被誉为"经济宪法"。

(3) 两法对其规制对象的法律否定态度不同。反不正当竞争法较多地关注竞争行为的伦理界限,即是否符合商业道德性的要求,因而对不正当竞争的否定是绝对的,一般不允许有例外;反垄断法则较多地关注竞争行为的经济界限,即是否符合经济效益性的要求,对垄断行为的否定是相对的,允许有诸多例外。

(二) 联系

(1) 立法形式上可以合并,以一部法律或是一套法律制度兼容反不正当竞争规范和反垄断法规范。这以匈牙利、保加利亚、我国台湾地区等的一元立法和美国的反托拉斯系列立法为证。

(2) 执法机构上可以统一。如美国、日本、英国、我国台湾地区等设立独立的专门委员会来统一负责反垄断和反不正当竞争。

(3) 规制内容上可以交叉。不正当竞争与垄断之间并没有绝对、固定的界限,因而对于实践中有些兼具不正当竞争性质和垄断性质的市场行为,就需要两法相互配合,共同实现规制。

第二节 反不正当竞争法律制度

一、不正当竞争的法律界定

(一) 不正当竞争的一般界定

不正当竞争的一般界定,就是给不正当竞争概括性地规定一个一般条款或

者定义性条款。这源于德国和《巴黎公约》。德国1909年《反不正当竞争法》第1条规定，不正当竞争是"在商业交易中为竞争目的而违反善良风俗的行为"。《巴黎公约》在1900年文本第10条之二中指出："在工商业活动中违反诚实惯例的任何竞争行为，构成不正当竞争行为。"我国《反不正当竞争法》第2条规定："经营者在市场交易中，应当遵循自愿、平等、公平、诚实信用的原则，遵守公认的商业道德。本法所称的不正当竞争，是指经营者违反本法规定，损害其他经营者的合法权益，扰乱社会经济秩序的行为。"

归纳国内外立法及其最新发展和有关学理认识，可将不正当竞争界定为：经营者在市场交易中，违反诚实信用原则或公认的商业道德，所从事的有损于其他经营者或消费者利益、扰乱社会经济秩序、应予追究其法律责任的行为。

理解不正当竞争需注意以下要点：

(1) 不正当竞争是经营者在市场交易中出于竞争目的所为的行为。这表明其商业竞争性或商业目的性。

正当竞争和不正当竞争都是竞争者为取得预期的竞争效果和目标所为的竞争行为。所不同之处在于，前者是竞争者采取正当的商业手段，即通过提高质量、降低成本、开发技术、改善服务、增强信誉等来实现其竞争效果和目标；后者则是竞争者不择手段，或滥用他人竞争优势（如仿冒他人商业标志，窃取他人商业秘密等），或打击他人竞争优势（如诋毁他人商誉等），或非法谋取竞争优势（如商业贿赂、虚假广告等），来达到或意图达到其竞争效果和目标。

判断行为的商业竞争性或商业目的性，须注意以下两点：

第一，主体识别。《反不正当竞争法》确定不正当竞争的行为主体是经营者，并对经营者作出法律解释。经营者是"指从事商品经营或者营利性服务的法人、其他经济组织和个人"。

关于经营者的表现形式，包括三种情形：一是法人（组织体）形式，这包括三类法人，即企业法人、事业单位法人和社会团体法人。能够作为经营者的主要是企业法人，在我国涉及公司（企业）、国有企业、集体企业和外商投资企业等。事业单位和社会团体一般不能从事商品经营活动，能够作为经营者的事业单位法人是指实行企业化经营，依法具有从事经营活动资格的事业单位。能够作为经营者的社会团体法人是指从事营利性活动并依法取得经营资格的社会团体。二是非法人（组织体）形式，即"其他经济组织"，是指不具备法人资格，但依法可以从事营利性活动的社会组织，如合伙企业、独资企业等。三是个体形式，即"个人"，主要是指依法从事商品经营或服务的自然人，如个体工商户。

关于经营者的行为特征，我国《反不正当竞争法》对经营者的界定中涉及"商品经营"、"营利性服务"。所谓商品经营，是指以营利为目的的商品交换活动。所谓营利性服务，是指以营利为目的，以提供劳务为特征的经营活动。其实,从行为特征讲,凡从事市场交易活动的人就是经营者,而市场交易包括所有为自己或他人经济目的而从事的经营活动(或商业活动),范围应该是广泛的、开放的,不是封闭的、狭窄的。自由职业者(律师、医生、记者、写作者等)的活动、国家机构行使政权职能之外的活动(如购买、转让财产等)都可以包括在内。非法经营者并不具备经营资格,但它们进入市场,从事了交易活动,是可以成为不正当竞争的行为主体的。

第二,如何理解竞争目的? 对于不正当竞争,在过去的立法和学理认识上曾经要求行为主体与被侵害者之间要具有(显性或直接的)竞争关系,如果行为人与被侵害者不是处于共同的或有联系的经济活动领域,则其行为就不会被认定为不正当竞争。虽然,针对特定竞争对手和非特定的同业竞争对手开展商业活动,是通常的情形,但是随着社会经济的发展和科技的进步,企业的规模化、多元化经营日益成为事实,市场竞争的范围更加广泛,局限于相同领域和相关领域来认定具有竞争关系,认为不相关的行业或领域的企业之间不存在竞争关系,这并不可取。其实在市场经济环境中,竞争越来越具有普遍的意义。从各国立法和执法的最新变化来看,认定不正当竞争已经从行为人与被侵害者之间处于共同的或有联系的活动领域,扩展到了无关领域。非法利用他人成果,谋取竞争优势或商业发展机会,都可以构成不正当竞争。世界知识产权组织(World Intellectual Property Organization,WIPO)在1996年发布的《反不正当竞争示范法》(以下简称《示范法》)中指出,"凡在工商业活动中违反诚实惯例的任何行为即构成不正当竞争行为",去掉了《巴黎公约》1900年文本中的"竞争"二字,不再强调(显性或直接的)竞争(关系)。为此,关于不正当竞争的竞争目的,可以理解为商业目的。

(2)不正当竞争是经营者违反诚实信用原则或公认的商业道德的行为。这表明其反商业道德性,体现了不正当竞争的本质。

诚信原则通常要求当事人以诚实、信用的态度去行使权利,履行义务,换言之,也就是当事人在经营活动中应当诚实待人,恪守信用,不得进行任何欺诈或侵权的行为。该原则有着广泛的内容,几乎涵盖民事或经济活动所应遵循的基本准则的各个方面。商业道德是指在长期的工商业活动中所形成的、为人们所认可并加以遵守的一般习俗或习惯,如货真价实、童叟无欺、平等自愿、公平买卖等,属于不成文的规范。可见,"诚信原则"与"商业道德"具有等同的意义。

《巴黎公约》作为第一个反不正当竞争的国际公约,对不正当竞争作出了经典性定义,"凡在工商业活动中违反诚实之惯例的竞争行为即构成不正当竞争行为",其着眼点就在于"诚实惯例"。德国立法也意在强调不正当竞争是"违背善良风俗"的行为。当代各国立法乃至国际社会都基本遵循德国立法和《巴黎公约》对不正当竞争所作出的这一本质界定。即使是没有专门立法的美国等国家,在遇不正当竞争个案时,也由法官具体作出类似违反"诚实、公平交易原则"或"商业道德"的认定。

对于不正当竞争的反商业道德性,我国《反不正当竞争法》给予了充分的肯定,明确指出:"经营者在市场交易中,应当遵循自愿、平等、公平、诚实信用的原则,遵守公认的商业道德。"

诚信原则、商业道德如何具体化?《巴黎公约》基于各国对此存在理解上的差异,允许各成员国的法院、执法机关具体解释,但是必须考虑国际贸易中确立的一般惯例,如世界贸易组织(World Trade Organization,WTO)贸易规则、《与贸易有关的知识产权协定》(Agreement on Trade-related Aspects of Intellectual Property Rights,《TRIPS 协定》)等。

(3) 不正当竞争是有损其他经营者(竞争对手)和客户(尤其是消费者)的利益、扰乱社会经济秩序的行为。这表明其社会危害性。

第一,侵害其他经营者的利益。这有三种情形:一是侵害特定经营者(竞争对手)的利益;二是侵害同业经营者的利益;三是侵害不同业的经营者的利益。

第二,侵害客户(尤其是消费者)的利益。在市场经济条件下,客户处于竞争的氛围,成为不同竞争者争夺的对象。不诚实的竞争者以不正当手段进行竞争,不可避免地会影响消费者的利益,即使表面看来对消费者有利的一些行为,也会最终损害消费者。

第三,扰乱和破坏整个社会经济秩序。不正当竞争是行为人滥用竞争自由,违反竞争规则,通过投机取巧、坑蒙拐骗等不正当手段所为的行为,如果不加禁止,势必影响市场结构和市场绩效,甚至危及整个经济的良性运行。

(4) 不正当竞争是应予追究经营者法律责任的行为。这表明其应受责罚性。

不正当竞争的反道德性和社会危害性,决定了它是违法行为,理应追究行为人的法律责任,包括民事责任、行政责任和刑事责任。

(二) 不正当竞争的具体界定

不正当竞争的具体界定,就是尽可能全面地列举规定出各种不正当竞争行为。对此,各国立法不尽相同。《巴黎公约》列举了混淆、误导、诋毁三种典型不正当竞争行为,后来 WIPO 在《示范法》中又增列侵犯商业秘密行为、不正当地利用他人成果的行为、比较广告等。

我国现行《反不正当竞争法》通过专章规定了不正当竞争的具体表现形式,包括 11 类行为:(1) 欺骗性市场交易行为,又分为假冒他人注册商标,仿冒知名商品特有的名称、包装、装潢,假冒他人企业名称或姓名,商品质量的虚假表示;(2) 公用企业限制竞争行为;(3) 滥用行政权力行为;(4) 商业贿赂行为;(5) 虚假宣传行为;(6) 侵犯商业秘密行为;(7) 低价销售行为;(8) 附条件销售行为;(9)不正当有奖销售行为;(10)诋毁竞争对手行为;(11)串通招标投标行为。

应当指出,上述列举的不正当竞争,涵盖了各国所确认的比较典型的不正当竞争行为,但也涉及一些垄断或限制竞争行为,如公用企业限制竞争、滥用行政权力、附条件销售、串通招标投标等。

目前,我国《反垄断法》已经出台,这些垄断或限制竞争行为已被纳入其调整范围之中。因此,依照一般界定,并吸收国外和国际的立法经验,对不正当竞争行为类型可具体界定如下:(1)商业混淆行为,这是以侵害他人商业标志造成商品(服务)混淆为特点的、一种传统而典型的不正当竞争行为。在我国现行立法中,包括了假冒他人注册商标、仿冒知名商品和假冒他人企业名称或姓名等。(2)商业误导行为,这是经营者对自己及其商品(服务)进行引人误解的商业陈述。在我国现行立法中,包括了虚假宣传(或广告)行为、商品质量的虚假标示行为等。(3)商业诋毁行为,这是经营者对他人及其商品(服务)进行贬损的商业陈述。(4)侵犯商业秘密行为。(5)商业贿赂行为。(6)商业利诱行为。(7)其他行为。如不当利用他人成果的行为(包括淡化、模仿)、不当营销(如传销)行为等。

二、各种典型不正当竞争行为

(一)商业混淆行为

1. 商业混淆行为的概念

商业混淆行为(causing confusion),又被称为"商业混同行为""市场混淆行为""假冒名牌""欺骗性交易行为""仿冒行为"等,指经营者对他人(特有)的商业标志进行不正当的相同或类似使用,致使与他人的商品(包括服务)或营业活动产生混淆,而由此获得市场交易机会和经济利益的行为。

认定商业混淆行为,须注意以下几点:

(1)从主体看,混淆行为人是不正当使用他人商业标志的经营者,实践中多表现为中小经营者,即一些经济实力较弱、没有竞争优势的中小型企业、个体经营户或自然人。受混淆行为之害的人涉及商业标志权利人和购买者(或消费者)。通常商业标志权利人多表现为一些知名企业、具有品牌的企业。

(2)从客体看,混淆行为侵害的是他人(特有)的商业标志及其权利利益。商业标志,也称商业标识,是指用以表明经营者及其商品(服务)个性和共性的外在形式。按世界知识产权组织(WIPO)的解释,商业标识是向消费者传递市场上的一种商品或服务来自特定的商业来源的信息的任何牌子、象征或图案。1996年WIPO推出的《反不正当竞争示范法》中列举了商业标识的范围,包括六种典型的商业标识形式,即商标(trademark)、商号(trade name)、商标或商号以外的商业标识(如某种风格的商业象征、徽章、标志、标语等)、商品的外观、商品或服务的表述或表示(尤其包括广告)和知名人士或众所周知的虚构形象。

(3) 从客观方面看,混淆行为表现为经营者对他人(特有)的商业标志进行了不正当使用,引起混淆事实,或由此获得了交易机会和经济利益。

其一,经营者对他人特有的商业标志进行了不正当使用。不正当使用主要有两种情形:一是未经他人许可,将他人特有商业标志作相同使用。此即所谓"假冒",是指完全冒用他人商业标志,把自己的商品与他人的商品从外在方面弄得一模一样,或者直接把自己与他人在经营身份上加以等同或联系起来而弄得真假难辨。二是未经他人许可,将他人特有商业标志作类似(或近似)使用。此即所谓"仿冒",并非完全冒用他人商业标志,而是把他人商业标志作没有显著区别的"加工处理"后用于自己的商品上,或者自己用于商品上的商业标志与他人特有商业标志形成近似,由此足以引起公众对自己的商品与他人的商品发生误认或混淆。

其二,经营者对他人商业标志的使用引起了混淆事实。这也就是说,经营者把使用他人商业标志的商品投放市场,造成购买者将该商品与商业标志权利人(所有人、合法使用人)的商品混同对待,发生误认误购。混淆包括商业来源的混淆、关联关系的混淆、保证关系的混淆。混淆还包括实际的混淆和可能的混淆,混淆事实的认定并不要求实际已经发生购买者误认误购。混淆的认定原则:一是通体观察、比较主要部分原则;二是隔离观察原则;二是一般购买者施以普通注意力原则。

其三,经营者基于混淆行为取得了一定的市场交易机会和经济利益。这表明经营者实施混淆行为达到了其非法的经济目的。当然,从理论上说,经营者尚未取得或是取得少量的交易机会和经济利益,并不影响混淆行为的认定。

2. 我国关于商业混淆行为的立法规定

根据《反不正当竞争法》第 5 条的规定,商业混淆行为表现为三种形式:

(1) 假冒他人注册商标。指经营者对他人注册商标进行不正当使用,直接或间接地造成商品混淆和商标注册人利益受损的各种行为。根据《商标法》有关规定,具体可包括以下情形:① 未经注册商标所有人的许可,在同一种商品或者类似商品上使用与注册商标相同或者近似的商标;② 经销明知或应知是侵犯他人注册商标专用权的商品;③ 伪造、擅自制造他人注册商标标识或销售伪造、擅自制造的注册商标标识;④未经商标注册人同意,更换其注册商标并将该更换商标的商品又投放市场(这称为"反向假冒");⑤给他人注册商标专用权造成其他损害的行为。

(2) 仿冒知名商品特有的名称、包装、装潢。指经营者擅自将他人知名商品特有的名称、包装、装潢作相同或近似使用,造成自己的商品与他人的知名商相混淆,使购买者误认为是该知名商品的行为。这里,"知名商品"是指在市场上具有一定知名度,为相关公众所知悉的商品。"特有"是指商品名称、包装、装潢非为相关商品所通用,并具有显著的区别性特征。知名商品特有的"名称"是指知名商品独有的、与通用名称有显著区别的商品名称,但该名称已经作为商标注册的除外。"包装"是指为识别商品以及方便携带、储运而使用在商品上的辅助物和容器。"装潢"是指为识别与美化商品而在商品或者其包装上附加的文字、图案、色彩及其排列组合。如何判断知名商品?国家工商总局在其1995年发布的《关于禁止仿冒知名商品特有的名称、包装、装潢的不正当竞争行为的若干规定》中考虑到执法的简便和易于操作,确立"推定原则"即"商品的名称、包装、装潢被他人擅自作相同或近似使用,足以造成购买者误认的,该商品即可认定为知名商品"。对此,最高人民法院《关于审理不正当竞争民事案件适用法律若干问题的解释》(以下简称法释〔2007〕2号)对于知名商品的认定作出以下规定:第一,抽象界定知名商品。在中国境内具有一定的市场知名度,为相关公众所知悉的商品,应当认定为"知名商品"。第二,知名商品综合因素认定法。人民法院认定知名商品,应当考虑该商品的销售时间、销售区域、销售额和销售对象,进行任何宣传的持续时间、程度和地域范围,作为知名商品受保护的情况等因素,进行综合判断。第三,原告举证责任。原告应当对其商品的市场知名度负举证责任。

(3)假冒他人企业名称或姓名。指经营者擅自使用他人的企业名称或姓名,引人误认为是他人商品的行为。根据《法释〔2007〕2号》规定,企业登记主管机关依法登记注册的企业名称,以及在中国境内进行商业使用的外国(地区)企业名称,应当认定为"企业名称"。具有一定的市场知名度、为相关公众所知悉的企业名称中的字号,可以认定为"企业名称"。在商品经营中使用的自然人的姓名,应当认定为"姓名"。具有一定的市场知名度、为相关公众所知悉的自然人的笔名、艺名等,可以认定为"姓名"。

(二) 商业误导行为

1. 商业误导行为的概念

商业误导行为(misleading),有多种称谓,如虚假宣传行为、误导公众、商业欺诈行为等,指经营者利用广告或其他方法,对商品(服务)的质量、价格、性能、用途、数量、制造方法等进行引人误解的陈述或表示。

理解时须注意以下方面:(1)从主体看,误导涉及误导行为人、受误导的消费者或交易相对人(公众)以及受误导行为影响的相关经营者。(2)从误导的内容看,涉及商品(服务)数量、质量、价格、性能、用途、来源、售后服务等若干方面。(3)从误导的方法、方式看,有三种情形:一是通过广告;二是直接通过产品及其包装;三是其他方式。(4)从客观方面看,误导的事实认定主要在于陈述、宣传的内容引人误解,包括实际产生的或可能产生的。这通常以一般消费者一般的消费知识和交易常识为标准加以认定。

商业误导不同于商业吹嘘。在市场竞争条件下,商业吹嘘是难免的现象,比如,有些广告语使用文学夸张手法。基于其不具有误导效果,法律对此并未严格禁止,而是采取容忍态度。

欺骗、欺诈与误导虽有联系,但含义不一。欺骗、欺诈与误导都是使人陷入错误,产生误解。但欺骗、欺诈的认定要求行为人具有主观恶意(故意或重大过失),这通常表现为对商业信息的陈述存在绝对虚假或重大隐瞒;误导则不强调恶意,无过失也可能构成,它的认定只要求对商业信息作一般的虚假或隐瞒陈述。

2. 我国关于商业误导行为的立法规定

关于商业误导行为,在我国现行立法上还没有统一的规定,现有的规定比较零散,归纳起来有以下情形:

(1) 在商品及其包装上作虚假质量标示。这又分为:第一,伪造或冒用质量标志。质量标志是指证明经营者的商品或服务达到一定质量水平的特定标志,包括认证标志和其他质量标志。质量标志是国家进行商品(服务)质量管理的手段,经营者不得随意使用质量标志进行产品标识,误导消费者。第二,伪造产地。产地表明商品的地理来源,如商品生产地、制造地、加工地等,它常常与商品质量有着关联,具有一定竞争意义。因此,经营者应当按照法定原则和要求进行真实的产地标示,而不能为行销自己的商品而伪造产地,作虚假标识。另外原产地名称具有商业标识意义,若伪造冒用,即构成商业混淆行为。第三,其他关于商品质量作引人误解的虚假表示。这主要表现为经营者违反《产品质量法》有关产品标识义务要求的行为。

(2) 虚假广告行为。指经营者采用广告的宣传方法对商品作引人误解的虚假宣传。广告是经营者最常用、最主要的宣传方式,是经营者自己承担费用,通过一定的媒介或形式对其营业活动、商品进行自我宣传。其主要特点是利用宣传媒介,包括大众传播媒介(如报刊、杂志、电视、广播等)和自办形式或委托他人代办的媒介(如广告牌、霓虹灯、票证、宣传画册等)。依规定,作为广告主的经营者发布广告必须真实,不得违反《广告法》的禁止性规则。作为经营广告业务的广告经营者(即广告企业)和广告发布者也不得在明知或应知的情况下,代理、设计、制作、发布虚假广告。

(3) 广告外的虚假宣传行为。如经营者为扩大产品销路,通过举办展览会、展销会、博览会、订货会等,发表介绍文章或召开新闻发布会,负责人在各种公共场合讲话等方式,作引人误解的宣传。

(4) 价格欺诈行为。指经营者通过捏造、散布、标示虚假的或引人误解的价格信息,误导、欺骗消费者或交易相对人的行为。根据《价格法》第 14 条的规定,价格欺诈行为包括:第一,捏造、散布涨价信息,哄抬价格,推动商品价格过高上涨。第二,利用虚假或使人误解的价格手段,诱骗消费者或其他经营者与其进行交易。这属于虚假价格标示,是人们常说的价格欺诈,实践中表现有:虚假降价;低价引诱,高价结算;模糊标价,引人误解。第三,采取抬高等级或压低等级等手段收购、销售商品或提供服务,变相抬高或压低价格。

(5)带有欺骗、误导性的有奖销售行为。《反不正当竞争法》第 13 条规定了不正当有奖销售行为,其中有两种情形属于商业误导行为:第一,欺骗性有奖销售行为。这是经营者假借有奖销售的名义,误导、欺骗购买者,属于欺骗性的商业做法。又分四种情况:一是谎称有奖销售或对所设奖的种类、中奖概率、最高奖金额、总金额、奖品种类、奖品数量、奖品质量、提供方法等作虚假不实的表示。二是采取不正当的手段故意让内定人员中奖。三是故意将设有中奖标志的商品、奖券不投放市场或不与商品、奖券同时投放市场;或者故意将带有不同奖金金额或奖品标志的商品、奖券按不同的时间投放市场。四是其他应由省级以上工商行政管理机关认定的欺骗性有奖销售行为。第二,推销质次价高商品的有奖销售行为。其特点是名为有奖销售,实为变相涨价、推销质次商品,本质上属于误导、欺骗消费者的行为。所谓"质次价高",要由工商行政管理机关根据同期市场同类商品的价格、质量和购买者的投诉进行认定,必要时工商行政管理机关可会同有关部门认定。

(三)商业诋毁行为

1. 商业诋毁行为的概念

商业诋毁行为(discrediting),又称商业诽谤行为、损害信誉行为、诋毁竞争对手行为,是指经营者捏造和散布虚伪或引人误解的事实,损害他人商业信誉和商品声誉的行为。理解时应注意以下方面:

(1)诋毁行为是否针对竞争对手。诋毁通常是在具有竞争关系的当事人之间发生,大多数国家在立法上也是这样要求的。我国《反不正当竞争法》第 14 条规定,经营者不得捏造、散布虚伪事实,损害竞争对手的商业信誉、商品声誉。这较为明确地将诋毁行为限定在针对竞争对手而实施。对此,正如前面关于不正当竞争的理解一样,不必把具有(显性、直接的)竞争关系作为构成不正当竞争的要件。WIPO 的《反不正当竞争示范法》的解释指出:"被攻击的个人或公司通常是一个竞争者,或者至少所涉及的当事人之间存在某种竞争关系。但是,不但竞争者,而且像消费者团体或者新闻媒体,也可以实施违反公平竞争原则的行为。如果它们对一个企业商品、服务或者商业活动作虚假的或不合理的陈述,应当对其提起损害信誉的诉讼。"我国现阶段的做法是,对于非经营者或不具有竞争关系的经营者实施诋毁行为,不按不正当竞争处理,而以民事侵权性质的诽谤行为对待,适用民法。

(2) 侵害的客体和诋毁的内容。诋毁行为侵害的客体是他人的商业信誉和商品声誉,有人概称"商誉""商誉权"。商业信誉是指社会对特定经营者的评价,包括经营者的信用、资产、经营能力、经营作风等方面。商品声誉是社会对特定商品的评价,包括质量、性能、效用、价格等方面。商业信誉与商品声誉通常联系在一起,两者并非截然分开,都表明经营者与产品的内在或外在联系,共同标示着特定经营者及其特定产品的社会吸引力和形象,成为经营者重要的无形财富。同时,商业信誉和商品声誉总是依附于特定经营者而存在,具有一定人格性质。因此,诽谤他人商誉不仅致使他人的财产利益受损,而且侵害他人的人格权利。

WIPO 提供了诋毁陈述的内容,主要列举出五个方面:商品的制造过程;商品或服务对特定目的的适合性;商品或服务的质量、数量或其他特性;对商品或服务所承诺或提供的条件;商品或服务的价格或价格计算方法。这与误导陈述的内容基本相同,涉及商品(服务)数量、质量、价格、性能、用途、售后服务等若干方面。但是,诋毁陈述是贬损他人,其内容具有开放性,不只是限于某个企业提供的商品(服务)信息,也还涉及某个企业本身的情况(信用、资产、资格、企业精神等)、企业负责人及职员(雇员)个人情况(地位、种族、宗教信仰、政治立场、身体状况等)。

(3) 诋毁在客观上表现为经营者通过捏造、散布虚伪或引人误解的事实,攻击、贬低他人,造成一定的损害后果。

第一,捏造、散布虚伪事实或引人误解的事实。我国立法规定,诋毁限于捏造、散布虚伪事实,这与《巴黎公约》要求的"虚假陈述"是一致的。《示范法》则指出:"不仅虚假陈述,而且不合理的陈述,也可以产生损害信誉后果。"对竞争者或其商品(服务)的虚假陈述是典型的诋毁,不合理的陈述也可以构成诋毁。实践中,就存在这样的情况:一是以片面陈述真实的事实进行诋毁,如具有恶意的忠告性提示。二是以未有定论的事实进行诋毁。

第二,损害后果,表现为竞争对手的销售额减少、商品积压、信誉下降、消费者要求退货等。诋毁的构成不以实际损害后果的发生为必需。

2. 诋毁行为与误导行为

诋毁行为和误导行为都是发布某种虚假信息,以影响顾客的决定。不同的是,误导行为是通过对自己及其商品或服务进行虚假、欺骗性的陈述而实施,陈述的内容在于褒饰自己;诋毁行为是通过对他人及其商品、服务或工商业活动传布虚假、不合理信息而实施,陈述的内容在于贬损对方。不过,在有些情况下(如比较广告),诋毁行为与误导行为发生竞合。

(四) 侵犯商业秘密的行为

1. 商业秘密

商业秘密,又称"秘密信息"(secret information)、"未披露的信息"(unclosed information)。按我国立法的解释,商业秘密是指不为公众所知悉、能为权利人带来经济利益、具有实用性并经权利人采取保密措施的技术信息和经营信息。

商业秘密具有三个基本特征:(1) 秘密性,即不为公众所知悉。(2) 实用性和价值性,即可以用于工商业活动,具有商业价值(经济价值),能为权利人带来经济利益。(3) 保密性,即权利人采取了合理的保密措施。

关于商业秘密的内容,我国立法规定包括技术秘密和经营秘密两个方面,具体涉及设计、程序、产品配方、制作工艺、制作方法、管理诀窍、客户名单、货源情报、产销策略、招标投标中的标底及标书内容等信息。

2. 侵犯商业秘密行为的概念和具体表现

侵犯商业秘密行为是指经营者或相关人员不正当地获取、披露、使用或允许他人使用权利人的商业秘密,从而损害权利人利益的行为。侵犯商业秘密的行为既具有民事侵权性质,也具有不正当竞争性质。

根据我国《反不正当竞争法》第 10 条的规定,侵犯商业秘密行为表现为以下情形:

(1) 以盗窃、利诱、胁迫或其他不正当手段获取权利人的商业秘密。

(2) 披露、使用或允许他人使用以不正当手段获取的权利人的商业秘密。这是竞争经营者对权利人的商业秘密进行不正当披露和不正当使用。

(3) 违反约定或违反权利人有关保守商业秘密的要求,披露、使用或者允许他人使用其所掌握的商业秘密。这是合法掌握商业秘密的相关人员对权利人的商业秘密进行不正当披露和不正当使用。这里,相关人员有:权利人的职工(包括高级管理人员、技术人员和一般职工或雇员等)、权利人的业务关系单位和个人、有关政府主管部门及其工作人员等,他们分别基于与权利人的工作或劳动关系、与权利人存在的合同或合同外的业务往来关系、对权利人的管理和执法活动,而掌握或可能获取权利人的商业秘密。依国家工商行政管理局于 1995 年 11 月发布的《关于禁止侵犯商业秘密行为的若干规定》,只涉及前两类相关人员(即业务关系单位和个人、权利人的职工)的不正当披露、使用。

(4) 视为侵犯商业秘密的行为,即指第三人明知或应知前三种违法行为,而获取、使用或披露他人的商业秘密。比如甲窃取乙的商业秘密,丙知道甲获取的商业秘密是非法的,来路不正,仍然使用该商业秘密。

(五) 商业贿赂行为和商业利诱行为

1. 商业贿赂行为

商业贿赂行为是贿赂的一种形式,指的是经营者在市场交易活动中采用财物或其他手段暗中收买交易对象或有关人员而争取交易机会或有利交易条件的行为。《反不正当竞争法》第8条规定:"经营者不得采用财物或者其他手段进行贿赂以销售或购买商品"。之后,国家工商行政管理局在1996年11月发布《关于禁止商业贿赂行为的暂行规定》(以下简称《暂行规定》),对商业贿赂行为的认定和处理作出更为具体的规定。

(1) 从主体上看,商业贿赂行为涉及行贿经营者和受贿者两方面。其中,行贿经营者是基本主体,其职工采用贿赂手段为其销售或购买商品的行为,应当认定为经营者的行为。受贿者表现有三种情形:一是与行贿人发生交易关系并作为交易一方的对方单位或个人。二是交易对方单位的个人,包括法人的法定代表人、其他经济组织的负责人和法人或其他经济组织的代理人。三是有关单位或个人,指对促成交易关系具有影响作用的单位或个人,属交易关系以外的第三方。

(2) 从主观方面看,商业贿赂行为表现为(行贿)经营者是为交易目的(或是促销商品,或是竞购商品,或是获得交易上的便利或优惠条件)故意所为的行为。经营者被迫索贿的,或不为交易目的,则不构成商业贿赂。

(3) 从客观方面看,商业贿赂行为表现为行贿经营者向受贿者支付或提供了一般商业惯例所不允许的财物款项或非财物利益,并且通常采取秘密的方式来进行。至于按照商业惯例提供小额优惠或赠品及礼仪性接待等,则不构成商业贿赂。商业贿赂的手段包括财物手段和其他手段(非财物手段)两类。依照《关于禁止商业贿赂行为的暂行规定》解释,财物是指现金和实物,包括经营者为销售或者购买商品,假借促销费、宣传费、赞助费、科研费、劳务费、咨询费、佣金等名义,或者以报销各种费用等方式,给付对方单位或者个人的财物。其他手段是指提供国内外各种名义的旅游、考察等给付财物以外的其他利益的手段。

2. 商业利诱行为——巨奖销售

商业利诱行为是指经营者违反一般商业做法,许诺给予交易相对人(即购买者或消费者)一定经济利益或其他好处的行为。对此,我国立法没有统一规定,主要表现为巨奖销售,国外还涉及不正当折扣、不正当赠品等。

在商品销售活动中,为招徕顾客、扩大销路,有奖销售成为经营者常常采用的一种促销手段。对于有奖销售,我国立法区别正当有奖销售和不正当有奖销售,只有不正当有奖销售才受到禁止。1993年12月国家工商行政管理总局发布《关于禁止有奖销售活动中不正当竞争行为的若干规定》,对有奖销售及不正当有奖销售作出具体规定。

有奖销售是指经营者销售商品或提供服务,附带性地向购买者提供物品、金钱或其他经济上利益的行为。它包括两种形式:一是附赠式有奖销售,表现为经营者向所有的购买者赠送奖品;二是抽奖式有奖销售,表现为经营者以抽签、摇号或其他带有偶然性的方式确定购买者是否中奖,对中奖者才赠予奖品。至于政府或政府有关部门依法批准的有奖募捐及其他彩票发售活动则不属于有奖销售行为。

依照《反不正当竞争法》第13条和《关于禁止有奖销售活动中不正当竞争行为的若干规定》,不正当有奖销售包括欺骗性有奖销售、推销质次价高商品的有奖销售和巨奖销售等三种表现形式。其中,前两种形式属于误导性质的有奖销售,已经归纳到商业误导行为,只有后一种形式才属于利诱性质的有奖销售。所谓巨奖销售,是指中奖金额超过法定限额标准的有奖销售。具体来说,在我国是指在抽奖式有奖销售活动中,最高奖的金额超过5000元。这里,最高奖的金额是指在一项有奖销售活动中所设的最高一个档次的奖品金额和价值。

3. 几种商业做法——回扣、折扣、佣金、附赠(赠品)

在认定商业贿赂和不当有奖销售时,我国立法上涉及回扣、折扣、佣金、附赠等几种商业做法,需注意区分它们的性质和界限。

(1) 回扣

回扣一词在我国经济生活中曾经用得过滥,常将贿赂、佣金、折扣等都称为"回扣",甚至将经营者的营业推广费用、雇员的提成费、技术劳务报酬等也包含在内,人们理解上的分歧至今存在。根据《反不正当竞争法》第8条的规定,经营者销售或者购买商品,"在账外暗中给予对方单位或者个人回扣的,以行贿论处;对方单位或者个人在账外暗中收受回扣的,以受贿论处"。可见,回扣在性质上属于商业贿赂,具有违法性。

依照《关于禁止商业贿赂行为的暂行规定》,回扣是指经营者销售商品时在账外暗中以现金、实物或者其他方式退给对方单位或者个人的一定比例的商品价款。包括三层含义:① 回扣是发生在交易双方之间,并且主要是在经营者销售商品时。经营者对内部职员或中间人支付销售提成或佣金,不是回扣。② 回扣的支付和收受具有秘密性,即是在账外暗中进行的。所谓账外暗中,是指未在依法设立的反映经营者生产经营活动或行政事业经费收支的财务账上按照财务会计制度规定明确如实记载,包括不记入财务账、转入其他财务账或做假账等。③ 回扣是经营者以现金、实物等方式退给对方单位或个人一定比例的商品价款。这表明回扣的款物来源是商品价款的一部分。

(2) 折扣和佣金

《反不正当竞争法》第8条第2款规定:"经营者销售或者购买商品,可以以明示方式给对方折扣,可以给中间人佣金。经营者给对方折扣、给中间人佣金的,必须如实入账。接受折扣、佣金的经营者必须如实入账。"这表明折扣、佣金属于合法范畴,不同于回扣。

折扣又称让利,是指经营者在销售商品时,以明示并如实入账的方式给予对方的价格优惠,包括有两种形式:一是支付价款时对价款总额按一定比例即时予以扣除;二是支付价款总额后再按一定比例予以退还。折扣行为是一种促销手段或营业推广行为,通常公开进行,并要在合同或发票中注明,折扣的往来双方也都如实入账。

佣金又称酬金,是指经营者在市场交易中给予为其提供服务的具有合法经营资格的中间人的劳务报酬。佣金的给付也以明示方式进行,且双方须如实入账。

(3) 附赠

附赠是指经营者在市场交易中向交易对方附带提供现金或物品。附赠分为面向一般消费者和面向相关经营者两种情形。面向消费者的附赠,这与附赠式有奖销售、折扣(让利)意义相同。面向经营者的附赠,我国与国外立法原则上给予禁止。《关于禁止商业贿赂行为的暂行规定》第 8 条规定:经营者在商品交易中不得向对方单位或者其个人附赠现金或者物品。但按照商业惯例赠送小额广告礼品的除外。违反前款规定的,视为商业贿赂行为。

三、关于不正当竞争行为的法律责任

(一) 责任形式

1. 基本责任形式

不正当竞争行为的法律责任涉及民事责任、行政责任和刑事责任。

(1) 民事责任。不正当竞争的民事责任主要有停止侵害、赔偿损失、消除影响、恢复名誉等具体形式。其中,就赔偿责任来说,《反不正当竞争法》第 20 条规定:"经营者违反本法规定,给被侵害的经营者造成损害的,应当承担损害赔偿责任,被侵害的经营者的损失难以计算的,赔偿额为侵权人在侵权期间因侵权所获得的利润;并应当承担被侵害的经营者因调查该经营者侵害其合法权益的不正当竞争行为所支付的合理费用。"可见,不正当竞争经营者承担民事损害赔偿责任。我国实行补偿性赔偿原则,赔偿范围包括物质利益损失、精神利益损失和合理的调查费用等方面,在赔偿方法上采取务实的做法,即:损失可计算时,按实际损失赔偿;损失难以计算时,可按经营者实施不正当竞争行为所获得的利润赔偿。

(2) 行政责任。《反不正当竞争法》主要规定了不正当竞争的行政责任,包括责令停止违法行为、罚款、没收违法所得、吊销营业执照等具体形式。

(3) 刑事责任。根据《反不正当竞争法》和《刑法》的相关规定,只有情节严重,构成犯罪的不正当竞争行为,才追究行为人的刑事责任。其中,涉及的不正当竞争行为包括:假冒注册商标;仿冒知名商品特有的名称、包装、装潢而销售伪劣商品;虚假广告;商业诽谤;侵犯商业秘密行为;商业贿赂;等等。

2. 不正当竞争行为的具体法律责任

依《反不正当竞争法》的规定,各不正当竞争行为所承担的具体法律责任主要如下:(1)经营者构成商业混淆行为和虚假表示行为,依照《商标法》《产品质量法》的规定处罚。其中,仿冒知名商品特有的名称、包装、装潢,监督检查部门应当责令停止违法行为,没收违法所得,可以根据情节处以违法所得1—3倍的罚款;情节严重的,可以吊销营业执照。(2)经营者构成商业贿赂行为,监督检查部门可以根据情节处以1—20万元的罚款,有违法所得的,予以没收。(3)经营者构成虚假宣传行为,监督检查部门应当责令停止违法行为,消除影响,可以根据情节处以1—20万元的罚款。对广告的经营者,责令其停止违法行为,没收违法所得,并依法处以罚款。(4)侵犯商业秘密行为,监督检查部门应当责令停止违法行为,可以根据情节处以1—20万元的罚款。(5)经营者构成不正当有奖销售行为,监督检查部门应当责令停止违法行为,可以根据情节处以1—10万元的罚款。

(二)追责机制

我国立法肯定了行政执法和法院诉讼两种途径,查处不正当竞争行为,追究行为人的法律责任。

《反不正当竞争法》第3条规定:"各级人民政府应当采取措施,制止不正当竞争行为,为公平竞争创造良好的环境和条件。县级以上人民政府工商行政管理部门对不正当竞争行为进行监督检查;法律、行政法规规定由其他部门监督检查的,依照其规定。"可见,不正当竞争的监督检查机关包括工商行政管理部门和其他部门(如质量监督、物价、金融、电讯、航空、医药、烟草等管理部门),其中工商行政管理部门承担反不正当竞争行政执法的主要任务。

根据规定,工商行政管理机关等督查部门查处不正当竞争行为主要有以下职权:(1)调查权。具体包括:第一,按照规定程序询问被检查的经营者、利害关系人、证明人,并要求其提供证明材料或与不正当竞争行为有关的其他资料;第二,查询、复制与不正当竞争行为有关的协议、账册、单据、文件、记录、业务函电和其他资料;第三,检查涉及商业混淆行为、虚假表示行为有关的财物。(2)行政强制措施权。工商机关在查处违法行为过程中,可依法采取扣留、封存、暂停支付等强制措施。在查处涉及商业混淆行为、虚假表示行为时,若有必要,可责令被检查的经营者说明商品的来源和数量,暂停销售,听候检查,不得转移、隐匿、销毁有关财物。(3)行政处罚权。工商机关追究违法经营者的行政责任,可采取有关行为罚和财产罚。(4)行政裁决权。这表现为,工商机关对不正当竞争行为造成的与合同无关的损害赔偿纠纷,依受害人申请,依法作出裁决,责令加害人赔偿损失。

《反不正当竞争法》第20条规定:"被侵害的经营者的合法权益受到不正当

竞争行为损害的,可以向人民法院提起诉讼。"该条确立了诉讼救济方式。

第三节　反垄断法律制度

一、反垄断法概述

(一) 反垄断法的规制对象和范围

反垄断法就是要反垄断,但立法中并没有对垄断下一个统一的定义①,而是在《反垄断法》总则(第3条)规定了经营者的三种垄断行为,即(1)经营者达成垄断协议;(2)经营者滥用市场支配地位;(3)具有或者可能具有排除、限制竞争效果的经营者集中。并分章给予具体规定。在《反垄断法》总则(第8条)规定了行政垄断(行为)。同时也通过专章具体加以规定。可见,我国反垄断采取"3+1"形式,包括反经营者垄断和反行政垄断。由此,形成反垄断法的四项实体制度内容:协议垄断控制制度、滥用支配地位控制制度、经营者集中(即企业合并)控制制度、行政垄断控制制度。

这里,应当指出两点:第一,在反垄断法的发展史中,有的国家对于垄断的市场状态采取过禁止态度。如美国、日本就曾经采取严格的结构主义做法,解割过一些处于垄断地位的大企业或企业集团。垄断状态或称结构意义上的垄断所反映的经济现象,在欧盟国家大多使用"市场支配地位"的表述,表明企业在相关市场上具有一定的控制力量,通常包括独占(或准独占)、寡占、绝对优势等市场情形。独占(或准独占)是指相关市场没有竞争者,或者没有实质上的竞争者,企业独家经营;寡占是指相关市场上虽然存在两个以上的企业,但它们整体上不面临实质意义的竞争,相互之间也不存在实质上的竞争;绝对优势是指企业相对其他竞争者具有突出的市场地位。从现代来看,反垄断法不是反大企业,不再反企业所取得的市场支配地位。因为企业做大或取得市场支配地位,往往是市场竞争的最终结果,或者是一定制度的合理安排(如规模经济的需要、技术的占有等)。我国从计划体制转向市场体制,对于某些行业的垄断状态采取改革举措,打破垄断状态,进行分拆,引入民营,实行市场多元化,培育行业竞争。第二,对于行政垄断,纳入我国《反垄断法》范围,是有过争议的,也是西方国家所不存在的一项内容。在我国反垄断立法过程中,有人提出行政垄断不是反垄断法所能解决的问题,而是深化政治改革和经济改革的问题。西方国家由于行政权力的行使受到法律的严格规范,经济实体与行政机关之间常常并无直接的关系,政企界限分明,因而行政垄断现象极为少见,故其反垄断法中没有规范行政垄断的专

---

① 这是世界各国通行的做法,立法中避免给垄断下定义,甚至有的国家根本不使用"垄断"一词,而用其他的概念表达,如"限制竞争""限制性商业行为"等。

门内容。因此,反行政垄断在制度设计上有些特殊性。

(二) 反垄断法的规制原则

1. 本身违法原则和合理原则

本身违法原则(rule of per se illegal),是指任何企业只要出现结合或共谋等垄断状态或行为就视为违法,应加以限制或禁止。

合理原则(rule of reason),又称弊害禁止原则,是指企业的结合和共谋等垄断状态或行为本身并不一定构成违法,而只有当该状态或行为确实限制了竞争,造成市场弊害时,才应加以禁止或限制。

以上两原则是美国在反垄断司法实践中确立的,最早适用于规制限制性贸易协议。发展到后来,尤其是合理原则被广泛适用于对企业间的横向、纵向限制以及单个企业垄断的规制之中。比较两原则,本身违法原则是美国反垄断法初期的产物,反映了立法者对垄断的高度警觉和严厉态度。合理原则是对本身违法原则的修正和补充,它是在美国最高法院1911年"新泽西美孚石油公司案"的判决中提出并使用的,强调合理的限制是合法,不合理的限制则为非法。合理原则具有弹性,需要进一步解释才具有操作性。但合理原则较好地体现了反垄断法的市场形态目标(即建立结构合理、有效竞争的市场模式),其适用范围比起本身违法原则要广。各国反垄断实践告诉我们,除价格固定、划分市场、限制产量、联合抵制等少数情形适用本身违法原则,其他都可适用合理原则。

2. 结构规制原则和行为规制原则

结构规制原则,也称结构主义,是指依照市场结构标准来进行反垄断规制。据此原则,一个或几个企业一旦形成垄断性或限制竞争的市场结构,就视为违法,应加以限制或禁止。结构标准中,通常涉及市场份额、市场(行业)集中度、进入壁垒、企业规模等方面,这些都有一定的量化尺度。

贯彻结构规制原则,体现两方面:一是通过阻止股份保有、干部兼任、企业合并等手段,防止形成垄断性结构(或经济过度集中),进行法律的事前预防;二是通过解割(解散、分割)大企业(或企业集团),对已经形成的垄断性结构进行事后的重新构造,实现市场结构的合理化。采用结构规制原则具有不利效应:其一,可能使规模经济及其经济效益受到损害,或使其发展受到限制;其二,若大批解散或缩小企业规模,会对经济生活和经济发展带来破坏性的打击。由此,为避免贯彻结构规制原则而走向偏颇,现代反垄断法注意将该原则和合理原则结合运用。

行为规制原则,也称行为主义,是指以企业的市场行为为标准来进行反垄断规制。据此原则,一个或几个企业即便形成垄断性市场结构,也并不构成违法,只有该垄断性企业实施了滥用(支配力)的行为,损害了竞争,才加以限制或禁止。此原则不着眼于控制企业或企业集团的市场份额和规模集中程度,关心的是控制企业的滥用行为和其他限制竞争的行为。

贯彻行为规制原则,在内容上并不包括结构性的制裁方法,而只有针对企业市场行为的制裁措施,如勒令停止行为和损害赔偿。这些制裁并不改变企业的原有状态或阻止企业规模的发展。应当指出,为判断是否构成滥用,行为规制原则也与合理原则相结合加以考察。

比较结构规制原则和行为规制原则,前者显得严厉。美国反垄断法早期实行结构规制,后转向适用行为规制,但结构主义传统并未完全抛弃。日本1947年《禁止垄断法》受美国影响,是典型的结构主义立法。德国反限制竞争法和欧盟竞争法则奉行行为主义。从现代反垄断法的实践来看,事实上两原则是并存适用的,只是各国侧重点有所不同。一方面现代反垄断法一般并不反对企业的规模以及垄断状态的存在,主要规制企业的各种垄断或限制竞争行为,呈现行为规制为主,结构规制为辅;另一方面现代反垄断法事实上更为关注大企业的行为,行为规制往往要以结构认定为前提,如滥用控制制度就是以市场支配地位为要件的。

(三) 关于反垄断法的适用除外

综合各国立法情形,反垄断法的适用除外主要涉及以下方面:

1. 对特定行业的豁免

这是反垄断法最主要的适用除外领域。它一般包括以下方面:

(1) 具有自然垄断属性的行业。所谓自然垄断行业,是指那些有规模经济的要求,基础设施投入资金量很大,开展竞争会造成不必要浪费的行业。如供水、供电、供气、铁路等。自然垄断行业是通过网络或其他关键设施(基础设施)来提供公共服务。它们在市场经济活动中,处于独占或准独占的地位,通常为各国竞争立法作为适用除外领域,即视其垄断为合法。我国也是如此,法律上并不反对其垄断地位。但是应当注意的是:立法虽将自然垄断行业列入适用除外范围,但对于其滥用行为也是给予禁止的。随着技术、经济的发展和我国改革开放的深入,这些自然垄断行业也在变化,须引入竞争的机制。

(2) 基础产业。如农业、能源业等,往往具有投资大、建设周期长、回报率相对稳定的特点,对国民经济有重要影响。国家往往对这些行业采取一定的扶持政策。

(3) 金融保险业。金融行业是运筹资金的行业,风险很大,对企业的资金规模有较高的要求。过度的竞争不仅损害这个行业本身,更主要的是影响整个社会的稳定。因此,竞争法一般允许该行业内对竞争实施一定的限制。例如,银行业可以组成协会,对各家银行的利率水平进行一定限制。

(4) 国防、航空航天业等与国家安全或公共利益密切相关的行业。

(5) 其他特殊行业。如国家垄断的专营专卖行业。

我国《反垄断法》第 7 条规定:"国有经济占控制地位的关系国民经济命脉和国家安全的行业以及依法实行专营专卖的行业,国家对其经营者的合法经营活动予以保护,并对经营者的经营行为及其商品和服务的价格依法实施监管和调控,维护消费者利益,促进技术进步。"第 56 条规定:"农业生产者及农村经济组织在农产品生产、加工、销售、运输、储存等经营活动中实施的联合或者协同行为,不适用本法。"

2. 对特定内容、特定时期的卡特尔行为豁免

"卡特尔"(Cartel)这一术语,在经济学上是指一种垄断组织形式,意指生产同类产品的企业,为取得高额利润而在产量、价格、市场分割等一个或几个方面达成协议所形成的松散型垄断联合,其成员企业在生产、销售、财务上均保持其自身的独立性。从法律角度讲,"卡特尔"反映的就是企业间通过达成协议限制竞争的各种现象或行为。德国的反垄断法称为卡特尔法,首要打击的就是协议限制竞争,即卡特尔行为。但是,并非任何卡特尔行为都是有害的。企业间订立限制竞争的协议有时对经济是有好处的,如统一产品规格、型号的协议,适用统一的生产、交货以及支付条件的协议,中小企业间的合作协议,以及统一出口价格的协议,这些限制(竞争)有利于降低企业的生产成本,改善产品质量,提高企业的生产率,一般被视为合理的限制,可以得到反垄断法的豁免。

我国《反垄断法》第 15 条规定,经营者能够证明所达成的协议属于下列情形之一的,不适用本法第 13 条、第 14 条的(禁止性)规定:(1)为改进技术、研究开发新产品的;(2)为提高产品质量、降低成本、增进效率,统一产品规格、标准或者实行专业化分工的;(3)为提高中小经营者经营效率,增强中小经营者竞争力的;(4)为实现节约能源、保护环境、救灾救助等社会公共利益的;(5)因经济不景气,为缓解销售量严重下降或者生产明显过剩的;(6)为保障对外贸易和对外经济合作中的正当利益的;(7)法律和国务院规定的其他情形。其中,属于前述第(1)—(5)项情形,经营者还应当证明所达成的协议不会严重限制相关市场的竞争,并且能够使消费者分享由此产生的利益。这表明七种卡特尔可以得到反垄断法的豁免,即技术创新卡特尔、质量卡特尔、中小企业卡特尔、社会公益卡特尔、不景气卡特尔、对外经济卡特尔、其他特许卡特尔。

3. 对知识产权行为的豁免

专利权、商标权等知识产权本身具有在一定时期、一定地域内的独占性、排他性之特征。当权利人将知识产权转让、许可他人使用时,往往也附加一定的限制,如专利权人进行普通许可,要求被许可人只能在特定市场内使用,不得在特定市场内与许可人竞争等。这些限制一般属于专利权的正当行使,并不违反竞争法。但是,从现代来看,如果权利人滥用其知识产权,对被许可人过分限制,如搭售与所许可的技术无关的设备,或者强制被许可人将其进行的技术改进回授

给许可人,则会构成滥用之垄断行为。

《反垄断法》第 55 条规定:"经营者依照有关知识产权的法律、行政法规规定行使知识产权的行为,不适用本法;但是,经营者滥用知识产权,排除、限制竞争的行为,适用本法。"

4. 对特定协会、团体的豁免

一般来说,反垄断法的规则不适用工会以及律师协会、会计师协会、医师协会等组织体。如,工会有关工资、劳动条件等经济事项的决定或者集体谈判对所有工会会员具有约束力,律师协会、会计师协会、医师协会等为保障该行业职业道德和执业质量而对其成员采取一些限制措施。

《反垄断法》第 11 条规定:"行业协会应当加强行业自律,引导本行业的经营者依法竞争,维护市场竞争秩序。"但是,第 16 条规定,行业协会不得组织本行业的经营者从事立法禁止的垄断协议行为。

(四) 反垄断法的域外效力

我国《反垄断法》第 2 条规定:"中华人民共和国境内经济活动中的垄断行为,适用本法;中华人民共和国境外的垄断行为,对境内市场竞争产生排除、限制影响的,适用本法。"这一规定表明,反垄断法作为国内法,它主要适用于一国境内发生的垄断行为。但是当发生在境外的垄断行为,对我国境内市场竞争产生排除、限制影响的,则要适用我国反垄断法。这确立了反垄断法域外效力认定的影响原则。

二、协议垄断行为

(一) 协议垄断的概念、构成与分类

1. 协议垄断的概念

协议垄断,即协议限制竞争,常常称为"卡特尔",是指两个或两个以上经营者以协议、决议或者其他联合方式实施的限制竞争行为。我国《反垄断法》第 13 条规定:"本法所称垄断协议,是指排除、限制竞争的协议、决定或者其他协同行为。"我国《工商行政管理机关禁止垄断协议行为的规定》第 2 条规定:"禁止经营者在经济活动中达成垄断协议。垄断协议是指违反《反垄断法》第 13 条、第 14 条、第 16 条的规定,经营者之间达成的或者行业协会组织本行业经营者达成的排除、限制竞争的协议、决定或者其他协同行为。"

协议垄断尤其横向协议常常有害于市场竞争,也时常发生。协议垄断的禁止性规定是各国反垄断法的支柱内容之一,我国《反垄断法》将禁止垄断协议放在首要位置。

2. 协议垄断的构成

协议垄断的构成包括三方面:(1) 主体(两个以上);(2) 行为的一致性;

(3) 有害地排除、限制了相关市场的竞争。

关于行为的一致性,反映经营者尤其是同类经营者在经济领域的串通、共谋。这种串通、共谋,可以是协议型,也可以是默契型。

认定一致性,有以下几点:(1) 有无书面形式或口头形式的协议、协定;(2) 经营者的市场行为是否具有一致性;(3) 经营者之间是否进行过意思联络或者信息交流;(4) 经营者能否对一致行为作出合理的解释。此外,还考虑相关市场的结构情况、竞争状况、市场变化情况、行业情况等。

3. 协议垄断的分类

协议垄断可分为横向协议(水平协议)、纵向协议(垂直协议)和混合协议,其中横向协议是主要的。

横向协议是指生产、销售同一类型产品或提供同种服务的两个以上相互竞争的企业,通过共谋而减弱或限制了竞争。在我国的立法中,横向协议指的是具有竞争关系的经营者达成的垄断协议。

纵向协议是指同一行业中处于不同经济环节或层次上的两个以上企业,通过共谋而减弱或限制了竞争。在我国的立法中,纵向协议指的是经营者与交易相对人达成的垄断协议。

(二) 我国关于协议垄断的立法规定

《反垄断法》借鉴国际经验,分别就横向协议、纵向协议等作出禁止性规定,同时也作出除外适用的规定。另外,还就行业协会的行为作出规范。

1. 禁止横向协议(第13条)

横向协议是指具有竞争关系的经营者达成的垄断协议,包括六种情形:

(1) 固定或者变更商品价格(即价格卡特尔);

(2) 限制商品的生产数量或者销售数量(份额卡特尔);

(3) 分割销售市场或者原材料采购市场(区域卡特尔);

(4) 限制购买新技术、新设备或者限制开发新技术、新产品(技术限制卡特尔);

(5) 联合抵制交易(联合抵制卡特尔);

(6) 其他横向协议。

2. 禁止纵向协议(第14条)

纵向协议是指经营者与交易相对人达成的垄断协议,包括三种情形:

(1) 固定向第三人转售商品的价格;

(2) 限定向第三人转售商品的最低价格;

(3) 其他纵向协议。

《反垄断法》主要规定的是价格纵向协议,对于非价格纵向协议并不突出。

3. 关于行业协会行为(第11、16条)

我国《反垄断法》规定,行业协会允许实行行业自律,但不得组织本行业的经营者从事禁止性的垄断协议行为。

根据《工商行政管理机关禁止垄断协议行为的规定》第9条,禁止行业协会组织本行业的经营者从事下列垄断协议行为:(1)制定、发布含有排除、限制竞争内容的行业协会章程、规则、决定、通知、标准等;(2)召集、组织或者推动本行业的经营者达成含有排除、限制竞争内容的协议、决议、纪要、备忘录等。

根据《反价格垄断规定》第9条,禁止行业协会从事下列行为:(1)制定排除、限制价格竞争的规则、决定、通知等;(2)组织经营者达成本规定所禁止的价格垄断协议;(3)组织经营者达成或者实施价格垄断协议的其他行为。

三、滥用市场支配地位行为

(一)滥用市场支配地位行为的概念

滥用市场支配地位行为,也称滥用市场优势行为,简称滥用行为,是指拥有市场支配地位的企业滥用其支配地位,并在一定交易领域实质性地限制竞争,损害其他经营者或消费者利益的行为。滥用行为的禁止是世界各国通行的做法,成为反垄断法的重点内容。

滥用行为构成要件有三:(1)企业拥有市场支配地位;(2)企业实施了滥用市场支配地位的行为;(3)滥用行为造成了损害后果,即对有效竞争秩序以及竞争经营者或消费者利益造成了损害。

对于滥用行为,我国《反垄断法》第6条作出禁止性规定:"具有市场支配地位的经营者,不得滥用市场支配地位,排除、限制竞争。"同时,还规定了两种较特殊的滥用行为:一是关于国家垄断行业经营者的滥用行为(第7条)——滥用控制地位或者专营专卖地位的行为;二是关于拥有知识产权经营者的滥用行为(第55条)——滥用知识产权的行为。

(二)关于市场支配地位

1. 市场支配地位的概念

市场支配地位,是指经营者在相关市场内具有能够控制商品价格、数量或者其他交易条件,或者能够阻碍、影响其他经营者进入相关市场能力的市场地位。

在反垄断法中,对于企业的市场地位,有"市场支配地位""市场优势地位"等不同表述,这里不作严格区分,加以等同看待。这与垄断的市场状态所表明的经济现象是基本相同的。一个被认定为具有市场支配地位(或市场优势地位)的企业也就是垄断性企业或具有垄断力的企业。

2. 市场支配地位的认定

我国《反垄断法》借鉴国外经验,对如何认定市场支配地位,主要规定了两条内容：

(1) 直接推定法（第19条）。有下列情形之一的,可以推定经营者具有市场支配地位：

第一,一个经营者在相关市场的市场份额达到1/2的；

第二,两个经营者在相关市场的市场份额合计达到2/3的；

第三,三个经营者在相关市场的市场份额合计达到3/4的。

但是,有上述第二项、第三项规定的情形,其中有的经营者市场份额不足1/10的,不应当推定该经营者具有市场支配地位。被推定具有市场支配地位的经营者,有证据证明不具有市场支配地位的,不应当认定其具有市场支配地位。

(2) 综合因素认定法（第18条）。认定经营者具有市场支配地位,应当依据下列因素：

第一,该经营者在相关市场的市场份额,以及相关市场的竞争状况。市场份额是指一定时期内经营者的特定商品销售额、销售数量等指标在相关市场所占的比重。分析相关市场竞争状况应当考虑相关市场的发展状况、现有竞争者的数量和市场份额、商品差异程度以及潜在竞争者的情况等。

第二,该经营者控制销售市场或者原材料采购市场的能力。认定经营者控制销售市场或者原材料采购市场的能力,应当考虑该经营者控制销售渠道或者采购渠道的能力,影响或者决定价格、数量、合同期限或者其他交易条件的能力,以及优先获得企业生产经营所必需的原料、半成品、零部件及相关设备等原材料的能力。

第三,该经营者的财力和技术条件。认定经营者的财力和技术条件,应当考虑该经营者的资产规模、财务能力、盈利能力、融资能力、研发能力、技术装备、技术创新和应用能力、拥有的知识产权等。对于经营者的财力和技术条件的分析认定,应当同时考虑其关联方的财力和技术条件。

第四,其他经营者对该经营者在交易上的依赖程度。认定其他经营者对该经营者在交易上的依赖程度,应当考虑其他经营者与该经营者之间的交易量、交易关系的持续时间、转向其他交易相对人的难易程度等。

第五,其他经营者进入相关市场的难易程度。认定其他经营者进入相关市场的难易程度,应当考虑市场准入制度、拥有必需设施的情况、销售渠道、资金和技术要求以及成本等。

第六,与认定该经营者市场支配地位有关的其他因素。

另外,涉及国有经济占控制地位的关系国民经济命脉和国家安全的行业以及依法实行专营专卖的行业,对于这些具有国家垄断性质的行业经营者,其控制地位或专营专卖地位通常是由专门法加以规定的。拥有知识产权的经营者,其知识产权支配地位也是法定的。

3. 与支配地位认定相联系的一个问题:相关市场

《反垄断法》第12条规定:"本法所称相关市场,是指经营者在一定时期内就特定商品或者服务(统称商品)进行竞争的商品范围和地域范围。"

界定相关市场就是明确经营者竞争的市场范围。在反垄断执法工作中,不仅禁止滥用市场支配地位,而且禁止垄断协议、控制经营者集中等,均可能涉及相关市场的界定问题。科学合理地界定相关市场,对于识别竞争者和潜在竞争者、判定经营者市场份额和市场集中度、认定经营者的市场地位、分析经营者的行为对市场竞争的影响、判断经营者行为是否违法以及在违法情况下需承担的法律责任等关键问题,都具有十分重要的作用。相关市场的界定通常是对竞争行为进行分析的起点,是反垄断执法工作的重要步骤。

按照"相关市场"理论和2009年国务院反垄断委员会《关于相关市场界定的指南》,确定相关市场,涉及商品(或产品)、地域、时间、技术等基本因素。其中主要是界定相关商品市场和相关地域市场。相关商品市场,是指根据商品的特性、用途及价格等因素,由需求者认为具有较为紧密替代关系的一组或一类商品所构成的市场。这些商品表现出较强的竞争关系,在反垄断执法中可以作为经营者进行竞争的商品范围。相关地域市场,是指需求者获取具有较为紧密替代关系的商品的地理区域。这些地域表现出较强的竞争关系,在反垄断执法中可以作为经营者进行竞争的地域范围。当生产周期、使用期限、季节性、流行时尚性或知识产权保护期限等已构成商品不可忽视的特征时,界定相关市场还应考虑时间性。在技术贸易、许可协议等涉及知识产权的反垄断执法工作中,可能还需要界定相关技术市场,考虑知识产权、创新等因素的影响。

在反垄断执法实践中,界定相关市场常常采用的是"需求替代分析"方法,即基于商品的特征、用途、价格等因素进行需求替代分析。但必要时也进行供给替代分析。另外,在经营者竞争的市场范围不够清晰或不易确定时,可以按照"假定垄断者测试"的分析思路来界定相关市场。

(三) 滥用支配地位行为的具体表现

《反垄断法》第17条规定:"禁止具有市场支配地位的经营者从事下列滥用市场支配地位的行为:(1)以不公平的高价销售商品或者以不公平的低价购买商品;(2)没有正当理由,以低于成本的价格销售商品;(3)没有正当理由,拒绝与交易相对人进行交易;(4)没有正当理由,限定交易相对人只能与其进行交易或者只能与其指定的经营者进行交易;(5)没有正当理由搭售商品,或者在交易时附加其他不合理的交易条件;(6)没有正当理由,对条件相同的交易相对人在交易价格等交易条件上实行差别待遇;(7)国务院反垄断执法机构认定的其他滥用市场支配地位的行为。"可见,滥用支配地位行为主要表现如下:

1. 垄断价格(或称垄断定价)。指支配地位的经营者不公平地高价售出或低价买入的行为。应当注意与《价格法》中的暴利价格行为相区别。

根据《反价格垄断规定》,认定"不公平的高价"和"不公平的低价",主要考虑下列因素:

(1) 销售价格或者购买价格是否明显高于或者低于其他经营者销售或者购买同种商品的价格;

(2) 在成本基本稳定的情况下,是否超过正常幅度提高销售价格或者降低购买价格;

(3) 销售商品的提价幅度是否明显高于成本增长幅度,或者购买商品的降价幅度是否明显高于交易相对人成本降低幅度。

2. 掠夺性定价。指支配地位的经营者以排挤竞争对手为目的的定价行为。这表现为没有正当理由,在一定市场和时期内,以低于成本的价格销售商品。《价格法》中称"低价倾销",还有称"低价销售""亏本销售"或"不正当贱卖"等。

根据《价格法》《反不正当竞争法》的规定,以低于成本的价格销售商品,下列情形为具有正当理由:销售鲜活商品;处理有效期限即将到期的商品或其他积压的商品;季节性降价;因清偿债务、转产、歇业降价销售商品。

根据《反价格垄断规定》第12条,"正当理由"包括:(1) 降价处理鲜活商品、季节性商品、有效期限即将到期的商品和积压商品的;(2) 因清偿债务、转产、歇业降价销售商品的;(3) 为推广新产品进行促销的;(4) 能够证明行为具有正当性的其他理由。

另应注意,将低价销售作为滥用行为禁止,须要求经营者具有支配地位;不具有支配地位的经营者实施低价行为,不适用《反垄断法》。

3. 拒绝交易。也称瓶颈垄断(或卡脖子行为),包括拒绝供应和拒绝购买,指支配地位的经营者无正当理由,拒绝与交易相对人订立合同进行交易或者作出数量与范围等方面的交易限制。

4. 限定交易。指支配地位的经营者没有正当理由,限定交易相对人只能与其进行交易或者只能与其指定的经营者进行交易,包括限定购买和限定销售。这种情形在国际上常常称为"独家交易"或"排他性交易",反映的是经营者利用其支配地位,作出利己的交易安排,即要求交易相对人在作出不与其竞争对手进行交易的承诺后,才与之订立交易合同,予以供货或予以购买。支配企业通过与交易相对人订立排他性交易契约,可达到抑制竞争者甚至将其逐出市场的目的,还可能造成进入障碍,妨碍潜在竞争者进入市场。根据国家工商行政管理总局《禁止滥用市场支配地位行为的规定》第5条,限定交易行为包括:(1) 限定交易相对人只能与其进行交易;(2) 限定交易相对人只能与其指定的经营者进行交易;(3) 限定交易相对人不得与其竞争对手进行交易。

5. 搭售。又称"附条件销售"或"附条件交易""捆绑式销售",指支配地位的经营者无正当理由,要求交易相对人购入本交易所含商品(或劳务)以外的商品(或劳务),或者附加其他不合理的交易条件。

根据国家工商行政管理总局《禁止滥用市场支配地位行为的规定》第6条,搭售行为包括:(1)违背交易惯例、消费习惯等或者无视商品的功能,将不同商品强制捆绑销售或者组合销售;(2)对合同期限、支付方式、商品的运输及交付方式或者服务的提供方式等附加不合理的限制;(3)对商品的销售地域、销售对象、售后服务等附加不合理的限制;(4)附加与交易标的无关的交易条件。

6. 歧视待遇。也称差别待遇,是指支配地位的经营者没有正当理由,对条件相同的交易相对人在交易价格或者其他交易条件上,实行不同的对待。具体包括价格歧视和非价格歧视。根据国家工商行政管理总局《禁止滥用市场支配地位行为的规定》第7条,禁止具有市场支配地位的经营者没有正当理由,对条件相同的交易相对人在交易条件上实行下列差别待遇:(1)实行不同的交易数量、品种、品质等级;(2)实行不同的数量折扣等优惠条件;(3)实行不同的付款条件、交付方式;(4)实行不同的保修内容和期限、维修内容和时间、零配件供应、技术指导等售后服务条件。根据《反价格垄断规定》第16条,具有市场支配地位的经营者没有正当理由,不得对条件相同的交易相对人在交易价格上实行差别待遇。

(四)两种特殊的滥用行为

1. 国家垄断行业经营者的滥用行为

指国家垄断行业经营者利用其控制地位或者专营专卖地位,损害消费者(或其他经营者)利益的行为。

根据《反垄断法》第7条的规定,国有经济占控制地位的关系国民经济命脉和国家安全的行业以及依法实行专营专卖的行业,国家对其经营者的合法经营活动予以保护。但是这些行业的经营者应当依法经营,诚实守信,严格自律,接受社会公众的监督,不得利用其控制地位或者专营专卖地位损害消费者利益。

根据相关法律、法规和政策规定,国有经济对于关系国民经济命脉和国家安全的重要行业和关键领域要保持绝对控制力,具体包括国防军工、电网电力、石油石化、电信、煤炭、民航、航运等七大行业,另外,还有金融、铁路、邮政等领域。国有经济对于基础性、支柱性产业领域中的重要骨干企业要保持较强控制力,具体包括装备制造、汽车、电子信息、建筑、钢铁、有色金属、化工、勘察设计、科技研发等九大行业。

《反不正当竞争法》专门针对公用企业限制竞争行为作出过禁止性规定,"公用企业或其他依法具有独占地位的经营者,不得限定他人购买其指定的经营者的商品,以排挤其他经营者的公平竞争。"作为反不正当竞争执法机构的国家工商管理总局于1993年12月发布配套规章——《关于禁止公用企业限制竞争行为的若干规定》,并就一些个案执法作出相关行政解释、政策调整,从而对如何规制公用企业等经营者限制竞争行为予以具体化。

依照规定,公用企业是指涉及公用事业的经营者,包括供水、供电、供热、供气、邮政、电讯、交通运输等行业的经营者。这涉及一些自然垄断行业的经营者。其他依法具有独占地位的经营者,在国家工商行政管理总局2000年《关于如何认定其他具有独占地位的经营者问题的答复》中,是指除公用企业以外,由法律、法规、规章或其他合法的规范性文件赋予其从事特定商品(服务)的独占经营资格的经营者。

公用企业等经营者应当遵守国家法律的规定,不得利用自身的优势地位妨碍其他经营者的公平竞争,也不得侵害消费者的合法权益。公用企业在市场交易中不得实施下列限制竞争的行为:(1)限定用户、消费者只能购买和使用其附带提供的相关商品,而不得购买和使用其他经营者提供的符合技术标准要求的同类商品;(2)限定用户、消费者只能购买和使用其指定的经营者生产或经销的商品,而不得购买和使用其他经营者提供的符合技术标准要求的同类商品;(3)强制用户、消费者购买其提供的不必要的商品及配件;(4)强制用户、消费者购买其指定的经营者提供的不必要的商品;(5)以检验商品质量、性能等为借口,阻碍用户、消费者购买、使用其他经营者提供的符合技术标准要求的其他商品;(6)对不接受其不合理条件的用户、消费者拒绝、中断或削减供应相关商品,或滥收费用;(7)其他限制竞争的行为。

由上可知,《反不正当竞争法》规定公用企业等经营者不得从事滥用行为,既针对其他经营者,也针对消费者,这与《反垄断法》规定国家垄断行业经营者不得利用其控制地位或者专营专卖地位从事滥用行为,仅只针对消费者,是存在一定不同的。

2. 滥用知识产权行为

指拥有知识产权的经营者滥用其知识产权,排除、限制竞争的行为。

《反垄断法》第55条规定:"经营者依照有关知识产权的法律、行政法规规定行使知识产权的行为,不适用本法;但是,经营者滥用知识产权,排除、限制竞争的行为,适用本法。"

经营者依法行使知识产权的行为,是受到知识产权法律保护的,属于合法行为。但是行使知识产权,也会有一定限度,越过界限就会构成滥用知识产权的行为。

四、经营者集中行为

（一）概念

经营者集中，在国际上常用"企业合并""企业结合"等概念。它是指两个或两个以上的企业通过一定的方式或手段，在资产、经营、人员等方面实现整合。它表示企业在生产、资本上趋于集中，形成规模扩大化、经营多元化、管理层级化，导致企业的市场结构变迁。

经营者集中对于经济发展存在两面性，有积极作用，也有负面影响。反垄断法禁止的是具有或者可能具有排除、限制竞争效果的经营者集中。

企业结合是导致企业结构变迁并损害竞争的行为，它是谋求垄断、形成集中的一种典型行为。企业结合是表示企业在生产、资本上趋于集中，形成规模扩大化、经营多元化、管理层级化，导致企业的市场结构变迁。

各国反垄断法中，都有关于企业结合的规定。如美国和欧盟的合并控制制度。不过，表述上常常称为"企业合并""企业兼并""企业购并"，有的也称为"经济力量的集中"。我国《反垄断法》没有采用"企业合并""企业结合"的概念，而是采用"经营者集中"。

企业结合对于经济发展具有积极作用，主要表现在：它有利于促进生产要素的合理流动，优化资源配置，提高全社会资源利用的效率，改善投资的结构；有利于促进产业结构的合理调整；有利于实现规模经济效益；有利于使科技成果迅速地转化为生产力；有利于迅速地扩大企业，增强企业的竞争实力。同时，它也有着消极的社会影响，具体表现在：它超过了必要的限度就容易形成垄断，损害有效竞争；它与证券市场相关联，中间环节比较复杂，从而为投机商牟取暴利提供了方便，引起证券市场的动荡。从世界各国企业的发展史来看，企业结合是企业成长的主要方式，它是企业竞争的重要手段之一。一旦超过了必要的限度，就会走向反面，产生负面影响，会阻碍市场竞争，破坏社会生产力的发展。因此，各国都通过反垄断立法对企业结合行为进行控制，确保企业结合最大限度地发挥其社会功效。

（二）经营者集中的具体表现

根据《反垄断法》第 20 条的规定，经营者集中是指下列情形：

（1）经营者合并；

（2）经营者通过取得股权或者资产的方式取得对其他经营者的控制权；

（3）经营者通过合同等方式取得对其他经营者的控制权或者能够对其他经营者施加决定性影响。

（三）经营者集中的申报制度

经营者集中申报制度，是指实施集中的经营者负有向反垄断执法机构申报的义务,当其提出申报后,执法机构进行审查,视情况准予集中、附条件准予集中或是禁止集中。这一制度有利于反垄断主管机构掌握市场集中度的情况,从而对可能产生或强化市场支配地位的集中及时干预和引导,属于事前规制。

1. 申报标准

《反垄断法》第 21 条规定:"经营者集中达到国务院规定的申报标准的,经营者应当事先向国务院反垄断执法机构申报,未申报的不得实施集中。"

根据 2008 年国务院《关于经营者集中申报标准的规定》,经营者集中达到下列标准之一的,经营者应当事先向国务院商务主管部门申报,未申报的不得实施集中:

(1) 参与集中的所有经营者上一会计年度在全球范围内的营业额合计超过 100 亿元人民币,并且其中至少两个经营者上一会计年度在中国境内的营业额均超过 4 亿元人民币;

(2) 参与集中的所有经营者上一会计年度在中国境内的营业额合计超过 20 亿元人民币,并且其中至少两个经营者上一会计年度在中国境内的营业额均超过 4 亿元人民币。

营业额的计算,应当考虑银行、保险、证券、期货等特殊行业、领域的实际情况,具体办法由国务院商务主管部门会同国务院有关部门制定。

经营者集中未达到上述规定的申报标准,但按照规定程序收集的事实和证据表明该经营者集中具有或者可能具有排除、限制竞争效果的,国务院商务主管部门应当依法进行调查。

2. 申报义务的豁免

根据《反垄断法》第 22 条规定,经营者集中有下列情形之一的,可以不向国务院反垄断执法机构申报:(1) 参与集中的一个经营者拥有其他每个经营者 50% 以上有表决权的股份或者资产的;(2) 参与集中的每个经营者 50% 以上有表决权的股份或者资产被同一个未参与集中的经营者拥有的。这表明在已经形成控制关系的经营者之间和受同一经营者控制的经营者之间,实行集中,申报义务予以豁免。

3. 申报程序

申报的基本法律程序如下:申报提出——主管机构审查——主管机构作出决定。

根据《反垄断法》第 23 条的规定,经营者申报集中,应当提交下列文件、资料:(1) 申报书;(2) 集中对相关市场竞争状况影响的说明;(3) 集中协议;(4) 参与集中的经营者经会计师事务所审计的上一会计年度财务会计报告;(5) 国务院反垄断执法机构规定的其他文件、资料。申报书应当载明参与集中的经营者的名称、住所、经营范围、预定实施集中的日期和国务院反垄断执法机构规定的其他事项。

4. 申报的审查

(1) 审查阶段

根据《反垄断法》第 25 条的规定,国务院反垄断执法机构应当自收到经营者提交的符合法律规定的文件、资料之日起 30 日内,对申报的经营者集中进行初步审查,作出是否实施进一步审查的决定,并书面通知经营者。国务院反垄断执法机构作出决定前,经营者不得实施集中。国务院反垄断执法机构作出不实施进一步审查的决定或者逾期未作出决定的,经营者可以实施集中。

根据《反垄断法》第 26 条的规定,国务院反垄断执法机构决定实施进一步审查的,应当自决定之日起 90 日内审查完毕,作出是否禁止经营者集中的决定,并书面通知经营者。作出禁止经营者集中的决定,应当说明理由。审查期间,经营者不得实施集中。有下列情形之一的,经书面通知经营者,可以延长审查期限,但最长不得超过 60 日:① 经营者同意延长审查期限的;② 经营者提交的文件、资料不准确,需要进一步核实的;③ 经营者申报后有关情况发生重大变化的。国务院反垄断执法机构逾期未作出决定的,经营者可以实施集中。

可见,主管机构审查经营者集中,包括初步审查和进一步审查两个阶段。但是,并非每一个经营者集中个案都必须经过这两个阶段,主管机构视情况决定进入第二阶段的,才实施进一步审查。审查期间,经营者不得实施集中,主管机构逾期未作出决定的,经营者可以实施集中。

(2) 审查内容

根据《反垄断法》第 27、31 条的规定,审查经营者集中,应当考虑下列因素:

① 参与集中的经营者在相关市场的市场份额及其对市场的控制力;

② 相关市场的市场集中度;

③ 经营者集中对市场进入、技术进步的影响;

④ 经营者集中对消费者和其他有关经营者的影响;

⑤ 经营者集中对国民经济发展的影响;

⑥ 国务院反垄断执法机构认为应当考虑的影响市场竞争的其他因素;

⑦ 对外资并购境内企业或者以其他方式参与经营者集中,涉及国家安全的,还应当按照国家有关规定进行国家安全审查。

5. 申报后的结果

经营者集中提出申报后,有三种法律结果:一是批准集中;二是禁止集中;三是有条件的准予集中。关于批准集中,主管机构并非要下达一个批准决定。主管机构没有实施进一步审查或者逾期未作出决定,或没有明确作出禁止集中的决定,都可以视为批准集中。

《反垄断法》第 28 条规定:"经营者集中具有或者可能具有排除、限制竞争效果的,国务院反垄断执法机构应当作出禁止经营者集中的决定。但是,经营者能够证明该集中对竞争产生的有利影响明显大于不利影响,或者符合社会公共利益的,国务院反垄断执法机构可以作出对经营者集中不予禁止的决定。"第29条规定:"对不予禁止的经营者集中,国务院反垄断执法机构可以决定附加减少集中对竞争产生不利影响的限制性条件。"第30条规定:"国务院反垄断执法机构应当将禁止经营者集中的决定或者对经营者集中附加限制性条件的决定,及时向社会公布。"

6. 申报经营者的法律救济

包括申请行政复议和提起行政诉讼。但注意复议前置程序规则。

《反垄断法》第53条规定:"对反垄断执法机构依据本法第28条、第29条作出的决定不服的,可以先依法申请行政复议;对行政复议决定不服的,可以依法提起行政诉讼。对反垄断执法机构作出的前款规定以外的决定不服的,可以依法申请行政复议或者提起行政诉讼。"

(四)经营者违法集中的责任

经营者违法集中,具体表现以下情形:未申报而实施集中;执法机构初步审查决定作出前实施集中;执法机构进一步审查期间实施集中;不按照执法机构附加的限制条件实施集中;执法机构作出禁止集中的决定后仍实施的集中。

根据《反垄断法》第48条的规定,经营者违反规定实施集中的,反垄断执法机构责令停止实施集中、限期处分股份或者资产、限期转让营业以及采取其他必要措施恢复到集中前的状态,可以处50万元以下的罚款。

五、行政垄断行为

(一)什么是行政垄断行为

行政垄断,也称行政性限制竞争,是指行政机关和依法具有管理公共事务职能的组织滥用行政权力限制市场竞争的做法或行为。对此,《反垄断法》第8条作出禁止规定:"行政机关和法律、法规授权的具有管理公共事务职能的组织不得滥用行政权力,排除、限制竞争。"

理解行政垄断,注意以下几点:

(1)从主体看,是行政机关和依法具有管理公共事务职能的组织(以下称行政机关),包括政府及其所属部门,还涉及具有行政管理职能的事业单位等组织、被授权或者委托行使行政权的社会组织等。

(2)从主观方面看,主体滥用了行政权力。行政权属于国家公权力,其行使应当遵循合法、统一、精简、效能等原则。在现代社会,政府大都具有管理经济的职能,为防止行政权尤其在经济生活方面的滥用,各国都通过立法确立起行政权行使的一些具体规则,其中重要的一项内容就是行政权的非经济化,政府不得非法干预经济生活,市场机制能够解决的就让市场去发挥作用。行政权在经济生活方面的滥用,可能是保护或扶植相关经营者的经营活动,也可能是干预相关经营者的自主经营活动,还可能是不当地参与营利性经营活动。

(3) 从客观方面看,构成行政垄断要求实施了滥用行政权力的行为,损害了市场公平竞争秩序,损害了有关经营者和消费者利益。

(二) 行政垄断的表现形态

《反垄断法》第 32—37 条规定了行政垄断的具体表现,归纳有以下方面:

1. 限定交易的行政垄断行为

限定交易的行政垄断行为指行政机关滥用行政权力,限制他人购买其指定经营者的商品。这使得政府指定的经营者具有垄断经营的市场地位。对此,《反垄断法》第 32 条作出禁止规定:"行政机关和法律、法规授权的具有管理公共事务职能的组织不得滥用行政权力,限定或者变相限定单位或者个人经营、购买、使用其指定的经营者提供的商品。"

2. 强制企业垄断的行政垄断行为

强制企业垄断的行政垄断行为指行政机关滥用行政权力,强制经营者从事非法垄断行为。对此,《反垄断法》第 36 条作出禁止规定:"行政机关和法律、法规授权的具有管理公共事务职能的组织不得滥用行政权力,强制经营者从事本法规定的垄断行为。"

3. 地区封锁的行政垄断行为

地区封锁的行政垄断行为,也称地区垄断或地方保护主义,指地方各级政府及其所属部门滥用行政权力,限制商业资源在特定行政区域的市场准入和区域间的市场流通。这是打击行政垄断的重点。《反垄断法》的具体规定如下:

(1) 妨碍商品在地区之间的自由流通,具体表现为:① 歧视性行政收费;② 歧视性技术措施;③ 歧视性行政许可;④ 关卡阻碍(或区域壁垒);⑤ 其他妨碍流通行为。

根据《反垄断法》第 33 条的规定,行政机关和法律、法规授权的具有管理公共事务职能的组织不得滥用行政权力,实施下列行为,妨碍商品在地区之间的自由流通:① 对外地商品设定歧视性收费项目、实行歧视性收费标准,或者规定歧视性价格;② 对外地商品规定与本地同类商品不同的技术要求、检验标准,或者对外地商品采取重复检验、重复认证等歧视性技术措施,限制外地商品进入本地市场;③ 采取专门针对外地商品的行政许可,限制外地商品进入本地市场;④ 设置关卡或者采取其他手段,阻碍外地商品进入或者本地商品运出;⑤ 妨碍商品在地区之间自由流通的其他行为。

(2) 阻碍来自外地的招投标活动。根据《反垄断法》第 34 条的规定,行政机关和法律、法规授权的具有管理公共事务职能的组织不得滥用行政权力,以设定歧视性资质要求、评审标准或者不依法发布信息等方式,排斥或者限制外地经营者参加本地的招标投标活动。

(3) 阻碍来自外地的投资活动。根据《反垄断法》第 35 条的规定,行政机关和法律、法规授权的具有管理公共事务职能的组织不得滥用行政权力,采取与本地经营者不平等待遇等方式,排斥或者限制外地经营者在本地投资或者设立分支机构。

4. 抽象的行政垄断行为

抽象的行政垄断行为指行政机关制定含有排除或者限制竞争内容的规定,妨碍形成全国统一、规范有序的市场体系,损害公平竞争。行政垄断可以表现为具体行政行为形式,也可以表现为抽象行政行为形式。实践中,一些地方政府发布"红头文件"或制定所谓"土政策",内容含有有关限制竞争的规定,这种做法就属于抽象的行政垄断行为。对此,《反垄断法》第 37 条作出禁止规定:"行政机关不得滥用行政权力,制定含有排除、限制竞争内容的规定。"

(三) 行政垄断的规制(治理)

1. 行政垄断的危害

在我国,产生行政垄断有着深刻的政治、经济和社会根源。行政垄断在市场经济条件下,具有极大的危害:(1) 阻碍全国统一大市场的形成,造成市场的人为分割和区域限制;(2) 致使市场运行规则屈从于行政干预,政企难分,影响社会资源的合理配置和经济结构的协调平衡;(3) 损害竞争者和消费者的利益;(4) 助长不正之风和权力寻租的腐败现象。

2. 行政垄断的治理

对于行政垄断,我国曾在《反不正当竞争法》中规定采取由上级机关责令改正等行政治理措施。应当说,行政垄断的行政治理符合我国现实的条件。但是,这种治理模式却是难以实现有效治理的,这也得到人们一定程度的认同。因为上级机关责令改正缺乏治理力度,并且还缺少对相对人的利益提供必要的保护或救济机制。考虑多种原因,《反垄断法》并没有根本改变这种治理模式,第 51 条规定:"行政机关和法律、法规授权的具有管理公共事务职能的组织滥用行政权力,实施排除、限制竞争行为的,由上级机关责令改正;对直接负责的主管人员和其他直接责任人员依法给予处分。反垄断执法机构可以向有关上级机关提出依法处理的建议。法律、行政法规对行政机关和法律、法规授权的具有管理公共事务职能的组织滥用行政权力实施排除、限制竞争行为的处理另有规定的,依照其规定。"较过去有所不同的是,增加了一项措施,即反垄断执法机构可以向有关上级机关提出依法处理的建议。

在我国今后的反垄断实践中,需要改进并完善行政垄断的治理,可以考虑引进司法(或准司法)治理模式,对于具体和抽象的行政垄断行为进行审查、裁决。

这在 2014 年修订的《行政诉讼法》中已有体现,如根据修订的《行政诉讼法》第 12 条规定,公民、法人或者其他组织认为行政机关滥用行政权力排除或者限制竞争的,可以向人民法院提起行政诉讼。第 53 条规定,公民、法人或者其他组织认为行政行为所依据的国务院部门和地方人民政府及其部门制定的规范性文件(不含规章)不合法,在对行政行为提起诉讼时,可以一并请求对该规范性文件进行审查。另外,根据《行政许可法》等规定,行政机关违法实施行政许可,给当事人的合法权益造成损害的,应当依法给予赔偿。

六、垄断行为的规制

（一）反垄断机构：反垄断委员会——反垄断执法机构

1. 反垄断委员会

《反垄断法》第 9 条规定："国务院设立反垄断委员会,负责组织、协调、指导反垄断工作,履行下列职责：（一）研究拟订有关竞争政策；（二）组织调查、评估市场总体竞争状况,发布评估报告；（三）制定、发布反垄断指南；（四）协调反垄断行政执法工作；（五）国务院规定的其他职责。国务院反垄断委员会的组成和工作规则由国务院规定。"可见,反垄断委员会在性质上不是反垄断执法机构,它属于国家反垄断工作的决策协调机构。

2. 反垄断执法机构

《反垄断法》第 10 条规定："国务院规定的承担反垄断执法职责的机构（以下统称国务院反垄断执法机构）依照本法规定,负责反垄断执法工作。国务院反垄断执法机构根据工作需要,可以授权省、自治区、直辖市人民政府相应的机构,依照本法规定负责有关反垄断执法工作。"

（二）对涉嫌垄断行为的调查和处理

对于涉嫌垄断行为进行调查、处理是反垄断执法机构的职责,对此,《反垄断法》主要规定了以下内容：

1. 调查的启动

包括主动调查和举报调查。

反垄断执法机构依法对涉嫌垄断行为进行调查。对涉嫌垄断行为,任何单位和个人有权向反垄断执法机构举报。反垄断执法机构应当为举报人保密。举报采用书面形式并提供相关事实和证据的,反垄断执法机构应当进行必要的调查。

2. 调查措施

反垄断执法机构调查涉嫌垄断行为,可以采取下列措施：(1) 进入被调查的经营者的营业场所或者其他有关场所进行检查；(2) 询问被调查的经营者、利害关系人或者其他有关单位或者个人,要求其说明有关情况；(3) 查阅、复制被调查的经营者、利害关系人或者其他有关单位或者个人的有关单证、协议、会计账簿、业务函电、电子数据等文件、资料;(4)查封、扣押相关证据;(5)查询经营者的银行账户。采取上述措施,应当向反垄断执法机构主要负责人书面报告,并经批准。

3. 调查的中止、终止、恢复

对反垄断执法机构调查的涉嫌垄断行为,被调查的经营者承诺在反垄断执法机构认可的期限内采取具体措施消除该行为后果的,反垄断执法机构可以决定中止调查。中止调查的决定应当载明被调查的经营者承诺的具体内容。

反垄断执法机构决定中止调查的,应当对经营者履行承诺的情况进行监督。经营者履行承诺的,反垄断执法机构可以决定终止调查。

有下列情形之一的,反垄断执法机构应当恢复调查:(1)经营者未履行承诺的;(2)作出中止调查决定所依据的事实发生重大变化的;(3)中止调查的决定是基于经营者提供的不完整或者不真实的信息作出的。

4、构成垄断行为的处理

反垄断执法机构对涉嫌垄断行为调查核实后,认为构成垄断行为的,应当依法作出处理决定,并可以向社会公布。

(三)法律责任

1. 民事责任

《反垄断法》第50条规定:"经营者实施垄断行为,给他人造成损失的,依法承担民事责任。"

2. 行政责任

行政责任主要表现有责令停止违法行为、没收违法所得、罚款等。其中,处以罚款,反垄断执法机构在确定具体罚款数额时,应当考虑违法行为的性质、程度和持续的时间等因素。

(1)协议垄断的行政责任。《反垄断法》第46条规定,经营者违反本法规定,达成并实施垄断协议的,由反垄断执法机构责令停止违法行为,没收违法所得,并处上一年度销售额1—10的罚款;尚未实施所达成的垄断协议的,可以处50万元以下的罚款。经营者主动向反垄断执法机构报告达成垄断协议的有关情况并提供重要证据的,反垄断执法机构可以酌情减轻或者免除对该经营者的处罚。行业协会违反本法规定,组织本行业的经营者达成垄断协议的,反垄断执法机构可以处50万元以下的罚款;情节严重的,社会团体登记管理机关可以依法撤销登记。

(2)滥用市场支配地位的行政责任。《反垄断法》第47条规定,经营者违反本法规定,滥用市场支配地位的,由反垄断执法机构责令停止违法行为,没收违法所得,并处上一年度销售额1—10的罚款。

（3）经营者集中的行政责任。这主要体现在《反垄断法》第48条，前已作过介绍。

（4）行政垄断的行政责任。这主要表现在《反垄断法》第51条，前已作过介绍。

（5）拒绝、阻碍调查行为的行政责任。《反垄断法》第52条规定，对反垄断执法机构依法实施的审查和调查，拒绝提供有关材料、信息，或者提供虚假材料、信息，或者隐匿、销毁、转移证据，或者有其他拒绝、阻碍调查行为的，由反垄断执法机构责令改正，对个人可以处2万元以下的罚款，对单位可以处20万元以下的罚款；情节严重的，对个人处2—10万元的罚款，对单位处20—100万元的罚款；构成犯罪的，依法追究刑事责任。

思 考 题

1. 简述竞争法的规制对象和立法模式。
2. 反不正当竞争法与反垄断法的关系怎样？
3. 什么是不正当竞争？不正当竞争具体表现有哪些？
4. 简述不正当竞争的法律责任。
5. 我国《反垄断法》的规制对象包括哪些？
6. 怎样认定市场支配地位？
7. 论述反垄断法上的滥用支配地位、协议垄断和企业结合等三大控制制度，并结合我国现行立法进行说明。
8. 什么是行政垄断？行政垄断的具体表现有哪些？
9. 简述反垄断法的规制原则和适用除外范围。

实 战 案 例

1. 永春照相馆等38家照相馆诉江都市教育局及江都市教育实业公司案

1994年5月27日，江都市教育局（以下简称教育局）下发江教（1994）字第70号《关于统一拍摄中学生学籍照片的通知》，要求：从今年起，全市普中、职中一年级新生学籍照片按统一尺寸、统一色彩、统一背景（即一寸、彩色、在拍摄背景标明"94JIANG JIAO"字样）统一拍摄。通知发出后，教育局将此项工作委托给江都市教育实业公司（以下简称实业公司），由其统一组织巡回上门服务。实业公司按照通知要求编制印刷了拍摄日程表，并实际拍摄了四十余所学校新生学籍照片。对此,许多新生及家长表示不满,但实业公司及教育局的有关工作人员声称:不按"三统一"标准拍摄的照片不能办理新生学籍卡。这样,全市除个别学校由于在通知发出前已要求新生在入学报到时自备照片,经向教育局说明情况,免于参加统一拍摄外,其他学校的新生(包括已有照片和家长、亲朋就在当地开设相馆的新生),都依据通知的要求,参加了实业公司组织的统一拍摄。

在实业公司组织拍摄的过程中,全市各地学校附近的照相馆纷纷以其正常的经营活动受到了严重干扰为由,先后向江都市工商局、信访部门、人大反映情况,要求教育局撤回通知,但一直未果。1994年11月,永春照相馆等38家照相馆业主、承包人、负责人联名起诉到江都市法院,请求宣布教育局的通知违反法律规定,并判令实业公司及教育局停止侵害、赔礼道歉、赔偿损失。

经查明,实业公司是教育局开办的经济实体,双方订有承包协议。协议约定,甲方(教育局)向乙方(实业公司)的经营活动提供方便,并在本系统内(局机关及学校)的业务上尽可能给予帮助,乙方经营所得利润由双方按比例分成。教育局只将使用标有"94江都市教育局"汉语拼音缩写背景授权给实业公司,从未表示其他照相馆可以使用相同背景。据统计,实业公司代拍摄了学籍卡照片1万多份,每份收费4.95元,获纯利润2万多元。

问题:

(1)江都市教育局及江都市教育实业公司的行为性质如何?

(2)法院该如何规制该行为?

2. 北京御生堂公司诉瑞德梦公司案

北京御生堂公司委托他人设计推出其产品"9快9"减肥茶,后经授权经销、广告宣传和营业推广,"9快9"减肥茶短时间内就取得了较高的知名度和较好的销售业绩。2004年7月,在南京市场上出现一种名为"9块9"的减肥茶,生产厂家是北京瑞德梦科贸公司。

经查发现,二者读音相同,在外包装的颜色、图案、文字排列等方面均相同或相似,只存在细小的差别。

诉至法院后,原告表示,其减肥产品之所以叫做"9快9",因为一是价格低,一盒价格是9块9,二是减得快,综合二意,取名"9快9"。被告称,自己自2002年就设计完成了现在使用的包装,"9块9"的含义就是零售价为9.9元。但是被告没有提交使用在先的证据。

问题:

(1)北京瑞德梦科贸公司的行为性质如何?

(2)法院该如何裁判该案件?

3. 美国诉微软公司案

1998年5月,美国司法部和19个州起诉微软公司,控告微软为了击败竞争对手网景公司(现已被美国在线时代华纳购并),将互联网浏览器技术与Windows 98操作系统非法搭售。1999年11月,美国地方法院杰克逊法官公布《事实认定书》(Finding of Facts),指出:微软作为全球最大的软件公司,垄断市场,伤害竞争对手,具有利用其市场支配力及巨额利润破坏其他公司推出创新产品与其核心产品进行竞争的企图,违反美国的反垄断法。在《事实认定书》中,杰克逊法官根据以下三点认定微软存在市场垄断行为:(1)微软在电脑软件市场中拥有市场支配力。法院认定,微软在全球个人电脑操作系统的占有率已经稳定地保持在95%以上。(2)微软具有从事垄断的企图。1995年6月,微软向网景公司提出建议,要求网景放弃视窗浏览技术市场,具有明显的垄断浏览器市场的企图。在该建议被网景公司拒绝后,微软采取了一系列反竞争的行为来实现其垄断浏览器市场的目的。(3)微软实施了限制竞争的行为。微软将Win 95和Win 98操作系统与IE浏览器捆绑出售。在因特网浏览器方面,最初成功的是网景公司的产品(Navigator)。微软利用其在操作系统方面的优势和经济实力,迫使个人电脑制造商和消费者在购买Windows软件时不得不同时购买所搭售的IE浏览器。杰克逊法官认为,操作系统和浏览器是两种不同的产品,市场上存在着不同的消费需求,微软是唯一一家将购买浏览器作为许可销售操作系统条件的公司。这种以排挤和消灭竞争对手为目的的捆绑销售,给网景公司造成了极大的损失,自微软推出IE后,网景公司的亏损额高达100亿,严重影响了其生产和发展。

2000年4月3日,杰克逊法官宣判微软公司违反了《谢尔曼法》。同年6月,杰克逊法官采纳司法部和17个州提出的处罚建议,判决将微软按经营的产品划线分割为两家独立的公司,即一家拥有并经营Windows操作系统,另一家拥有并经营Office等应用软件和包括IE浏览器在内的网络业务。分割时间为4个月。另外,还对微软的商业行为作出了一些限制措施。对此,微软向联邦上诉法院提出上诉。

2001年6月28日,上诉法院认为,微软在个人电脑操作系统市场上确有垄断之实,违反了美国的反托拉斯法,但同时认为杰克逊法官的判决没有提供将微软一分为二的充分理由,以7:0的表决结果予以驳回,并要求地方法院指定一位新法官重新审理这一历史性的反托拉斯案。2001年11月2日,美国司法部与微软达成一项和解协议。根据协议,微软得向其他公司公开其部分计算机代码,使这些公司能设计和视窗兼容的软件,其中包括为服务器设计软件的公司(这将防止微软利用视窗对服务器市场进行垄断)。另外,微软不得干涉计算机制造商选择什么样的软件,除非这些软件和视窗冲突。为了保证防止垄断措施的实施,司法部有权检查微软的代码、企业内部文件、账户以及相关的记录等。司法部还将在微软总部设立一个3人专家委员会,专门监督微软对协议的执行情况。司法部和微软还商定,这一协议的有效期为5年,届时视情况可延长2年。

问题:

(1) 你认为微软公司的竞争行为有哪些违法之处?

(2) 杰克逊法官的初审判决理由何在?

(3) 如果上诉法院支持初审判决,则微软公司可能面临怎样的法律制裁?

4. 美国微软公司诉 Google 公司和李开复案

2005年7月以来,美国微软公司和 Google 公司之间发生了诉讼。而诉讼的缘起是软件开发业知名的华裔工程师李开复博士的跳槽。

李博士原在微软做软件开发,任职全球副总裁。2005年5月,李博士发电邮给 Google,双方见面。7月,李博士向微软提出辞职。7月19日,Google 宣布李博士加盟该公司,出任全球副总裁和中国区总裁。当天,微软公司向华盛顿州地方法院提起诉讼,指控 Google 和李开复博士违反了竞业禁止协议。次日,Google 向加利福尼亚州法院提起反诉,要求按照加州法律,判决微软公司与李博士之间的雇用协议中限制性条款属于违法。

7月28日,美国高等法院作出一项临时性裁定,李博士不得在9月6日前到 Google 工作。高等法院认定李博士掌握了微软的商业秘密,而且 Google 与微软之间存在着竞争关系。但是高等法院的判决留有余地,认为李博士到 Google 的具体岗位只要不涉及互联网和桌面搜索技术等业务,就没有理由禁止他跳槽到 Google。这项临时禁令发出后,微软和 Google 同时宣布他们取得了重大胜利。Google 称,李博士即使不能从事商业性工作,仍然可以按照协议获得年薪。

9月13日,美国金县高等法院法官冈萨雷斯作出裁决,认为李博士可以立即到 Google 工作,但是工作范围只限于招聘、创建 Google 中国工程研究院、与政府部门沟通联络等内容。

问题:

(1) 该案件凸显了怎样的法律争议点?

(2) 美国法院的裁决是如何平衡微软公司、Google 公司和李开复三者利益的?

参考文献

王全兴主编:《竞争法通论》,中国检察出版社1997年版。
孔祥俊:《反不正当竞争法的适用与完善》,法律出版社1998年版。
孔祥俊:《中国现行反垄断法理解与适用》,人民法院出版社2001年版。
本书编选组编:《各国反垄断法汇编》,人民法院出版社2001年版。
王晓晔:《竞争法研究》,中国法制出版社1999年版。
谢晓尧:《竞争秩序的道德解读》,法律出版社2005年版。
赖源河编审:《公平交易法新论》,中国政法大学出版社2002年版。

第七章　消费者权益保护法律制度

内容提要

消费是社会再生产过程中一个重要的环节,没有消费,生产和交换就失去了目的。由于商品经济中的信息不适当分布等原因,消费者相对生产者而言处于弱势地位。故消费者权益的保护理应成为法律加以规制的重要领域。学习消费者权益保护法,应该掌握消费者的概念、消费者的权利、经营者的义务以及解决争议的途径等内容。

第一节　消费者及其权利

一、消费者的概念

所谓消费,是指消费者以他人生产经营的消费对象来满足自身生活需求的行为,包括生产消费和生活消费。其中,生活消费与基本人权直接相关,故很多国家的立法都将消费者限定为从事生活消费的主体。在我国《消费者权益保护法》颁布以前,对消费者的定义,理论界有不同的看法,各地颁布的消费者保护条例等,也对消费者进行了不同的界定。[①]《消费者权益保护法》第2条规定:"消费者为生活需要购买、使用商品或者接受服务,其权益受本法保护;本法未作规定的受其他有关法律、法规保护。"从这一规定我们可以看出,所谓消费者,是指为满足生活需要而购买或使用经营者提供的商品或服务的人。这一定义包括以下含义:

(1)消费者是购买、使用商品或接受服务的人。对于消费者的范围,理论上有不同的观点。一种观点认为,消费者只能是自然人,而不能是法人及其他社会组织;另一种观点则认为,无论是自然人、法人还是其他社会组织,都可以成为消费者。现在理论界和实务界都倾向于前一种观点,因为消费者保护法的根本目

---

① 参见梁慧星主编:《社会主义市场经济管理法律制度研究》,中国政法大学出版社1993年版,第238—239页;谢次昌主编:《消费者保护法通论》,中国法制出版社1994年版,第104页。

的是保护人们生活性消费过程中的安全,维护他们的经济利益,只有自然人才能成为终级消费的主体。作为自然人的集合体的法人及其他社会组织本身并不具有消费者的资格,但是,其社员及职工作为自然人仍属消费者的范围。实际上,我们说消费者限于个体成员,并不否认法人及其他社会团体在其权利受到侵害时可以寻求其他法定的手段进行救济,只是消费者权益保护法的保护对象并非这些社会团体的利益,而是消费者的利益。

将消费者限定在个体社会成员的范围内具有非常重要的意义。现代消费者保护法是在对市场经济条件下消费者弱者地位的充分认识的基础上对消费者给予特殊保护的立法,如果将消费者的范围规定得过广,将各种社会团体和组织都视为消费者,那么以此立法理念而制定的法律必然会忽视个体消费者的弱势地位,对其给予特殊保护亦就必然会失去理论上的依据。

(2)消费者购买使用的商品和接受的服务是由经营者提供的。消费者是与经营者相对应的一种法律主体。当某人为了生活需要而购买或使用他人提供的商品或服务时,他就是这种商品或服务的消费者;当他以营利为目的向他人提供某种商品或服务时,他又是经营者。消费者不仅包括购买商品或服务的人,而且亦包括使用商品或接受服务的人,但是作为消费者,其使用的商品应当是他人生产、制造的,而不是其自己生产、制造的,如农民自己生产的蔬菜自己食用,这时,该农民就不属于这种蔬菜的消费者。消费者消费的商品和服务是其自己或其他人通过一定的方式从经营者那里获得的。一定的方式通常是指支付商品、服务的价格而购买,但又不限于购买,还包括通过支付任何形式的代价(如劳动、提供便利等)而获得。甚至不支付任何代价而由经营者赠与的商品或服务的使用者,亦属消费者的范围。因此,对消费者的含义,我们必须与一定商品与服务的提供者——经营者的含义结合起来理解。因此,凡是为了满足自己或他人个人需求而购买或为了自己的需求而使用商品的人,均属消费者。

(3)消费者是进行生活性消费活动的人。由于消费者并不是一个固定的阶层或集团,因此消费者的含义具有严格的时间性。这就决定了,任何人只有在其进行消费活动时才是消费者。消费活动的内容包括:为了生活需要而购买商品;为了生活需要而使用商品;为了生活需要接受他人提供的服务。消费者是为了个人生活需要才购买或使用商品与服务的,其目的是满足个人或家庭的生活需要,而不是经营的需要,这是消费者与经营者的根本区别。经营者也需要购买各种原材料、生产工具等商品,但是经营者购买这些商品不是为了满足其个人的生活需要,而是为了生产的需要。应当注意的是,在我国由于广大农村普遍推行联产承包责任制,农业经营者一般为以家庭为基础的广大农户,他们购买的直接用于农业生产的种子、农药、化肥等虽属生产资料的范围,但广大农民普遍势单力薄,在经济活动中,有着与消费者相似的遭遇。考虑到我国农业经营者的特殊情况,《消费者权益保护法》第 62 条规定,农民购买、使用直接用于农业生产的生产资料,参照本法执行。这一规定具有两层含义:首先,它肯定了购买使用农业生产资料的农民,不属于消费者;其次,农民在购买使用农业生产资料时,如消费者一样,享受《消费者权益保护法》规定的消费者所享有的各项权利。

二、消费者权利

(一) 消费者权利概述

消费者权益保护法是基于消费者的弱势地位而予以特别保护的法律规范,因此消费者权利历来是各国消费者权益保护法的核心内容。消费者权利的概念是随着消费运动的发展而产生并逐步得到认同的。"消费者权利"的概念最初是由美国总统肯尼迪提出来的。1962 年 3 月 15 日,肯尼迪总统向美国国会提出的一份"关于保护消费者的咨询答复"的文件中提出,消费者有四项权利,即获得商品安全保障的权利;获得正确的商品信息资料的权利;对商品自由选择的权利;提出消费者意见的权利。肯尼迪的"四权论"对各国消费者权益的立法产生了重大的影响,虽然各国对于消费者权利的规定各不相同,但都采纳了这四项权利。为了纪念肯尼迪总统对消费者权益保护所作的贡献,国际消费者组织联盟 1983 年作出决定,将每年的 3 月 15 日定为"国际消费者权益日"。

我国 1993 年颁布的《消费者权益保护法》在广泛吸取各国及国际消费者保护立法经验的基础上,规定消费者享有 9 项权利,概括地说,这些权利包括:安全权、知情权、选择权、公平交易权、求偿权、结社权、受教育权、受尊重权、批评监督权。2013 年 10 月,全国人大常委会通过了《关于修改〈消费者权益保护法〉的决定》,修订的《消费者权益保护法》在旧法原有的基础上,增加了个人信息受保护权。下面分述之。

(二) 消费者具体的权利

1. 消费者的安全权

消费者的安全权,是指消费者在购买使用商品或接受服务时所享有的人身和财产安全不受侵害的权利。这是消费者最重要的权利。安全权包括以下两个方面的内容。一是人身安全权。它又包括:(1) 消费者的生命安全权。即消费者的生命不受危害的权利,如因食品有毒而至消费者死亡,即侵犯了消费者的生命权。(2) 消费者的健康安全权,即消费者的身体健康状况不受损害的权利,如食物不卫生而使消费者中毒或因电器爆炸致消费者残废等均属侵犯消费者健康安全权。二是财产安全权。即消费者的财产不受损失的财利,财产损失有时表现为财产在外观上发生损毁,有时则表现为价值的减少。

保护公民的人身及财产不受侵犯是我国《宪法》规定的公民的基本权利之一,《消费者权益保护法》第 7 条规定:"消费者在购买、使用商品和接受服务时,享有人身、财产安全不受损害的权利,消费者有权要求经营者提供的商品和服务,符合保障人身、财产安全的要求。"由此可见,消费者的安全权涉及消费者的生存与健康利益,是消费者所享有的最基本、最重要的权利,如果这一权利都得不到保障,则消费者的其他权利更无从谈起。

消费者在整个消费过程中都享有安全权。这就要求:(1)经营者提供的商品必须具有合理的安全性,不得提供有可能对消费者人身及财产造成损害的不安全、不卫生的产品。(2)经营者向消费者提供的服务必须有可靠的安全保障。(3)经营者提供的消费场所应具有必要的安全保障,使消费者能在安全的环境中选购商品及接受服务。也就是说,消费者在购买商品、接受服务以及使用商品的整个消费过程中的安全都要得到保证。

保护消费者人身财产的安全是消费者保护法的重要任务,除《消费者权益保护法》对消费者的安全权作了一般的规定外,有关食品卫生、药品管理、产品质量管理等法律制度还对某一方面的消费者安全问题作了具体规定,只有严格遵守这些法律规范,才能使消费者的安全权得到切实的保障。

2. 消费者的知情权

知情权是消费者所依法享有的了解与其购买、使用的商品和接受的服务有关的真实情况的权利。

消费者为满足生活需要而购买商品或接受服务,因此该商品或者服务是否能满足消费者的需要,消费者是否能正确地消费等都要依赖于对该商品或者服务的充分了解。消费者的知情权具有两方面的基本内涵:(1)消费者了解商品和服务的真实情况的权利。即经营者向消费者提供的各种情况应为客观的而非虚假的。虚伪的信息不仅不会给消费者带来利益,反而会影响消费者作出正确的判断,导致消费者上当受骗,蒙受损害。(2)消费者有充分了解有关情况的权利。一般地说,对商品和服务中与消费者利益相关的一切信息,消费者都有权了解,但是,与消费者利益没有直接联系的信息以及国家法律保护的技术、经营信息除外。例如商品的具体工艺过程、食品饮料的具体配方、经营者的商业秘密等。我国《消费者权益保护法》第8条第2款规定,消费者有权了解的信息范围一般包括:商品的价格、产地、生产者、用途、性能、规格、费用等有关情况。由于商品服务的具体形态不同,有些商品对以上各类信息没有必要面面俱到,而另一些商品和服务应披露的信息则可能会超出以上范围,其具体内容应当根据不同商品和服务的具体情况决定。总之,凡与消费者正确地判断、选择、使用等有直接联系的信息,消费者都有权了解。

3. 消费者的选择权

消费者的选择权是指消费者根据自己的意愿自主地选择其购买的商品及接受服务的权利。

消费者购买商品和接受服务是在不同的动机驱动下进行的,他或为满足自己的生理需要,或为满足自己的发展需求,或为满足他人的需要。因此,必须让消费者根据其需要对其意欲购买的商品或接受的服务作出选择。同时,每一个消费者都具有自己的品味、爱好和特殊的要求,如果其不能自主地选择,那么购买的商品或接受的服务就不能充分地满足消费者的需求。

消费者的选择权具有以下几个方面的内容:(1)消费者自主选择提供商品或者服务的经营者的权利;(2)自主选择商品品种或者服务方式的权利;(3)自主决定购买或不购买任何一种商品、接受或不接受任何一项服务的权利;(4)在自主选择商品或服务时享有比较、鉴别和挑选的权利。

4. 消费者的公平交易权

消费者的公平交易权是消费者在与经营者之间进行消费交易中所享有的获得公平的交易条件的权利。

交易公平,就一般意义而言,是指交易各方在交易过程中获得的利益相当;在消费性交易中,就是指消费者获得的商品及服务与其交付的货币价值相当。第一,公平交易权表现在消费者应有权要求商品应当具备公众普遍认为其应当具备的功能。即商品应具有使用价值,如食品应能够食用,药品应具有一定的治愈疾病的效用,日常用品和家庭电器应具有其一般应具备的功能等,不具有使用价值的商品,不能销售。第二,公平交易权表现在消费者有权要求商品或服务的定价合理。商品可以根据其质量不同而制订不同的价格,商品的价格应当与质量保持一致,优质高价、劣质低价,不得销售劣质高价商品,不得漫天要价、牟取暴利。第三,公平交易权表现在消费者有权要求商品的计量正确。不得克扣、短斤少两。计量不足实质上是以隐蔽的手段抬高商品的价格。第四,交易必须在自愿的基础上发生,强制交易行为是违反消费者意愿的交易行为。在自愿交易的条件下,如果经营者提出的交易条件不公平,消费者还可以通过拒绝交易而使自己免遭损害,但是在强制交易的情况下,消费者要被迫接受不公平的交易条件,这无疑是要求消费者必须接受经营者的非法侵害。因此,《消费者权益保护法》将拒绝强制交易行为也作为消费者的公平交易权的一项重要内容。

5. 消费者的求偿权

消费者的求偿权是消费者在购买、使用商品或接受服务过程中受到人身或财产损害时,所享有的依法获得赔偿的权利。

消费者在购买、使用商品或接受服务的过程中,人身及财产遭受了损害,其损害来源于经营者,因而经营者负有不可推卸的责任。同时,根据利益衡量原则,经营者销售商品、提供服务,从中获得利益,而消费者却没有得到利益,因而由经营者依法对消费者的损害予以赔偿,也是理所当然的。

消费者的人身及财产损害,通常包括以下类型:(1)由于经营者未采取必要的安全措施或未提供必要安全设施而使消费者在购买商品时人身受到伤害或财产遭受损失,如经营场所房屋塌落而致消费者受伤。(2)由于服务经营者采用的服务方式不当而致消费者人身或财产损害,如理发师割破消费者耳朵。(3)由于不公平的交易条件而使消费者蒙受经济损失,如短斤少两、价格显失公平。(4)消费者购买商品、接受服务时遭受经营者的侮辱、殴打或其他不公平对待,而致其人身及财产损害。(5)由于商品瑕疵而致消费者人身、财产遭受损害,如电视机爆炸而致人身伤害和财产损失。(6)在解决因以上原因而发生的消费者与经营者之间的争议过程中作出的必要费用支出,如车旅费、诉讼费等。对于这些损害,消费者都可以通过法定途径要求赔偿。

6. 消费者的结社权

消费者的结社权是消费者为了维护自身的合法权益而依法组织社会团体的权利。

消费者往往是孤立、分散的个体社会成员,他们所面对的经营者却时常表现为具有强大的经济实力、庞大的组织机构,拥有各种专门知识与经验的专业人员的企业,因此,尽管法律规定交易当事人地位平等,但由于交易双方实力的巨大悬殊,实际上很难实现真正的平等。同时,经营者为了垄断市场、获得超额利润,往往相互联合,通过协议、董事兼任、控股等手段,控制市场,一致行动,共同对付消费者。为了与强大的经营者及经营者集团相抗衡,实现与经营者之间的真正平等,消费者除了通过国家支持和社会帮助以外,还应团结起来,通过设立自己的组织壮大自己的力量,提高自身的素质,同不法经营行为作斗争。正因为如此,我国《消费者权益保护法》第12条规定:"消费者享有依法成立维护自身合法权益的社会团体的权利。"

首先,消费者享有结社权意味着消费者可以组织社会团体。我国《宪法》规定,公民有结社自由,《消费者权益保护法》中规定的消费者的结社权正是《宪法》中这一公民基本权利在特定领域中的具体体现。其次,消费者行使结社权是为了维护自己的利益,通过成立自己的组织对经营者的行为进行监督,对消费者提供各种帮助、支持,代表消费者参与政府决策,反应消费者呼声,加强消费者教育,为消费者提供各种服务等。再次,消费者结社权应依法行使。权利的行使必须合法,这是一条普遍接受的原则,消费者行使结社权也应如此。也就是说,消费者在设立自己的社团时,必须遵守法定程序。唯有如此,消费者成立的社团才是合法的社团。同样,消费者社团成立后,也只能在法律及其章程规定的范围内进行活动,只有这样,其活动自由才受法律保障。

7. 消费者的受教育权

消费者的受教育权是消费者享有的获得有关消费和消费者权益保护方面的知识的权利。

消费者受教育权作为一种权利,它首先意味消费者通过适当方式获得有关商业服务消费知识和消费者保护知识的要求是合理的,消费者可以一定方式来实现这一要求。其次,作为一种权利,它还意味着政府、社会应当努力保证消费者能够接受这种教育,除督促经营者充分客观地披露有关商品、服务的信息外,还必须通过各种制度和措施促进有关知识及时传播,保障消费者受教育的权利能够实现。

消费者教育的内容主要包括两个方面:一是消费知识教育,消费知识包括与消费者正确地选购,公平交易,合理地使用消费品、接受服务有关的知识,如关于选购商品的方法、应当注意的问题、商品的一般价格构成、某种商品的正常功能、使用某种商品应当注意的问题、在发生突发事故时应如何处置等,内容极为广泛;二是有关消费者保护方面的知识,主要指消费者如何保护自己的法律知识,包括消费者权利、经营者的义务、消费者在其权益受侵害时应如何维护、消费者在行使权利过程中应注意哪些问题等。

8. 消费者的受尊重权

消费者的受尊重权,是指消费者在购买、使用商品,接受服务时享有的人格尊严、民族风俗习惯受到尊重的权利,享有个人信息依法得到保护的权利。

首先,消费者受尊重权意味着消费者的人格权不受侵犯。人格权是公民作为一个独立的人必须享有的受法律保护的权利,它包括生命健康权、姓名权、肖像权、名誉权、荣誉权、婚姻自主权等。非法剥夺他人生命,损害其健康,干涉他人使用或改变姓名,盗用、假冒他人姓名,未经本人同意以营利为目的的使用他人肖像,以侮辱诽谤等方式损害公民的名誉,非法剥夺公民的荣誉称号等,都是侵犯人格权的行为。经营者侵犯消费者的人格权的行为通常表现为对消费者进行殴打、辱骂、强行搜身、非法拘禁等。其次,消费者受尊重权还意味着消费者的民族风俗习惯受到尊重。经营者在商品包装、商标及广告中不得使用有损少数民族形象的文字、图画,不得强迫少数民族消费者接受本民族的禁忌食品或其他商品。

消费者的个人信息受保护权是2013年修订的《消费者权益保护法》中新增的内容。之所以强调这一权利是因为随着信息技术的发展以及互联网的不断普及,消费者的个人信息也日渐成为一种财产。随之而来的是大量的消费者个人信息被泄露、丢失问题的出现,消费者的隐私权、安全权、知情权和选择权也因此受到了威胁。为了应对这一难题,个人信息的法律保护走进了《消费者权益保护法》的保护范畴。

9. 消费者的批评监督权

消费者的监督权,是指消费者对于商品和服务以及消费者保护工作进行监察和督导的权利。消费者监督权的内容主要包括两个方面:一是对商品和服务监督。任何消费者在日常消费生活中，发现经营者不法行为，都有权向有关部门反映，并要求处理。二是对消费者保护工作进行监督，主要是指对国家机关及其工作人员在消费者保护工作中的违法失职行为进行监督。如国家工作人员包庇、纵容经营者损害消费者利益，国家机关及其工作人员与经营者勾结，让假冒伪劣商品流入市场，对消费申诉不予处理或无限期拖延甚至徇私舞弊、贪赃枉法、违法处理等，对这些违法失职行为，消费者都有权予以检举控告。另外，在我国，消费者监督权的内容还应包括对各种消费者组织的工作进行的监督。此外，对消费者工作中存在的种种问题，消费者还有权提出批评建议，以促进消费者保护法的完善和消费者保护工作的改善。

第二节 经营者的义务

一、经营者的概念

就一般意义而言，经营者是指以营利为目的而从事商品生产和销售以及提供服务的人。《消费者权益保护法》中的经营者与这种一般意义上的经营者不同，在消费者保护法中，经营者是与消费者相对应的一方主体，是指通过市场为消费者提供消费资料和消费服务的人。

经营者与消费者发生关系是通过两种形式实现的：一是直接向消费者提供商品或服务；二是通过其产品实现。因此，一方面，当销售的产品或提供的服务为消费者所购买时，销售者或服务业经营者便与消费者发生直接交易关系；另一方面，消费者购买使用商品时，不仅使自己与销售者发生关系，而且亦通过商品与商品生产者发生关系。当生产者的产品被消费者购买或使用时，他就有可能通过其产品影响消费者的利益，当销售者及服务提供者与消费者发生关系时，其行为亦可能影响消费者的利益，消费者保护法中的经营者便是与消费者发生此类利益关系的经营者。

二、经营者义务概述

在经营者与消费者的关系中，经营者的义务主要有两类：一类是基于法律直接规定而产生的法定义务；另一类是基于合同而产生的约定义务。对消费者给予特殊保护的各种消费者保护法所规定的义务属于前一种义务，即法定义务。经营者在作为合同当事人时，当然亦要履行合同约定的各种义务。当事人依合同承担的义务由相互协商而确定，但这并不是说，合同对消费交易中的权利、义务约定与消费者保护法规定的法定义务无关，这两种义务虽然性质不同，但彼此相互联系：第一，约定义务不得与强制性法定义务相抵触，在一般情况下，经营者不能通过合同约定排除其依法应承担的强制义务,当合同约定与该法定义务抵触时,该约定无效。第二,法定义务是法律对经营者的基本要求,故消费者与经营者可以通过合同而约定经营者承担比法律规定更严格的义务。例如,根据有关法律规定,彩色电视机的经营者对其整机在一年之内负有"三包"义务,但经营者可以与消费者约定高于一年的"三包"期等。第三,约定义务可以改变补充性法定义务。所谓补充性法定义务,是指法律规定的作为当事人意思补充的义务,在当事人就此未作约定时,法律规定的义务对当事人适用。例如,经营者依法负有保证其商品具有同类商品应具有的品质的义务,但若经营者与消费者就商品质量达成了明示协议,则此项法定义务解除,经营者仅负有保证商品具有合同约定品质的义务。

我国 2013 年修订的《消费者权益保护法》第 16 条除了上述两款,还新增了第 3 款规定,要求经营者向消费者提供商品或者服务,应当恪守社会公德、诚信经营,保障消费者的合法权益;不得设定不公平、不合理的交易条件,不得强制交易。

三、经营者具体的义务

在消费法律关系中,消费者的权利就是经营者的义务。为了有效地保护消费者的权益,约束经营者的经营行为,《消费者权益保护法》不仅专章规定了消费者的权利,还专章规定了经营者的义务:

1. 履行法定义务及约定义务。经营者向消费者提供商品和服务,应依照法律、法规的规定履行义务。双方有约定的,应按照约定履行义务,但双方的约定不得违法。

2. 接受监督的义务。经营者应当听取消费者对其提供的商品或服务的意见,接受消费者的监督。

3. 保证商品和服务安全的义务。经营者应当保证其提供的商品或服务符合保障人身、财产安全的要求。经营者应当做到:(1)对可能危及人身、财产安全的商品和服务,作出真实说明和明确的警示,标明正确使用及防止危害发生的方法。(2)经营者发现其提供的商品或者服务存在严重缺陷,即使正确使用或接受服务仍然可能对人身、财产造成危害的,立即向政府有关部门报告和告知消费者,并采取停止销售、警示、召回、无害化处理、销毁、停止生产或者服务等措施。采取召回措施的,经营者应当承担消费者因商品被召回支出的必要费用;(3)宾馆、商场、餐馆、银行、机场、车站、港口、影剧院等经营场所的经营者,应当对消费者尽到安全保障义务。

4. 提供真实信息的义务。经营者应当向消费者提供有关商品和服务的真实并且全面的信息,不得作引人误解的虚假宣传。真实的信息是消费者自主选择商品或服务的前提和基础,经营者不得以虚假宣传误导甚至欺骗消费者。对消费者关于质量、使用方法等问题的询问,经营者应作出明确、完备、符合实际的答复。此外,商店提供商品应明码标价,即明确单位数量的价格,以便于消费者选择,同时防止经营者在单位数量或重量价格上随意更改。

5. 表明真实名称和标记的义务。经营者应当表明其真实名称和标记。租赁他人柜台或者场地的经营者,应当标明其真实名称和标记。经营者的名称和标记的主要功能是区别商品和服务的来源。如果名称和标记不实,就会使消费者误认,无法正确选择喜欢或信任的经营者;在发生纠纷时,也无法准确地确定求偿主体。强调租赁他人柜台或者场地的经营者有义务标明自己的真实名称和标记的目的在于区分承租方和出租方,一旦发生责任问题,便于确定责任承担者。

6. 出具凭证或单据的义务。经营者提供商品或者服务,应按照国家规定或商业惯例向消费者出具购货凭证或者服务单据;消费者索要购货凭证或者单据的,经营者必须出具。

7. 保证质量的义务。经营者有义务保证商品和服务的质量。该义务体现在两个方面:第一,经营者应当保证在正常使用商品或者接受服务的情况下其提供的商品或者服务应当具有的质量、性能、用途和有效期限;但消费者在购买该商品或者接受服务前已经知道其存在瑕疵,并且存在该瑕疵不违反法律强制性规定的除外。第二,经营者以广告、产品说明、实物样品或者其他方式表明商品或者服务的质量状况的,应当保证提供的商品或者服务的实际质量与表明的质量状况相符。第三,经营者提供的机动车、计算机、电视机、电冰箱、空调器、洗衣机等耐用商品或者装饰装修等服务,消费者自接受商品或者服务之日起6个月内发现瑕疵,发生争议的,由经营者承担有关瑕疵的举证责任。

8. 履行"三包"或其他责任的义务。经营者提供的商品或者服务不符合质量要求的,消费者可以依照国家规定、当事人约定退货,或者要求经营者履行更换、修理等义务。没有国家规定和当事人约定的,消费者可以自收到商品之日起7日内退货;7日后符合法定解除合同条件的,消费者可以及时退货,不符合法定解除合同条件的,可以要求经营者履行更换、修理义务。

9. 远程销售经营者接受无理由退货的义务。该规定为新增条款,也被称为消费者"后悔权"条款。具体而言,该规定要求经营者采用网络、电视、电话、邮购等方式销售商品,消费者有权自收到商品之日起7日内退货,且无需说明理由,但下列商品除外:(1) 消费者定作的;(2) 鲜活易腐的;(3) 在线下载或者消费者拆封的音像制品、计算机软件等数字化商品;(4) 交付的报纸、期刊。除前款所列商品外,其他根据商品性质并经消费者在购买时确认不宜退货的商品,不适用无理由退货。

消费者退货的商品应当完好。经营者应当自收到退回商品之日起7日内返还消费者支付的商品价款。退回商品的运费由消费者承担；经营者和消费者另有约定的，按照约定。

10. 不得单方作出对消费者不利规定的义务。这一义务包括两方面的内容：一是经营者在经营活动中使用格式条款的，应当以显著方式提请消费者注意商品或者服务的数量和质量、价款或者费用、履行期限和方式、安全注意事项和风险警示、售后服务、民事责任等于消费者有重大利害关系的内容，并按照消费者的要求予以说明；二是经营者不得以格式合同、通知、声明、店堂告示等方式作出排除或者限制消费者权利、减轻或者免除经营者责任、加重消费者责任等对消费者不公平、不合理的规定，不得利用格式条款并借助技术手段强制交易。格式合同是经营者单方拟定的，消费者或者只能接受，而无改变其内容的机会；或者只能拒绝，但却无法实现或难以实现消费需求，当该经营者处于独家垄断时更是如此。经营者作出的通知、声明、店堂告示等亦属于单方意思表示，侧重于保护经营者的利益。因此，在上述情况下，经营者的格式合同、通知、声明、店堂告示等含有对消费者不公平、不合理的规定，或者减轻、免除其损害消费者合法权益应当承担的民事责任的，其内容无效。

11. 不得侵犯消费者人格权的义务。消费者的人格尊严和人身自由理应依法获得保障。经营者不得对消费者进行侮辱、诽谤，不得搜查消费者的身体及其携带的物品，不得侵犯消费者的人身自由。

12. 远程商品或服务经营者以及金融服务经营者的特殊告知义务。采用网络、电视、电话、邮购等方式提供商品或者服务的经营者，以及提供证券、保险、银行等金融服务的经营者，应当向消费者提供经营地址、联系方式、商品或者服务的数量和质量、价款或者费用、履行期限和方式、安全注意事项和风险警示、售后服务、民事责任等信息。

13. 合法、正当收集、使用消费者个人信息的义务以及对收集的消费者个人信息严格保密、不得泄露的义务。经营者收集、使用消费者个人信息，应当遵循合法、正当、必要的原则，明示收集、使用信息的目的、方式和范围，并经消费者同意。经营者收集、使用消费者个人信息，应当公开其收集、使用规则，不得违反法律、法规的规定和双方的约定收集、使用信息。经营者及其工作人员对收集的消费者个人信息必须严格保密，不得泄露、出售或者非法向他人提供。经营者应当采取技术措施和其他必要措施，确保信息安全，防止消费者个人信息泄露、丢失。在发生或者可能发生信息泄露、丢失的情况时，应当立即采取补救措施。

经营者未经消费者同意或者请求，或者消费者明确表示拒绝的，不得向其发送商业性信息。

第三节　争议的解决

一、争议解决的途径

消费者和经营者发生消费者权益争议的,可以通过下列途径解决:

(1) 与经营者协商和解。当消费者和经营者因商品或服务发生争议时,协商和解应作为首选方式,特别是因误解产生的争议,通过解释、谦让及其他补救措施,便可化解矛盾,平息争议。协商和解必须在自愿平等的基础上进行。纠纷重大,双方立场对立严重,要求相距甚远的,可寻求其他解决方式。

(2) 请求消费者协会或者依法成立的其他调解的组织调解。消费者协会是依法成立的对商品和服务进行社会监督的保护消费者合法权益的社会团体。消费者权益保护法明确消费者协会具有七项职能,其中之一是对消费者的投诉事项进行调查、调解。消费者协会作为保护消费者权益的社会团体,调解经营者和消费者之间的争议,应依照法律、行政法规及公认的商业道德从事,并由双方自愿接受和执行。

(3) 向有关行政部门投诉。政府有关行政部门依法具有规范经营者的经营行为,维护消费者合法权益和市场经济秩序的职能。消费者权益争议涉及的领域很广,当权益受到侵害时,消费者可根据具体情况,向不同的行政职能部门,如物价部门、工商行政管理部门、技术质量监督部门等提出投诉,求得行政救济。

(4) 提请仲裁。由仲裁机构解决争端,在国际国内商贸活动中被广泛采用。消费者权益争议亦可通过仲裁途径予以解决。不过,仲裁必须具备的前提条件是双方订有书面仲裁协议(或书面仲裁条款)。在一般的消费活动中,大多数情况下没有必要也没有条件签订仲裁协议。因此,在消费领域,很少有以仲裁方式解决争议的。

(5) 向人民法院提起诉讼。消费者权益保护法及相关法律都规定,消费者权益受到损害时,可径直向人民法院提起民事诉讼;也可因不服行政部门对经营者的行政处罚决定而向人民法院提起行政诉讼。司法审判具有权威性、强制性,是解决各种争议的最后手段。消费者为求公正解决争议,可依法行使诉权。

二、解决争议的几项特定规则

(1) 销售者的先行赔付义务。消费者在购买、使用商品时,其合法权益受到损害的,可以向销售者要求赔偿。销售者赔偿后,属于生产者的责任或者属于向销售者提供商品的其他销售者的责任的,销售者有权向生产者或者其他销售者追偿。

（2）生产者与销售者的连带责任。消费者或者其他受害人因商品缺陷造成人身、财产损害的，可以向销售者要求赔偿，也可以向生产者要求赔偿。属于生产者责任的，销售者赔偿后，有权向生产者追偿。属于销售者责任的，生产者赔偿后，有权向销售者追偿。此时，销售者与生产者被看做一个整体，对消费者承担连带责任。

（3）消费者在接受服务时，其合法权益受到损害的，可以向服务者要求赔偿。

（4）变更后的企业仍应承担赔偿责任。企业的变更是市场经济活动中常见的现象。为防止经营者利用企业变更之机逃避对消费者应承担的损害赔偿责任，《消费者权益保护法》规定："消费者在购买、使用商品或者接受服务时，其合法权益受到损害，因原企业分立、合并的，可以向变更后承受其权利义务的企业要求赔偿。"

（5）营业执照持有人与租借人的赔偿责任。出租、出借营业执照或租用、借用他人营业执照是违反工商行政管理法规的行为。《消费者权益保护法》规定："使用他人营业执照的违法经营者提供商品或者服务，损害消费者合法权益的，消费者可以向其要求赔偿，也可以向营业执照的持有人要求赔偿。"

（6）展销会举办者、柜台出租者的特殊责任。通过展销会、出租柜台销售商品或者提供服务，不同于一般的店铺营销方式。为了在展销会结束后或出租柜台期满后，使消费者能够获得赔偿，《消费者权益保护法》规定，消费者在展销会、租赁柜台购买商品或者接受服务，其合法权益受到损害的，可以向销售者或服务者要求赔偿。展销会结束或者柜台租赁期满后，也可以向展销会的举办者、柜台的出租者要求赔偿。展销会的举办者、柜台的出租者赔偿后，有权向销售者或者服务者追偿。

（7）网络平台提供者与销售者或服务者责任。消费者通过网络交易平台购买商品或者接受服务，其合法权益受到损害的，可以向销售者或者服务者要求赔偿。网络交易平台提供者不能提供销售者或者服务者的真实名称、地址和有效联系方式的，消费者也可以向网络交易平台提供者要求赔偿；网络交易平台提供者作出更有利于消费者的承诺的，应当履行承诺。网络交易平台提供者赔偿后，有权向销售者或者服务者追偿。

网络交易平台提供者明知或者应知销售者或者服务者利用其平台侵害消费者合法权益，未采取必要措施的，依法与该销售者或者服务者承担连带责任。

（8）虚假广告的广告主与广告经营者的责任。广告对消费行为的影响是尽人皆知的。为规范广告行为，广告法、消费者权益保护法均对虚假广告作了禁止性规定。《消费者权益保护法》规定，当消费者因虚假广告而购买、使用商品或者接受服务时，若合法权益受到损害，可以向利用虚假广告提供商品或服务的经营者要求赔偿。广告的经营者发布虚假广告的,消费者可以请求行政主管部门予以惩处。广告的经营者不能提供经营者的真实名称、地址的,应当承担赔偿责任。

广告经营者、发布者设计、制作、发布关系消费者生命健康商品或者服务的虚假广告,造成消费者损害的,应当与提供该商品或者服务的经营者承担连带责任。

社会团体或者其他组织、个人在关系消费者生命健康商品或者服务的虚假广告或者其他虚假宣传中向消费者推荐商品或者服务,造成消费者损害的,应当与提供该商品或者服务的经营者承担连带责任。

(9) 我国2013年修订的《消费者权益保护法》正式确立了消费者保护领域的公益诉讼制度,赋予了省级消费者协会在大规模侵害消费者合法权益案件中向法院提起诉讼的权利。

第四节 违反《消费者权益保护法》的法律责任

《消费者权益保护法》以其独特的价值尺度,规定消费者享有9项权利,经营者负有10项义务,使原本强弱悬殊的群体之间趋于利益平衡。当消费者的权益因经营者的原因无法行使或受到损害时,《消费者权益保护法》规定可采取相应的措施对违法者予以制裁。《消费者权益保护法》第七章对侵害消费者合法权益的行为区分不同情况,规定经营者应分别或者同时承担民事责任、行政责任和刑事责任。

一、侵犯消费者合法权益的民事责任

(一) 一般规定

经营者提供商品或者服务有下列情形之一的,除《消费者权益保护法》另有规定外,应当依照产品质量法和其他有关法律、法规的规定,承担民事责任:(1) 商品存在缺陷的;(2) 不具备商品应当具备的使用性能而出售时未作说明的;(3) 不符合在商品或者其包装上注明采用的商品标准的;(4) 不符合商品说明、实物样品等方式表明的质量状况的;(5) 生产国家明令淘汰的商品或者销售失效、变质的商品的;(6) 销售的商品数量不足的;(7) 服务的内容和费用违反约定的;(8) 对消费者提出的修理、重作、更换、退货、补足商品数量、退还货款和服务费用或者赔偿损失的要求,故意拖延或者无理拒绝的;(9) 法律、法规规定的其他损害消费者权益的情形。此外,《消费者权益保护法》第48条还规定了经营者对消费者未尽到安全保障义务,造成消费者损害的,应当承担侵权责任。侵犯消费者权益的行为同时符合《消费者权益保护法》和《民法通则》《合同法》等普通民事法律的民事责任要件时,消费者有权选择适用《消费者权益保护法》

请求保护。

(二) 特殊规定

(1) "三包"责任。《消费者权益保护法》第 24 条明确规定,经营者提供的商品或者服务不符合质量要求的,消费者可以依照国家规定、当事人约定退货,或者要求经营者履行更换、修理等义务。没有国家规定和当事人约定的,消费者可以自收到商品之日起 7 日内退货;7 日后符合法定解除合同条件的,消费者可以及时退货,不符合法定解除合同条件的,可以要求经营者更换、修理等义务。对于"三包"的大件商品,消费者要求经营者修理、更换、退货的,经营者应当承担运输等合理费用。

(2) 远程销售商品中的民事责任。经营者采用网络、电视、电话、邮购等方式销售商品,消费者有权自收到商品之日起 7 日内退货,且无需说明理由,但下列商品除外:消费者定作的;鲜活易腐的;在线下载或者消费者拆封的音像制品、计算机软件等数字化商品;交付的报纸、期刊。除前款所列商品外,其他根据商品性质并经消费者在购买时确认不宜退货的商品,不适用无理由退货。消费者退货的商品应当完好。经营者应当自收到退回商品之日起 7 日内返还消费者支付的商品价款。退回商品的运费由消费者承担;经营者和消费者另有约定的,按照约定。

(3) 以收款方式提供商品或服务的责任。在某些情况下,经营者先预收部分款项,提供商品或服务后再与消费者进行结算。《消费者权益保护法》第 53 条规定,经营者以预收款方式提供商品或服务的,应当按照约定提供。未按照约定提供的,应依照消费者的要求履行约定或者退回预付款;并应当承担预付款的利息、消费者必须支付的合理费用。

(4) 消费者购买的商品,依法经有关行政部门认定为不合格的,消费者可以要求退货,经营者应当负责退货,而不得无理拒绝。根据这一规定,一般商品,发现问题后应经过修理、更换,仍无法使用的再予以退货;对不合格商品,只要消费者要求退货,经营者即应负责办理,不得以修理、更换或者其他借口延迟或者拒绝消费者的退货要求。

(三) 因提供商品或服务造成人身伤害、人格受损、财产损失的民事责任及赔偿范围

(1) 人身伤害的民事责任。经营者提供商品或服务,造成消费者或其他人受伤、残疾、死亡的,应承担下列责任:第一,造成消费者或者其他受害人人身伤害的,应当支付医疗费、治疗期间的护理费、交通费等为医疗和康复支出的合理费用,此外还有因误工减少的收入等费用;第二,造成残疾的,除上述费用外,还应支付残疾者生活补助费、残疾赔偿金以及由其抚养的人所必需的生活费等费用;第三,造成消费者或其他受害人死亡的,应当支付丧葬费、死亡赔偿金以及由

死者生前抚养的人所必需的生活费用。(2)《消费者权益保护法》第14条规定消费者享有人格尊严,第27条规定经营者不得对消费者侮辱、诽谤,不得侵犯消费者的人身自由。侵犯消费者人格尊严、人身自由或者侵害消费者个人信息依法得到保护的权利的,应当停止侵害、恢复名誉、消除影响、赔礼道歉并赔偿损失。此外,经营者有侮辱诽谤、搜查身体、侵犯人身自由等侵害消费者或者其他受害人人身权益行为,造成严重精神损害的,受害人还可以要求精神损害赔偿。(3)财产损害的民事责任。经营者提供商品或者服务,造成消费者财产损害的,应当以修理、重作、更换、退货、补足商品数量、退还货款和服务费用或者赔偿损失等方式承担民事责任。同时,《消费者权益保护法》承认并尊重消费者与经营者的自由订约权。当双方对财产损害的补偿有约定的,可按照约定履行。

(四) 对欺诈行为的惩罚性规定

《消费者权益保护法》第55条规定:"经营者提供商品或者服务有欺诈行为的,应当按照消费者的要求增加赔偿其受到的损失,增加赔偿的金额为消费者购买商品的价款或者接受服务的费用的3倍;增加赔偿的金额不足500元的,为500元。法律另有规定的,依照其规定。经营者明知商品或者服务存在缺陷,仍然向消费者提供,造成消费者或者其他受害人死亡或者健康严重损害的,受害人有权要求经营者依照本法第49条、第51条等法律规定赔偿损失,并有权要求所受损失2倍以下的惩罚性赔偿。"这是对于经营者欺诈行为的惩罚性赔偿。设定这一规则的目的,一是惩罚侵害消费者权益的欺诈行为人,特别是制造、销售假货的经营者;二是鼓励消费者同欺诈行为和假货作斗争。

(1) 欺诈消费者行为的概念及判断标准。这里所说的欺诈行为,是指经营者故意在提供的商品或服务中,以虚假陈述或者其他不正当手段欺骗、误导消费者,致使消费者权益受到损害的行为。实践中,对"欺诈行为"应当以客观的方法检验和认定,即根据经营者在出售商品或提供服务时所采用的手段来加以判断。所以,只要证明下列事实存在,即可认定经营者构成欺诈行为:第一,经营者对其商品或服务的说明行为是虚假的,足以使一般消费者受到欺骗或误导。第二,消费者因受误导而接受了经营者的商品或服务,即经营者的虚假说明与消费者的消费行为之间存在因果关系。国家工商行政管理总局1996年3月发布的《欺诈消费者行为处罚办法》第3条和第4条列举了一些典型的欺诈行为,例如,销售掺杂、掺假,以假充真,以次充好的商品;以虚假的"清仓价""甩卖价""最低价""优惠价"或者其他欺骗性价格表示销售商品;以虚假的商品说明、商品标准、实物样品等方式销售商品;不以自己的真实名称和标记销售商品;采取雇佣他人等方式进行欺骗性的销售诱导;利用广播、电视、电影、报刊等大众传播媒介对商品作虚假宣传;销售假冒商品和失效、变质商品;等等。在实践中,所有这些行为都可以根据客观的事实(或者说,经营行为的外观)加以确定。

（2）赔偿数额。对经营者的欺诈行为，消费者不仅可以获得补偿性的赔付，还可要求增加赔偿额。由于增加的这部分赔偿金额是超出消费者的实际损失的，因此带有惩罚性质。

二、《消费者权益保护法》中的行政责任

（一）应承担行政责任的情形

有下列情形之一的，经营者应承担行政责任：(1) 生产、销售的商品不符合保障人身、财产安全要求的；(2) 在商品中掺杂、掺假，以假充真，以次充好，或者以不合格商品冒充合格商品的；(3) 生产国家明令淘汰的商品或者销售失效、变质的商品的；(4) 伪造商品的产地，伪造或者冒用他人的厂名、厂址，伪造或者冒用认证标志、名优标志等质量标志的；(5) 销售的商品应当检验、检疫而未检验、检疫或者伪造检验、检疫结果的；(6) 对商品或者服务作引人误解的虚假宣传的；(7) 拒绝或者拖延有关行政部门责令对缺陷商品或者服务采取停止行首、警示、召回、无害化处理、销毁、停止生产或者服务等措施的；(8) 对消费者提出的修理、重作、更换、退货、补足商品数量、退还货款和服务费用或者赔偿损失的要求故意拖延或者无理拒绝的；(9) 侵犯消费者人格尊严或者侵犯消费者人身自由的或者侵害消费者个人信息依法得到保护的权利的；(10) 法律、法规规定的对损害消费者权益应当予以处罚的其他情形。

（二）行政处罚机关和处罚方式

（1）处罚依据。对《消费者权益保护法》第 56 条列举的上述十种情形，若相关法律、法规（如产品质量法、食品卫生法、广告法、价格法等）对处罚机关和处罚方式有规定的，应依照其规定执行；若法律、法规没有规定的，由工商行政管理部门进行处罚。

（2）处罚方式。对上述十种违法情形的处罚方式有：责令改正，警告，没收违法所得，罚款；还可对情节严重者责令停业整顿，吊销营业执照。

（3）行政复议。《消费者权益保护法》为防止行政机关滥用权力作出对经营者不公的处罚，规定了经营者的行政复议权，即经营者对行政处罚不服的，可自收到处罚决定之日起 15 日内向上一级机关申请复议，对复议决定仍不服的，可以向人民法院提起诉讼；也可以直接向人民法院提起诉讼。

三、《消费者权益保护法》中的刑事责任

违反《消费者权益保护法》，构成犯罪的行为包括：(1) 经营者提供商品或者服务，造成消费者或其他受害人受伤、残疾、死亡的；(2) 以暴力、威胁等方法阻碍有关行政部门工作人员依法执行职务的；(3) 国家机关工作人员玩忽职守或者包庇经营者侵害消费者合法权益的。对这些行为应根据情节依法追究刑事责任。

思 考 题

1. 农民是否是消费者？
2. 如何理解"知假买假行为"？
3. 消费者可以通过哪些方式解决与经营者之间的争议,维护自己的合法权益？

实战案例

1. 甲到超市购买了一台多功能保健器械,回家后才发现只有一种功能。甲向超市提出质疑,超市回答说:"产品是工厂起的名,说明书不明确是工厂的事,没有质量问题,本店概不负责。"隔了几日,甲的妻子乙到超市购物,出来时,保安怀疑她手中的小包,要求打开检查,被乙拒绝,双方发生争执,保安一时火起,打了乙一拳,致使乙轻微脑震荡,住院一星期,花去医药费 2000 元。事后,超市以门口已贴有"概不许带包入内,违者应接受检查"的警示为理由,拒绝承担责任。

问题:

甲对购买的器械可以如何处理？超市门口贴的告示有无效力？甲、乙与超市的纠纷如何解决？

2. 某晚报为一私人做广告,声称其能治各种疑难杂症。甲患慢性关节炎多年,见广告后,找到该医生开了药,但服用两个星期后,反而加重了病情。甲去找该医生时,已人去楼空。甲再去找晚报,发现广告中的人名是假的,地址是临时的。

问题:

甲应如何寻求救济？

参考文献

李昌麒、许明月编著:《消费者保护法》,法律出版社 1997 年版。
张严方:《消费者保护法研究》,法律出版社 2003 年版。
金福海:《消费者法论》,北京大学出版社 2005 年版。
谢次昌主编:《消费者保护法通论》,中国法制出版社 1994 年版。

第八章 产品质量法律制度

内容提要

本章第一节阐述了产品、产品质量的概念和我国产品质量立法概况以及产品质量监督管理机构;第二节主要阐述了产品质量监管制度,包括食品安全监管制度、药品质量监管制度、商品质量认证认可制度、产品质量监督检查制度等内容;第三节主要阐述了经营者的产品质量义务;第四节主要阐述了产品质量法律责任。

第一节 概 述

一、产品、质量与产品质量立法

为了加强对产品质量的监督管理,提高产品质量水平,明确产品质量责任,保护消费者的合法权益,维护社会经济秩序,我国1993年2月22日第七届全国人民代表大会常务委员会第三十次会议通过了《产品质量法》。后经2000年和2009年两次修订。作为市场规制法的一部分,产品质量法主要是从产品质量这一特定角度对经营者的市场行为起到正面规范的作用,凡在中华人民共和国境内从事产品生产、销售活动,必须遵守该法。

(一)产品概念

经济学上所称的产品是指自然物之外的所有赋予了人类劳动的产物,但是各国立法者考虑到法律的适用范围,对产品概念需要作出慎重的限制。我国《产品质量法》规定:"本法所称产品是指经过加工、制作,用于销售的产品。""建设工程不适用本法规定;但是,建设工程使用的建筑材料、建筑构配件和设备,属于前款规定的产品范围的,适用本法规定。"根据该法可以推定:未经加工的天然产品,如原矿、石油、天然气等不适用该法。供食用的源于农业的初级产品(以下称食用农产品)的质量安全管理,遵守《农产品质量安全法》的规定。但是,制定有关食用农产品的质量安全标准、公布食用农产品安全有关信息,应当遵守该法的有关规定。军工产品不适用该法。并且出于伦理道德的考虑,人体组织、器官、血液(血液制品除外)也不适用该法。

关于产品外延的界定有三个相关的国际公约可以显示其立法发展轨迹:1972年在荷兰海牙市签订的《关于产品责任法律适用的公约》赋予产品广泛的含义是"天然产品和工业产品,无论是未加工的还是加工的,也无论是动产还是不动产"。1977年,在法国斯特拉斯堡市签订的《关于人身伤亡的产品责任的欧洲公约》缩小产品范围,排除了不动产。1985年《欧洲产品责任指令》再次缩小产品范围:产品是指所有的动产,包括构成动产或不动产之一部分的物以及电,但不包括原始农业产品和猎物。但是准许各国法律背离该定义。

(二) 质量概念

质量指的是在商品经济范畴,企业依据特定的标准,对产品进行规划、设计、制造、检测、计量、运输、储存、销售、售后服务、生态回收等全程的必要的信息披露。国际标准化组织颁布的 ISO8402《质量术语》中界定,质量是指"产品和服务满足规定或潜在需要的特征和特性的总和"。具体可包括适用性、安全性、可靠性、维护性、美学性、经济性等产品的内在和外在因素。

质量概念可以分为三种:(1)符合性质量概念是以符合现行标准的程度作为衡量依据。(2)适用性的质量概念:以适合顾客需要的程度作为衡量依据。(3)广义质量概念:质量是一组固有特性满足要求的程度。产品质量法所指的产品概念,是指符合该法所界定的产品应当遵守的相关国际标准、国家标准、行业标准,没有相应标准的,适用由企业自身担保的符合保障人体健康和人身、财产安全的要求的标准。

二、产品质量监督管理机构

产品质量监督管理机构分为行政专职机构和行政有关机构。

专职机构,是指国家质量技术监督检验总局和地方各级质量技术监督部门(主要限于省级,有些市县政府并没有专设此机构)。就有关国民生活的重大事务,还设立特别机构,如国务院设立食品安全委员会,其工作职责由国务院规定。国务院卫生行政部门承担食品安全综合协调职责,负责食品安全风险评估、食品安全标准制定、食品安全信息公布、食品检验机构的资质认定条件和检验规范的制定,组织查处食品安全重大事故。

有关机构,涉及有行业主管部门、综合管理部门(如工商部门)等,它们在其职责范围内负责产品质量监督管理工作。国务院产品质量监督部门主管全国产品质量监督工作。国务院有关部门在各自的职责范围内负责产品质量监督工作。县级以上地方产品质量监督部门主管本行政区域内的产品质量监督工作。县级以上地方人民政府有关部门在各自的职责范围内负责产品质量监督工作。

同时,法律规定任何单位和个人有权对违反产品质量法规定的行为,向产品质量监督部门或者其他有关部门检举。产品质量监督部门和有关部门应当为检举人保密,并按照省、自治区、直辖市人民政府的规定给予奖励。

第二节 产品质量监督管理制度

国家为保证产品质量而采取的宏观管理和具体措施,构成产品质量监管的制度内容。

一、食品安全监管制度

2009年2月28日第十一届全国人民代表大会常务委员会第七次会议通过了《中华人民共和国食品安全法》(以下简称《食品安全法》),自2009年6月1日起施行,同时废止1995年颁布的《食品卫生法》。

(一)《食品安全法》的适用范围

食品,是指各种供人食用或者饮用的成品和原料以及按照传统既是食品又是药品的物品,但是不包括以治疗为目的的物品。食品安全,是指食品无毒、无害,符合应当有的营养要求,对人体健康不造成任何急性、亚急性或者慢性危害。此外,食品添加剂,是指为改善食品品质和色、香、味以及为防腐、保鲜和加工工艺的需要而加入食品中的人工合成或者天然物质。为保证食品安全,保障公众身体健康和生命安全,《食品安全法》第2条规定,在中华人民共和国境内从事下列活动,应当遵守该法:

(1)食品生产和加工(以下称食品生产),食品流通和餐饮服务(以下称食品经营);

(2)食品添加剂的生产经营;

(3)用于食品的包装材料、容器、洗涤剂、消毒剂和用于食品生产经营的工具、设备(以下称食品相关产品)的生产经营;

(4)食品生产经营者使用食品添加剂、食品相关产品;

(5)对食品、食品添加剂和食品相关产品的安全管理。

(二)食品安全标准

食品生产经营者应当依照法律、法规和食品安全标准从事生产经营活动,对社会和公众负责,保证食品安全,接受社会监督,承担社会责任。其责任基础是遵守食品安全标准强制标准。除食品安全标准外,不得制定其他的食品强制性标准。其标准应包括下列内容:

(1)食品、食品相关产品中的致病性微生物、农药残留、兽药残留、重金属、污染物质以及其他危害人体健康物质的限量规定;

（2）食品添加剂的品种、使用范围、用量；

（3）专供婴幼儿和其他特定人群的主辅食品的营养成分要求；

（4）对与食品安全、营养有关的标签、标识、说明书的要求；

（5）食品生产经营过程的卫生要求；

（6）与食品安全有关的质量要求；

（7）食品检验方法与规程；

（8）其他需要制定为食品安全标准的内容。

食品安全国家标准由国务院卫生行政部门负责制定、公布，国务院标准化行政部门提供国家标准编号。食品中农药残留、兽药残留的限量规定及其检验方法与规程由国务院卫生行政部门、国务院农业行政部门制定。屠宰畜、禽的检验规程由国务院有关主管部门会同国务院卫生行政部门制定。有关产品国家标准涉及食品安全国家标准规定内容的，应当与食品安全国家标准相一致。国务院卫生行政部门应当对现行的食用农产品质量安全标准、食品卫生标准、食品质量标准和有关食品的行业标准中强制执行的标准予以整合，统一公布为食品安全国家标准。

食品安全国家标准应当经食品安全国家标准审评委员会审查通过。食品安全国家标准审评委员会由医学、农业、食品、营养等方面的专家以及国务院有关部门的代表组成。制定食品安全国家标准，应当依据食品安全风险评估结果并充分考虑食用农产品质量安全风险评估结果，参照相关的国际标准和国际食品安全风险评估结果，并广泛听取食品生产经营者和消费者的意见。没有食品安全国家标准的，可以制定食品安全地方标准。

省、自治区、直辖市人民政府卫生行政部门组织制定食品安全地方标准，应当参照执行本法有关食品安全国家标准制定的规定，并报国务院卫生行政部门备案。企业生产的食品没有食品安全国家标准或者地方标准的，应当制定企业标准，作为组织生产的依据。国家鼓励食品生产企业制定严于食品安全国家标准或者地方标准的企业标准。企业标准应当报省级卫生行政部门备案，在本企业内部适用。食品安全标准应当供公众免费查阅。

（三）食品生产经营禁令

《食品安全法》第28条明文禁止生产经营下列食品：

（1）用非食品原料生产的食品或者添加食品添加剂以外的化学物质和其他可能危害人体健康物质的食品，或者用回收食品作为原料生产的食品；

（2）致病性微生物、农药残留、兽药残留、重金属、污染物质以及其他危害人体健康的物质含量超过食品安全标准限量的食品；

（3）营养成分不符合食品安全标准的专供婴幼儿和其他特定人群的主辅食品；

(4) 腐败变质、油脂酸败、霉变生虫、污秽不洁、混有异物、掺假掺杂或者感官性状异常的食品;

(5) 病死、毒死或者死因不明的禽、畜、兽、水产动物肉类及其制品;

(6) 未经动物卫生监督机构检疫或者检疫不合格的肉类,或者未经检验或者检验不合格的肉类制品;

(7) 被包装材料、容器、运输工具等污染的食品;

(8) 超过保质期的食品;

(9) 无标签的预包装食品;

(10) 国家为防病等特殊需要明令禁止生产经营的食品;

(11) 其他不符合食品安全标准或者要求的食品。

(四) 食品质量检验及召回制度

1. 食品检验机构与检验人负责制

《食品安全法》规定,食品检验机构按照国家有关认证认可的规定取得资质认定后,方可从事食品检验活动。食品检验由食品检验机构指定的检验人独立进行。检验人应当依照有关法律、法规的规定,并依照食品安全标准和检验规范对食品进行检验,尊重科学,恪守职业道德,保证出具的检验数据和结论客观、公正,不得出具虚假的检验报告。

食品安全监督管理部门对食品不得实施免检,县级以上质量监督、工商行政管理、食品药品监督管理部门应当对食品进行定期或者不定期的抽样检验。进行抽样检验,应当购买抽取的样品,不收取检验费和其他任何费用。食品生产经营企业可以自行对所生产的食品进行检验,也可以委托符合本法规定的食品检验机构进行检验。食品行业协会等组织、消费者需要委托食品检验机构对食品进行检验的,应当委托符合本法规定的食品检验机构进行。

2. 食品召回制度

食品生产者发现其生产的食品不符合食品安全标准,应当立即停止生产,召回已经上市销售的食品,通知相关生产经营者和消费者,并记录召回和通知情况。食品经营者发现其经营的食品不符合食品安全标准,应当立即停止经营,通知相关生产经营者和消费者,并记录停止经营和通知情况。

食品生产者认为应当召回的,应当立即召回。食品生产者应当对召回的食品采取补救、无害化处理、销毁等措施,并将食品召回和处理情况向县级以上质量监督部门报告。食品生产经营者未依照本条规定召回或者停止经营不符合食品安全标准的食品的,县级以上质量监督、工商行政管理、食品药品监督管理部门可以责令其召回或者停止经营。

(五) 食品宣传禁令

《食品安全法》规定,食品广告的内容应当真实合法,不得含有虚假、夸大的内容,具有特定保健功能的食品,在标签、说明书中不得涉及疾病预防、治疗功能。食品安全监督管理部门或者承担食品检验职责的机构、食品行业协会、消费者协会不得以广告或者其他形式向消费者推荐食品。社会团体或者其他组织、个人在虚假广告中向消费者推荐食品,使消费者的合法权益受到损害的,与食品生产经营者承担连带责任。

二、药品质量监管制度

药品,是指用于预防、治疗、诊断人的疾病,有目的地调节人的生理机能并规定有适应症或者功能主治、用法和用量的物质,包括中药材、中药饮片、中成药、化学原料药及其制剂、抗生素、生化药品、放射性药品、血清、疫苗、血液制品和诊断药品等。为保证药品质量,保障人体用药安全,维护人民身体健康和用药的合法权益,2013年修订的《药品管理法》规定,在中华人民共和国境内从事药品的研制、生产、经营、使用和监督管理的单位或个人,必须遵守该法。

(一)药品生产及经营企业管理

药品生产企业,是指生产药品的专营企业或者兼营企业。药品经营企业,是指经营药品的专营企业或者兼营企业。

《药品管理法》规定,开办药品生产企业,必须具备以下条件:(1) 具有依法经过资格认定的药学技术人员、工程技术人员及相应的技术工人;(2) 具有与其药品生产相适应的厂房、设施和卫生环境;(3) 具有能对所生产药品进行质量管理和质量检验的机构、人员以及必要的仪器设备;(4) 具有保证药品质量的规章制度。经企业所在地省、自治区、直辖市人民政府药品监督管理部门批准并发给《药品生产许可证》后,方可生产经营。开办药品零售企业,须经企业所在地县级以上地方药品监督管理部门批准并发给《药品经营许可证》,凭《药品经营许可证》到工商行政管理部门办理登记注册。《药品经营许可证》应当标明有效期和经营范围,到期重新审查发证。药品监督管理部门批准开办药品经营企业,除依据上述规定的条件外,还应当符合《药品经营质量管理规范》的要求,获得药品监督管理部门的认证,并遵循合理布局和方便群众购药的原则。

(二)假药、劣药的认定

为了注重制造过程中产品质量与卫生安全的自主性管理制度,我国对制药行业的管理实行"GMP"(Good Manufacturing Practice,意思为"优良制造标准")强制性认证标准,要求企业从原料、人员、设施设备、生产过程、包装运输、质量控制等方面按国家有关法规达到卫生质量要求,形成一套可操作的作业规范帮助企业改善企业卫生环境,及时发现生产过程中存在的问题,加以改善,同时禁止假药和劣药的生产与销售。

《药品管理法》第48条规定,禁止生产(包括配制)、销售假药。有下列情形之一的,为假药:(1)药品所含成分与国家药品标准规定的成分不符的;(2)以非药品冒充药品或者以他种药品冒充此种药品的。

有下列情形之一的药品,按假药论处:(1)国务院药品监督管理部门规定禁止使用的;(2)依照本法必须批准而未经批准生产、进口,或者依照本法必须检验而未经检验即销售的;(3)变质的;(4)被污染的;(5)使用依照本法必须取得批准文号而未取得批准文号的原料药生产的;(6)所标明的适应症或者功能主治超出规定范围的。

《药品管理法》第49条规定,禁止生产、销售劣药。药品成分的含量不符合国家药品标准的,为劣药。有下列情形之一的药品,按劣药论处:(1)未标明有效期或者更改有效期的;(2)不注明或者更改生产批号的;(3)超过有效期的;(4)直接接触药品的包装材料和容器未经批准的;(5)擅自添加着色剂、防腐剂、香料、矫味剂及辅料的;(6)其他不符合药品标准规定的。

(三) 药品价格和广告的管理

1. 价格管理

《药品管理法》要求对药品依法实行政府定价、政府指导价的药品,政府价格主管部门应当依照《价格法》规定的定价原则,依据社会平均成本、市场供求状况和社会承受能力合理制定和调整价格,做到质价相符,消除虚高价格,保护用药者的正当利益。

药品的生产企业、经营企业和医疗机构必须执行政府定价、政府指导价,不得以任何形式擅自提高价格。药品生产企业应当依法向政府价格主管部门如实提供药品的生产经营成本,不得拒报、虚报、瞒报。依法实行市场调节价的药品,药品的生产企业、经营企业和医疗机构应当按照公平、合理和诚实信用、质价相符的原则制定价格,为用药者提供价格合理的药品。药品的生产企业、经营企业和医疗机构应当遵守国务院价格主管部门关于药价管理的规定,制定和标明药品零售价格,禁止暴利和损害用药者利益的价格欺诈行为。

《药品管理法》第57条规定,药品的生产企业、经营企业、医疗机构应当依法向政府价格主管部门提供其药品的实际购销价格和购销数量等资料。第58条规定,医疗机构应当向患者提供所用药品的价格清单;医疗保险定点医疗机构还应当按照规定的办法如实公布其常用药品的价格,加强合理用药的管理。具体办法由国务院卫生行政部门规定。

为追究相关人的责任,第59条规定,禁止药品的生产企业、经营企业和医疗机构在药品购销中帐外暗中给予、收受回扣或者其他利益。禁止药品的生产企业、经营企业或者其代理人以任何名义给予使用其药品的医疗机构的负责人、药品采购人员、医师等有关人员以财物或者其他利益。禁止医疗机构的负责人、药品采购人员、医师等有关人员以任何名义收受药品的生产企业、经营企业或者其代理人给予的财物或者其他利益。

2. 广告管理

药品广告须经企业所在地省、自治区、直辖市人民政府药品监督管理部门批准,并发给药品广告批准文号;未取得药品广告批准文号的,不得发布。处方药可以在国务院卫生行政部门和国务院药品监督管理部门共同指定的医学、药学专业刊物上介绍,但不得在大众传播媒介发布广告或者以其他方式进行以公众为对象的广告宣传。

药品广告的内容必须真实、合法,以国务院药品监督管理部门批准的说明书为准,不得含有虚假的内容,不得含有不科学的表示功效的断言或者保证;不得利用国家机关、医药科研单位、学术机构或者专家、学者、医师、患者的名义和形象作证明。非药品广告不得有涉及药品的宣传。

三、商品质量认证认可制度

国家参照国际先进的产品标准和技术要求,推行企业质量体系认证制度。企业根据自愿原则可以向国务院产品质量监督部门认可的或者国务院产品质量监督部门授权的部门认可的认证机构申请企业质量体系认证。经认证合格的,由认证机构颁发企业质量体系认证证书,准许企业在产品或者其包装上使用产品质量认证标志。

《认证认可条例》规定,国家根据经济和社会发展的需要,推行产品、服务、管理体系认证。为搞好认证工作,必须进行认可。认证,是指由认证机构证明产品、服务、管理体系符合相关技术规范、相关技术规范的强制性要求或者标准的合格评定活动。认可,是指由认可机构对认证机构、检查机构、实验室以及从事评审、审核等认证活动人员的能力和执业资格,予以承认的合格评定活动。目前,在认证活动方面,包括多种形式,主要有:

(一) 企业质量体系认证

这是指认证机构根据企业申请,对企业的产品质量保证能力和质量管理水平进行综合性评审,并对合格者颁发认证证书的活动。依规定,我国企业质量体系认证的依据是国际通用的质量管理标准,即国际标准化组织(ISO)推荐各国采用的 ISO9000《质量管理和质量保证》系列标准。企业根据自愿原则向认证机构申请企业质量体系认证。经认证合格的,由认证机构颁发企业质量体系认证证书。经过质量体系认证的企业,在申请生产许可证、产品质量认证及其他质量认证时,可免于质量体系审查。

(二) (单一)产品质量认证

产品质量认证是指依据产品标准和相应的技术要求,经认证机构确认并通过颁发认证证书和认证标志,来证明某一产品符合相应标准和技术要求的活动。

依规定,我国参照国际先进的产品标准和技术要求,推行产品质量认证。企业根据自愿原则向认证机构申请产品质量认证。经认证合格的,由认证机构颁发产品质量认证证书,准许企业在产品或其包装上使用产品质量认证标志。我国目前批准发布的产品质量认证标志主要有方圆标志(分合格认证标志和安全认证标志)、长城标志(为电工产品专用)、PRC 标志(为电子元器件专用)等。

(三) 3C 认证

3C 认证/CCC 认证,即"中国强制认证"(全称"中国国家强制性产品认证"),其英文名称为 China Compulsory Certification,缩写为 CCC。3C 认证,是按照世贸有关协议和国际通行规则,国家依法对涉及人类健康安全、动植物生命安全和健康,以及环境保护和公共安全的产品实行统一的强制性产品认证制度。

3C 认证的标志为"CCC",是国家认证认可监督管理委员会根据《强制性产品认证管理规定》(国家质量监督检验检疫总局令第 5 号)制定的,CCC 标志实施以后,逐步取代了原进口商品安全质量许可标志(CCIB 标志)和原电工产品安全认证标志(长城标志)。"CCC"认证标志分为四类,分别为:(1) CCC + S 安全认证标志;(2) CCC + EMC 电磁兼容类认证标志;(3) CCC + S&E 安全与电磁兼容认证标志;(4) CCC + F 消防认证标志。

针对现实中存在的问题,2009 年 5 月 26 日经国家质检总局局务会议审议通过了《强制性产品认证管理规定》,并自 2009 年 9 月 1 日起施行。内容更加严谨,责任更加明确,处罚措施更加严厉、具体。

(1) 认证机构应当通过现场产品检测或者检查、市场产品抽样检测或者检查、质量保证能力检查等方式,对获证产品及其生产企业实施分类管理和有效的跟踪检查,控制并验证获证产品与型式试验样品的一致性、生产企业的质量保证能力持续符合认证要求。

(2) 强制性产品认证的有效期为 5 年。认证机构应当根据其对获证产品及其生产企业的跟踪检查的情况,在认证证书上注明年度检查有效状态的查询网址和电话。认证证书有效期届满,需要延续使用的,认证委托人应当在认证证书有效期届满前 90 天内申请办理。

(3) 获证产品及其销售包装上标注认证证书所含内容的,应当与认证证书的内容相一致,并符合国家有关产品标识标注管理规定。

(4) 列入目录产品的生产者、销售商发现其生产、销售的产品存在安全隐患,可能对人体健康和生命安全造成损害的,应当向社会公布有关信息,主动采取召回产品等救济措施,并依照有关规定向相关监督管理部门报告。列入目录产品的生产者、销售商未履行前述义务的,国家质检总局应当启动产品召回程序,责令生产者召回产品,销售者停止销售产品。

(5) 伪造、变造、出租、出借、冒用、买卖或者转让认证证书的,由地方质检两局责令其改正,处 3 万元罚款。

四、产品质量监督检查制度

产品质量应当经检验机构检验合格,未经检验的产品视为不合格产品。检验机构必须具备相应的检测条件和能力,并经有关部门考核合格后,方可承担检验工作。

(一)产品质量标准(化)制度

我国现行的标准形式分国家用标准、行业标准、地方标准和企业标准,其中前二者又分为强制性标准和推荐性标准。

凡有关保障人体健康和人身财产安全的标准和法律、法规规定强制执行的标准为强制性标准,其他标准为推荐性标准。强制性标准必须执行,不符合强制性标准的产品,禁止生产、销售和进口;推荐性标准,国家鼓励企业自愿采用。《产品质量法》第 13 条规定:可能危及人体健康和人身、财产安全的工业产品,必须符合保障人体健康,人身、财产安全的国家标准、行业标准;未制定国家标准、行业标准的,必须符合保障人体健康,人身、财产安全的要求。

(二)产品质量抽查制度

国家对产品质量实行以抽查为主要方式的监督检查制度,对可能危及人体健康和人身、财产安全的产品,影响国计民生的重要工业产品以及用户、消费者、有关组织反映有质量问题的产品进行抽查。

监督抽查工作由国务院产品质量监督管理部门规划和组织。县级以上地方人民政府管理产品质量监督工作的部门在本行政区域内也可以组织监督抽查,但是要防止重复抽查。产品质量抽查的结果应当公布。

(三)产品质量社会监督制度

依规定,用户、消费者有权就产品质量问题,向产品的生产者、销售者查询;向产品质量监督管理部门、工商行政管理部门及有关部门申诉,有关部门应当负责处理。保护消费者权益的社会组织可以就消费者反映的产品质量问题建议有关部门负责处理,支持消费者对因产品质量造成的损害向人民法院起诉。社会舆论单位也对产品质量具有监督作用。

除上述以外,其他法律、法规也还规定了产品计量制度、生产许可证制度、进出口商品质量许可证制度、商品检疫制度、缺陷产品召回制度等。

第三节 产品质量义务

《产品质量法》规定了经营者(包括生产者、销售者)的产品质量义务。产品质量义务是指产品生产者、销售者应为一定行为,以保证产品质量,包括作为的义务和不作为的义务。立法对生产者、销售者分别作出了规定。

一、生产者的产品质量义务

（一）内在质量义务

生产者应当保证所生产产品的内在质量符合法定要求。包括：

（1）保证不存在产品缺陷。即产品不存在危及人身、财产安全的不合理的危险,有保障人体健康、人身、财产安全的国家标准、行业标准的,应当符合该标准；

（2）具备产品应当具备的使用性能,但是,对产品存在使用性能的瑕疵作出说明的除外；

（3）符合在产品或者其包装上注明采用的产品标准,符合以产品说明、实物样品等方式表明的质量状况。

生产者对其产品的质量要负担保责任,包括明示担保和默示担保。明示担保是指其产品应符合在产品或其包装上注明采用的产品标准,符合以产品说明、实物样品等方式表明的质量状况。默示担保是指产品具备应当具备的使用性能（但对产品存在使用性能的瑕疵作出说明的除外）。

（二）标识义务

生产者应当附加产品标识,并且标识要符合法定要求。依规定,除裸装的食品和其他根据产品的特点难以附加标识的裸装产品可以不附加产品标识外,其他任何产品均要在产品或其包装上附加标识,并且标识应当符合下列要求:有产品质量检验合格证明；有中文标明的产品名称、生产厂厂名和厂址；根据产品的特点和使用要求,需要标明产品规格、等级、所含主要成分的名称和含量的,相应予以标明；限期使用的产品,标明生产日期和安全使用期或失效日期；使用不当,容易造成产品本身损坏或可能危及人身、财产安全的产品,要有警示标志或中文警示说明。

（三）包装义务

产品包装应当符合要求。依相关规定,剧毒、危险、易碎、储运中不能倒置以及有其他特殊要求的产品的包装必须符合相应要求,要有警示标志或用中文警示说明标明储运注意事项。

（四）不作为义务

生产者不得实施以下行为,包括:不得生产国家明令淘汰的产品；不得伪造产地,不得伪造或冒用他人的厂名、厂址；不得伪造或冒用认证标志、名优标志等质量标志；生产产品,不得掺杂、掺假,不得以假充真、以次充好,不得以不合格产品冒充合格产品。

二、销售者的产品质量义务

（1）进货检查验收义务。销售者应当执行进货检查验收制度，验明产品合格证明和其他标识。

（2）质量保证义务。销售者应当采取措施，保持销售产品的质量。

（3）标识义务。销售者销售的产品应当附有标识，并符合法定要求。这与生产者的该项产品质量义务相同。

（4）不作为义务。包括：不得销售失效、变质的产品；不得伪造产地，不得伪造或冒用他人的厂名、厂址；不得伪造或冒用认证标志、名优标志等质量标志；销售产品，不得掺杂、掺假，不得以假充真、以次充好，不得以不合格产品冒充合格产品。

第四节　产品质量法律责任

产品质量法律责任，是指生产者、销售者以及对产品质量负有直接责任的人违反产品质量义务所应承担的法律后果，包括民事责任、行政责任和刑事责任，体现了综合责任的特点。

一、产品质量民事责任

最初的产品质量民事责任形态是基于合同的责任，随着商品生产规模的发展，产品的安全性被视为默示担保，并将其责任扩大到生产销售链条上的所有有关人员，于是产品责任被逐步发展为侵权责任，归责原则也在过错原则和无过错原则之间，确定为具有经济法性质的严格责任。

严格责任不以债务人的过错为承担责任的要件，而是以是否违反法律规定或合同的约定为依据。合同的瑕疵担保责任具有概括性，而法律规定责任的主要依据是产品存在缺陷，缺陷的本质含义是不具有公众期待的合理的安全性。缺陷与瑕疵的区别在于：第一，观念基础不同。缺陷以产品存在的危险为前提条件，瑕疵则因产品质量不合法定或约定标准而产生。第二，瑕疵产品因不一定具有对人身财产安全的危险，因而可能不存在产品缺陷，而缺陷产品也可能无瑕疵，属于合格产品。所以，瑕疵是合同责任依据，缺陷是承担侵权责任的客观基础。

（一）产品合同责任

产品合同责任是指销售者提供的产品违反合同约定，致使用户、消费者造成财产损害所应承担的民事责任。

1. 责任条件

《产品质量法》第 41 条规定,售出的产品有下列情形之一的,销售者应当负责修理、更换、退货;给购买产品的消费者造成损失的,销售者应当赔偿损失:

(1) 不具备产品应当具备的使用性能而事先未作说明的;

(2) 不符合在产品或其包装上注明采用的产品标准的;

(3) 不符合以产品说明、实物样品等方式表明的质量状况的。

2. 责任主体

产品合同责任的主体是销售者,因为销售者是合同的当事人。即使责任属于生产者或向销售者提供产品的供货者,销售者也应先向用户、消费者承担责任,然后再向生产者、供货者追偿。但是,销售者与生产者、供货者订立合同时,就产品瑕疵责任承担另有约定的,应按合同约定执行。

3. 责任形式

民事责任形式包括:(1) 销售者负责修理、更换、退货;(2) 给购买产品的用户、消费者造成损失的,销售者应当赔偿损失。

(二) 产品侵权责任

也称产品责任,是指生产者、销售者因产品存在缺陷而造成他人人身、缺陷产品以外的其他财产(即他人财产)损害时所应承担的赔偿责任。

1. 责任构成要件

(1) 产品存在缺陷。缺陷的存在是产品责任产生的基础,指产品存在危及人身、他人财产安全的不合理的危险;产品有保障人体健康,人身、财产安全的国家标准、行业标准的,是指不符合该标准。

产品缺陷有设计缺陷、制造缺陷、指示缺陷、发展缺陷四种形态,其中发展缺陷是构成抗辩或者法定的免责事由。所谓发展缺陷是指产品在投入流通时的科学技术水平无法发现而后来又被证明确实存在的缺陷,即科学上不能发现的缺陷。设计缺陷是指产品在制造时就已存在造成消费者损害的可能性,且损害的严重性超过了制造者为设计能够防止这类损害的产品所承受的负担。制造缺陷是指产品脱离制造者进入交易时,在一些重要方面的性能不符合设计说明或性能标准,或不同于同一生产线上生产出来的同种产品。指示缺陷是指产品制造时已经存在造成消费者遭受损害的严重性,对此,制造者应给予适当警告或指示而在产品的说明书或标识上未给予适当警告或指示,致使产品存在不合理的危险性。

(2) 产品缺陷在销售时已经存在。

(3) 损害事实存在,即因产品存在缺陷已经给他人(包括用户或消费者和相关第三方)人身、财产造成损害。

(4) 产品缺陷与损害事实之间有因果关系。

2. 责任主体

涉及产品的生产者和销售者，为了便利消费者索赔，法律明确规定了产品责任代偿制。依法律规定，因产品存在缺陷造成他人人身、财产损害的，受害人可以向生产者要求赔偿，也可以向销售者要求赔偿。生产者和销售者应当承担连带责任，无论谁接到受害人的请求，都有义务先行赔偿，然后再依责任由其中一方向另一方追偿，即责任属于生产者，而销售者赔偿的，销售者有权向生产者追偿；责任属于销售者，而生产者赔偿的，生产者有权向销售者追偿。

3. 归责原则

《产品质量法》对生产者和销售者分别实行不同的归责原则。对生产者立足于公平责任，追求严格责任原则，实行举证责任倒置，加重厂商证明责任。按照严格责任原则，只要因产品缺陷给他人造成了人身、财产损害，生产者不管有无过错都应承担赔偿责任，除非生产者证明缺陷为发展缺陷，而非设计、制造和警示方面的过失，方可以免责。总之，生产者能够证明有下列情形之一的，不承担赔偿责任：

（1）未将产品投入流通的；

（2）产品投入流通时，引起损害的缺陷尚不存在的；

（3）将产品投入流通时的科学技术水平尚不能发现缺陷的存在的。

对销售者适用过错责任原则，即由于销售者的过错使产品存在缺陷，造成他人人身、财产损害的，销售者才承担赔偿责任。但是，销售者不能指明缺陷产品的生产者，也不能指明缺陷产品的供货者的，销售者应当承担赔偿责任。

4. 损害赔偿范围

《产品质量法》对产品责任的范围与方式，实行财产损失、人身损害赔偿的统一，并加重厂商赔偿责任。因产品存在缺陷造成受害人人身伤害的，侵害人应当赔偿医疗费、因误工减少的收入、残废者生活补助费等费用；造成受害人死亡的，还应当支付丧葬费、抚恤费、死者生前抚养的人必要的生活费等费用。因产品存在缺陷造成受害人财产损失的，侵害人应当恢复原状或折价赔偿；受害人因此遭受其他重大损失的，侵害人应当赔偿损失。

5. 诉讼时效

因产品存在缺陷造成损害要求赔偿的诉讼时效期间为 2 年，自当事人知道或应当知道其权益受到损害时起计算。因产品存在缺陷造成损害要求赔偿的请求权，在造成损害的缺陷产品交付最初用户、消费者满 10 年丧失，但是尚未超过明示的安全使用期的除外。

另外，因产品质量发生民事纠纷时，当事人可以通过协商或调解解决。当事人不愿通过协商、调解解决或协商、调解不成的，可以根据当事人各方的协议向仲裁机构申请仲裁；当事人各方没有达成仲裁协议的，可以向人民法院起诉。

二、产品质量行政责任

生产者、销售者违反产品质量义务,不仅可能承担民事责任,还要承担行政责任。行政责任主要有责令改正、责令停止生产(或销售)、没收违法生产(销售)的产品、没收违法所得、罚款、吊销营业执照等形式。依规定,生产者、销售者承担行政责任,主要发生在以下情形下:

(1) 生产(销售)不符合保障人体健康,人身、财产安全的国家标准、行业标准的产品;

(2) 在产品中掺杂、掺假,以假充真,以次充好,或以不合格产品冒充合格产品;

(3) 生产国家明令淘汰的产品;

(4) 销售失效、变质产品;

(5) 伪造产品的产地,伪造或冒用质量标志和他人厂名、厂址;

(6) 产品标识不符合规定;

(7) 伪造检验数据或检验结论;

(8) 销售者未按照规定承担产品合同责任,给予修理、更换、退货或赔偿损失。

吊销营业执照的行政处罚由工商行政管理部门决定,其他行政处罚由管理产品质量监督工作的部门或工商行政管理部门按照国务院规定的职权范围决定。当事人对行政处罚决定不服的,可以在接到处罚通知之日起15日内向作出处罚决定的机关的上一级机关申请复议,也可以在上述期间内直接向人民法院起诉。当事人逾期不申请复议也不向法院起诉,又不履行处罚决定的,作出处罚决定的机关可以申请法院强制执行。

三、产品质量刑事责任

生产者、销售者违反产品质量义务,情节严重,构成犯罪的,要承担刑事责任。对此,《产品质量法》和《刑法》都作出了规定,《刑法》在第140—150条专门规定了生产、销售伪劣商品罪及其刑事责任。主要涉及以下方面:

(1) 在产品中掺杂、掺假,以假充真,以次充好,或以不合格产品冒充合格产品,销售金额在5万元以上;

(2) 生产、销售假药,足以严重危害人体健康,生产、销售劣药,对人体健康造成严重危害;

(3) 生产、销售不符合卫生标准的食品,足以造成严重食物中毒事故或其他严重食源性疾患;

(4) 在生产、销售的食品中掺入有毒、有害的非食品原料,或者销售明知掺

有有毒、有害的非食品原料的食品;

(5) 生产、销售不符合保障人体健康和保障人身、财产安全的国家标准、行业标准的医疗器械、医用卫生材料、电器、压力容器、易燃易爆产品等,对人体健康造成严重危害或造成严重危害后果;

(6) 生产、销售假农药、假兽药、假化肥、假种子,使农业生产遭受较大损失;

(7) 生产、销售不符合卫生标准的化妆品,造成严重后果。

思 考 题

1. 产品质量法律制度有哪些特点?
2. 简述经营者的产品质量义务。
3. 简述产品侵权责任构成及归责原则。

实战案例

1. 肯德基早在2010年和2011年的自检中,就得知鸡肉原料的抗生素含量超标。其自检是委托一家上海的第三方检测所进行的,而这批原料正来自此次被爆出使用大量抗生素、激素生产"速生鸡"的山东六和集团。检出抗生素超标后,肯德基并未立刻终止与山东六和集团的原料供应合同。而是在2012年8月才将其清除出供应商名单。然而,在肯德基12月18日公布的声明中,却将此情节模糊地称为"汰弱留强",向公众隐瞒了自检结果。上海市食安办介入检测取证后,肯德基声称"今年8月起肯德基已停止向前供应商六和集团采购鸡肉原料"。但声明并没有提及肯德基此前进行鸡肉原料抽查时,即已得知来自六和的原料存在抗生素超标的重要事实。问:该事件应如何正确处理?

2. 2000年7月7日,王某用新买来的高压气筒给自行车打气,打了几下之后,高压气筒的强推力将气筒的拉杆和活塞弹出,手柄和拉杆脱节,击向王某脸部,王某顿时血流满面,瘫倒在地,家人立即将其送往医院。虽经医生竭力救治,王某右眼仍几近失明,左眼视力降到0.01,并伴有轻度脑震荡。其家人遂将生产厂家起诉至法院,要求销售者赔偿经济损失8万元。问:本案中的产品存在产品缺陷还是产品瑕疵?产品缺陷与产品瑕疵有何不同?

参考文献

漆多俊主编:《经济法学》,武汉大学出版社2004年版。

杨紫烜主编:《经济法》(第五版),北京大学出版社、高等教育出版社2014年版。

李昌麒主编:《经济法学》,中国政法大学出版社1999年版。

刘建民主编:《经济法律概论》,立信会计出版社2001年版。

第九章 财政法律制度

内容提要

本章在对财政法律制度的基本概念,如财政、财政法等予以介绍的基础上,对财政法的框架及各种主要法律制度分别进行了介绍和说明。本章由五节构成:第一节是对财政法律制度的概述,主要就财政法基本概念、地位和内容体系作概括性的介绍,为分析具体的财政法律制度作好理论铺垫。第二节是对财政法中的预算法律制度的介绍,主要包括预算和预算法的概念;预算管理职权和法定预算收支范围;预算编制的原则和程序;预算审查和批准;预算的执行和调整;决算;法律监督;违法责任八个方面。第三节是对政府采购法律制度的介绍,主要包括政府采购的概念、特点和作用;政府采购的模式;政府采购法的历史变迁;政府采购法的概念和原则;政府采购的方法和程序五方面内容。第四节是对财政转移支付制度的介绍,主要内容包括六点:财政转移支付和转移支付法概述;财政转移支付法的主体;财政转移支付的形式;财政转移支付的条件和数额;财政转移支付的方式;财政转移支付的监管。第五节是财政信用制度,主要就国债和国债法的概念、国债的发行、国债转让作了介绍。

第一节 财政法律制度概述

一、财政概述

财政是一种经济行为或经济现象,这种经济行为或经济现象的主体是国家或政府。其内容实质就是国家或政府为了实现其职能,凭借政治权力参与部分社会产品和国民收入的分配与再分配活动,或者说,财政是国家或政府从事资源配置和收入分配的收支活动,国家或政府通过收支活动调节社会总需求与社会总供给并使它们协调,达到优化资源配置、公平分配以及经济稳定和发展的目标。它具有阶级性与公共性、强制性与无直接偿还性、收入与支出的对称性(或平衡性)①三个特征。它是保证国家机器正常运转的重要工具,是调节社会经济运行的重要的经济杠杆。

财政关系是国家在财政收支活动中(或国民收入的分配与再分配中)所形成的一种特殊分配关系。这种分配关系的特殊性在于,国家始终是作为关系主体中主导的一方。在我国财政关系主要包括:国家与国有企业,国家与集体经济组织,国家与私营企业、外资企业等其他一些非公有制企业,国家与个人之间以及中央与地方政府、地方各级政府之间诸种财政分配关系和财政组织管理关系。财政体制、国家预算、税收、利润上缴等,则是这些财政关系的外在表现形式。

财政主要有以下三种职能:(1)收入分配的职能。这是财政活动的最基本职能,国家或政府正是通过财政的收支管理活动,调节着国家、企业、居民之间的物质利益关系。(2)资源配置的职能。国家或政府就是通过资源的分配,引导人力、物力向设定的目标流动,从而实现资源的优化配置。这一职能的主要实现手段是税收、预算支出、发行国债、转移支付等。(3)公平保障的职能。主要在再分配过程中,国家或政府凭借国家权力而对社会资源的初次分配过程中形成的社会不公加以强力矫正,以实现社会公正。

二、财政法的概念

财政作为保障国家机器运行的重要工具,从产生起就是在一定的国家财政政策、法律的规范下进行的,特别在现今的法治社会,财政法律制度成为财政活动得以正常合理运转的基础保障。财政法律制度的核心是财政法。

财政法,是指调整国家在财政分配和财政管理活动中,即国家在资金的筹集、运用、管理、监督等活动中形成的财政关系的法律规范的总称,它是国家实现其财政经济职能和社会公共职能的重要工具。财政法作为社会上层建筑的重要组成部分,其性质取决于国家制度和国家社会经济体制的根本属性。我国的财政法是建立在社会主义市场经济基础之上的,因而是反映社会主义市场经济的财政分配关系和要求的法律形式,其目的就是把我国市场经济发展中的财政关系纳入财政法的调整范围,以充分发挥财政在社会主义市场经济建设中的作用。

三、财政法的作用

我国财政法在促进社会主义市场经济基础的形成、巩固和发展,加强国家宏观调控,保障社会主义现代化建设顺利进行,维护国家主权与社会整体经济利益等方面,都发挥着十分重要的作用。具体讲,我国财政法的作用主要表现在以下几点:

---

① 参见陈共主编:《财政学》,中国人民大学出版社1999年版,第26—30页。

(1) 财政法是国家宏观控制的重要手段。随着经济体制从计划经济向市场经济转轨的深入,国家对社会经济的宏观调控,正由以行政手段为主的直接控制,逐步转为以经济手段、法律手段为主的间接调控。财政法在间接调控方面,有其自身的优势。它不仅在调控范围上具有广泛性,而且具有鲜明的导向性。国家的一切经济方针政策,几乎都可以在财政法中得以体现和贯彻,并通过财政法加速实现。特别是在保持社会总需求与总供给的平衡以及经济运行的协调方面,财政法更是有决定性意义。

(2) 财政法促使国家财政收支行为规范化。为了发展社会主义市场经济,不断提高人民的物质和文化生活水平,国家必须合理组织财政收支活动。国家预算、税收、发行国债、国有资产管理等财政行为日益复杂与广泛,仅仅依靠政策、行政和经济手段已不能有效地调整好财政关系。依法理财是现代法治国家的必然要求。在经济体制改革过程中存在着许多财政利益分配的矛盾,这些矛盾如果处理不好,就会不利于社会主义市场经济的发展。财政法对国家组织财政收入时哪些单位和个人应当缴纳和缴纳多少,对国家组织财政支出时分配给谁,分配多少,以及相应的法律责任等问题,都作出了明确规定。作为规范财政行为的法律依据,财政法要求一切财政收支活动都必须依法进行,违者将要受到法律的制裁。这样就可以较好地解决财政关系中的矛盾,使国家财政收支行为规范化,从而促进财政活动的顺利进行。

(3) 财政法是促进对外经济技术交流、发展对外经济关系的有效工具。吸引外资需要有一个良好的投资环境,而投资环境中的一个重要因素就是有一套能够保护外资利益的法律。我国财政法不仅确认外商的合法权益受法律保护,而且在外商投资收益的分配上给外商以更多的实惠,从而有利于吸收外资,引进外国先进技术,发展对外经济交往,加速我国经济发展的进程。

(4) 财政法是经济体制改革顺利进行的法律保证。在经济体制改革的过程中,财政法一方面明确对有利于经济发展的各项改革措施给予大力的支持,对不利于改革的现象和社会关系实行限制,从而为改革的健康发展铺平道路;另一方面对经济体制改革的成果予以确认,并把有利于加快社会主义现代化建设的新型财政关系以法律的形式固定下来,使之成为人们普遍遵守的行为规范,反过来又进一步推动了改革成功地向前发展。

关于财政法的属性问题,无论在国外还是在国内,法学界都存在重大意见分歧。行政法学者从财政机关属于行政机关,财政法规许多源于中央财政机关所制定的规范性文件这一现象出发,认为财政法属于行政法体系中的一个主要分支。经济法学界从财政法的社会经济功能出发,普遍认为,财政法是经济法体系的重要组成部分。在现代社会,特别在社会主义市场经济体制下,财政的功能已经由为政府维持日常社会事务运作筹集资金转化为宏观经济调控,因此在现代市场经济的法律体系中,财政法与其他法律部门相比,更具有经济性、社会公共性和宏观调控的性质,可以说财政法是对社会主义市场经济进行宏观调控的最重要的法律手段,它和计划法、金融法、对外贸易法一样是经济法体系的主要组成部分。

四、财政法的基本内容和体系

财政法作为经济法体系中的重要组成部分,其基本内容一般包括以下几个方面:

(1)财政法总则。除了对财政法的宗旨、任务、基本原则和适用范围予以规定外,总则还要对财政法主体的法律地位、财政管理体制等予以规定。它是参与财政法律关系的各类主体的最基本的行为准则。

(2)预算法。预算反映国家的基本财政分配关系。预算法在整个财政法体系中处于关键地位,是调整基本财政分配关系的法律准则。它不仅要规定国家预算的原则、体制、管理职权、预算收支范围、预算编制、预算执行和监督、预算调整,还要规定决算等内容。

(3)政府采购法。政府采购法是指调整政府采购活动中发生的社会关系的法律规范的总称。它是政府采购活动有效运行的法律基础。一般来说,政府采购制度是以《政府采购法》的形式来体现的,它包括采购活动、采购管理和处理采购纠纷的程序等规定。政府采购法是节约和有效使用财政资金的重要法律手段,是财政法体系的组成部分。

(4)财政转移支付法。财政转移支付,一般表现为中央政府或地方政府将部分财政收入无偿地让渡给下级政府、企业和居民时所发生的财政支出。财政转移支付起因于财政失衡。过度的财政失衡会带来严重的经济、社会和政治问题。为此,需要通过财政转移支付来解决财政失衡问题。财政转移支付法是保障政府实施财政转移支付手段的法律形式,是财政法的重要内容之一。

(5)国债法。国债的发行和国债市场的建立与发展,需要经济手段和法律调整手段的有机结合、相互协调与共同作用,国债法是国家调整国债关系、管理国债市场的主要法律形式。当代各国大都制定了国债法。所谓国债法,是指调整国家在借款和发行、使用、兑付、流通政府债券过程中发生的社会关系的法律规范的总称。它是财政法的重要内容,属于财政法体系的组成部分。

(6)税法。税收是国家财政收入的主要来源。税法调整税收关系,是财政法的重要组成部分。税法不仅要规定税收的原则、税收管理体制、各类具体税种的实体内容,还要规定税收征收管理、违章处理等程序方面的内容。由于税法的复杂性及重要性,我们一般把它作为一个相对独立的子部门法而与财政法处于并列地位。因此,从狭义上来讲,财政法不包括税法。

（7）国有资产管理法。国家通过行使国有财产收益权，参与国有企业纯收入的分配，这是财政的基本职能之一，所以调整国有资产管理关系的国有资产管理法即为财政法的组成部分。国有资产管理法要规定国有资产管理的原则、管理体制、国有资产的范围和评估，还要规定国有财产所有者和经营者的权利和义务等内容。国有资产法由于其自身的特殊性，在狭义上一般也不被列入财政法中。

（8）财政监督法。财政监督法是调整国家对各类财政活动进行监督和制约过程中所产生的社会关系的法律规范的总称，是财政法的内容之一。财政监督法要规定财政监督机关的职权、监督的原则和方法、财政监督程序等内容。

上述八个方面的内容在财政法基本原则的指导下，构成我国社会主义财政法的有机体系。鉴于税法和国有资产管理法的重要性、特殊性，它们将独立成章被阐述。因此，本章内容就主要由预算法、政府采购法、财政转移支付法、国债法构成。

第二节 财政预算法律制度

一、预算和预算法的概念

预算，是经法定程序批准的，国家各级人民政府和实行预算管理的各部门、各单位一定期间的财政或财务收支计划，包括国家预算和单位预算。国家预算，也就是政府的收支预算，一般由中央预算和地方预算组成；单位预算，是指实行预算管理的国家机关、社会团体、全民所有制事业单位的经费预算和全民所有制企业的财务收支计划与预算有关的部分。其中，国家预算是政府基本的财政收支计划，反映着政府活动的范围、方向和国家政策。同时，由于国家预算要经过国家权力机构的审批方才生效，因而它又是国家的重要立法文件，体现国家权力机关和全体公民对政府活动的制约与监督。

预算法是调整预算关系的法律规范的总称，是组织和管理国家预算的法律依据，是财政法的重要组成部分。所谓预算关系是指在国家预算收入、支出和进行预算管理过程中产生的经济关系。

为了使国家预算的组织和管理走向规范化，加强预算管理的民主和法制建设，早在1951年8月19日中央人民政府政务院就颁布了《预算决算暂行条例》，这是我国新中国成立后的第一个预算管理法规。随着改革的深入，经济体制的变化，1991年10月21日国务院发布了《国家预算管理条例》。这个条例反映了我国财政体制改革的成果。为了适应社会主义市场经济体制的发展和财政改革的需要，1994年3月22日第八届全国人民代表大会第二次会议通过了《预算法》,自 1995 年 1 月 1 日起实施。在中国经济规模已经跃升为世界第二的新时期,国家财政体系在促进经济增长的同时,还需要兼顾预测并调控经济波动、改善收入分配及预防和治理环境污染等,为此,以 1994 年改革为基础的财税体系就需要改革。党的十八届三中全会提出要建立现代财政制度,涉及政府规模、央地关系、收支结构等方方面面,于是,全国人大常委会 2014 年 8 月 31 日通过了修订的《预算法》,并规定于 2015 年 1 月 1 日实施。该法分 11 章,共 101 条,它全面规定了预算管理的基本内容。目前,《预算法》是国家组织预算收支、管理预算工作的主要法律依据,是我国规范预算活动的基本法。

预算法的制定,主要体现了以下指导思想:(1)强化预算的法律约束力,使预算收支真正成为法令性的刚性指标。(2)规范预算管理程序,明确预算管理职权。把预算的编制、审批、执行、调整和决算的编制、审批等纳入统一的法治轨道,克服那种权责不清、管理和监督不力的现象。(3)把加强预算管理与促进改革和发展经济紧密结合起来。(4)把法律的科学性和可行性结合起来。[1]

我国 2014 年修订的《预算法》在坚持以上指导思想的基础上,主要作了以下四方面的修订:第一,强化了人大对预算的监督和管理。第二,确立了全口径预算,明确了一般公共预算、政府性基金预算、国有资本经营预算、社会保险基金预算是什么、怎么编以及四者之间关系。第三,进一步提升一般转移支付比重,财政转移支付应当规范、公平、公开,以推进地区间基本公共服务均等化为主要目标,并建立健全转移支付定期评估和退出机制。还有,进一步明确上级政府在安排专项转移支付时,不得要求下级政府承担配套资金。第四,对地方债的管理"软的更软,硬的更硬"。

二、预算管理职权和法定预算收支范围

(一)预算管理职权

预算管理职权,即预算权,是指确定和支配国家预算的权利以及对于国家预算的编制、审查、批准、执行、调整、监督权利的总称。按照预算权主体的层次不同,可以将预算权分为中央预算权和地方预算权两类。中央预算权是指中央权力机关、中央行政机关和其他中央机关部门(含直属单位)享有的预算权。地方预算权是指地方各级权力机关、行政机关及其各部门预算单位享有的预算权。按权力主体的属性的不同,可以将预算权分为各级权力机关的预算管理职权、各级政府机关的预算管理职权和各级财政部门的预算管理职权。各级权力机关的预算管理职权主要有:(1)各级人民代表大会的预算管理职权,包括:审查权、批准权、变更撤销权。(2)各级人民代表大会常务委员会的预算管理职权,包括监

---

[1] 参见陈共主编:《财政学》,中国人民大学出版社 1999 年版,第 251 页。

督权、审批权、撤销权。(3) 各级人民代表大会财政经济委员会的职权：审查权。即对各级预算草案初步方案及上一年各级政府预算执行情况、预算调整初步方案和各级决算草案进行初步审查，提出初步审查意见。县级以上各级政府机关的预算管理职权是：(1) 编制权；(2) 报告权；(3) 执行权；(4) 决定权；(5) 监督权；(6) 变更撤销权。各级财政部门的预算管理职权包括：(1) 编制权；(2) 执行权；(3) 提案权；(4) 报告权。

（二）法定预算收支范围

预算收支范围与上述的预算管理职权密切相关，是国家财力在中央与地方之间进行分配的具体形式。划分预算收支范围是预算管理体制的重要内容。预算收支范围包括预算收入和预算支出。《预算法》第 27 条规定："一般公共预算收入包括各项税收收入、行政事业性收费收入、国有资源（资产）有偿使用收入、转移性收入和其他收入。一般公共预算支出按照其功能分类，包括一般公共服务支出，外交、公共安全、国防支出，农业、环境保护支出，教育、科技、文化、卫生、体育支出，社会保障及就业支出和其他支出。一般公共预算支出按照其经济性质分类，包括工资福利支出、商品和服务支出、资本性支出和其他支出。"我国《预算法》第 28 条规定："政府性基金预算、国有资本经营预算和社会保险基金预算的收支范围，按照法律、行政法规和国务院的规定执行。"

关于预算收支的种类及其支出，《预算法》第 29 条规定："中央预算与地方预算有关收入和支出项目的划分、地方向中央上解收入、中央对地方税收返还或者转移支付的具体办法，由国务院规定，报全国人民代表大会常务委员会备案。"关于预算收入的使用，《预算法》第 30 条规定："上级政府不得在预算之外调用下级政府预算的资金。下级政府不得挤占或者截留属于上级政府预算的资金。"

三、预算编制的原则和程序

预算编制，是指各级政府、各部门、各预算单位制订筹集和分配预算资金年度计划的预算活动，是预算法必须规范的主要内容。它是一种基础性的程序。在这一阶段编制的预算，实际上是预算草案，因而还不是具有法律效力的国家预算。为了保证预算的编制科学，预算编制除必须进行大量的调查研究外，还应当遵守国家编制预算的原则，按照编制办法和程序进行。对此，我国《预算法》作出了明确的规定。

（一）预算编制的原则

按照《预算法》的规定，在预算编制活动中各类预算主体必须遵循以下原则：(1) 量入为出、收支平衡的原则。这体现在《预算法》第 35 条。(2) 应与经济社会发展水平相适应，与财政政策相衔接。这体现在《预算法》第 36 条第 1

款中。(3)真实性原则。这体现在《预算法》第36条第2款中。(4)应当贯彻厉行节约、勤俭建国的方针。这体现在《预算法》第37条第2款中。(5)应当统筹兼顾、确保重点、妥善安排。这体现在《预算法》第37条第3款中。(6)向老少边穷地区适当倾斜原则。这体现在《预算法》第39条中。(7)设置预备费原则。这体现在《预算法》第40条中。(8)应当按规定设置预算周转金。这体现在《预算法》第41条中。(9)依法处置结余原则。这体现在《预算法》第42条中。

(二)预算编制的方法和程序

按我国《预算法》第44~46条的有关规定,预算的编制必须按以下程序进行:(1)初步审查。各级人大的专门委员会对各级财政部门提交的各级政府的预算草案进行初步审查,这体现在《预算法》第44条。(2)听取选民和各界意见。这体现在《预算法》第45条(3)审查批准。这体现在《预算法》第48~49条。(4)备案。这体现在《预算法》第50条。(5)批复预算。这体现在《预算法》第52条。

按《预算法》的规定,国务院财政部门应当在每年全国人民代表大会会议举行的45日前,将中央预算草案的初步方案提交全国人民代表大会财政经济委员会进行初步审查。省、自治区、直辖市、设区的市、自治州政府部门应当在本级人民代表大会会议举行的30日前,将本级预算草案的初步方案提交本级人民代表大会有关的专门委员会或者根据本级人民代表大会常务委员会主任会议的决定提交本级人民代表大会常务委员会有关的工作委员会进行初步审查。县、自治县、不设区的市、市辖区政府财政部门应当在本级人民代表大会会议举行的30日前,将本级预算草案的初步方案提交本级人民代表大会常务委员进行初步审查。

四、预算审查和批准

预算草案编制完成后,应当提交国家权力机关审批,通过的方可生效。预算草案经审批生效,就成为正式的国家预算,并具有法律约束力,非经法定程序,不得改变。《预算法》规定,中央预算由全国人民代表大会审查和批准。地方各级政府预算由本级人民代表大会审查和批准。

乡、民族乡、镇政府应当及时将经本级人民代表大会批准的本级预算报上一级政府备案。县级以上地方各级政府应当及时将经本级人民代表大会批准的本级预算及下一级政府报送备案的预算汇总,报上一级政府备案。县级以上地方各级政府将下一级政府依照前述规定报送备案的预算汇总后,报本级人民代表大会常务委员会备案。国务院将省级政府依照前述规定报送备案的预算汇总后,报全国人大常委会备案。

国务院和县级以上地方各级政府对下一级政府依《预算法》有关规定报送备案的预算,认为有同法律、行政法规相抵触或者有其他不适当之处,需要撤销批准预算的决议的,应当提请本级人民代表大会常务委员会审议决定。各级政府预算经本级人民代表大会批准后,本级政府财政部门应当在20日内向本级各部门批复预算。各部门应当各部门应当在接到本级政府财政部门批复的本部门预算后15日内向所属各单位批复预算。

五、预算执行和调整

(一)预算执行

预算执行,是指各级政府、各部门、各预算单位在组织实施经本级权力机关批准的本级预算中的筹措预算收入、拨付预算支出等活动的总称。《预算法》第53条第1款规定:"各级预算由本级政府组织执行,具体工作由本级政府财政部门负责。"

《预算法》第54条规定:"预算年度开始后,各级预算草案在本级人民代表大会批准前,可以安排下列支出:(1)上一年度结转的支出;(2)参照上一年同期的预算支出数额安排必须支付的本年度部门基本支出、项目支出,以及对下级政府的转移性支出;(3)法律规定必须履行支付义务的支出,以及用于自然灾害等突发事件处理的支出。根据前款规定安排支出的情况,应当在预算草案的报告中作出说明。预算经本级人民代表大会批准后,按照批准的预算执行。"第55条规定:"预算收入征收部门和单位,必须依照法律、行政法规的规定,及时、足额征收应征的预算收入。不得违反法律、行政法规规定,多征、提前征收或者减征、免征、缓征应征的预算收入,不得截留、占用或者挪用预算收入。各级政府不得向预算收入征收部门和单位下达收入指标。"

各级政府财政部门必须依照法律、行政法规和国务院财政部门的规定,及时、足额地拨付预算支出资金,加强对预算支出的管理和监督。各级政府、各部门、各单位的支出必须按照预算执行。

县级以上各级预算必须设立国库;具备条件的乡、民族乡、镇也应当设立国库。中央国库业务由中国人民银行经理,地方国库业务依照国务院的有关规定办理。各级国库应当按照国家有关规定,及时准确地办理预算收入的收纳、划分、留解和预算支出的拨付。各级国库库款的支配权属于本级政府财政部门。除法律、行政法规另有规定外,未经本级政府财政部门同意,任何部门、单位和个人都无权冻结、动用国库库款或者以其他方式支配已入国库的库款。各级政府应当加强对本级国库的管理和监督,按照国务院的规定完善国库现金管理,合理调节国库资金余额。

（二）预算调整

预算调整是指经全国人民代表大会批准的中央预算和经地方各级人民代表大会批准的本级预算,在执行中因特殊情况需要增加支出或者减少收入,使原批准的收支平衡的预算的总支出超过总收入,或者使原批准的预算中举借债务的数额增加的部分变更。一般来讲,在预算执行中,各级政府一般不制定新的增加财政收入或者支出的政策和措施,也不制定减少财政收入的政策和措施;必须作出并需要进行预算调整的,应当在预算调整方案中作出安排。

预算调整是一种正常的预算活动,但是预算调整必须依法进行。《预算法》第 69 条第 1 款规定:"在预算执行中,各级政府对于必须进行的预算调整,应当编制预算调整方案。预算调整方案应当说明预算调整的理由、项目和数额。"第 7 款规定:"中央预算的调整方案应当提请全国人民代表大会常务委员会审查和批准。县级以上地方各级预算的调整方案应当提请本级人民代表大会常务委员会审查和批准;乡、民族乡、镇预算的调整方案应当提请本级人民代表大会审查和批准。未经批准,不得调整预算。"同时第 70 条规定,经批准的预算调整方案,各级政府应当严格执行。未经《预算法》第 69 条规定的程序,各级政府不得作出预算调整的决定。对违反上述规定作出的决定,本级人民代表大会、本级人民代表大会常务委员会会或者上级政府应当责令其改变或者撤销。

《预算法》第 71 条规定:"在预算执行中,地方各级政府因上级政府增加不需要本级政府提供配套资金的专项转移支付而引起的预算支出变化,不属于预算调整;接受增加专项转移支付的县级以上地方各级政府应当向本级人民代表大会常务委员会报告有关情况;接受增加专项转移支付的乡、民族乡、镇政府应当向本级人民代表大会报告有关情况。"

预算支出应按预算科目执行。《预算法》第 72 条规定:"各部门、各单位的预算支出应当按照预算科目执行。严格控制不同预算科目、预算级次或者项目间的预算资金的调剂,确需调剂使用的,按照国务院财政部门的规定办理。"

六、决算

决算是指对年度预算收支执行结果的会计报告,是预算执行的总结,是国家实施宏观调控,管理预算活动的最后一道程序。决算必须按照规定编制决算草案,提请国家权力机关审查和批准后方可生效。《预算法》对决算的原则和程序作出了明确的规定。

《预算法》第 74 条规定:"决算草案由各级政府、各部门、各单位,在每一预算年度终了后按照国务院规定的时间编制。编制决算草案的具体事项,由国务院财政部门部署。"第 75 条规定:"编制决算草案,必须符合法律、行政法规,做到收支数额准确、内容完整、报送及时。决算草案应当与预算相对应,按预算数、调整预算数、决算数分别列出。一般公共预算支出应当按其功能分类编列到项，按其经济性质分类编列到款。"第76条规定："各部门对所属各单位的决算草案，应当审核并汇总编制本部门的决算草案，在规定的期限内报本级政府财政部门审核。各级政府财政部门对本级各部门决算草案审核后发现有不符合法律、行政法规规定的，有权予以纠正。"

按《预算法》第77—82条的规定：国务院财政部门编制中央决算草案，报国务院审定后，由国务院提请全国人大常委会审查和批准。县级以上地方各级政府财政部门编制本级决算草案，报本级政府审定后，由本级政府提请本级人大常委会审查和批准。乡、民族乡、镇政府编制本级决算草案，提请本级人民代表大会审查和批准。国务院财政部门应当在全国人民代表大会常务委员会举行会议审查和批准中央决算草案的30日前，将上一年度中央决算草案提交全国人民代表大会财政经济委员会进行初步审查。省、自治区、直辖市政府财政部门应当在本级人民代表大会常务委员会举行会议审查和批准本级决算草案的30日前，将上一年度本级决算草案提交本级人民代表大会有关专门委员会进行初步审查。设区的市、自治州政府财政部门应当在本级人民代表大会常务委员会举行会议审查和批准本级决算草案的30日前，将上一年度本级决算草案提交本级人民代表大会有关专门委员会进行初步审查，或者送交本级人民代表大会常务委员会有关工作机构征求意见。县、自治县、不设区的市、市辖区政府财政部门应当在本级人民代表大会常务委员会举行会议审查和批准本级决算草案的30日前，将上一年度本级决算草案送交本级人民代表大会常务委员会有关工作机构征求意见。全国人民代表大会财政经济委员会和省、自治区、直辖市、设区的市、自治州人民代表大会有关专门委员会，向本级人民代表大会常务委员会提出关于本级决算草案的审查结果报告。

各级决算经批准后，财政部门应当在20日内向本级各部门批复决算。各部门应当在接到本级政府财政部门批复的本部门决算后15日内向所属单位批复决算。地方各级政府应当将经批准的决算及下一级政府上报备案的决算汇总，报上一级政府备案。县级以上各级政府应当将下一级政府报送备案的决算汇总后，报本级人民代表大会常务委员会备案。

按《预算法》第82条的规定：国务院和县级以上地方各级政府对下一级政府依照《预算法》规定报送备案的决算，认为有同法律、行政法规相抵触的或者有其他不适当之处，需要撤销批准该项决算的决议的，应当提请本级人大常委会审议决定；经审议决定撤销的，该下级人大常委会应当责成本级政府依照《预算法》的规定重新编制决算草案，提请本级人大常委会审查和批准。

七、法律监督

为了加强对预算活动的管理,切实贯彻预算法制,保障预算工作的顺利进行,《预算法》专章规定了对中央和地方预算、决算进行监督的规范。

《预算法》第83—85条对立法机关监督作了三方面规定。其中第83条规定:"全国人民代表大会及其常务委员会对中央和地方预算、决算进行监督。县级以上地方各级人民代表大会及其常务委员会对本级和下级政府预算、决算进行监督。乡、民族乡、镇人民代表大会对本级预算、决算进行监督。"第84条规定:"各级人民代表大会和县级以上各级人民代表大会常务委员会有权就预算、决算中的重大事项或者特定问题组织调查,有关的政府、部门、单位和个人应当如实反映情况和提供必要的材料。"第85条规定:"各级人民代表大会和县级以上各级人民代表大会常务委员会举行会议时,人民代表大会代表或者常务委员会组成人员,依照法律规定程序就预算、决算中的有关问题提出询问或者质询,受询问或受质询的有关的政府或者财政部门必须及时给予答复。"

《预算法》第86—88条对行政机关监督作了三方面规定。其中第86条规定:"国务院和县级以上地方各级政府应当在每年六月至九月期间向本级人民代表大会常务委员会报告预算执行情况。"第87条规定:"各级政府监督下级政府的预算执行;下级政府应当定期向上一级政府报告预算执行情况。"第88条规定:"各级政府财政部门负责监督检查本级各部门及其所属各单位预算的编制、执行,并向本级政府和上一级政府财政部门报告预算执行情况。"

《预算法》第89—91条对社会监督作了规定。其中第89条规定:"县级以上政府审计部门依法对预算执行、决算实行审计监督。对预算执行和其他财政收支的审计工作报告应当向社会公开。"第90条规定:"政府各部门负责监督检查所属各单位的预算执行,及时向本级政府财政部门反映本部门预算执行情况,依法纠正违反预算的行为。"第91条规定:"公民、法人或者其他组织发现有违反本法的行为,可以依法向有关国家机关进行检举、控告。接受检举、控告的国家机关应当依法进行处理,并为检举人、控告人保密。任何单位或者个人不得压制和打击报复检举人、控告人。"

八、违法责任

凡是违反《预算法》的规定或经批准生效的预算的,负有直接责任的人,都要依法承担一定的法律责任。根据《预算法》的规定,承担预算法律责任有以下六种情形:

1. 各级政府未依预算法规定编制、报送预算草案、预算调整方案、决算草案和部门预算、决算以及批复预算、决算的;进行预算调整的;对有关预算事项进行公开和说明的;违反规定设立政府性基金项目和其他财政收入项目的;违反法律、法规规定使用预算预备费、预算周转金、预算稳定调节基金、超收收入的;违反本法规定开设财政专户的。对负有直接责任的主管人员和其他直接责任人员追究行政责任。

2. 各级政府有关部门有下列行为之一的,责令改正,对负有直接责任的主管人员和其他直接责任人员追究行政责任:(1)未依照本法规定,编制、报送预算草案、预算调整方案、决算草案和部门预算、决算以及批复预算、决算的;(2)违反本法规定,进行预算调整的;(3)未依照本法规定对有关预算事项进行公开和说明的;(4)违反规定设立政府性基金项目和其他财政收入项目的;(5)违反法律、法规规定使用预算预备费、预算周转金、预算稳定调节基金、超收收入的;(6)违反本法规定开设财政专户的。

3. 各级政府及有关部门、单位有下列行为之一的,责令改正,对负有直接责任的主管人员和其他直接责任人员依法给予降级、撤职、开除的处分:(1)未将所有政府收入和支出列入预算或者虚列收入和支出的;(2)违反法律、行政法规的规定,多征、提前征收或者减征、免征、缓征应征预算收入的;(3)截留、占用、挪用或者拖欠应当上缴国库的预算收入的;(4)违反本法规定,改变预算支出用途的;(5)擅自改变上级政府专项转移支付资金用途的;(6)违反本法规定拨付预算支出资金,办理预算收入收纳、划分、留解、退付,或者违反本法规定冻结、动用国库库款或者以其他方式支配已入国库库款的。

4. 各级政府、各部门、各单位违反本法规定举借债务或者为他人债务提供担保,或者挪用重点支出资金,或者在预算之外及超预算标准建设楼堂馆所的,责令改正,对负有直接责任的主管人员和其他直接责任人员给予撤职、开除的处分。

5. 各级政府有关部门、单位及其工作人员有下列行为之一的,责令改正,追回骗取、使用的资金,有违法所得的没收违法所得,对单位给予警告或者通报批评;对负有直接责任的主管人员和其他直接责任人员依法给予处分:(1)违反法律、法规的规定,改变预算收入上缴方式的;(2)以虚报、冒领等手段骗取预算资金的;(3)违反规定扩大开支范围、提高开支标准的;(4)其他违反财政管理规定的行为。

6. 违反本法规定,构成犯罪的,依法追究刑事责任。

第三节　政府采购法律制度

一、政府采购的概念、特点和作用

(一) 政府采购的概念

政府采购,也称公共采购,是指国家、中央及地方各级政府部门为进行政务活动或为大众提供公共服务的最终消费需要,以来源于财政拨款的资金,按法定的方式和程序,以购买者的身份从国内、国外市场购买所需货物、工程和服务的行为。

政府采购的范围较为广泛,涉及货物、工程与服务三大类别。货物是指各种原料、产品、设备和器具等。工程是指地面上下新建、扩建、改建、修建、拆建、修缮、翻新构造物与其所属设备及改造环境的行为,包括建造房屋,兴修水利,改造环境、交通设施,铺设下水道等工程项目。服务是指除货物或工程以外的任何采购,包括专业服务、技术服务、资讯服务、营运管理、维修、人员培训等。

(二) 政府采购的特点

政府采购与一般民事主体所从事的民间采购(买卖行为)相比,具有以下特点:

(1) 采购主体的特定性。购方主体是特定的,即依靠国家财政资金运作的政府机关、事业单位和社会团体等,而所有个人、企业和公司均不能成为政府采购的购方主体。供方主体却可以是任何有供货条件的个人或企业公司。

(2) 目的的非营利性。政府采购是为了政府自身的消费,而不是为了商业转售,其目的不是营利,而是实现政府职能、公共利益和调控经济运行,属于公共支出管理。这是政府采购与民事采购在采购目的方面的一个重要区别。

(3) 资金来源的财政性或公共性和付款方式的特别性。政府采购的资金来源为财政款和需要由财政偿还的公共借款。这些资金的最终来源,为纳税人的税收和政府对公共服务的收费。在财政支出中具体表现为采购支出,即财政支出减去转移支出的余额。

政府采购的付款方式与民间采购的一手交钱一手交货的付款方式不同。政府采购时,财政部门不是直接将采购款项支付给支出单位,而是按采购单位与被采购供应商签订的合同将资金直接支付给供应商。

(4) 政府采购的方式具有规范性和公开性。现代国家都制定了系统的政府采购制度,政府采购活动几乎毫无例外地依照严格的法律和管理规则进行运作。政府采购一般以竞争性招标采购为主要方式,即通过招标的方式,邀请所有潜在的供应商参加投标,采购单位按事先公布的标准从所有投标者中评选出中标供应商,并与之签订政府采购合同。政府采购按照公开、公平、公正和有效竞争的原则进行。

政府采购的有关法律和程序都是公开的,采购的过程也是在完全公开的情况下进行的,一切采购活动都要作出公开记录,所有的采购信息都是公开的,整个交易活动几乎没有秘密可言。

政府采购也不同于财政供给制,其主要区别在于:在实物供给制的条件下,财政是选购商品的主体,商品的使用者只能被动地接受商品。而在政府采购中,政府只是参与、监督商品的采购过程,保证采购过程的公平交易和资金的有效使用;商品的使用者是采购商品的主体,所购商品的技术和物理指标都要满足商品使用者的要求。

(三)政府采购的作用

政府采购与民间采购相比,具有以下几方面的特殊作用:

(1)政府采购有助于强化政府的宏观调控能力。财政政策是宏观调控的三大工具之一,而政府采购作为财政政策的重要组成部分,能够在一定程度上实现支持民族工业发展、平衡地区差距、吞吐存货、平抑物价、维护生产者和消费者的利益的目标,从而达到政府宏观调控的目的。

(2)政府采购有助于加强政府支出管理。政府采购以一系列制度的规定,加强了政府对财政资金由价值形态向实物形态转化过程的监督管理,对于节约财政资金、提高资金使用效益和加强国有资产管理具有重要意义。

(3)政府采购有助于反腐倡廉。政府采购中的公开、公平、透明的运作方式,能够有效地抑制公共采购中的腐败现象,维护政府信誉和形象。

二、政府采购的模式

为保证政府采购的顺利运转,必须选择建立一整套适合国情特点的政府采购的模式,因为确定政府采购的模式,是建立本国政府采购制度的基础。目前,国际通行的政府采购模式大体有三种:集中采购模式、分散采购模式和集中与分散采购相结合的模式。

集中采购模式,是由财政部门或某一专门部门负责本级政府所有的采购。分散采购模式,是由各支出单位自行采购。集中与分散采购相结合的模式是财政部门直接负责对部分商品的采购,其他则由各支出单位自行采购。结合我国的具体情况,我国可实行集中与分散采购相结合的模式,即在对主要产品和服务进行集中采购的前提下,其他采购可由各部门在财政监督下完成。这样既可以大大节约采购成本,又以可发挥各支出单位的积极性。

三、政府采购法的历史变迁

自从国家产生以来,就有用政府采购来满足公共需要、实现社会政治经济目标的做法,因此,政府采购制度可谓是源远流长,只是在规模大小、范围大小、各种采购所占的比重上有所区别而已。但政府采购制度法律化则起源于自由资本主义时期,而完整意义上的政府采购法是现代市场经济发展的产物。在自由资本主义时期,由于市场经济国家信奉"看不见的手"理论,政府基本上不参与、干预国民经济活动,政府直接采购的物品和承办的公共工程十分有限。在此期间,政府采购市场并不发达,也不完善。但 20 世纪 30 年代的经济危机,使市场经济国家认识到市场不是万能的,市场本身存在着缺陷。为了弥补市场缺陷,政府开始广泛运用经济手段和法律手段干预国民经济活动,其重要手段是通过扩大政府财政支出,举办公共事业,为经济的发展创造条件。随着政府采购规模的不断扩大,政府采购在经济生活中的作用日益重要,各项有关政府采购的法规便应运而生,并在实践中加以完善。

各国的政府采购法因受各国不同的法律制度、政治制度的影响而有所差别。在有些国家,政府采购法的内容涵盖了与政府采购活动有关的所有规则和惯例,既包括采购管理,又有具体采购活动和处理采购纠纷的程序等规定。但一般地讲,政府采购法是指调整政府采购关系的法律规范的总称。它是政府采购活动有效运行的法律基础。

我国的政府采购法的产生是在确立市场经济体制以后。由于财政体制的改革,我国从 1995 年开始进行政府采购试点,上海财政局率先于 1995 年在市、区(县)两级财政试行对财政专项安排的设备购置,采取政府采购。由于法治意识在人们头脑中的增强,依法规制政府采购就成为时代的要求,于是在 1996 年全国财政工作会议上,当时的财政部长刘仲黎提出了试行政府采购制度的要求。从此以后,深圳、重庆、安徽、北京、河北等省、市相继进行了政府采购的试点。1999 年国家经贸委颁布了《国有工业企业物资采购管理条例》,同时,财政部颁布了《政府采购合同监督暂行办法》《政府采购管理暂行办法》,并酝酿起草《政府采购法》。

四、政府采购法的概念和原则

(一) 政府采购法的概念

政府采购法是调整政府采购活动中发生的社会关系的法律规范的总称。它是规范政府采购行为的法律依据。1998 年 10 月 27 日深圳市第二届人大第二十七次会议通过了我国第一个政府采购的地方性法规——《深圳经济特区政府采购条例》,该条例于 1999 年 1 月 1 日起正式实施。随后,天津、安徽、广西等 10 个地方政府也先后制定了政府采购的地方性法规或规章。上海市在制定了《上海市政府采购办法》后,拟订了《上海市政府采购招标代理机构资格确认及管理暂行规定》等 5 个配套办法。

1999年4月我国政府采购的立法取得重大进展。1999年4月17日财政部通过了《政府采购管理暂行办法》，这是我国第一部关于政府采购的部门规章。该办法由总则、政府采购主体、政府采购方式、招投标程序、政府采购监督、法律责任等组成。《政府采购法》于2002年6月29日第九届全国人民代表大会常务委员会第二十八次会议通过，自2003年1月1日起施行。该法包括总则、政府采购当事人、政府采购方式、政府采购程序、政府采购合同、质疑与投诉、监督检查、法律责任、附则，共9章，总计88条，其中法律责任单列一章，共计13条。

（二）政府采购法的基本原则

（1）公平原则。公平是法律的一项古老的、基本的价值。其最基本的含义就是：同等情况同等对待（水平公平），不同情况不同对待（垂直公平）。

水平公平表现在政府采购法中就是指给予所有参加竞争的投标商以平等的机会，使其享有同等的权利并履行相应的义务。其具体内容为：允许所有有兴趣参加投标的供应商、承包商、服务提供者参加竞争；资格预审和投标评价对所有的投标人都使用同一标准；采购机构向所有投标人提供的信息都应一致；不应对国内或国外投标商进行歧视等。只有在公平的基础上进行竞争，才能促进竞争最大化，有实力和能力提供质优价廉的产品或服务的投标商才能赢得投标的成功，从而促进政府采购经济目标的有效实现。

垂直公平表现在政府采购法中要求合同的签订要兼顾政府采购社会目标的实现。由于在政府采购的竞争中，中小企业、少数民族企业、困难企业等处于不利的地位，如果按实力，它们很难赢得政府采购合同。因此，在政府采购制度中，制定出一些规则和采取一些措施，使中、小、落后地区、少数民族企业等也能分得政府采购合同的一部分，能促使社会经济的协调发展。

（2）公开原则。公开原则是公平原则的进一步延伸，没有公开性就不可能有公平。公开原则表现在政府采购法中就是指有关采购的法律、政策、程序和采购活动都要公开，具有较高的透明度。这一原则是国际政府采购规则中的基本原则，也是各国采购法的基本原则。因为供应商的经济行为动机是理性地追求利益最大化，其决策以一定的信息为基础，其行动建立在对未来收益预期的基础上。而透明度高的采购法和采购程序具有可预测性，使投标商可以计算出他们参加采购活动的代价和风险，从而提出最有竞争力的价格；公开的原则还有助于防止采购机构及其上级主管作出随意的或不正当的行为或决定，从而增强潜在的投标商参与采购并中标的信心。

在政府采购法律制度中，公开性具体表现在：第一，有关采购的法律和程序要公布于众，并便于公众及时获得；第二，采购项目和合同的条件要公开刊登广告，资格预审和评价投标的标准要事先公布，公开开标；第三，要使投标人有足够的时间准备标书，包括对建设工程的考察和分析时间；第四，采购活动要做好采购记录,以备公众和监督机构的审查和监督,并接受投标方的质疑和申诉。

(3) 效率原则或竞争原则。经验证明,市场经济是人类自发形成的迄今为止最有效的经济制度,而市场经济的效率主要源于竞争,因此市场经济就是竞争经济,效率原则集中表现在竞争原则上。这也是竞争原则即效率原则被各国政府采购规则明确作为政府采购的一条重要原则的原因所在。

政府采购目标主要是通过促进供应商、承包商或服务提供者之间的竞争来实现的。通过竞争,政府采购机构可以形成一种买方市场,从而形成一种对买方有利的竞争局面。竞争也可以促使投标人提供更好的商品和技术,并且设法降低产品成本和投标报价,从而使用户可以以较低的价格采购到优质的商品,实现政府采购的目标。

政府采购中竞争原则的实现主要是通过招标广告或竞争邀请来实现的。广告吸引了投标商参与竞争,其有效性对竞争程度有直接的影响,因此各国政府采购法律制度及国际政府采购规则,都对广告的发布形式作了规定;同时为了确保投标商有足够的时间决定是否参与竞争和为参与投标竞争做好准备,又对从发出招标广告到投标的时间期限作了规定,以避免投标商因来不及准备而失去竞争机会,从而保证竞争的最大化。另外,还有其他一些制度安排也都是为了保证竞争和防止限制竞争的情况出现,比如对招标文件收取的费用应只限于制作成本等。即使采用招标以外的采购方法,也要求有一定程度(充分)的竞争,除非采购情势不允许竞争,并经过详细的说明和审批。

五、政府采购的方法和程序

(一) 政府采购的方法

政府采购的方法主要有三种:公开招标、有限招标和自由购买。

(1) 公开招标,指利用媒体或专门出版物定期发布有关公开征求竞争的广告,所有具备条件的供应商都可以参与竞标。这种方法虽有优点,但执行成本太高,因此在实际中所占比重不是很大,一般约为35%。

(2) 有限招标,是指先对参与招标的供应商数量加以限制,进行一定范围的选择,符合规定条件的厂商才允许参加投标。

(3) 除以上两种招标方法外,其余为自由购买。

(二) 政府采购的程序

政府采购一般都经过以下程序:

(1) 行政事业单位向财政部门提出专项申请。所申请的项目经财政部门核准后,通知购货单位,由财政部门组织向社会公开招标采购,原则上每月进行一次。

(2) 成立政府采购管理机构。由财政部门成立的政府采购管理机构,采取公开、公正、公平的招标方式进行招标、采购、供应。

(3) 签订合同。招标会结束后,购货单位应随即与供应商签订合同,由财政部门进行监督。

第四节 财政转移支付制度

一、财政转移支付与转移支付法概述

(一) 财政转移支付的概念和特征

财政转移支付,又称财政补助支出。一般表现为中央政府或地方政府为解决财政失衡而将部分财政收入无偿地让渡给下级政府、企业和居民时所发生的转移财政资金的活动。其主要特征是:(1) 无偿性。转移支付通常表现为财政资金无偿的、单方的转移,一般支出者是得不到直接的经济补偿的。(2) 多层次性。在有多级财政层次的财政体制下,财政转移支付表现为中央政府对地方政府、上级地方政府对下级地方政府、各级政府对企业和居民的转移支付。(3) 条件的法定性。无论哪个层次的转移支付,都只能发生在特定条件下,即只有在下级政府、企业、居民具备需要转移支付的法定条件时,才应当向其转移支付。

(二) 财政转移支付法的概念

所谓财政转移支付法,是调整政府在实施财政转移支付过程中发生的社会经济关系的法律规范的总称。它是保障政府实施财政转移支付手段的法律形式,是财政法的重要内容之一。

由于国民对于公共物品的需求是不同的、多层次的,因而地方政府是地方性公共物品的最佳提供者。但一国内的各个地区的发展并不平衡,从而会出现财政失衡,而过度的财政失衡在很大程度上会影响社会经济的良性运行与协调发展。因此,必须通过财政转移支付来解决财政失衡问题,所以财政转移支付具有配合其他财政手段实现财政平衡的功能。财政法律体系完备的国家都制定有财政转移支付法,以配合其他财政手段克服财政失衡,实现社会保障目标、产业政策目标和国际竞争目标。

二、财政转移支付法的主体

确认财政转移支付法的主体是财政转移支付法的主要任务。按照我国现行的财政转移支付法律制度的规定,财政转移支付法的主体包括两类:(1) 发出财政转移支付的主体,即向下级政府、企业、居民转移支付的政府;(2) 接受财政转移支付的主体,即接受上级政府财政转移支付的下级政府和接受政府财政转移支付的企业、居民。中央政府只能作为发出财政转移支付的主体。地方各级政

府既可以是发出财政转移支付主体,又可以是接受财政转移支付主体,企业、居民则只能作为接受财政转移支付主体。

三、财政转移支付的形式

按照我国现行的财政转移支付法律制度的规定,财政转移支付的形式包括政府间财政转移支付和财政补贴两大类。

政府间财政转移支付,即上级政府的财政收入转作下级政府的财政收入来源并由下级政府作为本级财政支出来支付,简言之,是上级政府对下级政府的财政转移支付。此即狭义的财政转移支付。它在实践中一般表现为财政拨款或财政补助。根据转移支付的起因和目的之不同,政府间财政转移支付可划分为下述几种形式:(1)体制性转移支付,或称一般性转移支付,即基于现行财政体制中各级各地政府固有财政收支状况而存在的常规性纵向和横向财政失衡,而发生的上级财政向下级财政转移支付。(2)专项转移支付,即为实现某一特定经济政治目标或专项任务,上级财政向下级财政进行专项拨款或支付相应配套资金。(3)特殊转移支付,即在遭遇自然灾害、社会动乱等非常情况下,以及国家重大政策调整而影响地方财政利益时,由上级财政给下级财政以特殊补助。(4)建设性转移支付,即为支持经济建设,提高资金利用效率,对能够产生经济效益的项目予以财政性扶持而作出的有偿支付。严格说来,这已不是传统意义的转移支付。

财政补贴,即各级政府向企业、居民作出的财政转移支付,也就是政府将部分财政资金转移给企业、居民的无偿支出。根据补贴对象和目的的不同,财政补贴可分为两种形式:(1)居民补贴,又称社会保障支出,是政府基于社会保障目的向居民支付的补贴。它主要用于社会保险和社会救济支出,与市场上的相对价格结构基本没有联系或联系不密切,故对市场上的相对价格结构没有影响。(2)企业补贴,即狭义财政补贴,是政府基于一定目的而在一定领域支付给企业的补贴。它包括直接补贴和间接补贴。前者如农产品价格补贴、外贸出口价格补贴等,后者如减免税、税收抵免、税前还贷、亏损结转等。企业补贴源于产业政策、价格体系不合理、支持出口等经济原因,直接影响市场上的相对价格结构,进而影响需求结构和供给结构。

四、财政转移支付的条件和数额

财政转移支付的条件,亦即接受转移支付主体的资格。就企业而言,必须从事法定补贴对象的生产经营项目;就居民而言,必须具有享受社会保险或社会救济待遇的身份,并且已发生应当支付社会保险或社会救济待遇的法定事实;就地方政府而言,必须处在其地方税收能力指数小于其财政收支平衡指数的财政年度。

财政转移支付的数额,应当遵循法定的标准和计算规则予以确定。一般认为,各种形式的转移支付都有特定的相关因素。在确定转移支付的数额时,应当全面和综合考虑各种相关因素,本着科学、公平、合理的原则,确定各种相关因素与特定形式转移支付数额之间的关系,并计算出具体数额。

在我国,影响地方财政支出的基本因素有下述几类:(1) 基础因素,包括人口、面积、自然条件、财政供给人口等;(2) 社会发展因素,包括科教文卫水平、市政建设、基础设施等;(3) 经济发展因素,包括经济增长速度、经济效益、国民收入、财政收入等;(4) 特殊因素,包括地区特殊性(如少数民族地区、经济特区、首都、省会等)、不同地区物价水平差异、贫困人口、农业产值等。

五、财政转移支付的方式

财政转移支付的方式,可因转移支付形式不同而有所差异。就政府间转移支付而言,体制性转移支付可采取就地抵留的方式来实现,即各地享有的体制性转移支付的财政资金,直接从本级财政应上缴中央国库的财政资金中就地转库支用,以充抵应上缴财政资金,而不是先缴入中央国库再由中央财政逐月拨付。这样可以避免财政资金上解下划的在途时间损失,满足地方财政的正常支出需要。

至于其他形式的转移支付,都属于非常规性转移支付,宜采用由中央财政及时足额向地方财政追加资金的方式,来满足地方财政的需要。

六、财政转移支付的监管

在财政转移支付的监管中,上级财政部门是财政转移支付主要的监管主体。财政转移支付监管的方式,视财政转移支付形式而定。在政府间转移支付形式方面,由于体制性转移支付的标的为就地抵留的财政资金,是地方固有财力的组成部分,可以由地方财政独立安排使用,因而对体制性转移支付的监管只能依据《预算法》通过同级人大及其常委会和上级财政部门对预算、决算的监督来实现。对其他政府间转移支付形式和财政补贴形式的转移支付的监管,可以由上级财政部门采用跟踪检查、验收项目、考核效益、总结销号等方式进行监管。

第五节　财政信用制度

财政信用的主要形式是国债,因此财政信用法律制度主要就体现于国债法律制度中。

一、国债和国债法的概念

（一）国债的概念和特征

国债是一国中央政府举借的各种债务的总称。具体来说,它是指中央政府通过在国内外发行债券或向外国借款的方法,来募集一部分财政资金,以满足其行使职能的需要,当债券到期时,国家则必须承担还本付息的责任。国债是国家按照有偿原则筹集财政资金的一种形式,同时也是实现宏观调控和财政政策的一个重要手段。

目前我国发行的国债有以下三种:一是记账式国债,是指通过证券交易系统来发行与流通的国债;二是无记名国债,是指实物国债,不记名也不挂失,一般可上市流通;三是凭证式国债,是指财政部委托商业银行发行的储蓄国债,可记名,可挂失,但不能上市流通。

国债是一种特殊形式的债,与普通的债相比具有三个特征:一是债务人的特定性,即国债的债务人是一国的中央政府;二是国债属于信用等级最好、最安全的债务;三是国债法律关系中的权利义务多由国家来规定。

（二）国债法的概念和特征

国债法是国家管理国债市场的主要法律形式。它是调整国家在借款和发行、使用、兑付、流通政府债券过程中发生的社会关系的法律规范的总称。由于国债法的调整对象是以国家为一方主体的债权、债务关系,它的主要特征表现为以下三点:其一,国债法具有公法与私法的双重属性;其二,国债法具有宏观调控性;其三,国债法具有财政政策性。因此,它是财政法的重要内容之一。

二、国债的发行

国债的发行,指国家通过一定的渠道和方式将国家债券转移到最初的投资者手中的行为,是国债产生的主要形态。国家确定每年需要发行的债券种类、数额和期限后,由财政部代表中央政府发行。

在我国,国债发行的对象主要是居民个人、个体工商户、企业、事业单位、机关、社会团体和其他组织。国债的发行数额、利率、偿还期等,经国务院确定后,由财政部予以公告。国债按期偿还本金,其利息在偿还本金时一次付给,不计复利。

国债的发行方式主要有以下几种:

(1) 承购包销。是指银行及其中介机构承担购买全部国债券的发行任务和发行风险,然后再通过各自的销售网点转售的方式。

(2) 公开拍卖。是指在拍卖市场上,按照例行的经营性拍卖方式和程序,由发行主体或委托中介行公开向投资者拍卖国债的方式。

(3) 代销。代销方式是利用代销者如银行、证券公司等金融机构的网点,委托其代为向社会公众出售国债的方式。代销者不承担发行的风险和责任。

(4) 公开招标。是指由中央财政提出含有国债发行条件和所需费用的标的,然后直接向大宗机构投资者发标。以上都是通过中介机构参与发行的方式,均属于间接公募发行方式一类。

(5) 公开征募。是指作为国债发行主体的中央财政机关自己办理发行手续而无须中介机构介入,直接地向认购者推销其所发国债的方式。属于直接公募发行。

三、国债的转让

国债作为债券的一种,虽然有偿还的期限,但其偿还还有一个基本的规则,即只有在偿还期满后才能要求发行主体清偿,或按规定的赎回条件清偿。在国债券到期前,持有者不能要求债务人清偿其债务。国债券持有人如果由于种种原因,在到期前需要资金使用,可以在证券市场上向第三者出售转让。转让完成后,债券的所有权也随之转移。因此,国债的转让属于国债法律关系主体的变更。这样就产生了国债转让的法律问题。

我国曾在相当长的时间里没有有关国债转让的法律规定。为了解决国债兑现难的问题,国家决定建立和发展国债市场,并于1988年开始在62个城市进行国库券流通转让的试点。1992年《国库券条例》规定:"国库券可以转让,但是应当在国家批准的交易场所办理。"从而肯定了国债转让行为的合法性,但对交易市场作了特别限定,即应在国家批准的交易所里进行。目前,国债转让进一步市场化,开拓和活跃了我国证券市场。

目前在我国办理国债转让业务的机构主要有两大类:一是财政系统的财政证券公司、国债服务部;二是金融系统的信托投资公司、证券公司等。国债交易的主体也有两大类:一类是个人投资者,即具有民事行为能力的自然人投资者;二是机构投资者,即以投资为目的,从事相当程度的持续性投资的法人,如证券公司、信托投资公司和银行等。这些机构办理国债转让可采取自营买卖和代理买卖两种形式。由中介机构用自己的资金向国债出售人买入债券,然后再将其售出的称之为自营买卖。代理买卖,是根据国债出售人或购买人的委托,由中介机构按其指定的价格、数额和交易期限代其买卖国债的形式。

目前,我国国债法律制度还不完善,没有一部基本的《国债法》,国债的发行和流通缺乏健全而统一的法律制度。譬如,对于财政部发行和管理国债的必要权限、国债发行原则以及一定时期内国债发行的总规模、国家偿债基金来源、国债推销机构等均未有明确的法律规定。因此,国家应尽快制定和颁布《国债法》,完善我国国债法律制度,促进国债市场的健康发展。

思 考 题

1. 试论财政法的作用及其内容体系。
2. 简述政府采购的含义、方法与程序。
3. 简要说明财政转移支付的条件、数额和支付方式。

实 战 案 例

1. 1995年8月,A市人大常委会组成执法检查团,对本市执行《预算法》和本省预算外资金管理条例的情况进行检查,发现有些部门和单位把预算外资金当作"小金库"。市公安局将三十多万元户籍管理费用于基建,又动用十多万元购买通讯设备。市工商局、环卫局等部门也存在此类现象。

请用预算法的有关原理对这一现象进行评析。

2. 《湖北日报》武汉6月7日电(记者杜若原):"真没想到,一次采购14辆车竟节约51万元!"日前,湖北省政府首次以市场招标方式购买公务车,显示出政府采购的优越性。6家汽车经销商不再像以前那样闭门谈生意,而是把竞标方案交给评委,经过9位评委的评议,一家经销商以标价低、售后服务好中标,最后平均每辆车便宜3万多元。

问题:

据此说明什么是政府采购?政府采购的优越性有哪些?

参 考 文 献

陈共主编:《财政学》,中国人民大学出版社1999年版。
刘文华、肖乾刚主编:《经济法律通论》,高等教育出版社2000年版。
李昌麒主编:《经济法学》,中国政法大学出版社2002年修订版。
刘剑文主编:《财政法学》,北京大学出版社2009年版。

第十章 税收法律制度

内容提要

现代国家被称为"税收国家",税收和税法与国计民生息息相关。本章主要介绍税法的基本理论及其法律制度框架。第一节为税收法律制度概述。税法要素是构成一部税法不可或缺的内容,也是认识和学习税法的入门和基础。税法要素包括税法主体、征税客体、税率、纳税环节、纳税期限等。税法应遵循法律的基本原则,但是税法也有自己独特的原则,主要是税收法定性原则、税法公平原则和税法效率原则。最后是从法学的角度从四个方面对税法进行分类。第二节为商品税法律制度。增值税、消费税、营业税和关税等四个税种构成了我国流转税体系。第三节为所得税法律制度。包括企业所得税、个人所得税等两个税种。第四节为财产税和行为税法律制度。本节介绍的这些税大都是地方性的零星小税种。第五节为税收征管法律制度。主要是税收程序法的内容,包括税务管理、税款征收、税款征收保障、税务检查和稽查、税务代理等五个方面。2001年修订后的《税收征收管理法》在增加纳税人权利的同时,也强化了税务机关的权力。确定纳税义务是税务行政执法的起点,税款的征收是核心,税务检查及其他程序性规定是税款征收的保障。税收法律责任是税法强制性的最终体现。

第一节 税收法律制度概述

一、税收与税法

税收是国家为了实现其公共职能而凭借政治权力,依法强制、无偿地取得财政收入的一种活动或手段。税收不仅是国家取得财政收入的一种主要手段,而且是国家实行宏观调控的重要经济杠杆之一。

税收在形式上具有以下特征:

(1)强制性。是指国家对征税以法律、法规的形式加以规定,并按照法律强制课征。法律的强制性构成了税收的强制性。税收的这种强制性,同自愿平等的其他分配方式有明显的区别。

(2) 无偿性。是指国家征税后,税款即成为国家财政收入,不再归还给纳税人,也不支付任何报酬,税收是一种无偿征收。税收的这种无偿性,同必须按期归还的债务收入和其他等价有偿的分配方式有根本的区别。

(3) 固定性。是指在征税之前,以法的形式预先规定了征税对象以及对征税对象的征收比例或征收数额,按照预定标准征收。

税法是国家制定的调整税收关系的法律规范的总称,它在经济法的宏观调控法中居于非常重要的地位。税法和税收之间的联系表现在,税收活动必须严格依税法的有关规定进行,税法是税收的法律依据和法律保障,有税收必有税法,有税法亦必有税收,所以税法与税收的关系密不可分,任何一种税收都是以一定的法律形式表现并借助于法的约束力来保证其实现。

改革开放以来,经过两次工商税制改革,我国的税收立法取得了很大的成就。在税收实体法方面,有《个人所得税法》《企业所得税法》《增值税暂行条例》等法律、行政法规 20 余个;在税收程序法方面,有《税收征收管理法》《税收征收管理法实施细则》《发票管理办法》等法律、行政法规 5 个。进入 21 世纪以后,随着经济的持续、稳定、快速发展,我国的税收法律体系必将日臻完善。

二、税法构成要素

税法构成要素,是税法必不可少的内容,是分析税法的结构和具体制度要素构成的重要工具,它一般包括以下几项:

(一) 税法主体

税法主体是在税收法律关系中享有权利和承担义务的当事人,包括征税主体和纳税主体两类。

从理论上讲,征税主体是国家,但在具体的征税活动中,国家授权有关的行政机关行使征税权。在我国,各级财政机关、税务机关和海关具体负责税收的征收管理工作,其中,税务机关是最重要的、专门的税收征收机关。

纳税主体又称纳税义务人,是指依照税法规定直接负有纳税义务的自然人、法人和非法人组织。对纳税主体依不同的标准可作不同的分类,纳税主体在每部税法或税收条例中也不尽相同,它直接关系到征税的范围,因而是制定税法时必须首先明确的一个基本要素。

(二) 征税客体

征税客体,也称征税对象或课税对象,是指征税的直接对象或标的,即对什么征税。

征税客体在税法构成要素中居于十分重要的地位,它是各个税种之间相互区别的主要标志,也是税收分类和税法分类的重要标准,同时,它还是确定征税范围的重要因素。

根据征税客体性质的不同,可以将其分为商品、所得和财产三大类。当然,在具体的税法中,往往还需要通过税目和计税依据将它具体化,以使其更加具体和确定。

(三) 税目和计税依据

税目,是指税法规定的征税的具体项目,它是征税对象在质的方面的具体化,反映了征税的广度。

计税依据,也称计税标准或税基,是指根据税法规定所确定的用以计算应纳税额的依据。它是征税对象在量的方面的具体化,计税依据的确定非常关键,因为它直接影响到纳税人的税负。

(四) 税率

税率是应纳税额与计税基数之间的数量关系或比率。它是衡量税负高低的重要指标,是税法的核心。税率可分为以下三种:

(1) 比例税率,是指对同一征税对象,不论其数额大小,均按照同一比例计算应纳税额的税率。它的优点是便于税款的计算和征纳,有利于提高效率,但它不利于保障公平。商品税普遍采用比例税率。

(2) 累进税率,又称等级税率,即按征税对象数额的大小规定不同等级的税率,征税对象数额越大,税率越高。它一般适用于对收益额之类的对象的征税。累进税率又分为全额累进税率与超额累进税率,超率累进税率与超倍累进税率。

(3) 固定税率(固定税额),即按征税对象的单位直接规定固定的税额,而不采用百分比的形式。我国的城镇土地使用税、耕地占用税等采用这种税率。

(五) 纳税时间

纳税时间,是指在纳税义务发生后纳税人依法缴纳税款的期限,因而也称纳税期限。纳税期限可分为纳税计算期和税款缴库期两类。纳税计算期又可分为按次计算和按期计算。按次计算是以纳税人从事应税行为的次数作为应纳税额的计算期限,一般较少适用。按期计算是以纳税人发生纳税义务的一定期限作为纳税计算期,通常可以日、月、季、年为一个期限。按期计算适用较广。税款缴库期说明应在多长期限内将税款缴入国库,是纳税人实际缴纳税款的期限。

(六) 纳税地点

纳税地点,是指纳税人依据税法规定向征税机关申报纳税的具体地点。它的种类主要有:机构所在地、经济活动发生地、财产所在地、报关地等。

(七) 税的减免

减税是对应纳税额减征一部分。免税是对应纳税额全部免征。税的减免包括:

(1) 起征点。即对征税对象开始征税所规定的数额,未达到这个数额的不征税;达到这个数额的,对征税对象全额征税(包括起征点以下的部分)。

(2) 免征额。即在征税对象中免予征税的数额。它是按照一定标准从征税对象中预先减除的部分。对减除部分(即免征额)不征税,其余部分按规定的税率征税。

(3) 减征额。即从征税对象中减少征收的数额。

(八) 违法处理

违法处理,是指对纳税人违反税法的行为采取的惩罚措施,也包括对征税人违反税法的行为采取的惩罚措施,是国家税收制度的强制性的突出表现。对纳税人的违法处理的主要措施,有限期纳税、加收滞纳金、处以罚款、送交司法机关依法惩处等。

三、税法的分类

从法学的角度,税法可以作如下分类:

(一) 按照税法内容不同所作的分类

按照税法内容的不同,可以将税法分为税收实体法、税收程序法、税收处罚法、税收争讼法以及税务行政法。

税收实体法是规定国家和纳税人的实体权利、义务的法律规范的总称。按照征税对象的性质的不同,还可将实体税法进一步分为:流转税法(或称商品与劳务课税法)、收益税法(或称所得税法)、资源税法、财产税法及行为税法。

流转税法指以商品交换和服务业的收入额为征税对象而征税的税法。我国现行的《增值税暂行条例》《消费税暂行条例》《营业税暂行条例》及其实施细则,都属于流转税法。

收益税法指以企业单位和个人的纯收入为征税对象而征税的税法。我国现行的《企业所得税法》《个人所得税法》及其实施细则,都属于收益税法。

资源税法指对开采法定产品的单位和个人的销售或使用数量征税的税法。我国现行的《资源税暂行条例》及其实施细则属于资源税法。

财产税法指对纳税人的财产数量或价值额征税的税法。我国现行的《房产税暂行条例》及其实施细则等属于财产税法。

行为税法指对某些特定行为征税的税法。我国现行的《印花税暂行条例》就属于行为税法。

税收程序法,是指以国家税收活动中所发生的程序关系为调整对象的税法,是规定国家征税权行使程序和纳税人纳税义务履行程序以及税务争议解决程序的法律规范的总称。

税收处罚法,是指对税收活动中违法与犯罪行为进行处罚的法律规范的总称。我国税收处罚法由五部分构成：一是《刑法》中对税收犯罪行为的刑事罚则；二是对税收犯罪的有关立法解释、司法解释和相关规定；三是《税收征收管理法》中对税收违法行为的有关处罚规定；四是《行政处罚法》中的相关规定；五是有关单行税法和其他法规对税收违法行为的处罚性规定。

税务行政法，是指规定国家税务行政组织的规范性法律文件的总称。其内容一般包括税务机关的机构设置、职责范围、人员编制、经费来源、各级各类税务机关设立、变更和撤销的程序以及它们之间的相互关系、它们与其他国家机关的关系等。

税收争讼法，指的就是《行政复议法》《行政诉讼法》以及《税务行政复议规则》。

（二）按照税法地位不同所作的分类

按照税法在税法体系中的不同法律地位，可以将其分为税收通则法和税收单行法。

税收通则法（或称税收基本法），是指对税法中的共同性问题加以规范，对具体税法具有普遍约束力，在税法体系中具有最高法律地位和最高法律效力的税法。其内容主要包括通用条款、税务机构、税权划分、基本税收权利与义务、征收程序、执行规则、行政协助、行政处罚、税务争讼等方面的原则性规定。

税收单行法，是指就某一类纳税人、某一类征税对象或某一类税收问题单独设立的税收法律、法规或规章。税收单行法受税收通则法的约束和指导，包括规范各税种的法律、法规，税收程序法、税收处罚法、税收争讼法等。

（三）按照税收管辖权不同所作的分类

按照税收管辖权的不同，可以将税法分为国内税法与国际税法。

国内税法，是指一国在其税收管辖权范围内就调整税收分配所形成的权利义务关系的法律规范的总称，包括由国家立法机关制定的税收法律和经由授权或依法律规定的国家行政机关制定的税收法规和规章等。

国际税法，是指调整国家与国家之间关于税收权益法律规范的总称。包括政府间双边或多边税收协定、关税互惠公约、《经济合作与发展组织关于避免所得税和财产税双重征税的协定范本》（经合组织范本）、《关于发达国家与发展中国家避免双重征税协定范本》（联合国范本）以及国际税收惯例等，其内容涉及税收管辖权的确定、税收抵免、税收饶让以及无差别待遇、最惠国待遇等。国际税法是国际公法的特殊组成部分。

（四）按照税收立法权不同所作的分类

按照税收立法权的不同，可以将税法分为中央税法与地方税法。

中央税法，是指由国家立法机关或授权中央政府行使立法权设立的税法的总称。

地方税法,是指由地方立法机关或政府依法行使立法权设立的税法的总称。

中央税法与地方税法的划分,与国体、政体及各级政府的财政职能有很大关系。目前我国尚无严格意义上的地方税法,这对于完善税法体系,实行彻底的分税制是极为不利的。因此,完善我国税法的重要目标之一就是建立适合我国国情的地方税法体系。

四、税法的基本原则

(一) 税收法定性原则

税收法定性原则也称税收法律主义,或称税收法定主义,是指所有税收活动必须依照法律的规定进行。税收法律主义最典型的表述是"未经代表不得课税",这在许多国家的宪法中都有直接或间接的表述,成为一项宪法性基本原则。税收法律主义的内容包括:

(1) 税制要素法定。税制要素应是广义的理解,不仅包括税种、纳税人、征税对象、税率等,而且还应包括征税程序和税务争议的解决办法。这里的"法",是指由国家立法机关制定的正式法律。以行政立法形式通过的税收法规、规章如果没有正式的税收法律作为依据或者违反正式税收法律的规定,都是无效的。作为税收法律关系的一方,代表国家利益的政府不能超越法律的规定课税,但也不能随意放弃法律要求课征的税收,依法课税,严格执法是税收法律主义的要求;作为税收法律关系中的另一方,纳税人也不能拒绝纳税,但其仅就税法规定的限度承担纳税义务。

(2) 税制要素明确。在税法体系中,有关税制要素、税款征收等方面的规定,必须尽量地明确而不出现歧义。要求税制要素必须明确,实际上是对税务执法机关自由裁量权的限制。税制要素的规定必须明确,就是要更多地从立法技术上保证税制要素的法定性,从而体现税收法律主义精神。

(3) 税制要素合法。是指税制要素的调整必须经过正式的法律程序,不能由税务执法机关自行决定。

(4) 税法程序保障。税收的课征必须遵循适当的程序,税务纠纷也必须依法定程序予以解决。这就要求税收课征各环节都应有严格、明确的程序保障。加强程序性税法,既是税收法律主义的要求,也是完善税法建设的需要。

(二) 税法公平原则

税法公平原则也称税收公平主义,它是近代法的基本原则即平等性原则在课税思想上的具体体现。税法公平原则,是指纳税人的法律地位是平等的,其核心内容是税收负担的公平,即纳税人之间的税收负担必须根据纳税人的经济负担能力或纳税能力分配,负担能力相等,税负相同,负担能力不等,税负不同。衡量负担能力大小有收入、财产、消费三个标准,但这三个衡量标准各有其局限性,因此,体现税收公平原则的纳税能力衡量尺度只能是相对的。税法上的公平原则除了纳税人税收负担公平之外,还应包含:(1)纳税人得到的纳税服务、礼貌对待应当是平等的;(2)纳税人得到的程序权利是平等的;(3)纳税人的法律救济权利以及其他方面的权利是平等的;(4)纳税人承担的法律责任是平等的。

(三) 税法效率原则

税法效率原则,是指以最小的费用获取最大的税收收入,并利用税收的经济调控作用最大限度地促进经济的发展,或者最大限度地减轻税收对经济发展的妨碍。它包括税收行政效率和税收经济效率。

税收的行政效率涉及:(1)征税费用。是指税务部门在征税过程中所发生的各种费用。如税务机关的房屋、建筑、设备购置和日常办公所需要的费用,税务人员的工薪支出等。这些费用占所征税额的比重即为征税效率。(2)纳税费用。是指纳税人依法办理纳税事务所发生的费用。如纳税人完成纳税申报所花费的时间和交通费用,纳税人雇佣税务顾问、会计师所花费的费用等。提高税收的行政效率,就必须提高征管水平,节约费用,严厉打击偷税、骗税行为;同时,也应尽量简化税制,使纳税手续便利透明,降低纳税费用。

税收经济效率的主旨在于通过优化税制,尽可能地减少税收对经济的不良影响,或者最大限度地促进经济良性发展。如果说市场经济国家税收经济效率所要求的是应当尽可能减少税收的负面效应,更大程度地发挥市场对资源配置的作用,那么非市场经济国家的税收效率则被认为是如何利用税收固有的职能最大可能地使经济朝着预定的目标发展。

第二节 商品税法律制度

一、增值税法

(一) 增值税的概念

增值税(value-added tax,VAT),是以商品在流转过程中产生的增值额为计税依据而征收的一种商品税。其中的增值额,是指生产者或经营者在一定期间的生产经营过程中新创造的价值,并且增值额一般是指法定增值额。

增值税法,是指调整征税机关与纳税人之间在征收与缴纳增值税过程中形成的征纳、分配关系及管理关系的法律规范的总称。

增值税的历史并不久远,1954年增值税制度才在法国确立,但它的发展非常迅速。目前,全世界已有170多个国家和地区实行了增值税,增值税在短短的几十年间成长为一个国际性的大税种。

我国1979年开始在部分城市的部分行业试行增值税试点,1982年财政部制定了《增值税暂行办法》,1984年9月国务院制定了《增值税条例(草案)》对机器机械、汽车、钢材等12类货物征收增值税。1993年12月,国务院又发布了《增值税暂行条例》1994年税制改革,将增值税征收范围扩大到所有货物和加工修理修配劳务。2008年11月5日,国务院通过了修订后的《增值税暂行条例》,从2009年开始,全国实施增值税转型改革,将机器设备纳入增值税抵扣范围。

2011年10月26日,国务院决定开展深化增值税制度改革试点,自2012年1月1日开始,在上海市、深圳市、陕西省等地开展交通运输业和部分现代服务业营业税改征增值税试点,之后,从2012年9月1日起,将试点地区扩大到北京、天津、江苏、安徽、浙江(含宁波)、福建(含厦门)、湖北、广东等8个省(直辖市)。2013年4月10日,国务院决定自2013年8月1日起,将交通运输业和部分现代服务业营改增试点在全国范围内推开,2014年1月1日起,又将铁路运输业和邮政业纳入"营改增"范围。

增值税的改革涉及财政体制改革,党的十四届四中全会《关于全面推进依法治国若干问题的决定》,要求按照科学立法、民主立法的要求,扎实推进财政立法工作,推进增值税改革。在我国目前宏观环境下,体制改革处于转型和探索型,因此对增值税内容实施了"转型"和"扩围"两大改革,在试点成熟之后,也必然会完成增值税立法。

(二) 增值税的纳税人

增值税的纳税人,是指在我国境内销售货物或者提供加工、修理、修配劳务以及从事进口货物的单位和个人。"单位"包括企业和非企业单位,具体指国有企业、集体企业、私营企业、股份制企业、其他企业和行政单位、事业单位、军事单位、社会团体及其他单位,外商投资企业和外国企业也是增值税的纳税义务人;"个人"是指个体经营者及其他个人,包括中国国民和居住在中国境内的外国公民。

在中华人民共和国境内提供交通运输业、部分现代服务业服务(以下简称应税服务)的单位和个人,应当缴纳增值税,不再缴纳营业税。

中华人民共和国境外的单位或者个人在境内提供应税服务,在境外未设有经营机构的,以其代理人为增值税扣缴义务人;在境内没有代理人的,以接受方为增值税扣缴义务人。

从税法地位和税款计算的角度,可以将增值税的纳税人分为两大类:

(1) 一般纳税人,是指年应税销售额超过规定的小规模纳税人标准,会计核算健全的企业和企业性单位。

(2) 小规模纳税人,是指符合财政部确定的小规模纳税人的条件,而依法实行简易办法征收增值税的纳税人。

应税服务的年销售额超过500万元的纳税人,为增值税一般纳税人。应税服务年销售额超过小规模纳税人标准(500万元)的纳税人,应向国税主管税务机关申请办理一般纳税人资格认定。

《增值税暂行条例》规定,小规模纳税人会计核算健全,能够准确提供税务资料的,可以向税务机关申请资格认定,不作为小规模纳税人,依照本条例有关规定计算应纳税额。同时,条例第13条还明确规定小规模纳税人以外的纳税人应当向主管税务机关申请资格认定,具体认定办法由国务院主管部门规定。

区分一般纳税人和小规模纳税人的意义在于:一般纳税人可以使用增值税专用发票,采用抵扣法缴纳增值税款,而小规模纳税人则不得使用增值税专用发票,也不能进行税款抵扣,只能采用简易计税方法。

(三) 增值税的征税范围

1. 销售货物

销售货物又分为一般的销售货物、视同销售货物和混合销售货物三种情况。

一般的销售货物,是指有偿转让货物的所有权。

视同销售货物的行为主要有:(1)将货物交付他人代销,或者销售代销货物;(2)设有两个以上机构并实行统一核算的纳税人,将货物从一个机构移送到其他机构用于销售,但相关机构在同一县(市)的除外;(3)将自产或委托加工的货物用于非应税项目,或者用于集体福利或个人消费;(4)将自产、委托加工或购买的货物用于投资,或者分配给股东或投资者,或者无偿赠送他人。

混合销售行为,是指一项销售行为既涉及货物又涉及非应税劳务。这里的非应税劳务,是指不应征收增值税但应征收营业税的行为。凡从事货物的生产、批发或零售的企业、企业性单位及个体经营者的混合销售行为,视为混合销售,应当征收增值税;而其他单位和个人进行的混合销售行为,均视为销售非应税劳务,不征收增值税。

纳税人的销售行为是否属于混合销售行为,由国家税务总局所属征税机关确定。

2. 提供应税劳务

这里的应税劳务主要指提供加工劳务和提供修理、修配劳务。但单位或个体经营者聘用的员工为本单位或雇主提供的加工、修理修配劳务不包括在内。

此外,纳税人如果兼营非应税劳务的,则应分别核算货物或应税劳务和非应税劳务的销售额,不分别核算或者不能准确核算的,其非应税劳务应与应税劳务一并征收增值税。纳税人兼营的非应税劳务是否应当一并征收增值税,由国家税务总局所属征税机关确定。

根据"营改增"的有关规定,交通运输业、邮政业、部分现代服务业等也属于增值税的应税劳务范围。

3. 进口货物

进口货物是指从境外进入我国境内的货物。进口货物,无论是否转移其所有权,也无论是否有偿,均应在报关进口时征收进口环节的增值税。

(四) 增值税的税率

1. 一般纳税人的适用税率

原增值税纳税人,销售或者进口货物(另有列举的除外);提供加工、修理修配劳务,税率为17%。

下列货物,税率为13%:(1) 粮食、食用植物油、鲜奶;(2) 自来水、暖气、冷气、热气、煤气、石油液化气、天然气、沼气、居民用煤炭制品;(3) 图书、报纸、杂志;(4) 饲料、化肥、农药、农机(整机)、农膜;(5) 国务院规定的其他货物:农产品(指各种动、植物初级产品)、音像制品、电子出版社、二甲醚。

另外,出口货物税率为0%。

2. "营改增"试点增值税纳税人的适用税率

(1) 交通运输业:包括陆路(含铁路)运输、水路运输、航空运输和管道运输服务,税率为11%;

(2) 邮政业:包括邮政普遍服务、邮政特殊服务、其他邮政服务,税率为11%;

(3) 现代服务业:其中研发和技术服务、信息技术服务、文化创意服务、物流辅助服务、鉴证咨询服务、广播影视服务,税率为6%;有形动产租赁服务,税率为17%;财政部和国家税务总局规定的应税服务,为0%。

3. 小规模纳税人,包括原增值税纳税人和营改增纳税人,从事货物销售,提供增值税加工、修理修配劳务以及营改增各项应税服务的,税率为3%。

此外,税率为0%的有:境内单位和个人提供的往返香港、澳门、台湾的交通运输服务;境内单位和个人在香港、澳门、台湾提供的交通运输服务;境内单位和个人提供的国际运输服务、向境外单位提供的研发服务和设计服务。境内单位和个人提供的规定的涉外应税服务,免税。

(五) 增值税应纳税额的计算

1. 一般纳税人应纳税额的计算

一般纳税人应纳税额的计算采用抵扣法,其计算公式为:

应纳税额 = 当期销项税额 − 当期进项税额

当期销项税额,是指当期销售货物或者提供应税劳务按照销售额和规定的税率计算并向购买方收取的增值税额,其计算公式为:

当期销项税额 = 当期销售额 × 税率

当期进项税额,是指纳税人购进货物或者接受应税劳务支付或者负担的增值税税额。

允许抵扣的进项税额主要有：

(1) 增值税专用发票(含代开)、货物运输业增值税专用发票(含代开)、机动车销售统一发票上注明的增值税额。

(2) 海关进口增值税专用缴款书上注明的增值税额。

(3) 按照农产品收购发票或者销售发票上注明的买价和13%扣除率计算的进项税额。

(4) 按照铁路运输费用结算单据上注明的运输费用金额和7%的扣除率计算的进项税额。

(5) 从税务机关或者境内代理人取得的解缴税款的税收缴款凭证上注明的增值税额。

不得抵扣的进项税额主要有：

(1) 扣税凭证不合法的不得抵扣。

(2) 扣税内容不合法的不得抵扣。

(3) 扣税要求不合法的不得抵扣。

已抵扣进项税额的购进货物、接受加工修理修配劳务或者应税服务用于集体福利或者个人消费，非正常损失的购进货物及相关的加工修理修配劳务和交通运输业服务，非正常损失的在产品、产成品所耗用的购进货物(不包括固定资产)、加工修理修配劳务或者交通运输业服务，应当将该进项税额从当期进项税额中扣减；无法确定该进项税额的，按照当期实际成本计算应扣减的进项税额。

纳税人提供的适用一般计税方法计税的应税服务，因服务中止或者折让而退还给购买方的增值税额，应当从当期的销项税额中扣减；发生服务中止、购进货物退出、折让而收回的增值税额，应当从当期的进项税额中扣减。

交通运输业、建筑业、邮电通信业、现代服务业、文化体育业、销售不动产和转让无形资产，原则上适用增值税一般计税方法。

2. 小规模纳税人应纳税额的计算

小规模纳税人销售货物或者应税劳务，实行简易办法计算应纳税额，不得抵扣进项税额，也不得使用增值税专用发票，其计算公式为：

$$应纳税额 = 销售额 \times 征收率$$

上述公式中的征收率为3%，征收率的调整，由国务院决定。

金融保险业和生活性服务业，原则上适用增值税简易计税方法。

3. 进口货物应纳税额的计算

进口货物应按组成计税价格和规定的税率计算应纳税额，不得抵扣进项税额，其计算公式为：

$$应纳税额 = 组成计税价格 \times 税率$$

如果进口货物是不征消费税的,则其组成计税价格的公式为:

$$组成计税价格 = 关税完税价格 + 关税$$

如果进口货物征收消费税,则其组成计税价格的公式为:

$$组成计税价格 = 关税完税价格 + 关税 + 消费税$$

(六)增值税的减免

根据《增值税暂行条例》第 15 条的规定,下列项目免征增值税:

(1)农业生产者销售的自产农业产品;

(2)避孕药品和用具;

(3)古旧图书;

(4)直接用于科学研究、科学试验和教学的进口仪器、设备;

(5)外国政府、国际组织无偿援助的进口物资和设备;

(6)由残疾人组织直接进口供残疾人专用的物品;

(7)销售的自己使用过的物品。

此外,纳税人为个人,其销售额未达到规定起征点的,免征增值税;达到或超过起征点的,则应就其销售额全额纳税,增值税起征点的幅度规定如下[①]:

销售货物的起征点为,月销售额 600—2000 元(2000—5000 元);

提供应税劳务的起征点为,月销售额 200—800 元(1500—3000 元);

按次征税的起征点为,每次(日)销售额 50—80 元(150—200 元)。

(七)增值税的征收管理

在我国境外的单位或者个人在境内提供应税劳务,在境内未设有经营机构的,以其境内代理人为扣缴义务人;在境内没有代理人的,以购买方为扣缴义务人。

纳税人提供应税服务,应当缴纳增值税,不再缴纳营业税。营业税改征的增值税,由国家税务局负责征管。

1. 增值税纳税义务发生的时间和纳税期限

增值税的纳税时间为:(1)销售货物或者提供应税劳务的,其纳税义务发生时间为收讫销售款或者取得销售款凭据的当天,先开具发票的,为开具发票的当天;(2)进口货物的,其纳税义务发生时间为报关进口的当天。

增值税的纳税期限分别为 1 日、3 日、5 日、10 日、15 日或者 1 个月,纳税人具体的纳税期限,由主管税务机关根据纳税人应纳税额的大小分别核定;不能按照固定期限纳税的,可以按次纳税。

---

① 括号中为 2003 年 1 月 1 日起财政部、国家税务总局对增值税起征点幅度的调整。

2. 增值税的纳税地点和征收机关

(1) 固定业户的纳税地点

固定业户应当向其机构所在地主管税务机关申报纳税,总机构和分支机构不在同一县(市)的,应当分别向各自所在地主管税务机关申报纳税;自2014年1月1日起,属于固定业户的试点纳税人,总分支机构不在同一县(市),但在同一省(自治区、直辖市、计划单列市)范围内的,经省(自治区、直辖市、计划单列市)财政厅(局)和国家税务总局批准,可以由总机构汇总向总机构所在地的主管税务机关申报缴纳增值税。

固定业户到外县(市)销售货物的,应当向其机构所在地主管税务机关申请开具外出经营活动税收管理证明,向其机构所在地主管税务机关申报纳税。若未持有上述证明,则应向销售地主管税务机关申报纳税,否则,由其机构所在地主管税务机关补征税款。

(2) 非固定业户的纳税地点

非固定业户销售货物或者应税劳务,应当向销售地主管税务机关申报纳税。非固定业户到外县(市)销售货物或者应税劳务,未向销售地主管税务机关申报纳税的,则由其机构所在地或者居住地主管税务机关补征税款。

(3) 进口货物的纳税地点

进口货物,应当由进口人或其代理人向报关地海关申报纳税。

二、消费税法

(一) 消费税的概念

消费税(excise duty),也称货物税,是以特定的消费品的流转额为计税依据而征收的一种商品税。

新中国成立之初,政务院就于1950年颁布了《全国税政实施要则》,并将"特种消费行为税"列入其中。此后,政务院于1951年颁布了《特种消费行为税暂行条例》。但在1953年税制修订时,该税种被取消。1989年国务院决定对彩电、小轿车等商品征收特别消费税。1993年12月13日国务院颁布了《消费税暂行条例》,该条例于1994年1月1日起施行。2008年11月10日,国务院公布了修订后的《消费税暂行条例》,自2009年1月1日起施行。

党的十八届三中全会通过的《关于全面深化改革若干重大问题的决定》明确指出要"调整消费税征收范围、环节、税率,把高耗能、高污染产品及部分高档消费品纳入征收范围",因此,关于消费税的改革方向已基本达成共识。

消费税进一步改革与完善的意义在于,首先,是调整经济结构的需要。针对目前较突出的地区发展不平衡,要加强和改善宏观调控,积极扩大内需,加大经济结构战略性调整力度,加快转变经济发展方式,而经济的结构性转型要求税收政策的结构性调整,结构性减税政策成为近几年税收政策调整的基点,消费税政策的调整与完善也不例外。其次,是环保的需要。当今环境问题日益严峻,也备受社会公众的关注,因此,将一些污染产品纳入消费税征收范围合情合理。最后,是财政的需要。据初步统计,消费税已成为目前我国第四大税种,成为财政收入的重要来源。因此,为解决财政压力,适当扩展消费税的征税范围并提高税率是重要的政策选择。

（二）消费税的纳税人

消费税的纳税人,是指在中华人民共和国境内从事生产、委托加工和进口应税消费品的单位和个人。另外,还包括国务院确定的销售本条例规定的消费品的其他单位和个人。"中国境内",是指应税消费品的起运地或者所在地在中国境内;"单位和个人"的范围与缴纳增值税的"单位和个人"的范围相同。

（三）消费税的征税范围

我国实行的是有选择性有限性消费税。列入消费税征税范围的应税消费品,是根据我国的经济发展水平、现行消费政策、居民的消费水平、消费结构及财政的需要,并借鉴国际通行做法,以列举的方式加以规定的,主要包括五大类,共14个税目,即

（1）过度消费会对人类健康、社会秩序和生态环境等造成危害的消费品。此类消费品包括5个税目:烟、酒及酒精、鞭炮与焰火、木制一次性筷子、实木地板。

（2）奢侈品和非生活必需品。此类消费品包括5个税目:化妆品、贵重首饰及珠宝玉石、游艇、高尔夫球及球具、高档手表。

（3）高能耗的高档消费品。此类消费品包括2个税目:小汽车、摩托车。

（4）石油类消费品。此类消费品包括成品油1个税目,其下设汽油、柴油、石脑油、溶剂油、润滑油、燃料油、航空煤油7个子目。

（5）具有特定财政意义的消费品。此类消费品包括汽车轮胎1个税目。

（四）消费税的税率

消费税采用比例税率和定额税率。具体适用税率如下[①]:

[①] 2014年11月28日,财政部、国家税务总局《关于提高成品油消费税的通知》(财税[2014]94号)将汽油、石脑油、溶剂油、润滑油和柴油、航空煤油、燃料油等成品油的消费税单位税额在现行税额基础上分别提高0.12元/升和0.14元/升,目的在于促进环境和节能减排,引发了一些关于税收法定的讨论。

税　目	税　率
一、烟	
1. 卷烟	
（1）甲类卷烟	56%加0.003元/支（生产环节）
（2）乙类卷烟	36%加0.003元/支（生产环节）
（3）批发环节	5%
2. 雪茄烟	36%
3. 烟丝	30%
二、酒及酒精	
1. 白酒	20%加0.5元/500克（或者500毫升）
2. 黄酒	240元/吨
3. 啤酒	
（1）甲类啤酒	250元/吨
（2）乙类啤酒	220元/吨
4. 其他酒	10%
5. 酒精	5%
三、化妆品	30%
四、贵重首饰及珠宝玉石	
1. 金银首饰、铂金首饰和钻石及钻石饰品	5%
2. 其他贵重首饰和珠宝玉石	10%
五、鞭炮、焰火	15%
六、成品油	
1. 汽油	
（1）含铅汽油	1.40元/升
（2）无铅汽油	1.00元/升
2. 柴油	0.80元/升
3. 航空煤油	0.80元/升
4. 石脑油	1.00元/升
5. 溶剂油	1.00元/升
6. 润滑油	1.00元/升
7. 燃料油	0.80元/升
七、汽车轮胎	3%
八、摩托车	
1. 气缸容量（排气量，下同）在250毫升（含250毫升）以下的	3%
2. 气缸容量在250毫升以上的	10%

（续表）

税　目	税　率
九、小汽车	
1. 乘用车	
（1）气缸容量（排气量，下同）在1.0升（含1.0升）以下的	1%
（2）气缸容量（排气量，下同）在1.0升以上至1.5升（含1.5升）的	3%
（3）气缸容量（排气量，下同）在1.5升以上至2.0升（含2.0升）的	5%
（4）气缸容量（排气量，下同）在2.0升以上至2.5升（含2.5升）的	9%
（5）气缸容量（排气量，下同）在2.5升以上至3.0升（含3.0升）的	12%
（6）气缸容量（排气量，下同）在3.0升以上至4.0升（含4.0升）的	25%
（7）气缸容量（排气量，下同）在4.0升以上的	40%
2. 中轻型商用客车	5%
十、高尔夫球及球具	10%
十一、高档手表	20%
十二、游艇	10%
十三、木制一次性筷子	5%
十四、实木地板	5%

（五）消费税应纳税额的计算

1. 从量定额计征

适用定额税率的消费品，应纳消费税额应从量计征，其计算公式为：

$$应纳消费税额 = 销售数量 \times 定额税额$$

2. 从价定率计征

适用比例税率的消费品，应纳消费税额应从价定率计征，其计算公式为：

$$应纳消费税额 = 销售额 \times 比例税率$$

从价定率和从量定额复合计税（以下简称"复合计税"）

实行复合计税的，其计算公式为：

$$应纳消费税额 = 销售额 \times 比例税率 + 销售数量 \times 定额税率$$

上述公式中的销售额，是纳税人销售应税消费品时向购买方收取的全部价款和价外费用，且该销售额不包括向购货方收取的增值税税款。如果在销售收入中包含了增值税税款，则应将其换算成不含增值税税款的销售额。

（六）消费税的减免和退补

可以减免的项目主要有：

（1）纳税人销售的应税消费品，除国家限制出口的以外，免征消费税。

（2）纳税人自产自用的应税消费品，用于连续生产应税消费品的，不纳税。出口应税消费品的免税办法，由国务院财政、税务主管部门规定。

消费税的退税，主要包括：

（1）纳税人销售的应税消费品，如因质量等原因由购买者退回时，经所在地主管税务机关审批后，可退还已征收消费税。

（2）纳税人出口按规定可以免税的应税消费品，在货物出口后，可以按照有关规定办理退税手续。这就是消费税领域的出口退税。

根据有关规定，出口的应税消费品办理退税后，发生退关或者国外退货而在进口时予以免税的，报关出口者必须向其所在地主管税务机关申报补缴已退的消费税税款。

此外，纳税人直接出口的应税消费品办理免税后发生退关或国外退货，进口时已予以免税的，经所在地主管税务机关批准，可暂不办理补税，待其转为国内销售时，再向其主管税务机关申报补缴消费税。

（七）消费税的纳税环节

消费税实行单一环节课税，由生产者在从事销售行为或视同销售的行为时缴纳，具体规定如下：

（1）纳税人生产的应税消费品，于纳税人销售时纳税。

（2）纳税人自产自用的应税消费品，用于连续生产应税消费品的，不纳税；用于其他方面的，于移送使用时纳税。

（3）委托加工的应税消费品，除受托方为个人外，由受托方在向委托方交货时代收代缴税款。

（4）进口应税消费品的，在报关进口时纳税。

（八）消费税的纳税义务发生时间和纳税期限

（1）纳税人销售的应税消费品的纳税义务的发生时间为：第一，采取赊销和分期收款结算方式的，为销售合同规定的收款日期的当天；第二，采取预收货款结算方式的，为发出应税品的当天；第三，采取托收承付和委托银行收款方式的，为发出应税消费品并办妥托收手续的当天；第四，采取其他结算方式的，为收讫销售款或取得索取销售款凭据的当天。

（2）纳税人自产自用的应税消费品的纳税义务的发生时间，为移送使用的当天。

（3）纳税人委托加工的应税消费品的纳税义务的发生时间，为纳税人提货的当天。

（4）纳税人进口的应税消费品的纳税义务的发生时间,为报关进口的当天。

（九）消费税的纳税地点

（1）纳税人销售的应税消费品,以及自产自用的应税消费品,除国家另有规定的以外,应当向纳税人核算地主管税务机关申报纳税。

（2）应税消费品,除受托方为个人外,由受托方向机构所在地或者居住地的主管税务机关解缴消费税税款。

（3）进口的应税消费品,由进口人或者其代理人向报关地海关申报纳税。

三、营业税法

（一）营业税的概念

营业税是以应税商品或应税劳务的营业额为计税依据的一种税。

营业税是古老的税种之一。新中国成立之初,营业税被作为工商税的一个组成部分进行征收。1958年工商税制改革时,将营业税与其他税种合并为工商统一税。1984年工商税制改革时,国务院颁布了《营业税条例（草案）》（已失效）,营业税才重新成为一个独立的税种。1994年税制改革时,营业税作为流转税中的一个重要的税种被保留了下来。

2008年11月5日,国务院第34次常务会议通过了修订的《中华人民共和国营业税暂行条例》,并于2008年11月10日以国务院令第540号予以公布,自2009年1月1日起施行。

2010年10月18日,中国共产党第十七届中央委员会第五次会议通过了《关于制定国民经济和社会发展第十二个五年计划的建议》,要求加快我国的财税体制改革,积极构建有利于转变经济发展方式的财税体制,改革和完善税收制度。2011年3月《国民经济和社会发展第十二个五年规划纲要》发布,进一步明确了我国税收制度改革和完善的原则和方向。"营改增"的税制改革,有利于科学发展的税收制度,积极促进经济结构调整,拓展试点行业和企业的市场空间,支持现代服务业的发展。随着改革试点经验的积累,在增值税立法前,将营业税征税范围全部改为增值税,以增值税取代营业税。

（二）营业税的纳税人

营业税的纳税人,是指在中华人民共和国境内提供应税劳务、转让无形资产或者销售不动产的单位和个人。所谓单位,是指国有企业、集体企业、私有企业、股份制企业、外商投资企业、外国企业、其他企业和行政单位、事业单位、军事单位和社会团体及其他单位;所谓个人,是指个体经营者及其他个人,包括中国公民和外国公民。

（三）营业税的征税范围

营业税的征税范围是在我国境内有偿提供应税劳务、转让无形资产和销售不动产。

应税劳务,是指交通运输业、建筑业、金融保险业、邮电通信业、文化体育业、娱乐业、服务业税目征收范围的劳务。单位和个体经营者聘用的员工为本单位或雇主提供劳务,不属于此处所称的应税劳务。

转让无形资产,是指有偿转让土地使用权、专利权、非专利技术、商标权、著作权、商誉等无形资产的行为。

销售不动产,是指有偿转让不动产所有权的行为。转让不动产有限产权或永久使用权,以及单位将不动产无偿赠与他人,视同销售不动产。

(四)营业税的税目和税率

1. 营业税的税目

营业税按行业的不同设置了9个税目,即交通运输业、建筑业、金融保险业、邮电通讯业、文化体育业、娱乐业、服务业、转让无形资产、销售不动产。

2. 营业税的税率

(1)交通运输业:包括陆路运输、水路运输、航空运输、管道运输、装卸搬运,税率为3%;

(2)建筑业:包括建筑、安装、修缮、装饰及其他工程作业,税率为3%;

(3)娱乐业:歌舞厅、卡拉OK厅,税率为20%;保龄球、台球,税率为5%;

(4)服务业:包括代理业、旅店业、饮食业、旅游业、仓储业、租赁业、广告业务及其他服务业,税率为5%;

(5)金融保险业:包括金融、保险,税率为5%;

(6)邮电通信业:包括邮政、电信,税率为3%;

(7)文化体育业:包括文化业、体育业,税率为3%;

(8)转让无形资产:包括转让土地使用权、专利权、非专利技术、商标权、著作权、商誉,税率为5%;

(9)销售不动产,主要指销售建筑物及其他土地附着物,税率为5%。

按规定,营业税税目、税率的调整由国务院决定。此外,纳税人兼有不同营业税税目的应税收入,应当分别核算不同税目的营业额、转让额、销售额;未分别核算的,从高适用税率。

(五)营业税应纳税额的计算

营业税的计算方法简便,其计算公式为:

$$应纳税额 = 营业额 \times 税率$$

营业额,是指纳税人提供应税劳务、转让无形资产、销售不动产时向对方收取的全部价款和价外费用。所谓"价外费用",包括向对方收取的手续费、基金、集资费、代收款项、代垫款项及其他各种性质的价外费用。

营业税的计税依据是营业额,营业税法规定了以下几种营业额的确定方法:

（1）运输企业自我国境内运输旅客或者货物出境，在我国境外改由其他运输企业承运的，以全程运费减去付给该承运企业的运费后的余额为营业额。

（2）旅游企业组织旅游团到我国境外旅游，在我国境外改由其他旅游企业接团的，以全程旅游费减去付给该接团企业的旅游费用后的余额为营业额。

（3）建筑业的总承包人将工程分包或者转包给他人的，以工程的全部承包额减去付给分包人或者转包人的价款后的余额为营业额。

（4）外汇、有价证券、期货买卖业务，以卖出价减去买入价的余额为营业额。

（5）保险业实行分保险的，初保业务的全部保费减去支付给分保人的保费后的余额为营业额。

（6）单位或个人进行演出的，以全部票价收入或者包场收入减去支付给演出公司和提供演出场所单位的费用后的余额为营业额。

（7）娱乐业的营业额为经营娱乐业务向顾客收取的各项费用，包括门票收入、台位费、点歌费、烟酒和饮料收费及经营娱乐业的其他各项收费。

纳税人按我国《营业税暂行条例》第5条规定扣除有关项目，取得的凭证不符合法律、行政法规或者国务院税务主管部门有关规定的，该项目金额不得扣除。

如果纳税人提供应税劳务、转让无形资产或销售不动产价格明显偏低而无正当理由的，主管税务机关有权按照下列顺序核定其营业额：

（1）按纳税人当月提供的同类应税劳务或销售同类不动产的平均价格核定。

（2）按纳税人最近时期提供的同类应税劳务或销售同类不动产的平均价格核定。

（3）按下列公式核定营业税额：

计税价格＝营业成本或工程成本×（1＋成本利润率）÷（1－营业税税率）

公式中的成本利润率由省、自治区、直辖市人民政府所属的税务机关确定。

此外，单位或个人自己新建建筑物出售，或者单位将不动产无偿赠与他人，其营业额均按照以上核定营业额的办法确定。

（六）营业税的起征点与减免

1. 营业税的起征点

纳税人营业额未达到起征点的，一律免征营业税；达到或者超过起征点的，应就其营业额的全额征税。营业税的起征点的具体规定如下：

（1）按期纳税的，起征点为月营业额200元—800元。

（2）按次纳税的，起征点为每次（日）营业额50元。

各省、自治区、直辖市人民政府所属的税务机关应在规定的幅度内，根据实际情况确定本地区适用的起征点，并报国家税务总局备案。

2. 营业税的减免

（1）托儿所、幼儿园、养老院、残疾人福利机构提供的育养服务、婚姻介绍、殡葬服务；

（2）残疾人员个人提供的劳务；

（3）医院、诊所和其他医疗机构提供的医疗服务；

（4）学校和其他教育机构提供的教育劳务，学生勤工俭学提供的劳务；

（5）农业机耕、排灌、病虫害防治、植保、农牧保险以及相关技术培训业务，家禽、牲畜、水生动物的配种和疾病防治；

（6）纪念馆、博物馆、文化馆、美术馆、展览馆、书画院、图书馆、文物保护单位举办文化活动的门票收入，宗教场所举办宗教、文化活动的门票收入；

（7）境内保险机构为出口货物提供的保险产品。

（七）营业税的征纳管理

1. 营业税的纳税义务发生时间

一般为纳税人收讫营业收入款项或者取得索取营业收入款项的凭据的当天。对于一些特殊情况下的纳税义务发生时间的规定如下：

（1）纳税人转让土地的使用权或者销售不动产，采取预收款方式的，其纳税义务发生时间为收到预收款的当天。

（2）纳税人自建建筑物后销售，其纳税义务发生时间为其销售自建建筑物并收讫营业额或者取得营业额凭据的当天。

（3）纳税人将不动产无偿赠与他人，其纳税义务发生时间为不动产所有权转移的当天。

2. 营业税的纳税期限

营业税的纳税期限分别为 5 日、10 日、15 日、1 个月或者 1 个季度。纳税人的具体纳税期限，由主管税务机关根据纳税人应纳税额的大小核定；不能按照固定期限纳税的，可以按次纳税。

纳税人以 1 个月或者 1 个季度为一个纳税期的，自期满之日起 15 日内申报纳税。以 5 日、10 日、15 日为一个纳税期的，自期满之日起 5 日内预缴税款，于次月 1 日起 15 日内申报纳税并结清上月应纳税款。扣缴义务人的解缴税款的期限，比照此规定执行。

3. 营业税的纳税地点

（1）纳税人提供应税劳务，应当向其机构所在地或者居住地的主管税务机关申报纳税。但是，纳税人提供的建筑业劳务以及国务院财政、税务主管部门规定的其他应税劳务，应当向应税劳务发生地的主管税务机关申报纳税。

（2）纳税人转让无形资产，应当向其机构所在地或者居住地的主管税务机关申报纳税。但是，纳税人转让、出租土地使用权，应当向土地所在地的主管税务机关申报纳税。

（3）纳税人销售、出租不动产，应当向不动产所在地的主管税务机关申报纳税。

此外，纳税人提供的应税劳务发生在外县（市），应向劳务发生地主管税务机关申报纳税而未申报纳税的，由其机构所在地或者居住地主管税务机关补征税款。纳税人承包的工程跨省、自治区、直辖市的，向其机构所在地主管税务机关申报纳税。

纳税人在本省、自治区、直辖市范围内发生应税行为，其纳税地点需要调整的，由省、自治区、直辖市人民政府所属税务机关确定。

"营改增"试点期间，为保持现行财政体制基本稳定，原归属地方的营业税收入，改征增值税后收入仍归属地方。因试点产生的财政减收，按现行财政体制由中央和地方分别负担。

四、关税法

（一）关税的概念

关税是国家对进出关境的货物和物品的流转额征收的一种流转税。关税法是调整关税的征税机关与纳税人之间的征纳关系及其管理关系的法律关系的总称。

（二）关税的纳税义务人

根据《海关法》的规定，进口货物的收货人、出口货物的发货人、进出境物品的所有人，是关税的纳税义务人。

（三）关税的征税范围

我国关税的征税范围包括准许进出我国国境的各类货物和物品。其中，"货物"是指贸易性的进出口商品。另外，根据《进出口关税条例》第2条的规定，从境外采购进口的原产于中国境内的货物也要征收进口关税。

根据《海关关于入境旅客行李物品和个人邮递物品征收进口税办法》，"物品"包括非贸易性的下列物品：(1) 入境旅客随身携带的行李物品；(2) 个人邮递物品；(3) 各种运输工具上的服务人员携带进口的自用物品；(4) 馈赠物品以及以其他方式入境的个人物品。

（四）关税的税目和税率

我国进出口货物的税目和税率，由海关进出口税则规定。关税的税率分为：

（1）进口关税税率。在我国加入WTO之前，我国进口税则设有两栏税率，即普通税率和优惠税率，加入WTO以后，为履行我国在加入WTO关税减让谈判中承诺的有关义务，从2002年1月起，进口税则分为最惠国税率、协定税率、特惠税率和普通税率。

进口关税税率的适用与货物的原产地密切相关,海关总署对进口货物的原产地的认定有明确规定。

(2)出口关税税率。我国对出口货物一般免征关税,只对盈利特别高的大宗出口商品,国际市场容量有限、盲目出口会在国外形成削价竞销的商品,国内紧俏、需大量进口的商品以及为保护国内资源需要控制出口的商品,才征收出口关税。

按照税则的规定,从 2002 年开始我国只对 36 种商品计征出口关税,但我国目前真正征收出口关税的商品只有 20 种,且税率也较低。

对于我国出口货物原产地的确认,国务院也颁布了《出口货物原产地规则》。

对非贸易性物品,根据《税法》的规定,对应税个人自用物品征收进口税的税率分为三个档次:10%、20% 和 50%。

(五)关税的完税价格和关税应纳税额的计算

关税完税价格,即关税的计税依据,是由海关确定或估定的纳税人用以缴纳关税税款的进出口货物的价格。

(1)进口货物的完税价格。根据《海关法》的规定,进口货物的完税价格包括货物的货价、货物运抵中华人民共和国境内输入地点起卸前的运输及其相关费用、保险费,即 CIF 价格。同时,依据《进出口关税条例》的规定,进口货物的完税价格还应当包括为了在境内制造、使用、出版或者发行的目的而向境外支付的与该进口货物有关的专利、商标、著作权以及专有技术、计算机软件和资料等费用。另外,在货物成交过程中,进口人在成交价格外另外支付给卖方的佣金应计入成交价格,卖方付给进口人的正常回扣,应从成交价格中扣除。

进口货物的收货人或者他们的代理人,应当如实向海关申报进出口货物的成交价格。申报的成交价格明显低于或者高于相同或者类似货物的成交价格的,海关应当按照公正、合理的原则,依法按照一定的顺序估定其完税价格。

(2)出口货物的完税价格。出口货物的完税价格包括货物的货价、货物运至中华人民共和国境内输出地点装载前的运输及其相关费用、保险费,但是其中包含的出口关税税额应当予以扣除。

另外,出口货物在成交价格以外支付给国外的佣金,应予扣除;未单独列明的,则不予扣除。在成交价格以外,卖方另行支付的货物包装费应当计入成交价格。

出口货物的发货人或者他们的代理人,应当如实向海关申报出口货物的成交价格。若纳税人向海关申报的价格明显偏低或者成交双方具有特殊经济关系,海关对离岸价格不能确定时,同样可以对完税价格进行估定。

在完税价格确定后,即可计算关税的应纳税额,其计算公式如下:

$$关税应纳税额 = 关税完税价格 \times 税率$$

(六) 关税的减免

关税的减免分以下三种情形：

1. 法定减免

(1) 无商业价值的广告品和货样；(2) 外国政府、国际组织无偿赠送的物资；(3) 在海关放行前遭受损坏或者损失的货物；(4) 规定数额以内的物品，指关税税额在人民币10元以下的一票货物；(5) 法律规定减征、免征关税的其他货物、物品；(6) 中华人民共和国缔结或者参加的国际条约规定减征、免征关税的货物、物品。此外，《海关进出口税则》中也规定了法定减免关税的情形。

2. 特定减免

按照税法规定，特定地区、特定企业或者有特定用途的进出口货物，可以减征或者免征关税，特定减税或者免税的范围和办法由国务院规定。

3. 临时减免和暂时免纳关税

临时减免实行"一案一批"，临时减征或者免征关税，由国务院决定。经海关批准暂时进口或者暂时出口的货物，以及特准进口的保税货物，在货物收发人向海关缴纳相当于税款的保证金或者提供担保后，准予暂时免纳关税。

(七) 关税的征收与管理

1. 进出口货物缴纳关税税款的程序

(1) 进口货物的纳税义务人，应当在规定的报关期限内向货物进出境地海关申报。

(2) 海关根据税则归类和完税价格计算应缴纳的关税和进口环节代征税，并填发税款缴纳书。

(3) 纳税人应当自海关填发税款缴纳书之日起15日内向指定银行缴纳税款；逾期缴纳的，除依法追缴外，还由海关征收滞纳金。

2. 关税的缴纳方式

我国关税的缴纳方式分为集中缴纳和分散缴纳两种。

3. 关税税款的退补

《海关法》规定，进出口货物、进出境物品放行后，海关发现少征或者漏征税款，应当自缴纳税款或者货物、物品放行之日起1年内，向纳税义务人补征。因纳税义务人违反规定而造成的少征或者漏征，海关在3年以内可以追征。

同时，《海关法》也规定，海关多征的税款，海关发现后应当立即退还；纳税义务人自缴纳税款之日起1年内，可以要求海关退还。

4. 关税税款缴纳的救济程序

为保护纳税人合法权益，《海关法》和《进出口关税条例》都规定了纳税义务人对海关确定的进出口货物的征税、减税、补税或者退税等有异议时，有提出申诉的权利。

第三节 所得税法律制度

一、企业所得税法

(一)企业所得税的概念

企业所得税是以企业在一定期间内的纯所得为征税对象所征收的一种税。自 2007 年 3 月以前我国企业所得税采取的是内资企业所得税和外商投资企业和外国企业所得税分立的模式,即内资企业适用《企业所得税暂行条例》,外商投资企业和外国企业适用《外商投资企业和外国企业所得税法》。采用这种内外有别的两套税制,有悖于国民待遇原则和公平原则,故呼吁两税统一的呼声日益高涨。经过理论界和实务界充分的论证和试点,2007 年 3 月 16 日第十届全国人民代表大会第五次会议审议通过了《企业所得税法》,该法自 2008 年 1 月 1 日施行。2007 年 11 月 28 日国务院又公布了《企业所得税法实施条例》。至此,我国内外资企业所得税的征收适用统一的所得税法。

(二)企业所得税的纳税人

企业所得税的纳税人分为居民企业和非居民企业两类。居民企业是指依法在中国境内成立,或者依照外国(地区)法律成立但实际管理机构在中国境内的企业。居民企业应当就来源于中国境内境外的所得缴纳企业所得税,即负全面的纳税义务。非居民企业是指依照外国(地区)法律成立且实际管理机构不在中国境内,但在中国境内设立机构、场所的,或者在中国境内未设立机构、场所,但有来源于中国境内所得的企业。非居民企业纳税人负有限的纳税义务,即应当就其所设机构、场所取得的来源于中国境内的所得,以及发生在中国境外但与其所设机构、场所有实际联系的所得纳税。

个人独资企业和合伙企业不适用《企业所得税法》。

(三)企业所得税的征税对象

企业所得税的征税对象为企业每一纳税年度的收入总额,减除不征税收入、免税收入、各项扣除以及允许弥补的以前年度亏损后的余额,也就是应纳税所得额。

(四)企业所得税的应纳税额的计算

企业所得税的计算公式:

$$应纳税额 = 应纳税所得额 \times 税率$$

根据《企业所得税法》第 4 条的规定,企业所得税的税率为 25%。其中,应纳税所得额是指纳税人每一纳税年度的收入总额减去准予扣除项目的余额。

根据《企业所得税法》的规定,企业以货币形式和非货币形式从各种来源取得的收入,包括:

(1) 销售货物收入;

(2) 提供劳务收入;

(3) 财产转让收入,是指纳税人有偿转让各类财产取得的收入;

(4) 股息、红利等权益性投资;

(5) 利息收入,是指纳税人购买各种债券等有价证券的利息、外单位欠款付给的利息以及其他利息收入;

(6) 租金收入,是指纳税人出租固定资产、包装物以及其他财产而取得的租金收入;

(7) 特许权使用费收入,是指纳税人提供或者转让专利权、非专利技术、商标权、著作权以及其他特许权的使用权而取得的收入;

(8) 接受捐赠收入;

(9) 其他收入,是指除上述各项收入之外的一切收入。

按照《企业所得税法》第 8 条的规定,确定应纳税所得额时,企业实际发生的与取得收入有关的、合理的支出,包括成本、费用、税金、损失和其他支出,准予在计算应纳税所得额时扣除,企业发生的公益性捐赠支出,在年度利润总额 12% 以内的部分,准予扣除。

(五) 企业所得税的税率

企业所得税的税率分为四档:一是基准税率,大多数居民企业和非居民企业都适用 25% 的税率;二是非居民企业在中国境内未设立机构、场所的,或者虽设立机构、场所但取得的所得与其所设的机构、场所没有实际联系的所得,按 20% 计征所得税;三是符合法律规定的小型微利企业,也适用 20% 的税率;四是国家需要重点扶持的高新技术企业减按 15% 的税率计征所得税。

根据财政部、国家税务总局 2010 年 10 月 22 日公布的《关于支持和促进就业有关税收政策的通知》第 2 条规定:"对商贸企业、服务型企业(除广告业、房屋中介、典当、桑拿、按摩、氧吧外)、劳动就业服务企业中的加工型企业和街道社区具有加工性质的小型企业实体,在新增加的岗位中,当年新招用持《就业失业登记证》(注明'企业吸纳税收政策')人员,与其签订一年以上期限劳动合同并依法缴纳社会保险费的,在三年内按实际招用人数予以定额依次扣减营业税、城市维护建设税、教育费附加和企业所得税优惠。定额标准为每人每年 4000 元,可上下浮动 20%,由各省、自治区、直辖市人民政府根据本地实际情况在此幅度内确定具体定额标准,并报财政部和国家税务总局备案。"

(六) 企业所得税的税收优惠

我国《企业所得税法》最大的变化是税收优惠由区域优惠转化为行业优惠。

符合下列条件的企业,可享受以下减税或免税优惠:

(1) 从事农、林、牧、渔业的项目的所得;

(2) 从事国家重点扶持的公共基础设施项目投资经营的所得;

(3) 从事符合条件的环境保护、节能节水项目的所得;

(4) 符合条件的技术转让所得。

(七) 企业所得税的征收管理

1. 企业所得税的纳税地点

居民企业以企业登记注册地为纳税地点,但登记注册地在境外的,以实际管理机构所在地为纳税地点;非居民企业获得与其设立的机构和场所有关的所得,纳税地点为机构场所所在地,如果非居民企业在中国境内设立两个或者两个以上的机构、场所的,经税务机关审核批准,可以择其主要机构场所汇总缴纳所得税。非居民企业获得与其设立的机构和场所无关的所得,以扣缴义务人所在地为纳税地点。

2. 企业所得税的纳税期限

缴纳企业所得税,应当按年计算,分月或者分季预缴。纳税人在纳税年度内无论盈利或亏损,应当按照规定的期限,向当地主管税务机关报送所得税申报表和年度会计报表。年度终了后15日内,向其所在地主管税务机关报送会计决算报表和所得税申报表,并在一个纳税年度终了后5个月内汇算清缴,多退少补。企业在年度中间终止经营活动的,应当在自实际经营终了之日起六十日内,向税务机关办理当期所得税汇算清缴。

3. 企业所得税特别纳税调整

这项制度的设计主要是为了防范关联企业之间的避税行为。按照企业所得税法的规定,企业与其关联方之间的业务往来,不符合独立交易原则而减少企业或者其关联方应纳税收入或者所得额的,税务机关有权按照合理方法调整。企业与其关联企业共同开发、受让无形资产,或者共同提供接受劳务发生的成本,在计算应纳税所得额时应当按照独立交易原则分摊。企业可以向税务机关提出与其关联方之间业务往来的定价原则和计算方法,税务机关与企业协商、确认后,达成预约定价安排。企业不提供与其关联方之间业务往来资料,或者提供虚假、不完整资料,未能真实反映其关联业务往来情况的,税务机关有权依法核定其应纳税所得。

二、个人所得税法

(一) 个人所得税法的概念

个人所得税,是对个人(自然人)在一定期间取得的应税所得征收的一种税。

个人所得税法,是调整征税机关与自然人之间在个人所得税的征纳与管理过程中发生的社会关系的法律规范的总称。

个人所得税是世界各国普遍开征的一个税种。在西方发达国家,所得税在国家税收体系中占有主要地位。在我国,目前个人所得税占整个税收收入的比例在逐渐上升,已经成为我国第四大税种。2005年10月27日十届全国人大常委会第十八次会议对《个人所得税法》重新作了修改,2006年1月1日起施行。

我国的税收持续多年高达20%、30%的增长速度,国家的财政收入增速相当快,加之从2008年至今我国的物价水平上涨了10%—15%,居民的生活成本也在逐步攀升,故个人所得税的改革呼声很高。2011年5月31日,在为期一个多月的《个人所得税法修正案(草案)》征集意见结束后,2011年6月30日第十一届全国人民代表大会常务委员会第二十一次会议《关于修改〈个人所得税法〉的决定》第六次修正,国务院也公布了关于修改《个人所得税法实施条例》的决定,自2011年9月1日起施行。

(二)个人所得税的纳税人

我国《个人所得税法》采用住所和居住时间两个标准,将纳税人区分为居民和非居民。

居民纳税人,是指凡在中国境内有住所,或者无住所而在境内居住满1年的个人,即为居民纳税人,应就其来源于中国境内、境外的所得,依法缴纳个人所得税。

非居民纳税人,是指凡在中国境内无住所又不居住或者无住所而在境内居住不满1年的个人,承担有限纳税义务,仅就其从中国境内取得的所得,缴纳个人所得税。

(三)个人所得税的征税对象

我国个人所得税法将所得分为境内所得和境外所得。下列个人所得为应税所得:

(1)工资、薪金所得。

(2)个体工商户的生产、经营所得。

(3)对企事业单位的承包经营、承租经营所得。

(4)劳务报酬所得。

(5)稿酬所得。

(6)特许权使用费所得。

(7)利息、股息、红利所得。

(8)财产租赁所得。

(9)财产转让所得。

(10)偶然所得。

(11) 经国务院财政部门确定征税的其他所得。

(四) 个人所得税的税率

我国《税法》根据不同的征收项目,分别规定了以下几种税率:

(1) 7 级超额累进税率。工资、薪金所得,适用 7 级超额累进税率,按月计征,最低一级税率为 3%,最高一级税率为 35%。每月所得超过 3500 元以上的部分征税。

(2) 5 级超额累进税率。个体工商户的生产、经营所得和对企事业单位的承包经营、承租经营所得,适用 5 级超额累进税率,按年计算,分月预缴,最低税率是 5%,最高一级税率是 35%。

(3) 20% 比例税率。个人的劳务报酬所得,稿酬所得,特许权使用费所得,利息、股息、红利所得,财产租赁所得,财产转让所得,偶然所得和其他所得,按次征税,适用 20% 比例税率。但有以下特殊情况:第一,稿酬所得,适用比例税率,税率为 20%,并按应纳税额减征 30%。第二,劳务报酬所得,一次收入畸高的,可以实行加成征收。

(五) 个人所得税应纳税额的计算

我国实行分类所得税制,纳税人按不同的所得项目,分别扣除费用计算应纳税的所得额,进而按不同项目的应纳税所得额,适用相应的税率计算应纳的所得税额。

1. 工资、薪金所得的应纳税额的计算

$$应纳税额 = 应纳税所得额 \times 适用税率 - 速算扣除数$$

对在境内没有住所的居民在中国境内取得的工资、薪金,在中国境内有住所而在境外取得的工资、薪金所得的纳税人,根据其平均收入水平、生活水平以及汇率情况确定附加减除费用,即每月在减除 3500 元的费用的基础上,再减除 1300 元。

2. 个体工商户的生产、经营所得的应纳税额的计算

$$应纳税所得额 = 每一纳税年度的收入总额 - 成本、费用、损失$$
$$应纳税额 = 应纳税所得额 \times 适用税率 - 速算扣除数$$

3. 对企事业单位承包经营、承租经营所得的应纳税额的计算

$$应纳税所得额 = 每一纳税年度的收入总额 - (3500 元 \times 12)$$
$$应纳税额 = 应纳税所得额 \times 适用税率 - 速算扣除数$$

4. 劳务报酬所得的应纳税额的计算

对劳务报酬所得每次收入 4000 元以下的,

$$应纳税额 = (每次收入额 - 800 元) \times 20\%$$

对劳务报酬所得每次收入 4000 元以上的,

$$应纳税额 = 每次收入额 \times (1 - 20\%) \times 20\%$$

对劳务报酬所得一次收入畸高的,可以实行加成征收。

5. 稿酬所得的应纳税额的计算

对稿酬所得每次收入 4000 元以下的,

$$应纳税额 = (每次收入额 - 800 元) \times 20\% \times (1 - 30\%)$$

对稿酬所得每次收入 4000 元以上的,

$$应纳税额 = 每次收入额 \times (1 - 20\%) \times 20\% \times (1 - 30\%)$$

6. 特许权使用费所得、财产租赁所得的应纳税额的计算

对特许权使用费所得、财产租赁所得每次收入 4000 元以下的,

$$应纳税额 = (每次收入额 - 800 元) \times 20\%$$

对特许权使用费所得、财产租赁所得每次收入 4000 元以上的,

$$应纳税额 = 每次收入额 \times (1 - 20\%) \times 20\%$$

7. 利息、股息、红利所得、财产转让所得、偶然所得和其他所得的应纳税额计算

$$应纳税额 = 每次收入 \times 20\%$$

(六) 个人所得税的税收优惠

下列所得免征个人所得税:

(1) 省级人民政府、国务院部委和中国人民解放军军以上单位,以及外国组织、国际组织颁发的科学、教育、技术、文化、卫生、体育、环境保护等方面的奖金。

(2) 国债和国家发行的金融债券利息。

(3) 依照国家统一规定发给的补贴、津贴。

(4) 福利费、抚恤金、救济金。

(5) 保险赔款。

(6) 军人的转业费、复员费。

(7) 按照国家统一规定发给干部、职工的安家费、退职费、退休工资、离休工资、离休生活补助费。

(8) 依照《外交特权与豁免条例》和《领事特权与豁免条例》的规定应予免税的各国驻华使馆、领事馆的外交代表、领事官员和其他人员的所得。

(9) 中国政府参加的国际公约、签订的协议中规定免税的所得。

(10) 经国务院财政部门批准免税的所得。

有下列情形之一的,经批准可以减征个人所得税:

(1) 残疾、孤老人员和烈属的所得;

(2) 因严重自然灾害造成重大损失的;

(3) 其他经国务院财政部门批准减税的。

另外,根据财政部、国家税务总局 2010 年 10 月 22 日公布的《关于支持和促进就业有关税收政策的通知》第 1 条规定:"对持《就业失业登记证》(注明"自主

创业税收政策"或附着《高校毕业生自主创业证》)人员,从事个体经营(除建设业、娱乐业以及销售不动产、转让土地使用权、广告业、房屋中介、桑拿、按摩、网吧、氧吧外)的,在三年内按每户每年8000元为限额,依次扣减其当年实际应缴纳的营业税、城市维护建设税、教育费附加和个人所得税。"

(七)个人所得税的征收管理

个人所得税的缴纳方式有两种:

1. 代扣代缴。个人所得税以所得人为纳税义务人,以支付所得的单位或者个人为扣缴义务人。工资、薪金所得应纳的税款,按月计征,由扣缴义务人或者纳税义务人在次月15日内缴入国库,并向税务机关报送纳税申报表。特定行业的工资、薪金所得应纳的税款,可以实行按年计算,分月预缴的方式计征。

2. 自行申报。纳税义务人有下列情形之一的,应当按照规定到主管税务机关办理纳税申报:(1)年所得12万元以上的;(2)从中国境内两处或者两处以上取得工资、薪金所得的;(3)从中国境外取得所得的;(4)取得应税所得,没有扣缴义务人的;(5)国务院规定的其他情形。

个体工商户的生产、经营所得应纳的税款,按年计算,分月预缴,由纳税义务人在次月15日内预缴,年度终了后3个月内汇算清缴,多退少补。

对企事业单位的承包经营、承租经营所得应纳的税款,按年计算,由纳税义务人在年度终了后30日内缴入国库,并向税务机关报送纳税申报表。纳税义务人在1年内分次取得承包经营、承租经营的,应当在取得每次所得后的15日内预缴,年度终了后3个月内汇算清缴,多退少补。

从中国境外取得所得的纳税义务人,应当在年度终了后30日内,将应纳的税款缴入国库,并向税务机关报送纳税申报表。

第四节 财产税和行为税法律制度

财产税是指以国家规定的纳税人的某些特定财产数量或价值额为征税对象的一类税。财产税法是调整财产税征纳关系的法律规范的总称。我国现行财产税的税种较少,征税面也较窄。随着我国经济的快速发展,遗产税和赠与税的适时出台,物业税取代房产税,将使我国的财产税法体系有较大的改观。

一、资源税法

(一)资源税的概念

资源税是对在我国境内开采应税矿产品以及生产盐的单位和个人,因自然资源和开采条件差异而形成的级差收入征收的一种税。资源税法是调整资源税征收与缴纳关系的法律规范的总称。

我国的资源税改革试点工作,自2010年6月1日起在新疆率先启动,随后试点扩大到内蒙古、甘肃、四川、青海、贵州、宁夏等12个西部省区。2011年9月21日国务院第173次常务会议通过了《关于修改〈资源税暂行条例〉的决定》(以下简称《条例》),并自2011年11月1日起施行。

为了促进资源节约开采利用,提高资源使用效率,保护环境、调整经济结构以及实现经济社会可持续发展,我国将继续推进其他资源品目资源税改革,将逐步扩大从价定率计征范围,并适当提高税率水平,以充分发挥资源税的调节作用。

(二)资源税的纳税人

资源税的纳税人为在中华人民共和国领域及管辖海域或开采《条例》规定的矿产品或者生产盐的单位和个人。

从2011年11月1日起,参与合作开采海洋与陆上石油开采的中外企业原本缴纳的矿区使用费统一改为缴纳资源税。

进口矿产品和盐以及经营已税矿产品和盐的单位和个人,不属于资源税的纳税人。

(三)资源税的征税范围

资源税的征税范围具体限定如下:

(1)原油。是指开采的天然原油,不包括人造石油。

(2)天然气。是指专门开采或者与原油同时开采的天然气。

(3)煤炭。是指原煤,不包括洗煤、选煤及其他煤炭制品。

(4)其他非金属矿原矿。是指上列产品和井矿盐以外的非金属矿原矿。

(5)盐。一是固体盐,包括海盐原盐、湖盐原盐和井矿盐。二是液体盐,是指卤水。

(四)资源税的税率

纳税人具体适用的税率,在《资源税税目税率表》规定的税率幅度内,根据纳税人所开采或者生产应税产品的资源品位、开采条件等情况,由财政部商国务院有关部门确定;财政部未列举名称且未确定具体适用税率的其他非金属矿原矿和有色金属矿原矿,由省、自治区、直辖市人民政府根据实际情况确定,报财政部和国家税务总局备案。

(五)资源税应纳税额的计算

资源税的应纳税额,按照从价定率或者从量定额的办法征收,计算公式分别如下:

从价定率征收的,应纳税额 = 销售额 × 比例税率

从量定额征收的,应纳税额 = 销售数量 × 定额税率

此外,纳税人开采或者生产不同税目应税产品的,应当分别核算不同税目应

税产品的销售额或者销售数量;未分别核算或者不能准确提供不同税目应税产品的销售额或者销售数量的,从高适用税率。

(六)资源税的减免

(1)开采原油过程中用于加热、修井的原油免税。

(2)纳税人开采或者生产应税产品过程中,因意外事故或者自然灾害等原因遭受重大损失的,由省、自治区、直辖市人民政府酌情决定减税或者免税。

(3)国务院规定的其他减税、免税项目。

(七)资源税的征收管理

1. 纳税义务发生时间

资源税的纳税义务发生时间与增值税的纳税义务发生时间基本一致。

2. 纳税期限

资源税的纳税期限为1日、3日、5日、10日、15日或者1个月,由主管税务机关根据实际情况具体核定。不能按固定期限计算纳税的,可以按次计算纳税。

3. 纳税地点

纳税人应纳的资源税,应当向应税产品的开采或生产所在地主管税务机关缴纳。纳税人在本省、自治区、直辖市范围内开采或者生产应税产品,其纳税地点需要调整的,由省、自治区、直辖市税务机关决定。跨省开采或生产资源税应税产品的单位,其下属生产单位与核算单位不在同一省、自治区、直辖市的,对其开采的矿产品,一律在开采地或者生产地纳税。实行从量计征的应税产品,其应纳税款一律由独立核算的单位按照每个开采地或者生产地的销售量及适用税率计算划拨;实行从价计征的应税产品,其应纳税款一律由独立核算的单位按照每个开采地或者生产地的销售量、单位销售价格及适用税率计算划拨。

二、燃油税法

(一)燃油税的概念

燃油税是指对在我国境内使用的汽车所购用的汽油、柴油征收的一种税。燃油税是费改税的产物,它取代了公路养路费、航道养护费、公路运输管理费、公路客货运附加费、水路运输管理费、水运客货运附加费等六项收费,其实质是汽车燃油税。简而言之,就是将现有的养路费转换成燃油税并实行捆绑收费。

在我国,燃油税的出台经历了一个较漫长的过程。早在1994年有关部门就正式提出开征燃油税,1997年全国人大通过的《公路法》首次提出以"燃油附加费"替代养路费等,拟于1998年起实施,但最终燃油税改革始终未能确定下来。为了稳定国内油品市场,国务院采取了分步实施改革,第一步是从2001年1月1日起先开征车辆购置税取代车辆购置附加费,第二步是根据国际市场原油价格变动情况,择机出台燃油税。2008年11月26日国务院常务会议审议燃油税费改革方案,12月17日温家宝总理主持国务院常务会议,会议批准了成品油价格和税费改革方案,决定自2009年1月1日起开征燃油税。

(二) 燃油税的纳税人

燃油税的纳税人是指在我国境内使用汽车并购用汽油、柴油的单位和个人。具体包括各类企事业单位、国家机关、社会团体及其他组织、个体经营者等,外商投资企业、外国企业、华侨、港澳台同胞及外国公民也包括在内。

(三) 燃油税的税率

燃油税实行从量征收,具体的税率标准是:汽油的固定税额为每升1元,柴油的固定税额为每升0.8元。其他成品油单位税额也相应提高。

开征燃油税的国家,都会根据本国国情制定不同的成品油消费税政策。由于石油是不可再生资源,而且会产生污染排放,因此各国普遍对燃油征收重税,如法国的税率是300%,德国是260%,日本是120%,英国是73%。许多发展中国家的燃油税税率也较高,如印度的汽油税就高达65%。

我国开征燃油税,不仅合理地建立了反映石油能源稀缺程度的资源价格形成体制,而且更好地体现了"多用路、多烧油、多纳税"的公平税应原则,也是节约能源、保护环境的必然选择,同时,作为经济杠杆,开征燃油税对促进节能减排目标的实现也具有十分重要的现实意义。

三、土地增值税法

(一) 土地增值税的概念

土地增值税是对转让国有土地使用权、地上建筑物及其附着物并取得收入的单位和个人,就其转让房地产所取得的增值额征收的一种税。我国现行土地增值税的征收依据是1994年1月1日起施行的《土地增值税暂行条例》。

(二) 土地增值税的纳税人

土地增值税的纳税人是指转让国有土地使用权、地上建筑物及其附着物并取得收入的单位和个人,具体包括各类企事业单位、国家机关、社会团体及其他组织、个体经营者等。外商投资企业、外国企业、华侨、港澳台同胞及外国公民也包括在内。

(三) 土地增值税的税率

土地增值税实行四级超额累进税率:

(1) 增值额未超过扣除项目金额50%的部分,税率为30%;

(2) 增值额超过扣除项目金额50%,未超过扣除项目金额100%的部分,税率为40%;

(3) 增值额超过扣除项目金额100%,未超过扣除项目金额200%的部分,税率为50%;

(4) 增值额超过扣除项目金额200%的部分,税率为60%。

(四) 土地增值税的计算

土地增值税的计税依据,是纳税人转让房地产取得的收入减除法定扣除项目金额后的余额,即纳税人转让房地产所取得的增值额。法定的扣除项目包括:

(1) 取得土地使用权所支付的金额。

(2) 开发土地和新建房及配套设施(简称房地产开发)的成本。

(3) 开发土地和新建房及配套设施的费用(简称房地产开发费用)。

(4) 旧房及建筑物的评估价格。

(5) 与转让房地产有关的税金。

(6) 财政部规定的其他扣除项目。

纳税人有下列情形之一的,按照房地产评估价格来确定房地产收入和扣除项目金额:

(1) 隐瞒、虚报房地产成交价格的,应由评估机构参照同类房地产的市场交易价格进行评估。税务机关根据评估价格确定转让房地产的收入。

(2) 提供扣除项目金额不实的,应由评估机构按照房屋重置成本价乘以成新度折扣率计算房屋成本价和取得土地使用权时的基准地价进行评估。税务机关根据评估价格确定扣除项目金额。

(3) 转让房地产的成交价格低于房地产评估价格,又无正当理由的,由税务机关参照房地产评估价格确定转让房地产的收入。

土地增值税的计算公式为:

$$应纳税额 = 增值额 \times 税率 - 扣除项目金额 \times 速算扣除系数$$

(五) 土地增值税的减免

按照税法的有关规定,有下列情形之一的可以免税:

(1) 纳税人建造普通标准住宅出售,增值额未超过扣除项目金额的20%的。

(2) 因国家建设需要依法征用、收回的房地产。

(3) 个人因工作调动或改善居住条件而转让原自用住房,经向税务机关申报核准,凡居住满5年或5年以上的,免予征收土地增值税;居住满3年未满5年的,减半征收土地增值税。

(4) 个人之间互换自有居住用房地产的,经当地税务机关核实,可以免征土地增值税。

(六) 土地增值税的征收管理

纳税人应在转让房地产合同签订后的7日内,到房地产所在地主管税务机关办理纳税申报,并向税务机关提交房屋及建筑物产权、土地使用权证书,土地转让、房产买卖合同,房地产评估报告及其他转让房地产有关的资料。

四、耕地占用税法

(一) 耕地占用税的概念

耕地占用税是对我国境内占用耕地建房或者从事其他非农业建设的单位和个人,按其实际占用的耕地面积征收的一种税。我国现行耕地占用税的征收依据是1987年4月1日起施行的《耕地占用税暂行条例》。

(二) 耕地占用税的纳税人和征收范围

耕地占用税的纳税人是在我国境内占用耕地建房或者从事其他非农业建设的单位和个人,包括机关、团体、部队、企事业单位和个人。此外,承包集体土地的农户和个体农民在其承包的耕地上进行非农业建设的,也是耕地占用税的纳税人;外商投资企业经批准征用的土地,免征耕地占用税。

耕地占用税的征收范围是被占用建房或者从事其他非农业建设的耕地,包括国家和集体所有的耕地。

(三) 耕地占用税的税率

耕地占用税的税率为地区差别定额税率,各地区适用的具体税额为:

(1) 人均耕地在1亩以下(含1亩)的地区,每平方米为2—10元;
(2) 人均耕地在1—2亩(含2亩)的地区,每平方米为1.6—8元;
(3) 人均耕地在2—3亩(含3亩)的地区,每平方米为1.3—6.5元;
(4) 人均耕地在3亩以上的地区,每平方米为1—5元。

各地区适用的税额,由各省、自治区、直辖市人民政府在上述规定的幅度内,依据本地区的具体情况加以确定。

此外,农村居民(包括渔民和牧民)占用耕地建设自用住宅,税额按照上述规定减半征收;经济特区、经济技术开发区和经济发达、人均耕地特别少的地区,适用的税额可以适当提高,但是最高不得超过上述规定税额的50%。

(四) 耕地占用税的税收优惠

下列经批准占用的耕地免税:

(1) 部队军事设施用地;
(2) 铁路线路、飞机场跑道和停机坪用地;
(3) 炸药库用地;
(4) 学校、幼儿园、敬老院、医院用地;
(5) 殡仪馆、火葬场用地;
(6) 直接为农业生产服务的农田水利设施用地。

此外,农村革命烈士家属、革命残废军人、鳏寡孤独以及老、少、边、穷地区生活困难的农户,在规定用地标准内新建住宅确有困难的,由纳税人提出申请,经所在地乡(镇)人民政府审核,报县人民政府批准,可以给予减税或者免税。

（五）耕地占用税的征收管理

耕地占用税由财政部门负责征收。获批准征用或者占用耕地的单位和个人，应自土地管理部门批准占用耕地之日起 30 日内，持批件按规定税额向财政机关缴纳税款。对单位和个人获准征用或者占用耕地超过 2 年不使用的，按规定税额加征 2 倍以下耕地占用税。

五、城镇土地使用税法

（一）城镇土地使用税的概念

城镇土地使用税是对我国城市、县城、建制镇和工矿区使用土地的单位和个人，以其实际占用的土地面积为征税对象征收的一种税。我国城镇土地使用税的征收依据是 1988 年 11 月 1 日起施行的《城镇土地使用税暂行条例》。

（二）城镇土地使用税的纳税人

城镇土地使用税的纳税人是指在城市、县城、建制镇和工矿区使用土地的单位和个人，但是不包括外商投资企业、外国企业和外国人。

城镇土地使用税一般由土地使用权拥有者缴纳。如果拥有土地使用权的单位和个人不在土地所在地，则以土地的实际使用人或代管人为纳税人；如果土地使用权未确定或权属纠纷未解决，则以实际使用人为纳税人；如果土地使用权为共有，则由共有各方按其实际使用的土地面积分别纳税。

（三）城镇土地使用税的税率和应纳税额的计算

城镇土地使用税采用定额税率，不同地区每平方米土地年税额分别为：

(1) 大城市 0.5—10 元；

(2) 中等城市 0.4—8 元；

(3) 小城市 0.3—6 元；

(4) 县城、建制镇、工矿区 0.2—4 元。

省、自治区、直辖市人民政府，应当在上述税额幅度内，根据市政建设状况、经济繁荣程度等条件，确定所辖地区的适用税额幅度。此外，经省、自治区、直辖市人民政府批准，经济落后地区土地使用税的适用税额标准可以适当降低，但降低额不得超过规定最低税额的 30%；经济发达地区土地使用税的适用税额标准可以适当提高，但须报经财政部批准。

城镇土地使用税的计税依据是纳税人实际占用的土地面积，应纳税额的计算公式为：

$$应纳税额 = 实际占用的土地面积 \times 适用税额$$

（四）城镇土地使用税的减免

按照规定，下列土地免缴城镇土地使用税：

(1) 国家机关、人民团体、军队自用的土地；

(2) 国家财政部门拨付事业经费的单位自用的土地；

(3) 宗教寺庙、公园、名胜古迹自用的土地；

(4) 市政街道、广场、绿化地带等公共用地；

(5) 直接用于农、林、牧、渔业生产用地；

(6) 经批准开山填海整治的土地和改造的废弃土地，从使用的月份起免缴土地使用税 5—10 年；

(7) 财政部另行规定免税的能源、交通、水利设施用地和其他用地。

除上述规定外，纳税人缴纳土地使用税确有困难需要定期减免的，由省、自治区、直辖市税务机关审核后，报国家税务局批准。

(五) 城镇土地使用税的征收管理

城镇土地使用税按年计算，分期缴纳，具体的纳税期限由省、自治区、直辖市人民政府确定。

城镇土地使用税由土地所在地的税务机关征收。纳税人使用的土地不属于同一省、自治区、直辖市管辖的，由纳税人分别向土地所在地的税务机关缴纳土地使用税；在同一省、自治区、直辖市管辖范围内，纳税人跨地区使用的土地，其纳税地点由各省、自治区、直辖市税务机关确定。

六、房产税法

(一) 房产税的概念

房产税是以房产为征收对象，以房产的价值或租金收入为计税依据向房产所有人或经营人征收的一种税。我国现行房产税的征收依据是 1986 年 10 月 1 日起施行的《房产税暂行条例》①。

在 2011 年的中央经济工作会议上，首次明确要推进房产税改革的试点工作。从目前房产税改革试点情况来看，在总结重庆、上海两地试点经验的基础上，进一步推进房产税改革的大方向已明确。房产税改革是对楼市调控的中长期制度安排，它有利于地方税收体系建立，解决地方财政收入来源。

(二) 房产税的纳税人

房产税的纳税主体为在我国拥有房屋产权的单位和个人。产权属于全民所有的，由经营管理的单位缴纳。产权属于集体和个人所有的，集体单位和个人为纳税义务人。

此外，产权出典的，由承典人纳税；产权所有人、承典人不在房产所在地的，或者产权未确定及租典纠纷未解决的，由房产代管人或者使用人纳税。

---

① 涉外企业和外籍人员依据 1951 年 8 月政务院颁布的《城市房地产税暂行条例》缴纳城市房地产税。

(三) 房产税应纳税额的计算

(1) 从价计征。根据我国《房产税暂行条例》规定,房产税依照房产原值一次减除 10%—30% 的余值计算缴纳。具体减除幅度,由省、自治区、直辖市人民政府规定。其计算公式为:

$$应纳税额 = 应税房产原值 \times (1 - 扣除比例) \times 1.2$$

(2) 从租计征。房产出租的,以房产租金收入为房产税的计税依据,其计算公式为:

$$应纳税额 = 租金收入 \times 12\%$$

(四) 房产税的减免

下列房产免征房产税:

(1) 国家机关、人民团体、军队自用的房产;
(2) 由国家财政部门拨付事业经费的单位自用的房产;
(3) 宗教寺庙、公园、名胜古迹自用的房产;
(4) 个人所有非营业用的房产;
(5) 经财政部批准免税的其他房产。

(五) 房产税的征收管理

房产税的纳税义务发生时间为:

(1) 纳税人将原有房产用于生产经营的,从生产经营之月起,缴纳房产税。
(2) 纳税人自行兴建房屋用于生产经营的,自建成之次月起征收房产税。
(3) 纳税人委托施工企业建设房屋的,从办理验收手续之次月起征收房产税。纳税人在办理验收手续前已使用或出租、出借新建房屋的,应从使用或出租、出借的当月起,缴纳房产税。

房产税按年征收、分期缴纳。纳税期限由省、自治区、直辖市人民政府规定。房产税由房产所在地的税务机关征收。房产不在一地的纳税人,应按房产的坐落地点,分别向房产所在地的税务机关缴纳房产税。

七、契税法

(一) 契税的概念

契税是指以所有权发生转移变动的不动产为征税对象,向产权承受人征收的一种税。我国现行契税的征收依据是 1997 年 10 月 1 日起施行的《契税暂行条例》。

(二) 契税的纳税人

契税的纳税人,是指在我国境内转让土地、房屋权属时,承受土地使用权、房屋所有权的单位和个人。"单位",是指企业单位、事业单位、国家机关、军事单位和社会团体以及其他组织;"个人"是指个体经营者及其他个人。另外,契税的纳税人还包括外商投资企业、外国企业和外国人。

（三）契税的应纳税额计算

契税的计税依据，具体规定如下：

（1）国有土地使用权出让、土地使用权出售、房屋买卖的，其计税依据为成交价格。

（2）土地使用权赠与、房屋赠与的，其计税依据由征收机关参照土地使用权出售、房屋买卖的市场价格核定。

（3）土地使用权交换、房屋交换的，其计税依据为所交换土地使用权、房屋的价格差额。

上述成交价格明显低于市场价格并且无正当理由，或者所交换土地使用权、房屋的价格差额明显不合理且无正当理由，应由征收机关参照市场价格核定。

契税采用3%—5%的幅度比例税率，具体适用的税率，由省、自治区、直辖市人民政府在此幅度内根据本地区的实际情况确定，并报财政部和国家税务总局备案。

契税的应纳税额计算公式为：

$$应纳税额 = 计税依据 \times 税率$$

（四）契税的减免

依据《契税暂行条例》的规定，下列情况可以免征契税：

（1）国家机关、事业单位、社会团体、军事单位承受土地、房屋直接用于办公、教学、医疗、科研和军事设施的，免征契税；

（2）城镇职工按规定第一次购买公有住房的，免征契税；

（3）因不可抗力灭失住房而重新购买住房的，酌情准予减征或者免征契税；

（4）财政部门规定的其他减征、免征契税的项目。

（五）契税的征收管理

契税纳税义务发生的时间，为纳税人签订土地、房屋权属转移合同的当天，或者纳税人取得其他具有土地、房屋权属转移合同性质凭证的当天。

纳税人应当自纳税义务发生之日起10日内，向土地、房屋所在地的契税征收机关办理纳税申报，并在契税征收机关核定的纳税期限内缴纳税款。

契税的征收机关为土地、房屋所在地的财政机关或者地方税务机关，具体的征收机关由省、自治区、直辖市人民政府确定。征收机关可以根据征收管理的需要，委托有关单位代征契税，具体代征单位由省、自治区、直辖市人民政府确定。

八、车船税法

（一）车船税的概念

车船税是对在中华人民共和国境内，车辆、船舶（以下简称车船）的所有人或者管理人征收一种税。我国现行车船税的征收依据是第十一届全国人民代表大会常务委员会第十九次会议于 2011 年 2 月 25 日通过的《中华人民共和国车船税法》（以下简称《车船税法》），自 2012 年 1 月 1 日起施行。

（二）车船税的纳税人

车船税的纳税人是在我国境内拥有车船的单位和个人。纳税人既可以是车船的所有人，也可以是车船的管理人。

（三）车船税的税率

车辆的具体适用税额，由省、自治区、直辖市人民政府依照《车船税法》所附《车船税税目税额表》规定的税额幅度和国务院的规定确定。

船舶的具体适用税额，由国务院在《车船税法》所附《车船税税目税额表》规定的税额幅度内确定。

（四）车船税的税收优惠

下列车船免征车船税：

（1）捕捞、养殖渔船；

（2）军队、武装警察部队专用的车船；

（3）警用车船；

（4）依照法律规定应以予以免税的外国驻华使领馆、国际组织驻华代表机构及其有关人员的车船。

对节约能源、使用新能源的车船可以减征或免征车船税；对受严重自然灾害影响纳税困难以及有其他特殊原因确需减税、免税的，可以减征或者免征车船税。具体办法由国务院规定，并报全国人民代表大会常务委员会备案。

此外，省、自治区、直辖市人民政府根据当地实际情况，可以对公共交通车船、农村居民拥有并主要在农村地区使用的摩托车、三轮汽车和低速载货汽车定期减征或者免征车船税。

（五）车船税的征收管理

车船税纳税义务发生时间，为取得车船所有权或者管理权的当月。

车船税按年申报缴纳，具体申报纳税期限由省、自治区、直辖市人民政府规定。

车船税的纳税地点，为车船的登记地或者车船税扣缴义务人所在地，依法不需要办理登记的车船，车船税的纳税地点为车船的所有人或者管理人所在地。

九、车辆购置税法

（一）车辆购置税的概念

车辆购置税是对我国境内购置应税车辆的单位和个人征收的一种税。我国现行车辆购置税的征收依据是 2001 年 1 月 1 日起施行的《车辆购置税暂行条例》。

(二) 车辆购置税的纳税人和征收范围

车辆购置税的纳税人是在我国境内购置应税车辆的单位和个人。

车辆购置税的征收范围包括汽车、摩托车、电车、挂车、农用运输车。车辆购置税征收范围的调整,由国务院决定并公布。

(三) 车辆购置税应纳税额的计算

车辆购置税采用比例税率,税率为10%。

车辆购置税的计税依据是应税车辆的计税价格,具体规定如下:

(1) 纳税人购买自用的应税车辆的计税价格,为纳税人购买应税车辆支付给销售者的全部价款和价外费用,但不包括增值税税款。

(2) 纳税人进口自用的应税车辆的计税价格,为关税完税价格、关税和消费税之和。

(3) 纳税人自产、受赠、获奖或者以其他方式取得并自用的应税车辆的计税价格,由主管税务机关参照最低计税价格核定。

车辆购置税应纳税额的计算公式为:

$$应纳税额 = 计税价格 \times 税率$$

(四) 车辆购置税的税收优惠

(1) 外国驻华使馆、领事馆和国际组织驻华机构及其外交人员自用的车辆免税。

(2) 中国人民解放军和中国人民武装警察部队列入军队武器装备订货计划的车辆免税。

(3) 设有固定装置的非运输车免税。

(4) 由国务院规定予以免税或者减税的其他情形的,按照规定免税或者减税。

(五) 车辆购置税的征收管理

车辆购置税实行一次征收制度。购置已征收车辆购置税的车辆,不再征收车辆购置税。

纳税人购买自用应税车辆的,应当自购买之日起60日内申报纳税;进口自用应税车辆的,应当自进口之日起60日内申报纳税。自产、受赠、获奖或者以其他方式取得并自用应税车辆的,应当自取得之日起60日内申报纳税。

纳税人购置应税车辆,应当向车辆登记注册地的主管税务机关申报纳税;购置不需要办理车辆登记注册手续的应税车辆,应当向纳税人所在地的主管税务机关申报纳税。

十、印花税法

（一）印花税的概念

印花税是对经济活动和经济交往中书立、使用、领受应税凭证的单位和个人征收的一种税。我国现行印花税的征收依据是1988年8月国务院发布的《印花税暂行条例》。

（二）印花税的纳税人

印花税的纳税人是指在我国境内书立、使用、领受应税凭证的单位和个人。

根据书立、使用、领受应税凭证的不同，印花税的纳税人可以分为立合同人、立据人、立账簿人、领受人和使用人。

如果同一应税凭证由两方或者两方以上的当事人签订并各执一份的，当事人各方均为纳税人，应当由各方就所执的一份各自全额贴花。

（三）印花税的征收范围

印花税的征收范围分为以下几类：

(1) 合同或者具有合同性质的凭证；

(2) 产权转移书据；

(3) 营业账簿；

(4) 权利、许可证照；

(5) 经财政部确定征税的其他凭证。

（四）印花税的税率

印花税采用比例税率和定额税率两种形式。各类合同及具有合同性质的凭证、产权转移书据、记载资金的账簿等适用比例税率，其他营业账簿和权利许可证照等适用定额税率。对同一凭证，因载有两个或两个以上经济事项而适用不同的税率，如果分别记载金额的，应分别计算，相加后按合计税额贴花；如果未分别记载金额的，按税率高的计税贴花。

（五）印花税的减免

下列凭证免税：

(1) 已缴纳印花税的凭证的副本或抄本；

(2) 财产所有人将财产赠给政府、抚养孤老伤残的社会福利单位、学校所立的书据；

(3) 国家指定的收购部门与村民委员会、农民个人书立的农副产品收购合同；

(4) 无息、贴息贷款合同；

(5) 外国住房或者金融组织向我国政府及国家金融机关提供优惠贷款所书立的合同；

(6) 经财政部批准免税的其他凭证。

(六) 印花税的征收管理

印花税的纳税方法又称"三自纳税"方法,即纳税人在书立、领受应税凭证时,按照凭证的种类和适用税率自行计算税额,自行购买印花税票,自行粘贴印花税票并按规定加以注销的缴纳方法。

一份凭证应纳税额超过500元的,纳税人应当向当地税务机关申请填写缴款书或者完税凭证,将其中一联粘贴在凭证上或者由税务机关在凭证上加注完税标记代替贴花。

同一种类应纳税凭证,须频繁贴花的,应向当地税务机关申请按期汇总缴纳印花税。税务机关对核准汇总缴纳印花税的单位,应发给汇缴许可证。汇总缴纳的限期限额由税务机关确定,但最长期限不得超过1个月。

第五节 税收征管法律制度

税收征管法,是调整在税收征管过程中发生的社会关系的法律规范的总称。1992年9月4日第七届全国人大常委会第七次通过了《税收征收管理法》,这是我国第一部税收征管法律,也是我国税收走向法制化的一个重要标志。1995年2月28日第八届全国人大常委会第十二次会议作了第一次修正,2001年4月28日第九届全国人大常委会第二十一次会议对《税收征管法》又进行了修订。为了适应新形势下税收征管工作的需要,更好地规范税收征收和缴纳行为,保护纳税人的合法权益,2013年6月29日第十二届全国人大常委会第三次会议对《税收征管法》作了再次修正。为了依法推进行政审批制度改革和政府职能转变,国务院令第638号于2013年5月31日国务院第10次常务会议又通过了对《税收征管法实施细则》的修改,这标志着我国税收征管法制及税收征管工作又迈上了新的台阶。

一、税务管理法律制度

(一) 税务登记

税务登记,又称纳税登记,是指纳税人、扣缴义务人在开业、歇业前以及生产经营期间发生有关变动时,在法定期限内就其涉税情况向主管税务机关办理书面登记的一项制度。税务登记是税务机关与纳税人之间建立法定的税收征纳关系的基本点。

税务登记分设立登记、变更登记、注销登记三种。

根据我国现行《税收征收管理法》第15条规定,税务机关应当于收到纳税人办理税务登记申报的当日办理登记并发给税务登记证件。

（二）账簿、凭证管理

账簿和凭证管理，是纳税人的经济活动的性质和结果的记载，是征管工作的关键。按照国家有关规定，从事生产、经营的纳税人应当自领取营业执照或者发生纳税义务之日起15日内设置账簿。扣缴义务人应当自税收法律、行政法规规定的扣缴义务发生之日起10日内，按照所代扣、代收的税种，分别设置代扣代缴、代收代缴税款账簿。纳税人应当按照规定安装、使用税控装置，并按照税务机关的规定报送有关数据和资料，不得损毁或者擅自改动税控装置。

从事生产、经营的纳税人应当自领取税务登记证件之日起15日内，将其财务、会计制度或者财务、会计处理办法报送主管税务机关备案。纳税人使用计算机计账的，应当在使用前将会计电算化系统的会计核算软件、使用说明书及有关资料报送主管税务机关备案。

根据我国现行《税收征管法实施细则》第23条规定，生产、经营规模小又确无建账能力的纳税人，可以聘请经批准从事会计代理记账业务的专业机构或者财会人员代为建账和办理账务。

从事生产、经营的纳税人、扣缴义务人必须按照国务院财政、税务主管部门规定的保管期限保管账簿、记账凭证、完税凭证及其他有关资料，不得伪造、变造或者擅自损毁上述资料。除了法律、行政法规另有规定的外，账簿、记账凭证、报表、完税凭证、发票、出口凭证以及其他有关涉税资料应当保存10年。

（三）发票管理

发票是记载经济活动的基础性商事凭证，是一切经济业务活动过程中收付款项时开具和取得的一种合法凭证。经国务院批准，1993年12月23日财政部发布了《发票管理办法》。2010年12月8日国务院第136次常务会议通过了《关于修改〈发票管理办法〉的决定》，并自2011年2月1日起施行。

《发票管理办法》第2条规定"在中华人民共和国境内印制、领构、开具、取得、保管、缴销发票的单位和个人（以下称印制、使用发票的单位和个人），必须遵守本办法"。

《发票管理办法》第4条第1款规定，国务院税务主管部门统一负责全国的发票管理工作。省、自治区、直辖市国家税务局和地方税务局依据各自的职责，共同做好本行政区域内的发票管理工作。

增值税专用发票由国务院税务主管部门确定的企业印制；其他发票，按照国务院税务主管部门的规定，由省、自治区、直辖市税务机关确定的企业印制。禁止私自印制、伪造、变造发票。

印制发票应当使用国务院税务主管部门确定的全国统一的发票防伪专用品。禁止非法制造发票防伪专用品。

《发票管理办法》，细化了发票的违法情形，明确了未按规定领购、开具、取得、保管、接受检查的具体情况,将丢失发票或者擅自损毁发票列入违法行为,增加对"开具与实际经营业务情况不符的发票的处罚,开具方与收取方同责",并且加大了对发票违法行为的处罚力度。

(四)纳税申报

纳税申报,是指纳税人、扣缴义务人根据税法的规定,向税务机关提交涉税事项的书面报告的法定行为。

纳税人、扣缴义务人可以直接到税务机关办理纳税申报或者报送代扣代缴、代收代缴税款报告表,也可以按照规定采取邮寄、数据电文或者其他方式办理上述申报、报送事项。

纳税申报的主要内容包括:税种、税目,应纳税项目或者应代扣代缴、代收代缴税款项目,计税依据,扣除项目及标准,适用税率或者单位税额,应退税项目及税额、应减免税项目及税额,应纳税额或者应代扣代缴、代收代缴税额,税款所属期限,延期缴纳税款、欠税、滞纳金等。

纳税人、扣缴义务人不能按期办理纳税申报或者报送代扣代缴、代收代缴税款报告表的,经税务机关批准,可以延期申报。

经核准延期办理前款规定的申报、报送事项的,应当在纳税期内按照上期实际缴纳的税额或者税务机关核定的税额预缴税额,并在核准的延期内办理税款结算。

二、税款征收法律制度

税款征收是指税务机关依法征收税款,纳税人、扣缴义务人依法缴纳或者解缴税款的一项法定手续,是征管工作的重点。

(一)税款征收方式

(1)查账征收。是指纳税人依法向税务机关申报应税收入或应税所得及应纳税额,并报送有关账册和资料,税务机关依法进行审核,填开纳税缴款书,由纳税人自行到指定银行缴纳税款的一种征收方式。它适用于财会制度健全、能正确计税的纳税人。

(2)查定征收。是指税务机关对纳税人的生产经营情况进行查实,进而核定其应纳税额的一种征收方式。它适用于生产规模小、财会制度不健全的小企业和个体工商户。

(3)查验征收。是指税务机关到纳税人的生产经营场所进行实地查验,进而确定其应纳税额的一种征收方式。它适用于财务制度不健全、生产经营不固定的纳税人。

(4)定期定额征收。是指税务机关根据纳税人的生产经营情况,按期核定应纳税额,分期征收税款的一种征收方式。它适用于账册不健全的个体工商户。

(5) 代扣代缴、代收代缴。是指根据税法规定负有代扣代缴、代收代缴税款义务的扣缴义务人,按照税法规定对纳税人应纳税款进行扣缴或收缴的征收方式。

(6) 委托征收。是指税务机关根据国家有关规定,委托有关单位和人员代征少数零星分散和异地缴纳的税收的一种征收方式。

(二) 税款延期征收

若纳税人有特殊困难不能按期缴纳税款的,应当在缴纳税款期限届满前提出申请,并报送有关材料。税务机关应当自收到申请延期缴纳税款报告之日起20日内作出批准或者不予批准的决定。只有经省、自治区、直辖市国家税务局、地方税务局批准后,纳税人方可延期缴纳税款,但最长不得超过3个月。

纳税人未按照规定期限缴纳税款的,扣缴义务人未按照规定期限解缴税款的,或者申请延期缴纳税款报告未被批准的,税务机关除责令其限期缴纳外,从滞纳税款之日起,按日加收滞纳税款万分之五的滞纳金。

(三) 对关联企业的税款征收

按照《税收征收管理法》及其《实施细则》的规定,企业或者外国企业在中国境内设立的从事生产、经营的机构、场所与其关联企业之间的业务往来,应当按照独立企业之间的业务往来收取价款或费用;不按照独立企业之间的业务往来收取或者支付价款、费用,从而减少其应纳税的收入或者所得额的,税务机关有权进行合理调整。

税务机关可以调整其应纳税额的情形有下列五种情况:(1) 购销业务未按照独立企业之间的业务往来作价;(2) 融通资金所支付或者收取的利息超过或者低于没有关联关系的企业之间所能同意的数额,或者利率超过或者低于同类业务的正常利率;(3) 提供劳务,未按照独立企业之间业务往来收取或者支付劳务费用;(4) 转让财产、提供财产使用权等业务往来,未按照独立企业之间业务往来作价或者收取、支付费用;(5) 未按照独立企业之间业务往来作价的其他情形。

税务机关调整计税收入额或者所得额的方法有:(1) 按照独立企业之间进行的相同或者类似业务活动的价格;(2) 按照再销售给无关联关系的第三者的价格所应取得的收入和利润水平;(3) 按照成本加合理的费用和利润;(4) 按照其他合理的方法。

(四) 税款的补缴、追征制度

《税收征收管理法》第52条规定,因税务机关的责任,致使纳税人、扣缴义务人未缴或少缴税款的,税务机关在3年内可以要求纳税人、扣缴义务人补缴税款,但不得加收滞纳金。

因纳税人、扣缴义务人计算错误等失误,未缴或少缴税款的,税务机关在3

年内可以追征税款和滞纳金;有特殊情况的,追征期可以延长到5年。

对偷税、抗税、骗税的,税务机关追征其未缴或少缴的税款、滞纳金,或所骗取的税款,不受前述期限的限制。

三、税款征收保障制度

(一) 税收保全制度

税务机关有根据认为从事生产、经营的纳税人有逃避纳税义务行为的,可以在规定的纳税期之前,责令限期缴纳应纳税款。在限期内发现纳税人有明显的转移、隐匿其应纳税的商品、货物以及其他财产或者应纳税的收入的迹象的,税务机关可以责成纳税人提供纳税担保。

如果纳税人不能提供纳税担保,经县以上税务局(分局)局长批准,税务机关可以采取下列税收保全措施:(1) 书面通知纳税人开户银行或者其他金融机构冻结纳税人的金额相当于应纳税款的存款;(2) 扣押、查封纳税人的价值相当于应纳税款的商品、货物或者其他财产(包括纳税人的房地产、现金、有价证券等不动产和动产)。

纳税人在税务机关采取税收保全措施后,按照税务机关规定的期限缴纳税款的,税务机关应当自收到税款或者银行转回的完税凭证之日起1日内解除税收保全。

(二) 税收强制执行制度

从事生产、经营的纳税人、扣缴义务人未按照规定的期限缴纳或者解缴税款,纳税担保人未按照规定的期限缴纳所担保的税款,由税务机关责令限期缴纳,发出限期缴纳税款通知书,责令缴纳或者解缴税款的最长期限不得超过15日。逾期仍未缴纳的,经县以上税务局(分局)局长批准,税务机关可以采取下列强制执行措施:(1) 书面通知其开户银行或者其他金融机构从其存款中扣缴税款;(2) 扣押、查封、依法拍卖或者变卖其价值相当于应纳税款的商品、货物或者其他财产(包括纳税人的房地产、现金、有价证券等不动产和动产),以拍卖或者变卖所得抵缴税款。

(三) 税收优先权制度

当税收债权和其他债权同时存在时,税收征收原则上应优先于其他债权,此为税收债权的一般优先权。《税收征收管理法》第45条第1款、第2款规定了税收优先权的内容:(1) 税收优先于无担保债权,法律另有规定的除外;(2) 纳税人欠缴的税款,发生在纳税人以其财产设定抵押、质押或者纳税人的财产被留置之前的,税收应优先于抵押权、质权、留置权。(3) 纳税人欠缴税款,同时又被行政机关处以罚款、没收违法所得的,税收优先于罚款、没收违法所得。

(四) 税收代位权和撤销权制度

根据《税收征收管理法》第 50 条的规定,税务机关可以依照《合同法》第 73 条的规定行使代位权。所谓税收代位权,是指欠缴税款的纳税人因怠于行使其到期债权,而对国家税收即税收债权造成损害时,由税务机关以自己的名义代替纳税人行使其债权的权力。

税收撤销权,是指税务机关对于欠缴税款的纳税人滥用财产处分权而对国家税收造成损害的行为,请求法院予以撤销的权力。

(五) 欠税公告制度

税法规定,税务机关应当对纳税人欠缴税款的情况定期予以公告。县级以上各级税务机关应当将纳税人的欠税情况,在办税场所或者广播、电视、报纸、期刊、网络等新闻媒体上定期公告。对纳税人欠缴税款的情况,实行定期公告的办法,由国家税务总局制定。

(六) 离境清税制度

根据《税收征收管理法》第 44 条及其《实施细则》第 74 条的规定,欠缴税款的纳税人或者它的法定代表人需要出境的,应当在出境前向税务机关结清应纳税款、滞纳金或者提供担保。未结清税款、滞纳金,又不能提供担保的,税务机关可以通知出境管理机关阻止其出境。阻止出境的具体办法,由国家税务总局会同公安部制定。

四、税务检查和稽查制度

(一) 税务检查制度

税务检查,是指税务机关根据税收法律法规及其他相关规定,对纳税主体履行纳税义务、扣缴税款义务进行的检验、核查活动。

根据《税收征收管理法》及其《实施细则》的有关规定,税务机关在税务检查中具有:(1) 查账权;(2) 场地、经营情况检查权;(3) 责成提供资料权;(4) 询问权;(5) 单证检查权;(6) 存款账户、储蓄存款查询权;(7) 取证权;(8) 采取税收保全措施和税收强制执行措施权。

在税务检查过程中,税务机关应依法履行的义务主要有:(1) 示证检查义务;(2) 资料退还义务;(3) 保密义务;(4) 回避义务。

(二) 税务稽查制度

税务稽查,指税务机关依法对纳税人、扣缴义务人履行纳税义务和扣缴义务情况所进行的税务检查和处理工作的总称。

税务稽查的方法一般包括:(1) 室内检查和实地检查;(2) 全面检查和重点检查;(3) 顺查法和逆查法;(4) 联系查法和侧面查法;(5) 比较分析法和控制计算法;(6) 观察法、查询法和外调法;(7) 盘存法。

五、税务代理制度

税务代理是指,税务代理人在法定的代理范围内,受纳税人、扣缴义务人的委托,代为办理税务事宜的各项行为的总称。实行税务代理的主要法律依据有:1994年国家税务总局发布的《税务代理试行办法》,1996年11月人事部、国家税务总局发布的《注册税务师资格制度暂行规定》,1999年1月人事部、国家税务总局发布的《注册税务师职业资格考试实施办法》,1999年10月国家税务总局发布的《有限责任税务师事务所设立及审批暂行办法》《合伙税务师事务所设立及审批暂行办法》和《注册税务师职业准则(试行)》,2001年11月国家税务总局发布的《税务代理业务规程(试行)》,2005年12月国家税务总局发布的《注册税务师管理暂行办法》以及《税收征收管理法》等。2014年8月12日,国务院发布《关于取消和调整一批行政审批项目等事项的决定》(国发〔2014〕27号),明确取消注册税务师职业资格许可,进一步明确注册税务师不是准入类考试资格,而是水平评价类职业资格。

根据相关规定,税务代理的业务范围是:(1)办理税务登记、变更税务登记和注销税务登记;(2)办理除增值税专用发票外的发票领购;(3)办理纳税申报或扣缴税款报告;(4)办理缴纳税款和申请退税;(5)制作涉税文书;(6)审查纳税情况;(7)建账建制,办理账务;(8)税务咨询、受聘税务顾问;(9)税务行政复议;(10)国家税务总局规定的其他业务。

思 考 题

1. 怎样理解税法与民法的关系?
2. 我国《税收征收管理法》中关于税收优先权是怎样规定的?

实战案例

1. 湖北京山县某煤炭经营公司主要从事煤炭经销业务,为增值税一般纳税人。1999年3月,该国税局检查人员在某化工厂进行增值税年度结算时,发现化工厂与该煤炭经营部的往来账户上贷方发生额为140万元。再检查结算商事凭证,发现结算商事凭证有两种发票,一种为煤炭经营部开具的增值税发票,另一部分则为运输公司开具的运费发票,两种发票总和为140万元。从开具的运费发票上分析,货物数量、公里、单价、金额等均符合要求,也未多开运费。从运费的发票来源分析,该运费属于符合两个条件的代垫运费。为核查该代垫运费是否是价外费用转移,检查人员决定到煤炭经营部看一看。

通过对经营部的账务检查,上述代垫运费确属价外费用,不是符合两个条件的代垫运费。情况是这样的:煤炭经营部1998年1—6月经营的煤炭总计为4828吨,全部销售给化工厂,进货运费已申报进项抵扣。煤炭销售给化工厂后,经营部为了少缴税,令运输公司开具运费发票,金额为72.4万元,同时,煤炭经营部按煤炭销售额140万元,减去运费金额72.4万元后开具了增值税发票,价税合计67.6万元,经营部将此增值税发票记入了销售账户,而不符合两个条件的价外费用当做代垫费用没有计入销售账户。该笔煤炭进货时取得增值税专用发票价税合计为62.6万元,运费发票金额为72.4万元,进项税额为14.2万元,销项税额为7.8万元,应纳税金为负的6.4万元。经营部收取的价外费用未提取销项税的8.3万元,应补税1.9万元。

问题:

根据《税收征收管理法》分析,该企业是否构成偷税?税务机关应如何处理?

2. 甲制药公司为增值税一般纳税人,注册资本金3000万元,生产职工年均2000人。2001年相关生产、经营资料如下:

(1) 公司坐落在某市区,全年实际占用土地面积共计14万平方米,其中:公司办的职工子弟学校占地1万平方米、幼儿园占地4000平方米、非独立核算的门市部占地6000平方米、职工宿舍占地4万平方米、生产经营场所占地80000平方米。

(2) 公司上年末结转到本年度的固定资产原值共计5200万元,其中:房产原值3200万元,机器设备原值2000万元。签订租赁合同一份,7月1日将房产原值200万元的仓库出租给某商场存放货物,出租期限2年,共计租金48万元。签订合同时交付半年租金12万元,其余在租用期的当月收取。

(3) 年初向各医药销售公司签订销售合同20份,记载金额9000万元。年终实现不含税销售额9000万元,取得送货的运输费收入46.8万元;购进制药原材料,取得增值税专用发票,注明购货金额2400万元、进项税额408万元;支付购货的运输费50万元,保险费和装卸费30万元,取得运输公司及其他单位开具的普通发票。

(4) 应扣除的销售产品成本6000万元;发生销售费用1200万元,其中广告宣传费800万元;发生财务费用320万元,其中1月1日与关联企业签订借款合同,借款2000万元,借期1年,支付利息费用100万元,同期银行贷款的年利息率为5;发生管理费用960万元(不包含有关税金),其中业务招待费用40万元,新产品开发费用80万元(2000年公司发生新产品开发费用60万元);全年计入成本、费用中的实发工资总额2300万元,并按照规定的比例计算提取了职工工会经费、职工福利费和职工教育经费,取得了工会相关票据。

(5)8月发生意外事故,经税务机关核定库存原材料损失50万元,10月公司取得了保险公司赔款10万元;9月8日通过教育部门向农村义务教育捐款8万元,10月1日直接给某老年服务机构捐款5万元。

问题:

该纳税人应缴纳的增值税税额为多少?

参考文献

刘剑文主编:《财税法学研究述评》,高等教育出版社2004年版。

张守文:《财税法疏议》,北京大学出版社2005年版。

刘隆亨主编:《当前财税法基础理论及热点问题》,北京大学出版社2004年版。

刘剑文、熊伟:《税法基础理论》,北京大学出版社2004年版。

第十一章 银行法律制度

内容提要

在国内优化银行治理结构、强化银行业监管以及逐步全面开放银行业的压力面前,我国的银行法律制度正历经着重大变革与转型。至今,我国不断加快银行立法的步伐,制定了大量银行法规与规章,构建了一个相对完整的银行法体系。银行法律制度从性质上可以界分为三部分内容:银行监管法律制度、商业银行法律制度和政策银行法律制度。银行监管法律制度主要体现为中国人民银行、银行业监督管理委员会作为监管机构,相互分工与协作,对银行与非银行金融机构所实施的监管。其中,中国人民银行的法律地位、职能与货币政策工具,银行业监督管理委员会的职责与监管方式、手段等知识点较为重要。商业银行作为典型的银行金融机构,其业务活动最能反映银行业务活动的基本特性。全面了解、把握商业银行的设立、组织结构、监督管理以及其他业务的基本准则,具有重要意义。此外,以贯彻政府经济政策为目标,专门经营政策性货币信用业务的政策银行法律制度,也是银行法律制度的有机构成。

第一节 银行法概述

一、银行的功能

银行是专门经营存款、贷款和汇兑等货币信用业务,充当信用中介和支付中介的金融机构。它是商品经济的产物,也是商品经济快速、稳健发展不可或缺的前提条件之一。近代银行经过几百年的发展,逐步成为功能齐全、渗透到社会各部门的经济支柱。其主要功能有以下几个方面:(1)信用中介。银行一方面以存款的形式吸收社会大量闲置资金,另一方面以贷款的形式将集中的货币资金提供给生产和流通等部门使用,从而充当货币资金供给者与使用者的信用中介。(2)支付中介。银行保管着存款人的存款资金和贷款人的转存款,为客户办理收付、转账结算等金融服务业务,充当社会支付的中介。(3)信用创造。银行可以创造代替金融铸币流通的信用工具,如银行券、支票、汇票等。银行发行各种信用流通工具,不仅大大节约了金属铸币所需花费的非生产性流通费用,而且更能满足流通过程对流通手段和支付手段的需要。(4)金融服务。银行利用其方便的条件和设施为客户提供多种金融服务。(5)国家调控经济。各类银行配合政府的宏观经济政策,直接参与对社会经济的调控。中央银行的货币政策是国家调控经济、达到社会经济总量增长和结构平衡的最有效的政策措施。

二、金融机构体系

(一)金融机构体系的含义

金融机构体系是指一个国家银行与非银行金融机构的有机结合形成的金融机构体系。由银行与非银行金融机构组成的金融机构体系是一个国家的金融体制的重要组成部分。银行是最早产生和发展起来的金融机构,是一国金融机构体系的核心部分。银行,特别是商业银行,能够经营综合性的业务与非银行金融业务,非银行金融业务和机构多是从商业银行的业务和机构中派生出来的。故金融机构体系有广义和狭义之分。狭义的金融机构体系仅指银行机构体系。广义的金融机构体系除银行机构外,还包括非银行金融机构。本章此处指广义的金融机构体系。

(二)金融机构体系的分类

以不同标准,金融机构体系有不同的分类。

(1)以能否吸收经营存款业务为标准,可以将金融机构分为银行性金融机构和非银行性金融机构。银行性金融机构是吸收存款的或专门发行以存款形式为主的间接金融机构,包括商业银行和专业银行两类。商业银行是以经营存贷款业务为主的金融机构,它具有创造和收缩存款货币的机能,且能经营综合性金融业务,故有"金融百货公司"之称。专业银行是指经营指定范围内的业务或为特定对象提供专门性的金融服务的机构,如储蓄银行、信托银行、投资银行、开发银行、农业银行、进出口银行等。非银行性金融机构是指不吸收存款,而以契约方式为客户提供金融服务的机构,如财务公司、金融公司、租赁公司、信托公司、投资公司、基金公司、保险公司等。

(2)以设立宗旨为标准,可以将金融机构分为商业性金融机构和政策性金融机构。凡以营利为目的的金融机构,均为商业性金融机构,包括商业银行和部分专业银行和非银行金融机构。凡不以营利为目的而服从于国家经营政策需要的金融机构称为政策性金融机构,如开发银行、农业银行、进出口银行、住宅银行、金融资产管理公司等。

三、中国现行金融机构体系

我国现行的金融机构体系是以中国人民银行作为中央银行居于核心地位,商业银行、政策性银行和证券机构、保险机构、信托机构等非银行金融机构为主体,信用合作机构为补充的金融组织体系,亦即广义的金融机构体系。

(一) 中央银行——中国人民银行

中国人民银行是中华人民共和国的中央银行。中国人民银行在我国金融体系中居于领导地位,在国务院领导下,制定和实施货币政策,对金融市场进行宏观调控。

(二) 商业银行

我国的商业银行是银行体系中的主体,它由国有独资商业银行、股份制商业银行、专业性商业银行和合作制商业银行及外资银行组成。

1. 国有独资商业银行

现阶段国有商业银行是我国商业银行体系中的主体,它们是由1979年以后陆续恢复、分设的国家专业银行演变而来的,即中国农业银行、中国银行、中国工商银行、中国建设银行四大商业银行。

2. 股份制商业银行

(1) 全国性股份制商业银行。目前已恢复和建成10家全国性股份制商业银行,即交通银行、中信实业银行、中国光大银行、华夏银行、招商银行、广东发展银行、深圳发展银行、福建兴业银行、上海浦东发展银行、中国民生银行等。

(2) 地方性股份制商业银行。地方性商业银行是指主要服务于地方经济发展的股份制银行。在我国是指由原信用合作社组合而成的城市商业银行和农村商业银行。

(3) 专业性商业银行。专业性商业银行是指从事某一专门性金融业务的商业银行。我国目前的邮政储蓄机构即属此类。

(4) 合作制商业银行。合作制商业银行是指金融功能、业务范围和经营规则与股份制商业银行相同,但采取合作制企业形态的银行。2003年4月8日挂牌成立的宁波鄞州农村合作银行为我国第一家农村合作银行。农村信用合作社、城市信用合作社亦属此类。

(三) 政策性银行

政策性银行是指由政府创办的、不以营利为目的的、专门配合政府经济政策而设立的从事政策融资业务的金融机构。1994年,我国组建了三家政策性银行,即国家开发银行、中国进出口银行和中国农业发展银行。

(四) 非银行金融机构

我国目前的非银行金融机构有证券公司、保险公司、信托公司、财务公司、租赁公司、金融资产管理公司、汽车金融公司等。其中规模较大的有中国国际信托投资公司、中国人民保险公司、华夏、国泰君安、大鹏、光大等证券公司以及华融、长城、信达、东方四家金融资产管理公司。

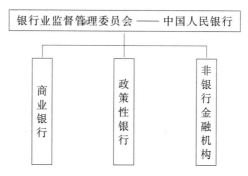

图 11-1　中国现行金融机构体系

四、中国现行银行立法

银行法是调整银行组织机构、业务经营和监督管理过程中发生的各种社会关系的法律规范的总称。就其调整对象而言，可以说，银行法是银行体制的法制化，即国家通过立法对各类银行及非银行金融机构的种类、性质、地位、职能、作用、组织、业务及其相互关系予以规定或确认，并严格依法规范和管理的一种制度体系。银行体制是一国金融体制的核心，没有银行体制也就无所谓金融体制。就功能而言，金融活动主要是通过各类银行和非银行金融机构来进行的。因而，银行法也就成为金融法律的核心与基础。

我国现行银行法源自改革开放，随着银行业改革的发展与深化，我国法制化进程的加速，为适应社会主义市场经济需要，我国不断加快银行立法的步伐，制定了大量银行法规与规章。至2003年4月，全国人大常委会决定成立中国银行业监督管理委员会（以下简称银监会），履行原由中国人民银行履行的审批、监管银行业的职责。中国人民银行专司央行职能，维护金融稳定。为适应该重大变革，既有的银行法必须作出相应修改。因此，国务院即组织中国人民银行与银监会起草《中华人民共和国银行业监督管理法》（以下简称《银监法》），同时修订《中国人民银行法》和《商业银行法》，这三部法律于2003年12月通过，并从2004年2月起施行。可以说，这三部银行基本法的颁布奠定了我国银行业的基本框架，使我国银行业真正纳入了法治化轨道，意义重大。与此同时，国务院和中国人民银行、银监会制定、颁布了大量涉及银行组织和银行业务的行政法规和规章，构成了一个相对完整的银行法体系。

第二节 中央银行法

中央银行法,在我国即为中国人民银行法,是确认和规定中国人民银行地位、组织、货币政策、金融监管等的法律。在一国的银行体系中,中央银行(我国为中国人民银行)处于核心地位,它是发行的银行、政府的银行和银行的银行;它制定和执行货币政策,并通过各种货币政策工具实现对经济宏观调控;它与银监会协调、配合,履行必要的金融监管职责。

一、中国人民银行的性质与法律地位

(一)中国人民银行的性质

中国人民银行的性质是指中国人民银行区别于其他金融机构的根本属性,具体指中国人民银行是属于国家行政机关,还是属于企业或其他市场主体,或者二者兼而有之。一般来说,各国中央银行既是特殊金融机构,又是特殊国家行政机关。说其是特殊金融机构,是因为它多数是由国家出资设立,属于国家所有的金融机构,同时它为政府办理金融业务,接受国家最高权力机关和行政机关的双重领导。说其是特殊的国家行政机关,是因为它不同于其他普通国家行政机关,是办理金融业务的具有特殊地位的国家行政机关;中央银行履行职能主要靠经济手段,通过调节和控制货币信用活动来实现。中央银行在履行职能时有自己的收入,并实行资产负债管理等。依照我国《中国人民银行法》的规定,中国人民银行性质体现在以下几个方面:

(1)中国人民银行是政府的银行。中国人民银行是政府的银行是指中国人民银行是国务院的职能部门,负责发布与履行其职责有关的命令和规章;依法制定和执行货币政策;监督管理银行间同业拆借市场和银行间债券市场;实施外汇管理,监督管理银行间外汇市场;监督管理黄金市场;持有、管理、经营国家外汇储备、黄金储备;经理国库;维护支付、清算系统的正常运行;指导、部署金融业反洗钱工作,负责反洗钱的资金监测;负责金融业的统计、调查、分析和预测;作为国家的中央银行,从事有关的国际金融活动。

虽然中国人民银行是政府的职能部门,但它与一般行政机关又有所区别,这主要表现在:中国人民银行作为一个银行,要办理金融业务,提供金融服务,例如办理对其他银行和金融机构及政府的存贷款业务、清算业务、发行业务等,并且有大量的经营收益。这与完全依靠国家财政拨付经费的政府机关不同。中国人民银行的金融管理主要是经济手段,这与主要依靠行政手段进行管理的一般行政机关也是不同的。

(2)中国人民银行是发行的银行。中国人民银行是发行的银行,是全国的货币发行机关。中国人民银行根据国家的授权,统一印制和掌管人民币的发行工作,建立统一的发行机构。

(3)中国人民银行是银行的银行。中国人民银行是银行的银行,是指中央银行同商业银行之间的特殊业务关系,中国人民银行在我国银行体系中居于主导地位。中央银行的业务关系对象不是一般的企业和个人,而是商业银行。中国人民银行作为中央银行与其他银行是有所区别的。主要表现在:中国人民银行不经营商业银行的对企业存放款业务,而以政府和银行为开展业务活动的对象;中国人民银行不以营利为目的,不与商业银行争利;商业银行是服务性企业,但中国人民银行是金融监督管理机关,主要任务是监督管理金融。

依照法律规定,各商业银行不得将其存款全部贷出,而要向中国人民银行交纳存款准备金,中国人民银行是商业银行存款准备金的最终保管者。存款准备金的比率由中国人民银行规定。

当商业银行遇到资金周转上的困难,在同业银行间也难拆借融通时,可以向中国人民银行申请短期贷款的再贴现。中国人民银行是商业银行的最后贷款人。

中国人民银行是唯一代表国家进行金融机构控制和金融管理的特殊金融机构,它不仅经营对商业银行的存款、贷款、清算业务,而且要监督管理金融。中国人民银行统一检查监督执行有关存款准备金管理规定的行为;执行与中国人民银行特种贷款有关的行为;执行有关人民币管理规定的行为;执行有关银行间同业拆借市场、银行间债券市场管理规定的行为;执行有关外汇管理规定的行为;执行有关黄金管理规定的行为;执行有关清算管理规定的行为等。

(二)中国人民银行的法律地位

中国人民银行的法律地位,是指通过法律形式规定中国人民银行在国家机构体系中的地位,即其与政府、其他职能部门的关系,实质便是中国人民银行的独立性问题。

中央银行的独立性是指中央银行独立于政府,不受政治干预,具有执行法定职责的充分自主权。强调中央银行独立于政府的根本原因是政府为了达到经济增长的目的,可能不顾通货膨胀的风险,而采取货币扩张政策,所以中央银行制定和实施货币政策的权力必须免受政府的左右和影响。但是,中央银行的独立性不是绝对的,法律必须建立中央银行的问责机制,也就是中央银行必须对其他机构负责,以限制其自由裁量权的无限扩张。

一部中央银行法是否赋予了中央银行以独立性可以从中央银行法是否为中央银行的独立性在组织上和功能上提供了保障来判断。组织保障是指中央银行法在中央银行的组织以及其与政府之间的关系方面为中央银行独立性提供了保障;功能保障是指中央银行法对中央银行履行职责的独立性提供了保障。

1. 组织保障

（1）任命

中央银行的任命应该是多元化的。任命多元化首先体现在货币政策委员会的组成人员应反映不同的利益群体的利益。其次，任命多元化体现在中央银行行长、副行长任命程序的多元化。对此，各国中央银行法的规定不尽相同，有的是由总统和政府首脑提出候选名单，由议会批准决定；有的则是由议会提出建议名单，由总统或政府首脑决定。我国《中国人民银行法》第10条规定，中国人民银行行长的人选，根据国务院总理的提名，由全国人民代表大会决定；全国人民代表大会闭会期间，由全国人民代表大会常务委员决定，由国家主席任免。中国人民银行副行长由国务院总理任免。第11条进一步规定，中国人民银行实行行长负责制。行长领导中国人民银行的工作，副行长协助行长工作。

（2）任期

中央银行法对中央银行行长、副行长任期作出较长期限，特别是长于政府任期的规定也是保障中央银行独立性的措施。如德意志银行行长的任期是8年；美联储理事会成员的任期是14年，理事会主席副主席的任期是4年；欧洲中央银行行长、副行长的任期是8年。但是，我国新、旧中央银行法都没有对人民银行行长、副行长的任期作出规定，其结果是随着政府的换届，人民银行行长和副行长也往往随之更换，这在一定程度上会损害人民银行政策尤其是货币政策的连续性和统一性。

（3）免职

从其他国家的中央银行法看，免职的原因包括刑事犯罪或严重的不良行为、永久性地丧失能力、严重玩忽职守等，但这需要由独立的法官而不是由政府予以判断。《中国人民银行法》并没有明确规定中国人民银行行长、副行长免职的原因，但是规定了给予行政处分和追究刑事责任的行为。按通常的理解，如果他们的行为构成了犯罪，自然要被免职；但在受到行政处分的情况下，他们并不一定要被免职。《中国人民银行法》第48条规定，人民银行违反规定向地方政府、各级政府部门、非银行金融机构、其他单位和个人提供贷款的，或者对单位和个人提供担保的，或者擅自动用发行基金的，对负有直接责任的主管人员和其他直接责任人员，依法给予行政处分；构成犯罪的，依法追究刑事责任。第50条、第51条规定了人民银行工作人员泄露国家秘密或者所知悉的商业秘密、贪污受贿、徇私舞弊、滥用职权、玩忽职守构成犯罪的，依法追究刑事责任；尚不构成犯罪的，依法给予行政处分。

（4）适格性

中央银行官员尤其是高级官员应该具有与履行其职责相适应的专业知识和技能，这是"职业独立性"的基础。职业独立性在很大程度上能保障中央银行的独立性,因为中央银行官员如果缺乏专业知识,就存在着被其他个人或机关左右的可能性。如美国《联邦储备法》规定每个联邦储备银行行长必须具有"合格的银行从业经验"。欧洲中央银行执行委员会成员具有被认可的声誉和具有货币或银行事务方面的职业经验。我国中央银行法并没有规定中央银行工作人员的任职条件,但国务院 1997 年颁布的《中国人民银行货币政策委员会条例》第 8 条、第 9 条对货币政策委员会委员的任职条件作了规定:一是年龄一般在 65 周岁以下,具有中华人民共和国国籍;二是公正廉洁,忠于职守,无违法、违纪记录;三是具有宏观经济、货币、银行等方面的专业知识和实践经验,熟悉有关法律、法规和政策。货币政策委员会中的金融专家还应当具备下列条件:第一,具有高级专业技术职称,从事金融研究工作 10 年以上;第二,非国家公务员,并且不在任何营利性机构任职。

(5) 任职期间的禁止性行为

为了防止利益冲突,中央银行官员在任职期间必须全职履行法律规定的职责,而不得在其他部门兼职。许多国家的中央银行法都规定,中央银行官员在任职期间不得同时兼任私营机构的财务顾问,成为商业银行或其他金融机构的股东或兼职雇员,甚至不得担任议会成员。

我国《中国人民银行法》对人民银行工作人员在任职时的禁止行为作了规定。第 14 条规定,中国人民银行的行长、副行长及其他工作人员应当恪尽职守,不得滥用职权、徇私舞弊,不得在任何金融机构、企业、基金会兼职。第 15 条规定,中国人民银行的行长、副行长及其他工作人员,应当依法保守国家秘密,并有责任为与履行其职责有关的金融机构及当事人保守秘密。

2. 功能保障

(1) 对政府贷款

在很多国家,中央银行法或其他法律对其他银行是否能向政府发放贷款往往有较为详尽的规定。通常而言,对政府财政赤字融资予以禁止或限制是中央银行经济独立性的典型表现,这种禁止或限制包括下列两个方面的内容:首先,禁止或限制向政府直接提供信贷。即使法律允许此类信贷,也往往施加各种限制条件,比如不能超过一定的数量和一定的期限,取决于中央银行的自由裁量权,按照市场利率发放等。其次,禁止或限制从一级市场(发行人)购买政府债券,但从二级市场上购买政府债券则不为法律所禁止。

我国中央银行法也对中央银行向政府部门的贷款作了禁止性的规定。《中国人民银行法》第 29 条明确规定,中国人民银行不得对政府财政透支,不得直接认购、包销国债和其他政府债券。第 30 条又规定,人民银行不得向地方政府、各级政府部门提供贷款。不得向任何单位和个人提供担保。但作为货币政策工具之一,在公开市场上买卖国债则为中央银行法所许可;同时,人民银行还可以作为代理机构代理国务院财政部门向各金融机构组织发行、兑付国债和其他政府债券。

(2) 财务自主权

中央银行的独立性还可以通过中央银行法赋予中央银行财务和预算自主权得到加强。传统上中央银行有较大独立性的国家,其中央银行法也往往赋予中央银行对自己的资源分配的决定权,如美联储、德国中央银行、欧洲中央银行等都具有财务和预算的独立性。而一些传统上并不非常独立的中央银行其财务自主权受到了不同程度的限制。相对照而言,《中国人民银行法》赋予了人民银行很大的财务预算自主权,其中第 38 条规定人民银行实行独立的财务预算管理制度。人民银行的预算经国务院财政部门审核后,纳入中央预算,接受国务财政部门的预算执行监督。

(3) 决策自主权

在中央银行决策形成过程中,中央银行与政府部门的关系无疑是决定中央银行独立性的一个重要方面。一般而言,对于非独立的中央银行而言,法律往往要求它们政策的形成尤其是货币政策的形成事先要获得政府的批准;而对于独立的中央银行而言,法律只是要求它们在制定和实施央行政策时要与政府进行不具有法律约束力的商讨。但是,各国的中央银行法对此的规定也不尽相同,如《美国联邦储备法》规定,当美联储理事会的权力与财政部长的权力相冲突时,则前者权力的行使必须置于后者的监督和控制之下。

我国中央银行法对人民银行的决策形成作了双重的规定。首先,《中国人民银行法》第 2 条第 2 款规定,人民银行在国务院领导下,制定和执行货币政策,防范和化解金融风险,维护金融稳定。第 5 条更加明确了人民银行和国务院的关系,即中国人民银行就年度货币供应量、利率、汇率和国务院规定的其他重要事项作出的决定,报国务院批准后执行。中国人民银行就前款规定以外的其他有关货币政策事项作出决定后,即予执行,并报国务院备案。其次,除接受国务院的领导外,人民银行在制定政策和履行职责时不受其他任何机构的领导。《中国人民银行法》第 7 条对此作了明确规定:中国人民银行在国务院领导下依法独立执行货币政策,履行职责,开展业务,不受地方政府、各级政府部门、社会团体和个人的干涉。

二、中国人民银行的职责

中国人民银行的职责是其性质与职能的具体化。2003 年修订的《中国人民银行法》第 4 条对中国人民银行的职责作了明确的规定,包括:(1) 发布与履行其职责有关的命令和规章;(2) 依法制定和执行货币政策;(3) 发行人民币,管理人民币流通;(4) 监督管理银行间同业拆借市场和银行间债券市场;(5) 实施外汇管理,监督管理银行间外汇市场;(6)监督管理黄金市场;(7)持有、管理、经营国家外汇储备、黄金储备;(8)经理国库;(9)维护支付、清算系统的正常运行;(10)指导、部署金融业反洗钱工作,负责反洗钱的资金监测;(11)负责金融业的统计、调查、分析和预测;(12)作为国家的中央银行,从事有关的国际金融活动;(13)国务院规定的其他职责。

三、中国人民银行货币政策工具与业务

(一)货币政策的目标

所谓货币政策,是指中央银行为实现其特定的目标而采取的各种控制和调节货币供应量或信用总量的方针和措施的总称,这里"特定的目的"就是货币政策的目标。通常认为,各国对货币政策目标有不同的选择,既有单一的目标,又有多重目标。但是,考察一下多数国家的中央银行法,就可以发现如果一国中央银行法规定的是货币政策目标,则多为单一目标,即主要目标为货币(或物价)稳定,并以此为手段促进经济增长。

在我们看来,虽然立法可以把中央银行的目标限定在货币政策目标,但是,货币政策的目标和中央银行的目标是两个不同的概念,货币政策尽管是中央银行的主要职责,但毕竟不是中央银行的全部职责,因而,中央银行的目标显然要比货币政策的目标多得多。但如果中央银行的各种目标都在立法上加以规定,对中央银行而言,要实现全部立法规定的目标可能是不现实的,而一旦中央银行不能实现法定的目标,不但会降低中央银行的权威性,也会损害中央银行法的严肃性。而货币政策实质上是一个单一的工具,所以赋予其单一目标比赋予其多重目标更加切实可行;如果货币政策被赋予两个或两个以上的目标,有可能一个目标都不能达到。所以,中央银行法把货币政策目标限定在保持货币(或价格)稳定,并把它作为促进经济增长的手段也许是最佳选择。《中国人民银行法》第3条规定了货币政策的目标是"保持货币币值的稳定,并以此促进经济增长"。这就意味着,中国人民银行货币政策的首要目标是保持货币币值稳定,同时以此作为促进经济增长的手段。

(二)货币政策工具

货币政策工具是中央银行为达到货币政策目标所采取的手段。如果把货币政策的目标界定为保持币值稳定,那么,货币政策工具实际上就是那些能够保证币值稳定的调节货币供应的措施。通常,货币政策工具包括法定存款准备金、再贴现和公开市场操作。《中国人民银行法》第23条规定,中国人民银行为执行货币政策,可以运用下列货币政策工具:(1)要求银行业金融机构按照规定的比例交存存款准备金;(2)确定中央银行基准利率;(3)为在中国人民银行开立账户的银行业金融机构办理再贴现;(4)向商业银行提供贷款;(5)在公开市场上

买卖国债、其他政府债券和金融债券及外汇;(6)国务院确定的其他货币政策工具。

1. 存款准备金

存款准备金是金融机构为应付客户提取存款和资金清偿而准备的货币资金,它包括三个部分:一是库存现金;二是按一般存款的一定比例向中央银行交存的存款,即法定存款准备金;三是在中央银行存款中超过法定存款准备金的部分,成为超额准备金。作为货币政策工具的存款准备金是指法定存款准备金,中央银行通过规定交存准备金的范围、存款准备金率以及惩罚方法来影响投放市场的货币供应量。要求交存存款准备金的存款范围越大,或者存款准备金率越高,商业银行可以用于创造信用的货币和创造的派生存款就越少,从而减少了货币供应量;反之,则增加了货币供应量。我国中央银行法把交存存款准备金的对象限定为"银行业金融机构"。根据《中国人民银行法》第52条的解释,"银行业金融机构"是指商业银行、城市信用合作社、农村信用合作社等吸收公众存款的金融机构以及政策性银行,不包括证券公司和保险公司,所以其范围要小于"金融机构"。也就是说,只有存款类的金融机构具有交存存款准备金的法定义务。中国人民银行根据调控货币供应量的需要,不时对法定存款准备金的存款范围、存款准备金率作出调整。

2. 中央银行基准利率

基准利率是中央银行对金融机构的存、贷款利率,它通常是整个社会利率体系中处于最低水平同时也是核心地位的利率,它的变动会引起其他利率如商业银行利率、市场利率的变化。中央银行在确定存、贷的基准利率时,一般要遵循两个原则,一是贷款利率要高于金融机构向社会筹集资金的成本,以利于抑制向中央银行借款;二是存款利率要高于金融机构吸收存款的平均利率,低于其向中央银行借款的平均利率,使金融机构在中央银行的存款利率处于盈亏临界点的水平上。

中央银行基准利率作为货币政策工具对货币供应量的调节机理是,当中央银行提高基准利率时,就会增加金融机构筹措资金(无论是向中央银行还是在资金市场)的成本,这样其对外贷款的利率也要相应提高,结果借款人的贷款数额就会减少,从而整个社会的货币供应量下降。反之,如果中央银行降低基准利率,就会减少金融机构筹资成本和借款人的贷款成本,进而增加整个社会的货币总量。

3. 再贴现

贴现(discount),意即折扣,准确地说是扣除利息。所以,贴现是票据持有人以未到期票据,向银行融通资金,银行扣除从贴现日到票据到期日的利息后,以票面余额付给持票人资金的行为。再贴现,就是在中央银行开立账户的银行业金融机构,以未到期票据,向中央银行融通资金,中央银行扣除从贴现日到票据到期日的利息后,以票面余额付给申请贴现的金融机构资金的行为。我国的中央银行法把办理再贴现的对象限定为"银行业金融机构",而不是旧中央银行法的"金融机构",从而减少了可以申请再贴现的机构范围。

作为货币政策的工具,再贴现主要是通过中央银行调整再贴现率(有时也包括调整贴现票据的种类)来调节社会货币供应量。如果中央银行调低再贴现率,意味着商业银行被中央银行扣除的利息少,而可以获得较多数额的资金,同时也刺激商业银行向中央银行申请再贴现,从而增加了整个货币供应量;反之,如果中央银行提高再贴现率,商业银行从中央银行通过票据贴现获得资金的成本就增加,从而抑制其信贷需要,减少货币供给。

4. 再贷款

再贷款是中央银行对商业银行提供的贷款。作为货币政策的工具,它对社会货币供应量的调节机理与再贴现相同,即中央银行通过对再贷款的数额、期限、利率和方式的规定,调整基础货币的投放量。

中央银行的再贷款与一般商业银行贷款不同,根据我国中央银行法的规定,中国人民银行的再贷款,只能对商业银行发放,而不能对其他银行业金融机构或企业、个人发放,贷款的期限分为 20 日、3 个月、6 个月、1 年期,但最长不得超过 1 年。对中央银行再贷款,各国中央银行法的规定也不尽相同,有的允许向银行以外的金融机构发放贷款,有的规定期限不得超过 3 个月等,不一而足。

5. 公开市场操作

公开市场操作是中央银行通过金融市场公开买卖证券和外汇的活动。中央银行买入证券和外汇,意味着向市场注入基础货币,增加了市场的货币供应;而卖出证券或外汇,则意味着基础货币从市场回到了中央银行,减少了市场中的货币总量。我国中央银行法规定的公开市场操作的工具是国债、其他政府债券和外汇以及金融债券。

(三) 货币政策委员会

《中国人民银行法》第 12 条规定,中国人民银行设立货币政策委员会。1997 年国务院根据 1995 年《中国人民银行法》发布了《中国人民银行货币政策委员会条例》(以下简称《条例》)。该《条例》第 2 条明确规定,货币政策委员会是中国人民银行制定货币政策的咨询议事机构;换言之,货币政策委员会没有权力制定货币政策。根据《中国人民银行法》第 2 条的规定,货币政策的制定权由中国人民银行行使。而货币政策委员会的职责根据《条例》的规定只是在综合分析宏观经济形势的基础上,依据国家的宏观经济调控目标,讨论下列货币政策事项,并提出建议:(1) 货币政策的制定、调整;(2) 一定时期内的货币政策控制目标;(3) 货币政策工具的运用;(4) 有关货币政策的重要措施;(5) 货币政策与其他宏观经济政策的协调。

根据《条例》的规定,货币政策委员会由中国人民银行行长、副行长、国家计划委员会(现为国家发展和改革委员会)副主任、财政部副部长、国家外汇管理局局长、中国证券监督管理委员会主席、国有独资商业银行行长二人、金融专家一人组成。由于货币政策委员会组成单位的调整可以由国务院决定,所以新一届货币政策委员会组成人员与《条例》规定不尽相同,还包括国家统计局局长、保监会主席、银监会主席、中国银行业协会会长。但是,通常而言,为了能使货币政策反映不同部门的利益,选择货币政策委员会组成人员除了要考虑专业知识外,还应该考虑组成人员的行业和地域。

货币政策委员会主席由中国人民银行行长担任;副主席由主席指定。货币政策委员会委员人选,由中国人民银行提名或者中国人民银行会同有关部门提名,报请国务院任命。

货币政策委员会委员为履行职责需要,享有下列权利:(1)了解金融货币政策方面的情况;(2)对货币政策委员会所讨论的问题发表意见;(3)向货币政策委员会就货币政策问题提出议案,并享有表决权。同时,货币政策委员会委员还得遵守一定的义务,包括不得滥用职权、徇私舞弊;保守国家秘密、商业秘密,遵守货币政策委员会的工作制度,不得违反规定透露货币政策及有关情况;在任职期内和离职以后一年内,不得公开反对已按法定程序制定的货币政策。

四、中国人民银行金融监管

(一)金融监管模式及其比较

金融监管是中央银行的一项重要职能。中央银行由于垄断了货币发行权而具备了维护金融稳定的能力和实施金融监管的便利。各国由于其历史、文化、政治、经济和金融情况的不同,因而形成了各自不同的金融监管模式。主要的金融监管模式有三种:统一监管模式、分头监管模式、不完全统一监管模式。统一监管模式是指对不同的金融行业、金融机构和金融业务均由一个统一的监管机构负责监管,这个监管机构是中央银行或其他机构。瑞典、挪威、英国、日本、韩国、奥地利等国家采此种模式。此种模式的优势在于,有利于改善监管环境,统一监管水平和监管强度,避免重复监管或出现监管真空,降低监管成本,责任明确,适应性强。其不足是监管权限过于集中,缺乏监管制约,易导致官僚主义。分头监管模式是指将金融机构和金融市场按照银行、证券和保险划分为三个领域,在每个领域分别设立一个专业的监管机构,负责全面监管,既包括审慎监管,也包括业务监管。此种模式是典型的分业监管模式。德国、美国、波兰等国家采此种模式。此种模式的优势在于,有利于实现监管的专业化。缺陷是监管机构分设,机构庞大,监管成本高,各监管之间协调性差,易出现监管真空。1999年11月通过的美国《金融服务现代化法》,结束了美国商业银行、证券公司和保险公司分业经营的历史,进入了混业经营的时代。混业经营体制下的分业监管,则易导致重复监管。不完全统一监管模式是在金融业混业经营体制下,通过对完全统一监管和完全分业监管模式的改进而发展起来的一种模式。该模式根据监管机构的不完全统一和监管目标的不完全统一,又分为牵头监管模式和双峰式监管模式。牵头监管模式是在多重监管主体之间建立及时磋商和协调机制,特指定一个牵头监管机构负责不同监管主体之间的协调工作。采此种模式的国家,例如巴西。双峰式监管模式是根据监管目标设立两类监管机构,一类机构负责对所有的金融机构进行审慎监管,以控制金融业的系统性风险;另一类机构负责对不同金融业务的经营进行监管。此种模式即对审慎监管和业务监管分别实行监管。采此种模式的国家,例如澳大利亚。不完全统一监管模式有利于发挥统一监管模式和分头监管模式两种优势,使二者优势互补。

我国实行的是分业监管模式。1992年12月,国务院证券委员会和中国证券监督管理委员会成立,与中国人民银行共同管理证券业。1997年11月,原来由中国人民银行监管的证券经营机构划归中国证监会统一监管。1998年11月,中国保险业监督管理委员会成立,负责全面监管商业保险市场。2003年初,中国银行业监督管理委员会成立,统一监管银行、金融资产管理公司、信托投资公司等金融机构。银监会与证监会、保监会共同构成了我国金融业分业监管的组织架构。银监会、证监会与保监会在同一层次上分别监管银行、证券和保险业格局的形成,宣告了中国人民银行自新中国成立以来集货币政策制定与银行监管于一身的时代的结束。

(二) 中国人民银行的金融监管

中国人民银行专门行使中央银行职能二十年来,金融监管体制经历了几次重大调整。按照我国《中国人民银行法》的规定,中国人民银行的主要职能转变为:制定和执行货币政策,不断完善有关金融机构的运行规则,更好地发挥作为中央银行在宏观调控和防范与化解金融风险中的作用。为了适应人民银行职能的转变和金融监管体制的一系列改革,中国人民银行金融监管的角色也发生了转换,即由过去主要通过对银行业金融机构的设立审批、业务审批和高级管理人员任职资格审查和日常监督管理等直接监管的职责转换为履行对金融业宏观调控和防范与化解系统性风险的职责,即维护金融稳定职责。因此,为了强化金融宏观调控、维护金融稳定、提高银行业监管水平,2003年12月27日第十届全国人大常委会第六次会议通过了《中国人民银行法》和《商业银行法》的修改决定,通过了《银行业监督管理法》(于2006年修正),对金融监管体制作出了调整。于2003年初成立的中国银行业监督管理委员会,负责统一监管银行、金融资产管理公司、信托投资公司、财务公司、金融租赁公司等银行业金融机构。人民银行不再履行监管银行业、证券业、保险业的职责,但同时考虑到中国人民银行制定和执行货币政策,防范和化解金融风险,维护金融稳定的需要,保留中国人民银行为履行央行职能所必需的、必要的监管职责。这些职责是:

1. 监督管理银行间同业拆借市场、银行间债券市场、银行间外汇市场和黄金市场。

2. 中国人民银行有权对金融机构以及其他单位和个人的下列行为进行检查监督:(1) 执行有关存款准备金管理规定的行为。(2) 与中国人民银行特种贷款有关的行为。(3) 执行有关人民币管理规定的行为。(4) 执行有关银行间同业拆借市场、银行间债券市场管理规定的行为。(5) 执行有关外汇管理规定的行为。(6) 执行有关黄金管理规定的行为。(7) 代理中国人民银行经理国库的行为。(8) 执行有关清算管理规定的行为。(9) 执行有关反洗钱规定的行为。

3. 中国人民银行根据执行货币政策和维护金融稳定的需要,可以建议国务院银行业监督管理机构对银行业金融机构进行检查监督。国务院银行业监督管理机构应当自收到建议之日起 30 日内予以回复。

4. 当银行业金融机构出现支付困难,可能引发金融风险时,为了维护金融稳定,中国人民银行经国务院批准,有权对银行业金融机构进行检查监督。中国人民银行应当建立、健全本系统的稽核、检查制度,加强内部的监督管理。

5. 中国人民银行根据履行职责的需要,有权要求银行业金融机构报送必要的资产负债表、利润表以及其他财务会计、统计报表和资料。中国人民银行应当和国务院银行业监督管理机构、国务院其他金融监督管理机构建立监督管理信息共享机制。中国人民银行负责统一编制全国金融统计数据、报表,并按照国家有关规定予以公布。

6. 中国人民银行应当组织或者协助组织银行业金融机构相互之间的清算系统,协调银行业金融机构相互之间的清算事项,提供清算服务。具体办法由人民银行制定。中国人民银行会同国务院银行业监督管理机构制定支付结算规则。

第三节 银行业监督管理法

银行业监管,是指一国金融当局或银行专门监管机构对商业银行及其他金融机构的组织主体和业务经营行为进行的监督和管理。具体而言,监督是对银行业金融机构合法经营情况和风险状况的监测、评估和控制;管理是通过制定相关的监管法规来规范银行业金融机构及其行为,并决定银行业金融机构的市场准入与退出。作为一种补救市场失灵和维护银行业体系稳健有效运行的制度安排,国家金融监管机构站在维护社会公共利益的高度,以防范和化解系统性风险为重点,并与中央银行和证券、保险监管机构协调配合,对银行业金融机构实施全面监管。因此,银行业监督管理法是一国银行法律制度的重要组成部分。

一、银行业监督管理法概述

第十届全国人大常委会第六次会议于2003年12月27日通过的《银行业监督管理法》,是第一部专以监督管理银行业为内容的法律。其中的一些内容来源于《中国人民银行法》,并在此基础上结合我国银行业监督管理的实际,借鉴国外经验,形成银行业监督管理法律规则。

(一)银行业监督管理法的特点

《银行业监督管理法》作为我国现代银行法律制度的重要组成部分,有以下特点:

(1)吸收和借鉴了国外银行监管的先进经验和理念。《银行业监督管理法》在条文中大量借鉴了巴塞尔银行监管委员会《有效银行监管的核心原则》所提出的银行监管的最佳做法,吸收了许多国家或地区银行业监督管理的经验。如:明确监管者的目标和原则;保证监管者的独立性;为监管者提供法律保护;建立监管机构的内部和外部监督机制;加强对股东资格的审查;通过制定和实施对银行业金融机构的审慎经营规则,实现监管方式从合规监管向风险监管的转变;加强现场和非现场监管手段;建立与银行业金融机构董事、高级管理人员的监管会谈制度;提高监管能力;建立监管评级体系和风险预警机制;加强信息披露,强化市场约束;在法律中明确规定银行监管机构有权区别不同情况,对未遵守审慎经营规则的银行业金融机构采取监管强制措施;加强银行监管当局与中央银行和境内其他金融监管机构的协调合作;加强银行监管当局与境外银行业监管当局的合作,共同实施有效的跨境监管;等等。这些做法,将为提高我国银行监管的有效性奠定良好的法律基础。

(2)强化银行业监督管理与规范和约束监管权力相互结合。一方面,《银行业监督管理法》对监管机构使用监管手段和措施给予了必要的授权,为实施对银行业的有效监管提供了法律保障。根据《银行业监督管理法》的规定,监管机构有权要求银行业金融机构报送各类报表和资料;有权采取必要的措施,实施现场检查;有权要求银行业金融机构按照规定进行信息披露;有权区别不同情况,对未遵守审慎经营规则的银行业金融机构采取递进的监管强制措施;有权对有问题的银行业金融机构进行接管、重组或撤销,并对其直接负责的董事、高级管理人员和其他直接责任人员采取必要的限制措施;有权查询涉嫌金融违法的行为人的存款或申请司法机关冻结违法资金等。同时,"法律责任"一章还授权监管机构对违反法律、法规的银行业金融机构直接负责的董事、高级管理人员和其他责任人员采取纪律处分、罚款、取消任职资格和禁止从事银行业工作等处罚措施。另一方面,银行业监督管理法也对监管权力的运作进行了规范和约束,形成了对监管机构严格的监督制约:第一,银行业监督管理法强化了监管机构的内部监督机制,规定监管机构应当建立监督管理责任制度和内部监督制度。第二,银行业监督管理法对监管机构行使监管权力、采取监管措施规定了程序要求和监督制约措施。第三,银行业监督管理法规定国务院审计、监察等机关,依法对银行监管机构实施外部监督,同时要求监管机构公开监督管理程序,增加监管工作的透明度,接受社会公众的监督。第四,银行业监督管理法对监管机构履行职责和义务、行使监管权力、采取监管措施规定了相应的法律责任,以防止银行监管机构在实施监管中滥用职权。

(二)银行业监督管理法的原则

《银行业监督管理法》的原则可分为立法原则和实施原则。前者指该法制定中遵循的原则;后者指该法实施中遵循的原则,既指导各章的条文适用,对自身也可以适用。

《银行业监督管理法》的立法原则是:(1)从银行业监督管理的实际出发。即适用我国金融监管体制改革的需要,体现完善银行业监管制度、强化监管手段、加大监管力度、提高监管水平的精神。同时,适合中国国情,有利于解决我国银行业面临的重大问题,提高我国银行业监管的有效性。(2)体现世界贸易组织规则的要求。银行业监督管理法充分注意吸收、借鉴了国际银行监管的先进理念和最佳做法,将我国多年银行业监管的实践经验和巴塞尔银行监管委员会《有效银行监管的核心原则》以及美国、英国、德国、日本等国家的立法经验紧密结合起来,形成可行的银行业监督法律制度。

《银行业监督管理法》的实施原则是:(1)对银行业实施监督管理,遵循依法、公开、公正和效率的原则。即银行业监督管理委员会对银行业实施监督管理,必须依照法定的程序行使法定的管理权限,增加管理的透明度,为被管理者提供同样的机会和平等的待遇,提高管理效率。(2)保护银行业公开竞争,提高银行业竞争力。无疑,保护公平竞争与提高银行业竞争力是紧密联系的,而提高银行业竞争力也只能在公平竞争中实现。银行业监督管理机构通过实施管理,建立和维护银行业自由、公平竞争秩序,以实现和贯彻这一原则。其手段,是依法反对银行业的不正当竞争和包括垄断在内的限制竞争。(3)依法独立行使监督管理权。按照《银行业监督管理法》第5条的规定,银行业监督管理机构及其从事监督管理工作的人员依法履行监督管理职责,受法律保护。地方政府、各级政府部门、社会团体和个人不得干涉。(4)实施监督管理权,遵循协调、合作的原则。即依据银行业监督管理法的规定,银行业监督管理机构和中国人民银行、国务院其他金融监督管理机构建立监督管理信息共享机制;银行业监督管理机构可以和其他国家或者地区的银行业监督机构建立监督管理合作机制,实施跨境监督管理。

二、银行业监督管理委员会及其职责

(一)银行业监督管理机构

国务院设银行业监督管理机构即国务院银行业监督管理委员会,负责对全国银行业金融机构及其业务活动监督管理的工作。国务院银行业监督管理委员会根据履行职责的需要可以设立派出机构,并对其派出机构实行统一领导和管理。国务院银行业监督管理委员会的派出机构在国务院银行业监督管理委员会授权范围内,履行监督管理职责。

为了有效地实施对银行业的监督管理,银行业监督管理机构从事监督管理工作的人员,应当具备与其任职相适应的专业知识和业务工作经验;应当忠于职守,依法办事,公正廉洁,不得利用职务便利牟取不正当的利益,不得在金融机构等企业中兼任职务;应当依法保守国家秘密,并有责任为其监督管理的银行业金融机构及当事人保守秘密。

(二)银行业监督管理机构的监督管理职责

银行业监督管理机构的监督管理职责主要是:

(1)依照法律、行政法规制定并发布对银行业金融机构及其业务活动监督管理的规章、规则。

(2)依照法律、行政法规规定的条件和程序,审查批准银行业金融机构的设立、变更、终止以及业务范围。

(3)对银行业股东的资金来源的、财务状况、资本补充能力和诚信状况进行审查(被审查者是,申请设立银行业金融机构、或者银行业金融机构变更持有资本总额或者股份总额达到规定比例以上的股东)。

(4)审查批准或接受备案银行业金融机构业务范围内的业务品种。

(5)批准设立银行业金融机构或者从事银行业金融机构的业务活动。

(6)对银行业金融机构的董事和高级管理人员实行任职资格管理。

(7)依照法律、行政法规制定银行业金融机构的审慎经营规则(包括风险管理、内部控制、资本充足率、资产质量、损失准备金、风险集中、关联交易、资产流动性等内容)。

(8)建立银行业金融机构监督管理信息系统,分析、评价银行业金融机构的风险状况。

(9)对银行业金融机构的业务活动及其风险状况进行非现场监管,建立银行业金融机构监督管理信息系统,分析、评价银行业金融机构的风险状况。

(10)应当对银行业金融机构的业务活动及其风险状况进行现场检查。

（11）对银行业金融机构实行监督管理。

（12）建立银行业金融机构监督管理评级体系和风险预警机制，根据银行业金融机构的评级情况和风险状况，确定对其现场检查的频率、范围和需要采取的其他措施。

（13）建立银行业突发事件的发展、报告岗位责任制度。

（14）负责统一编制全国银行业金融机构的统计数据、报表，并按照国家有关规定予以公布。

（15）对银行业自律组织的活动进行指导和监督。

（16）开展与银行业监督管理有关的国际交流、合作活动。

（三）银行业监督管理机构的监督管理程序

银行业监督管理机构的监督管理必须严格依照银行业监督管理法规定的程序，这是保证银行业监督管理机构的监督管理符合法治要求的根本措施。主要是：

1. 对申请事项的批准程序

按照《银行业监督管理法》第22条的规定："国务院银行监督管理机构应当在规定的期限，对下列申请事项作出批准或者不批准的书面决定；决定不批准的，应当说明理由：（一）银行业金融机构的设立，自收到申请文件之日起6个月内；（二）银行业金融机构的变更、终止，以及业务范围和增加业务范围内的业务品种，自收到申请文件之日起3个月内；（三）审查董事和高级管理人员的任职资格，自收到申请文件之日起30日内。"

2. 现场检查程序

按照《银行业监督管理法》第24条的规定，国务院银行业监督管理机构应当制定现场检查程序，规范现场检查行为。

3. 突发事件处理程序

银行业监督管理机构发现可能引发系统性银行业风险、严重影响社会稳定的突发事件的，应当立即向国务院银行业监督管理机构负责人报告；国务院银行业监督管理机构负责人认为需要向国务院报告的，应当立即向国务院报告，并告知中国人民银行、国务院财政部门等有关部门。

国务院银行业监督管理机构应当会同中国人民银行、国务院财政部门等有关部门建立银行业突发事件处置制度，制定银行业突发事件处置预案，明确处置机构和人员及其职责、处置措施和处置程序，及时、有效地处置银行业突发事件。

三、银行业监督管理措施

为了保证对银行业监督管理的有效性，我国《银行业监督管理法》还专章规定了银行业监督管理措施。这些措施，实际是监督管理权延伸。主要有：

（1）信息取得。银行业监督管理机构根据履行职责的需要，有权要求银行业金融机构按照要求报送资产负债表、利润表和其他财务会计、统计报表、经营管理资料以及注册会计师出具的审计报告。

（2）现场检查。银行业监督管理机构根据审慎监管的要求，可以采取下列措施进行现场检查：第一，进入银行业金融机构进行检查；第二，询问银行业金融机构的工作人员，要求其对有关检查事项作出说明；第三，查阅、复制银行业金融机构与检查事项有关的文件、资料，对可能被转移、隐匿或毁损的文件、资料予以封存；第四，检查银行业金融机构运用电子计算机管理业务数据的系统。进行现场检查，应当经银行业监督管理机构负责人批准。现场检查时，检查人员不得少于两人，并应当出示合法证件和检查通知书；检查人员少于两人或者未出示合法证件和检查通知书的，银行业金融机构有权拒绝检查。

（3）监督管理谈话。银行业监督管理机构根据履行职责的需要，可以与银行业金融机构董事、高级管理人员进行监督管理谈话，要求银行业金融机构董事、高级管理人员就银行业金融机构的业务活动和风险管理的重大事项作出说明。

（4）强制披露信息。银行业监督管理机构应当责令银行业金融机构按照规定，如实向社会公众披露财务会计报告、风险管理状况、董事和高级管理人员变更以及其他重大事项等信息。

（5）限制某些行为。银行业金融机构违反审慎经营规则的，国务院银行业监督管理机构或者其省一级派出机构应当责令限期改正；逾期未改正的，或者其行为严重危及该银行业金融机构的稳健支行、损害存款人和其他客户合法权益的，经国务院银行业监督管理机构或者其省一级派出机构负责人批准，可以区别情形，采取下列措施：第一，责令暂停部分业务、停止批准开办新业务；第二，限制分配红利和其他收入；第三，限制资产转让；第四，责令控股股东转让股权或者限制有关股东的权利；第五，责令调整董事、高级管理人员或者限制其权利；第六，停止批准增设分支机构。

银行业金融机构整改后，应当向国务院银行业监督管理机构或者其省一级派出机构提交报告。经国务院银行业监督管理机构或者其省一级派出机构验收，符合有关审慎经营规则的，应当自验收完毕之日起3日内解除对其采取的前款规定的有关措施。

（6）接管与重组。银行业金融机构已经或者可能发生信用危机，严重影响存款人和其他客户合法权益的，国务院银行业监督管理机构可以依法对该银行业金融机构实行接管或者促成机构重组，接管和机构重组依照有关法律和国务院的规定执行。

（7）撤销。银行业金融机构有违法经营、经营管理不善等情形，不予撤销将严重危害金融秩序、损害公众利益的,国务院银行业监督管理机构有权予以撤销。

(8) 对接管、撤销的银行业金融机构董事、高级管理人员的措施。银行业金融机构被接管、重组或者被撤销的,国务院银行业监督管理机构有权要求该银行业金融机构的董事、高级管理人员和其他工作人员,按照国务院银行业监督管理机构的要求履行职责。在接管、机构重组或者撤销清算期间,经国务院银行业监督管理机构负责人批准,对直接负责的董事、高级管理人员和其他直接责任人员,可以采取下列措施:第一,直接负责的董事、高级管理人员或其他直接责任人员出境将对国家利益造成重大损失的,通知出境管理机关依法阻止其出境;第二,申请司法机关禁止其转移、转让财产或者对其财产设定其他权利。

(9) 冻结资金。经国务院银行业监督管理机构或者其省一级派出机构负责人批准,银行业监督管理机构有权查询涉嫌金融违法的银行业金融机构及其工作人员以及关联行为人的账户;对涉嫌转移或者隐匿违法资金的,经银行业监督管理机构负责人批准,可以申请司法机关予以冻结。

第四节 商业银行法

一、商业银行法概述

商业银行法是规定商业银行的职责、权利、义务和经营行为的法律规范。世界上不少国家是将中央银行法与商业银行法统一在一部法典里,统称为银行法。而我国是将二者分立,单独制定商业银行法。为了保护商业银行、存款人和其他客户的合法权益,规范商业银行的行为,提高信贷资产质量,加强监督管理,保障商业银行的稳健运行,维护金融秩序,促进社会主义市场经济的发展,第八届全国人大常委会第十三次会议于1995年5月制定并通过了《商业银行法》,并于2003年12月加以修订。

我国《商业银行法》除了适用于商业银行外,城市信用合作社、农村信用合作社办理存款、贷款和结算等业务,邮政企业办理邮政储蓄、汇款业务,都适用《商业银行法》。外资银行、中外合资商业银行、外国商业银行分行也适用《商业银行法》。

二、商业银行概述

(一) 商业银行的概念

我国《商业银行法》所称商业银行,是指依法设立的吸收公众存款、发放贷款、办理结算等业务的企业法人。这一法律上的定义,明确了商业银行的业务范围,明确了其作为企业法人而不是行政机构的性质,也就确立了商业银行作为一个具有民事权利能力和民事行为能力,依法独立经营、自负盈亏、以其全部法人财产独立承担民事责任的企业法人的法律地位,商业银行的经营活动不受任何单位和个人的干涉。

商业银行是银行体系的主体,现代商业银行一般都采用股份制形式,业务范围十分广泛,并积极向海外拓展。为了切实维护存款人的利益,各国政府均对商业银行实行严格的监管。

(二)商业银行的经营范围

商业银行的经营范围由商业银行章程规定,报中国银监会批准。

根据《商业银行法》第3条的规定,商业银行可以经营下列部分或者全部业务:吸收公众存款;发放短期、中期和长期贷款;办理国内外结算;发行金融债券;办理票据承兑和贴现;发行金融债券;代理发行、代理兑付、承销政府债券;买卖政府债券;从事同业拆借;买卖、代理买卖外汇、提供信用证服务及担保;从事银行卡业务;代理收付款项及代理保险业务;提供保管箱服务等。实际上,我国商业银行能够经营的业务仍然可以归纳成三大传统业务:负债业务、资产业务和中间业务。

我国对金融业实行分业经营的政策,银行业、证券业、信托业和保险业分别由不同的金融机构来经营。依照《商业银行法》第43条的规定,商业银行只能经营《商业银行法》第3条规定的银行业务,在国内不得从事信托投资和证券经营业务,不得向非自用不动产投资,不得向非银行金融机构和企业投资。但国家另有规定的除外。这就为今后商业银行从事证券、保险、商业等其他领域的业务埋下了伏笔。

三、商业银行的设立

(一)商业银行的设立

设立商业银行,应当经银行业监督管理委员会审查批准。未经批准,任何单位和个人不得从事吸收公众存款等商业银行业务,任何单位不得在名称中使用"银行"字样。

1. 商业银行的设立条件

(1)要有符合《商业银行法》和《公司法》规定的章程。

(2)达到《商业银行法》规定的注册资本最低限额。注册资本是企业承担民事责任的财产基础,法律对设立企业的注册资本一般均有最低限额之规定。我国《商业银行法》规定,设立商业银行的注册资本最低限额为10亿元人民币。城市合作商业银行的注册资本最低限额为1亿元人民币,农村合作商业银行的注册资本最低限额为5000万元人民币。注册资本应当是实缴资本。

（3）必须有具备任职专业知识和业务工作经验的高级管理人员。银行业务专业性很强，高级管理人员不具备一定的业务水平和专业知识，很难胜任本职工作。《商业银行法》第27条还规定下列人员不得担任商业银行高级管理人员：因犯有贪污贿赂、侵占财产、挪用财产罪或者破坏社会经济秩序罪，被判处刑罚，或者因犯罪被剥夺政治权利的人员；担任因经营不善破产清算的公司、企业的董事或者厂长、经理，并对公司、企业的破产负有个人责任的人员；担任因违法被吊销营业执照的公司、企业的法定代表人，并负有个人责任的人员；个人所负数额较大的债务到期未清偿的人员。

（4）要有健全的组织机构和管理制度。商业银行一般均应设立股东会作为其决策机构和最高权力机构；设立董事会作为其业务执行机构；设立监事会作为其监督机构。国有独资银行不设股东会，由董事会行使股东会的部分职权。《商业银行法》要求国有独资商业银行设立监事会，对国有独资银行的信贷资产质量、资产负债比例、国有资产保值增值等情况以及高级管理人员违反法律、行政法规或章程的行为和损害银行利益的行为进行监督。

（5）要有符合要求的营业场所、安全防范措施以及与业务有关的其他设施。

值得注意的是，《商业银行法》第12条第2款还规定了一个兜底条款，即设立商业银行，还应符合其他审慎性条件，至于具体是哪些审慎性条件，取决于法律法规和银监会的解释。

2．商业银行的设立程序

（1）提出申请。设立商业银行应当依审批权限向中国银监会提出申请，提交下列文件和资料：申请书、可行性研究报告和中国银监会规定提交的其他文件、资料。

（2）填写正式申请表。设立商业银行的申请经中国银监会初审，认为其材料齐全，符合条件的，申请人应当填写正式申请表，并提交法律要求的有关文件、资料。

（3）领取《金融机构法人许可证》。经审查批准设立的商业银行，由中国银监会颁发《金融机构法人许可证》，持有许可证，方可办理工商登记。对于该经营许可证，商业银行应妥善保存，依法使用，禁止伪造、变造、转让、出租、出借经营许可证。

（4）办理工商登记。申请人持有经营许可证即可向工商行政管理部门办理登记，领取营业执照。

（5）公告。经批准设立的商业银行，中国银监会应当予以公告。商业银行及其分支机构自取得营业执照之日起无正当理由超过6个月未开业的，或者开业后自行停业连续6个月以上的，由中国银监会吊销其经营许可证，并予以公告。商业银行设立后，需要变更有关事项以及进行分立、合并的，应当按规定报经中国银监会批准,并按《公司法》的有关规定办理。

(二)商业银行的组织形式

商业银行的组织形式适用《公司法》的规定。因此,我国商业银行与大多数国家的商业银行一样采取有限责任公司或股份制的组织形式,即适用公司制。根据我国《公司法》的规定,我国商业银行有三种组织形式:有限责任商业银行、国有独资商业银行和股份有限商业银行。

(三)商业银行股份的转让

我国商业银行均采取股份制形式。根据《公司法》的规定,股东投入到公司的出资,不得抽回。股东要收回出资,只能采取转让股份的办法。因此,商业银行的股东要转让其股份,必须按照《公司法》的规定进行。由于商业银行是经营货币的特殊企业,《商业银行法》对其股份的转让又作了特别限制:任何单位和个人购买商业银行股份总额5%以上(原《商业银行法》为10%以上)的,应当事先经中国银监会批准。

(四)商业银行的分支机构

1. 商业银行分支机构的设立

《商业银行法》第19条规定:商业银行根据业务需要可以在境内外设立分支机构。在境内的分支机构,不按行政区划设立。一直以来,我国商业银行的体制都是依行政区划来建立的,商业银行无法摆脱地方政府的干预,实现其自主经营。所以,《商业银行法》的这一规定有重大的改革意义,彻底打破了传统体制,能够有效地使商业银行的分支机构从地方政府的控制下摆脱出来,促进商业银行的自主经营。

商业银行的分支机构设立程序与商业银行自身的设立程序基本一致。由申请人向中国银监会申请,申请经中国银监会审查合格后,即由其颁发《金融机构营业许可证》。然后凭此证向工商行政管理部门办理登记,领取营业执照。最后,由中国银监会予以公告。

2. 商业银行分支机构的法律地位

商业银行分支机构不具有法人资格。它在商业银行总行授权范围内依法开展业务,其民事责任由总行承担。商业银行对其分支机构实行全行统一核算,统一调度资金,分级管理的财务制度。分支机构的营运资金由商业银行总行根据其经营规模拨付。拨付各分支机构营运资金额的总和,不得超过资本金总额的60%。

四、商业银行信贷法律制度

(一)有关存款的法律规定

存款是指货币资金的所有者或持有者存入银行或非银行金融机构的货币资金。从本质上讲,存款是一种债权,而不是通常人们所想象的那样,是一种所有权。根据存款人性质的不同,可将存款分为机构存款和个人储蓄存款。

商业银行办理个人储蓄存款业务,应当遵循存款自愿、取款自由、存款有息、为存款人保密的原则。为了保障存款人的合法权益不受任何单位和个人的侵犯,《商业银行法》规定:

(1)对个人储蓄存款和单位存款,商业银行有权拒绝任何单位或者个人查询、冻结、扣划,但法律、行政法规另有规定的除外。人民法院、人民检察院、公安机关和国家安全部门等因侦查、起诉、审理案件,需要查询、冻结、扣划与案件直接有关的个人储蓄存款和单位存款,必须严格依照有关规定,按法定程序办理。

(2)商业银行应当按中国人民银行的规定,向中国人民银行交存存款准备金,留足备付金。这是为了确保商业银行能够随时满足每一个存款人的取款要求,保证其取款自由的权利。

(3)商业银行应当保证存款本金和利息的支付,不得拖延、拒绝支付存款本金和利息。如果因商业银行无故拖延、拒绝支付存款人本息,造成存款人财产损失的,商业银行应承担民事责任。

(4)商业银行应当按照中国人民银行规定的存款利率的上下限,确定存款利率,并予以公告。这样能使存款人自由选择对自己有利的那种利率,也使商业银行不能擅自任意改变利率而侵犯存款人的利益。

(二)有关贷款的法律规定

1. 贷款的概念

贷款是指贷款人向借款人提供的并按约定的利率和期限由借款人还本付息的货币资金。贷款有时亦指借款人的借款行为。贷款是商业银行最主要的资产业务。贷款根据借款人是否提供担保,分为信用贷款和担保贷款。信用贷款是指贷款人不要求借款人提供担保,而仅凭借款人的资信所发放的贷款。担保贷款是指贷款人要求借款人提供担保的贷款。另外,根据贷款在再生产过程中的作用的不同,可将贷款划分为流动资金贷款和固定资金贷款;根据贷款的性质不同,可将贷款划分为商业性贷款和政策性贷款;根据贷款的期限不同,可将贷款分为短期贷款、中期贷款和长期贷款。

2. 商业银行发放贷款的原则

(1)接受国家产业政策指导的原则。商业银行根据国民经济和社会发展的需要,在国家产业政策指导下开展贷款业务。

(2)审贷分离,分级审批的原则。商业银行贷款,应当对借款人的借款用途、偿还能力、还款方式等情况进行严格审查,并实行审贷分离,分级审批的制度,最大限度地减少不良贷款,保证商业银行资产的安全性。

(3)担保原则。商业银行贷款,应当严格审查借款人的资信,实行担保,保证贷款按期收回。借款人应提供切实可行的担保,商业银行应当对保证人的偿还能力、抵押物、质押物的权属和价值以及实现抵押权、质权的可行性进行严格审查。当然,经商业银行审查、评估,确认借款人资信良好,确能偿还贷款的,可以不提供担保,发放信用贷款。但是,商业银行不得向关系人发放信用贷款;并且向关系人发放担保贷款的条件不得优于其他借款人同类贷款的条件。关系人是指商业银行的董事、监事、管理人员、信贷业务人员及其近亲属和以上人员投资或者担任高级管理职务的公司、企业和其他经济组织。

(4) 自主经营原则。商业银行是实行自主经营、自担风险、自负盈亏、自我约束的企业法人。任何单位和个人不得强令商业银行发放贷款或者提供担保。商业银行有权拒绝任何单位和个人强令要求其发放贷款或者提供担保。经国务院批准的特定贷款项目,国有独资商业银行应当发放贷款。因贷款造成的损失,由国务院采取相应补救措施。此外,商业银行贷款还应当遵循效益性、安全性和流动性原则,遵循公平竞争,密切协作的原则,不得从事不正当竞争。

3. 借款合同

借款合同是指贷款人与借款人之间达成的,将一定数额的货币资金贷给借款人,借款人按期偿还本息的协议。

《商业银行法》规定,商业银行贷款,应当与借款人订立书面合同。合同应当约定贷款种类、借款用途、金额、利率、还款期限、还款方式、违约责任和双方认为需要约定的其他事项。

借款合同中的贷款利率条款一般均由商业银行事先单方面确定。因为国家实行利率管理,商业银行必须按照中国人民银行规定的贷款利率的上下限,确定不同期限贷款的利率,借款合同双方当事人只能按规定的利率签订合同,不得擅自提高或降低利率。

4. 资产负债比例管理

为了贷款的安全性原则及流动性原则,保障银行资产的安全,维持商业银行的正常运行,商业银行贷款,应当遵循下列资产负债比例管理的规定:(1) 资本充足率不得低于8%;(2) 贷款余额与存款余额的比例不得超过75%;(3) 流动性资产余额与流动性负债余额的比例不得低于25%;(4) 对同一借款人的贷款余额与商业银行资本余额的比例不得超过10%;(5) 国务院银行业监督管理机构对资产负债比例的其他规定。

(三) 有关其他业务的法律规定

1. 同业拆借管理

同业拆借是银行、非银行金融机构之间相互融通短期资金的行为。凡是经中国人民银行批准、并在工商部门登记注册的金融机构均可参加同业拆借,但中国人民银行和保险公司不能参加。

同业拆借应当遵守中国人民银行规定的期限。拆借的期限最长不得超过4

个月。禁止利用拆入资金发放固定资产贷款或者用于投资。拆出资金限于存款准备金、留足备付金和归还中国人民银行到期贷款之后的闲置资金。拆入资金用于弥补票据结算、联行汇差头寸的不足和解决临时性周转资金的需要。

2. 账户管理

存款人开立人民币存款账户必须按中国人民银行《人民币银行结算账户管理办法》办理。存款账户分为基本存款账户、一般存款账户、临时存款账户和专用存款账户。基本存款账户是存款人办理日常转账结算和现金支付的账户。存款人的工资、奖金等现金账户的支付，只能通过本账户办理。一般存款账户是存款人在基本存款账户以外的银行借款转存，与基本存款账户的存款人不在同一地点的附属非独立核算单位开立的账户，存款人可以通过本账户办理转账结算和现金缴存，但是不能办理现金支取。临时存款账户是存款人因临时经营活动需要开立的账户，存款人可以通过本账户办理转账结算和根据国家现金管理的规定办理现金收付。专用存款账户则是存款人因特定用途的需要而开立的账户。

企事业单位可以自主选择一家商业银行的经营场所开立一个基本账户。存款人不得开立两个以上的基本账户。任何单位和个人不得将单位的资金以个人名义开立账户。

3. 结算管理

结算是指由于商品交易、劳务供应及其他经济行为而发生的货币收付行为和债务的清算。它包括两种形式：一种是现金结算，即直接使用现金清算了结债权债务的货币收付行为；另一种是转账结算，是指不直接使用现金，而采用结算工具通过银行将款项从付款人账户划到收款人账户的货币收付行为。

我国《银行结算办法》规定，各项经济往来，除了按照国家现金管理的规定可以使用现金外，都必须办理转账结算。转账结算的方式有：票据结算、汇兑、委托收款和托收承付等。商业银行办理票据承兑、汇兑、委托收款等结算业务，应当按照规定的期限兑现，收付入账，不得压单、压票或者违反规定退票。有关兑现、收付入账期限的规定，商业银行应当公布。

4. 营业时间管理

商业银行的营业时间应当方便客户，并且应当予以公告。商业银行应当在公告的营业时间内营业，不得擅自停止营业或者缩短营业时间。

五、商业银行的接管

（一）接管的概念

接管是指中国人民银行为了恢复已经或可能发生信用危机的商业银行的正常经营能力所采取的措施。只有当商业银行已经或可能发生信用危机，并严重影响存款人利益时,才对其实行接管。接管的目的是对被接管的商业银行采取必要的措施,以保护存款人的利益,恢复商业银行的正常经营能力。接管由中国人民银行决定,并组织执行。被接管的商业银行法人资格继续存在,其债权债务不因接管而变化。

(二) 接管决定

商业银行因经营不善,出现债务危机时,由中国人民银行作出接管决定。接管决定应载明以下内容:被接管商业银行的名称;接管理由;接管组织;接管期限。接管决定由中国人民银行予以公告。

接管从接管决定实施之日起开始。自接管开始之日起,由接管组织行使商业银行的经营管理权力。中国人民银行对被接管的商业银行采取必要的挽救措施,对其进行改组、整顿、并给予必要的资金救助。

接管期限届满的,中国人民银行可以决定延期,但接管期限最长不得超过2年。

(三) 接管终止

有下列情形之一的,接管终止:接管决定规定的期限届满或者中国人民银行决定的接管延期届满;接管期限届满前,该商业银行已恢复正常经营能力;接管期限届满前,该商业银行被合并或者被依法宣告破产。

六、商业银行的终止

商业银行因解散、被撤销和被宣告破产而终止。

(一) 商业银行的解散

商业银行因分立、合并或者出现章程规定的解散事由而解散。

商业银行解散,应当向中国人民银行提出申请,并附解散理由和支付存款本息等债务清偿计划经中国人民银行批准后方可解散。商业银行解散,应当依法成立清算组,进行清算,按照清偿计划及时偿还存款本金和利息等债务。中国人民银行监督清算过程。

(二) 商业银行的撤销

商业银行因吊销经营许可证而被撤销。

商业银行被撤销,中国人民银行应依法及时组织成立清算组,进行清算,按照清偿计划及时偿还存款本金和利息等债务。

(三) 商业银行的破产

商业银行因不能支付到期债务而破产。

商业银行破产,经中国人民银行同意,由人民法院依法宣告。商业银行被宣告破产的,由人民法院组织中国人民银行等有关部门和有关人员成立清算组,进行清算。商业银行破产清算时,在支付清算费用、所欠职工工资和劳动保险费用后,应当优先支付个人储蓄存款的本金和利息。

七、法律责任

(一) 对非法从事金融业务行为的处罚

对商业银行未经批准发行金融债券或到境外借款;未经批准买卖政府债券或买卖、代理买卖外汇;在境内从事信托投资和股票业务或投资于非自用不动产;向境内非银行金融机构和企业投资;向关系人发放信用贷款和发放担保贷款的条件优于其他借款人同类贷款的条件;以及出租、出借经营许可证等非法活动,中国银监会有权责令改正,有违法所得的,没收违法所得,处以违法所得1倍以上5倍以下罚款;没有违法所得的,处以10万元以上50万元以下罚款;情节特别严重或者逾期不改正的,中国银监会可以责令停业整顿或者吊销经营许可证;构成犯罪的,依法追究刑事责任。

(二) 对擅自设立金融机构及违反业务管理行为的处罚

对于未经批准在名称中使用"银行"字样的;商业银行未经批准设立分支机构或者分立、合并的;未按照中国人民银行规定的比例交存存款准备金的;未遵守中国人民银行有关资产负债比例管理规定的;违反规定提高或降低利率以及采用不正当手段,吸收存款,发放贷款的;同业拆借超过规定期限或利用拆入资金发放固定资产贷款以及将单位的资金以个人名义开立账户存储的,由中国人民银行或中国银监会责令改正,有违法所得的,没收违法所得,并处以违法所得1倍以上3倍以下罚款,没有违法所得的,处以5万元以上30万元以下罚款。商业银行无故拖延,拒绝支付存款本息;违反票据承兑等结算业务规定,不予兑现,不予收付入账、压单、压票或违反规定退票;以及非法查询、冻结、扣划个人储蓄存款或单位存款的,也要受到以上同样处罚。如果商业银行的上述行为给存款人或其他客户造成财产损害,商业银行应承担支付迟延履行的利息以及其他民事责任。

对于未经中国银监会批准,擅自设立商业银行,或者非法吸收公众存款、变相吸收公众存款的,要依法追究刑事责任,并由中国银监会予以取缔。伪造、变造、转让商业银行经营许可证的,依法追究刑事责任。另外,《商业银行法》对商业银行工作人员利用职务的违法犯罪行为应受的处罚作了原则性的规定。

第五节 政策性银行法

一、政策性银行的含义及特征

政策性银行是由政府设立的,以贯彻政府经济政策为目标,专门经营政策性货币信用业务的非营利性银行。

政策性银行具有以下法律特征：

（1）政策性银行是政府投资创办的。政策性银行与商业银行不同，它是政府投资设立的，并由政府控股。我国的三家政策性银行均为政府投资设立。

（2）政策性银行的经营宗旨是贯彻政府的经济政策。政策性银行不以营利为目的，而是以贯彻和执行政府的社会经济政策为己任。它的主要功能是为国家重点建设和按照国家产业政策重点扶持的行业及企业提供资金融通，包括扶持农业开发贷款，农副产业收购贷款，交通、能源等基础设施和基础产业的贷款。应予以指出的是，政策性银行不以营利为目的，不等于可以不讲求经营效益，也不等于必然亏损，相反，在追求宏观经济利益的前提下，政策性银行应当强化内部管理，严格经济核算，使政策性资金产生更多、更好的宏观经济效益。

（3）政策性银行的经营范围是特定的。与商业银行不同，政策性银行都各自拥有专门的业务领域和业务对象。政策性银行业务通常集中在以下领域：能源、交通、水利、高新产业、农业、对外贸易等国民经济的基础和支柱领域；缺乏政策支持和保护的弱势产业，如中小企业；与人民生活联系密切的领域，如住房建设、社会福利设施建设等。

二、中国政策性银行的建立

1993年12月25日，国务院发布《关于金融体制改革的决定》，提出深化金融改革、组建政策性银行。该决定有关建立政策性银行的主要内容有：(1) 建立政策性银行的目的。实现政策性金融与商业性金融分离，以解决某些专业银行身兼二职的问题，割断政策性贷款与基础货币的直接联系，确保中国人民银行调控基础货币的主动权。（2）政策性银行的经营原则。政策性银行要坚持自担风险、保本经营、不与商业银行竞争的原则，业务上接受中国人民银行监督。（3）设立中国国家开发银行、中国农业发展银行和中国进出口银行三家政策性银行。（4）政策性银行设立监事会。

根据国务院发布的《关于金融体制改革的决定》，我国先后组建了中国国家开发银行（1994年3月17日）、中国进出口银行（1994年7月1日）、中国农业发展银行（1994年11月8日），并相继开展业务。

三、国家开发银行

国家开发银行是负责筹措和引导社会资金对国家基础设施、基础产业和支柱产业办理政策性贷款的银行，总部设在北京，直属于国务院领导，按照独立核算，自主、保本经营，责权利相统一的原则，开展政策性金融业务。

(一) 资金来源

国家开发银行注册资本 500 亿元人民币,由财政部核拨。其资金来源的主要渠道是:(1) 财政部拨付的资本金和重点建设基金;(2) 国家开发银行对社会发行的国家担保债券和金融机构发行的金融债券;(3) 中国建设银行吸收存款的一部分。

(二) 业务范围

国家开发银行经营和办理下列业务:

(1) 管理和运用国家核拨的预算内经营性建设基金和贴息资金;

(2) 在国内金融机构发行金融债券和向社会发行财政担保建设债券;

(3) 办理有关的外国政府和国际金融组织贷款的转贷,经国家批准在国外发行债券,根据国家利用外资计划筹借国际商业贷款等;

(4) 向国家基础设施、基础产业和支柱产业等政策性项目及其配套工程发放政策性贷款;

(5) 办理建设项目贷款条件评审、咨询和担保业务等,为重点建设项目物色国内外合资伙伴,提供投资机会和投资信息;

(6) 经批准的其他业务。

(三) 组织机构

国家开发银行实行行长负责制,设行长 1 人,副行长若干人,行长、副行长均由国务院任命。行长负责全行工作,副行长协助行长工作。

国家开发银行经国务院批准设立监事会,监督国家开发银行执行国家方针政策的情况、资金使用方向和资产经营状况。同时,国家开发银行每一会计年度还必须向财政部报送财务决算,每年定期公布基本财务报表,并由中华人民共和国的注册会计师和审计事务所出具审计报告。

四、中国农业发展银行

中国农业发展银行是负责筹集农业政策性信贷资金,办理国家规定的农业政策性金融业务的政策性银行。总部设在北京,在行政上直属国务院领导,实行独立核算,自主、保本经营,企业化管理。

(一) 资金来源

中国农业发展银行注册资本为 200 亿元人民币,其资本金从现在的中国农业银行资本金中拨出一部分解决。其资金主要来源是:(1) 对金融机构发行金融债券;(2) 财政支农资金;(3) 使用农业政策性贷款企业的存款;(4) 对因季节性等原因出现先支后收的临时性需要,中国人民银行可以视情况对中国农业发展银行总行发放少量短期贷款。

（二）业务范围

中国农业发展银行经营和办理下列业务：

（1）办理由国务院、中国人民银行安排资金并由财政部予以贴息的粮食、棉花、油料、猪肉、食糖等主要农副产品的国家专项储备贷款；

（2）办理粮、棉、油、肉等农副产品的收购贷款及粮油调销、批发贷款，办理承担国家粮油等产品政策性加工任务企业的贷款和棉麻系统初加工企业的贷款；

（3）办理国务院确定的扶贫贴息贷款、老少边穷地区发展经济贷款、贫困县县办企业贷款、农业综合开发贷款以及其他财政贴息的农业方面的贷款；

（4）办理国家确定的小型农、林、牧、水利基本建设和技术改造贷款；

（5）办理中央和省级政府的财政支农资金的代理拨付，为各级政府设立的粮食风险基金开立专户并代理拨付；

（6）发行金融债券；

（7）办理业务范围内开户企业、事业单位的存款；

（8）办理开户企业、事业单位的结算；

（9）境外筹资；

（10）办理批准的其他业务。

（三）组织机构

中国农业发展银行在机构设置上实行总行、分行、支行制。中国农业发展银行实行行长负责制，对其分支机构实行垂直领导的管理体制，设立监事会对中国农业发展银行的业务进行监督、检查、评价。

五、中国进出口银行

中国进出口银行是执行国家产业政策和外贸政策，对我国进出口实行政策性信贷业务的专业银行。总行设在北京，直属于国务院领导，实行自主、保本经营，企业化管理。

（一）资金来源

中国进出口银行的注册资本为33.8亿元人民币，其资本金由财政部核拨。其资金来源主要有：（1）财政专项资金；（2）对金融机构发行的金融债券；（3）从国际金融市场上筹措的资金。

（二）业务范围

中国进出口银行经营和办理下列业务：

（1）为机电产品和成套设备等资本性货物进出口提供卖方信贷、买方信贷；

（2）办理与机电产品进出口信贷有关的外国政府贷款、混合贷款、出口信贷的转贷，以及中国政府对外国政府贷款、混合贷款、出口信贷的转贷；

(3) 办理国际银行间贷款,组织或参加担保、进出口保险和保付代理业务;

(4) 提供出口信用保险、出口信贷担保、进出口保险和保付代理业务;

(5) 在境内发行金融债券和在境外发行有价证券;

(6) 经营批准的外汇业务;

(7) 参加国际进出口银行组织及政策性金融保险组织;

(8) 为进出口业务进行咨询和项目评审,为对外经济技术合作和贸易提供服务;

(9) 办理经批准的其他业务。

(三) 组织机构

中国进出口银行设董事会。董事会设董事长1人,视需要设副董事长。中国进出口银行还设监事会,监事会受国务院委托对其经营方针及国有资产的保值、增值情况,对银行行长的经营业绩进行监督检查,对银行行长的工作作出评价和建议。

思 考 题

1. 试述中国人民银行的性质与法律地位。
2. 试述银监会如何监管商业银行的运作。
3. 如何评价政策性银行法律制度?

实战案例

从2003年上半年始,关于中国经济过热的声音开始出现。为预防通货膨胀,防止经济大起大落,国务院及其有关部门采取了一系列措施加强宏观调控,其中,相关部门的金融宏观调控措施最为引人注目。2003年9月,央行(中国人民银行)将金融机构存款准备金率由原来的6%调高至7%。2004年3月,央行推出差别存款准备金制度。4月,国务院召开常务会议指出,必须继续加强宏观调控,加强控制投资过快增长,防止通货膨胀。同时,央行决定再次提高存款准备金率0.5个百分点,将存款准备金率由7%提高到7.5%,银行业监督管理委员会也发表声明,对商业银行的贷款管理进行窗口指导,并派出检查组重点检查部分商业银行对钢铁等行业的贷款情况。5月,央行公开市场操作结果显示,除面向市场所有机构发行200亿央行票据外,还通过指定交易方式定向发行了第37期央行票据,发行量高达500亿元。10月,中国人民银行决定上调金融机构存贷款基准利率并放宽人民币贷款利率浮动区间,金融机构一年期存款基准利率上调 0.27 个百分点,由现行的 1.98% 提高到 2.25%,一年期贷款基准利率上调 0.27 个百分点,由现行的 5.31% 提高到 5.58%,其他各档次存、贷款利率也相应调整,中长期上调幅度大于短期。

问题:

请结合以上材料,分析央行的法律地位及其主要货币政策工具的组合使用。

参考文献

强力:《金融法》,法律出版社 2004 年版。

周仲飞、郑晖编著:《银行法原理》,中信出版社 2002 年版。

张德荣主编:《金融法律实务》,法律出版社 1999 年版。

第十二章 证券法律制度

内容提要

证券是指证明有关经济权利的凭证,有广义和狭义之分,我国《证券法》规定的证券为狭义的证券,包括股票、公司债券和国务院依法认定的其他证券。证券市场是指证券发行与交易的场所,分为发行市场和流通市场。证券法是规范证券发行与交易的法。我国《证券法》对在证券活动和证券管理中应坚持的原则作了规定,包括公开、公平、公正原则等。证券发行是指证券发行人将其证券向投资人出售的行为,分为公开发行和非公开发行、设立发行和新股发行。证券的发行必须符合法律规定的条件和程序。证券交易是指证券的买卖与转让。符合法定条件,证券即可在证券市场进行上市交易;已上市的证券也可能因一定原因而暂停交易或终止交易。为保证证券市场的健康发展,上市公司必须持续公开其信息;同时,证券交易中不能实施禁止的交易行为。上市公司收购,是指收购人通过在证券交易所的股份转让活动持有一个上市公司的股份达到一定比例或通过证券交易所股份转让活动以外的其他合法途径控制一个上市公司的股份达到一定程度,使得其获得或者可能获得对该公司的实际控制权的行为,《证券法》对协议收购和要约收购作了规定。本章还对我国的证券交易所和中介机构、证券监督机构作了介绍。

第一节 证券法概述

一、证券及证券法的概念

(一)证券的概念和种类

证券是指证明有关经济权利的凭证。证券有三个特征:一是证券必须依法设置,必须依照国家法律或行政法规的规定签发,依法定格式书写或制作,证券上记载的内容应当合法;二是证券上记载的权利受法律保护,对持有人和有关当事人具有法律约束力;三是证券须采用书面形式或具有同等功效的形式。

证券有广义和狭义之分。广义的证券一般指财物证券(如货运单、提单等)、货币证券(如支票、汇票、本票等)和资本证券(如股票、公司债券、基金凭证等)。狭义的证券仅指资本证券。我国《证券法》规定的证券为股票、公司债券和国务院依法认定的其他证券。其他证券主要指投资基金凭证、非公司企业债券、国家政府债券以及金融衍生品种如权证(包括认购权证和认沽权证)等。

1. 股票

股票是股份有限公司签发的证明股东按其所持股份享有权利和承担义务的书面凭证。股票具有如下特征:(1)股票是一种有价证券;(2)股票是一种要式证券;(3)股票是一种无偿还期限的有价证券;(4)股票是一种高风险金融工具。

由于股票的发行与交易的管理方式不同,股票所代表的权利、义务关系不同,股票可划为不同的种类:(1)依股东的权利、义务的不同,股份可分为普通股和优先股。普通股是享有普通权利承担普通义务的股份,是股份的最基本形式。优先股是享有优先权的股份。(2)按投资主体的性质不同,股份又分为国有股、发起人股、社会公众股。(3)按投资者是以人民币认购和买卖还是以外币认购和买卖股票划分,股份可分为内资股和外资股。(4)按票面上是否记载股东的姓名或名称,股票又可分为记名股票和无记名股票。另外,人们根据发行股票企业的经营等情况,将股票分为绩优股、垃圾股、蓝筹股、红筹股等。

2. 债券

债券是指企业(包括公司)或政府向社会公众筹集资金而向出资者出具的债务凭证。持有者凭借这种凭证有权在约定期限内要求发行者还本付息。债券是有价证券的一种。按不同的标准,债券可分为:记名债券、不记名债券;担保债券、无担保债券;公司债券、企业债券;可转换债券、不可转换债券;等等。公司债券是指公司依照法定程序发行的、约定在一定期限还本付息的有价证券。企业债券是非公司企业依照法定程序发行的、约定在一定期限还本付息的有价证券。可转换公司债券是指上市公司依照法定程序发行、在一定期间内依据约定的条件可以转换成股份的公司债券。可转换公司债券在转换股份前,其持有人不具有股东的权利和义务。可转换公司债券可以依法转让、质押和继承。

3. 证券投资基金

证券投资基金是指一种利益共享、风险共担的集合证券投资方式,即通过发行基金单位,集中投资者的资金,由基金托管人托管,由基金管理人管理和运用资金,从事股票、债券等金融工具投资的方式。

证券投资基金的分类较多,有开放式基金与封闭式基金之分,也有股票基金与债券基金之别等。根据我国《证券投资基金法》的规定,基金运作方式可以采用封闭式、开放式或者其他方式。

（二）证券市场

证券市场是指证券发行与交易的场所。证券市场分为发行市场和流通市场。发行市场又称一级市场，是发行新证券的市场，证券发行人通过证券发行市场将已获准公开发行的证券第一次销售给投资者，以获取资金；证券流通市场又称二级市场，是对已发行的证券进行买卖、转让交易的场所。通过一级市场取得的证券可以到二级市场进行买卖，投资者可以在二级市场对证券进行不间断的交易。

证券市场的主体包括证券发行人、投资者、中介机构、交易场所，以及自律性组织和监管机构。发行人是在证券市场上发行证券的单位，一般有企业、金融机构和政府部门。投资者是证券市场上证券的购买者，也是资金的供给者。投资者一般有个人投资者和机构投资者，个人投资者可以自己直接参与证券的买卖，也可以通过证券经纪人买卖证券。机构投资者是指有资格进行证券投资的法人单位。证券中介机构主要是指证券经营机构、资产评估机构、会计师事务所、律师事务所等。交易场所是进行证券交易的场所，有场内交易市场和场外交易市场两种。自律性组织包括证券交易所、证券业协会等，主要是在本所或本行业内实行自我监管。证券监管机构是代表政府对证券市场进行监督管理的机构，在我国为中国证券监督管理委员会及其派出机构。证券市场的经营对象是有关金融工具。金融工具主要包括股票、公司债券、企业债券、基金和国债等。另外，证券市场的经营对象还包括一些证券衍生产品，如股票期货、股票期权、认股权证、债券期货、债券期权等。

我国证券市场的发展可追溯到20世纪初。1873年清政府督办了轮船招商局，发行了中国最早的股票，1894年清政府发行了我国首例国内债券——"息借商款"。1918年，我国第一家证券交易所在北京成立。1920年，经孙中山先生倡议，我国成立了上海证券物品交易所，该交易所除从事证券交易外，还从事金银、皮毛、粮油等物品的交易。到了20世纪30年代，我国的证券市场曾一度繁荣。新中国成立后，我国一度取消了证券交易市场。党的十一届三中全会以后，我国开始实行改革开放政策，证券市场也开始恢复发展。1981年，我国开始恢复发行国债，1984年前后，一些企业开始发行股票和企业债券，1987年国务院发布了《关于加强股票、债券管理的通知》，我国股票、债券的发行管理开始走上了规范化发展的轨道。1988年，我国建立起国债流通市场。从1986开始，我国开始试办证券转让的柜台交易。1990年12月19日，上海证券交易所成立；1991年4月11日，深圳证券交易所成立。

（三）证券法的概念及我国证券立法概况

证券法是规范证券发行与交易的法。证券法这一概念有狭义和广义之分。

狭义的证券法是指《证券法》。广义的证券法除《证券法》外,还包括其他法律中有关证券管理的内容、国务院颁发的证券管理的行政法规、证券管理部门发布的部门规章、地方立法部门颁布的证券管理地方性法规和规章等。证券交易所等有关证券自律性组织依法制定的业务规则、行业活动准则等对我国证券市场的规范运作也起到重要调整作用。

1998年12月29日,我国第九届全国人大常委会第六次会议通了《证券法》,标志着我国证券市场法制进入了一个新的阶段。《证券法》共12章214条,对我国证券的发行、交易以及证券交易、中介机构和监督管理作出了规定。为有利于推进资本市场的稳定健康发展,有利于防范风险,保障资本市场运作的安全,加强对广大投资者合法权益的保护,2005年10月27日第十届全国人大常委会第十八次会议对《证券法》进行了修订,新修订后的《证券法》自2006年1月1日起施行。《证券法》是证券市场的基本法。除此之外,其他法律中有关证券管理的规定、国务院和政府有关部门发布的有关证券方面的法规、规章以及规范性文件,构成了我国的证券法律体系。

二、证券活动和证券管理原则

根据我国《证券法》的规定,在证券活动和证券管理中应坚持如下原则:

(1)公开、公平、公正原则。公开原则是指市场信息要公开,证券市场的透明度高。公平原则是指所有市场参与者都具有平等的地位,其合法权益都应受到平等的保护。他们在证券发行和交易中,应当机会均等、待遇相同。公正原则是指在证券发行和交易中的有关事务处理上,要在坚持客观事实的基础上,做到一视同仁,对所有证券市场参与者都要给予公正的待遇。特别是证券监管机关,在处理问题时坚持公正原则尤为重要。

(2)平等、自愿、有偿、诚实信用原则。

(3)守法原则。

(4)证券业与其他金融业分业经营、分业管理原则。《证券法》第6条规定:证券业和银行业、信托业、保险业分业经营、分业管理。证券公司与银行、信托、保险业务机构分别设立。为适应我国加入WTO后金融市场对外开放的需要,与国际接轨,《证券法》第6条同时规定,"国家另有规定的除外",这个规定实际上为将来的混业经营留下了余地。

(5)政府统一监管与行业自律原则。

(6)国家审计监督原则。

第二节 证券发行

一、证券发行的概念和种类

证券发行是指证券发行人(如公司)将证券向投资人出售的行为。证券发行可以实现发行人通过证券市场融资的目的,以满足生产经营活动中的资金需求。

证券发行可以从不同的角度进行分类:

(1) 根据证券品种的不同,分为股票发行、债券发行和其他证券发行。

(2) 根据发行对象及其公开程度的不同,分为公开发行和非公开发行,非公开发行习惯上称为私募。《证券法》第10条规定,有下列情形之一的,为公开发行:一是向不特定对象发行证券的;二是向特定对象发行证券累计超过200人的;三是法律、行政法规规定的其他发行行为。

根据《证券法》的规定,公开发行股票,必须符合法定条件,依法报经国务院证券监督管理机构核准。私募一般不需要经过核准,但实际上《证券法》依然规定了一些特殊主体的私募必须经过核准。

(3) 根据发行阶段的不同,分为首次公开发行(IPO)和新股发行,这种分类主要针对股票发行而言。首次公开发行,指公司在设立时(募集设立)或者设立后(发起设立)为融资而第一次向社会公开发行股票。新股发行则是公司在首次公开发行后的各次发行,具体包括配股、增发(包括公开增发和定向增发)等。

对股票发行而言,从我国现行《证券法》的规定来看,依据发行主体、发行方式、发行目的的不同,而有以下几种不同的情形:

(1) 非公众公司的非公开发行。这是指发行后发行人股东人数不超过200人,也没有采用公开发行方式的发行。这种发行不需要报经核准,发行人自行决定,只需要遵守《公司法》,不承担《证券法》规定的强制信息披露义务。

(2) 非公众公司向特定对象发行股票,导致发行后股东超过200人的发行。这种发行必须符合法定条件,依法报经核准。

(3) 非公众公司申请以公开方式向社会公众公开发行。这种发行需要报经中国证监会核准,核准后该公司被定性为非上市公众公司。

(4) 非上市公众公司的定向发行,这种发行需要经过中国证监会的核准。

(5) 首次公开发行股票并上市。这种发行需要符合法定条件,依法报经中国证监会核准。发行上市后,发行人成为上市公司。依据上市地的不同,中国证监会对于拟在创业板上市的公司,规定了与其他市场不同的首次公开发行条件。

(6) 上市公司发行新股。

二、证券发行条件

(一) 股票发行的条件

1. 首次公开发行股票的条件

我国《证券法》《公司法》和证监会公布的《首次公开发行股票并上市管理办法》(2006年5月18日实施)就首次公开发行股票规定了相应的条件。这些条件适用于在上海证券交易所主板市场上市的公司和在深圳证券交易所中小板市场上市的公司。另外,2009年3月31日中国证监会公布了《首次公开发行股票并在创业板上市管理暂行办法》,对首次公开发行股票并在创业板市场上市的公司的股票发行作了相应的规定。限于篇幅,本章只介绍《证券法》所规定的首次公开发行股票的条件。

根据《证券法》的规定,设立股份有限公司公开发行股票应具备的条件是:(1) 符合公司法规定的条件。主要是指:发起人应当在2人以上200人以下,其中须有半数以上的发起人在中国境内有住所;有符合法定要求的公司章程;除法律、行政法规另有规定外,发起人认购的股份不少于公司股份总数的35%;应当由依法设立的证券公司承销,签订承销协议;应当与银行签订代收股款协议等。(2) 符合经国务院批准的国务院证券监督管理机构规定的其他条件。

2. 上市公司公开发行新股的条件

上市公司公开发行新股即增发股票,分为向原股东配售股份(即"配股")和向不特定对象募集(即"增发")。《证券法》《公司法》以及证监会公布的《上市公司证券发行管理办法》对上市公司增发股票作了相应的规定。

根据《证券法》规定,股份有限公司成立后公开发行新股,应当符合下列条件:(1) 具备健全且运行良好的组织机构;(2) 具有持续盈利能力,财务状况良好;(3) 最近3年财务会计文件无虚假记载,无其他重大违法行为;(4) 经国务院批准的国务院证券监督管理机构规定的其他条件。

《上市公司证券发行管理办法》对上市公司增发股票的一般条件作了规定,包括:(1) 组织机构健全,运行良好;(2) 盈利能力应具有可持续性;(3) 财务状况良好;(4) 财务会计文件无虚假记载;(5) 募集资金的数额和使用符合规定;(6) 不存在违法行为等。同时,对配股、公开增发和非公开增发的具体条件还作了规定。

(二) 公司债券的发行条件

根据《证券法》的规定,公开发行公司债券,应当符合下列条件:(1) 股份有限公司的净资产不低于人民币3000万元,有限责任公司的净资产不低于人民币6000万元;(2) 累计债券余额不超过公司净资产的40%;(3) 最近3年平均可分配利润足以支付公司债券1年的利息;(4) 筹集的资金投向符合国家产业政策;(5)债券的利率不超过国务院限定的利率水平;(6)国务院规定的其他条件。

上市公司发行可转换为股票的公司债券,除应当符合第一款规定的条件外,还应当符合《证券法》关于公开发行股票的条件,并报国务院证券监督管理机构核准。

此外,我国《证券法》还就公司再次发行债券的条件作了限制性的规定,即有下列情形之一的,不得再次公开发行公司债券:(1)前一次公开发行的公司债券尚未募足;(2)对已公开发行的公司债券或者其他债务有违约或者延迟支付本息的事实,仍处于继续状态;(3)违反本法规定,改变公开发行公司债券所募资金的用途。

(三)可转换公司债券的发行条件

根据《上市公司证券发行管理办法》的规定,上市公司发行可转换公司债券,除了应当符合增发股票的一般条件之外,还应当符合下列条件:(1)最近三个会计年度加权平均净资产收益率平均不低于6%。扣除非经常性损益后的净利润与扣除前的净利润相比,以低者作为加权平均净资产收益率的计算依据。(2)本次发行后累计公司债券余额不超过最近一期末净资产额的40%。(3)最近三个会计年度实现的年均可分配利润不少于公司债券一年的利息。

三、证券发行的程序

根据《证券法》规定,证券发行程序大致包括以下几个阶段:

(一)提出申请

根据规定,设立股份有限公司公开发行股票,应当向国务院证券监督管理机构报送募股申请和下列文件:(1)公司章程;(2)发起人协议;(3)发起人姓名或者名称,发起人认购的股份数、出资种类及验资证明;(4)招股说明书;(5)代收股款银行的名称及地址;(6)承销机构名称及有关的协议。依照本法规定聘请保荐人的,还应当报送保荐人出具的发行保荐书。法律、行政法规规定设立公司必须报经批准的,还应当提交相应的批准文件。

公司公开发行新股,应当向国务院证券监督管理机构报送募股申请和下列文件:(1)公司营业执照;(2)公司章程;(3)股东大会决议;(4)招股说明书;(5)财务会计报告;(6)代收股款银行的名称及地址;(7)承销机构名称及有关的协议。依照本法规定聘请保荐人的,还应当报送保荐人出具的发行保荐书。

申请公开发行公司债券,应当向国务院授权的部门或者国务院证券监督管理机构报送下列文件:(1)公司营业执照;(2)公司章程;(3)公司债券募集办法;(4)资产评估报告和验资报告;(5)国务院授权的部门或者国务院证券监督管理机构规定的其他文件。依照本法规定聘请保荐人的,还应当报送保荐人出具的发行保荐书。

发行人申请首次公开发行股票的,在提交申请文件后,应当按照国务院证券监督管理机构的规定预先披露有关申请文件。

(二)保荐机构保荐

发行人申请公开发行股票、可转换为股票的公司债券,依法采取承销方式的,或者公开发行法律、行政法规规定实行保荐制度的其他证券的,应当聘请具有保荐资格的机构担任保荐人。保荐人应当遵守业务规则和行业规范,诚实守信,勤勉尽责,对发行人的申请文件和信息披露资料进行审慎核查,督导发行人规范运作。

(三)核准

公开发行证券,必须符合法律、行政法规规定的条件,并依法报经国务院证券监督管理机构或者国务院授权的部门核准;未经依法核准,任何单位和个人不得公开发行证券。

国务院证券监督管理机构设发行审核委员会,依法审核股票发行申请。

国务院证券监督管理机构依照法定条件负责核准股票发行申请。核准程序应当公开,依法接受监督。参与审核和核准股票发行申请的人员,不得与发行申请人有利害关系,不得直接或者间接接受发行申请人的馈赠,不得持有所核准的发行申请的股票,不得私下与发行申请人进行接触。

国务院授权的部门对公司债券发行申请的核准,参照前两款的规定执行。

国务院证券监督管理机构或者国务院授权的部门应当自受理证券发行申请文件之日起 3 个月内,依照法定条件和法定程序作出予以核准或者不予核准的决定,发行人根据要求补充、修改发行申请文件的时间不计算在内;不予核准的,应当说明理由。

(四)公开发行文件

证券发行申请经核准,发行人应当依照法律、行政法规的规定,在证券公开发行前,公告公开发行募集文件,并将该文件置备于指定场所供公众查阅。发行证券的信息依法公开前,任何知情人不得公开或者泄露该信息。发行人不得在公告公开发行募集文件前发行证券。

(五)发行证券

我国目前法律规定证券发行采用间接发行方式,即证券发行必须由证券公司承销。承销是指证券经营机构依照协议包销或者代销发行人向社会公开发行的证券的行为。证券公司应当依照法律、行政法规的规定承销发行人向社会公开发行的证券。证券的承销包括代销和包销两种方式。证券代销是指证券公司代发行人发售证券,在承销期结束后,将未售出的证券全部退还给发行人的承销式。证券包销分两种情况:一是证券公司将发行人的证券按照协议全部购入,然后再向投资者销售,当卖出价高于购入价时,其差价归证券公司所有;当卖出价低于购入价时,其损失由证券公司承担。二是证券公司在承销期结束后,将售后剩余证券全部自行购入。在这种承销方式下,证券公司要与发行人签订合同,在承销期内,是一种代销行为;在承销期满后,是一种包销行为。我国只有具备法定条件的证券公司,才有证券承销资格。

我国证券承销的具体规定为:

(1)发行人向不特定对象发行的证券,法律、行政法规规定应当由证券公司承销的,发行人应当同证券公司签订承销协议。证券承销业务采取代销或者包销方式。

(2)公开发行证券的发行人有权依法自主选择承销的证券公司。证券公司不得以不正当竞争手段招揽证券承销业务。

(3)证券公司承销证券,应当同发行人签订代销或者包销协议。

(4)证券公司承销证券,应当对公开发行募集文件的真实性、准确性、完整性进行核查;发现有虚假记载、误导性陈述或者重大遗漏的,不得进行销售活动;已经销售的,必须立即停止销售活动,并采取纠正措施。

(5)向不特定对象发行的证券票面总值超过人民币5000万元的,应当由承销团承销。承销团应当由主承销和参与承销的证券公司组成。

(6)证券的代销、包销期限最长不得超过90日。

证券公司在代销、包销期内,对所代销、包销的证券应当保证先行出售给认购人,证券公司不得为本公司预留所代销的证券和预先购入并留存所包销的证券。

(7)股票发行采取溢价发行的,其发行价格由发行人与承销的证券公司协商确定。

(8)股票发行采用代销方式,代销期限届满,向投资者出售的股票数量未达到拟公开发行股票数量70%的,为发行失败。发行人应当按照发行价并加算银行同期存款利息返还股票认购人。

(9)公开发行股票,代销、包销期限届满,发行人应当在规定的期限内将股票发行情况报国务院证券监督管理机构备案。

(六)补救措施与法律责任

国务院证券监督管理机构或者国务院授权的部门对已作出的核准证券发行的决定,发现不符合法定条件或者法定程序,尚未发行证券的,应当予以撤销,停止发行。已经发行尚未上市的,撤销发行核准决定,发行人应当按照发行价并加算银行同期存款利息返还证券持有人;保荐人应当与发行人承担连带责任,但是能够证明自己没有过错的除外;发行人的控股股东、实际控制人有过错的,应当与发行人承担连带责任。

（七）投资风险的承担

股票依法发行后,发行人经营与收益的变化,由发行人自行负责;由此变化引致的投资风险,由投资者自行负责。

第三节 证券交易

一、证券交易的一般规则

证券交易是指证券的买卖与转让。证券可以在市场上依法买进、卖出和转让,其价格随市场行情的变化而变化,这是证券投资的风险所在。所以,国家对证券的交易一般要作出严格的规定。由于证券的品种不同,其交易规则也不完全一样,但证券交易也有一些共性的规则,根据我国《证券法》的规定,在证券交易中应遵守如下共性的规则。

1. 证券必须合法。具体有三层含义:(1)证券交易的标的必须是依法发行的证券。也就是依《证券法》及其他有关法律、行政法规和规范性文件,公开发行或者非公开发行的证券。(2)证券交易的标的物必须是已交付的证券,即已经实际由发行人转移至购买人的证券。(3)非依法发行的证券,不得买卖。

2. 禁止证券在限制转让的期限内进行买卖。具体包括以下情形:(1)发起人持有的本公司股份,自公司成立之日起1年内不得转让。(2)公司公开发行股份前已发行的股份自公司股票在证券交易所上市交易之日起1年内不得转让。(3)公司董事、监事、高级管理人员应当向公司申报所持有的本公司的股份及其变动情况,在任职期间每年转让的股份不得超过其所持有本公司股份总数的25%;所持本公司股份自公司股票上市交易之日起一年内不得转让。上述人员离职后半年内,不得转让其所持有的本公司股份。公司章程可以对公司董事、监事、高级管理人员转让其所持有的本公司股份作出其他限制性规定。(4)上市公司董事、监事、高级管理人员、持有上市公司股份5%以上的股东,将其持有的该公司的股票在买入后6个月内卖出,或者在卖出后6个月内又买入,由此所得收益归该公司所有,公司董事会应当收回其所得收益。但是,证券公司因包销购入售后剩余股票而持有5%以上股份的,卖出该股票不受6个月时间限制。(5)为股票发行出具审计报告、资产评估报告或者法律意见书等文件的证券服务机构和人员,在该股票承销期内和期满后6个月内,不得买卖该种股票。为上市公司出具审计报告、资产评估报告或者法律意见书等文件的证券服务机构和人员,自接受上市公司委托之日起至上述文件公开后5日内,不得买卖该种股票。(6)证券交易内幕信息的知情人和非法获取内幕信息的人,在内幕信息公开前,不得买卖该公司的证券,或者泄露该信息,或者建议他人买卖该证券。

(7) 通过证券交易所的证券交易,投资者持有或者通过协议、其他安排与他人共同持有一个上市公司已发行的股份达到 5% 时,应当在该事实发生之日起 3 日内,向国务院证券监督管理机构、证券交易所作出书面报告,通知该上市公司,并予公告;在上述期限内,不得再行买卖该上市公司的股票。投资者持有或者通过协议、其他安排与他人共同持有一个上市公司已发行的股份达到 5% 后,其所持该上市公司已发行的股份比例每增加或者减少 5%,应当依照前款规定进行报告和公告。在报告期限内和作出报告、公告后 2 日内,不得再行买卖该上市公司的股票。(8) 通过证券交易所的证券交易,投资者持有发行人已发行的可转换公司债券达到 20% 时,应在该事实发生之日起 3 日内,向中国证监会、证券交易所书面报告,通知发行人并予以公告;在上述规定的期限内,不得再行买卖该发行人的可转换公司债券,也不得买卖该发行人的股票。投资人持有发行人已发行可转换公司债券达到 20% 后,其所持该发行人已发行的可转换公司债券比例每增加或者减少 10% 时,应按上述规定进行书面报告和公告。在报告期限内和作出报告、公告后 2 日内,不得再行买卖该发行人的可转换公司债券,也不得买卖该发行人的股票。

3. 依法公开发行的股票、公司债券及其他证券,应当在依法设立的证券交易所上市交易或者在国务院批准的其他证券交易场所转让。

4. 证券在证券交易所上市交易,应当采用公开的集中交易方式或者国务院证券监督管理机构批准的其他方式。

5. 证券交易当事人买卖的证券可以采用纸面形式或者国务院证券监督管理机构规定的其他形式。

6. 证券交易以现货和国务院规定的其他方式进行交易。

7. 证券交易所、证券公司和证券登记结算机构的从业人员、证券监督管理机构的工作人员以及法律、行政法规禁止参与股票交易的其他人员,在任期或者法定限期内,不得直接或者以化名、借他人名义持有、买卖股票,也不得收受他人赠送的股票。任何人在成为前款所列人员时,其原已持有的股票,必须依法转让。

8. 证券交易所、证券公司、证券登记结算机构必须依法为客户开立的账户保密。

9. 证券交易的收费必须合理,并公开收费项目、收费标准和收费办法。证券交易的收费项目、收费标准和管理办法由国务院有关主管部门统一规定。

二、证券上市交易

(一) 证券上市交易的条件

1. 股票上市交易条件

股份有限公司申请股票上市,应当符合下列条件:(1) 股票经国务院证券监督管理机构核准已公开发行;(2)公司股本总额不少于人民币3000万元;(3)公开发行的股份达到公司股份总数的25%以上;公司股本总额超过人民币4亿元的,公开发行股份的比例为10%以上;(4)公司最近3年无重大违法行为,财务会计报告无虚假记载。证券交易所可以规定高于前款规定的上市条件,并报国务院证券监督管理机构批准。

2. 公司债券上市交易条件

公司申请公司债券上市交易,应当符合下列条件:(1)公司债券的期限为1年以上;(2)公司债券实际发行额不少于人民币5000万元;(3)公司申请债券上市时仍符合法定的公司债券发行条件。

(二)证券上市程序

1. 提出申请

申请证券上市交易,应当向证券交易所提出申请,由证券交易所依法审核同意,并由双方签订上市协议。

申请股票、可转换为股票的公司债券或者法律、行政法规规定实行保荐制度的其他证券上市交易,应当聘请具有保荐资格的机构担任保荐人。

2. 公告上市报告等文件资料

股票上市交易申请经证券交易所审核同意后,签订上市协议的公司应当在规定的期限内公告股票上市的有关文件,并将该文件置备于指定场所供公众查阅。

公司债券上市交易申请经证券交易所审核同意后,签订上市协议的公司应当在规定的期限内公告公司债券上市文件及有关文件,并将其申请文件置备于指定场所供公众查阅。

(三)证券的暂停与终止上市

1. 股票暂停与终止上市

上市公司有下列情形之一的,由证券交易所决定暂停其股票上市交易:(1)公司股本总额、股权分布等发生变化不再具备上市条件;(2)公司不按照规定公开其财务状况,或者对财务会计报告作虚假记载,可能误导投资者;(3)公司有重大违法行为;(4)公司最近三年连续亏损;(5)证券交易所上市规则规定的其他情形。

上市公司有下列情形之一的,由证券交易所决定终止其股票上市交易:(1)公司股本总额、股权分布等发生变化不再具备上市条件,在证券交易所规定的期限内仍不能达到上市条件;(2)公司不按照规定公开其财务状况,或者对财务会计报告作虚假记载,且拒绝纠正;(3)公司最近三年连续亏损,在其后一个年度内未能恢复盈利;(4)公司解散或者被宣告破产;(5)证券交易所上市规则规定的其他情形。

2. 公司债券的暂停与终止上市

公司债券上市交易后,公司有下列情形之一的,由证券交易所决定暂停其公司债券上市交易:(1)公司有重大违法行为;(2)公司情况发生重大变化不符合公司债券上市条件;(3)发行公司债券所募集的资金不按照核准的用途使用;(4)未按照公司债券募集办法履行义务;(5)公司最近两年连续亏损。

公司有前述第(1)、(4)项所列情形之一经查实后果严重的,或者有前述第(2)、(3)、(5)项所列情形之一,在限期内未能消除的,由证券交易所决定终止其公司债券上市交易。公司解散或者被宣告破产的,由证券交易所终止其公司债券上市交易。

证券交易所决定暂停或者终止证券上市交易的,应当及时公告,并报国务院证券监督管理机构备案。

(四)复核

对证券交易所作出的不予上市、暂停上市、终止上市决定不服的,可以向证券交易所设立的复核机构申请复核。

三、持续信息公开

(一)信息公开的基本要求

向社会公开发行股票、公司债券和企业债券,以及证券投资基金的单位,都必须将有关信息公开,以利于发行对象了解情况,对投资风险和投资收益进行估计,进而对投资作出决断。向社会公布有关信息还有利于社会公众对证券发行人的监督,也有利于政府的监管。为此,各国法律都对证券发行中的信息公开作出了规定。

我国《证券法》对信息公开的基本要求包括:

(1)发行人、上市公司依法披露的信息,必须真实、准确、完整,不得有虚假记载、误导性陈述或者重大遗漏。

(2)上市公司董事、高级管理人员应当对公司定期报告签署书面确认意见。上市公司监事会应当对董事会编制的公司定期报告进行审核并提出书面审核意见。上市公司董事、监事、高级管理人员应当保证上市公司所披露的信息真实、准确、完整。

(3)发行人、上市公司公告的招股说明书、公司债券募集办法、财务会计报告、上市报告文件、年度报告、中期报告、临时报告以及其他信息披露资料,有虚假记载、误导性陈述或者重大遗漏,致使投资者在证券交易中遭受损失的,发行人、上市公司应当承担赔偿责任;发行人、上市公司的董事、监事、高级管理人员和其他直接责任人员以及保荐人、承销的证券公司,应当与发行人、上市公司承担连带赔偿责任,但是能够证明自己没有过错的除外;发行人、上市公司的控股股东、实际控制人有过错的,应当与发行人、上市公司承担连带赔偿责任。

(4) 依法必须披露的信息,应当在国务院证券监督管理机构指定的媒体发布,同时将其置备于公司住所、证券交易所,供社会公众查阅。

(5) 国务院证券监督管理机构对上市公司年度报告、中期报告、临时报告以及公告的情况进行监督,对上市公司分派或者配售新股的情况进行监督,对上市公司控股股东和信息披露义务人的行为进行监督。证券监督管理机构、证券交易所、保荐人、承销的证券公司及有关人员,对公司依照法律、行政法规规定必须作出的公告,在公告前不得泄露其内容。

(二) 信息公开的内容

1. 招股说明书、公司债券募集办法、上市公告书

经国务院证券监督管理机构核准依法公开发行股票,或者经国务院授权的部门核准依法公开发行公司债券,应当公告招股说明书、公司债券募集办法。发行人发行证券完成后,申请证券上市交易,应当按照证券交易所的规定编制上市公告书,并经证券交易所审核同意后公告。

2. 定期报告和临时报告

(1) 季度报告

所有上市公司必须编制并披露季度报告。季度报告应在会计年度前3个月、9个月结束后的30日内编制,并将报告正文刊载于中国证监会指定的报纸上,将季度报告全文刊载于中国证监会指定的互联网网站上,并在披露季度报告后的10日内,将季度报告文本一式两份分别报送中国证监会、股票挂牌交易的证券交易所和公司所在地的证券监管派出机构。

(2) 中期报告

上市公司和公司债券上市交易的公司,应当在每一会计年度的上半年结束之日起两个月内,向国务院证券监督管理机构和证券交易所报送中期报告,并予公告。

(3) 年度报告

上市公司和公司债券上市交易的公司,应当在每一会计年度结束之日起4个月内,向国务院证券监督管理机构和证券交易所报送年度报告,并予公告。

(4) 临时报告

发生可能对上市公司股票交易价格产生较大影响的重大事件,投资者尚未得知时,上市公司应当立即将有关该重大事件的情况向国务院证券监督管理机构和证券交易所报送临时报告,并予公告,说明事件的起因、目前的状态和可能产生的法律后果。

下列情况为上述所称重大事件:① 公司的经营方针和经营范围的重大变化;② 公司的重大投资行为和重大的购置财产的决定;③ 公司订立重要合同,

可能对公司的资产、负债、权益和经营成果产生重要影响;⑧ 公司发生重大债务和未能清偿到期重大债务的违约情况,或者发生大额赔偿责任;⑤ 公司发生重大亏损或者重大损失;⑥ 公司生产经营的外部条件发生的重大变化;⑦ 公司的董事、1/3 以上监事或者经理发生变动;董事长或者经理无法履行职责;⑧ 持有公司 5% 以上股份的股东或者实际控制人,其持有股份或者控制公司的情况发生较大变化;⑨ 公司减资、合并、分立、解散及申请破产的决定,或者依法进入破产程序、被责令关闭;⑩ 涉及公司的重大诉讼、仲裁,股东大会、董事会决议被依法撤销或者宣告无效;⑪ 公司涉嫌违法违规被有权机关调查或者受到刑事处罚、重大行政处罚,公司董事、监事、高级管理人员涉嫌违法违纪被有权机关调查或者采取强制措施;⑫ 新公布的法律、法规、规章、行业政策可能对公司产生重大影响;⑬ 董事会就发行新股或者其他再融资方案、股权激励方案形成相关决议;⑭ 法院裁决禁止控股股东转让其所持股份,任一个股东所持公司 5% 以上股份被质押、冻结、司法拍卖、托管、设定信托或者被依法限制表决权;⑮ 主要资产被查封、扣押、冻结或者被抵押、质押;⑯ 主要或者全部业务陷入停顿;⑰ 对外提供重大担保;⑱ 获得大额政府补贴等可能对公司资产、负债、权益或者经营成果产生重大影响的额外收益;⑲ 变更会计政策、会计估计;⑳ 因前期已披露的信息存在差错、未按规定披露或者虚假记载,被有关机关责令改正或者经董事会决定进行更正;㉑ 中国证监会规定的其他情形。

四、禁止的交易行为

为保证证券市场的健康发展,有效发挥证券市场的资源配置功能,我国《证券法》对违法的证券交易行为,作了禁止性规定。我国禁止的证券交易行为有:

(一) 内幕交易

内幕交易,指证券交易内幕信息的知情人和非法获取内幕信息的人利用内幕信息从事证券交易活动。我国法律禁止内幕交易。

证券交易内幕信息的知情人包括:(1) 发行人的董事、监事、高级管理人员;(2) 持有公司 5% 以上股份的股东及其董事、监事、高级管理人员,公司的实际控制人及其董事、监事、高级管理人员;(3) 发行人控股的公司及其董事、监事、高级管理人员;(4) 由于所任公司职务可以获取公司有关内幕信息的人员;(5) 证券监督管理机构工作人员以及由于法定职责对证券的发行、交易进行管理的其他人员;(6) 保荐人、承销的证券公司、证券交易所、证券登记结算机构、证券服务机构的有关人员;(7) 国务院证券监督管理机构规定的其他人。

证券交易活动中,涉及公司的经营、财务或者对该公司证券的市场价格有重大影响的尚未公开的信息,为内幕信息。下列信息皆属内幕信息:(1)《证券法》第 67 条第 2 款所列重大事件;(2) 公司分配股利或者增资的计划;(3) 公司股权结构的重大变化;(4)公司债务担保的重大变更;(5)公司营业用主要资产的抵押、出售或者报废一次超过该资产的30%;(6)公司的董事、监事、高级管理人员的行为可能依法承担重大损害赔偿责任;(7)上市公司收购的有关方案;(8)国务院证券监督管理机构认定的对证券交易价格有显著影响的其他重要信息。

证券交易内幕信息的知情人和非法获取内幕信息的人,在内幕信息公开前,不得买卖该公司的证券,或者泄露该信息,或者建议他人买卖该证券。

持有或者通过协议、其他安排与他人共同持有公司5%以上股份的自然人、法人、其他组织收购上市公司的股份,《证券法》另有规定的,适用其规定。

内幕交易行为给投资者造成损失的,行为人应当依法承担赔偿责任。

(二)操纵市场

操纵市场是指单位或个人以获取利益或者减少损失为目的,利用其资金、信息等优势或者滥用职权影响证券市场价格,制造证券市场假象,诱导或者致使投资者在不了解事实真相的情况下作出买卖证券的决定,扰乱证券市场秩序的行为。实施这种行为的主观目的是为了获利或减少损失,行为特征是利用自己在资金、信息和股权上的优势,制造证券市场假象。后果是诱导或致使投资者在不明真相的情况下,作出买卖证券的决定,扰乱证券市场。

我国《证券法》禁止任何人以下列手段操纵证券市场:(1)单独或者通过合谋,集中资金优势、持股优势或者利用信息优势联合或者连续买卖,操纵证券交易价格或者证券交易量;(2)与他人串通,以事先约定的时间、价格和方式相互进行证券交易,影响证券交易价格或者证券交易量;(3)在自己实际控制的账户之间进行证券交易,影响证券交易价格或者证券交易量;(4)以其他手段操纵证券市场。

操纵证券市场行为给投资者造成损失的,行为人应当依法承担赔偿责任。

(三)制造虚假信息行为

《证券法》禁止国家工作人员、传播媒介从业人员和有关人员编造、传播虚假信息,扰乱证券市场。禁止证券交易所、证券公司、证券登记结算机构、证券服务机构及其从业人员,证券业协会、证券监督管理机构及其工作人员,在证券交易活动中作出虚假陈述或者信息误导。各种传播媒介传播证券市场信息必须真实、客观,禁止误导。

制造虚假信息的行为具体包括:(1)编制并传播能影响证券交易的虚假信息;(2)对已有的信息进行歪曲、篡改;(3)发行人、证券经营机构在招募说明书、上市公告书、公司报告及其他文件中作出虚假陈述;(4)律师事务所、会计师事务所、资产评估机构等专业性证券服务机构在其出具的法律意见书、审计报告、资产评估报告及参与制作的其他文件中作出虚假陈述;(5)证券交易场所、证券业协会或者其他证券业自律性组织作出对证券市场产生影响的虚假陈述；(6) 发行人、证券经营机构、专业性证券服务机构、证券业自律性组织在向证券监管部门提交的各种文件、报告和说明中作出虚假陈述；(7) 在证券发行、交易及其相关活动中的其他虚假陈述。

（四）欺诈客户行为

欺诈客户是指证券公司及其从业人员在证券交易中违背客户的真实意愿，侵害客户利益的行为。

欺诈客户的行为包括：(1) 违背客户的委托为其买卖证券；(2) 不在规定时间内向客户提供交易的书面确认文件；(3) 挪用客户所委托买卖的证券或者客户账户上的资金；(4) 未经客户的委托，擅自为客户买卖证券，或者假借客户的名义买卖证券；(5) 为牟取佣金收入，诱使客户进行不必要的证券买卖；(6) 利用传播媒介或者通过其他方式提供、传播虚假或者误导投资者的信息；(7) 其他违背客户真实意思表示，损害客户利益的行为。

欺诈客户行为给客户造成损失的，行为人应当依法承担赔偿责任。

（五）其他禁止交易的行为

其他禁止交易的行为包括：(1) 禁止法人非法利用他人账户从事证券交易；禁止法人出借自己或者他人的证券账户。(2) 禁止资金违规流入股市。(3) 禁止任何人挪用公款买卖证券。

五、上市公司的收购

（一）上市公司收购的概念与种类

上市公司收购，是指收购人通过在证券交易所的股份转让活动持有一个上市公司的股份达到一定比例，通过证券交易所股份转让活动以外的其他合法途径控制一个上市公司的股份达到一定程度，导致其获得或者可能获得对该公司的实际控制权的行为。

我国《证券法》的规定，投资者可以采取要约收购、协议收购及其他合法方式收购上市公司。要约收购是指投资者向目标公司的所有股东发出要约，表明愿意以要约中的条件购买目标公司的股票，以期达到对目标公司控制权的获得和巩固。要约收购可以分为强制要约收购和自愿要约收购，《证券法》规定的是强制要约收购，是指投资者持有一个上市公司的股份达到一定比例时，如果愿意继续购入该公司的股份，应当依法向该上市公司的所有股东发出收购要约，表示愿意以收购要约中的条件购买该上市公司的股份。协议收购是指投资者在证券交易所外与目标公司的股东（主要是持股比例较高的大股东）进行私下协商，购买目标公司的股票，以期达到对目标公司控制权的获得和巩固。

(二) 要约收购的法律规定

（1）通过证券交易所的证券交易，投资者持有或者通过协议、其他安排与他人共同持有一个上市公司已发行的股份达到5%时，应当在该事实发生之日起3日内，向国务院证券监督管理机构、证券交易所作出书面报告，通知该上市公司，并予公告；在上述期限内，不得再行买卖该上市公司的股票。

投资者持有或者通过协议、其他安排与他人共同持有一个上市公司已发行的股份达到5%后，其所持该上市公司已发行的股份比例每增加或者减少5%，应当依照前款规定进行报告和公告。在报告期限内和作出报告、公告后两日内，不得再行买卖该上市公司的股票。

（2）通过证券交易所的证券交易，投资者持有或者通过协议、其他安排与他人共同持有一个上市公司已发行的股份达到30%时，继续进行收购的，应当依法向该上市公司所有股东发出收购上市公司全部或者部分股份的要约。

收购上市公司部分股份的收购要约应当约定，被收购公司股东承诺出售的股份数额超过预定收购的股份数额的，收购人按比例进行收购。

（3）收购人发出收购要约，必须事先向国务院证券监督管理机构报送上市公司收购报告书。收购人还应当将上市公司收购报告书同时提交证券交易所。

（4）收购人在依照规定报送上市公司收购报告书之日起15日后，公告其收购要约。在上述期限内，国务院证券监督管理机构发现上市公司收购报告书不符合法律、行政法规规定的，应当及时告知收购人，收购人不得公告其收购要约。

收购要约约定的收购期限不得少于30日，并不得超过60日。

（5）在收购要约确定的承诺期限内，收购人不得撤销其收购要约。收购人需要变更收购要约的，必须事先向国务院证券监督管理机构及证券交易所提出报告，经批准后，予以公告。

（6）收购要约提出的各项收购条件，适用于被收购公司的所有股东。

（7）采取要约收购方式的，收购人在收购期限内，不得卖出被收购公司的股票，也不得采取要约规定以外的形式和超出要约的条件买入被收购公司的股票。

(三) 协议收购的法律规定

（1）采取协议收购方式的，收购人可以依照法律、行政法规的规定同被收购公司的股东以协议方式进行股份转让。以协议方式收购上市公司时，达成协议后，收购人必须在3日内将该收购协议向国务院证券监督管理机构及证券交易所作出书面报告，并予公告。在公告前不得履行收购协议。

（2）采取协议收购方式的，协议双方可以临时委托证券登记结算机构保管协议转让的股票，并将资金存放于指定的银行。

（3）采取协议收购方式的，收购人收购或者通过协议、其他安排与他人共同收购一个上市公司已发行的股份达到30%时，继续进行收购的，应当向该上市公司所有股东发出收购上市公司全部或者部分股份的要约。但是,经国务院证券监督管理机构免除发出要约的除外。

(四) 其他规定

(1) 收购期限届满,被收购公司股权分布不符合上市条件的,该上市公司的股票应当由证券交易所依法终止上市交易;其余仍持有被收购公司股票的股东,有权向收购人以收购要约的同等条件出售其股票,收购人应当收购。收购行为完成后,被收购公司不再具备股份有限公司条件的,应当依法变更企业形式。

(2) 在上市公司收购中,收购人持有的被收购的上市公司的股票,在收购行为完成后的12个月内不得转让。

(3) 收购行为完成后,收购人与被收购公司合并,并将该公司解散的,被解散公司的原有股票由收购人依法更换。

(4) 收购行为完成后,收购人应当在15日内将收购情况报告国务院证券监督管理机构和证券交易所,并予公告。

(5) 收购上市公司中由国家授权投资的机构持有的股份,应当按照国务院的规定,经有关主管部门批准。国务院证券监督管理机构应当依照《证券法》的原则制定上市公司收购的具体办法。

第四节 证券交易所与证券中介机构

一、证券交易所

(一) 证券交易所的概念

证券交易所是为证券集中交易提供场所和设施,组织和监督证券交易,实行自律管理的法人,分为会员制证券交易所和公司制证券交易所两种形式。会员制证券交易所是以会员协会形式成立的不以营利为目的的法人组织,其会员主要为证券商,只有会员以及有特许权的经纪人,才有资格在交易所中交易。会员制证券交易所实行会员自治、自律、自我管理。目前大多数国家的证券交易所都实行会员制。公司制证券交易所是以营利为目的的公司法人。公司制证券交易所对在本所内的证券交易负有担保责任。公司制证券交易所的证券商及其股东不得担任证券交易所的董事、监事或经理。我国的证券交易所是会员制证券交易所,是不以营利为目的的法人。

(二) 证券交易所的设立和组织机构

1. 证券交易所的设立

证券交易所的设立和解散由国务院决定。

设立证券交易所必须制定章程。证券交易所章程的制定和修改,必须经国务院证券监督管理机构批准。

证券交易所必须在其名称中标明证券交易所字样。其他任何单位或者个人不得使用证券交易所或者近似的名称。

2. 证券交易所的组织机构

(1) 理事会。理事会是证券交易所的决策机构,每届任期3年。理事会由7至13人组成,其中非会员理事人数不少于理事会成员总数的1/3,不超过理事会成员总数的1/2。

(2) 总经理。证券交易所设总经理一人,由国务院证券监督管理机构任免。总经理为证券交易所的法定代表人,主持证券交易所的日常管理工作。证券交易所可根据需要设立专门委员会,如证券发行审核委员会、监察委员会等。

在我国,存在《公司法》第146条规定的情形或者下列情形之一的,不得担任证券交易所的负责人:(1) 因违法行为或者违纪行为被解除职务的证券交易所、证券登记结算机构的负责人或者证券公司的董事、监事、高级管理人员,自被解除职务之日起未逾5年;(2) 因违法行为或者违纪行为被撤销资格的律师、注册会计师或者投资咨询机构、财务顾问机构、资信评级机构、资产评估机构、验证机构的专业人员,自被撤销资格之日起未逾5年。

因违法行为或者违纪行为被开除的证券交易所、证券登记结算机构、证券服务机构、证券公司的从业人员和被开除的国家机关工作人员,不得招聘为证券交易所的从业人员。

(三) 证券交易所的工作职责

(1) 为组织公平的集中交易提供保障,公布证券交易即时行情,并按交易日制作证券市场行情表,予以公布。未经证券交易所许可,任何单位和个人不得发布证券交易即时行情。

(2) 因突发性事件而影响证券交易的正常进行时,证券交易所可以采取技术性停牌的措施;因不可抗力的突发性事件或者为维护证券交易的正常秩序,证券交易所可以决定临时停市。证券交易所采取技术性停牌或者决定临时停市,必须及时报告国务院证券监督管理机构。

(3) 对证券交易实行实时监控,并按照国务院证券监督管理机构的要求,对异常的交易情况提出报告。证券交易所应当对上市公司及相关信息披露义务人披露信息进行监督,督促其依法及时、准确地披露信息。证券交易所根据需要,可以对出现重大异常交易情况的证券账户限制交易,并报国务院证券监督管理机构备案。

二、证券公司

证券公司是指依照《公司法》和《证券法》规定设立的经营证券业务的有限

责任公司或者股份有限公司。

(一) 证券公司的设立

设立证券公司,应当具备下列条件:(1) 有符合法律、行政法规规定的公司章程;(2) 主要股东具有持续盈利能力,信誉良好,最近三年无重大违法违规记录,净资产不低于人民币 2 亿元;(3) 有符合本法规定的注册资本;(4) 董事、监事、高级管理人员具备任职资格,从业人员具有证券从业资格;(5) 有完善的风险管理与内部控制制度;(6) 有合格的经营场所和业务设施;(7) 法律、行政法规规定的和经国务院批准的国务院证券监督管理机构规定的其他条件。

证券公司必须在其名称中标明证券有限责任公司或者证券股份有限公司字样。

设立证券公司,必须经国务院证券监督管理机构审查批准。未经国务院证券监督管理机构批准,任何单位和个人不得经营证券业务。

国务院证券监督管理机构应当自受理证券公司设立申请之日起 6 个月内,依照法定条件和法定程序并根据审慎监管原则进行审查,作出批准或者不予批准的决定,并通知申请人;不予批准的,应当说明理由。

证券公司设立申请获得批准的,申请人应当在规定的期限内向公司登记机关申请设立登记,领取营业执照。

证券公司应当自领取营业执照之日起 15 日内,向国务院证券监督管理机构申请经营证券业务许可证。未取得经营证券业务许可证,证券公司不得经营证券业务。

(二) 证券公司的业务范围

经国务院证券监督管理机构批准,证券公司可以经营下列部分或者全部业务:(1) 证券经纪;(2) 证券投资咨询;(3) 与证券交易、证券投资活动有关的财务顾问;(4) 证券承销与保荐;(5) 证券自营;(6) 证券资产管理;(7) 其他证券业务。其中,证券公司经营第(1) —(3) 项业务的,注册资本最低限额为人民币 5000 万元;经营第(4) —(7) 项业务之一的,注册资本最低限额为人民币 1 亿元;经营第(4) —(7) 项业务中两项以上的,注册资本最低限额为人民币 5 亿元。证券公司的注册资本应当是实缴资本。国务院证券监督管理机构根据审慎监管原则和各项业务的风险程度,可以调整注册资本最低限额,但不得少于规定的限额。

三、证券登记结算机构

证券登记结算机构是为证券交易提供集中登记、存管与结算服务,不以营利为目的的法人。

设立证券登记结算机构必须经国务院证券监督管理机构批准,并应当具备下列条件:(1)自有资金不少于人民币两亿元;(2)具有证券登记、存管和结算服务所必需的场所和设施;(3)主要管理人员和从业人员必须具有证券从业资格;(4)国务院证券监督管理机构规定的其他条件。

四、证券服务机构

证券服务机构包括投资咨询机构、财务顾问机构、资信评级机构、资产评估机构、会计师事务所,它们从事证券服务业务,必须经国务院证券监督管理机构和有关主管部门批准。投资咨询机构、财务顾问机构、资信评级机构、资产评估机构、会计师事务所从事证券服务业务的审批管理办法,由国务院证券监督管理机构和有关主管部门制定。

投资咨询机构、财务顾问机构、资信评级机构从事证券服务业务的人员,必须具备证券专业知识和从事证券业务或者证券服务业务两年以上经验。认定其证券从业资格的标准和管理办法,由国务院证券监督管理机构制定。

第五节 证券监督管理机构

我国的证券监管采用集中统一管理和自律管理相结合的原则,因而,证券监管机构包括自律性管理机构——证券业协会和国家的统一管理机构——中国证券监督管理委员会。

一、证券业协会

证券业协会是证券业的自律性组织,是社会团体法人。《证券法》规定,证券公司应当加入证券业协会。

证券业协会履行下列职责:(1)教育和组织会员遵守证券法律、行政法规;(2)依法维护会员的合法权益,向证券监督管理机构反映会员的建议和要求;(3)收集整理证券信息,为会员提供服务;(4)制定会员应遵守的规则,组织会员单位的从业人员的业务培训,开展会员间的业务交流;(5)对会员之间、会员与客户之间发生的证券业务纠纷进行调解;(6)组织会员就证券业的发展、运作及有关内容进行研究;(7)监督、检查会员行为,对违反法律、行政法规或者协会章程的,按照规定给予纪律处分;(8)证券业协会章程规定的其他职责。

证券业协会设理事会。理事会成员依章程的规定由选举产生。

二、证券监督管理机构

国务院证券监督管理机构(中国证券监督管理委员会)依法对证券市场实行监督管理,维护证券市场秩序,保障其合法运行。

（一）职责

国务院证券监督管理机构在对证券市场实施监督管理中履行下列职责：（1）依法制定有关证券市场监督管理的规章、规则，并依法行使审批或者核准权；（2）依法对证券的发行、上市、交易、登记、存管、结算，进行监督管理；（3）依法对证券发行人、上市公司、证券公司、证券投资基金管理公司、证券服务机构、证券交易所、证券登记结算机构的证券业务活动，进行监督管理；（4）依法制定从事证券业务人员的资格标准和行为准则，并监督实施；（5）依法监督检查证券发行、上市和交易的信息公开情况；（6）依法对证券业协会的活动进行指导和监督；（7）依法对违反证券市场监督管理法律、行政法规的行为进行查处；（8）法律、行政法规规定的其他职责。

国务院证券监督管理机构可以和其他国家或者地区的证券监督管理机构建立监督管理合作机制，实施跨境监督管理。

（二）监管措施

国务院证券监督管理机构依法履行职责，有权采取下列措施：（1）对证券发行人、上市公司、证券公司、证券投资基金管理公司、证券服务机构、证券交易所、证券登记结算机构进行现场检查；（2）进入涉嫌违法行为发生场所调查取证；（3）询问当事人和与被调查事件有关的单位和个人，要求其对与被调查事件有关的事项作出说明；（4）查阅、复制与被调查事件有关的财产权登记、通讯记录等资料；（5）查阅、复制当事人和与被调查事件有关的单位和个人的证券交易记录、登记过户记录、财务会计资料及其他相关文件和资料；对可能被转移、隐匿或者毁损的文件和资料，可以予以封存；（6）查询当事人和与被调查事件有关的单位和个人的资金账户、证券账户和银行账户；对有证据证明已经或者可能转移或者隐匿违法资金、证券等涉案财产或者隐匿、伪造、毁损重要证据的，经国务院证券监督管理机构主要负责人批准，可以冻结或者查封；（7）在调查操纵证券市场、内幕交易等重大证券违法行为时，经国务院证券监督管理机构主要负责人批准，可以限制被调查事件当事人的证券买卖，但限制的期限不得超过 15 个交易日；案情复杂的，可以延长 15 个交易日。

思 考 题

1. 试比较股票、债券、证券投资基金三者的异同。
2. 试述我国股票首次公开发行的一般条件。
3. 试述我国的证券信息公开制度。
4. 试分析我国证券市场中操纵市场的表现形式及其法律责任。
5. 试述证券内幕交易的表现形式及其法律责任。

实战案例

1. 中国证监会的某证券监管派出机构于 2005 年 5 月在对 A 上市公司进行例行检查时,发现该公司存在以下事实:

(1) A 公司报送的 2004 年年度报告显示:截至 2004 年 12 月 31 日,该公司合并会计报表净资产总额为 26888 万元。2005 年 2 月,由 A 公司董事长直接批准,A 公司向其控股股东 B 公司租赁仓储用房一栋,年租金为 380 万元,期限 1 年。

(2) 至检查时止,A 公司先后为下列公司提供了总额为 8000 万元的担保:

一是 2005 年 1 月,为 A 公司持股 55% 的 C 公司向银行借款 3000 万元提供担保。C 公司截至 2004 年 12 月 31 日的财务资料显示其总资产为 8600 万元,净资产为 2200 万元。

二是 2005 年 2 月,为 A 公司持股 45% 的 D 公司向银行借款 2000 万元提供担保。持有 D 公司 55% 股权的 E 公司向 A 公司提供反担保。

三是 2005 年 3 月,为 B 公司向他方履行合同的行为提供总额 3000 万元的连带责任保证担保。

(3) A 公司报送的 2004 年年度报告仅披露了持股 5% 以上(含 5%)的股东共计 6 人情况,而未披露其他股东的情况;在披露持有 36% 股份的控股股东 B 公司情况时,仅披露了该公司的名称。

(4) 2004 年 2 月,因市政管网供气不足,A 公司停产 20 天,造成损失 560 万元,A 公司没有以临时报告的方式披露该事件;同年 4 月,A 公司召开的董事会根据经理的提议,解聘了公司副经理王某的职务,该信息也未以临时报告的方式披露。

问题:

(1) A 公司董事长直接批准 A 公司向 B 公司租赁房屋的关联交易是否符合有关规定?并说明理由。

(2) A 公司提供总额 8000 万元的担保数额是否违反有关规定?并说明理由。

A 公司为 C 公司、D 公司和 B 公司提供的担保是否符合有关规定?并分别说明理由。

(3) A 公司在年度报告中披露的股东人数是否符合规定?并说明理由。A 公司在年度报告中披露的 B 公司情况是否符合规定?并说明理由。

(4) 根据上市公司临时报告信息披露的有关规定,A 公司是否应当以临时报告的方式披露停产信息和解聘王某的信息？并分别说明理由。

2. A 公司 1997 年在上海证券交易所上市。截至 2002 年 12 月 31 日,公司股本总额为 1.5 亿元,其中流通股为 6000 万元;经审计的净资产值为 4.5 亿元。A 公司最近 3 年无重大资产重组行为。2003 年 7 月,A 公司向中国证监会提出增发新股的申请,其申请文件披露了以下信息:

(1) A 公司于 1999 年 1 月曾获准配股,募集资金 2 亿元,其投资项目完工进度已经达到 50%。本次拟增发新股 5000 万股,募集资金量为 5 亿元。

(2) A 公司董事陈某 2002 年 8 月因在任职期间抛售所持 A 公司股票被上海证券交易所公开谴责。2002 年 9 月,A 公司为其子公司向银行贷款 3000 万元提供了担保。

(3) A 公司第一大股东 B 公司 1999 年以来向 A 公司累计借款 1500 万元,至今没有归还。B 公司财务部经理吴某兼任 A 公司财务总监,A 公司董事张某兼任 A 公司控股的 C 公司总经理。

(4) A 公司董事会由 9 名董事组成,其中独立董事 3 名。本次拟增发新股议案提交董事会表决时,全体董事一致通过。在随后召开的临时股东大会上,增发新股议案获得出席股东大会股东所持表决权的 2/3 以上通过。

问题:

(1) A 公司前次募集资金使用情况、本次增发新股募集资金量是否符合增发新股的规定？并分别说明理由。

(2) A 公司董事陈某任职期间抛售股票的行为和 A 公司为其子公司提供担保的行为是否构成本次增发新股的障碍？并分别说明理由。

(3) B 公司向 A 公司借款的情形是否符合增发新股的规定？吴某、张某兼职是否构成本次增发新股的障碍？并分别说明理由。

(4) A 公司董事会的组成是否符合公司法律制度的规定？A 公司股东大会对增发新股议案的表决是否存在问题？并分别说明理由。

参考文献

李飞、王学政主编:《公司法释义》,中国市场出版社 2005 年版。

刘淑强:《〈证券法〉解释》,人民法院出版社 1999 年版。

第十三章 保险法律制度

内容提要

保险法上所称的保险是一种合同行为,也是一种商业行为和多数人的互助行为。现代保险是一种社会化的制度安排。为了确保合同的履行,促进保险业的稳健发展,保障被保险人的利益,各国都制定了规范的保险法律制度。我国也于1995年制定了《保险法》,并于2002年、2009年和2014年先后进行了三次修订。现行《保险法》确立了保险的自愿原则、最大诚信原则、保险利益原则、损失补偿原则、公平竞争原则等基本原则。同时,《保险法》还确立了保险合同制度。保险合同不同于一般的合同,它具有要式性、有偿性、射幸性、附合性、最大诚信等特点。以保险标的为标准,保险合同可以分为人身保险合同和财产保险合同。在人身保险合同中,投保人必须具有相应的权利能力和行为能力,人身保险的受益人可以由被保险人或者投保人指定,但投保人指定受益人时须经被保险人同意,被保险人为无民事行为能力人或者限制民事行为能力人的,可以由其监护人指定受益人。在一般的财产保险合同中,投保人与被保险人合二为一,但在投保人为他人利益签订的财产保险合同中,投保人和被保险人具有不同的法律地位。《保险法》明确规定了财产保险合同和人身保险合同当事人的权利与义务,并就保险公司的组织形式、设立条件与程序、变更、解散、破产与清算等事项,保险公司的经营规则,保险业的监督管理等作出了具体的规定。为正确审理保险合同纠纷案件,切实维护当事人的合法权益,最高人民法院先后出台了《关于适用〈中华人民共和国保险法〉若干问题的解释(一)》《关于适用〈中华人民共和国保险法〉若干问题的解释(二)》和《关于适用〈中华人民共和国保险法〉若干问题的解释(三)》。

第一节 保险法概述

一、保险的概念、特征及种类

（一）保险的概念

在英文中，Insurance 和 Assurance 都有"保险"之意。据考证，这两个词都源于意大利语中的 Sigurare，为 14 世纪意大利沿海商业城市在商业文件中经常使用的术语，具有抵押、担保、保护、负担等含义；但在 14 世纪后期因为海商业的发展，为适应海上保险的需要，遂扩充该术语的含义，而使之具有"保险"的意思。[①]

在中文里，"保险"一词可以在不同的语境中使用，因而可以作各种解释，具有更为丰富的内涵。在日常生活中，人们所使用的"保险"一词，多指"稳妥可靠""安全""可靠""保障"。而如果从金融角度来考察，保险则是对不可预计损失重新分配的融资活动。[②]

保险法上的"保险"一词是一个科学的专门术语。各国的保险法中对于"保险"的含义都有明确的界定。我国现行《保险法》第 2 条也明确规定："本法所称保险，是指投保人根据合同约定，向保险人支付保险费，保险人对于合同约定的可能发生的事故因其发生所造成的财产损失承担赔偿保险金责任，或者当被保险人死亡、伤残、疾病或者达到合同约定的年龄、期限时承担给付保险金责任的商业保险行为。"

（二）保险的法律特征

作为保险法所调整和规范的对象，保险既不同于政策性的社会保障、社会救济，也不同于储蓄、担保、赌博等，具有自身独有的法律特性：

（1）保险是一种合同行为。保险是通过签订保险合同建立的一种法律关系，因而在法律上是一种合同行为，双方当事人必须严格依照合同约定或法律的规定履行义务、行使权利。从合同的角度来说，保险对投保人而言是支付保险费而获得一个将来的保障，对保险人而言是收取保险费从而承诺将来的补偿责任。保险费的收取和保险金的给付受到合同的限制。

（2）保险是一种商业行为。保险是依法律或保险合同而产生的法律关系，是以预防和减少灾害事故的发生，分散、转移危险，进行经济补偿为目的的一种商业行为。在保险合同中，保险人的意图是通过收取保险费、提供保险业务来实现营利的目的，投保人的目的是通过支付保险费获取将来得到较大金额的保险

[①] 参见陈顾远：《保险法概论》，台湾正中书局 1956 年版，第 15 页。
[②] 参见〔美〕道弗曼：《当代风险管理与保险教程》，齐瑞宗等译，清华大学出版社 2002 年版，第 2 页。

金"机会"。可见,保险并不是保证不发生灾害事故,而是在灾害事故发生之后能够提供经济上的补偿。

(3)保险是多数人的互助行为。保险是由一群共同遭受同类危险威胁的多数人参加并形成的一种互助共济的法律关系,保险的一个重要功能与目的就是分散危险,使集中于少数人之危险所致的损失由多数人来承担。现代保险是一种社会化的制度安排,在这种安排下,个人或法人通过用相对较少的保险费换取经济生活安排免遭潜在的巨大损失,以保护自己。"保险的真义,在于利用自己有限的力量,配合他人的力量,结合成团体的力量,以救助自己或他人的经济准备措施。"[①]通常而言,参加的人数越多,则应对危险的能力越强,损失分散越快,每个人负担也越轻。

(三)保险的种类[②]

保险的种类,也称保险的险种或险别。按照不同的标准,可以将保险作不同的分类。

1. 自愿保险和强制保险

根据实施形式的不同,保险可以分为自愿保险和强制保险。自愿保险是指投保人和保险人双方通过自愿协商,在意思表示一致的基础上订立保险合同而建立保险关系的一种保险。强制保险也称法定保险,是指国家以颁布法令的形式实施的保险。如我国的铁路、轮船、飞机的旅客意外伤害保险,就是典型的强制保险。

2. 财产保险、人身保险、责任保险和信用保证保险

依据保险标的和保障范围的不同,可以将保险分为财产保险、人身保险、责任保险和信用保证保险。财产保险亦称对物保险或产物保险,它是以财产及与之有关的利益为保险标的的一种保险。人身保险是以人的寿命和身体为保险标的的一种保险,具体又可以分为人寿保险、健康保险和人身意外伤害保险等。责任保险是以被保险人造成的民事损害应依法承担的赔偿责任为标的的一种保险。它也可以被看成是保险人在被保险人对于第三人应负赔偿责任,而又受到赔偿请求时负赔偿责任的一种无形财产保险,如车险中的第三者责任险。信用保证保险是以信用关系作为保险标的的一种保险,具体又分为信用保险和保证保险两种,如产品质量保证保险、商品房按揭信用保险等。

3. 原保险和再保险

根据保险人承担责任的秩序的不同,可以将保险分为原保险和再保险。原保险也称一次保险,指投保人通过保险合同与保险人建立保险关系,因保险事故

---

① 吴荣清:《财产保险概论》,台湾三民书局1992年版,第5页。
② 有关保险种类的划分,参见黄健雄、陈玉玲:《保险法》,厦门大学出版社2004年版,第6—8页。

所致的损失直接由保险人承担赔偿责任的保险。再保险又称分保、转保或第二次保险,是指保险人为分散自己的保险责任,将自己承保的保险风险的一部分或全部向其他保险人投保,从而使该项保险业务具有再次保险的特性。再保险具有稳定保险业的经营、扩大保险人的承保能力和避免非常损失的作用,因而已经成为国际保险业中普遍使用的保险方式。

4. 商业保险和社会保险

根据保险的目的和性质,可以将保险分为商业保险和社会保险。所谓商业保险,是指保险人和投保人通过订立保险合同而进行的一种自愿保险业务活动,保险人以营利为目的,并按照商业规则开展保险业务,投保人必须全额缴纳保费。各国的保险法所规范和调整的保险都属于商业保险。社会保险则是指以社会救助为目的、根据国家的法律规定而开展的强制性保险业务活动,社会保险由政府指定的专门机构办理,保险费一般由政府、单位和个人共同负担,经办社会保险的机构具有行政权力,有权依法强制执行,在经营过程中不以营利为目的,因而社会保险是一种政府行为,也是现代各国普遍实行的一种社会保障制度。如医疗保险、军人等特殊职业保险、职工养老保险等,都属于社会保险。

5. 单保险、共同保险和重复保险

依保险人的人数,可以将保险分为单保险、共同保险和重复保险。单保险是指投保人以一个保险利益和保险事故,向一个保险人单独订立一个合同的保险。共同保险是指两个或两个以上保险人对同一项保险业务各自承担一定的份额的保险。重复保险则是指投保人对同一保险标的、同一保险利益、同一保险事故分别向两个以上保险人订立保险合同的保险。

二、保险法的概念及其主要内容

保险法有广义和狭义之分。广义上的保险法是指调整保险关系的各种法律规范的总称,它不仅包括保险公法,也包括保险私法;不仅包括专门的保险立法,也包括其他法律、法规中调整保险关系的内容。狭义上的保险法专指保险私法,在形式上表现为以保险法命名的专门性规范文件,也即保险法典,在我国是指1995年6月30日第八届全国人大常委会第十四次会议通过并于同年10月1日起实施的《保险法》。2002年10月28日第九届全国人大常委会第三十次会议对其进行了修订,修订的《保险法》自2003年1月1日起实施。2009年2月28日,第十一届全国人大常委会第七次会议再次对它进行了重大的修订,修订后的《保险法》自2009年10月1日起施行。2014年8月31日第十二届全国人大常委会第十次会议对它进行了第三次修改。具体而言,就是将82条中的"有《公司法》第147条规定情形"修改为"有《公司法》第146条规定情形",将第85条修改为"保险公司应当聘用专业人员,建立精算报告制度和合规报告制度"。

我国现行《保险法》共 8 章 187 条,包括总则、保险合同、保险公司、保险经营规则、保险代理人和保险经纪人、保险业监督管理、法律责任和附则。

三、保险法的基本原则

保险法的基本原则是保险法律关系各方当事人在参与保险活动时必须遵循的基本准则。根据我国《保险法》的规定,开展保险活动必须遵循以下基本原则:

（一）依法保险原则

依法保险是对保险人和投保人开展保险活动的基本要求,也是保险法的首要原则。我国《保险法》第 4 条明确规定:"从事保险活动必须遵守法律、行政法规,尊重社会公德,不得损害社会公共利益。"第 11 条进一步规定:"订立保险合同,应当协商一致,遵循公平原则确定各方的权利和义务。除法律、行政法规规定必须保险的外,保险合同自愿订立。"也就是说,除了法律、行政法规规定的强制保险外,任何单位和个人都不得强制他人订立保险合同。

（二）最大诚信原则

诚实信用是法律对民事、商事活动的基本要求,诚实信用原则是民商法的帝王法则。所谓诚实,就是要求一方当事人不得隐瞒和欺骗;所谓信用,就是要求当事人必须善意、全面地履行自己的义务。由于保险活动是以经营风险为对象的,其要求当事人具备的诚信程度远高于一般的民事契约。因此保险活动中应遵守的诚信原则也称最大诚信原则。最大诚信原则是由告知、保证、弃权与禁止反言等一系列具体的制度构成的。

我国现行《保险法》第 5 条明确规定:"保险活动当事人行使权利、履行义务应当遵循诚实信用原则。"贯彻诚实信用原则,要求投保人、被保险人和保险人必须依法严格履行"如实告知义务"。投保人或被保险人违反告知义务可能遭遇保险人主张合同无效或解除合同或不给付保险金的后果,而保险人违反告知义务的后果是不能免除保险责任。

关于"如实告知",《保险法》第 16 条作出了详尽的规定:"订立保险合同,保险人就保险标的或者被保险人的有关情况提出询问的,投保人应当如实告知。投保人故意或者因重大过失未履行前款规定的如实告知义务,足以影响保险人决定是否同意承保或者提高保险费率的,保险人有权解除合同。……投保人故意不履行如实告知义务的,保险人对于合同解除前发生的保险事故,不承担赔偿或者给付保险金的责任,并不退还保险费。投保人因重大过失未履行如实告知义务,对保险事故的发生有严重影响的,保险人对于合同解除前发生的保险事故,不承担赔偿或者给付保险金的责任,但应当退还保险费。保险人在合同订立时已经知道投保人未如实告知的情况的,保险人不得解除合同;发生保险事故的,保险人应当承担赔偿或者给付保险金的责任。"

关于保险人的"说明义务",《保险法》第 17 条规定:"订立保险合同,采用保险人提供的格式条款的,保险人向投保人提供的投保单应当附格式条款,保险人应当向投保人说明合同的内容。对保险合同中免除保险人责任的条款,保险人在订立合同时应当在投保单、保险单或者其他保险凭证上作出足以引起投保人注意的提示,并对该条款的内容以书面或者口头形式向投保人作出明确说明;未作提示或者明确说明的,该条款不产生效力。"

(三) 保险利益原则

保险利益是指投保人对保险标的具有的法律上承认的利益。投保人对保险标的具有保险利益,是保险合同能够成立的重要条件。因此,大多数国家都规定,财产保险和人身保险必须坚持保险利益原则。

我国《保险法》第 12 条前两款也规定:"人身保险的投保人在保险合同订立时,对被保险人应当具有保险利益。财产保险的被保险人在保险事故发生时,对保险标的应当具有保险利益。"投保人对保险标的应当具有保险利益。投保人对保险标的不具有保险利益的,保险合同无效。第 31 条进一步规定:"投保人对下列人员具有保险利益:(一) 本人;(二) 配偶、子女、父母;(三) 前项以外与投保人有抚养、赡养或者扶养关系的家庭其他成员、近亲属;(四) 与投保人有劳动关系的劳动者。除前款规定外,被保险人同意投保人为其订立合同的,视为投保人对被保险人具有保险利益。订立保险合同时,投保人对被保险人不具有保险利益的,保险合同无效。"第 48 条还规定:"保险事故发生时,被保险人对保险标的不具有保险利益的,不得向保险人请求赔偿保险金。"

(四) 损失补偿原则[①]

损失补偿原则是指在被保险人遭受到事实上的损害时,保险人才承担保险赔偿责任,并以实际损失为补偿限额。严格地说,损失补偿原则是保险理赔的基本原则。

损失补偿原则包括两层含义:一是"有损失,有赔偿";二是"损失多少,赔偿多少"。也就是说,被保险人从保险人处获得的赔偿只能是保险标的因保险事故所造成的实际损失,而不能因损失获得额外的受益。所以,在确定补偿金额上应该把握几个限度:以实际损失为限,以保险金额为限,以保险利益为限,以保险价值为限。值得注意的是,损失补偿原则只适用于普通的财产保险,对于财产定值保险和人身保险则不适用。因为定值保险在订立合同时,已经约定保险标的的价值并依其确定保险金额;而人身保险的保险利益为被保险人的人格利益,这种利益无法用金钱来衡量,加之人身保险是采用定额保险的。

---

① 有关损失补偿原则,参见黄健雄、陈玉玲:《保险法》,厦门大学出版社 2004 年版,第 27 页。

第二节 保险合同制度

一、保险合同总论

(一) 保险合同的概念、种类及特征

保险合同是投保人与保险人约定保险权利义务的协议。保险合同的核心内容是投保人承担支付保险费的义务,享受保险金的请求权;保险人享受收取保险费的权利,承担赔偿或给付保险金的义务。[①]

保险合同可以依据不同的标准进行各种分类。比如,根据保险标的的不同,可以将保险合同分为财产保险合同和人身保险合同;根据保险标的价值是否进行记载,可以将保险合同分为定值保险合同和不定值保险合同;根据保险金给付性质的不同,可以将保险合同分为补偿性保险合同和给付性保险合同;根据保险责任次序的不同,可以将保险合同分为原保险合同和再保险合同;根据保险标的的不同,可以分为特定危险保险合同和综合危险保险合同;根据保险标的数量的不同,可以分为个别保险合同和集合保险合同等。

保险合同除了具有一般合同的法律特征以外,还具有自身独有的特征:

(1) 保险合同是一种双务有偿合同。合同以当事人取得权益是否给付相应代价为标准,可以分为有偿合同和无偿合同;以给付义务是否由双方当事人互负为标准,可以分为双务合同和单务合同。其中,当事人一方享有合同约定权益,须向对方支付相应代价的合同,为有偿合同;反之,则为无偿合同。双方当事人互负给付义务的合同为双务合同;仅有一方当事人负给付义务的合同为单务合同。显然,保险合同是一种双务有偿合同。因为,保险合同的投保人负有按约定交付保险费的义务,保险人负有在一定条件下承担赔偿或给付约定的保险金的义务,保险费是投保人享受保险金请求权的代价,也是保险人承担保险责任的代价。但值得注意的是,保险合同的双务性和有偿性与一般合同有所不同。保险合同当事人双方的义务不是同时履行的,不适用同时履行原则。保险合同中投保人不能因为保险人没有履行给付责任而拒绝缴纳保费,保险人给付保险金的义务取决于保险事故发生与否,而且在保险合同中,保险人的某些权利(如收取保险费的权利)不允许放弃。另外,保险合同中投保人所支付的保险费与保险人所给付的保险金不一定等值。

(2) 保险合同是一种射幸合同。所谓"射幸",就是侥幸、碰运气的意思。因此,射幸合同也称机会合同。射幸合同是与交换合同相对应的。交换合同是

[①] 参见覃有土、樊启荣:《保险法学》,高等教育出版社 2003 年版,第 51 页。

指一方给付对方的反给付都具有相等的价值,而且在订立合同时就已经确定。而在射幸合同中,相互给付是不对等的,缔约人所追求的正是这种不对等给付的差额,而这种差额最终由哪一方承担及其多寡也是不可预定的,完全取决于未来的偶然因素,即"碰运气"。因此,《法国民法典》第1104条第2款将"射幸契约"界定为:"在契约等价是指各方当事人依据某种不确定的事件,均有获得利益或遭受损失之可能时,此种契约为射幸契约。"①在保险合同中,投保人向保险人缴纳保险费后能否从保险人那里获得保险金,取决于约定的保险事故能否发生,而保险事故能否发生具有很大的偶然性。保险合同的射幸特性正是由保险事故发生的偶然性所决定的。在保险合同的有效期内,若发生约定的保险事故,则保险人赔付的金额可能大于其所收取的保险费;反之,保险人只收取保险费而无需付出任何代价。需要注意的是,保险合同的射幸性只是就单个保险合同而言的,如果从全部承保的保险合同整体来看,保险费收入与赔偿金额是基于事故发生的概率经过科学计算得出的,并非完全取决于保险事故的偶然性,而且数额大致相当,因此,保险与赌博不能同日而语。

(3) 保险合同是一种附合合同。依订立合同中双方当事人地位的不同,可以将合同分为商议合同和附合合同。商议合同是由缔约双方经过协商而订立的合同;附合合同则是指一方受到严格限制,而另一方不受限制或受限制较少的合同。显然,保险合同是一种典型的附合合同。因为技术性和行业垄断性使然,保险合同的内容一般都由保险人单方面先行确定,投保人只能依保险人所确定的条款订立合同,即使有变更保单内容的必要,也只能采用保险人提供的附加条款或附属保单。也就是说,投保人只有是否订立合同的自由,而无对合同内容进行实质性磋商的自由。②

基于保险合同的附合性容易导致的不平等交易,各国都采取了相应的措施加以规制,具体而言包括立法规制、司法规制和行政规制。在我国,《保险法》也设置了针对这种情形的专门条款,以强化对接受保险条款一方的保护。如《保险法》第17条规定:"订立保险合同,采用保险人提供的格式条款的,保险人向投保人提供的投保单应当附格式条款,保险人应当向投保人说明合同的内容。对保险合同中免除保险人责任的条款,保险人在订立合同时应当在投保单、保险单或者其他保险凭证上作出足以引起投保人注意的提示,并对该条款的内容以书面或者口头形式向投保人作出明确说明;未作提示或者明确说明的,该条款不产生效力。"第19条规定:"采用保险人提供的格式条款订立的保险合同中的下列条款无效:(一) 免除保险人依法应承担的义务或者加重投保人、被保险人责

---

① 转引自覃有土、樊启荣:《保险法学》,高等教育出版社2003年版,第55页。
② 同上书,第56页。

任的;(二)排除投保人、被保险人或者受益人依法享有的权利的。"同时,为了保护被保险人和受益人的利益,《保险法》第 30 条还明确规定:"采用保险人提供的格式条款订立的保险合同,保险人与投保人、被保险人或者受益人对合同条款有争议的,应当按照通常理解予以解释。对合同条款有两种以上解释的,人民法院或者仲裁机构应当作出有利于被保险人和受益人的解释。"另外,为了强化对投保人、被保险人和受益人的保护,《保险法》第 136 条第 1 款也明文规定:"关系社会公众利益的保险险种、依法强制保险的险种和新开发的人寿保险险种等保险条款和保险费率,应当报国务院保险监督管理机构审批。国务院保险监督管理机构审批时,应当遵循保护社会公众利益和防止不正当竞争的原则。其他保险险种的保险条款和保险费率,应当报保险监督管理机构备案。"

(4) 保险合同是一种最大诚信合同。虽然当事人在订立各种合同时都应该以诚信为原则,但法律对保险合同的诚信程度要求更高。"因为保险合同是射幸合同,保险危险是不确定的,保险人主要是依据投保人对保险标的的告知和保证来决定是否承保和保险费的大小。如果投保人诈骗或隐瞒,就有可能导致保险人判断失误和上当受骗,甚至使保险流为赌博。"[1]最大诚信原则源于海上保险。作为海上保险标的的船舶及其所载货物往往远在海外,保险人在承保前难以进行实地查勘,因此只能根据投保方提供的情况予以承保。这就要求当事人超过一般合同关系的最大诚意。英国 1906 年《海上保险法》第 17 条规定:"海上保险合同是建立在最大诚信基础上合同。如果合同双方中任何一方不遵守最大诚信规定,他方即可宣告合同无效。"[2]随着社会经济的发展,最大诚信原则最终成了整个保险领域的基本原则。

(5) 保险合同是一种要式合同。合同依其订立是否需要履行法定程式可以分为要式合同和非要式合同。虽然许多学者都认为保险合同是一种非要式合同[3],但我们以为,保险合同是一种要式合同。一方面,根据保险法的规定,签订保险合同必须采取保险单或保险凭证的形式,只有在出具保单或保险凭证以后,保险合同才产生法律效力;另一方面,保险期间一般都比较长,采取书面形式更有利于明确当事人的权利义务关系。我国保险法对保险合同的形式和内容都有相关规定。

(二) 保险合同的主体

保险合同的主体包括保险合同的当事人、关系人和保险辅助人。

1. 保险合同的当事人

保险合同中的当事人包括保险人和投保人:(1) 保险人。也称承保人,它是

---

[1] 覃有土、樊启荣:《保险法学》,高等教育出版社 2003 年版,第 57 页。
[2] 转引自黄健雄、陈玉玲:《保险法》,厦门大学出版社 2004 年版,第 30 页。
[3] 国内持这种观点的学者不少,例如覃有土、樊启荣:《保险法学》,高等教育出版社 2003 年版,第 59 页;黄健雄、陈玉玲:《保险法》,厦门大学出版社 2004 年版,第 31 页。

与投保人订立保险合同,收取保险费并在保险事故发生时承担赔偿或给付保险金责任的保险公司。根据我国《保险法》的规定,保险人必须是依法成立的保险公司。设立保险公司必须具备以下条件:一是有符合《公司法》和《保险法》规定的章程;二是注册资本达到法律规定的最低限额;三是有符合法律规定的管理人员;四是有健全的组织机构和管理制度;五是有符合要求的营业场所和有关设施。同时,根据我国《保险法》的规定,保险人负有告知的义务、承担赔偿责任和给付保险金的义务、为客户保密的义务。(2)投保人。也称要保人,是与保险人订立保险合同,并按保险合同负有支付保险费义务的人。根据《保险法》的规定,投保人的资格受到以下两个方面的限制:一是必须具有民事行为能力;二是对保险标的必须具有保险利益。同时,投保人必须依法履行告知的义务、出险通知的义务和缴付保险费的义务。

2. 保险合同的关系人

保险合同的关系人包括被保险人和受益人。

(1)被保险人。是指其财产或者人身受保险合同保障,享有保险金请求权的人。被保险人和投保人的关系有两种情况:一是投保人为自己的利益签订保险合同,从而投保人与被保险人是同一个人;二是投保人为他人利益签订保险合同,从而投保人和被保险人分属二人。被保险人是否必须具有行为能力,要视保险合同的性质而定。在财产保险合同中,法律对被保险人的行为能力没有规定,因为财产保险合同的标的是财产、利益、责任和信用,不涉及人身权和人格权的问题。在人身保险合同中,保险合同的标的是被保险人的身体或寿命,关系到被保险人独立的人格权和人身权,出于对被保险人的人格权及人身权的尊重,防止道德危险的发生,法律要求被保险人在某些情况下必须具有行为能力。如我国《保险法》第33条第1款规定:"投保人不得为无民事行为能力人投保以死亡为给付保险金条件的人身保险,保险人也不得承保。"父母为其未成年的子女投保的人身保险可以不受该款的限制,但有保险金额的限制。第34条第1款、第2款规定:"以死亡为给付保险金条件的合同,未经被保险人书面同意并认可保险金额的,合同无效。按照以死亡为给付保险金条件的合同所签发的保险单,未经被保险人书面同意,不得转让或者质押。"另外,在需要指定受益人或同意投保人制定的受益人的保险合同中,被保险人也必须具有行为能力。

(2)受益人。根据《保险法》第18条第3款的规定,受益人是指人身保险合同中由被保险人或投保人指定的享有保险金请求权的人。投保人、被保险人可以为受益人。受益人由被保险人或投保人指定,并在保险合同中载明。被保险人有权利在保险合同中指定受益人,而且在保险合同有效期内,被保险人可以变更受益人。除了被保险人之外,任何人都不得在未征得被保险人同意下越权指定受益人。投保人指定受益人时,必须经过被保险人同意。被保险人或投保人未指定受益人时,被保险人的法定继承人就是受益人。受益人的资格一般没有限制,凡有权利能力的公民,无论是否具有行为能力,都可以作为保险合同的受益人。法人也可以作为受益人。受益人可以是一人,也可以是多人。当受益人为多人时,在保险合同中可以规定受益顺序。受益人的顺序依次是:原始受益人、后继受益人、法定继承人。

关于受益人,我国《保险法》有诸多条款加以规定。如第39条规定:"人身保险的受益人由被保险人或者投保人指定。投保人指定受益人时须经被保险人同意。投保人为与其有劳动关系的劳动者投保人身保险,不得指定被保险人及其近亲属以外的人为受益人。被保险人为无民事行为能力人或者限制民事行为能力人的,可以由其监护人指定受益人。"第40条规定:"被保险人或者投保人可以指定一人或者数人为受益人。受益人为数人的,被保险人或者投保人可以确定受益顺序和受益份额;未确定受益份额的,受益人按照相等份额享有受益权。"第41条规定:"被保险人或者投保人可以变更受益人并书面通知保险人。保险人收到变更受益人的书面通知后,应当在保险单或者其他保险凭证上批注或者附贴批单。投保人变更受益人时须经被保险人同意。"

3. 保险辅助人

保险辅助人是指以其专门知识或技术为保险当事人提供服务的人。具体包括保险代理人、保险经纪人和保险公证人。

(1) 保险代理人。保险代理人是指根据保险人的委托,向保险人收取代理手续费,并在保险人授权的范围内代为办理保险业务的单位和个人。保险代理人必须具备法定的资格条件,并取得保险监管部门颁发的经营保险代理业务许可证,向工商行政管理机关办理登记,领取营业执照,并缴存保证金。保险代理人可以是依法设立的专业保险代理公司,也可以是经人民银行备案、持有《保险代理人资格证书》的公民个人,还可以是兼办保险代理业务的单位。但是,保险代理人只能为其注册登记的行政辖区内依法设立的保险公司代理保险业务;代理人寿保险业务的保险代理人只能为一家人寿保险公司代理业务。个人代理人不得办理企业财产保险和团体人身保险,也不得同时为两家以上的保险公司代理保险业务。

(2) 保险经纪人。保险经纪人是基于投保人的利益,为投保人和保险人订立保险合同提供中介服务,并依法收取佣金的单位。保险经纪人的活动属于中介行为,其权限主要是:接受投保人或被保险人的委托,办理投保设计、咨询等事务,并到保险市场寻求保险人;接受投保人或被保险人的委托,办理投保手续、代缴保险费、向保险人索赔等事务。保险经纪人只能在投保人或被保险人授权的范围内行使代理权,因经纪人的行为造成被保险人的利益受到损失,经纪人应负赔偿责任。保险经纪人必须具备法定的资格条件,并取得保险监管部门颁发的经营保险经纪业务许可证,向工商行政管理机关办理登记,领取营业执照,并投保职业责任保险。

(3) 保险公证人。保险公证人是指为保险人或被保险人办理保险标的查勘、鉴定、估损等特别事务并予以证明的人。

(三) 保险合同的内容

保险合同的内容是通过保险条款体现出来的,保险条款是确立保险合同当事人的权利和义务主要依据。一般来说,保险合同是由基本条款、特约条款、标准条款和解释条款等构成。

1. 保险合同的基本条款

根据现行《保险法》第18条的规定,保险合同的基本条款包括:(1)保险人的名称和住所;(2)投保人、被保险人的名称和住所,以及人身保险的受益人的名称和住所;(3)保险标的;(4)保险责任和责任免除;(5)保险期间和保险责任开始时间;(6)保险金额;(7)保险费以及支付办法;(8)保险金赔偿或者给付办法;(9)违约责任和争议处理;(10)订立合同的年、月、日。

2. 保险合同的特约条款

保险合同的特约条款,是指保险合同双方当事人在保险合同基本条款以外协商确定的其他条款,因而也称附加条款。我国《保险法》第18条在具体规定了保险合同的基本条款之后又特别规定:"投保人和保险人可以约定与保险有关的其他事项。"根据保险事务,特约条款主要有以下两类:(1)扩大或限制保险人承担的保险责任的条款;(2)约束投保人或被保险人行为的条款,如"保证条款"。

3. 标准保险条款

标准保险条款,也称格式保险条款,是指保险人事先准备印就的条款。如《机动车辆保险条款》《企业财产保险条款》等事先规定了保险范围、保险责任、除外责任、保险金额与赔款计算、被保险人的义务等。

4. 保险合同条款的解释

保险合同条款的解释,是指对保险合同条款所作的解释。当双方对某一条款发生争议时需要进行解释,这种解释应该遵循以下原则:(1)保险合同的解释由人民法院或者仲裁机关作出;(2)保险合同的解释应有利于投保人。

(四) 保险合同的订立、变更、解除及终止

1. 保险合同的订立及其效力

保险合同的订立程序和其他合同一样,必须经过要约与承诺两个阶段。《保险法》第13条第1款规定:"投保人提出保险要求,经保险人同意承保,保险合同成立。保险人应当及时向投保人签发保险单或者其他保险凭证。"也就是说,保险合同只有经过投保人的要约和保险人的承诺才能成立。保险合同成立

的时间是保险人在投保书或其他保险协议上签字或盖章的时间,而不是保险单或保险凭证签发的时间。

保险合同的订立必须采取书面形式。这种书面形式可以是保险单、投保书、暂保单和其他保险凭证。根据我国《保险法》第13条的规定,保险合同成立后,保险人应当及时向投保人签发保险单或者其他保险凭证,并在保险单或者其他保险凭证中载明当事人双方约定的合同内容。经投保人和保险人协商同意,也可以采取其他书面形式订立保险合同。

保险合同必须符合主体合格、内容合法、当事人意思表示一致、形式适当等基本要件,才能有效成立。否则,保险合同无效。无效包括两种情况:(1)全部无效。《保险法》第31条第3款规定,"订立保险合同时,投保人对被保险人不具有保险利益的,保险合同无效";第34条第1款规定,"以死亡为给付保险金条件的合同,未经被保险人书面同意并认可保险金的,合同无效"。(2)部分无效。《保险法》第17条第2款规定:"对保险合同中免除保险人责任的条款,保险人在订立合同时应当在投保单、保险单或者其他保险凭证上作出足以引起投保人注意的提示,并对该条款的内容以书面或者口头形式向投保人作出明确说明;未作提示或者明确说明的,该条款不产生效力。"《保险法》第19条规定:"采用保险人提供的格式条款订立的保险合同中的下列条款无效:(一)免除保险人依法应承担的义务或者加重投保人、被保险人责任的;(二)排除投保人、被保险人或者受益人依法享有的权利的。"

无效保险合同从订立时起,就不发生法律效力。保险合同一经认定为无效,将产生以下法律后果:(1)返还保险费;(2)退还保险金;(3)赔偿损失;(4)其他行政制裁,如没收、追缴非法所得、罚款等。

2. 保险合同的变更

所谓保险合同的变更,是指在保险合同的有效期间内保险合同的主体、内容、客体及效力发生变化的总称。一般来说,保险合同成立以后,当事人必须严格履行合同,不得擅自变更或者解除。但是,保险合同作为一种持续性的合同,在有效期间内难免会发生各种情况变化而必须更改合同的内容,因此更应该适用"情势变更"原则。为了保障保险当事人的利益,各国保险法均允许变更保险合同,以适应变化了的情势。但大多数国家对变更都设定了严格的限制。

关于保险合同的变更及其限制,我国《保险法》也有明确的规定。如《保险法》第20条规定:"投保人和保险人可以协商变更合同内容。变更保险合同的,应当由保险人在原保险单或者其他保险凭证上批注或者附贴批单,或者由投保人和保险人订立变更的书面协议。"第41条规定:"被保险人或者投保人可以变更受益人并书面通知保险人。保险人收到变更受益人的书面通知后,应当在保险单或者其他保险凭证上批注或者附贴批单。投保人变更受益人时须经被保人同意。"第49条规定:"保险标的转让的,保险标的的受让人承继被保险人的权利和义务。保险标的转让的,被保险人或者受让人应当及时通知保险人,但货物运输保险合同和另有约定的合同除外。因保险标的转让导致危险程度显著增加的,保险人自收到前款规定的通知之日起30日内,可以按照合同约定增加保险费或者解除合同。保险人解除合同的,应当将已收取的保险费,按照合同约定扣除自保险责任开始之日起至合同解除之日止应收的部分后,退还投保人。被保险人、受让人未履行本条第2款规定的通知义务的,因转让导致保险标的的危险程度显著增加而发生的保险事故,保险人不承担赔偿保险金的责任。"从我国《保险法》的上述规定中可见,保险合同的变更分为协议变更和通知变更两种形式。

3. 保险合同的解除

保险合同的解除,是指在保险合同有效期限届满之前,当事人依法使合同效力终止的法律行为。其中,投保人提出保险合同解除又称为退保。根据我国现行法律的规定,保险合同成立后,除《保险法》另有规定或保险合同另有约定以外,投保人可以随时解除保险合同。但是,保险人一般不得解除合同,除非存在法定事由。这是由保险合同的保障性质所决定的。目前,法律对投保人解除合同的唯一限制性规定,是针对货物运输保险合同和运输工具航程保险合同,当这两类合同的保险责任开始后,合同当事人包括投保人不得解除合同。

关于保险合同的解除及其限制,我国《保险法》第15条规定:"除本法另有规定或者保险合同另有约定外,保险合同成立后,投保人可以解除合同,保险人不得解除合同。"第50条规定:"货物运输保险合同和运输工具航程保险合同,保险责任开始后,合同当事人不得解除合同。"关于保险人的合同解除权及其权利行使,《保险法》在第16条、第27条、第32条、第51条、第52条等条款中有明确规定。

依据我国《保险法》的规定,保险人有权解除保险合同的情形有:(1)投保人故意或者因重大过失不履行法律规定的"如实告知义务",足以影响保险人决定是否同意承保或者提高保险费率的,保险人有权解除保险合同。(2)被保险人或者受益人在未发生保险事故的情况下,谎称发生了保险事故,向保险人提出赔偿或者给付保险金的请求的,保险人有权解除保险合同,并不退还保险费。(3)投保人、被保险人或者受益人故意制造保险事故的,保险人有权解除保险合同,不承担赔偿或者给付保险金的责任,除了《保险法》第43条第1款和第45条关于人寿保险的特定条款外,也不退还保险费。(4)投保人、被保险人未按照约定履行其对保险标的的安全应尽责任的,保险人有权要求增加保险费或者解除合同。(5)在合同有效期内,保险标的的危险程度增加的,被保险人按照合同约定应当及时通知保险人,保险人有权要求增加保险费或解除合同。(6)保险标的发生部分损失,保险人履行了赔偿后,在法定期限内,保险人可以解除合同。(7) 投保人申报的被保险人年龄不真实,并且其真实年龄不符合合同约定的年龄限制的,保险人可以解除合同,并在扣除手续费后,向投保人退还保险费,但是自合同成立之日起逾2年的除外。(8) 人身保险合同约定分期支付保险费的,在产生保险合同效力中止时,自合同效力中止之日起2年内双方未达成效力恢复协议的,保险人有权解除合同。

另外,在不违反法律和社会公共利益的条件下,当约定的事由出现时,保险合同的任意一方都有权解除合同,但应当书面通知对方当事人。

4. 保险合同的终止

保险合同的终止,是指保险合同当事人依法律规定或双方约定,消灭保险权利义务关系的法律行为。保险合同的终止主要包括以下几种情况:(1) 因保险合同期限届满而终止;(2) 因保险合同解除而终止;(3) 因保险事故发生且保险金获赔付而终止;(4) 因保险标的灭失而终止,如被保险人、受益人死亡等。我国《保险法》第58条明文规定:"保险标的发生部分损失的,自保险人赔偿之日起30日内,投保人可以解除合同;除合同另有约定外,保险人也可以解除合同,但应当提前15天通知投保人。合同解除的,保险人应当将保险标的未受损失部分的保险费,按照合同约定扣除自保险责任开始之日起至终止合同之日止应收的部分后,退还投保人。"

(五) 保险合同的索赔与理赔

1. 保险合同的索赔

保险索赔是指被保险人或受益人在保险事故发生或约定事件出现时,根据保险合同条款的约定,请求保险人给付保险金的法律行为。索赔是被保险人依据保险合同所享有的一项权利。如果被保险人为无民事行为能力人或限制民事行为能力人的,索赔权可以由其法定代理人代为行使。在汽车第三者责任险等责任保险中,受害人可以直接向保险人行使索赔权。在人身保险中,如被保险人死亡的,可由具有完全民事行为能力的受益人直接行使索赔权。

在保险事故发生后,投保人或被保险人必须及时通知保险人,并依据保险合同在法定期限内向保险人提出赔偿损失的请求。关于请求保险赔偿或给付保险金的诉讼时效,我国《保险法》第26条作出了明确规定:"人寿保险以外的其他保险的被保险人或者受益人,向保险人提出赔偿或者给付保险金的诉讼时效期间为2年,自其知道或者应当知道保险事故发生之日起计算。人寿保险的被保险人或者受益人对保险人请求给付保险金的诉讼时效期间为5年,自其知道或者应当知道保险事故发生之日起计算。"我国《海商法》第264条规定:"被保险人向保险人要求赔偿的时效期间为2年,自保险事故发生之日起算"。如在规定的期限内,投保人或被保险人不申请赔偿、不提交必要的文件证明、或给予赔偿而不领取赔偿金,则视为自动放弃。

一般来说,保险索赔应该按以下程序进行:(1)向保险人发出损失通知;(2)采取施救措施,以尽可能减少损失;(3)提供损失证明材料;(4)接受损失检验;(5)领取保险金;(6)在财产保险中涉及第三者责任时,为便于保险人代位追偿需开具权益转让书。

2. 保险合同的理赔

理赔是指保险人接到被保险人的损失通知后,立即派人赶赴现场勘察、进行损失检查、调查损失原因、搜集有关证据、确定损失责任、核定损失程度,并依据保险合同确定赔偿数额、处理损余、给付保险金的整个过程。理赔是保险人履行经济补偿义务的具体体现。

保险人在接到被保险人的损失通知后,必须立即派人赶赴现场,并着手处理保险赔偿问题。保险人的理赔程序大体为:(1)立案(包括现场勘察、调查损失原因);(2)审查各种单证;(3)核定损失原因与确定责任范围;(4)核定损失程度与计算赔偿数额;(5)给付赔偿;(6)损余处理和代位求偿。

关于保险理赔,我国《保险法》有以下具体规定:(1)保险人收到被保险人或者受益人的赔偿或者给付保险金的请求后,应当及时作出核定,并将核定结果通知被保险人或受益人。对属于保险责任的,在与被保险人或者受益人达成有关赔偿或者给付保险金的协议后10日内,履行赔偿或者给付保险金义务。保险合同对保险金额及赔偿或者给付期限有约定的,保险人应当依照保险合同的约定,履行赔偿或者给付保险金义务。保险人未及时履行前述义务的,除支付保险金外,应当赔偿被保险人或者受益人因此受到的损失,任何单位或者个人都不得非法干预保险人履行赔偿或者给付保险金义务,也不得限制被保险人或者受益人取得保险金的权利。(2)保险人收到被保险人或者受益人的赔偿或给付保险金的请求后,对不属于保险责任的,应当向被保险人或者受益人发出拒绝赔偿或者拒绝给付保险金通知书。(3)保险人自收到赔偿或者给付保险金的请求和有关证明、资料之日起60日内,对其赔偿或者给付保险金的数额不能确定的,应当根据已有证明和资料可以确定的最低数额先予支付;保险人最终确定赔偿或者给付保险金的数额后,应当支付相应的差额。

二、财产保险合同

(一)财产保险合同的概念、特征及种类

所谓财产保险合同,是指以财产及其有关利益为保险标的的保险合同。

财产保险合同具有以下特征:(1)财产保险合同的标的是财产或与财产有关的经济利益;(2)财产保险合同以损失补偿为赔付原则;(3)保险人和投保人约定的保险金额不得超过保险标的的实际价值,否则合同无效;(4)保险人的最高赔偿责任以保险合同所约定的保险金额为限;(5)保险人对第三人所引起的损害赔偿责任享有保险代位权。

根据《保险法》第 95 条的规定,财产保险合同分为财产损失保险合同、责任保险合同、信用保险合同和保证保险合同:(1)财产损失保险合同,是指以补偿有形财产的直接毁损为目的的保险合同。主要包括企业财产保险合同、家庭财产保险合同、运输工具保险合同和运输货物保险合同等。(2)责任保险合同,是指以被保险人对第三人的民事赔偿责任为保险标的的保险合同。主要包括产品责任保险合同、雇主责任保险合同、职业责任保险合同、公众责任保险合同等。(3)信用保险合同,是指被保险人在信用贷款或售货交易中,债务人不为清偿或不能清偿时,保险人将给予赔偿的一种财产保险合同。主要有国内商业信用保险合同、出口信用保险合同、投资保险合同等。(4)保证保险合同。所谓保证保险,就是保险人为被保证人向权利人提供担保的一种保险。它包括两类保险:一类是狭义的保证保险,另一类是信用保险。它们的保险标的都是被保证人的信用风险,当被保证人的作为或不作为致使权利人遭受经济损失时,保险人负经济赔偿责任。因此,保证保险实际上是一种担保业务。近年来,保证保险在我国的房屋买卖、汽车销售和信贷活动中被普遍运用。正是基于这种现实,新的《保险法》第 95 条才将它纳入财产保险予以规范。但是,在保证保险中保险公司承担的风险比一般保险要大,因而即使是在西方成熟的市场经济国家,对保证保险也采取谨慎的态度。

(二)财产保险合同中的保险标的与保险金额

在财产保险合同中,保险标的是指作为保险对象的财产及其有关的经济利益。这些标的物投保的实际价值称为保险价值或保险价额。根据我国《保险法》第 55 条的规定,保险标的的保险价值,可以由投保人和保险人约定并在合同中载明,也可以按照保险事故发生时保险标的的实际价值确定。

保险金额是指投保人对保险标的的实际投保金额,也是保险人承担赔偿责任的最高限额。我国《保险法》第 55 条第 3 款、第 4 款明文规定:"保险金额不得超过保险价值。超过保险价值的,超过部分无效,保险人应当退还相应的保险费。保险金额低于保险价值的,除合同另有约定外,保险人按照保险金额与保险价值的比例承担赔偿保险金的责任。"

(三)财产保险合同当事人的权利与义务

1. 保险人的权利和义务①

保险人的权利是按保险合同的规定向投保人收取保险费。关于保险费的收取,我国《保险法》根据不同的情形作了相应的规定:(1)当据以确定保险费率

---

① 参见黄健雄、陈玉玲:《保险法》,厦门大学出版社 2004 年版,第 62 页。

的有关情况发生变化,保险标的的危险程度明显减少或者保险标的的保险价值明显减少时,除合同另有约定外,保险人应当降低保险费,并按日计算退还相应的保险费。(2)保险责任开始前,投保人要求解除合同的,保险人应当退还保险费,但投保人应当向保险人支付手续费;保险责任开始后,投保人要求解除合同的,保险人可以收取自保险责任开始之日起至合同解除之日止期间的保险费,剩余部分退还投保人。(3)保险标的发生部分损失的,在保险人赔偿后30日内,投保人可以终止保险合同;除合同约定不得终止合同的以外,保险人也可以解除合同,保险人解除合同的,应当提前15日通知投保人,并将保险标的未受损失部分的保险费,扣除自保险责任开始之日起至终止合同之日止的应收部分退还投保人。

按照我国《保险法》的规定,保险人的其他义务与权利主要包括:(1)订约说明义务。保险人应当向投保人解释、说明保险合同的主要内容。(2)损失补偿义务,即在保险事故发生后承担赔偿责任,支付规定的保险金额。(3)承担必要的合理费用的义务。保险人应该承担为查明和确定保险事故的性质、原因和保险标的的损失程度所支付的必要的、合理的费用。(4)保密义务。保险人或者再保险接受人对在办理保险业务中知道的投保人、被保险人、受益人或者再保险分出人的业务和财产情况及个人隐私,负有保密的义务。(5)保险人为维护保险标的安全,经被保险人同意,可以采取安全预防措施。(6)对保险标的的安全状况进行检查,及时向投保人、被保险人提出消除不安全因素和隐患的书面建议。(7)当投保人、被保险人未按照合同约定履行其对保险标的安全应尽的责任的,保险人有权要求增加保险费或者解除保险合同。

2. 投保人(被保险人)的权利与义务

投保人(被保险人)的权利是指在保险合同约定的保险事故发生后向保险人请求赔偿的权利。根据我国《保险法》的规定,投保人(被保险人)的义务主要包括:(1)合同成立前的如实告知义务。在订立保险合同时,投保人必须如实告知有关财产的真实情况。否则,待保险人发现后,保险人可以解除合同;对于因此引起的损失,保险人不负赔偿责任。(2)按约缴付保险费的义务。(3)危险增加时的通知义务。在合同有效期内,保险标的危险程度增加的,被保险人按照合同约定应当及时通知保险人,保险人有权要求增加保险费或者解除合同。如被保险人未履行通知义务的,因保险标的的危险程度增加而发生的保险事故,保险人不承担赔偿责任。(4)财产转移时的通知义务。除货物运输保险的保险单或者保险凭证可以在不征得保险人同意的情况下由投保人背书转让外,其他保险标的的过户转让或出售,投保人必须事先书面通知保险人,经保险人同意并对保险单或保险凭证进行批改后,保险合同继续有效,否则,从保险标的转移时起,保险人的责任即告终止。(5)安全维护与防止损害的义务。在合同有效期内,投保人有加强安全、防灾防损的义务,遵守有关安全生产、安全操作和劳动保护等方面的规定,接受保险人对财产安全的监督和合理建议,防止损害的发生。保险事故发生时,被保险人应当采取必要的施救措施,以减少灾害损失。否则,因此发生事故造成的损失,保险人不负赔偿责任。(6)保险事故发生时的通知义务。投保人、被保险人和受益人知道保险事故发生后,应当及时通知保险人。(7)损失的证明义务。亦即索赔的举证责任。

(四)财产保险合同的代位与委付

1. 财产保险合同的代位

代位求偿权也称代位追索权或权益转让,是指保险人在赔偿被保险人的损失后,得在其赔付金额的限度内要求保险人转让其对造成损失的第三方要求赔偿的权利。① 各国的保险法都规定保险人享有代位权。我国《保险法》第60条第1款也规定:"因第三者对保险标的的损害而造成保险事故的,保险人自向被保险人赔偿保险金之日起,在赔偿金额范围内代位行使被保险人对第三者请求赔偿的权利。"可见,保险人只要履行了赔付义务,其代位求偿权就自动产生,无须再履行其他手续。

但是,保险人代位求偿权的行使,必须具备以下基本要件:(1)保险事故的发生与第三人的过错行为有因果关系,即发生的事故必须是保险合同所规定的责任事故;发生的保险事故,必须是第三者的过错造成的。(2)保险人已经给付了保险赔偿金,即代位权的产生必须在给付保险金额之后。如果被保险人已经在第三人处获得赔偿,保险人由于不知情又给付了赔偿金的,有权向被保险人要求返还,被保险人应当返还。

2. 财产保险合同的委付

所谓委付,是指投保人(被保险人)将保险标的物的一切权利转移于保险人,从而得以请求支付全部保险金额的权利。委付制度是海上保险的特殊规定之一。按照此制度,当保险标的虽未达到全部损失,但有全部损失的可能,或者其修理费用将超过保险财产本身的价值时,被保险人可以将其残余利益,或标的上的一切权利,表示转移给保险人,从而请求推定全损给予赔付。委付必须经保险人同意,而且应该就保险标的物的全部提出请求。

三、人身保险合同

(一)人身保险合同的概念、特征及种类

人身保险合同是以人的寿命和身体为保险标的的保险合同。这里的"人",是指具有生命、独立存在的自然人,法人、尚未出生的胎儿和已经死亡的人不能

---

① 参见黄健雄、陈玉玲:《保险法》,厦门大学出版社2004年版,第61页。

作为保险标的。

人身保险合同与财产保险合同相比,具有以下特征:(1)人身保险合同是一种定额保险合同。保险金额由当事人在法律规定条件下协商确定。(2)投保人与被保险人具有特殊的身份关系。(3)保险人不得行使代位权。(4)人身保险合同成立以后投保人拒不支付保险费的,保险人不得用诉讼的方式请求支付。

根据《保险法》的规定,人身保险合同分为人寿保险合同、健康保险合同和意外伤害保险合同:(1)人寿保险合同。是指以被保险人的生命为保险标的、以被保险人的生存或死亡为给付保险金的条件所订立的一种保险合同。人寿保险又可分为生存保险、死亡保险和两全保险等。我国目前开办的人寿保险主要有养老金保险、团体人身保险、个人人身保险等形式。(2)健康保险合同。也称疾病保险合同,是指以被保险人的分娩、疾病及其伤残或死亡为条件给付保险金所订立的保险合同。如医疗保险、死亡与残疾保险等。(3)意外伤害保险合同。也称平安保险合同,是指以被保险人的身体利益为保险标的、以被保险人遭受意外伤残或死亡为给付保险金的条件的一种保险合同。这种保险既可以单独投保,也可以与人寿保险混合投保。

(二)人身保险合同的主体及其权利与义务

一般保险合同的当事人和关系人的法律资格及其相应的权利与义务基本适用于人身保险合同,但因人身保险合同具有自身的特点,且人身保险合同中投保人、被保险人和受益人之间关系复杂,因而其当事人、关系人的资格及其相应的权利与义务又具有特殊性,保险法也有特别的规定。

1. 保险人及其权利与义务

人身保险合同的保险人是依法成立的且可以办理人身保险业务的保险公司。根据《保险法》的规定,保险人具有以下权利:(1)有依合同约定收取保险费的权利。(2)发现投保人申报的被保险人年龄不真实,并且其真实年龄不符合合同约定的年龄限制的,除合同成立之日起逾2年的外,有解除合同并扣除手续费的权利。(3)投保人申报的被保险人年龄不真实,致使投保人支付的保险费少于应付保险费的,有更正并要求投保人补交保险费,或者在给付保险金时按实付保险金与应付保险金的比例支付的权利。(4)因投保人超期未付当期保险费致使合同中止,2年内未达成协议,有解除合同的权利。

保险人的义务包括:(1)按合同约定向被保险人或者受益人支付保险金。(2)投保人申报的被保险人年龄不真实,如其真实年龄不符合合同约定的年龄限制的,应在扣除手续费后,向投保人退还剩余保险费;如致使投保人实付的保险费多于应付保险费的,应将多余部分退还投保人。(3)不得承保投保人为无民事行为能力人投保的以死亡为给付保险金条件的人身保险。(4)因投保人逾期未按规定缴付当期保险费而使合同效力中止,如已缴足2年以上保险费,应按合同约定退还保险单上的现金价值;如未缴足 2 年保险费,扣除手续费后,应退还保险费。

2. 投保人的权利与义务

投保人可以以自己的寿命和健康为保险标的,为自己的利益订立保险合同;也可以以他人的寿命和身体为标的,为他人的利益订立保险合同;还可以以他人的寿命和身体,为自己的利益订立保险合同。但是,投保人必须具有民事行为能力,而且对被保险人具有保险利益。

3. 被保险人的权利与义务

被保险人必须是具有生命的自然人。无民事行为能力的人不得成为以死亡为给付保险金条件的人身保险合同的被保险人,保险人也不得对其承保。否则,要承担法律责任。但是,父母为其未成年的子女投此类保险不在其内。被保险人有指定受益人的权利。另外,保险金额应当经过被保险人书面同意认可合同才能有效。同时,投保人指定、更改受益人时,必须经被保险人同意。

4. 受益人

受益人是由投保人、被保险人指定,享有保险金请求权的人。投保人可以以自己或被保险人为受益人,也可以指定第三人为受益人。被保险人和投保人都可以任意指定受益人,但投保人指定受益人时,必须经过被保险人的同意。被保险人或者投保人可以变更受益人,但是必须书面通知保险人。

受益人是人身保险合同中特有的当事人。关于受益人的指定与变更、受益人受益的顺序与份额、受益权的丧失等,我国《保险法》都有具体的规定。

投保人与受益人、被保险人之间可以是具有血缘关系的亲属,也可以是不具血缘关系的人。

(三) 人身保险合同的特殊条款

人身保险合同是以人的寿命和身体为保险标的的,因而具有特殊性。《保险法》对人身保险合同规定了许多特殊条款。具体内容如下:

1. 保险利益条款

保险利益也称可保利益。《保险法》第 12 条规定:"人身保险的投保人在保险合同订立时,对被保险人应当具有保险利益。财产保险的被保险人在保险事故发生时,对保险标的应当具有保险利益。……保险利益是指投保人或者被保险人对保险标的具有的法律上承认的利益。"人身保险合同的保险利益具有一定的特殊性。由于人的价值无法用金钱衡量,因此,人身保险合同只要求投保人与被保险人具有利害关系,包括财产上和人身上的利害关系。根据《保险法》第 31 条的规定,人身保险合同的投保人只对下列人员具有保险利益:(1) 本人;(2) 配偶、子女、父母;(3) 前项以外与投保人具有抚养、赡养或者扶养关系的家庭其他成员、近亲属;(4) 与投保人有劳动关系的劳动者。

2. 不可抗辩条款

不可抗辩条款也称不可否定条款。为了防止保险人滥用权利,有效地保护投保人的正当利益,我国 2002 年修订的《保险法》第 16 条第 2 款明确规定:"投保人申报的被保险人年龄不真实,并且其真实年龄不符合合同约定的年龄限制的,保险人可以解除合同,并在扣除手续费后,向投保人退还保险费,但是自合同成立之日起逾 2 年的除外。"2009 年修订的《保险法》虽然在具体表达上有所变化,但根据其第 32 条第 1 款和第 16 条第 3 款、第 6 款的规定,人身保险合同的保险人在行使单方解除权时依然受到这种限制。

3. 误保年龄条款

人身保险合同中,被保险人的年龄是一个"重要事项",足以影响保险人决定是否承保或者提高保险率。因此,各国保险法一般都有关于年龄误保的规定。我国《保险法》第 54 条也对年龄误保的处理作出了专门的规定。具体规定是:(1) 投保人申报的被保险人年龄不真实,并且其真实年龄不符合合同约定的年龄限制的,保险人可以解除合同,并在扣除手续费后,向投保人退还保险费,但是自合同成立之日起逾 2 年的除外。(2) 投保人申报的被保险人年龄不真实,致使投保人支付的保险费少于应付保险费的,保险人有权更正并要求投保人补交保险费,或者在给付保险金时依照实付保险费与应付保险费的比例支付。(3) 投保人申报的被保险人年龄不真实,致使投保人实付保险费多于应付保险费的,保险人应当将多收的保险费退还投保人。

4. 缴纳保险费的宽限期条款

我国《保险法》第 36 条规定:"合同约定分期支付保险费,投保人支付首期保险费后,除合同另有约定外,投保人超过规定的期限 60 日未支付当期保险费的,合同效力中止,或者由保险人按照合同约定的条件减少保险金额。被保险人在前款规定期限内发生保险事故的,保险人应当按照约定给付保险金,但可以扣减欠交的保险费。"法律设定宽限期条款的目的在于通过给予投保人一定期间的优惠,达到避免合同非故意失效、保全保险人的业务之目的。宽限期可以是法律规定的期限,也可以是合同约定的期限。在宽限期内,保险人仍要负给付保险金的责任,但要从给付金额中扣除所欠交的保险费。

5. 合同效力恢复条款

《保险法》第 37 条第 1 款规定:"合同效力依照本法第 36 条规定中止的,经保险人与投保人协商并达成协议,在投保人补交保险费后,合同效力恢复。但是,自合同效力中止之日起 2 年内双方未达成协议的,保险人有权解除合同。"值得注意的是,复效与重新投保不同。

6. 不丧失价值条款

在人身保险合同中,投保人、被保险人和受益人处于相对弱势,为有效地保护他们的利益,各国的保险法都设定了"不丧失价值条款"。我国《保险法》也有诸多的特别规定。如《保险法》第 43 条第 1 款规定:"投保人故意造成被保险人死亡、伤残或者疾病的,保险人不承担给付保险金的责任。投保人已交足 2 年以上保险费的,保险人应当按照合同约定向其他权利人退还保险单的现金价值。"《保险法》第 44 条第 2 款也规定,被保险人自杀的,保险人依法不承担给付保险金责任,但应当按照合同约定退还保险单的现金价值。第 45 条规定:"因被保险人故意犯罪或者抗拒依法采取的刑事强制措施导致其伤残或者死亡的,保险人不承担给付保险金的责任。投保人已交足 2 年以上保险费的,保险人应当按照合同约定退还保险单的现金价值。"第 47 条规定:"投保人解除合同的,保险人应当自收到解除合同通知之日起 30 日内,按照合同约定退还保险单的现金价值。"

7. 自杀条款

《保险法》第 44 条第 1 款规定:"以被保险人死亡为给付保险金条件的合同,自合同成立或合同效力恢复之日起 2 年内,被保险人自杀的,保险人不承担给付保险金的责任,但被保险人自杀时为无民事行为能力的除外。"

8. 禁止保单转让与质押条款

一般认为,只要不是出于不道德或非法的考虑,在不侵犯被保险人权利的情况下,保单可以进行转让、质押。但是,人寿保险单转让、质押后保单的利益发生了转移,有可能损害被保险人的利益或者危及被保险人的人身安全,所以,为了保护被保险人的利益,防止道德风险,我国《保险法》第 34 条第 2 款规定:"按照以死亡为给付保险金条件的合同所签发的保险单,未经被保险人书面同意,不得转让或者质押。"

第三节　保险业监管制度

一、保险业监管制度概述

(一)保险业监管及其立法

保险业监管即保险业的监督管理。从总体上讲,保险业监管包括三个层次:一是政府对保险业的监管;二是保险业的行业自律;三是保险企业的内部控制。① 本节要讨论的就是政府对保险业的监督管理。

由于市场失灵的存在,加上保险经营具有负债性、风险性和保障性等特点,且关系到经济的健康发展、社会的稳定和被保险人的利益等方方面面,因此,建

---

① 参见覃有土、樊启荣:《保险法学》,高等教育出版社 2003 年版,第 375—376 页。

立健全保险监督机制,强化政府对保险行业的监督管理十分必要,所以各国和地区都非常重视保险业监管立法。正如德国学者波斯所言:"保险是在同质危险并相互分担损害的金融手段为目的而构成的集团中存在,是一种相互关系。正常保险契约的签订,只有在共同关系的单一性及职司管理的企业家的完整性,始得实现。故此,基于保险机构的特性,为保护投保人及被保险人的权益,各国除了一般债权法外,还应分别制定强制性规定的特别法。而各种特别法,也不是万能的,随着保险事业在国民经济中重要性日趋增大,为了弥补法律规定的不足,并确实保障当事人的利益和维护保险业的健全发展,只有由政府给予更多关注,严格实行国家的监督管理。"[①]

关于保险业监管立法,主要有三种体例:(1)以单行法规的形式单独制定保险业法,并直接以保险业法、保险公司法或保险业监督管理法命名,如英国、德国、新加坡等国家就采取这种立法体例。(2)制定统一的综合性的保险法典,将保险业法列入其中,如菲律宾、我国台湾地区都属于此种体例。(3)以单行的保险业法或保险法为主,以其他法律规范中调整保险业的规定为补充,使保险业法成为一个集合概念。如日本、韩国等国家就属于此种体例。[②]

我国国务院1985年发布的《保险业管理暂行条例》属于上述的第一种体例。该暂行条例对保险企业的资格条件、经营规则等作了具体的规定。但是,现行《保险法》则属于综合性的保险法典,它集保险合同法和保险业法于一体。关于保险业的监督管理方面的法律规定,主要分布在保险公司、保险经营规则、保险业的监督管理、保险代理人和经纪人等四章之中。为了落实《保险法》的有关规定,强化对保险业的监督管理,1999年我国成立了中国保险监督管理委员会,简称保监会,专司保险业的监管之职。2000年保监会颁行了《保险公司管理规定》。2004年、2009年保监会先后对它进行了两次修改。此外,中国人民银行还颁行了《保险代理人管理暂行规定》和《保险经纪人暂行规定》。至此,我国保险业监管立法已经形成一个较为完备的体系。

(二)保险业监管机构及其职责

现代保险监管制度的一个重要标志是国家设立专门的保险监管机构,并授权其依法行使保险监管之职责。我国《保险法》第9条也明确规定:"国务院保险监督管理机构依法对保险业实施监督管理。国务院保险监督管理机构根据履行职责的需要设立派出机构,派出机构按照国务院保险监督管理机构的授权履行监督管理职责。"国务院保险监督管理机构即中国保监会是国务院直属机构,根据法律和国务院的授权,遵循依法、公开、公正的原则,对保险业实施监督管

---

① 转引自陈云中:《保险学》,台湾五南图书出版公司1994年版,第326—327页。
② 参见覃有土、樊启荣:《保险法学》,高等教育出版社2003年版,第374页。

理,维护保险市场秩序,保护投保人、被保险人和受益人的合法权益。

根据《保险法》和其他相关法律、法规的规定,中国保监会的主要职责包括:(1)执行国家的保险政策和方针;(2)拟订保险业管理的规章和实施办法;(3)审查、批准保险公司的设立与保险代理人、保险经纪人的设立,并颁发许可证;(4)制定商业保险的主要险种的基本保险条款和保险费率;(5)核定保险公司的业务范围;(6)监督管理保险人、保险代理人、保险经纪人的保险业务活动;(7)纠正、制裁保险业务中的违法行为;(8)对有严重偿付能力问题或损害被保险人利益行为的保险公司依法进行整顿或接管。另外,根据《保险法》的规定,保险业监督管理机构有权检查保险公司的业务状况、财务状况及资金运用状况,有权要求保险公司在规定的期限内提供有关的书面报告和资料。

归纳起来,上述保险监管的内容可以分为保险组织的监管、保险经营的监管、资金营运的监管、偿付能力的监管、财务核算的监管、保险中介的监管等。

二、保险组织的监管

(一) 保险组织形式的限制

保险组织即保险人经营保险业务的机构,是保险监管的重要对象。保险业的特殊性决定了各国实行保险组织类型法定主义。纵观世界保险立法的实践及其发展趋势,公司形态被确认为保险组织的基本形态。

我国现行《保险法》第6条也明文规定:"保险业务由依照本法设立的保险公司以及法律、行政法规规定的其他保险组织经营,其他单位和个人不得经营保险业务。"《保险法》第67条进一步规定:"设立保险公司应当经国务院保险监督管理机构批准。国务院保险监督管理机构审查保险公司的设立申请时,应当考虑保险业的发展和公平竞争的需要。"

(二) 设立保险公司的许可

同大多数国家一样,我国保险公司的设立实行严格的许可主义。《保险法》第67条第1款明确规定:"设立保险公司应当经国务院保险监督管理机构批准。"《保险公司管理规定》第7条也规定,设立保险公司应当向中国保监会提出筹建申请,并符合一定条件。《保险法》第159条还规定:"违反本法规定,擅自设立保险公司、保险资产管理公司或者非法经营保险业务的,由保险监督管理机构予以取缔,没收违法所得,并处以违法所得1倍以上5倍以下的罚款;没有违法所得或者违法所得不足20万元的,处20万元以上100万元以下罚款。"

1. 设立保险公司的条件

保险公司的设立条件,即保险公司作为市场主体进入保险市场的主体资格。根据《保险法》第68条和《保险公司管理规定》第7条的规定,设立保险公司应当具备以下条件:

（1）主要股东具有持续盈利能力，信誉良好，最近3年内无重大违法违规记录，净资产不低于人民币2亿元；

（2）有符合《保险法》和《公司法》规定的章程。

（3）有符合《保险法》规定的注册资本。《保险法》第69条规定："设立保险公司，其注册资本的最低限额为人民币2亿元。……保险公司注册资本最低限额必须为实缴货币资本。"

（4）有具备任职专业知识和业务工作经验的董事、监事和高级管理人员。保险公司的运作不仅具有很大的风险性，而且具有很强的技术性，因此，各国的保险法对保险公司管理人员的资格条件都有非常严格的规定。我国《保险公司管理规定》第20条也规定："保险机构高级管理人员的任职资格审核与管理，按照中国保监会的有关规定执行。"中国保监会2002年3月颁布的《保险公司高级管理人员任职资格管理规定》对此作了明确而具体的规定。

（5）有健全的组织机构和管理制度。健全的组织机构和管理制度是保险公司顺利运作的重要保证之一，因而也是保险公司成立的必要条件之一。而根据《保险法》的规定，公司内部组织机构应由股东会、董事会、监事会三个机构组成。但国有独资公司只设董事会和监事会。另外，保险公司还应有完备的管理制度，如工资分配制度、保险营销制度、代理制度、再保险制度、内部控制制度等。

（6）有符合要求的营业场所和与经营业务有关的其他设施；

（7）法律、行政法规和国务院保险监督管理机构规定的其他条件。

2. 设立保险公司的程序

设立保险公司不仅必须具备法定条件，而且必须按照法定程序经保险监督管理机构批准。具体的程序是：(1) 设立申请；(2) 筹建；(3) 开业申请；(4) 开业审批；(5) 公司登记；(6) 缴存保证金。保险公司成立后应当按照其注册资本总额的20提取保证金，存入保险监督管理机构指定的银行，除因破产清算时用于清偿债务外，不得动用。

3. 设立保险公司分支机构的申请与审批

我国《保险法》第74条规定："保险公司在中华人民共和国境内外设立分支机构，须经保险监督管理机构批准。保险公司分支机构不具有法人资格，其民事责任由保险公司承担。"对于保险公司设立分支机构，我国《保险公司管理规定》作了许多限制性的规定，第18条规定，设立分支机构，应当提出设立申请，并符合下列条件：(1) 上一年度偿付能力充足，提交申请前连续2个季度偿付能力均为充足；(2) 保险公司具备良好的公司治理结构，内控健全；(3) 申请人具备完善的分支机构管理制度；(4) 对拟设立分支机构的可行性已进行充分论证；(5) 在住所地以外的省、自治区、直辖市申请设立省级分公司以外其他分支机构的，该省级分公司已经开业；(6) 申请人最近2年内无受金融监管机构重大行政处罚的记录,不存在因涉嫌重大违法行为正在受到中国保监会立案调查的情形;(7)申请设立省级分公司以外其他分支机构,在拟设地所在的省、自治区、直辖市内,省级分公司最近 2 年内无受金融监管机构重大行政处罚的记录,已设立的其他分支机构最近 6 个月内无受重大保险行政处罚的记录;(8)有申请人认可的筹建负责人;(9)中国保监会规定的其他条件。

(三)保险公司的变更

保险公司的变更必然会引起其权利能力和行为能力的变化,从而影响保险关系当事人的利益,事关保险市场的秩序和社会经济的稳定。因此,保险监管机构必须加强对保险公司变更的监管。

我国《保险法》第 84 条规定,保险公司有下列情形之一的,应当经保险监督管理机构批准:(1)变更名称;(2)变更注册资本;(3)变更公司或分支机构的营业场所;(4)撤销分支机构;(5)公司分立或者合并;(6)修改公司章程;(7)变更出资额占有限责任公司资本总额 5% 以上的股东或者变更持有股份有限公司股份 5% 以上的股东;(8)国务院保险监督管理机构规定的其他变更事项。另外,保险公司更换董事长、总经理,应当报保险监督管理机构审查其任职资格。

(四)保险公司的解散、破产与清算

1. 保险公司的解散与清算

保险公司的解散是指已经成立的保险公司,因公司章程规定或者法定事由出现而终止公司经营业务活动、了结各项责任或者使公司的法人资格消灭的法律行为。

关于保险公司的解散与清算,我国《保险法》第 89 条明确规定:"保险公司因分立、合并需要解散,或者股东会、股东大会决议解散,或者公司章程规定的解散事由出现,经国务院保险监督管理机构批准后解散。经营有人寿保险业务的保险公司,除因分立、合并或者被依法撤销外,不得解散。保险公司解散,应当依法成立清算组进行清算。"

2. 保险公司的破产与清算

关于保险公司的破产与清算,我国《保险法》有以下具体规定:(1)保险公司不能支付到期债务的,经保险监督管理机构同意,由人民法院依法宣告破产。保险公司被宣告破产的,由人民法院组织保险监督管理机构等有关部门和有关人员成立清算组,进行清算。(2)经营有人寿保险业务的保险公司被依法撤销的或者被依法宣告破产的,其持有的人寿保险合同及准备金,必须转移给其他经营有人寿保险业务的保险公司;不能同其他保险公司达成转让协议的,由保险监督管理机构指定经营有人寿保险业务的保险公司接受转让。(3)保险公司依法破产的,破产财产优先支付其破产费用后,按照下列顺序清偿:所欠职工工资和劳动保险费用、赔偿或者给付保险金、所欠税款、清偿公司债务。破产财产不足清偿同一顺序清偿要求的,按照比例分配。破产保险公司的董事、监事和高级管理人员的工资,按照该公司职工的平均工资计算。

三、保险经营的监管

（一）保险业务经营范围的限制

根据《保险法》第95条的有关规定,保险公司的业务范围包括：(1)财产保险业务。具体包括财产损失保险、责任保险、信用保险等保险业务。(2)人身保险业务。具体包括人寿保险、健康保险、意外伤害保险等保险业务。保险公司的具体业务范围由保险监督管理机构依法核定。保险公司只能在核定的业务范围内从事保险经营活动。

（二）保险业务的经营规则

关于保险业务的经营规则,我国《保险法》有以下具体规定：

1. 保险分业经营规则

所谓保险分业经营,是指同一保险人不得同时经营财产保险业务和人身保险业务。我国《保险法》第8条规定："保险业和银行业、证券业、信托业实行分业经营、分业管理,保险公司与银行、证券、信托业务机构分别设立,国家另有规定的除外。"第95条第2款规定："保险人不得兼营人身保险业务和财产保险业务。但是,经营财产保险业务的保险公司经国务院保险监督管理机构批准,可以经营短期健康保险业务和意外伤害保险业务。"该条第3款进一步规定："保险公司应当在保险监督管理机构依法批准的业务范围内从事保险经营活动。"但《保险法》第96条规定："经国务院保险监督管理机构批准,保险公司可以经营本法第95条规定的保险业务的下列再保险业务：(一)分出保险；(二)分入保险。"

2. 禁止兼业经营规则

基于保险业的性质与特点,各国保险法大都确立了禁止兼营的原则。我国《保险法》第95条不仅规定了保险公司的业务范围,而且还明确规定,保险人必须在批准的业务范围内开展保险业务活动,不得同时兼营人身保险业务和财产保险业务。

3. 最低偿付能力规则

所谓偿付能力,是指保险公司履行损害赔偿责任或给付保险金义务的能力。为了保障投保人和被保险人的利益,我国《保险法》第101条规定："保险公司应当具有与其业务规模和风险程度相适应的最低偿付能力。保险公司的认可资产减去认可负债的差额不得低于国务院保险监督管理机构规定的数额；低于规定数额的,应当按照国务院保险监督管理机构的要求采取相应措施达到规定的数额。"

对于偿付能力不足的保险公司,《保险法》确立了具体的应对措施。如《保险法》第 139 条规定:对偿付能力不足的保险公司,国务院保险监督管理机构应当将其列为重点监管对象,并可以根据具体情况采取下列措施:(一)责令增加资本金、办理再保险;(二)限制业务范围;(三)限制向股东分红;(四)限制固定资产购置或者经营费用规模;(五)限制资金运用的形式、比例;(六)限制增设分支机构;(七)责令拍卖不良资产、转让保险业务;(八)限制董事、监事、高级管理人员的薪酬水平;(九)限制商业性广告;(十)责令停止接受新业务。

4. 保险经营风险防范规则

众所周知,保险业具有较高的经营风险。加强对保险公司经营风险的防范与控制,是实现保险公司稳健经营、保障被保险人利益的有效途径。因此,各国的保险法都确立了一系列的保险经营风险防范规则,主要体现在保险准备金制度、保险保障基金制度和保险资金的运用规则等方面。我国《保险法》也明确规定,保险公司必须依法提取保险准备金和保险保障基金,严格遵守安全性、稳健性和效益性原则,按照法定形式有效运用保险资金,确保资产的保值增值。如《保险法》第 97 条规定:"保险公司成立后应当按照其注册资本总额的 20% 提取保证金,存入国务院保险监督管理机构指定的银行,除公司清算时用于清偿债务外,不得动用。"第 98 条第 1 款规定:"保险公司应当根据保障被保险人利益、保证偿付能力的原则,提取各项责任准备金。"第 99 条和第 100 条还分别规定,保险公司应当依法提取公积金,缴纳保险保障基金。《保险法》第 102 条还规定:"经营财产保险业务的保险公司当年自留保险费,不得超过其实有资本金加公积金总和的 4 倍。"《保险法》第 103 条第 1 款进一步规定:"保险公司对每一危险单位,即对一次保险事故可能造成的最大损失范围所承担的责任,不得超过其实有资本金加公积金总和的 10%,超过的部分,应当办理再保险。"另外,《保险法》第 104 条规定:"保险公司对危险单位的计算办法和巨灾风险安排方案,应当报国务院保险监督管理机构备案。"《保险法》第 105 条还规定:"保险公司应当按照国务院保险监督管理机的规定办理再保险,并审慎选择再保险接受人。"

5. 保险公司竞争行为规则

《保险法》第 115 条明确规定:"保险公司开展业务,应当遵循公平竞争的原则,不得从事不正当竞争。"《保险公司管理规定》对保险公司的竞争行为规则作出了更为详尽的规定。如《保险公司管理规定》第 49 条第 1 款规定:"保险机构不得捏造、散布虚假事实、损害其他保险机构的信誉。"第 50 条规定:"保险机构不得劝说诱导投保人或被保险人解除与其他保险机构的保险合同。"

6. 保险员工的职业道德守则

关于保险员工的职业道德,《保险法》第 4 条规定:"从事保险活动必须遵守法律、行政法规,尊重社会公德,不得损害社会公共利益。"第116条进一步规定,保险公司及其工作人员在保险业务活动中不得有下列行为:(1)欺骗投保人、被保险人或者受益人;(2)对投保人隐瞒与保险合同有关的重要情况;(3)阻碍投保人履行本法规定的如实告知义务,或者诱导其不履行本法规定的如实告知义务;(4)给予或者承诺给予投保人、被保险人、受益人保险合同约定以外的保险费回扣或者其他利益;(5)拒不依法履行保险合同约定的赔偿或者给付保险金义务;(6)意编造未曾发生的保险事故、虚构保险合同或者故意夸大已经发生的保险事故的损失程度进行虚假理赔,骗取保险金或者牟取其他不正当利益;(7)挪用、截留、侵占保险费;(8)委托未取得合法资格的机构或者个人从事保险销售活动;(9)利用开展保险业务为其他机构或者个人牟取不正当利益;(10)利用保险代理人、保险经纪人或者保险评估机构,从事以虚构保险中介业务或者编造退保等方式套取费用等违法活动;(11)以捏造、散布虚假事实等方式损害竞争对手的商业信誉,或者以其他不正当竞争行为扰乱保险市场秩序;(12)泄露在业务活动中知悉的投保人、被保险人的商业秘密;(13)违反法律、行政法规和国务院保险监督管理机构规定的其他行为。

四、保险资金运用的监管

保险资金来源于保险公司的自有资金和外来资金两个方面。前者包括准备金、公积金、公益金和未分配盈余,后者包括未满期保费准备金、责任准备金、赔款准备金和特别准备金。各国保险法都强调,保险公司的资金运用必须遵循安全性原则,确保稳健,并保证资产的保值增值。

为了保障保险基金的安全运营,《保险法》第106条规定:"保险公司的资金运用必须稳健,遵循安全性原则。保险公司的资金运用限于下列形式:(一)银行存款;(二)买卖债券、股票、证券投资基金份额等有价证券;(三)投资不动产;(四)国务院规定的其他资金运用形式。保险公司资金运用的具体管理办法,由国务院保险监督管理机构依照前两款的规定。"

五、保险中介的监管

所谓保险中介,是指介于保险经营机构之间或保险经营机构与投保人之间,专门从事保险业务咨询与招揽、风险管理与安排、价值衡量与评估、损失鉴定与理算等中介服务活动,并从中依法收取佣金或手续费的单位或个人。保险中介主要包括保险代理人、保险经纪人和保险公估人。保险代理人是根据保险人的委托,向保险人收取佣金,并在保险人授权的范围内代为办理保险业务的机构或者个人。保险代理机构包括专门从事保险代理业务的保险专业代理机构和兼营保险代理业务的保险兼业代理机构。保险经纪人是基于投保人的利益,为投保人与保险人订立保险合同提供中介服务,并依法收取佣金的机构。所谓保险公估人是指接受委托,专门从事保险标的或者保险事故评估、勘验、鉴定、估损理算等业务,并按约定收取报酬的机构。

保险中介的监管,主要包括资格的监管、业务活动的监管和报表账簿的监管三个方面:

(一)保险中介资格的监管

我国对保险中介实行严格的资格认证制度。《保险法》第119条规定:"保险代理机构、保险经纪人应当具备国务院保险监督管理机构规定的条件,取得保险监督管理机构颁发的经营保险业务许可证、经纪业务许可证。保险专业代理机构、保险经纪人凭保险监督管理机构颁发的许可证向工商行政管理机关办理登记,领取营业执照。保险兼业代理机构凭保险监督管理机构颁发的许可证,向工商行政管理机关办理变更登记。"

关于保险中介机构的设立,现行《保险法》也有原则规定。如《保险法》第120条规定:"以公司形式设立保险专业代理机构、保险经纪人,其注册资本最低限额适用《中华人民共和国公司法》的规定。国务院保险监督管理机构根据保险专业代理机构、保险经纪人的业务范围和经营规模,可以调整其注册资本的最低限额,但不得低于《公司法》规定的限额。保险专业代理机构、保险经纪人的注册资本或者出资额必须为实缴货币资本。"

中国保监会颁布的《保险代理人管理规定》《保险经纪公司管理规定》和《保险公估机构管理规定》对保险代理机构、保险经纪公司、保险公估机构的设立条件及保险代理从业人员的资格条件作了更为详细的规定。

(二)保险中介业务活动的监管

根据《保险法》的规定,保险代理人必须与保险公司签订代理合同,并在合同约定的权限范围内开展代理业务。保险公司应当设立本公司保险代理人的登记簿。个人保险代理人在代为办理人寿保险业务时,不得同时接受两个以上的保险人的委托。

我国对保险经纪人的业务实行严格的限制。根据《保险经纪公司管理规定》,经中国保监会批准,保险经纪公司可以经营下列业务:(1)为投保人拟订投保方案、选择保险人、办理投保手续;(2)协助被保险人或受益人进行索赔;(3)再保险经纪业务;(4)为委托人提供防灾、防损或风险评估、风险管理咨询服务;(5)中国保监会批准的其他业务。

为了规范保险代理业务,切实维护保险市场的秩序,《保险法》在第131条中规定,保险代理人、保险经纪人及其从业人员在办理保险业务活动中不得有下列行为:(1)欺骗保险人、投保人、被保险人或者受益人;(2)隐瞒与保险合同有关的重要情况;(3)阻碍投保人履行本法规定的如实告知义务,或者诱导其不履行本法规定的如实告知义务;(4)给予或者承诺给予投保人、被保险人或者受益人保险合同约定以外的利益;(5)利用行政权力、职务或者职业便利以及其他不正当手段强迫、引诱或限制投保人订立保险合同;(6)伪造、擅自变更保险合同,或者为保险合同当事人提供虚假证明材料;(7)挪用、截留、侵占保险费或者保险金;(8)利用业务便利为其他机构或者个人牟取不正当利益;(9)串通投保人、被保险人或者受益人,骗取保险金;(10)泄露在业务活动中知悉的保险人、投保人、被保险人的商业秘密。

另外,中国保监会颁布的《保险代理人管理规定》《保险经纪公司管理规定》和《保险公估机构管理规定》对此也有更为详细的规定。

(三)保险中介报表账簿的监管

《保险法》第123条规定:"保险代理机构、保险经纪人应当有自己的经营场所,设立专门账簿记载保险代理业务、经纪业务的收支情况。"

思 考 题

1. 试论保险法的基本原则。
2. 试述保险合同的特征。
3. 简述保险合同的主要内容。
4. 简述保险监管的主要内容。

实战案例

1. 张某到保险公司商谈分别为其62岁的父亲甲和10岁的儿子乙投保意外伤害险事宜。张某向保险公司详细询问了有关意外伤害保险的具体条件及相关事项,也回答了保险公司的询问。

问题:

(1)在张某为其父亲甲投保意外伤害保险时,依法是否有权确定受益人?

(2)在张某为其儿子投保的意外伤害保险中,受益人如何产生?

(3)假设张某为甲和乙投保的保险合同均约定为分期支付保费。张某支付了首期保费后,因事外出,导致第二期超过60日未支付当期保费。这有可能引起什么后果?

(4)假设张某续交保费两年后,由于经济上陷入困境,无力继续支付保费,遂要求解除保险合同并退还已交的保费。对于张某的这一请求,应当如何处理?

（5）假设张某续交保费两年后,保险公司发现张某申报的其父的年龄不真实,并且其父的真实年龄超过了合同约定的年龄上限,保险公司可否解除合同?为什么?

2. 2011年7月5日,甲纺织厂与乙保险公司签订了企业财产保险合同。保险金额为人民币100万元,保险期限为1年,即自2011年7月6日零时起至2012年7月5日24时止。2011年8月10日,甲纺织厂失火,厂方领导积极组织进行扑火,但由于火势太大,扑救工作困难,结果花去人民币10万元。事故发生后,甲纺织厂立即向保险公司报了险,保险公司委托有关部门进行调查,调查结论为:火灾系由于天气太热,纺织厂仓库底部货物突然自燃所引起,事故发生前企业财产价值人民币90万元。此次调查费用共计人民币5万元。

问题:
(1)扑救火灾的费用应由谁负责?为什么?
(2)有关部门的调查费用应由谁负责?为什么?
(3)保险公司应向纺织厂支付多少保险赔偿金?

参考文献

黄健雄、陈玉玲编著:《保险法》,厦门大学出版社2004年版。
覃有土、樊启荣:《保险法学》,高等教育出版社2003年版。
覃有土主编:《保险法论》,北京大学出版社2001年版。
陈欣:《保险法》(第三版),北京大学出版社2010年版。
江朝国:《保险法基础理论》,中国政法大学出版社2002年版。
肖梅花:《保险法新论》,中国金融出版社2000年版。
徐卫东:《保险法论》,吉林大学出版社2000年版。
周玉华:《保险合同法总论》,中国检察出版社2000年版。
刘宗荣:《保险法》,台湾三民书局1995年版。
陈云中:《保险学》,台湾五南图书出版公司1985年版。

第十四章　票据法律制度

内容提要

票据法所称的票据,是指由出票人签发的、约定由自己或者委托第三人,于见票时或者指定日期,无条件支付确定的金额给收款人或者持票人的一种有价证券。但是,票据又不同于一般的有价证券,它具有要式性、无因性、文义性、设权性、流通性、金钱性和提示性等特征。票据可以进行各种分类,但各国都实行票据种类法定主义。我国《票据法》上所称的票据包括汇票、支票和本票三种。票据权利与票据不可分离,但可以依法通过背书进行转让。持票人享有的票据权利包括付款请求权和追索权。权利人行使票据权利必须按照法定程序并在法定期限内提示票据。当票据权利人在法定期限内依法提示承兑与付款遭到拒绝时,可以做成拒绝证书,对其前手行使追索权,以保全其票据权利。票据行为具有文义性、无因性、要式性、独立性等特点。票据行为根据主从程度的不同可以分为基本票据行为和附属票据行为。我国《票据法》就汇票规定了出票、背书、承兑、保证四种票据行为;就本票规定了出票、背书和保证三种票据行为;就支票规定了出票和背书两种票据行为。同时,我国《票据法》还就汇票、本票和支票的具体制度作出了规定。

第一节　票据法概述

一、票据概述

(一) 票据的概念

票据有广义和狭义之分。从广义上说,票据泛指商业活动中一切体现商事权利或具有财产价值的书面凭证,如发票、提单、仓单、汇票、债券、车船票、邮票、发货票和会计凭证等①;从狭义上说,票据特指以支付一定金额为目的的有价证券,如汇票、支票和本票等。一般来说,各国票据法上所称的票据,是指由出票人签发的,约定由自己或者委托第三人,于见票时或者指定日期,无条件支付确定的金额给收款人或者持票人的一种有价证券。

(二) 票据的功能

在某种意义上,票据制度和公司制度是加速资本主义经济发展的两大车轮。因为票据具有许多独特的功能,在社会经济发展中发挥着重要作用②:

(1) 支付功能。这是票据的基本功能。在现实生活中,经常发生支付的需要。如果支付的数额、次数不多,我们可以使用现金支付,因为用现金支付比较方便。但是,如果在支付的数额较大、次数频繁或路途遥远的情况下,直接用现金支付,不仅在现金的携带、保管与清点方面比较困难,而且也存在很大的风险,同时还导致大量现金的暂时闲置。而通过专门从事金钱业务的银行为中介、以票据来下达支付命令或支付委托,不仅省时、省事,而且方便、安全,还可以大量地减少现金占用与流通费用,并且可以通过债务的相互抵消,简化结算手续,提高流通速度,加速商品流转。

(2) 信用功能。这是票据的核心功能。市场经济是一种信用经济,市场经济的发展需要以完善的信用制度和发达的信用体系为条件。票据在本质上是一种债权凭证,是信用的证券化形式。在现实的商品交易中,常常会出现卖方一时头寸紧张,从而不能即时向卖方支付价金,商品的使用价值和交换价值出现了分离。这就需要买方向卖方提供一定的商业信用,即买方允诺在一定的期限内付款,卖方认可该允诺。在票据制度下,买方可以开具远期汇票给卖方。如果汇票持有人在汇票到期以前需要现款,可以持未到期的汇票到银行申请贴现从而取得现款;如果汇票持有人在汇票到期前需要履行其他债务,可以通过背书将票据转让给他人。由此可见,远期票据的存在,实际上是使出票人获得了相应期限的贷款。所以,这种远期汇票不仅具有支付功能,还具有信用功能。正如马克思曾经指出的,在商业和资本主义生产方式的发展过程中,票据已经"形成真正的商业货币",它"是绝对地当作货币来发生作用的"的,并且"真正的信用货币不是以货币流通为基础,而是以汇票的流通为基础"的。③

(3) 融资功能。在现代社会,票据贴现业务已经成为商业银行一项重要的业务。而银行经营票据贴现业务实际上就是向需要资金的企业、个人提供资金。因此,银行票据贴现业务的发展,使得票据的融资功能异军突起,而且日益强劲。

---

① 参见于莹:《票据法》,高等教育出版社2004年版,第1页。
② 参见刘建民主编:《经济法律概论》,立信会计出版社2001年版,第292—293页;于莹:《票据法》,高等教育出版社2004年版,第11—14页。
③ 《资本论》第3卷,人民出版社1975年版,第451页。

(4)流通功能。"票据之所以被创造出来,最根本的目的就是为了让其代替货币进行流通,以完成商品的流通过程。"①所以,票据的生命力就在于票据的流通性,流通功能是票据的目的性功能。也正因为如此,票据法的诸多制度都是围绕着票据的流通性而设计的。

(三)票据的特征

票据作为一种有价证券,除了具有一般有价证券的特点以外,还具有要式性、无因性、文义性、设权性、流通性、金钱性和提示性等特征:

(1)票据是完全的有价证券。票据权利与票据本身密不可分,行使票据权利,必须出示票据,离开了票据,票据权利便不复存在。

(2)票据是要式证券。票据作为一种债权债务凭证,各种票据行为都必须严格按照票据法规定的程式作出并具备法定形式,才发生法律效力。各国的票据法对票据上应记载的事项、任意记载事项、不得记载事项,都有严格的规定,不符合法律规定的要式,将影响票据的法律效力。

(3)票据是无因证券。所谓无因,是指票据权利仅依票据法规定的票据行为而发生,不受票据行为发生的基础或原因的影响,而且票据一经设立,票据的持有人在转移或主张票据权利时,可以不必明示其取得票据的原因。

(4)票据是文义证券。创设票据权利和义务,必须以精确的文字来表述。票据上的权利与义务必须完全地、严格地依据票据上记载的文字而定,票据记载之外的理由、事项或证据都不能作为解释或确定票据的根据。②

(5)票据是设权证券。票据的设立是以设定票据上的权利为目的的。票据所代表的财产权利在性质上属于债权,只发生于特定的权利人与义务人之间。但是,在票据没有形成之前,这种债权只是基础关系上的债权,而非票据权利。

(6)票据是流通证券。票据可以通过背书或交付票据的方式自由转让,而无须通知债务人。票据的生命力就在于流通。

(7)票据是一种金钱证券。即票据是以支付一定的金钱为目的设立的证券,而且票据的权利与义务所指向的标的只能是一定数额的金钱,而不能是实物。

(四)票据的种类

关于票据的种类,有票据法上和学理上两种分类:

1. 票据法上的分类

现实中,各国都实行票据种类法定主义,即票据的种类由票据法直接加以规定,不允许有法律规定以外的票据存在。目前,世界上大多数国家的票据法都将

---

① 于莹:《票据法》,高等教育出版社2004年版,第13页。
② 参见同上书,第4页。

票据规定为汇票、支票和本票三大类。我国的《票据法》第 2 条也明确规定:"本法所称的票据,是指汇票、本票和支票。"关于汇票、本票和支票的概念及特征在本章后面将具体论及。

2. 学理上的分类①

在学理上,可以根据不同的标准,对票据作出不同的分类:

(1) 即期票据和远期票据。根据票据付款期限的不同,可以将票据分为即期票据和远期票据。所谓即期票据,也就是见票即付的票据,票据上无到期日的记载;远期票据则是指在票据上记载到期日,付款人在到期时承担付款责任的票据。远期票据依到期日记载方式的不同,有可以分为定日付款的票据、出票后定期付款的票据和见票后定期付款的票据。

(2) 一般票据和变式票据。根据票据当事人地位的不同,可以将票据分为一般票据和变式票据。一般票据是指票据上的基本当事人分别由不同的人担当的票据;变式票据则是由同一当事人兼具票据基本当事人中两个或两个以上身份的票据,它一般存在于汇票和支票当中。

(3) 支付票据和信用票据。根据票据功能的不同,可以将票据分为支付票据和信用票据。所谓支付票据,就是只能由银行或者其他金融机构充当付款人、并且仅限于见票即付的票据。这种票据只是一种支付工具,是为了支付上的便利而创设的,类似于现金,如支票,但支付票据只能在有资金的情况下才能签发和使用。信用票据则是指票据金额必须在指定的到期日后才能支付,在票据到期日之前,凭着出票人的信用可在商事活动中使用、流通的票据,如汇票和本票。

另外,根据票据所涉及的各种行为发生地域的不同,还可以将票据分为国内票据和国际票据。

二、票据法的概念与特点

(一) 票据法的概念

票据法有广义和狭义。广义上的票据法是指有关票据的法律规范的总称。狭义上的票据法是指一国调整票据关系的法典,即规定票据的种类,票据的出票、背书、承兑、保证,票据权利的成立、变更和消灭以及其他相关问题的基本法律规范。在我国主要是指 1995 年 5 月 10 日第八届全国人大常委会第十三次会议通过并自 1996 年 1 月 1 日起实施的《票据法》(于 2004 年修正)。该法共 7 章 111 条。

票据法的调整对象是票据关系。所谓票据关系是指依照票据法的规定,基于一定的票据行为(如出票、背书、承兑、保证、付款等)而发生于特定的票据当

---

① 参见于莹:《票据法》,高等教育出版社 2004 年版,第 5—11 页。

事人之间的,以票据金额的给付为标的的法律上的债权债务关系。

(二)票据法的特点

票据法属于商法的范畴,除具有商法的一般特征以外,还具有以下特点:

(1)强行性。法律有强行法和任意法之分。强行法的基本特征是当事人只有适用的义务,原则上没有选择或变更适用的权利。票据的绝大多数规定都不允许当事人在适用时予以选择或变更。这和私法上的意思自治原则有很大区别。

(2)技术性。从法理上来说,法有伦理法和技术法之分。票据法属于技术法,而民法、婚姻法等属于伦理法。

(3)国际通用性。票据是现今国际贸易中的一种通用的支付手段和信用工具,因而规范票据关系的票据法也具有很强的国际通用性。

第二节 票据权利和票据行为

一、票据权利

(一)票据权利的概念及特征

票据权利,也称票据上的权利,是指持票人向票据债务人请求支付票据金额的权利,包括付款请求权和追索权:(1)付款请求权。是指持票人于票据到期日或于见票时提示票据,请求票据的主债务人按照票载金额付款的权利。票据的主债务人主要是指汇票的付款人或承兑人及其保证人,本票的出票人及其保证人,支票的付款人及其保证人。(2)追索权。也称偿还请求权,是指持票人在票据不获承兑或不获付款时,向票据的次债务人请求偿还被拒绝付款的金额、利息及其他费用的权利。票据的次债务人则是指汇票和支票的出票人与背书人。

票据权利具有以下特征:

(1)票据权利与票据不可分离。票据权利以票据为载体,票据以票据权利为内涵,主张票据权利的人,必须占有票据;行使票据权利的人,必须提示票据;处分票据权利的,必须交付票据。因此,一旦票据丧失,票据权利也就随之灭失。

(2)票据权利是一种金钱债权。票据是基于设立债权债务而制作的,是以支付金钱为目的的,票据权利人行使票据权利,就是请求票据债务人支付票据金额。因此,票据权利是一种金钱债权。

(3)票据权利具有二次请求权。为了保证票据权利人获得票据金额,各国的票据法都规定票据持有人可以向票据的付款人或承兑人行使付款请求权,此乃第一次请求权;当票据不获承兑或不获付款时,可以向包括出票人在内的前手行使追索权,此乃第二次请求权。

（二）票据权利的取得

取得票据权利有以下两种方式：

（1）原始取得。即因票据的创设而取得票据权利，如出票人依法作成票据并交付给收款人，则该收款人取得的票据权利即是原始取得。

（2）继受取得。即因票据的转让、继承、赠与、税收、公司的合并或分立等法定原因而取得票据权利。

票据取得可以分为善意取得和恶意取得。持票人善意地从无票据处分权人处受让票据的，为票据权利的善意取得。善意取得人可以取得票据上的一切权利。

我国《票据法》规定，票据的签发、取得和转让，应当遵循诚实信用的原则，具有真实的交易关系和债权债务关系；票据的取得，必须给付对价，即应当给付票据双方当事人认可的相对应的代价。因税收、继承、赠与可以依法无偿取得票据的，不受给付对价的限制，但是，所享有的票据权利不得优于其前手（指在票据签章人或者持票人之前签章的其他票据债务人）的权利；以欺诈、偷盗或者胁迫等手段取得票据的，或者明知有该情形出于恶意取得票据的，不得享有票据权利；持票人因重大过失取得不符合票据法规定的票据的，也不得享有票据权利。

（三）票据权利的行使及保全

票据权利的行使是指票据债权人向票据债务人提示票据，请求实现其票据权利的行为。具体包括向票据付款人或承兑人行使付款请求权和向包括出票人在内的前手行使追索权两个方面。根据《票据法》的规定，权利人行使票据权利必须按照法定程序并在法定期限内提示票据。

票据权利的保全是指债权人为防止其票据权利因票据时效等原因而丧失，依票据法的规定所作的维护票据权利的行为。根据《票据法》的规定，当票据权利人在法定期限内依法提示承兑与付款遭到拒绝时，可依法作成拒绝证书，对其前手行使追索权，以保全其票据权利。

（四）票据权利的消灭

票据权利的消灭是指票据权利基于一定的事由而不复存在。票据权利的消灭分为部分消灭和全部消灭。一般来说，引起票据权利部分消灭的事由主要有清偿、抵消、免除、追索权的丧失等。而根据《票据法》的规定，票据权利的全部消灭主要有以下两种情况：

第一，因付款人或承兑人的付款而消灭。票据的目的是付款，一旦付款人或承兑人按照票面金额对持票人支付了款项，所有的票据权利即告消灭。

第二，因票据时效届满而消灭。根据《票据法》第17条的规定，持票人必须在法定期限内依法行使票据权利，在法定期限内不行使票据权利的，其票据权利消灭。

根据票据法的规定,票据权利必须在以下期限内行使:(1)持票人对于定期汇票、计期汇票和注期汇票出票人、承兑人的权利,自汇票到期日起2年;(2)持票人对于即期汇票和本票出票人的权利,自出票日起2年;(3)持票人对于支票出票人的权利,自出票日起6个月;(4)持票人对于前手的追索权,自被拒绝承兑或者被拒绝付款之日起6个月;(5)持票人对于前手的再追索权,自清偿日或被提起诉讼之日起3个月。

但是,根据《票据法》第18条的规定,持票人因超过票据权利时效或者因票载事项欠缺而丧失票据权利的,仍享有民事权利。可以请求出票人或者承兑人返还其与未支付的票据金额相当的利益。

由于票据权利与票据不可分离,行使票据权利必须提示票据,因此,如果权利人持有的票据被毁灭,则票据权利也随之消灭。

(五)票据权利的保护

《票据法》对票据权利的保护,主要是通过以下规定体现出来的:

1. 对票据抗辩的限制

所谓票据抗辩,是指票据债务人依照票据法的规定,提出合法事由,对票据债权人拒绝履行票据债务的一种行为。根据《票据法》第13条的规定,票据债务人可以对不履行约定义务的与自己有直接债权债务关系的持票人进行抗辩。但是,票据债务人不得以自己与出票人或者持票人的前手之间的抗辩事由对抗持票人,但持票人明知存在抗辩事由而取得票据的除外。

2. 票据丧失的补救措施

票据丧失是指持票人由于票据的遗失、被盗或者焚烧、毁损等,导致失去对票据的实际占有。由于票据具有无因性,而且票据权利与票据不可分离,因此,如果权利人丧失了票据,就会导致票据权利的丧失。为保护权利人的票据权利,各国的票据法对票据丧失后都规定了一定的补救措施。我国《票据法》第15条也明确规定:"票据损失,失票人可以及时通知票据的付款人挂失止付,但是,未记载付款人或者无法确定付款人及其代理付款人的票据除外。收到挂失止付通知的付款人,应当暂停支付。失票人应当在通知挂失止付后3日内,也可以在票据丧失后,依法向人民法院申请公示催告,或者向人民法院提起诉讼。"由此可见,票据丧失后,权利人可以采取的补救方法包括:(1)挂失止付;(2)公示催告;(3)提起诉讼。

3. 票据权利丧失的补救措施

为了补救票据上的权利因票据时效或手续欠缺而消灭,《票据法》第18条规定了"利益偿还请求权"制度。但是,利益请求权的请求权人只限于持票人,具体包括受款人、最后背书人、因清偿债务而取得票据的背书人、保证人等;利益偿还请求权的对象只限于出票人及承兑人。

利益偿还请求权的有效要件是：(1)票据上的权利以及与票据有关的所有权利必须完全归于消灭。消灭的原因必须是票据时效届满或手续欠缺。(2)偿还义务人必须基于票据原因关系现实取得财产上的利益。(3)持票人必须持有具备法定要式的合法票据，并向偿还义务人提示票据，显示占有，请求偿还，并对利益偿还请求权的发生进行举证。

二、票据行为

(一)票据行为的概念、种类及特征

票据行为有广义和狭义之分。广义的票据行为泛指票据关系的产生、变更和消灭所必要的法律行为。包括票据的出票、背书、承兑、参加承兑、保证、付款、参加付款、本票见票、支票保付等；狭义上的票据行为是指以成立票据关系为目的，严格依照票据法的规定实施的要式法律行为，包括出票、背书、承兑、保证、参加承兑。通常意义上票据行为一般是指狭义上的票据行为。

票据行为根据主从程度的不同可以分为基本票据行为和附属票据行为。其中，基本票据行为是指原始创设票据权利义务关系的出票行为；出票以外的其他票据行为都是附属票据行为。我国票据法对各种票据上存在的票据行为作了明确规定：就汇票规定了出票、背书、承兑、保证四种票据行为；就本票规定了出票、背书、保证三种票据行为；就支票规定了出票和背书两种票据行为。

票据行为作为一种民事法律行为，除了具有民事法律行为的一般特征外，还具有以下特征：

(1)要式性。票据行为具有法律规定的行为方式及其效力解释，行为人在为票据行为时必须按照法律规定的方式进行，不能自行选择行为方式，也不允许对票据行为的效力进行任意性解释。

(2)文义性。即票据行为人的意思表示完全以票据上的文义和内容记载为准，票据行为人所要承担的责任也依票据上文义记载而定。

(3)无因性。票据行为的无因性也称票据行为的抽象性，是指票据行为与作为其发生前提的基础关系相分离，从而使票据行为的效力，不再受基础关系存在与否及效力瑕疵的影响。[①] 票据行为虽然因原因关系而发生，但其票据行为的效力却不受原因关系的影响，只要票据行为是依法作出的，就能产生预期的法律效力，而不受原因关系是否存在或是否仍然有效的影响。也就是说，票据行为的效力独立于票据的原因关系而存在，持票人不负证明给付原因的责任。

(4)独立性。即票据行为之间互不依赖，只要票据行为具备法定要式，就独立发生法律效力，票据行为人就应当依票据上所记载的文义独立承担责任，而不

---

① 参见于莹：《票据法》，高等教育出版社2004年版，第29页。

受其他票据行为效力的影响。

（二）票据行为的有效要件

票据行为必须符合法定条件才能有效成立。票据行为作为一种民事法律行为，除了必须具备民法上关于法律行为的要件——行为人具有相应的行为能力、意思表示真实、不违反法律和社会公共利益以外，还必须具备票据法规定的特殊要件：

（1）实质要件。其一，票据行为人必须具备票据能力（包括票据权利能力和行为能力）。依法成立的法人、单位和具有完全民事行为能力的自然人，享有票据权利能力和票据行为能力，可以独立进行票据行为；无民事行为能力和限制民事行为能力的人所为的票据行为无效，应当由其法定代理人代理其为票据行为人，但不影响其他有票据行为能力人的票据行为的法律效力。其二，票据行为人的意思表示真实。因欺诈、胁迫而实施的票据行为无效。

（2）形式要件。票据行为必须严格依据法律的规定，以书面形式作出，在票据上记载各种必要事项，并将作成的票据交付给相对人。

（三）票据行为的代理

票据行为作为一种民事行为，可以依法进行代理。原则上，民法关于代理的规定均适用于票据行为的代理。但是，票据行为是一种特殊的民事行为，因而其代理又有特殊性。

一般来说，各国法律都规定，票据行为的代理实现严格的"证券上显名主义"的原则，不得采用隐名代理的方式，也不允许被代理人事后追认或者默认。

我国《票据法》第5条规定："票据当事人可以委托其代理人在票据上签章，并应当在票据上表明其代理关系。没有代理权而以代理人名义在票据上签章的，应当由签章人承担票据责任；代理人超越代理权限的，应当就其超越权限的部分承担票据责任。"

（四）票据的伪造、变造和更改

1. 票据的伪造

票据的伪造，是指行为人以行使票据权利为目的，假冒他人的名义所为的票据行为。票据的伪造具体包括对票据的伪造和对票据上签章或其他记载事项的伪造。前者是指假冒他人的名义为出票的行为；后者主要是指假冒他人的名义为出票以外的如背书、承兑、保证等票据行为。票据的伪造并不影响其他在票据上真实签名的票据行为人应负的票据责任。在票据上真实签名的人，不论其签名在伪造签名之先或之后，均应该依其所为的票据行为承担票据责任。由于伪造人并未在票据上签自己的真实名字，因而不需要负票据上的责任，但依法应该负民事上的侵权行为损害赔偿责任和刑法上的伪造金融票证的刑事责任。

2. 票据的变造

票据的变造是指依法没有变更权限的人变更票据上记载的事项,从而使票据上的权利义务内容发生变化的行为。《票据法》第14条明文规定:"票据上的记载事项应当真实,不得伪造、变造。伪造、变造票据上的签章和其他记载事项的,应当承担法律责任。票据上有伪造、变造的签章的,不影响票据上其他真实签章的效力。票据上其他记载事项被变造的,在变造之前签章的人,对原记载事项负责;在变造之后签章的人,对变造之后的记载事项负责;不能辨别是在票据被变造之前或者之后签章的,视同在变造之前签章。"

3. 票据的更改

票据的更改是指原记载人严格依照票据法的规定,变更票据上特定记载事项的行为。《票据法》第9条明确规定:"票据上的记载事项必须符合本法的规定。票据金额、日期、收款人名称不得更改,更改的票据无效。对票据上的其他记载事项,原记载人可以更改,更改时应当由原记载人签章证明。"

第三节 汇票制度

一、汇票的概念、特征和种类

汇票是出票人签发的,委托付款人在见票时或者指定日期无条件支付确定的金额给收款人或持票人的票据。

汇票除了具有票据的一般特征以外,还具有以下法律特征:(1)汇票是一种延期支付的货币契约,到期自动清偿;(2)汇票出票人的委托付款指令不得附加任何条件,否则所签的汇票无效。(3)汇票的基本当事人有三人,即出票人、收款人和付款人。

汇票按签发人的不同,可以分为商业汇票和银行汇票;按付款期限的不同,可以分为即期汇票和远期汇票;按收款人记载方式的不同,可以分为记名汇票、指示汇票和无记名汇票;按照支付币种的不同,可以分为本币汇票和外币汇票。

二、汇票的出票

根据《票据法》第20条的规定,出票也称发票、汇票的签发或汇票的发行,它是指出票人签发汇票并将其交付给收款人的票据行为。

从本质上讲,汇票的出票是一种支付委托,亦即出票人委托汇票所载付款人,向汇票所载收款人或持票人支付票据金额。因此,我国《票据法》规定,汇票的出票人必须与付款人具有真实的委托付款关系,并且具有支付汇票金额的可靠资金来源。不得签发无对价的汇票用以骗取银行或者其他票据当事人的信任。

由于票据既是要式证券,也是文义证券,所以票据的制作必须严格依法律规定进行。根据我国《票据法》的规定,汇票不仅应该是纸质的,而且还必须记载各种法定事项:

1. 汇票的绝对必要记载事项

我国《票据法》第22条规定,出票人签发汇票,必须记载以下事项:(1)表明"汇票"的字样;(2)无条件支付的委托;(3)确定的金额;(4)付款人名称;(5)收款人名称;(6)出票日期;(7)出票人签章。如果缺少任何一项,该汇票即属无效票据。

2. 汇票的相对必要记载事项

根据《票据法》第23条的规定,汇票上的相对必要记载事项包括:(1)出票地;(2)付款地;(3)到期日;(4)付款的具体处所。

3. 汇票的任意记载事项

根据《票据法》的相关规定,汇票的出票人能够记载的任意事项包括:(1)禁止转让文句;(2)代理付款人;(3)货币种类。

三、汇票的背书

票据的流通性取决于票据的转让。一般来说,票据的转让有两种方式,即背书的方式和交付的方式。根据我国《票据法》第27条第1款的规定,汇票的持有人可以通过背书的方式将汇票权利转让给他人或者将一定的汇票权利授予他人行使。但是,出票人在汇票上记载"不得转让"字样的,汇票不得转让。

(一)背书的概念及特征

所谓背书,是指汇票的收款人或持票人,以转让票据权利为目的或授予他人以票据权利为目的,在票据背面或粘单上记载有关事项并盖章的票据行为。

背书具有以下法律特征:(1)背书是一种附属的票据行为,它和承兑、保证一样,是以出票行为为前提的。(2)背书是持票人对于他人的一种票据行为。(3)背书的目的在于转让票据权利或将票据权利授权他人代为行使。(4)背书必须依法在票据的背面或粘单上进行。否则,背书无效。(5)背书必须连续,而且必须记载被背书人的姓名。(6)背书具有不可分性。即背书人不得就部分金额或就全部金额对两个或两个以上的人背书。(7)背书具有单纯性。即持票人为背书时,不得附加任何条件。如果附有条件,则所附条件无效。

(二)背书的种类

1. 转让背书和非转让背书

根据是否以转让票据权利为目的,背书可以分为转让背书和非转让背书。所谓转让背书也称实质背书、正则背书或固有背书,是指以转让票据权利为目的而进行的背书;非转让背书亦称形式背书、变则背书或非固有背书,是指以授予他人行使一定的票据权利为目的的背书。通常大多数背书都为转让背书。

2. 一般转让背书和特殊转让背书

根据权利转移和担保效力的不同,转让背书又可以分为一般转让背书和特殊转让背书。其中,一般转让背书是具有完全的权利转移效力和担保效力的背书;特殊转让背书是权利转移和担保效力受到一定限制的背书。特殊背书包括回头背书、期后背书、无担保背书和禁止背书。

3. 委任背书和设质背书

根据背书的具体目的,非转让背书又可以分为委任背书和设质背书。其中,前者又称为"代理背书",是指汇票持有人以委托他人代为行使一定票据权利(如代为取款)的背书;后者是汇票持有人以票据权利设定质权所做的背书。

4. 完全背书与空白背书

根据背书记载事项完全与否,可以将背书分为完全背书和空白背书。其中,完全背书也称记名背书或正式背书,是指记载背书人签章、被背书人名称和背书时间的背书;空白背书也称不完全背书,无记名背书或略式背书,是指只记载背书人的签章,而不记载被背书人的名称的背书。我国的票据法不认可这种背书形式。

(三) 一般转让背书的法律效力

一般背书的效力是指背书有效成立后所产生的法律后果。根据《票据法》的规定,一般背书有效成立后,将产生以下三种效力:

(1) 权利转移效力。是指持票人在完成一般背书后,即将全部的票据权利转移给被背书人。一般来说,背书有效成立后,票据上的一切权利即由背书人转移给被背书人,背书人因此而成为票据债权人,享有付款请求权和追索权。但是,原来附着于票据之上、背书人对于其前手所享有的原因关系上的权利,如违约金请求权,基于票据的无因性,并不随背书行为的完成而转移。[①]

(2) 权利担保效力。是指背书人对其后手承担担保承兑和担保付款的责任。背书成立以后,背书人即成为票据债务人,对被背书人负有担保债务。也就是说,背书人要承担保证其后手所持汇票能够获得承兑和付款的责任。根据我国《票据法》的规定,背书人虽然不能通过约定免除他的担保责任,但可以通过在票据上的一定记载,对这种法定担保责任进行一定的限制,如在票据上记载"不得转让"字样,这样就可以对背书的权利担保效力进行一定的限制,背书人除了对其直接后手以外,对其他后手持票人均不承担保证责任。

(3) 权利证明效力。是指持票人只要是所持票据上的被背书人,且该背书

---

① 参见于莹:《票据法》,高等教育出版社 2004 年版,第 181 页。

在形式上具有连续性,法律就推定该持票人具有行使票据权利的资格,是票据的正当权利人。我国《票据法》第 31 条明确规定:"以背书转让的汇票,背书应当连续。持票人以背书的连续,证明其汇票权利。"而无须另行证明。如果背书不连续,持票人必须提出合法证明,否则,不能享有和行使票据权利。

值得注意的是,一般背书所具有的上述三种法律效力,均须通过背书连续加以证明。也就是说,只有当持票人持有的票据背书是连续时,其背书才发生上述的三种效力。①

四、汇票的承兑

(一) 承兑的概念和特征

承兑是指远期汇票的付款人为了表示完全接受出票人的支付委托,承诺在汇票到期日承担支付汇票金额的义务,而将此项意思表示以书面文字记载于汇票之上所为的一种附属票据行为。

承兑除了具有一般票据行为的特征以外,还具有以下特征:(1) 承兑是一种附属的票据行为。(2) 承兑是汇票特有的票据行为。本票和支票都不存在承兑行为。(3) 只有汇票的付款人才有资格进行承兑。(4) 承兑只能在汇票的正面进行。否则承兑无效。

(二) 承兑的种类

1. 正式承兑与略式承兑

根据承兑方式的不同,可以将承兑分为正式承兑与略式承兑。正式承兑是付款人在汇票的正面记载"承兑"或"兑付""照付"等字样,并签章,且不附加任何条件的承兑。略式承兑是付款人只在汇票正面签章而未记载"承兑"等字样的承兑。我国《票据法》第 42 条仅规定了正式承兑,而不承认略式承兑。

2. 单纯承兑与不单纯承兑

根据承兑是否有限制,可以将承兑分为单纯承兑与不单纯承兑。单纯承兑是付款人按照汇票上所记载的文义,对出票人的付款委托完全接受所为的承兑;不单纯承兑是指付款人对于汇票上所记载的文义加以变更或限制所为的承兑。具体包括一部承兑(也称部分承兑)和附条件的承兑。承兑一般以单纯承兑为原则。我国《票据法》只承认单纯承兑。

(三) 承兑的程序

付款人承兑汇票必须按法定程序进行:

1. 提示承兑

所谓提示承兑,是指持票人为了保全汇票权利,在法定期限内于指定的处所

---

① 参见王小能:《论票据背书的连续性》,载《中国法学》1999 年第 1 期。

或其他法定处所,向汇票的付款人出示应承兑的汇票,并请求其予以承兑的行为。

根据我国《票据法》的规定,注期汇票为必须承兑的汇票;定期汇票和计期汇票为应该承兑的汇票;即期汇票为无需承兑的汇票。见票后定期付款的汇票,持票人应当自出票日起1个月内向付款人提示承兑;定日付款、出票后定期付款的汇票,持票人应当在汇票到期日前向付款人提示承兑。持票人未按照规定期限提示承兑的,丧失对出票人以外的前手的追索权。

2. 承兑人作出承兑

付款人在收到持票人提示的汇票后,有义务向持票人签发一份注明已经收到汇票的回单,回单上应当记载出票人承兑提示的日期和汇票的主要事项,并由付款人签章。否则,持票人有权拒绝将汇票交付给付款人。

承兑人应当在见票日起3日内承兑或拒绝承兑。付款人决定表示愿意承兑的,应该在汇票上记载以下内容:(1)"承兑"字样;(2)付款人的签章;(3)付款地的付款场所;(4)承兑日期等。如果拒绝承兑,应该在汇票上载明拒绝承兑的事由和日期,并签章。

3. 汇票的交付与承兑的撤回

汇票付款人作出承兑记载后,应当在规定的承兑期限内将汇票交付给提示承兑的持票人。否则,视为拒绝承兑。可以采取的方式有:面交、邮寄、书面通知。

付款人在法定的承兑期限内,在交付汇票前,依法可以采用涂销的方式撤回承兑。但如果在交付汇票前已经书面通知持票人承兑的意思表示的,则不能撤回。但是,《票据法》对此没有明确规定,应当按照《民法通则》的有关规定进行。

(四)承兑的效力

原则上,汇票一经付款人承兑,付款人便成为承兑人,从而成为汇票的第一债务人,在汇票权利的有效期限内负有绝对的无条件付款责任。如果承兑人逾期不付款,持票人可以对汇票的出票人、背书人和保证人等其他债务人行使追索权。

五、票据的保证

(一)票据保证的概念和特征

为了弥补特定票据债务人信用的不足,世界各国的票据法大都规定了票据保证制度。票据的保证,是指票据债务人以外的第三人,为了担保特定票据债务人所负票据债务的履行而在票据上记载有关事项并签章的一种附属票据行为。

票据的保证具有以下特征:(1)保证是在出票基础上所为的一种附属票据行为。(2)保证是一种从属于主票据行为的法律行为。(3)保证是票据债务人以外的第三人所为的一种法律行为。

(二) 票据保证的种类

1. 全部保证与部分保证

全部保证是指对票据全部金额予以担保的保证;部分保证就是指仅对票据金额的一部分予以担保的保证。我国《票据法》第 48 条规定:"保证不得附有条件;附有条件的,不影响对汇票的保证责任。"第 50 条还规定:"被保证的汇票,保证人应当与被保证人对持票人承担连带责任。汇票到期后得不到付款的,持票人有权向保证人请求付款,保证人应当足额付款。"据此可以推知,我国《票据法》将部分保证视为附条件保证,所记载的部分保证视为无记载,票据保证人仍应就票据金额的全部承担保证责任。[①]

2. 单独保证与共同保证

单独保证是指保证人为 1 人的保证;共同保证是指就同一项票据债务,保证人为 2 人以上的保证。票据的保证可以是单独保证,也可以是共同保证。我国《票据法》第 51 条规定,保证人为 2 人以上的,保证人之间承担连带责任。

3. 正式保证与略式保证

正式保证是指保证人在签章的同时还进行完整的票据保证文句记载的保证;略式保证是指仅有保证人签章而没有保证文句记载的保证。根据《日内瓦统一汇票本票法公约》第 31 条第 3 款的规定,票据保证人可以做略式保证。但是,我国《票据法》第 46 条明确规定,保证文句是票据保证的绝对必要记载事项,据此可知,我国票据法不承认略式保证。

4. 单纯保证与附条件保证

单纯保证是指不附加任何条件的保证;附条件保证是指附加一定条件的保证。我国《票据法》第 48 条明确规定,保证不得附有条件;附有条件的,不影响对汇票的保证责任。可见,我国《票据法》规定的保证为单纯保证。

(三) 我国《票据法》关于保证的规定

我国《票据法》规定,汇票的债务可以由保证人承担保证责任。保证人必须在汇票或者粘单上记载下列事项:(1)"保证"字样。(2)保证人的名称和住所。(3)被保证人的名称。未记载被保证人名称的,已承兑的汇票,以承兑人为保证人;未承兑的汇票,以出票人为保证人。(4)保证日期。(5)保证人签章。

保证人应当与被保证人对持票人承担连带责任。保证人之间负有连带责任。汇票到期后得不到付款的,持票人有权向保证人请求付款,保证人应当足额付款。

保证不得附有条件。附有条件的,不影响对汇票的保证责任。

[①] 参见于莹:《票据法》,高等教育出版社 2004 年版,第 217 页。

六、付款

付款是票据权利最终实现的标志,也是票据功能得以最终完成的标志。在票据获得付款以后,票据权利得以实现,票据义务也归于消失。因此,汇票的付款是票据活动的最终环节。我国《票据法》第60条规定,付款人依法足额付款以后,全体汇票债务关系人的责任解除。

付款有广义和狭义之分。广义的票据付款,泛指票据债务人依票据而对票据权利人所进行的一切金钱支付,既包括付款人或承兑人在票据到期时,对持票人所进行的支付,即一次支付,也包括追索义务人在发生追索时,对追索权利人所进行的支付,以及票据保证人对持票人所进行的支付,即二次支付;狭义的票据支付仅指付款人或承兑人在票据到期时,对持票人所进行的票据金额的支付。[1] 一般来说,票据的付款仅指狭义的付款即一次付款。根据我国《票据法》的规定,付款包括付款提示、付款和票据的缴销三个步骤。

(一)付款提示

付款提示是指持票人或其代理人在法定的期限内于指定的处所向付款义务人出示票据并请求其支付票据金额的行为,包括出示票据和主张权利两方面的内容。

汇票的持有人应当按照法定期限提示付款,而且必须在指定付款地的指定付款处所提示。根据我国《票据法》的规定,即期汇票的提示期限为自出票日起1个月;定期汇票、计期汇票和注期汇票的提示期限为自到期日起10天。遇法定节假日可以顺延。

(二)实际付款

我国《票据法》第54条规定:"持票人依照前条规定提示付款的,付款人必须在当日足额付款。"可见,我国《票据法》不允许付款人延期付款、部分付款。同时,为了保证票据债务人票据支付的有效性,票据法还明确规定了付款人在付款前负有审查背书是否连续、审查提示付款人的合法身份或有效证件等方面的义务。付款义务人在履行了审查义务之后,认为应当付款的应当于提示付款日的当天,将票据金额以适当方式(现金支付、转账支付)支付给持票人。

(三)票据的缴销

票据金额依法支付以后,持票人或其代理人必须在票据上记载"收讫"字样,然后将票据交还给付款人。至此,票据关系即告消灭。我国《票据法》第55条规定:"持票人获得付款的,应当在汇票上签收,并将汇票交给付款人。持票人委托银行收款的,受委托的银行将代收的汇票金额转账收入持票人账户,视同

---

[1] 参见于莹:《票据法》,高等教育出版社2004年版,第223页。

签收。"

七、追索权

(一) 追索权的概念及特征

所谓追索权,是指票据到期不获付款,或者汇票在到期日前不获承兑,或者有其他法定原因致使票据权利无法行使时,持票人可以向其前手(包括出票人、背书人以及其他票据债务人)请求偿还票据金额、利息及有关费用的一种票据权利。

追索权具有以下特征:(1) 追索权是一种票据权利。但位于付款请求权之后,是第二位权利。(2) 追索权只能在付款请求权没有实现或无法实现的条件下才能行使。(3) 追索权的行使必须履行必要的权利保全手续。即之前应制作拒绝证明书保全票据权利。(4) 追索权的行使不限于票据金额,还包括利息和行使追索权所支出的必要费用。(5) 追索权人是持票人或最后的被背书人。被追索人是出票人、背书人以及保证人、承兑人和参加承兑人等。

(二) 追索权的种类

1. 期前追索权

期前追索权是指在票据上所记载的到期日到来之前,因发生票据到期付款的可能性显著减少的事情,持票人依法可以进行追索的权利。行使期前追索权的实质要件是票据到期付款的可能性显著减少。

2. 期后追索权

期后追索权是指在票据到期时,持票人因不获付款而依法进行追索的权利。任何一种票据在不获付款时,都可以依法行使期后追索权。行使期后追索权的实质要件是票据到期不获付款,即持票人的付款请求权不能实现。

3. 再追索权

再追索权是指被追索人在履行了自己的追索义务,向追索权人偿还了追索金额后,可以向其前手追索义务人依法进行追索的权利。行使再追索权的实质要件是被追索人履行了追索义务,向追索权人偿还了票据债务,并依法收回了票据。我国《票据法》第71条规定,被追索人依照前条规定清偿后,可以向其他票据债务人行使再追索权,请求其他票据债务人偿还追索金额及其他必要金额。

(三) 追索权的行使

1. 行使追索权的法定原因

根据我国《票据法》第61条的规定,行使追索权的法定原因包括:(1) 票据被拒绝付款;(2) 汇票被拒绝承兑;(3) 承兑人或者付款人死亡、逃匿;(4) 承兑人或者付款人被依法宣告破产或因违法被责令终止业务活动的。

同时,持票人在行使追索权时还必须提供合法的证明。我国《票据法》第62

条第 1 款规定,持票人行使追索权时,应当提供被拒绝承兑或者被拒绝付款的有关证明。

2. 追索权行使的程序

根据我国《票据法》的规定,在追索权得以保全的前提下,持票人行使追索权必须按以下程序进行:(1)持票人依法提请制作拒绝证明或其他有关证明;(2)持票人在取得拒绝证书或其他拒绝证明之日起 3 日内向其前手书面通知拒绝事由;(3)确定追索对象和追索金额;(4)追索权的具体行使。行使追索权可以采取提示追索或者起诉的方式进行。

第四节 本票和支票制度

一、本票

(一) 本票的概念、特征和种类

本票是出票人签发的,承诺自己在见票时无条件支付确定金额给收款人或者持票人的票据。本票的出票人必须有支付本票金额的可靠资金来源,并保证支付。在我国,本票出票人的资格由中国人民银行审定。

本票具有以下特征:(1)本票是一种自付证券。这点与汇票的委托付款不同。(2)本票的基本当事人只包括出票人和收款人(或持票人)。(3)本票的出票人对于本票金额支付的约定或承诺必须是无条件的。

本票按其收款人记载方式的不同,可以分为记名本票、无记名本票和指示本票;按出票人的信用性质可以分为银行本票和商业本票;按付款期限的不同,可以分为即期本票和远期本票;远期本票又可以分为定期本票、计期本票和注期本票。

我国《票据法》规定的本票只是银行本票,而且都是见票即付的即期票据;出票人是接受他人的委托而以自己的名义签发的。我国银行本票有定额与不定额之分。

(二) 本票必须记载的事项

根据我国《票据法》的规定,本票必须记载以下事项,欠缺任何一项则本票无效:(1)表明"本票"的字样;(2)无条件支付的承诺;(3)确定的金额;(4)收款人的名称;(5)出票日期;(6)出票人签章。

另外,出票人还可以记载出票地和付款地等事项。

(三) 本票的付款

本票的出票人在持票人提示见票时,必须承担付款的责任。根据《票据法》的规定,本票的付款期限自出票之日起,最长不得超过 2 个月。出票人未在规定的期限内提示见票的,丧失对出票人以外的前手的追索权。

（四）本票对汇票有关法律规定的适用

根据《票据法》第 80 条的规定,除上述规定外,本票的出票、背书、保证、付款行为和追索权的行使,适用汇票的各项有关规定。

二、支票

（一）支票的概念、特征及种类

支票是由出票人签发的,委托办理支票业务的银行或者其他金融机构在见票时无条件支付确定金额给收款人或者持票人的票据。

支票具有以下特征:(1)出票人的特定性。支票的出票人只限于银行和其他法定的非银行金融机构的支票存款客户。自然人和未开设支票存款账户的法人,通常不具备签发支票的资格。(2)支票付款人的特定性。支票的付款人只限于能够办理支票存款和支票业务的银行和非银行的金融机构。(3)支票都是即期票据,不存在记载到期日的问题。(4)支票的付款人不是票据债务人,不负任何票据责任。只需要对委托付款的出票人签发的支票在其存款范围内无条件付款。

按照不同的标准,支票可以进行多种分类:(1)根据记载权利人方式的不同,支票可以分为记名支票、指示支票和无记名支票。(2)根据支票金额支付方式的不同,支票可以分为普通支票、现金支票和转账支票。(3)根据持票人受领支票金额权利的不同,支票可以分为普通支票和划线支票(平行线支票)。划线支票只能用于转账,不得支取现金。

（二）支票必须记载的事项

支票必须记载以下事项,缺少任何一项,则支票无效:(1)表明"支票"的字样;(2)无条件支付的委托;(3)确定的金额;(4)付款人的名称;(5)出票日期;(6)出票人签章。

（三）空白支票和空头支票

所谓空白支票,是指出票人预先在支票上签章,而将支票上其他应记载的事项全部或部分授权给他人补记的支票。我国《票据法》允许出票人签发空白支票。但出票人不得签发与其预留的签名式样或印鉴不符的支票。

所谓空头支票,是指出票人签发的支票金额超过其付款时在付款人处实有的存款金额的支票。我国的《票据法》禁止签发空头支票。

（四）支票的付款

支票的持票人应当自出票日起 10 日内提示付款。支票限于见票即付,不得另行记载付款日期;另行记载付款日期的,该记载无效。

支票的出票、背书、付款行为及追索权的行使,适用汇票的有关规定。

思 考 题

1. 简述票据的特征。
2. 简述票据权利的含义及其特征。
3. 试论票据权利的保护。
4. 简述票据行为的种类与特征。
5. 简述票据行为的有效要件。

实战案例

1. 2002年李某因受刺激而致精神分裂。李某曾经独立研制了一项专利发明,后转让给了甲公司,从而获得不少收入,因而拥有支票账户。2003年8月5日李某签发了一张15万元的转账支票给乙公司购买汽车,因支票的出票人系个人,乙公司提出要有保证人进行保证。于是,李某找到其儿子小李(已单独立户),随后小李为其进行了保证。乙公司收支票后,于8月6日以背书的方式将该支票转让给了丙公司以购买机器设备。8月8日,丙公司持该支票向丁公司购置办公用品。8月22日,丁公司通过其开户银行提示付款时,开户银行以超过提示付款期为由作了退票处理。丁公司只好向其前手进行追索。在追索的过程中,丙公司和乙公司均以保证人为由推卸自己的票据责任。保证人小李也以其父亲系精神病人,其签发的支票无效为由拒不承担责任。经鉴定,李某确实精神不正常,属无行为能力人。

问题:
(1) 李某的票据行为是否有效?其所签发的票据是否有效?为什么?
(2) 丙公司和乙公司拒不承担责任的理由是否成立?为什么?
(3) 本案中小李应否承担保证责任?为什么?

2. 甲因从乙处进货而欠下5万元货款,乙又因借贷而欠下丙5万元,现离债权到期日还有3个月。丙在得到甲和乙同意后,决定以汇票了结他们之间的债权债务关系,丙作出票人兼收款人,甲做付款人,票据金额为5万元,出票后3个月付款。丙出票后为便于流通找甲进行了承兑。此后,丙从A公司进货时,将此汇票背书给了A公司。A公司接到汇票时距到期日还有2个月,遂又决定用该汇票采购办公用品,采购员王某携带已在票据背书栏签有本单位印章的汇票外出时不慎将其丢失,王某立即将丢失汇票的情况反映给A公司,A公司马上向甲办理了挂失止付的手续,但未采取其他措施。后该汇票被张某捡到,张某发现票据背面的最后一次背书未填写被背书人,便在被背书人一栏中签了名,然后持汇票到 B 汽车贸易公司购买了一台价值 5 万元的汽车,并将汇票背书后交给了 B 汽车贸易公司。后汇票到期。B 公司持汇票到甲处请求付款,甲以汇票已经挂失为由拒绝付款。B 公司只好追索并对所有前手发出通知,A 公司接到通知后提出自己是票据权利人,B 公司的票据权利有缺陷,请求返还票据,双方发生争议,诉至法院。

问题:
(1) B 汽车贸易公司有无票据权利?为什么?
(2) B 汽车贸易公司能否对所有前手发出追索通知?为什么?
(3) 甲作为承兑人能否以挂失为由拒绝付款?为什么?
(4) A 公司能否要求 B 公司返还票据?为什么?
(5) 法院应该如何处理这起票据诉讼案?

参考文献

1. 董安生主编:票据法(第三版),中国人民大学出版社 2009 年版。
2. 于永芹主编:《票据法案例教程》(第二版),北京大学出版社 2010 年版。
3. 谢怀栻:《票据法概论》(增订版),法律出版社 2006 年版。

第十五章 外汇法律制度

内容提要

外汇是指以外国货币表示的可以用作国际清偿的支付手段和资产。外汇管理,也称外汇管制,是国家为了维护本国货币汇价,平衡进出口贸易,改善国际收支,对外汇的买卖、借贷、转让、收支、国际清偿、外汇汇率和外汇市场等实行一定的限制性措施的管理制度。本章明确了外汇、外汇管理、外汇管理法的概念及我国外汇的种类划分。在我国外汇管理基本制度的内容方面,通过学习应明确和掌握的是我国经常项目外汇管理制度,资本项目外汇管理制度,金融机构的外汇业务管理制度,人民币汇率和外汇市场管理制度和违反外汇管理的法律责任的规定。

第一节 外汇与外汇管理立法

一、外汇和外汇管理

外汇是指以外国货币表示的、可以用作国际清偿的支付手段和资产。根据我国《外汇管理条例》的规定,我国的外汇包括外国货币、外汇支付凭证、外币有价证券、特别提款权、欧洲货币单位以及其他外汇资产。

外国货币包括外国的纸币和铸币。外币支付凭证包括票据、银行存款凭证和邮政储蓄凭证等。外币有价证券包括政府债券、公司债券和股票等。特别提款权是国际货币基金组织创设的一种用于会员国之间结算国际收支逆差的储备资产,在1969年初创时以黄金表示,1特别提款权相当于0.888671克纯金,与当时的美元等值。1981年改由美元、马克、日元、英镑和法国法郎等五国货币记值。欧洲货币单位是由欧洲货币体系成员国的货币构成的综合货币单位。欧洲货币单位的币值以每个成员国的货币在欧洲共同体内部贸易和国民生产总值所占的比重,分别确定其在欧洲货币单位中的权数,并用加权平均法计算得出。欧洲货币单位以各个成员国缴纳本国20%的黄金储备和20%的外汇组成的"欧洲货币合作基金"为储备,向各成员国发行,从 1999 年 1 月 1 日起,欧洲货币单位以 1:1 的兑换汇率全部自动转换为欧元(EUR)。其他外汇资产是指上述以外的可用作国际清偿的支付手段和资产,如黄金、旅行支票等。

外汇管理,也称外汇管制,是国家为了维护本国货币汇价,平衡进出口贸易,改善国际收支,对外汇的买卖、借贷、转让、收支、国际清偿、外汇汇率和外汇市场等实行一定的限制性措施的管理制度。

二、外汇管理立法

外汇管理法是国家为了调整在外汇管理活动中所发生的外汇管理关系而制定的法律规范总称。

新中国成立以来我国一直实行外汇管制,制定了一系列的外汇管理办法。1980 年 12 月 18 日国务院制定发布了《外汇管理暂行条例》,其目的在于加强外汇管理,增加国家外汇收入,节约外汇支出,促进国民经济的发展,并维护国家权益。随后,国家外汇管理部门又制定发布了一系列的外汇管理实施细则,如《对外汇、贵金属和外汇票证等进出国境的管理施行细则》《对外国驻华机构及其人员的外汇管理施行细则》《对个人的外汇管理施行细则》,1985 年经国务院批准,国家外汇管理局发布了《违反外汇管理处罚施行细则》等规定,先后实行了高度集中的统收统支的外汇管理制度、外汇留成和外汇调剂制度。这些规定对加强我国的外汇管理,促进对外开放起了积极的作用。随着改革开放和我国经济的不断发展,我国的外汇管理也发生了变化。1993 年底,经国务院决定,中国人民银行发布了《关于进一步改革外汇管理体制的公告》,决定从 1994 年 1 月 1 日开始,对经常性项目外汇实行银行结售汇制,取消外汇留成,实行银行售汇制,允许人民币在经济项目下有条件可兑换,建立银行间外汇市场,改进外汇形成机制,保持合理及相对稳定的人民币汇率等新的外汇管理制度。

1996 年 1 月 29 日国务院制定发布了《外汇管理条例》,并在 1997 年 1 月 14 日和 2008 年 8 月 1 日作了修订。修订的《外汇管理条例》明确规定,国家对经常性国际支付和转移不予限制,在中华人民共和国境内,禁止外币流通,并不得以外币计价结算,《外汇管理条例》共分 8 章 54 条,对我国的外汇管理作了全面的规定,它是我国外汇管理的主要规范性法律文件。

根据《外汇管理条例》的规定,境内机构和境内个人的外汇收支或者外汇经营活动,不论其发生在境内或境外,均适用该条例。对于境外机构和境外个人而言,仅在中国境内的外汇收支和外汇经营活动适用该条例。《外汇管理条例》还特别对境内机构和境内个人的概念进行了界定。所谓境内机构,是指中华人民共和国境内的国家机关、企业、事业单位、社会团体、部队等,外国驻华外交领事机构和国际组织驻华代表机构除外。所谓境内个人,是指中国公民和在中华人民共和国境内连续居住满1年的外国人,外国驻华外交人员和国际组织驻华代表除外。

第二节 外汇管理基本制度

一、经常项目外汇管理

经常项目,通常是指一个国家或地区对外交往中经常发生的交易项目,包括贸易收支、服务收支、收益和经常转移,其中,贸易及服务收支是最主要内容。在经常项目下发生的外汇收支,即经常项目外汇。贸易收支又称货物贸易收支,是一国出口货物所得外汇收入和进口货物所需外汇支出的总称。服务收支又称服务贸易收支,是一国对外提供各类服务所得外汇收入和接受服务发生的外汇支出的总称,包括国际运输、旅游等项下外汇收支。收益包括职工报酬和投资收益两部分,其中,职工报酬主要为工资、薪金和其他福利,投资收益主要是利息、红利等。经常转移也称单方面转移,是资金或货物在国际间的单向转移,不产生归还或偿还问题。经常转移具体包括个人转移和政府转移,前者指个人之间的无偿赠与或赔偿等,后者是指政府间的军事及经济援助、赔款、赠与等。

(一)经常项目外汇收支管理的一般规定

我国经常项目外汇管理制度经历了严格管制、逐步放松和不予限制即完全可兑换的过程。《外汇管理条例》对经常项目外汇收支管理的一般规定主要包括:

1. 经常项目外汇收入实行意愿结汇制。《外汇管理条例》第13条规定,经常项目外汇收入,可以按照国家有关规定保留或者卖给经营结汇、售汇业务的金融机构。此前,我国实行强制结汇制,境内机构的所有外汇收入都必须按照规定卖给外汇指定银行,或者在外汇指定银行开立的外汇账户中,在经批准的限额内保留一部分。

2. 经常项目外汇支出凭有效单证,无需审批。《外汇管理条例》第14条规定,经常项目外汇支出,应当按照国务院外汇管理部门关于付汇与购汇的管理规定,凭有效单证以自有外汇支付或者向经营结汇、售汇业务的金融机构购汇支付。

3. 经常项目外汇收支需有真实、合法的交易基础。人民币经常项目可兑换后,对企业和个人经常项目下用汇的管理,主要体现为对外汇收支及汇兑环节的真实性审核。《外汇管理条例》第12条规定,经常项目外汇收支应当具有真实、合法的交易基础。经营结汇、售汇业务的金融机构应当按照国务院外汇管理部门的规定,对交易单证的真实性及其与外汇收支的一致性进行合理审查。外汇管理机关有权对前款规定事项进行监督检查。

(二) 货物贸易外汇管理制度

1996年,国家实现经常项目可兑换后,国家对具有真实、合法交易基础的货物贸易外汇支付不予以限制,只是对贸易外汇资金流动的真实性及其与货物进出口的一致性实施监督管理,防范本无贸易背景的外汇资金假借货物贸易渠道非法流出和流入。2012年6月,国家外汇管理局、海关总署、国家税务总局联合发布公告,决定自2012年8月1日起在全国范围内实施货物贸易外汇管理制度改革,并发布《货物贸易外汇管理指引》。改革后,货物贸易外汇管理制度的核心内容是总量核查、动态监测和分类管理,基本做法是依托全国集中的货物贸易外汇监测系统全面采集企业进出口收付汇及进出口货物流的完整信息,以企业主体为单位,对其资金流和货物流进行非现场总量核查,对非现场总量核查中发现的可疑企业实施现场核查,进而对企业实行动态监测和分类管理。

1. 企业名录管理

企业在依法取得对外贸易经营权后,应当持有关材料到国家外汇管理局分支局(以下简称"外汇局")办理名录登记手续。外汇局实行"贸易外汇收支企业名录"(以下简称名录)登记管理,统一向金融机构发布名录。金融机构不得为不在名录的企业直接办理贸易外汇收支业务。

2. 企业分类管理

外汇局根据非现场或现场核查结果,结合企业遵守外汇管理规定等情况,将企业分成A、B、C三类。核查期内企业遵守外汇管理相关规定,且贸易外汇收支经外汇局非现场或现场核查情况正常的,可被列为A类企业。在分类管理有效期内,对A类企业贸易外汇收支,适用便利化的管理措施。对B、C类企业的贸易外汇收支,在单证审核、业务类型及办理程序、结算方式等方面实施审慎监管。外汇局建立贸易外汇收支电子数据核查机制,对B类企业贸易外汇收支实施电子数据核查管理。对C类企业贸易外汇收支业务以及外汇局认定的其他业务,由外汇局实行事前逐笔登记管理,金融机构凭外汇局出具的登记证明为企业办理相关手续。

3. 货物贸易外汇收支

企业应当按照"谁出口谁收汇、谁进口谁付汇"的原则办理贸易外汇收支业务。企业应当根据贸易方式、结算方式以及资金来源或流向,凭相关单证在金融机构办理贸易外汇收支,并按规定进行贸易外汇收支信息申报。金融机构应当查询企业名录和分类状态,按规定进行合理审查,并向外汇局报送前款所称贸易外汇收支信息。

4. 非现场核查和现场核查

外汇局定期或不定期对企业一定期限内的进出口数据和贸易外汇收支数据

进行总量比对,核查企业贸易外汇收支的真实性及其与货物进出口的一致性。外汇局可对企业非现场核查中发现的异常或可疑的贸易外汇收支业务实施现场核查。外汇局可对金融机构办理贸易外汇收支业务的合规性与报送信息的及时性、完整性和准确性实施现场核查。

(三) 服务贸易外汇管理制度

改革开放以来,我国服务贸易有了较大的发展。人民币经常项目实现可兑换后,服务贸易外汇管理不断调整完善,明确了绝大多数服务贸易购付汇的真实性审核要求,形成了基本管理框架。2013年,国家外汇管理局发布《服务贸易外汇管理指引》。

1. 金融机构负责审查单证与外汇收支的一致性

经营外汇业务的金融机构(以下简称金融机构)办理服务贸易外汇收支业务,应当按照国家外汇管理规定对交易单证的真实性及其与外汇收支的一致性进行合理审查,确认交易单证所列的交易主体、金额、性质等要素与其申请办理的外汇收支相一致。

境内机构和境内个人办理服务贸易外汇收支,应按规定提交能够证明交易真实合法的交易单证;提交的交易单证无法证明交易真实合法或与其申请办理的外汇收支不一致的,金融机构应要求其补充其他交易单证。

服务贸易外汇收支涉及的交易单证应符合国家法律法规和通行商业惯例的要求,主要包括:(1) 包含交易标的、主体等要素的合同(协议);(2) 发票(支付通知)或列明交易标的、主体、金额等要素的结算清单(支付清单);(3) 其他能证明交易真实合法的交易单证,例如,除法规明确不需要提交税务证明的服务贸易项目之外,其他服务贸易项目的对外支付,除提交合同等材料外,还须提交相关税务证明。对于部分行业主管部门有市场准入、事前审核、登记备案管理的服务贸易交易,境内机构在办理服务贸易对外支付时,除提交合同等材料外,还需提交行业主管部门出具的核准、登记或备案证明材料。

2. 单证留存与备查

办理服务贸易外汇收支业务,金融机构应按规定期限留存审查后的交易单证备查;境内机构和境内个人应按规定期限留存相关交易单证备查。

3. 外汇管理局负责监督检查

外汇局通过外汇监测系统,监测服务贸易外汇收支情况,对外汇收支异常的境内机构、境内个人和相关金融机构进行非现场核查、现场核查或检查,查实外汇违法行为。

(四) 个人外汇管理制度

个人外汇收支管理遵循经常项目可兑换的总体原则,立足于满足个人正当合理的用汇需求,采用额度管理的方式。目前,对于个人结汇和境内个人购汇实行年度总额管理,年度总额为每人每年等值5万美元,国家外汇管理局根据国际收支状况对年度总额进行调整。个人经常项目项下外汇收支分为经营性外汇收支和非经营性外汇收支。对于个人开展对外贸易产生的经营性外汇收支,视同机构按照货物贸易的有关原则进行管理。另外,随着近年来出国留学、移民人员的增多,境内个人在境外买房、投资等方面的需求增加,境外个人在境内买房、购买股权等行为时有发生,这些资本项下的外汇交易行为按照资本项目的管理原则和相关政策办理。

境内个人是指持有中华人民共和国居民身份证、军人身份证件、武装警察身份证件的中国公民。境外个人是指持外国护照、港澳居民来往内地通行证、台湾居民来往大陆通行证的外国公民(包括无国籍人)以及港澳台同胞。

二、资本项目外汇管理

资本项目是指国际收支中因资本输出和输入而产生的资产与负债的增减项目,包括直接投资、各类贷款、证券投资等。直接投资包括中国企业向境外的直接投资和境外企业在中国的直接投资;各类贷款包括国际组织贷款、外国政府贷款、银行借款等;证券投资包括债券、票据等。

根据国家外汇管理局《关于〈结汇、售汇及付汇管理规定〉中有关问题的解释和说明》的解释,资本项目的外汇收入包括:(1)境外法人或自然人作为投资汇入的收入;(2)境内机构境外借款,包括外国政府贷款、国际金融组织贷款、国际商业贷款等;(3)境内机构发行外币债券、股票取得的收入;(4)境内机构向境外出售房地产及其他资产的收入;(5)经国家外汇管理局批准的其他资本项目下外汇收入。

境内机构资本项目的外汇支出包括:(1)偿还外债本金;(2)对外担保履约用汇;(3)境外投资;(4)外商投资企业的外汇资本金的增加、转让或以其他方式处置;(5)外商投资企业依法清算后的资金汇出;(6)外商投资企业外方所得利润在境内增资或者再投资;(7)投资性外商投资企业外汇资本金在境内增加投资;(8)本国居民的资产向境外转移;(9)向境外贷款。

(一)资本项目外汇收支管理的一般规定

1. 资本项目外汇收入

资本项目外汇收入保留或者卖给经营结汇、售汇业务的金融机构,应当经外汇管理机关批准,但国家规定无需批准的除外。

2. 资本项目外汇支出

资本项目外汇支出,应当按照国务院外汇管理部门关于付汇与购汇的管理规定,凭有效单证以自有外汇支付或者向经营结汇、售汇业务的金融机构购汇支付。国家规定应当经外汇管理机关批准的,应当在外汇支付前办理批准手续。

依法终止的外商投资企业,按照国家有关规定进行清算、纳税后,属于外方投资者所有的人民币,可以向经营结汇、售汇业务的金融机构购汇汇出。

3. 资本项目外汇及结汇资金的使用

资本项目外汇及结汇资金,应当按照有关主管部门及外汇管理机关批准的用途使用。

外汇管理机关有权对资本项目外汇及结汇资金使用和账户变动情况进行监督检查。

(二) 直接投资项下的外汇管理

1. 外商直接投资

对外商直接投资的外汇管理,重点在于统计监测外商直接投资项下的跨境资本流动,同时以外汇账户为核心进行相应的外商投资企业外汇资本金结汇管理。2013年,国家外汇管理局发布《外国投资者境内直接投资外汇管理规定》,对外商境内直接投资的外汇实行登记管理制度。

无论是直接投资的汇入还是汇出,外国投资者应先在外汇局办理登记。如果登记事项发生变化,外国投资者还应当办理变更登记。境内直接投资所涉主体在办理登记后,可根据实际需要到银行开立前期费用账户、资本金账户及资产变现账户等境内直接投资账户。

外商投资企业资本金结汇及使用应符合外汇管理相关规定。外商投资企业外汇资本金及其结汇所得人民币资金,应在企业经营范围内使用,并符合真实自用原则。

银行在为境内直接投资所涉主体办理账户开立、资金入账、结售汇、境内划转以及对外支付等业务前,应确认其已按本规定在外汇局办理相应登记。银行应按外汇管理规定对境内直接投资所涉主体提交的材料进行真实性、一致性审核,并通过外汇局指定业务系统办理相关业务。同时,银行应按照规定将相关信息及时、完整、准确地向外汇局报送。

外汇局根据国家相关规定对外商投资企业实行年检。

2. 境外直接投资

在鼓励和完善外商直接投资的同时,我国逐步放松境外投资的相关限制。《外汇管理条例》规定,境内机构、境内个人向境外直接投资,应当按照国务院外汇管理部门的规定办理登记。国家规定需要事先经有关主管部门批准或者备案的,应当在外汇登记前办理批准或者备案手续。据此,国家外汇管理局于2009年7月13日发布《境内机构境外直接投资外汇管理规定》(2009年8月1日起施行),取消了境外投资外汇资金的来源审核,改为实行登记备案制度。

境内机构可以使用自有外汇资金、符合规定的国内外汇贷款、人民币购汇或实物、无形资产及经外汇局核准的其他外汇资产来源等进行境外直接投资。境内机构境外直接投资所得利润也可留存境外用于其境外直接投资。其中,自有外汇资金包括经常项目外汇账户、外商投资企业资本金账户等账户内的外汇资金。

国家外汇管理局及其分支机构(以下简称"外汇局")对境内机构境外直接投资及其形成的资产和相关权益实行外汇登记备案制度。境内机构境外直接投资获得相关主管部门核准后,持有关材料到所在地外汇局办理境外直接投资外汇登记。外汇局审核上述材料无误后,在相关业务系统中登记有关情况,并向境内机构颁发境外直接投资外汇登记证;境内机构凭登记证办理境外直接投资项下的外汇收支业务。多个境内机构共同实施一项境外直接投资的,由境内机构所在地外汇局分别向相关境内机构颁发境外直接投资外汇登记证,并在相关业务系统中登记有关情况。

境内机构将其所得的境外直接投资利润汇回境内的,可以保存在其经常项目外汇账户或办理结汇。

3. 有价证券及衍生产品发行、交易项下的外汇管理

《外汇管理条例》规定,境外机构、境外个人在境内从事有价证券或者衍生产品发行、交易,应当遵守国家关于市场准入的规定,并按照国务院外汇管理部门的规定办理登记。境内机构、境内个人从事境外有价证券、衍生产品发行、交易,应当按照国务院外汇管理部门的规定办理登记。国家规定需要事先经有关主管部门批准或者备案的,应当在外汇登记前办理批准或者备案手续。目前,我国关于有价证券及衍生产品发行、交易项下的外汇管理主要涉及合格境外机构投资者(QFII)、合格境内机构投资者(QDII)、境外上市外资股(H股)、境内上市外资股(B股)等制度。

(1) 合格境外机构投资者(QFII)制度。QFII制度是指允许符合条件的境外机构投资者经批准汇入一定额度的外汇资金,并转换为当地货币,通过严格监管的专用账户投资当地证券市场,其本金、资本利得、股息等经批准后可购汇汇出的一种资本市场开放模式。QFII制度管制的主要内容包括资格条件的限制、投资规模的限制、投资通道的控制(专用账户制度)和资金汇出入限制等。我国现行的QFII制度框架是,市场准入审定和投资额度审批,分别由中国证监会和国家外汇管理局负责,具体监管分工如下:中国证监会负责QFII资格的审定、投资工具的确定、持股比例限制等。国家外汇管理局负责投资额度的审定、资金汇出入和汇兑管理等。

(2) 合格境内机构投资者(QDII)制度。QDII制度是QFII的反向制度,是指允许符合条件的境内机构,经监管部门批准,在一定额度内,通过专用账户投资境外证券市场的一种开放模式。QDII制度管制的主要内容包括资格条件的限制、投资规模的限制和投资通道的控制等。目前,我国的QDII包括但不限于:

商业银行、证券公司、基金管理公司、保险机构、信托公司等。根据职责分工,银监会、证监会、保监会分别负责各自监管范围内金融机构境外投资业务的市场准入,包括资格审批、投资品种确定以及相关风险管理;国家外汇管理局负责 QDII 机构境外投资额度、账户及资金汇兑管理等。

(3) 境外上市外资股(H 股)制度。境外上市外资股是指中国境内股份有限公司向境外投资人发行的股票,在境外公开的证券交易所流通转让。2013年,国家外汇管理局发布《关于境外上市外汇管理有关问题的通知》,对境外上市的外汇管理问题作出明确规定。

按照规定,境内公司应在境外上市首次发股结束后的 15 个工作日内,到其注册所在地外汇局办理境外上市登记;境内公司境外上市后,其境内股东拟根据有关规定增持或减持境外股份的,也应到境内股东所在地外汇局办理境外持股登记。境内公司和境内股东应当凭上述登记证明,分别在所在地银行开立境内专用账户,用以办理与该项业务对应的资金汇兑与划转。

境内公司申请境外上市境内专用账户资金结汇的,应向所在地外汇局申请,外汇局审核上述材料无误后为境内公司出具结汇核准件,境内公司凭该核准件到银行办理结汇手续。

(4) 境内上市外资股(B 股)制度。境内上市外资股(B 股),也称人民币特种股票,是指在中国境内注册的股份有限公司向境外投资者发行并在中国境内证券交易所上市的股票。2001 年 2 月 19 日,B 股市场向境内持有外汇账户的居民个人开放。

4. 外债管理

外债指境内机构对非居民承担的以外币表示的债务,包括境外借款、发行债券、国际融资租赁等。境内机构对外提供担保形成的潜在外汇偿还义务,是一种或有外债,也纳入外债管理。

2013 年,国家外汇管理局发布《外债登记管理办法》,规定:国家外汇管理局及其分支局负责外债的登记、账户、使用、偿还以及结售汇等管理、监督和检查,并对外债进行统计和监测。国家外汇管理局负责全口径外债的统计监测,并定期公布外债情况。

外债登记是指债务人按规定借用外债后,应按照规定方式向所在地外汇局登记或报送外债的签约、提款、偿还和结售汇等信息。根据债务人类型实行不同的外债登记方式。外债借款合同发生变更时,债务人应按照规定到外汇局办理外债签约变更登记。外债未偿余额为零且债务人不再发生提款时,债务人应按照规定到外汇局办理外债注销登记手续。

外商投资企业借用的外债资金可以结汇使用。除另有规定外,境内金融机构和中资企业借用的外债资金不得结汇使用。

债务人借款合同中约定的外债资金用途应当符合外汇管理规定。短期外债原则上只能用于流动资金,不得用于固定资产投资等中长期用途。

符合规定的债务人向境内金融机构借款时,可以接受境外机构或个人提供的担保(以下简称外保内贷)。境内债权人应按相关规定向所在地外汇局报送相关数据。发生境外担保履约的,债务人应到所在地外汇局办理外债登记。

外商投资企业办理境内借款接受境外担保的,可直接与境外担保人、债权人签订担保合同。发生境外担保履约的,其担保履约额应纳入外商投资企业外债规模管理。

中资企业办理境内借款接受境外担保的,应事前向所在地外汇局申请外保内贷额度。中资企业可在外汇局核定的额度内直接签订担保合同。

境内机构对外转让不良资产,应按规定获得批准。对外转让不良资产获得批准后,境外投资者或其代理人应到外汇局办理对外转让不良资产备案手续。受让不良资产的境外投资者或其代理人通过清收、再转让等方式取得的收益,经外汇局核准后可汇出。

5. 境内机构对外提供商业贷款的管理

银行业金融机构在经批准的经营范围内可以直接向境外提供商业贷款。其他境内机构向境外提供商业贷款,应当向外汇管理机关提出申请,外汇管理机关根据申请人的资产负债等情况作出批准或者不批准的决定;国家规定其经营范围需经有关主管部门批准的,应当在向外汇管理机关提出申请前办理批准手续。向境外提供商业贷款,应当按照国务院外汇管理部门的规定办理登记。

三、金融机构的外汇业务管理

(一)金融机构经营外汇业务管理

(1)金融机构经营外汇业务必须持有经营外汇业务许可证。金融机构分银行金融机构和非银行金融机构,两者的业务范围不一样,在外汇业务上范围也不尽相同。但金融机构要经营外汇业务必须报经国家外汇管理机构批准,并领取经营外汇业务许可证。

《经营外汇业务许可证》的有效期只有 5 年,5 年期满后,须到国家外汇管理局换领新的《经营外汇业务许可证》。申请换领《经营外汇业务许可证》必须提供下列文件和材料:换领《经营外汇业务许可证》的申请书;5 年来的外汇业务经营情况总结报告;由国家外汇管理局指定的会计师事务所出具的实收外汇资本金验资报告;3 年来的外汇资产负债表和损益表;国家外汇管理机关要求提供的其他文件和资料。

未经外汇管理机关批准,任何单位和个人不得经营外汇业务。经批准经营外汇业务的金融机构,经营外汇业务不得超出批准的范围。

金融机构终止经营外汇业务,也应向外汇管理机关提出申请。金融机构经批准终止经营外汇业务的,应当依法进行外汇债权、债务的结算,并缴销经营外汇业务许可证。

根据《银行外汇业务管理规定》和《非银行金融机构外汇业务管理规定》的规定,申请经营外汇业务的银行应符合四个条件:

第一,具有法定外汇现汇实收资本金或营运资金,全国性银行须有5000万美元或其他等值货币的实收外汇现汇资本金;区域性银行须有2000万美元或者其他等值货币的实收外汇现汇资本金;具有独立法人资格的银行分支行须有500万美元或者其他等值货币的实收外汇现汇资本金;不具有独立法人资格的全国性银行的分支行须有200万美元或者其他等值货币的实收外汇现汇营运资金;不具有独立法人资格的区域性银行的分支行须有100万美元或者其他等值货币的实收外汇现汇营运资金;银行的外汇现汇实收资本金或者营运资金可以高于上述规定的法定数额。

第二,具有与其申报的外汇业务相应数量和相当素质的外汇业务人员。其中机构和部门外汇业务主管人员应当有3年以上经营金融、外汇业务的资历,并在以往经营活动中取得良好的经营业绩。

第三,具有适合开展外汇业务的场所和设备。

第四,国家外汇管理机关要求的其他条件。

银行的外汇业务与非银行金融机构的外汇业务既有不同也有交叉。银行的外汇业务范围包括:外汇存款;外汇汇款;外汇贷款;外汇借款;发行或代理发行股票以外的外币有价证券;外汇票据的承兑和贴现;外汇投资;买卖或者代理买卖股票以外的外币有价证券;自行或代客外汇买卖;外币兑换;外汇担保;贸易、非贸易结算;资信调查、咨询、鉴证业务;国家外汇管理局批准的其他外汇业务。

非银行金融机构的外汇业务范围包括:外汇信托存款;外汇信托放款;外汇信托投资;外汇借款;外汇同业拆借;外汇存款;外汇放款;发行或代理发行外币有价证券;买卖或代理买卖外币有价证券;自营或代客外汇买卖;外汇投资;外汇租赁;外汇保险;外汇担保;资信调查、咨询、鉴证业务;国家外汇管理局批准的其他业务。

(2) 经营外汇业务的金融机构应按规定为客户开立账户,办理有关外汇业务。

外汇账户的开立、使用和管理,按照国家外汇管理机关发布的外汇账户管理规定执行。

(3) 金融机构经营外汇业务,应按规定交存外汇存款准备金,遵守外汇资产负债比例管理的规定,并建立呆账准备金。

存款准备金是为应付客户提取存款和调控货币供应量所设置的准备金,有任意和法定两种,任意的存款准备金为金融机构自存准备金,法定的存款准备金是国家规定的金融机构必须按照所收存款一定比率转存到中央银行的存款。我们通常所说的存款准备金一般是指法定存款准备金。存款准备金制度既是金融企业的一种后备制度,也是国家实施宏观调控的重要手段。存款准备金率随客观经济环境和宏观调控的需要而不断调整。

外汇呆账准备金是指金融机构专项用于冲销外汇呆账的外汇基金。外汇呆账是指债务人逾期未履行偿债义务超过3年,确实不能收回的外汇资金。外汇呆账准备金逐年按年末外汇贷款余额的0.3%—0.5%提取,计入管理费用。金融机构动用呆账准备金冲销呆账必须报国家外汇管理局备案。

(4) 外汇指定银行办理结汇业务所需的人民币资金,应当使用自有资金。

自有资金包括银行的资本金,银行吸收的客户存款,银行通过同业拆借拆入的资金和其他自有资金。外汇指定银行的结算周转外汇,实行比例幅度管理,具体幅度由中国人民银行依实际情况核定。

(二) 金融机构经营外汇业务的监督管理

(1) 金融机构经营外汇业务,应接受外汇管理机关的检查、监督。国家外汇管理机关对银行和非银行金融机构每3年至少进行一次全面检查,对银行的分支行每两年至少进行一次全面检查。国家外汇管理机关还可根据需要随时对银行和非银行金融机构外汇业务进行重点检查。

(2) 经营外汇业务的金融机构应当向外汇管理机关报送外汇资产负债表、损益表以及其他财务会计报表和资料。这些报表包括:各种外币资产负债表及各种外币资产负债折成美元合并编制的外汇资产负债表(年报);外币资产负债折成本币与本币资产负债合并编制的资产负债表(年报);各种外币损益表及各种外币损益折成美元合并编制的外汇损益表(年报);外汇损益折成本币与本币损益合并编制的损益表(年报);其他外汇业务统计报表(半年报、季报和月报)。

四、人民币汇率和外汇市场管理

(一) 人民币汇率管理

汇率是一国货币与另一国货币相互折算的比率,即以一国货币表示另一国货币的价格。汇率的高低由外汇市场供求关系和其他有关经济政治因素所决定,同时又对一国的国际收支和经济发展起着重要的反作用。各国的汇率制度主要有固定汇率制和浮动汇制两种。固定汇率制是货币当局把本国货币对其他货币的汇率加以基本固定,波动幅度限制在一定的范围之内。浮动汇率是指两国的货币之间的汇率由外汇市场的供求状况自发决定。浮动汇率制又分为自由浮动汇率和管理浮动汇率两种。

我国过去一直实行单一的汇率制度。1979年实行改革开放政策以后,实行了外汇留成制度,并建立起了外汇调剂市场,实行有管理的浮动汇率制度,形成官方汇率和调剂市场汇率并存的双重汇率局面。1993年12月28日根据国务院决定,中国人民银行发布了《关于进一步改革外汇管理体制的公告》,决定从1994年1月1日起,取消外汇留成,将两种汇率并轨,实行以市场供求为基础、单一的、有管理的浮动汇率制度。2005年7月11日,经国务院批准,中国人民银行发布了《关于完善人民币汇率形成机制改革的公告》,决定自2005年7月21日起,在我国开始实行以市场供求为基础,参考"一篮子"货币进行调节、有管理的浮动汇率制度。在现行人民币汇率形成机制下,企业、个人和金融机构参与银行柜台和银行间两个层次的外汇市场交易,由供求关系在国家规定的中间价波动幅度内决定市场汇率,国家对中间价的形成方式和市场汇率的波动幅度实施管理和调控。

人民币汇率以市场供求为基础,通过银行间即期外汇市场的交易报价体现出来。自2006年1月4日起,中国人民银行授权中国外汇交易中心于每个工作日上午9时15分对外公布当日人民币对美元、欧元、日元、港币和英镑汇率中间价,作为当日银行间即期外汇市场(含OTC方式和撮合方式)以及银行柜台交易汇价的中间价。

中国人民银行负责确定美元等主要外币对人民币的交易价围绕中间价上下浮动的幅度,并根据市场发育状况和经济金融形势适时调整汇率浮动区间。

(二) 外汇市场管理

外汇市场是进行外汇买卖的交易场所,是一国金融市场体系的重要组成部分。我国的外汇市场是全国统一的银行间外汇交易市场,即1994年4月4日在上海成立的中国外汇交易中心。

中国的外汇市场由国家外汇管理局依法监督管理,中国人民银行根据货币政策的要求和外汇市场的变化,依法对外汇市场进行调控。具体的外汇交易过程由中国外汇交易中心负责监控。

外汇市场交易应遵循公开、公平、公正和诚实信用的原则。

《外汇管理条例》第28条规定,经营结汇、售汇业务的金融机构和符合国务院外汇管理部门规定条件的其他机构,可以按照国务院外汇管理部门的规定在银行间外汇市场进行外汇交易。目前,我国的银行间外汇市场的参与主体以境内银行业金融机构为主,同时包括部分非银行金融机构和非金融企业。

外汇市场交易的币种和形式由国务院外汇管理部门规定和调整。目前,银行间外汇市场包括即期、远期、外汇掉期和货币掉期四类人民币外汇产品,共有人民币对美元、欧元、日元、港币和英镑等本外币交易货币。此外,银行间外汇市场还包括欧元/美元、澳元/美元、英镑/美元、美元/日元、美元/加元、美元/瑞士法郎、美元/港币和欧元/日元等外币对外币的即期交易。

五、违反外汇管理的法律责任

(一) 逃汇行为及其法律责任

逃汇是指境内机构或者个人,将外汇擅自存入境外、擅自汇出或带出境外,逃避我国的外汇管制的行为。

有违反规定将境内外汇转移境外,或者以欺骗手段将境内资本转移境外等逃汇行为的,由外汇管理机关责令限期调回外汇,处逃汇金额 30% 以下的罚款;情节严重的,处逃汇金额 30% 以上等值以下的罚款;构成犯罪的,依法追究刑事责任。

(二) 套汇行为及其法律责任

套汇是指我国境内机构和个人采取一定方式私自向他人用人民币或者物资换取外汇或外汇收益的行为。

有违反规定以外汇收付应当以人民币收付的款项,或者以虚假、无效的交易单证等向经营结汇、售汇业务的金融机构骗购外汇等非法套汇行为的,由外汇管理机关责令对非法套汇资金予以回兑,处非法套汇金额 30% 以下的罚款;情节严重的,处非法套汇金额 30% 以上等值以下的罚款;构成犯罪的,依法追究刑事责任。

(三) 扰乱金融行为及法律责任

扰乱金融是指违反国家规定,经营金融业务或者从事货币交易的行为。下列行为属于扰乱金融:(1) 未经外汇管理机关批准,擅自经营外汇业务的;(2) 外汇指定银行未按照国家规定办理结汇、售汇业务的;(3) 经营外汇业务的金融机构违反人民币汇率管理、外汇存贷利率管理或外汇交易市场管理的;(4) 以外币在境内计价结算的;(5) 擅自以外汇作质押的;(6) 私自改变外汇用途的;(7) 非法使用外汇的其他行为;(8) 私自买卖外汇、变相买卖外汇或者倒卖外汇的。

对扰乱金融行为的处罚:

1. 私自买卖外汇、变相买卖外汇、倒买倒卖外汇或者非法介绍买卖外汇数额较大的,由外汇管理机关给予警告,没收违法所得,处违法金额 30% 以下的罚款;情节严重的,处违法金额 30% 以上等值以下的罚款;构成犯罪的,依法追究刑事责任。

2. 未经批准擅自经营结汇、售汇业务的,由外汇管理机关责令改正,有违法所得的,没收违法所得,违法所得 50 万元以上的,并处违法所得 1 倍以上 5 倍以下的罚款;没有违法所得或者违法所得不足 50 万元的,处 50 万元以上 200 万元以下的罚款;情节严重的,由有关主管部门责令停业整顿或者吊销业务许可证;构成犯罪的,依法追究刑事责任。

未经批准经营结汇、售汇业务以外的其他外汇业务的,由外汇管理机关或者金融业监督管理机构依照前款规定予以处罚。

3. 违反规定将外汇汇入境内的,由外汇管理机关责令改正,处违法金额30%以下的罚款;情节严重的,处违法金额30%以上等值以下的罚款。

非法结汇的,由外汇管理机关责令对非法结汇资金予以回兑,处违法金额30%以下的罚款。

4. 违反规定携带外汇出入境的,由外汇管理机关给予警告,可以处违法金额20%以下的罚款。法律、行政法规规定由海关予以处罚的,从其规定。

（四）违反外债管理行为及法律责任

有擅自对外借款、在境外发行债券或者提供对外担保等违反外债管理行为的,由外汇管理机关给予警告,处违法金额30%以下的罚款。

（五）违反外汇账户管理的行为及法律责任

金融机构有下列情形之一的,由外汇管理机关责令限期改正,没收违法所得,并处20万元以上100万元以下的罚款;情节严重或者逾期不改正的,由外汇管理机关责令停止经营相关业务:

（1）办理经常项目资金收付,未对交易单证的真实性及其与外汇收支的一致性进行合理审查的;

（2）违反规定办理资本项目资金收付的;

（3）违反规定办理结汇、售汇业务的;

（4）违反外汇业务综合头寸管理的;

（5）违反外汇市场交易管理的。

（六）其他

有下列情形之一的,由外汇管理机关责令改正,给予警告,对机构可以处30万元以下的罚款,对个人可以处5万元以下的罚款:

（1）未按照规定进行国际收支统计申报的;

（2）未按照规定报送财务会计报告、统计报表等资料的;

（3）未按照规定提交有效单证或者提交的单证不真实的;

（4）违反外汇账户管理规定的;

（5）违反外汇登记管理规定的;

（6）拒绝、阻碍外汇管理机关依法进行监督检查或者调查的。

境内机构违反外汇管理规定的,除依照本条例给予处罚外,对直接负责的主管人员和其他直接责任人员,应当给予处分;对金融机构负有直接责任的董事、监事、高级管理人员和其他直接责任人员给予警告,处5万元以上50万元以下的罚款;构成犯罪的,依法追究刑事责任。

外汇管理机关工作人员徇私舞弊、滥用职权、玩忽职守,构成犯罪的,依法追究刑事责任;尚不构成犯罪的,依法给予处分。

思 考 题

1. 经常项目外汇管理的规定有哪些内容?
2. 资本项目外汇管理的规定有哪些内容?

实战案例

1. 国家外汇管理局河南省分局在对某银行(以下简称 G 银行)外汇业务进行检查时发现,甲公司在实际没有开立进口信用证的情况下,以进口开证外汇保证金的名义购汇 473.63 万美元转作定期存款,涉嫌违规购汇。

甲公司系外商独资企业。2000 年 11 月,甲公司代理某集团有限公司(以下简称乙公司),与香港某公司签订合同进口计算机配件。甲公司就该笔进口业务向 G 银行提出开证申请,在无进口机电产品登记证明的情况下在该行购汇 473.6 万美元,用作开证外汇保证金。甲公司将该笔外汇转作 6 个月定期存款。但由于甲公司一直未能够提交进口机电产品证明,G 银行未能对外开出信用证。2001 年 6 月,甲公司以合同中止执行为由,申请将该笔定存外汇及衍生利息共计 485.6 万美元退回结汇,折合人民币 4018 万元。扣除购汇支出、手续费等费用后,实际产生利差收入人民币 16 万余元。

本案主要疑点是,甲公司对外采购合同的签订时间早于其与乙公司关联内销合同的签订时间,二者之间对货物的描述存在很大差异,而且内销合同也极不规范。但受检查手段所限,外汇局尚不能够对甲公司内销合同及采购合同的真实性作进一步调查,因而也不能对其贸易意图的真实性及是否构成骗汇行为作出判断。但至少可以发现:一方面,甲公司系外商投资企业,按规定不能够开展代理进口业务;另一方面,综观甲公司与乙公司在上述业务中的操作手法及其结果,不排除二者联手利用我国当时存在的本外币利率不协调的情况,以结售汇为媒介,以银行信贷资金为工具,采取"空手套白狼"的手法,进行非法套利活动的可能性。

根据调查,甲公司在没有取得进口批文的情况下,向银行申请购汇 473.63 万美元开证外汇保证金,用于进口计算机设备;G 银行在该笔业务中,单证不齐全违规售汇在前,发现 A 公司不具备开证条件后不及时将外汇退回结汇于后,违反了有关结售汇管理规定。

问题:
本案应如何处理?

2. 甲企业拟为乙企业举借外债提供担保,已知甲企业现有净资产为30亿元人民币,上年外汇收入为5亿元人民币等值外汇。

问题:
根据有关规定,甲企业可提供担保的数额最多为多少亿元人民币?

参 考 文 献

杨紫烜、徐杰主编:《经济法学》(第六版),北京大学出版社2012年版。
吴志攀:《金融法概论》(第五版),北京大学出版社2011年版。
刘丰名:《国际金融法》,中国政法大学出版社1996年版。
中国注册会计师协会编:《经济法》,经济科学出版社2005年版。

第十六章　价格法律制度

内容提要

价格是商品价值的货币表现,它反映了经营者和消费者之间的经济关系,也反映了市场供求关系和资源配置的基本状况。价格对市场主体的经营行为发挥引导作用,是政府宏观经济调控的重要手段。价格的制定、执行和监督,对人民生活、社会经济的发展和稳定有重要的意义。本章阐述了价格的含义及我国价格的三种形式,我国价格立法的基本情况和我国的价格管理机关及其职责。学习中应当把握经营者的价格权利、经营者的价格义务和禁止经营者从事的价格行为的相关法律规定。在本章中,还应理解和掌握政府制定价格的范围、权限、程序及其审查调整的制度规定,价格总水平的调控制度和价格监督检查制度的法律规定。

第一节　价格法概述

一、价格的含义及形式

价格是商品价值的货币表现。它反映了一定社会商品生产和交换的经济关系,在本质上体现的是商品生产经营者相互之间对劳动进行交换的经济关系。

价格有广义和狭义的区别。狭义的价格是指商品的价格和服务价格。广义的价格则除此之外还包括生产要素的价格,如劳动力价格——工资、资金的价格——利率、外汇的价格——汇率等。

《价格法》所指的价格是指狭义的商品价格和服务价格。《价格法》第2条明确规定,该法所称的价格包括商品价格和服务价格。商品价格是指各类有形产品和无形资产的价格,服务价格是指各类有偿服务的收费。

利率、汇率、保险费率、证券和期货的价格有很大的特殊性,需要专门的法律规定和调节,所以《价格法》将其调节的范围限定在商品价格和服务价格之内。另外,国家的各类行政收费和事业单位的收费情况比较复杂,有的属于价格性质的收费,有的属于税收性质的收费,需要区别情况进行清理、规范和严格管理,所以其管理办法要由国务院另行制定。

商品价格是由一系列要素如成本、税金、利润以及流通费用等构成的。组成商品价格的要素称为价格构成。商品的价格构成是价格主体确定商品价格的重要依据。

价格有各种表现形式。《价格法》根据不同的定价主体和价格形成途径,将价格划分为市场调节价、政府指导价和政府定价三种基本价格形式。市场调节价的定价主体是经营者,通过市场竞争形成价格;政府指导价的定价主体是双重的,政府规定基准价和浮动幅度,引导经营者据以制定具体价格;政府定价的定价主体是政府,价格由政府价格主管部门或者有关部门按照定价权限和范围制定。

在这三种形式中,市场调节价是主要的,凡适于在市场竞争中形成价格的绝大多数商品和服务项目,均实行市场调节价,只有不适于在竞争中形成价格的极少数商品和服务项目才实行政府指导价和政府定价。对此,《价格法》第3条明确指出:"国家实行并逐步完善宏观经济调控下主要由市场形成价格的机制。价格的制定应当符合价值规律,大多数商品和服务价格实行市场调节价,极少数商品和服务价格实行政府指导价或者政府定价。"大多数商品和服务项目实行市场调节价,使价格根据价值规律和市场供求状况形成,优化了价格形成机制,有利于资源的优化配置和更好地发挥价格对社会经济的调节作用。

(一) 市场调节价

市场调节价,是指由经营者自主制定,通过市场竞争形成的价格。经营者定价的基本依据是生产经营成本和市场供求状况。其定价主体经营者,是指从事生产、经营商品或提供有偿服务的法人、其他组织和个人。

(二) 政府指导价

政府指导价,是指由政府价格主管部门或者其他和政府定价有关的部门,按照定价权限和范围规定基础价及其浮动幅度,指导经营者制定的价格。

政府指导价有几种形式:一种是由政府规定基准价和上下浮动幅度,只允许价格在一定幅度内上下浮动;另一种是最高限价,这种形式只规定上浮幅度,是在市场不太稳定时用以保护消费者利益的价格形式;再一种是最低保护价,只规定下浮幅度,下浮不得超过一定界限,这是在供过于求时用于保护生产者利益的价格形式。

(三) 政府定价

政府定价,是指依照《价格法》的规定,由政府价格主管部门或其他有关部门,依照定价的权限和范围制定的价格。这种价格形式只适用于极少数商品和服务,其范围由《价格法》规定。

二、价格立法

在市场交易中,商品价格的确定,除了受价格构成的影响外,市场供求关系也是一个重要因素。也正是因为受到市场供求的影响,商品的价格往往背离其价值,没有反映正常的、应有的商品生产经营者相互之间劳动交换关系,因此必须制定法律对市场价格主体的价格行为进行规范,使得商品的价格与其价值相符合。

价格法就是调整政府和经营者在价格的制定、执行、监督、检查过程中发生的各种经济关系的法律规范的总称。简言之,价格是调整价格关系的法律规范的总称。

自改革开放以来,我国非常重视对价格关系的法律调整,先后制定了大量的法律规范。其中主要包括:《关于加强物价管理、坚决制止乱涨价的通知》《物价管理暂行条例》《关于制止乱涨生产资料价格的若干规定》《职工物价监督暂行办法》《价格管理条例》《重要生产资料和交通运输价格管理暂行规定》《关于商品和服务实行明码标价的制度》《价格法》以及之后颁布的若干配套规定,如《中介服务收费管理办法》《价格监测规定》《关于制止低价倾销行为的规定》《政府价格决策听证暂行办法》《政府制定价格行为规则(试行)》《国家计委关于公布价格听证目录的通知》《价格违法行为行政处罚规定》《国家计委、财政部关于印发〈价格违法案件举报奖励办法〉的通知》等。

《价格法》是1997年12月29日第八届全国人民代表大会常务委员会第二十九次会议通过,自1998年5月1日起施行的。《价格法》共7章48条,主要内容包括:总则、经营者的价格行为、政府的定价行为、价格总水平调控、价格监督检查、法律责任、附则。它是我国调整价格关系的最基本的法律。

三、价格管理机关及其职责

我国的价格管理机构是政府各级物价主管部门和其他有关部门。《价格法》对其分工作了明确规定。

(一) 国务院价格主管部门的职责

我国《价格法》规定,国务院价格主管部门统一负责全国的价格工作。其主要职责是:研究拟订国家的价格方针、政策、计划和改革方案,经国务院批准后组织实施;研究拟定价格法规草案;负责全国的价格管理和综合平衡工作;依法规定商品和服务的作价原则、作价办法,指导、监督国务院业务主管部门和省、自治区、直辖市人民政府的价格工作;检查、处理违反价格法的行为;协调处理国务院其他有关部门之间,省、自治区、直辖市之间,国务院其他有关部门与省、自治区、直辖市之间的价格争议;建立全国价格信息网络,开展价格信息服务工作;履行国务院赋予的其他职责。

（二）国务院有关部门的职责

我国《价格法》规定,国务院其他有关部门在各自的职责范围内,负责有关价格工作。其主要职责是:负责组织、监督本系统、本行业贯彻执行国家的价格法规和政策;依照价格管理权限依法规定商品和服务的作价原则和办法,制定、调整分管的商品价格和服务价格;组织、监督本系统、本行业执行规定的商品价格和服务价格;指导本系统、本行业价格工作;检查、处理违反价格法的行为;对国务院价格主管部门管理的商品价格和服务价格提供有关的资料,提出价格调整方案等。

（三）地方人民政府价格管理部门的职责

我国《价格法》规定,县级以上人民政府价格主管部门负责本行政区域内的价格工作。其主要职责是:贯彻执行国家的价格方针、政策和法规;组织、监督有关部门实施国务院价格主管部门和国务院其他有关部门制定的商品价格和服务价格;按照价格管理权限,依法规定商品和服务的作价原则、作价办法;制定、调整分管的商品价格和服务价格;检查、处理价格违法行为。

（四）地方人民政府其他有关部门的职责

我国《价格法》规定,县级以上人民政府其他有关部门在各自的职责范围以内,负责有关的价格工作。其主要职责是:监督本系统、本行业贯彻执行国家的价格法规和政策;组织、监督本系统、本行业实施国家价格主管部门和国务院其他有关部门制定的商品价格和服务价格;指导、协调本系统、本行业的价格工作;检查价格违法行为等。

第二节 经营者的价格权利和价格行为

一、经营者的价格权利

依据《价格法》的规定,除依法实行政府指导价和政府定价者外,所有商品价格和服务价格均实行市场调节价,由经营者依法自主定价。这一规定是经营者在价格活动中依法享有价格权利的法律依据。为明确企业的价格权利,《价格法》进一步对其价格权利的内容作了如下具体规定:

（1）自主制定属于市场调节的价格。经营者制定商品和服务价格应遵循公平、合法和诚信的原则,以生产经营的成本和市场供求状况作为定价的基本依据。

（2）在政府指导价规定的幅度内制定价格。

（3）制定属于政府指导价、政府定价产品范围内的新产品的试销价格,特定产品除外。

(4) 检举、控告侵犯其依法自主定价权利的行为。

二、经营者的价格义务

《价格法》对经营者规定了下列价格义务：

(1) 经营者应当努力改进生产经营管理,降低生产经营成本,为消费者提供合格的商品和服务,并在市场竞争中获取合法利润。

(2) 经营者应当根据其经营条件建立、健全内部价格管理制度,准确记录与核定商品和服务的生产经营成本,不得弄虚作假。

(3) 经营者进行价格活动,应当遵守法律、法规,执行依法制定的政府指导价、政府定价和法定的价格干预措施、紧急措施。

(4) 经营者销售、收购商品和提供服务,应当按照政府价格主管部门的规定明码标价,注明商品的品名、产地、规格、等级、计价单位、价格或者服务的项目、收费标准等有关情况。

(5) 经营者不得在标价之外加价出售商品,不得收取任何未标明的费用。

三、禁止经营者从事的价格行为

为防止不正当竞争的价格行为,《价格法》第14条明确规定了经营者不得有下列不正当价格行为：

(1) 相互串通,操纵市场价格,损害其他经营者或者消费者的合法权益；

(2) 在依法降价处理鲜活商品、季节商品性商品、积压商品等商品外,为了排挤竞争对手或者独占市场,以低于成本的价格倾销,扰乱正常的生产经营秩序,损害国家利益或者其他经营者的合法权益；

(3) 捏造、散布涨价信息,哄抬价格,推动商品价格过高上涨的；

(4) 利用虚假的或者使人误解的价格手段,诱骗消费者或者其他经营者与其进行交易；

(5) 提供相同商品或者服务,对具有同等交易条件的其他经营者实行价格歧视；

(6) 采取抬高等级或者压低等级等手段收购、销售商品或者提供服务,变相提高或者压低价格；

(7) 违反法律、法规的规定牟取暴利；

(8) 法律、行政法规禁止的其他不正当价格行为。

最后,《价格法》还规定,各类中介机构提供有偿服务和收取费用,经营者销售进口商品、收购出口商品以及行业组织的经济活动,均应遵守本法和其他有关法律、法规,加强价格自律,接受政府价格主管部门的工作指导等。

第三节 政府的价格行为和调控措施

一、政府的定价行为

政府定价行为,是指政府价格主管部门或其他有关部门在制定或调整实行政府指导价、政府定价的商品和服务价格时,有关受理申请、调查、论证或听证、审核、决策、公告、跟踪调查和定期审价等活动。

为了规范政府的价格行为,《价格法》从范围、内容、程序等方面作了具体规定。

(一) 政府制定价格的范围

政府制定价格的范围仅限于极少数的商品和服务。政府在必要时可以对下列商品和服务价格实行政府指导价或者政府定价:

(1) 与国民经济发展和人民生活关系重大的极少数商品价格;
(2) 资源稀缺的少数商品价格;
(3) 自然垄断经营的商品价格;
(4) 重要的公用事业价格;
(5) 重要的公益性服务价格。

(二) 政府制定价格的定价权限的划分

关于政府定价权限划分和分工问题,我国《价格法》未作具体规定,而是在该法的第 19 条规定了处理这种权限划分和分工的依据,即"政府指导价、政府定价的定价权限和具体适用范围,以中央的和地方的定价目录为依据"。

中央定价目录是规定国务院价格主管部门的定价权限和具体适用范围以及其他有关行业主管部门及地方之间在制定政府指导价、政府定价方面权限范围的划分。中央定价目录由国务院价格主管部门制定、修订,报国务院批准后公布实施。

地方定价目录则是规定省、自治区、直辖市人民政府价格主管部门的定价权限和具体适用范围以及与其他有关行业主管部门在制定政府指导价、政府定价方面权限和具体作用范围的划分。地方定价目录由省、自治区、直辖市人民政府价格主管部门制定,但必须依据中央定价目录规定的定价权限和具体适用范围制定,经本级人民政府审核同意,并报国务院价格主管部门审定后才能公布实施。

省、自治区、直辖市以下各级地方人民政府不得制定定价目录。

国务院价格主管部门和其他有关部门,按照中央定价目录规定的定价权限和具体适用范围,制定政府指导价、政府定价;其中,重要商品和服务的价格的政府指导价和政府定价,应当按照规定由国务院批准。省、自治区、直辖市人民政府价格主管部门和其他有关部门,应当按照地方定价目录规定的定价权限和具体适用范围制定在本地区执行的政府指导价、政府定价。市、县人民政府可以根据省、自治区、直辖市人民政府的授权,按照地方定价目录规定的定价权限和具体适用范围,制定在本地区执行的政府指导价、政府定价。

(三) 政府制定价格的依据

制定政府指导价、政府定价,应当依据有关商品或者服务的社会平均成本和市场供求状况、国民经济和社会发展的要求及社会的承受能力,实行合理的购销差价、批零差价、地区差价和季节差价。

(四) 政府制定价格的程序

政府价格主管部门或其他有关部门制定政府指导价、政府定价,应当开展价格、成本调查,听取消费者、经营者和有关方面的意见。当政府价格主管部门开展价格成本调查时,有关单位应如实反映情况,提供必要的账簿、文件及其他有关资料。制定关系群众切身利益的公用事业价格、公益性服务价格、自然垄断经营的商品价格等政府指导价、政府定价时,应当建立听证会制度,由政府价格主管部门主持,征求消费者、经营者和有关方面的意见,论证其必要性、可行性。政府指导价、政府定价制定后,由制定价格的部门向消费者、经营者公布。

(五) 政府制定价格的审查调整

价格主管部门对列入中央和地方定价目录的重点商品和服务价格实行定期审查。审查的内容包括:政府指导价、政府定价的执行情况;原制定或调整价格的依据是否发生变化。企业经营状况、成本、劳动生产率和市场供求变化对价格的影响;政府制定价格的原则、形式和方法是否仍然符合实际情况。定期审价期限由价格主管部门根据不同商品和服务的性质、特点等因素确定。有定价权的政府部门可以根据经济运行情况和社会各方面的反映,或者审价中发现由于制定或调整价格决策的依据发生重大变化导致价格水平明显偏高或偏低的,按照规定的定价权限直接制定或调整价格。

消费者、经营者可以对政府指导价、政府定价提出调整建议。

二、价格总水平的调控

在市场经济条件下,依据我国现行的价格管理体制,价格主要是由市场调节而形成的。但这并不能排除国家根据国民经济发展的需要和社会承受能力来对市场价格总水平进行调控。我国《价格法》第4章对此专门进行了规定。

(一) 价格宏观调控的目标和经济手段

《价格法》第26条指出:"稳定市场价格总水平是国家重要的宏观经济政策目标。国家根据国民经济发展的需要和社会承受能力,确定市场价格总水平调控目标,列入国民经济和社会发展计划,并综合运用货币、财政、投资、进出口等方面的政策和措施,予以实现。"由此可见,价格总水平调控目标的确定,要考虑国民经济发展的需要和社会的承受能力,应尽力避免不切实际的经济发展目标造成严重通货膨胀和物价过分上涨,要保持物价总水平的基本稳定,以利于经济和社会的发展。同时,调控价格总水平,应尽量采用经济手段和法律手段,通过货币政策和手段合理调节货币的供求,通过财政政策和措施控制收支,通过投资政策和手段调节投资需求,通过进出口政策和手段调剂余缺。通过这些手段保持国内总供给和总需求的平衡以及重要的结构平衡,就可以达到预期的价格总水平调控目标。

《价格法》规定:"政府可以建立重要商品的储备制度,设立价格调节基金,调控价格,稳定市场。"储备制度的功能在于当市场出现重大的供求不平衡时,通过吞吐储备商品,平衡供求。价格调节基金的功能在于当价格出现较大波动时通过调动基金,以平衡价格。

应当建立价格监测制度。对此,《价格法》作了如下规定:"为适应价格调控和管理的需要,政府价格主管部门应建立价格监测制度,对重要商品、服务价格的变动进行监测。"

(二)价格宏观调控的行政手段和紧急措施

(1)《价格法》规定:"当重要商品和服务价格显著上涨或者有可能显著上涨,国务院和省、自治区、直辖市人民政府可以对部分价格采取限定差价率或者利润率、规定限价,实行提价申报制度和调价备案制度等干预措施。省、自治区、直辖市人民政府采取前款规定的干预措施,应当报国务院备案。"

(2)《价格法》规定:"当市场价格总水平出现剧烈波动等异常状态时,国务院可以在全国范围内或部分区域内采取临时集中定价权限、部分或者全面冻结价格的紧急措施。"

三、价格监督检查

价格监督检查,是指价格主管部门、各有关部门、社会团体和人民群众,对违反价格政策、法律、法规的行为所进行的监督和检查、审理和处置等活动的总称。

(一)价格监督检查的机构及其职权

价格监督检查的执法主体是县级以上的各级人民政府的价格主管部门。《价格法》第33条明确规定:"县级以上各级人民政府价格主管部门,依法对价格活动进行监督检查,并依照本法的规定对价格违法行为实施行政处罚。"

政府价格主管部门进行价格监督检查时,可以行使下列职权:

(1)询问当事人或者有关人员,并要求其提供证明材料和与价格违法行为有关的其他资料;

(2) 查询、复制与价格违法行为有关的账簿、单据、凭证、文件及其他资料，核对与价格违法行为有关的银行资料；

(3) 检查与价格违法行为有关的财物，必要时可以责令当事人暂停相关营业；

(4) 在证据可能灭失或者以后难以取得的情况下，可以依法先行登记保存，当事人或者有关人员不得转移、隐藏或者销毁。

此外，《价格法》还对价格监督检查中双方的责任作了规定：

(1) 经营者接受政府价格主管部门的监督检查时，应当如实提供价格监督所必需的账簿、单据、凭证、文件及其他有关资料。

(2) 政府部门价格工作人员不得将依法取得的资料或者了解的情况用于依法进行价格管理以外的任何其他目的，不得泄露当事人的商业秘密。

(二) 社会监督

消费者组织、职工价格监督组织、居民委员会、村民委员会等组织以及消费者，有权对价格行为进行社会监督。政府价格主管部门应当充分发挥群众的价格监督作用。新闻单位有权进行价格舆论监督。

政府价格主管部门应当建立对价格违法行为的举报制度。任何单位和个人均有权对价格违法行为进行举报，政府价格主管部门应当对举报者给予鼓励，并负责为举报者保密。

思 考 题

1. 企业的价格权利有哪些？
2. 政府制定价格的范围有哪些？

实战案例

国家计委依据铁道部报送的《关于报批部分旅客列车政府指导价实施方案的函》(铁财函[2000]253号)，于2000年11月下发了《关于部分旅客列车实行政府指导价有关问题的批复》(计价格[2000]1960号)[以下简称"批复"]，批准对铁路部分旅客列车运价实行政府指导价，允许客流较大线路和春运、暑运、"五一"、"十一"等主要节假日期间，客运繁忙线路的铁路旅客列车票价适当上浮；允许部分与高速公路平行、竞争激烈及其他客流较少线路列车票价常年下浮，对团体购票旅客、提前购票旅客等实行下浮，同时规定了浮动幅度、审批权限等。并在 2000 年 12 月同意由铁道部颁发铁路旅客票价表,作为旅客列车实行浮动票价的中准价(计办价格[2000]931 号)。

铁道部依据国家计委《批复》,发出《关于 2001 年春运期间部分旅客列车实行票价上浮的通知》(以下简称"铁道部通知"),规定:节前(1 月 13 日至 1 月 22 日)自广州(集团)公司、北京、上海铁路局始发、节后(1 月 26 日至 2 月 17 日)为成都、郑州、南昌、上海铁路局始发的部分直通客车票价上浮,其中新型空调列车上浮 20%,其他列车上浮 30%。除夕、正月初一、初二不上浮。儿童、学生、现役军人、革命伤残军人票价不上浮。

旅客乔占祥购买了 2001 年 1 月 17 日 2069 次从石家庄到磁县的车票,2001 年 1 月 22 日 2069 次从石家庄到邯郸的车票。第一张车票比涨价前多支出了 5 元票价,第二张车票比涨价前多支出了 4 元票价。据此,乔占祥认为铁道部关于涨价的通知侵害了其合法权益,于 2001 年 1 月 18 日就不服铁道部通知向铁道部申请行政复议。在铁道部作出维持的复议决定后,向北京市第一中级人民法院提起了行政诉讼。

问题:
1. 政府制定、调整价格的程序有什么规定?
2. 本案应如何处理?

参考文献

卢炯星主编:《宏观经济法》,厦门大学出版社 2000 年版。

朱崇实主编:《中国经济法(部门法)研究综述》,厦门大学出版社 2002 年版。

周立林主编:《经济法案例精选》,华南理工大学出版社 2003 年版。

杨紫烜主编:《经济法》(第五版),北京大学出版社、高等教育出版社 2014 年版。

第十七章 劳动与社会保障法律制度

内容提要

本章分两节。第一节主要阐述劳动合同、劳动基准、劳动安全与保护、劳动者争议处理等劳动法律制度;第二节主要阐述社会保障基本法律制度,包括社会保险制度、社会救助制度、社会福利制度、社会优抚制度等内容。

第一节 劳动法律制度

一、劳动法概述

(一)劳动法的概念、目的和适用范围

劳动法是调整劳动关系以及与劳动关系密切联系的其他社会关系的法律规范的总称。制定劳动法的目的在于通过法律调整劳动关系以及与劳动关系密切联系的关系,以保护劳动者的合法权益,确立、维护和发展用人单位与劳动者之间稳定、和谐的劳动关系,以促进经济发展和社会进步。

劳动关系是指劳动者与用人单位之间在实现集体劳动过程中发生的社会关系,是生产关系的组成部分。《劳动法》第2条规定:"在中华人民共和国境内的企业、个体经济组织和与之形成劳动关系的劳动者,适用本法。国家机关、事业组织、社会团体和与之建立劳动合同关系的劳动者,依照本法执行。"《劳动合同法》第2条规定:"中华人民共和国境内的企业、个体经济组织、民办非企业单位等组织与劳动者建立劳动关系,订立、履行、变更、解除和终止劳动合同,适用本法。""国家机关、事业单位、社会团体和与其建立劳动关系的劳动者,订立、履行、变更、解除和终止劳动合同,依照本法执行。"

与劳动关系密切联系的其他社会关系,是指那些作为劳动关系产生的必要前提、劳动关系形成的直接后果或者随着劳动关系的产生、变更和消灭而附带发生的社会关系,主要包括:(1)劳动力资源开发和配置的社会关系;(2)工资总量宏观调控和实施工资保障的社会关系;(3)劳动安全卫生管理和服务的社会关系;(4)社会保险及其管理的社会关系;(5)集体谈判和协商的社会关系;(6)劳动争议调解和仲裁的社会关系;(7)监督用人单位遵守劳动法的社会关系。

(二) 劳动法的立法

我国《劳动法》于1994年7月5日由第八届全国人大常委会第八次会议通过,这是我国劳动立法的一个重要里程碑。2001年10月27日,第九届全国人大常委会第二十四次会议通过了《关于修改〈中华人民共和国工会法〉的决定》和《职业病防治法》。2002年6月29日,第九届全国人大常委第二十八次会议通过了《安全生产法》(2014年修订)。以《劳动法》为基本法,国务院及其劳动行政部门制定了许多与其配套的行政法规和规章,其内容包括劳动合同、集体合同、工资、工时、劳动保护、就业促进、劳动力市场管理、职业培训、社会保险等多个方面。2007年以来,我国劳动立法进入黄金阶段。在构建和谐社会的背景下,2007年先后制定了《就业促进法》《劳动合同法》《劳动争议调解仲裁法》,故2007年被称为"劳动立法年"。2010年,《社会保险法》通过,修改了《工伤保险条例》。

二、劳动合同制度

我国《劳动合同法》2007年6月29日由第十届全国人民代表大会常务委员会第二十八次会议获得通过,并于2008年1月1日开始施行。《劳动合同法》从解决现实劳动关系存在的问题出发,总结多年来的实践经验,对劳动合同制度作出科学、合理的规范,为构建和发展和谐稳定的劳动关系提供法律保障,对我国劳动法律制度建设具有里程碑意义。

(一) 劳动合同的概念、特征和种类

劳动合同是指劳动者与用人单位之间为确立劳动关系,经过平等协商达成的明确双方权利和义务的书面协议,是确立劳动关系的法律形式。

劳动合同是一种双方法律行为,它除了具备合同的共同特征以外,还具有下列特征:(1) 主体的特定性。一方是劳动者,即具有法定资格的中国人、外国人和无国籍人;另一方是用人单位,即具有使用劳动力资格的经济组织、国家机关、事业单位、社会团体等。双方在实现劳动过程中具有支配与被支配、领导与服从的从属关系。(2) 客体的单一性。劳动合同的客体仅指劳动行为,包括完成一定工作成果的行为和提供一定劳务活动的行为。(3) 劳动合同具有诺成、有偿、双务合同的特性。(4) 劳动合同内容具有劳动权利义务的统一性和对应性。(5) 劳动合同往往涉及第三人的物质利益。劳动者享有的社会保险和福利待遇的权利,由此附带产生了第三人(如劳动者直系亲属)依法享受的物质利益。

劳动合同分为一般劳动合同与集体合同。一般劳动合同是用人单位与单个的劳动者签订的劳动合同,只对合同双方当事人有效。根据我国《劳动合同法》的规定,一般劳动合同分为固定期限劳动合同、无固定期限劳动合同和以完成一定工作任务为期限的劳动合同。其中固定期限劳动合同,是指用人单位与劳动者约定合同终止时间的劳动合同;无固定期限劳动合同,是指用人单位与劳动者约定无确定终止时间的劳动合同;以完成一定工作任务为期限的劳动合同,是指用人单位与劳动者约定以某项工作的完成为合同期限的劳动合同。集体合同是指企业职工一方与用人单位通过平等协商,可以就劳动报酬、工作时间、休息休假、劳动安全卫生、保险福利等事项订立的适用于企业全体员工的合同。

(二)《劳动合同法》的适用范围

《劳动合同法》规定,我国境内的企业、个体经济组织、民办非企业单位等组织与劳动者建立劳动关系,订立、履行、变更、解除或者终止劳动合同,适用该法。国家机关、事业单位、社会团体和与其建立劳动关系的劳动者,订立、履行、变更、解除或者终止劳动合同,依照该法执行。

关于国家机关、事业单位、社会团体和与其建立劳动关系的劳动者是否以及在多大程度上适用《劳动合同法》,在立法过程中曾经引起较大争议,其中有"区别对待说"和"完全纳入说"两种主要的观点。"区别对待说"从我国当前的实际情况出发,认为我国应该区别企业用工与其他性质单位工作人员的区别,根据改革的进程,国家机关、事业单位、社会团体和与其建立劳动关系的劳动者应该适用该法,对于公务员、公立大学的教师等,则适用其他法律的规定。"完全纳入说"主要针对事业单位和社会团体的工作人员,从长远来看,必然打破人事的双轨制,施行企业化管理,因而也应该统一适用劳动合同法的规定。从最后的法律规定来看,国家机关、事业单位、社会团体只有和与其建立劳动关系的劳动者,订立、履行、变更、解除或者终止劳动合同,才依照该法执行。

(三)劳动合同的订立

劳动合同的订立是劳动关系成立的主要标志,《劳动合同法》规定,建立劳动关系,应当订立书面劳动合同。但是现实中,很多用人单位与劳动者之间已经建立劳动关系,但没有同时订立书面劳动合同,则应当自用工之日起一个月内订立书面劳动合同。而用人单位与劳动者在用工前订立劳动合同的,劳动关系自用工之日起建立。

用人单位与劳动者协商一致,可以订立固定期限的合同、无固定期限劳动合同和以完成一定工作任务为期限的劳动合同。但是对于无固定期限的合同,法律另有强制性规定,《劳动合同法》第14条规定,有下列情形之一,劳动者提出或者同意续订、订立劳动合同的,除劳动者提出订立固定期限劳动合同外,应当订立无固定期限劳动合同:(1)劳动者在该用人单位连续工作满10年的;(2)用人单位初次实行劳动合同制度或者国有企业改制重新订立劳动合同时,劳动者在该用人单位连续工作满 10 年且距法定退休年龄不足 10 年的;(3) 连续订立两次固定期限劳动合同,且劳动者没有本法第 39 条和第 40 条第 1 项、第 2 项规定的情形,续订劳动合同的。为了解决当前大量企业不与劳动者签订书面劳动合同,肆意侵害劳动者合法权益的情况,《劳动合同法》特别规定,用人单位自用工之日起满一年不与劳动者订立书面劳动合同的,视为用人单位与劳动者已订立无固定期限劳动合同。

需要提出的是,无固定期限的合同并非终身合同,无固定期限合同就是劳动合同主体双方没有约定合同终止期限的合同,其他的地方和固定期限合同一样,如果遇到法律规定的劳动合同可以解除的条件,或者可以裁员的状况下,仍然和固定期限合同一样需要解除就得解除,需要裁员就得裁员,而且固定期限合同终止有一个补偿,而无固定期限合同终止之后没有补偿,反而有利于企业困难时降低企业的成本。所以从总体来看,无固定期限合同对劳动者和用人单位都是有益的。

(四) 劳动合同的内容

劳动合同的内容分为必备条款和任意条款。必备条款是指法律规定必须包含的条款,任意条款指必备条款之外当事人另行约定的条款。

《劳动合同法》第 17 条规定,劳动合同应当具备以下条款:(1) 用人单位的名称、住所和法定代表人或者主要负责人;(2) 劳动者的姓名、住址和居民身份证或者其他有效身份证件号码;(3) 劳动合同期限;(4) 工作内容和工作地点;(5) 工作时间和休息休假;(6) 劳动报酬;(7) 社会保险;(8) 劳动保护、劳动条件和职业危害防护;(9) 法律、法规规定应当纳入劳动合同的其他事项。

劳动合同的必备条款往往有不清晰或者发生争议之处,如对劳动报酬和劳动条件等标准约定不明确,此时用人单位与劳动者可以重新协商;协商不成的,适用集体合同规定;没有集体合同或者集体合同未规定劳动报酬的,实行同工同酬;没有集体合同或者集体合同未规定劳动条件等标准的,适用国家有关规定。

《劳动合同法》同时规定,劳动合同除前款规定的必备条款外,用人单位与劳动者可以约定试用期、培训、保守秘密、补充保险和福利待遇等其他事项,即任意条款,双方可在法律许可的范围内进行约定。

(五) 试用期制度

试用期是指用人单位和劳动者相互了解、选择而约定的考察期。试用期的目的在于给予双方以考察对方和思考、决定的缓冲期限。

关于试用期限。《劳动合同法》规定,劳动合同期限 3 个月以上不满 1 年的,试用期不得超过 1 个月;劳动合同期限 1 年以上不满 3 年的,试用期不得超过 2 个月;3 年以上固定期限和无固定期限的劳动合同,试用期不得超过 6 个月。同一用人单位与同一劳动者只能约定一次试用期。以完成一定工作任务为期限的劳动合同或者劳动合同期限不满3个月的,不得约定试用期。试用期包含在劳动合同期限内。劳动合同仅约定试用期的,试用期不成立,该期限为劳动合同期限。

关于试用期待遇。《劳动合同法》规定,劳动者在试用期的工资不得低于本单位相同岗位最低档工资或者劳动合同约定工资的80%,并不得低于用人单位所在地的最低工资标准。这样的规定有利于保护试用人员的合法权利。

关于试用期间劳动关系的维持。首先,劳动者可以随时解除劳动合同,不能附加任何条件,而只需提前三天通知用人单位即可;其次,在试用期中,用人单位不得解除劳动合同,除非具有法律规定的情形。用人单位在试用期解除劳动合同的,应当向劳动者说明理由。

(六) 竞业限制

劳动法上的竞业限制指出于维护商业秘密等目的,用人单位与劳动者在劳动合同或者保密协议中约定,劳动者在职期间以及与用人单位在解除劳动关系的一定期间内,不得到与原单位从事相同营业、有竞争关系的单位工作,也不得自己从事与原单位相同的营业,以维护用人单位的合法权益。

设立竞业限制的目的在于保护用人单位的商业秘密。用人单位与劳动者可以在劳动合同中约定保守用人单位的商业秘密和与知识产权相关的保密事项。对负有保密义务的劳动者,用人单位可以在劳动合同或者保密协议中与劳动者约定竞业限制条款,并约定在解除或者终止劳动合同后,在竞业限制期限内按月给予劳动者经济补偿。劳动者违反竞业限制约定的,应当按照约定向用人单位支付违约金。竞业限制的人员限于用人单位的高级管理人员、高级技术人员和其他负有保密义务的人员。竞业限制的范围、地域、期限由用人单位与劳动者约定,竞业限制的约定不得违反法律、法规的规定。为了避免用人单位滥用竞业限制的权利,侵害劳动者的劳动和就业的权利,在解除或者终止劳动合同后,受到竞业限制的人员到与原单位生产或者经营同类产品、从事同类业务的有竞争关系的其他用人单位,或者自己开业生产或者经营同类产品、从事同类业务的竞业限制期限,不得超过2年。

(七) 劳动合同的无效

劳动合同由于某些法定的原因,可能归于无效。劳动合同无效或者部分无效的情形包括如下几种:(1)以欺诈、胁迫的手段或者乘人之危,使对方在违背真实意思的情况下订立或者变更劳动合同的;(2)用人单位免除自己的法定责任、排除劳动者权利的;(3)违反法律、行政法规强制性规定的。

对劳动合同的无效或者部分无效有争议的,由劳动争议仲裁机构或者人民法院确认。劳动合同部分无效,不影响其他部分效力的,其他部分仍然有效。劳动合同被确认无效,劳动者已付出劳动的,用人单位应当向劳动者支付劳动报酬。劳动报酬的数额,参照本单位相同或者相近岗位劳动者的劳动报酬确定。

(八) 劳动合同的履行

用人单位与劳动者应当按照劳动合同的约定,全面履行各自的义务。

为了保护劳动者的合法权利,《劳动合同法》在合同履行中规定了一些特殊的措施和制度。首先,用人单位应当按照劳动合同约定和国家规定,向劳动者及时足额支付劳动报酬。用人单位拖欠或者未足额支付劳动报酬的,劳动者可以依法向当地人民法院申请支付令,人民法院应当依法发出支付令。其次,用人单位应当严格执行劳动定额标准,不得强迫或者变相强迫劳动者加班。用人单位安排加班的,应当按照国家有关规定向劳动者支付加班费。最后,劳动者可以拒绝用人单位管理人员违章指挥、强令冒险作业,劳动者拒绝用人单位管理人员违章指挥、强令冒险作业的,不视为违反劳动合同。劳动者对危害生命安全和身体健康的劳动条件,有权对用人单位提出批评、检举和控告。

(九) 劳动合同的解除和终止

劳动合同的解除是指当事人双方对已生效的劳动合同在未履行完毕之前提前终止劳动合同的效力,解除双方的权利和义务关系。

在下列情况下劳动合同可以解除:(1) 经劳动合同当事人协商一致。(2) 劳动者提前 30 日以书面形式通知用人单位或劳动者在试用期内提前三日通知用人单位。(3) 用人单位有下列情形之一的,劳动者可以解除劳动合同:未按照劳动合同约定提供劳动保护或者劳动条件的;未及时足额支付劳动报酬的;未依法为劳动者缴纳社会保险费的;用人单位的规章制度违反法律、法规的规定,损害劳动者权益的;劳动合同无效的;法律、行政法规规定劳动者可以解除劳动合同的其他情形。用人单位以暴力、威胁或者非法限制人身自由的手段强迫劳动者劳动的,或者用人单位违章指挥、强令冒险作业危及劳动者人身安全的,劳动者可以立即解除劳动合同,不需事先告知用人单位。(4) 劳动者有下列情形之一的,用人单位可以解除劳动合同:在试用期间被证明不符合录用条件的;严重违反用人单位的规章制度的;严重失职,营私舞弊,给用人单位造成重大损害的;劳动者同时与其他用人单位建立劳动关系,对完成本单位的工作任务造成严重影响,或者经用人单位提出,拒不改正的;因《劳动合同法》第 26 条第 1 款第 1 项规定的情形致使劳动合同无效的;被依法追究刑事责任的。(5) 有下列情形之一的,用人单位提前 30 日以书面形式通知劳动者本人或者额外支付劳动者 1 个月工资后,可以解除劳动合同:劳动者患病或者非因工负伤,在规定的医疗期满后不能从事原工作,也不能从事由用人单位另行安排的工作的;劳动者不能胜任工作,经过培训或者调整工作岗位,仍不能胜任工作的;劳动合同订立时所依据的客观情况发生重大变化,致使劳动合同无法履行,经用人单位与劳动者协商,未能就变更劳动合同内容达成协议的。(6)有下列情形之一,需要裁减人员20人以上或者裁减不足20人但占企业职工总数10%以上的,用人单位提前30日向工会或者全体职工说明情况,听取工会或者职工的意见后,裁减人员方案经向劳动行政部门报告,可以裁减人员:依照企业破产法规定进行重整的;生产经营发生严重困难的;企业转产、重大技术革新或者经营方式调整,经变更劳动合同后,仍需裁减人员的;其他因劳动合同订立时所依据的客观经济情况发生重大变化,致使劳动合同无法履行的。裁减人员时,应当优先留用下列人员:与本单位订立较长期限的固定期限劳动合同的;与本单位订立无固定期限劳动合同的;家庭无其他就业人员,有需要扶养的老人或者未成年人的。用人单位裁减人员,在6个月内重新招用人员的,应当通知被裁减的人员,并在同等条件下优先招用被裁减的人员。

为了更好地保护劳动者的合法权利,尤其在某些特殊情况下权利不受侵害,《劳动合同法》规定劳动者有下列情形之一的,用人单位不得解除劳动合同:从事接触职业病危害作业的劳动者未进行离岗前职业健康检查,或者疑似职业病病人在诊断或者医学观察期间的;在本单位患职业病或者因工负伤并被确认丧失或者部分丧失劳动能力的;患病或者非因工负伤,在规定的医疗期内的;女职工在孕期、产期、哺乳期的;在本单位连续工作满15年,且距法定退休年龄不足5年的;法律、行政法规规定的其他情形。

在一定情况下,劳动合同的权利义务终止:劳动合同期满的;劳动者开始依法享受基本养老保险待遇的;劳动者死亡,或者被人民法院宣告死亡或者宣告失踪的;用人单位被依法宣告破产的;用人单位被吊销营业执照、责令关闭、撤销或者用人单位决定提前解散的;法律、行政法规规定的其他情形。劳动合同期满,但是由于劳动者处于某种特殊情形而用人单位不能解除合同的,劳动合同应当续延至相应的情形消失时终止。但是,如果劳动者丧失或者部分丧失劳动能力的,则劳动合同终止,按照国家有关工伤保险的规定执行。

(十)经济补偿

当劳动合同因为某些情况解除后,用人单位需向劳动者支付一定的经济补偿。

用人单位需向劳动者支付经济补偿的法定情形:劳动者依照《劳动合同法》第38条规定解除劳动合同的;用人单位依照《劳动合同法》第36条规定向劳动者提出解除劳动合同并与劳动者协商一致解除劳动合同的;用人单位依照《劳动合同法》第40条规定解除劳动合同的;用人单位依照《劳动合同法》第41条第1款规定解除劳动合同的;除用人单位维持或者提高劳动合同约定条件续订劳动合同,劳动者不同意续订的情形外,依照《劳动合同法》第44条第1项规定终止固定期限劳动合同的;依照《劳动合同法》第44条第4项、第5项规定终止劳动合同的；法律、行政法规规定的其他情形。

用人单位需向劳动者支付的经济补偿的数额确定。经济补偿按劳动者在单位工作的年限,每满 1 年支付 1 个月工资的标准向劳动者支付。6 个月以上不满 1 年的,按 1 年计算；不满 6 个月的,向劳动者支付半个月工资的经济补偿。劳动者月工资高于用人单位所在直辖市、设区的市级人民政府公布的本地区上年度职工月平均工资 3 倍的,向其支付经济补偿的标准按职工月平均工资 3 倍的数额支付,向其支付经济补偿的年限最高不超过 12 年。这里的月工资是指劳动者在劳动合同解除或者终止前 12 个月的平均工资。

此外,《劳动合同法》还对集体合同、劳务派遣、非全日制用工、劳动监督检查以及违反该法的规定所需承担的法律责任作出了明确的规定。

三、劳动基准制度

（一）工作时间

工作时间又称劳动时间,是指法律规定的劳动者在企业、事业单位、机关、团体等用人单位,从事劳动、完成本职工作的时间。工作时间包括每日应工作的时数和每周应工作的天数,它们分别称为工作日和工作周。我国目前实行每周 5 天工作制,职工每日工作 8 小时,每周工作 40 小时。

为了保障劳动者的身体健康,《劳动法》对延长工作时间作了限制性规定：用人单位如确属生产经营需要,必须先与工会或者劳动者协商后方可延长工作时间,每日一般不超过 1 小时,有特殊原因的每日不超过 3 小时,每月不超过 36 小时。在特殊情况下,延长工作时间可不受限制。《劳动法》规定的特殊情况包括：发生自然灾害、事故或者其他原因,威胁劳动者生命健康和财产安全,需要紧急处理的；生产设备、交通运输线路、公共设施发生故障,影响生产和公众利益,必须及时抢修的；法律、行政法规规定的其他情形。

（二）休息时间

休息时间是法律规定的劳动者不必从事生产和工作而自行支配的时间。依据《劳动法》的规定,休息时间包括：(1) 工作间歇时间。这是劳动者在一个工作日内所享有的休息时间。(2) 公休假日。用人单位应当保证劳动者每周至少休息 1 天。(3) 法定节假日。用人单位在元旦、春节、清明节、端午节、国际劳动节、国庆节、中秋节以及其他法律、法规规定的法定休假日期间应当依法安排劳动者休假,少数民族的习惯节日的放假时间另行规定。(4) 探亲假。根据有关规定,劳动者工作地点与父母或配偶分居两地,且不能在公休假日团聚的职工,每年可享受一定期限的带薪假期。(5) 带薪年休假。带薪年休假是法律规定职工每年享有保留职务和工资的一定期限连续休假的假期。(6) 其他假期。除了以上介绍的假期外,我国规定的其他假期还有女职工生育时的产假、职工婚丧假等,用人单位应依法支付假期工资。同时,《劳动合同法》规定,用人单位在制定、修改或者决定有关休息休假等直接涉及劳动者切身利益的规章制度或者重大事项时,应当经职工代表大会或者全体职工讨论,提出方案和意见,与工会或者职工代表平等协商确定。在签订劳动合同时,必须具有休息休假的条款。县级以上地方人民政府劳动行政部门依法对用人单位遵守劳动用工和休息休假规定的情况进行监督检查。

为了贯彻实施带薪年休假制度,维护职工休息休假权利,调动职工工作积极性,2007年12月7日国务院公布了《职工带薪年休假条例》,于2008年1月1日起施行。《职工带薪年休假条例》规定,机关、团体、企业、事业单位、民办非企业单位、有雇工的个体工商户等单位的职工连续工作1年以上的,享受带薪年休假。单位应当保证职工享受年休假。职工在年休假期间享受与正常工作期间相同的工资收入。具体来说带薪年休假天数为:职工累计工作已满1年不满10年的,年休假5天;已满10年不满20年的,年休假10天;已满20年的,年休假15天。国家法定休假日、休息日不计入年休假的假期。但是职工有下列情形之一的,不享受当年的年休假:(1)职工依法享受寒暑假,其休假天数多于年休假天数的;(2)职工请事假累计20天以上且单位按照规定不扣工资的;(3)累计工作满1年不满10年的职工,请病假累计2个月以上的;(4)累计工作满10年不满20年的职工,请病假累计3个月以上的;(5)累计工作满20年以上的职工,请病假累计4个月以上的。单位根据生产、工作的具体情况,并考虑职工本人意愿,统筹安排职工年休假。年休假在1个年度内可以集中安排,也可以分段安排,一般不跨年度安排。单位因生产、工作特点确有必要跨年度安排职工年休假的,可以跨1个年度安排。单位确因工作需要不能安排职工休年休假的,经职工本人同意,可以不安排职工休年休假。对职工应休未休的年休假天数,单位应当按照该职工日工资收入的300%支付年休假工资报酬。

(三)劳动报酬

我国工资分配主要遵循按劳分配原则、同工同酬原则、工资水平随经济发展逐步提高的原则、国家对工资总量实行宏观控制的原则以及用人单位自主分配的原则。

我国现行的工资形式主要有计时工资、计件工资两种基本形式和奖金、津贴两种辅助形式。具体采用什么工资形式,一般可由企业确定。

国家通过法律形式确立最低工资制度。最低工资标准,又称最低工资率,它是指国家依法规定的单位劳动时间的最低工资数额。它的确立关系着劳动者最低生活水平的维护,是最低工资立法的核心问题。由于我国幅员辽阔,各个地区生产、生活水平差异较大,建立统一的最低工资标准并不现实,因此应允许各地根据具体情况确定本地最低工资标准。我国《劳动法》第48条明确规定:"最低工资的具体标准由省、自治区、直辖市人民政府规定,报国务院备案。"省、自治区、直辖市范围内的不同行政区域可以有不同的最低工资标准。

我国《劳动法》第49条规定:"确定和调整最低工资标准应当综合参考下列因素:(1)劳动者本人及平均赡养人口的最低生活费用;(2)社会平均工资水平;(3)劳动生产率;(4)就业状况;(5)地区之间经济发展水平的差异。"

此外,劳动与社会保障部修订公布的《最低工资规定》中,对确定和调整月最低工资标准,还规定了应当职工个人缴纳的社会保险费和住房公积金等因素。《最低工资规定》还规定,确定和调整小时最低工资标准,应在颁布的月最低工资标准的基础上,考虑单位应缴纳的基本养老保险费和基本医疗保险费因素,同时还应适当考虑非全日制劳动者在工作稳定性、劳动条件和劳动强度、福利等方面与全日制就业人员之间的差异。

四、劳动安全与保护制度

劳动安全与保护制度,是指国家为了改善劳动条件,保护劳动者在生产工作过程中的人身安全与健康而制定的行为规范,包括劳动纪律、劳动安全卫生、对女职工和未成年工的特殊保护、劳动保护管理和国家安全监察等项制度。

(一) 安全卫生保护

依据《劳动法》,我国劳动安全卫生法律规定主要有以下几个方面的内容:(1)用人单位必须建立健全劳动安全卫生制度,严格执行国家劳动安全卫生规程和标准,对劳动者进行劳动安全卫生教育,防止劳动过程中的事故,减少职业危害。(2)劳动安全卫生设施必须符合国家规定的标准。新建、改建、扩建工程的劳动安全卫生设施必须与主体工程同时设计、同时施工、同时投入生产和使用。(3)用人单位必须按照国家规定的标准建设劳动安全卫生设施,必须为劳动者提供符合国家规定的劳动安全卫生条件和必要的劳动防护用品,对从事有职业危害作业的劳动者定期进行健康检查。(4)对从事特种作业的劳动者实行特种作业资格制度。(5)劳动者在劳动过程中必须严格遵守安全操作规程。劳动者有权拒绝执行用人单位管理人员违章指挥、冒险作业的命令,有权对危害生命安全和身体健康的行为提出批评、检举和控告。(6)建立伤亡事故和职业病统计报告和处理制度。

(二) 女职工和未成年工的特殊劳动保护

根据女职工生理特点和抚育子女需要,对其在劳动过程中的安全健康所采取的有别于男子的特殊保护措施,主要包括对女职工怀孕期、月经期、哺乳期、生育期的"四期"特殊保护:(1)不得安排女职工在经期从事高温、低温、冷水作业和国家规定的第三级体力劳动强度的劳动;(2)不得安排女职工在怀孕期间从事国家规定的第三级体力劳动强度的劳动和在孕期禁忌从事的劳动,对怀孕三个月以上的职工不得安排延长工作时间和夜班劳动;(3)女职工生育享受不少于98天的产假;(4)不得安排女职工在哺乳未满一周岁的婴儿期间从事国家规定的第三级体力劳动强度的劳动和哺乳期禁忌从事的其他劳动,不得安排其延长工作时间和夜班劳动。(5)不得安排女职工从事矿山井下、林业采伐及国家规定的第四级体力劳动强度和其他禁忌从事的劳动。

未成年工是指年满16周岁未满18周岁的劳动者。根据他们生长发育的特点和接受义务教育的需要,必须对他们在劳动过程中的安全健康采取特殊保护:上岗前进行劳动培训,禁止安排从事矿山井下、有毒有害、国家规定的第四级体力劳动强度的劳动和其他禁忌从事的劳动,定期进行健康检查。安排工作岗位之前,工作满1年时,年满18周岁且距上一次体检时间已超过半年时均应进行体检。

五、劳动争议处理制度

劳动争议,又称劳动纠纷和劳资争议。其有广义和狭义之分,广义上的劳动争议是指劳动法中各种主体相互间的争议,包括劳动者、用人单位、劳动者团体(工会)、用人单位团体、劳动管理行政机关、社会保险经办机构或职业培训机构等劳动服务主体之间发生的一切争议,比如劳动合同争议、劳动保险争议、劳动行政争议、集体合同争议等。而狭义上的劳动争议是指劳动者与用人单位之间关于劳动权利和劳动义务而发生的争议,此处所指的劳动争议是从狭义上理解的。

依据2007年颁布的《劳动争议调解仲裁法》规定,劳动争议范围是指我国境内的用人单位与劳动者发生的:(1)因确认劳动关系发生的争议;(2)因订立、履行、变更、解除和终止劳动合同发生的争议;(3)因除名、辞退和辞职、离职发生的争议;(4)因工作时间、休息休假、社会保险、福利、培训以及劳动保护发生的争议;(5)因劳动报酬、工伤医疗费、经济补偿或者赔偿金等发生的争议;(6)法律、法规规定的其他劳动争议。

处理劳动争议应遵循下列原则:依法处理劳动争议原则;公正原则;着重调解劳动争议原则;及时处理劳动争议原则。劳动争议的处理程序为以下四种:第一,协商,劳动争议双方可本着自愿平等、互谅互让的原则,通过协商求得劳动争议的解决。第二,调解,当事人不愿协商或者协商不成的,可以采用书面或口头形式向本单位劳动争议调解委员会申请调解。当事人应在知道或应当知道其权利被侵害之日起30日内提出申请。对于企业劳动争议调解委员会所进行的调解,劳动和社会保障部于1993年11月5日专门颁发了《企业劳动争议调解委员会组织及工作规则》,该规则对调解委员会的性质、职责范围、组织方式、调解程序作了具体的规定。第三,仲裁,仲裁是当事人自愿将争议提交仲裁机构,由其依法居中裁决,从而解决劳动争议的一种方式。我国县级以上行政区设劳动争议仲裁委员会,仲裁委员会由同级劳动行政部门、同级工会和用人单位代表组成。劳动仲裁委员会聘请专职或兼职仲裁员组成仲裁庭,依仲裁规则仲裁劳动争议案件。依据《劳动争议调解仲裁法》的规定,下列劳动争议,仲裁裁决为终局裁决,裁决书自作出之日起发生法律效力:(1)追索劳动报酬、工伤医疗费、经济补偿或者赔偿金,不超过当地月最低工资标准12个月金额的争议;(2)因执行国家的劳动标准在工作时间、休息休假、社会保险等方面发生的争议。第四,诉讼,劳动者对上述两种争议仲裁裁决不服的,可以自收到仲裁裁决书之日起15日内向人民法院提起诉讼。用人单位有证据证明此类仲裁裁决有下列情形之一,可以自收到仲裁裁决书之日起30日内向劳动争议仲裁委员会所在地的中级人民法院申请撤销裁决:(1)适用法律、法规确有错误的;(2)劳动争议仲裁委员会无管辖权的;(3)违反法定程序的;(4)裁决所根据的证据是伪造的;(5)对方当事人隐瞒了足以影响公正裁决的证据的;(6)仲裁员在仲裁该案时有索贿受贿、徇私舞弊、枉法裁决行为的。当事人对上述两种争议以外的其他劳动争议案件的仲裁裁决不服的,可以自收到仲裁裁决书之日起15日内向人民法院提起诉讼。

第二节 社会保障法律制度

一、社会保障法概述

(一)社会保障

社会保障是以国家或社会为主体,根据法律规定,通过国民收入再分配,对公民在暂时或永久失去劳动能力,以及由于各种原因生活发生困难时给予物质帮助,保障其基本生活的一种制度,包含如下内容:

(1)社会保障制度的责任主体是国家和社会。在社会保障关系中,负有义务的一方称为义务主体,它包括实施社会保障的国家或社会,也包括参与社会保障关系的个人。但是,只有国家或社会才有能力担当起社会保障的责任主体。

(2)社会保障的权利主体是生活发生困难的公民。生存权是公民的基本权利。任何公民都有权要求国家和社会提供物质帮助,以保障其基本生活需要。

(3)社会保障制度的目标是满足公民的基本生活需要。社会保障制度是对社会成员提供基本生活保障,以保障其基本生活需要为目标。社会保障制度的这一目标,是基于效益优先、兼顾公平的原则以及生存权这一人的基本权利。

(4)社会保障的资金来自于国民收入再分配。社会保障资金是国民收入中消费基金的有机组成部分。在社会主义市场经济条件下,社会保障资金由国家、企业单位、个人三方合理负担。

(5) 社会保障的依据是相应的法律规范。即社会保障的规则由立法规定，享受社会保障是公民的法定权利，提供社会保障是国家和社会的法定责任。

(二) 社会保障法

社会保障法是调整社会保障关系的法律规范的总称。具体而言，社会保障法是调整以国家、社会和全体社会成员为主体，为了保证社会成员的基本生活需要并不断提高其生活水平，以及解决某些特殊社会群体的生活困难而发生的经济扶助关系的法律规范的总称。它既包括以法律形式出现的社会保障法，即冠以"社会保障""社会保险""社会救助"等名称的法律，也包括其他法律、法规当中涉及社会保障问题的相关规范以及具有法律效力的关于社会保障事项的地方性法规、规章。

社会保障法是以社会保障关系为其调整对象的，具体而言表现为国家、各类单位和社会成员之间在社会保障各项活动当中所发生的关系。从不同的角度出发，社会保障关系可以分成若干种类：从主体出发，社会保障关系主要包括国家与社会成员之间的关系、社会保障机构与政府之间的关系、社会保障机构与社成员之间的关系、社会保障机构之间的关系、社会保障机构与用人单位之间的关系、用人单位与劳动者之间的关系；从内容出发，社会保障关系主要包括社会保险关系、社会救济关系、社会福利关系、社会优抚关系；从社会保障主体保障利益的不同出发，社会保障关系主要包括社会保障基金筹集关系、社会保障基金营运关系、社会保障基金监督关系、社会保障基金支付关系。

(三) 社会保障立法

目前，我国没有一部涵盖各种社会保障项目的综合性的社会保障法，而是采用与各类社会保障项目对应的、若干部法律规范并立的模式。主要有：

(1) 有关社会保险制度的立法。社会保险涉及面广，覆盖对象多，是最主要的社会保障项目，旨在保障劳动者在失去劳动能力和劳动机会后的基本生活。主要立法有：《社会保险法》《国务院关于企业职工养老保险制度改革的决定》《失业保险条例》《工伤保险条例》《企业职工生育保险试行办法》《关于建立城镇职工医疗保险制度的决定》等。

(2) 有关社会救助制度的立法。社会救济是最低层次的社会保障，旨在保障全体社会成员的最低生活标准，主要立法有：《城市居民最低生活保障条例》《城市生活无着的流浪乞讨人员救助管理办法》《城市生活无着的流浪乞讨人员救助管理办法实施细则》等。

(3) 有关社会福利制度的立法。社会福利属于最高层次的社会保障，旨在保障全体社会成员在享受基本生存权利的基础上，生活质量随着社会经济的发展不断地提高，主要立法有：《社会福利基金使用管理暂行办法》《社会福利机构管理暂行办法》《福利企业资格认定办法》等。

(4) 有关社会优抚制度的立法。社会优抚属于特殊性质的社会保障,旨在保障特定社会成员(如军人及其眷属)的生活需要,主要立法有:《退伍义务兵安置条例》《军人抚恤优待条例》等。

二、社会保险法律制度

(一) 社会保险与社会保险法的概念

社会保险是指国家通过立法保障劳动者在遭遇劳动风险的情况下,能够从国家和社会依法获得物质帮助和补偿的一种制度。劳动风险一般是指劳动者在其一生中所遇到的生、老、病、死、伤残、失业等风险。为了确保劳动者的生存和劳动力的再生产,国家和社会对因丧失劳动能力或劳动机会而不能劳动或暂时中止劳动的劳动者,给予其物质帮助和补偿,以维持其基本生活需要。作为社会保障制度中最为重要的组成部分,社会保险和社会福利、社会救济共同构成劳动者保护的基本制度体系。

社会保险法是指国家调整社会保险关系及同社会保险关系相关联的其他社会关系的法律规范的总称。作为社会保障制度的核心,社会保险法在整个社会保障体系中占有十分重要的地位。从法律规范的基本作用来考察,社会保险法具备社会保障制度的所有功能和作用;从法律规范的个别性来考察,社会保险法具有自身特定的显著作用。综合来看,社会保险法在保障劳动者的基本生活,保护劳动者的正当权益,维护社会安定团结,维持劳动力再生产的正常进行;免除职工的后顾之忧,稳定职工心理,调动其劳动积极性,保证劳动力的合理流动;促进经济发展,调节经济运行速率和方向,促进资本市场良性运转等方面都起到重要作用。2010年10月28日,我国第十一届全国人民代表大会常务委员会第十七次会议通过了《社会保险法》,该法自2011年7月1日起予以施行,这是我国社会保险法制建设的一个里程碑。

(二) 社会保险的具体法律规定

1. 养老保险

养老保险,指的是国家通过立法强制建立养老保险基金,根据劳动者的体质和劳动力资源的状况,规定一个年龄界限,允许劳动者在达到这个年龄界限时,因年老丧失劳动能力而解除劳动义务,由国家和社会提供物质帮助,保障劳动者维持基本生活的一种社会保险制度。养老保险是社会保障制度的重要组成部分,同每一个劳动者息息相关,是一种普遍性的社会保障形式。

我国现行基本养老保险制度的覆盖范围为城镇所有企业及其职工。城镇各类企业职工、个体工商户和灵活就业人员都要参加企业职工基本养老保险,扩大基本养老保险覆盖范围。无雇工的个体工商户、未在用人单位参加基本养老保险的非全日制从业人员以及其他灵活就业人员可以参加基本养老保险,由个人缴纳基本养老保险费。截至 2010 年底,我国城镇参加基本养老保险人数 25673 万人。

从目前世界上实行养老保险的国家来看,大部分国家实行国家、雇主和劳动者三方共同出资,并以企业和个人为主的原则。我国国务院 1991 年《关于企业职工养老保险制度改革的决定》第 2 条规定:"改变养老保险完全由国家、企业包下来的办法,实行国家、企业、个人三方共同负担,职工个人也要缴纳一定的费用。"我国由此确立了养老保险基金由国家、用人单位和劳动者三方共同筹措的原则,养老保险基金负担主体包括国家、用人单位和劳动者个人,并以用人单位和劳动者个人为主。

养老保险基金发放条件主要包括年龄、工龄和缴费年限三个要素。我国现行法律规定男性年满 60 周岁,女性年满 55 周岁,有权享受养老保险待遇。法律、法规对劳动者的老年年龄有特殊规定者,从其规定。职工连续工龄满 10 年,国家公务员提前退休一般须连续工龄满 10 年,连续工龄满 30 年者提前退休可不受年龄限制;因工伤致残而完全丧失劳动能力的职工,退休不以连续工龄为条件。各国一般都规定一个最低缴费年限,即最低保龄。我国规定的缴费年限为 15 年。养老保险金一般以劳动者在职时的工资收入为基础,再辅之以工龄或缴费年限和退休年龄进行计算。

2. 失业保险

失业保险是社会保险制度的重要组成部分。它指的是国家通过建立失业保险基金,对因失业而暂时中断生活来源的劳动者在法定期间内给予失业保险金,以维持其基本生活需要的一项社会保险制度。

我国 1998 年颁布的《失业保险条例》将失业保险的覆盖范围从国有企业及其职工、企业化管理的事业单位及其职工扩大到城镇所有企业、事业单位及其职工。从单位来看,城镇的国有职工、集体企业、外商投资企业、港澳台投资企业、私营企业等各类企业,以及事业单位都必须参加失业保险并按规定缴纳失业保险费。从个人来看,上述单位的职工也要按规定缴纳失业保险费,使用后符合条件者可以享受失业保险待遇。截至 2010 年底,我国参加失业保险的人数为 13376 万人。

我国《社会保险法》第 45 条的规定,具备下列条件的失业人员,可以领取失业保险金:(1) 失业前用人单位和本人已经缴纳失业保险费满 1 年的;(2) 非因本人意愿中断就业的;(3) 已经进行失业登记,并有求职要求的。失业人员在领取失业保险金期间,按照规定同时享受其他的失业保险待遇。

失业保险金的标准,由省、自治区、直辖市人民政府确定,不得低于城市居民最低生活保障标准。《社会保险法》第 46 条规定:"失业人员失业前用人单位和本人累计缴费满 1 年不足 5 年的,领取失业保险金的期限最长为 12 个月;累计缴费满5年不足10年的,领取失业保险金的期限最长为18个月;累计缴费10年以上的,领取失业保险金的期限最长为24个月。重新就业后,再次失业的,缴费时间重新计算,领取失业保险金的期限与前次失业应当领取而尚未领取的失业保险金的期限合并计算,最长不超过24个月。"

3. 工伤保险

工伤保险又称为职业伤害保险,指的是劳动者在工作过程中或法定的特殊情况下,由于意外事故负伤、致残、死亡,或者患职业病,造成本人及家庭收入中断,从工伤保险基金中获得必要的医疗费、康复费、生活费、经济补偿等必要费用,对其本人或由本人供养的亲属给予物质帮助和经济补偿的社会保险制度。

工伤保险是目前我国所有社会保险项目中覆盖范围最广的一种。我国2010年修改的《工伤保险条例》第2条规定:"中华人民共和国境内的企业、事业单位、社会团体、民办非企业单位、基金会、律师事务所、会计师事务所等组织和有雇工的个体工商户(以下称用人单位)应当依照本条例规定参加工伤保险,为本单位全部职工或者雇工(以下称职工)缴纳工伤保险费。""中华人民共和国境内的企业、事业单位、社会团体、民办非企业单位、基金会、律师事务所、会计师事务所等组织的职工和个体工商户的雇工,均有依照本条例的规定享受工伤保险待遇的权利。"截至2010年底,我国工伤保险参保人数达到16173万人。

我国《工伤保险条例》第14条规定,职工有下列情形之一的,应当认定为工伤:(1)在工作时间和工作场所内,因工作原因受到事故伤害的;(2)工作时间前后在工作场所内,从事与工作有关的预备性或者收尾性工作受到事故伤害的;(3)在工作时间和工作场所内,因履行工作职责受到暴力等意外伤害的;(4)患职业病的;(5)因公外出期间,由于工作原因受到伤害或者发生事故下落不明的;(6)在上下班途中,受到非本人主要责任的交通事故或者城市轨道交通、客运轮渡、火车事故伤害的;(7)法律、行政法规规定应当认定为工伤的其他情形。

《工伤保险条例》第15条规定了视同工伤的情形。职工有下列情形之一的,视同工伤:(1)在工作时间和工作岗位,突发疾病死亡或者在48小时之内经抢救无效死亡的;(2)在抢险救灾等维护国家利益、公共利益活动中受到伤害的;(3)职工原在军队服役,因战、因公负伤致残,已取得革命伤残军人证,到用人单位后旧伤复发的。

4. 医疗保险

医疗保险又称医疗保险或健康保险,指的是劳动者因患病或非因工负伤治疗期间,可以从国家或社会获得必要的医疗服务和经济补偿的一种社会保险制度。医疗保险制度通常是由国家立法并强制实施,建立基金制度,费用由用人单位和个人共同缴纳,医疗保险费由医疗机构支付,以解决劳动者因医疗风险而遭受的损害。

根据我国《关于建立城镇职工医疗保险制度的决定》，我国基本医疗保险制度的覆盖范围为城镇所有的用人单位和劳动者。城镇所有用人单位包括企业（国有企业、集体企业、外商投资企业、私营企业）、机关、事业单位、社会团体、民办非企业单位及其职工。乡镇企业及其职工、城镇个体经济组织业主及其从业人员是否参加基本医疗保险，由各省、直辖市、自治区人民政府决定。截至2010年底，全国参加城镇基本医疗保险人数43206万人。

国务院《关于建立城镇职工医疗保险制度的决定》第2条规定，职工基本医疗保险费由用人单位和职工共同缴纳。用人单位缴费率应控制在职工工资总额的6%左右，职工缴费率一般为本人工资收入的2%。随着经济发展，用人单位和职工缴费率可作相应调整。第3条规定，要建立基本医疗保险统筹基金和个人账户。基本医疗保险基金由统筹基金和个人账户构成。职工个人缴纳的基本医疗保险费，全部计入个人账户。用人单位缴纳的基本医疗保险费分为两部分，一部分用于建立统筹基金，一部分划入个人账户。划入个人账户的比例一般为用人单位缴费的30%左右，具体比例由统筹地区根据个人账户的支付范围和职工年龄等因素确定。

我国的医疗保险待遇主要包括医疗保险期间待遇和致残待遇。职工患病或非因公负伤确需停止工作治病休息的，根据本人连续工作时间和在本单位工作时间的长短，给予3—24个月的医疗期；难以治愈的疾病，经医疗机构提出，本人申请，劳动保障行政部门批准后，可适当延长医疗期。在医疗期内，职工一般可在与社会保险经办机构和用人单位签订的医疗服务合同规定的多个定点医疗机构中选择就医。所需检查费用、治疗费用、药品费用、住院费用，在规定的标准内的，按规定比例分别从医疗保险社会统筹基金和个人账户中支付；规定范围和标准之外的费用，由职工个人负担。职工患病或非因公致残的，在医疗期内医疗终结或医疗期满后，经用人单位申请，劳动鉴定机构进行劳动能力鉴定并确定残废等级，享受致残待遇。致残一级至四级残废者，应退出劳动岗位，终止劳动关系，享受退休或退职待遇。致残五级至十级的，在规定医疗期内不得辞退，用人单位应为其另行安排工作，不能从事所安排工作的，可以按规定发给疾病津贴；规定医疗期满后，可以解除劳动合同并按规定给予经济补偿。

5. 生育保险

生育保险是国家和社会针对女性生育行为的生理特点，通过社会保险立法，对受保妇女孕育、生育、哺乳期间，给予物质帮助和保护，以保障受保妇女的基本生活，保持、恢复或增进受保妇女的身体健康及工作能力的一项社会保障制度。

我国《女职工劳动保护规定》和《企业职工生育保险试行办法》规定，生育保险适用于我国境内的一切国家机关、人民团体、事业单位的女职工。不少地方在实施中将生育保险的对象延伸到了乡镇企业、社办企业的女职工。截至2010年末,全国参加生育保险人数为 12336 万人。全年共有 211 万人次享受了生育保险待遇。全年生育保险基金收入 160 亿元,支出 110 亿元。生育保险基金累计结存 261 亿元。

我国享受生育保险待遇的条件是以建立劳动关系为基础,还要受到计划生育政策的限制。用人单位已经缴纳生育保险费的,其职工享受生育保险待遇;职工未就业配偶按照国家规定享受生育医疗费用待遇。所需资金从生育保险基金中支付。享受生育津贴的前提是其单位为其缴纳了生育保险费,女职工领取生育津贴的时间与生育产假必须一致。我国生育保险待遇的内容主要包括产假、生育津贴、生育医疗服务、生育期间的特殊劳动保护、生育期间的职业保障等。

三、社会救助法律制度

(一) 社会救助的概念

社会救助,也叫社会救济,是国家通过国民收入再分配,对因自然灾害或其他经济、社会原因而无法维持最低生活水平的社会成员给予救助,以保障其最低生活水平的一种制度。

社会救助作为社会保障体系的一个组成部分,具有不同于社会保险、社会福利的社会保障目标。社会保险的目标是预防劳动风险,社会福利的目标是提高生活质量,而社会救助的目标则是缓解生活困难。

(二) 社会救助的具体法律制度

1. 最低生活保障

最低生活保障,是指政府对贫困人口按其最低生活需要保障标准给予现金或实物资助的社会救助制度。最低生活保障制度是社会保障制度中的最后一道"安全网",其责任仅仅是使受助者的生活相当于或略高于最低生活需求,以避免产生依赖心理乃至不劳而获的思想。只要受助者的收入超过最低生活标准,国家就不再给予救助。城市最低生活保障对象是持有非农业户口的城市居民,凡共同生活的家庭成员人均收入低于当地城市居民最低生活保障标准的,均有享受城市居民最低生活保障的权利。依据《城市居民最低生活保障条例》,我国目前的"最低生活保障线"是按照当地维持城市居民基本生活所必需的衣、食、住费用,并适当考虑水电燃煤(燃气)费用以及未成年人的义务教育费用确定的。

农村最低生活保障对象是家庭年人均纯收入低于当地最低生活保障标准的农村居民,主要是因病残、年老体弱、丧失劳动能力以及生存条件恶劣等原因造成生活常年困难的农村居民。依据国务院《关于在全国建立农村最低生活保障制度的通知》,农村最低生活保障标准由县级以上地方人民政府按照能够维持当地农村居民全年基本生活所必需的吃饭、穿衣、用水、用电等费用确定,并报上一级地方人民政府备案后公布执行。

2. 城市流浪乞讨人员救助制度

城市流浪乞讨人员救助制度,是指政府对在城市生活无着的流浪、乞讨人员实行救助,保障其基本生活权益的社会救助制度。《城市生活无着的流浪乞讨人员救助管理办法》以及《〈城市生活无着的流浪乞讨人员救助管理办法〉实施细则》的出台,彰显了政府在尊重和保障人权方面所作的努力。

《救助管理办法》第1条规定了其立法目的:"为了对在城市生活无着的流浪、乞讨人员实行救助,保障其基本生活权益,完善社会救助制度,制定本办法。"可见,社会救助制度是为在城市生活无着的城市流浪乞讨人员提供临时性救助,主要解决其临时的生活困难,并使其返回家庭或所在单位。救助对象必须同时具备四个条件:一是自身无力解决食宿,二是无亲友可以投靠,三是不享受城市最低生活保障或者农村五保供养,四是正在城市流浪乞讨度日。

救助站根据受助人员的需要提供下列救助:(1)提供符合食品卫生条件的食物;(2)提供符合基本条件的住处;(3)对在站内突发疾病的,及时送到医院救治;(4)帮助与其亲属或所在单位联系;(5)向没有交通费返回其住所地或所在单位的人员提供乘车凭证。县级以上人民政府民政部门负责流浪乞讨人员的救助工作,并对救助站进行指导、监督。

3. 灾害救助

灾害救助,简称救灾,是指国家和社会对因遭受水灾、火灾、台风、火山爆发等自然灾害造成生存危机的公民进行抢救和援助救济,以维持其最低生活水平并使其脱离灾难和危险的社会救助制度。我国是一个灾害十分严重的国家,政府一贯重视救灾工作,并建立了一套救灾制度。

灾害救助的对象,是指在灾害事故中遭受损害的公民。灾害事故仅指自然灾害事故,而不包括社会灾害事故。灾民,是指造成生活生产困难的公民,包括因灾害造成的伤病员;因灾害造成的无住房、无衣被、无口粮、无耕地、无生产工具或生产资料的人员;因灾害导致减产减收三成以上,以及发生饥荒和因饥荒引起各种疾病的人员。救灾资金主要从财政拨款、国际援助和社会捐赠三方面筹措。救灾的项目,从内容上看有口粮、衣被、建房、医疗等项目。

《国家自然灾害救助应急预案》规定了四个等级的应急响应,按照死亡人口、倒塌房屋数量等指标,启动相应级别的应急响应。灾害损失达不到国家应急救助标准的灾害,由地方政府负责。因灾倒房重建困难或临时生活困难的群众,可主动向村民委员会提出申请,县级民政部门按照"户报、村评、乡审、县定"四个程序确定救助对象后,向其发放《灾民救助卡》,凭《灾民救助卡》到村或乡镇领取救灾款物。

四、社会福利法律制度

(一)社会福利的概念

社会福利是指在保障全体社会成员享受基本生存权利的基础上,随着社会经济的发展提高公民生活质量的制度。我国《劳动法》明确规定:"国家发展社会福利事业,兴建公共福利设施,为劳动者休息、休养和疗养提供条件。用人单位应当创造条件,改善集体福利,提高劳动者的福利待遇。"社会福利具有保障水平的高层次性、服务与保障的单向性、覆盖范围的普遍性、待遇享受的一致性等特点。

(二)社会福利的种类

(1)公共福利。是指国家和社会为维持和提高公民的物质和精神生活水平,而提供的公益设施和公共服务的福利,包括住房福利、卫生福利、教育和文化福利以及特殊群体(残疾人、老年人、儿童、妇女)福利等。

(2)职工福利。又称职业福利或劳动福利,是指用人单位为满足劳动者生活需要,在工资和社会保险之外向职工及其家属提供一定货币、实物、服务等形式的物质帮助。现阶段,职工福利基金采取从税后利润中按比例提取的方式来筹集。职工福利待遇的内容有:

第一,职工个人福利补贴。是由职工福利基金和其他有关经费开支的,以货币形式构成职工个人收入的福利方式。现行福利补贴主要有:冬季取暖补贴、困难职工生活补助、职工探亲补贴、交通费补贴、误餐费补贴、独生子女补贴等。

第二,职工集体福利。是用人单位兴办或者通过社会服务机构举办的供职工休息、疗养等集体享用的福利性生活设施和服务,主要包括建造职工住宅、职工食堂、托幼设施、子弟学校、卫生设施等。

五、社会优抚法律制度

(一)社会优抚的概念

社会优抚,是指国家和社会对有特殊贡献的军人等特殊群体及其家属提供优待、抚恤、安置等物质帮助的特惠待遇,以保障其生活达到一定水平的制度。

社会优抚待遇的内容包括社会优待、社会抚恤(含伤残抚恤和死亡抚恤)和社会安置三种。其中,优待、抚恤的对象包括:(1)现役军人,包括中国人民解放军现役军官、文职干部、士兵和具有军籍的学员。(2)革命伤残人员,包括伤残军人、伤残民兵、伤残民警。(3)复员退伍军人,即退役军人。(4)革命烈士家属,简称烈属,是为革命事业牺牲并取得革命烈士称号的人员的遗属。(5)因公牺牲军人家属。(6)病故军人家属。(7)现役军人家属,简称军属,指现役军人和实行义务兵役制的人民警察(包括武装警察、消防警察)的家属。(8)见义勇为人员及其家属,即非履行职务而为保卫国家利益、公共利益和其他公民的人身、财产安全,不顾个人安危同违法犯罪行为作斗争或者在灾害事故中见义勇为的人员。享受安置待遇的对象有退役军人、离退休军队干部及其随军家属、无军籍的退休退职职工。

(二) 社会优抚管理机构

我国社会优抚管理体制分为军队和政府两个系统,它们既有分工,又相互协调。前者由军队政治部门和军队后勤部门组成,政治部门主要管理现役军人的各种优抚待遇的评定和退伍、离退休军人的组织人事工作;后勤部门主要管理用于优抚的资金,并提供有关优抚服务。后者主要是指各级人民政府的民政部门。

实战案例

钱某大学毕业后应聘于天意软件开发公司做技术工程师,2003年3月由公司出资至海川大学计算机学院脱产培训半年。培训前双方签署了《培训协议》,约定培训结束后钱某必须回公司工作,服务期为3年,若提前辞职将赔偿全部培训费1万元。2003年10月培训结束后钱某回到了公司工作。但自2005年1月以来由于行业竞争加剧,公司业绩不断下滑,钱某的工资经常被拖欠,有时被克扣。钱某曾主动同人事部门交涉,几次均未有任何结果,遂于2005年9月向公司作出了提前解除劳动合同的通知,理由是公司拖欠和克扣工资。公司接到通知后表示同意提前解除合同,但由于钱某的服务期应至2006年10月届满,现在提前解除劳动合同,应按《培训协议》的约定赔偿全部培训费1万元,否则不予办理退工、退档手续。双方几次协商不成,钱某向海川市劳动争议仲裁委员会提起劳动仲裁,要求公司立即办理退工手续;公司则提起了反诉,要求钱某按协议赔偿培训费。

问题:

该案应如何处理?

参考文献

关怀、林嘉主编:《劳动与社会保障法学》,法律出版社2011年版。

林嘉:《社会保障法学》,北京大学出版社2012年版。

韩桂君、彭博:《劳动者权利及其保护》,北京大学出版社2014年版。

第十八章 环境资源法律制度

内容提要

本章分两节。第一节主要介绍环境保护法律制度,包括环境保护计划制度、环境影响评价制度、"三同时"制度、许可证制度、排污收费制度、污染防治法律制度等内容;第二节主要阐述自然资源法律制度,包括土地资源法律制度、水资源法律制度、森林资源法律制度、草原资源法律制度、矿产资源法律制度、渔业资源法律制度等内容。

第一节 环境保护法律制度

一、环境保护法概述

环境,是指影响人类生存和发展的各种天然的和经过人工改造的自然因素的总体,包括大气、水、海洋、土地、矿藏、森林草原、野生生物、自然遗迹、人文遗迹、自然保护区、风景名胜区、城市和乡村等。环境是一个十分复杂而又庞大的体系。人类与环境有着非常密切的联系:首先,人类本身就是环境的产物;其次,人类又是环境的改造者。当人类对自然环境的改造呈无序状态时,会导致自然环境遭受极大的破坏,最终引起自然环境灾害,以致影响人类自身的正常生产与生活甚至生存。

我国一向重视环境保护的立法,先后制定了一系列的环境保护法律法规。如《宪法》中有关环境保护的法律规范、《环境保护法》《海洋环境保护法》《大气污染防治法》《环境噪声污染防治法》《水污染防治法》《固体废物污染防治法》《环境影响评估法》以及《防沙治沙法》等。

二、环境保护基本法律制度

环境保护的基本法律制度,贯串环境保护法律的各项制度之中,包括环境保护计划制度、环境影响评估制度、"三同时"制度、许可证制度、排污收费制度等。

(一) 环境保护计划制度

环境保护计划是指由国家或地方人民政府及其行政管理部门依照法定程序编制的,关于城市环境质量控制、污染物排放控制和污染治理、自然生态保护以及其他与环境保护有关的计划。环境保护计划是各级政府和各有关部门在计划期内要实现的环境目标以及所要采取的防治措施的具体体现。由于环境保护计划是环境预测与科学决策的产物,因此,它们是实现环境立法目的和指导环境保护工作的重要依据。

我国环境保护计划实行国家、省(自治区、直辖市)、市(地)、县四级管理制。由各级计划行政主管部门负责组织编制,由各级环境保护主管部门负责编制环境保护计划建议和监督、检查计划的落实并具体执行,其他有关部门则主要是根据计划和环境保护部门的要求,编制和组织实施环境保护计划。

我国环境保护计划主要是作为国民经济和社会发展计划的组成部分,自上而下地由各级人民政府按照相应的程序予以分解下达来实施的。根据上级下达的环境保护计划,各级政府及其下属企业层层建立环境保护目标责任制,将环境保护投资纳入政府或企业的预算,将环境保护项目列入基本建设、技术改造计划之中。同时,通过对重大污染源的管理和治理,结合"三同时"制度、限期治理制度的实施,保证环境保护计划的目标和任务得以实现。

(二) 环境影响评估制度

环境影响评价,是指对规划和建设项目实施后可能造成的环境影响进行分析、预测和评估,提出预防或者减轻不良环境影响的对策和措施,进行跟踪监测的方法与制度。实行环境影响评估制度,将可能发生的环境问题在作出某项建设项目的决策之前提出预先的评估和防治措施,为建设项目提供科学的依据,也为国家对环境、对基本建设的管理和监督提供了实际的根据,因而具有重要意义。

我国《环境影响评价法》规定,环境影响评估包括两个方面,一是规划的环境影响评估,二是建设项目的环境影响评估。

根据该法制定的《规划环境影响评价条例》已于2009年8月12日公布,自2009年10月1日起施行。条例规定国务院有关部门、设区的市级以上地方人民政府及其有关部门,对其组织编制的土地利用的有关规划和区域、流域、海域的建设、开发利用规划,以及工业、农业、畜牧业、林业、能源、水利、交通、城市建设、旅游、自然资源开发的有关专项规划,应当进行环境影响评价。

根据我国《环境影响评价法》的规定,国家依据建设项目对环境的影响程度,对建设项目的环境影响评价实行分类管理。建设单位可能造成重大环境影响的,应当编制环境影响报告书,对产生的环境影响进行全面评价。建设过程中,建设单位应当同时实施环境影响报告书、环境影响报告表以及环境影响评价文件审批部门审批意见中提出的相应保护对策措施。

(三)"三同时"制度

"三同时"制度是指对环境有影响的一切基本建设项目、技术改造项目和区域开发项目,其中防治环境污染和生态破坏的设施,必须与主体工程同时设计、同时施工、同时投产使用的法律制度。它是对环境影响评价制度的重要补充,也是环境立法有关"预防为主、防治结合、综合治理"原则的具体体现。

根据《建设项目环境保护管理条例》的规定,"三同时"制度适用于以下开发建设项目:新建、扩建、改建项目;技术改造项目;一切可能对环境造成污染和破坏的工程建设项目;确有经济效益的综合利用项目。

"三同时"制度贯穿于建设项目的全过程,而对不同阶段提出了特定的管理要求。在建设项目的设计阶段,建设单位必须向环境保护行政主管部门提交初步设计中的环境保护篇章。经审查批准后,才能纳入建设计划。在建设项目的施工阶段,应当保护施工现场周围的环境,防止对自然环境造成不应有的破坏,防止和减轻粉尘、噪声、震动等对周围生活居住区的污染和危害。建设项目竣工后,施工单位应当修整和复原在建设过程中受到破坏的环境。建设项目在正式投产或使用前,建设单位必须向负责审批环境影响评价报告书(表)的环境保护部门提交环境保护设施竣工验收报告,说明环境保护设施运行的情况、治理的效果和达到的标准,经验收合格并发给《环境保护设施验收合格证》后,方可正式投入生产或使用。在验收和正式投产使用阶段,环境保护行政主管部门负责环境保护设施的竣工验收和环境保护设施的运转以及使用情况的监督检查。建设项目的主管部门负责环境保护设施竣工验收的预审,监督项目竣工后环境保护设施的正常运转。

(四)许可证制度

许可证制度是指凡对环境有影响的各种开发建设项目、排污设施和经营活动,都要提出申请,经主管部门审查、批准,颁发许可证后才能从事该活动的规定。许可证制度也是主管机关行使国家环境管理及实施法律规定的强有力的手段。实行该项制度的优点有:可以把各种开发利用环境的活动纳入国家统一规划和管理的轨道;针对不同情况,采取不同管理办法、限制条件和要求;灵活管理,使各种排放标准执行更加具体合理;便于主管机关及时掌握各方面的情况,制止各种损害环境的活动,处分违法者。实质上,它是国家对环境管理的一种有效的法律制度。

目前我国在城市规划上规定了用地许可证、建筑许可证,在环境与资源管理的一些方面,法律也规定使用许可证。比如《海洋环境保护法》规定,向海洋倾倒废物的,要有倾倒废物许可证。《水污染防治法》规定,水污染排放单位必须向当地管理机关登记拥有的污染物排放设施、处理设施和在正常作业条件下排放污染物的种类、数量和浓度,拆除或闲置污染物的处理设施,应提前申请并征得同意等。

(五)排污收费制度

排污收费制度也称征收排污费制度,它是指国家环境管理机关依据法律规定,对向环境排放污染物的单位或个人,按照污染物的种类、数量和浓度,征收一定的费用,用以治理污染或恢复环境的法律制度。

排污费的征收对象是排放污染物超过国家或地方制定的污染物排放标准的排污单位或个人,包括企业、事业单位以及个人(个体工商户)。此外,鉴于我国水污染严重和我国水资源相对稀缺的现状,《水污染防治法》还对向水体排污者作出了特别规定。目前我国征收排污费采用的标准是国家制定的污染物排放标准。对于制定有地方污染物排放标准的,应当按照地方标准执行。

中央部属和省(自治区、直辖市)属排污单位缴纳的排污费,纳入省级财政,其他排污单位的排污费纳入当地地方财政。征收的排污费纳入预算内,作为环境保护补助资金,按专项资金管理,不参与体制分成。环境保护补助资金应当主要用于补助重点排污单位治理污染源以及环境污染的综合性治理措施。

三、污染防治法律制度

(一)大气污染防治法

为加强对大气污染的依法治理,我国先后颁布实施了《环境保护法》《大气污染防治法》,为我国的大气污染防治工作提供了可靠的法律依据。

《大气污染防治法》实行大气环境质量标准制度和大气污染物排放标准制度,根据该法的规定,任何单位和个人都有保护大气环境的义务,并有权对污染大气环境的单位和个人进行检举和控告。新建、扩建、改建向大气排放污染物的项目,必须遵守国家有关建设项目环境保护管理的规定。向大气排放污染物的单位,其污染物排放浓度不得超过国家和地方规定的排放标准,并缴纳排污费。另外,《大气污染防治法》分别设专章规定了防治燃煤产生的大气污染,防治废气、尘和恶臭污染,防治机动车船排放污染等。

我国的大气环境质量标准统一由国家环境保护总局制定。国家环境保护总局根据国家大气环境质量标准和国家经济、技术条件,制定国家大气污染物排放标准。省、自治区、直辖市人民政府对国家大气污染物排放标准中未作规定的项目,可以制定地方排放标准;对国家大气污染物排放标准中已作规定的项目,可以制定严于国家排放标准的地方排放标准。地方排放标准须报国务院环境保护部门备案。

(二)海洋污染防治法

为加强对海洋污染的依法治理,我国先后颁布实施了《海洋环境保护法》

《海洋污染防治法》，为我国的海洋污染防治工作提供了可靠的法律依据。

根据上述法律的规定，一切单位和个人都有保护海洋环境的义务，并有权对污染损害海洋环境的单位和个人，以及海洋环境监督管理人员的违法失职行为进行监督和检举。国家根据海洋功能区划制定全国海洋环境保护规划和重点海域区域性海洋环境保护规划；根据海洋环境质量状况和国家经济、技术条件，制定国家海洋环境质量标准。直接向海洋排放污染物的单位和个人，必须按照国家规定缴纳排污费。向海洋倾倒废弃物，必须按照国家规定缴纳倾倒费。禁止向海域排放油类、酸液、碱液、剧毒废液和高、中水平放射性废水。禁止在海上焚烧废弃物。禁止在海上处置放射性废弃物或者其他放射性物质等。

另外制定的防治海洋污染的法律文件的还有《防治陆源污染物损害海洋环境管理条例》《防止船舶污染海域管理条例》《海洋倾废管理条例》《防止拆船污染环境管理条例》等行政法规，以及国家环境保护主管部门和有关工业、公安、交通、渔业主管部门分别针对海洋污染的防治专门制定的一系列部门规章和环境标准，各地方也分别制定了一些实施办法或管理规定。

(三) 水污染防治法

我国在 1984 年制定了《水污染防治法》，并于 2008 对该法进行了修订。根据该法的规定，我国在防治水污染方面的基本措施主要有：

制定水污染防治的标准。制定国家水环境质量标准和污染物排放标准，并根据水污染防治的要求和国家经济、技术条件，适当修订水环境质量标准和污染物排放标准。

加强对水污染防治的监督管理。按流域或者按区域统一规划防治水污染，合理规划工业布局；对造成水污染的企业进行整顿和技术改造；采取综合防治措施，提高水的重复利用率；合理利用资源，减少废水和污染物排放量。建设项目中防治水污染的设施，必须与主体工程同时设计，同时施工，同时投产使用。企业事业单位向水体排放污染物的，按照国家规定缴纳排污费；超过国家或者地方规定的污染物排放标准的，按照国家规定缴纳超标准排污费。集中处理城市污水等。

防止地表水污染。禁止向水体排放油类、酸液、碱液或者剧毒废液；禁止在水体清洗装贮过油类或者有毒污染物的车辆和容器；禁止将含有汞、镉、砷、铬、铅、氰化物、黄磷等可溶性剧毒废渣向水体排放、倾倒或者直接埋入地下；禁止向水体排放、倾倒工业废渣、城市垃圾和其他废弃物。禁止在江河、湖泊、运河、渠道、水库最高水位线以下的滩地和岸坡堆放、存贮固体废弃物和其他污染物。禁止向水体排放或者倾倒放射性固体废弃物或者含有高放射性和中放射性物质的废水等。

防止地下水污染。禁止企业事业单位利用渗井、渗坑、裂隙和溶洞排放、倾倒含有毒污染物的废水、含病原体的污水和其他废弃物。兴建地下工程设施或者地下勘探、采矿等活动,应当采取保护性措施,防止地下水污染。人工回灌补给地下水,不得恶化地下水质等。

（四）噪声污染防治法

我国于1996年制定了《环境噪声污染防治法》,建立了我国环境噪声污染防治的法律体系。

根据《环境噪声污染防治法》的规定,任何单位和个人都有保护声环境的义务,并有权对造成环境噪声污染的单位和个人进行检举和控告。

加强环境噪声污染防治的监督管理。制定国家和地方噪声环境质量标准和国家环境噪声排放标准。建设项目的环境噪声污染防治设施必须与主体工程同时设计、同时施工、同时投产使用。建设项目的环境噪声污染防治设施达不到国家规定要求的,不得投入生产或者使用。产生环境噪声污染的单位,应当采取措施进行治理,并按照国家规定缴纳超标准排污费。对于在噪声敏感建筑物集中区域内造成严重环境噪声污染的企业事业单位,限期治理。淘汰对环境噪声污染严重的落后设备。

防治工业噪声污染。在城市范围内向周围生活环境排放工业噪声的,应当符合国家规定的工业企业环境噪声排放标准。产生环境噪声污染的工业企业,应当采取有效措施,减轻噪声对周围生活环境的影响。

防治建筑施工噪声污染。在城市市区范围内向周围生活环境排放建筑施工噪声的,应当符合国家规定的建筑施工环境噪声排放标准。

防治交通噪声污染。禁止制造、销售或者进口超过规定的噪声限值的汽车。在已有的城市交通干线的两侧建设噪声敏感建筑物的,铁路部门和其他有关部门应当按照规划的要求,采取有效措施,减轻环境噪声污染。除起飞、降落或者依法规定的情形以外,民用航空器不得飞越城市市区上空。

（五）固体废物污染防治法

1995年我国制定了《固体废物污染环境防治法》,并于2004年对该法进行了修订。修订后的《固体废物污染环境防治法》自2005年4月1日起施行。该法规定:国家对固体废物污染环境的防治,实行减少固体废物的产生、充分合理利用固体废物和无害化处置固体废物的原则。产生固体废物的单应和个人,应当采取措施,防止或者减少固体废物对环境的污染;强化对工业固体废物污染环境的防治,推广先进的防治工业固体废物污染环境的生产工艺和设备;组织研究、开发和推广减少工业固体废物产生量的土产工艺和设备;加强对城市生活垃圾污染环境的防治;必须按照国家有关规定处置危险废物等。

第二节 自然资源法律制度

一、概述

自然资源,是指存在于自然界中在一定的经济技术条件下可以被用来改善生产和生活状态的物质和能量,包括土壤、阳光、水、空气、草原、森林、野生动植物、矿藏等。自然资源可以为人类社会提供各种生活资料和生产资料,是社会财富的来源,同时也是人类社会存在和发展的基本条件之一。

随着科技的发展,人类对自然资源的开发能力不断增强;而且随着人口的增多,生活需求的增大,对自然资源的消耗量也逐日提高,从而使得自然资源的需求与供给之间产生巨大的矛盾,甚至出现了资源危机。为了解决资源短缺,保障人类社会的可持续发展,就必须采取各种手段保护自然资源,防止自然资源的破坏和浪费。

我国虽然号称地大物博,但人均所占有的自然资源十分贫乏。在长年的经济建设中,大量的自然资源又未能得到充分的开发和利用;随着环境的恶化,许多自然资源亦变成了不可利用的废物。因此,如何加强对自然资源的法律保护,是我国当前一个十分重大的课题。自改革开放以来,国家先后颁布了一系列的法律法规,包括《土地管理法》《水土保持法》《草原法》《森林法》《水法》《水土保持法》《渔业法》《矿产资源法》等基本法律及其相应的实施条例、细则等。这些调整人们在自然资源的开发、利用和管理过程中所发生的各种社会关系的法律规范的总称就是自然资源法。

二、土地资源法律制度

土地资源,是指在当前和可预见的未来对人类有用的土地,包括耕地、林地、草地、荒地、滩涂、山岭、道路、各种建设用地等。土地是人类赖以生存和发展的物质基础,是社会生产中最基本的生产资料,被称为"财富之母"。它也是其他各种自然资源赖以存在的场所。

近几年,我国自然环境日趋恶劣,土地沙漠化、盐渍化、灰粘化、水土流失、土地污染、酸化,以及大规模建设大量毁坏和占用土地,使我国可供利用的土地正逐年减少,再加之我国人口数量一直居高不下,已经出现土地危机。为加强对土地资源的依法管理,我国先后制定了一系列的有关土地的法律法规、行政规章和地方性法规,例如,《土地管理法》《农村土地承包法》《水土保持法》等。主要法律制度的内容有:

(1) 土地权属,分为土地所有权、土地使用权和土地承包权等。我国实行土地的社会主义公有制,即全民所有制和劳动群众集体所有制。国有土地和农民集体所有的土地,可以依法确定给单位或者个人使用,使用者依法享有土地使用权。国家实行农村土地承包经营制度,农村集体经济组织成员有权依法承包由本集体经济组织发包的农村土地,承包人依据承包合同享有土地承包权。

(2) 土地利用,是指按照土地的不同用途对土地加以使用,使其达到预定的环境效用和经济效益。在我国,土地利用的基本制度包括制订土地利用的总体规划、严格保护耕地、合理利用土地、严格控制建设用地、进行土地复垦等。

(3) 建设用地,鉴于土地资源的有限性和不可再生性,国家对建设用地实行严格控制的原则。《土地管理法》规定,任何单位和个人进行建设,需要使用土地的,必须依法申请使用国有土地;建设占用土地,涉及农用地转为建设用地的,应当办理农用地转用审批手续;为防止擅自征用农地,国家加强了对征用农地审批的管理。

三、水资源法律制度

水资源是指地表水和地下水。加强对水资源的保护,对我国乃至世界各国政府来说都是至关重要的问题。早在1988年我国就制定了《水法》,并于2002年加以修正。1991年制定了《水土保持法》,并于2010年加以修订。国务院及其所属部委也先后制定了相关的行政法规和行政规章,构成了较完整的水资源保护法体系。

(1) 水资源保护基本原则包括:水资源属于国家所有,即全民所有。农业集体经济组织所有的水塘、水库中的水,属于集体所有。鼓励和支持开发利用水资源和防治水害的各项事业。保护水资源,采取有效措施,保护自然植被,种树种草,涵养水源,防治水土流失,改善生态环境。实行计划用水,厉行节约用水。国家对水资源实行统一管理与分级、分部门管理相结合的制度。

(2) 水资源的开发利用。开发利用水资源必须进行综合科学考察和调查评价;按流域或者区域进行统一规划开发利用水资源和防治水害;应当服从防洪的总体安排,实行兴利与除害相结合的原则,兼顾上下游、左右岸和地区之间的利益,充分发挥水资源的综合效益。应当首先满足城乡居民生活用水,统筹兼顾农业、工业用水和航运需要;各地区应当根据水土资源条件,发展灌溉、排水和水土保持事业,促进农业稳产、高产;鼓励开发利用水能资源。

(3) 水、水域和水工程的保护。保护水道畅通;开采地下水必须在水资源调查评价的基础上,实行统一规划,加强监督管理;禁止围湖造田;保护水利工程及堤防、护岸等有关设施,保护防汛设施、水文监测设施、水文地质监测设施和导航、助航设施。

(4) 用水管理。制订全国和跨省、自治区、直辖市的水中长期供求计划和水量分配方案;实行取水许可制度。为此,国务院于1993年制定了《取水许可制度实施办法》,实行水费和水资源费制度,使用供水工程供应的水,应当按照规定向供水单位缴纳水费;对城市中直接从地下取水的单位,征收水资源费。

四、森林资源法律制度

为加强对森林资源的法律保护,我国在1984年制定了《森林法》,并于1998年进行了修订。后期还制定了《森林防火条例》《森林病虫害防治条例》《退耕还林条例》《城市绿化条例》等法律,已经建立起较完善的森林资源保护的法律体系。

(1) 关于森林资源权属的规定。森林资源属于国家所有,由法律规定属于集体所有的除外。个人可以依法享有对林木的所有权和国家所有、集体所有的林地的使用权。

(2) 国家对森林资源实行以下保护性措施:对森林实行限额采伐,鼓励植树造林、封山育林,扩大森林覆盖面积;根据国家和地方政府有关规定,对集体和个人造林、育林给予经济扶持或者长期贷款;提倡木材综合利用和节约使用木材,鼓励开发、利用木材代用品;征收育林费,专门用于造林育林;煤炭、造纸等部门,按照煤炭和木浆纸张等产品的产量提取一定数额的资金,专门用于营造坑木、造纸等用材林;建立林业基金制度。

(3) 植树造林,绿化国土。植树造林是公民应尽的义务。各级政府应当组织全民义务植树,开展植树造林活动。

(4) 控制森林采伐量和采伐更新。国家根据用材林的消耗量低于生长量的原则,严格控制森林年采伐量。

(5) 退耕还林。国家于2002年制定了《退耕还林条例》,规定凡水土流失严重的,沙化、盐碱化、石漠化严重的,生态地位重要、粮食产量低而不稳的耕地都应当纳入退耕还林规划,并根据生态建设需要和国家财力有计划实施退耕还林。

(6) 森林防火。《森林法》规定,政府应当切实做好森林火灾的预防和扑救工作。《森林防火条例》规定,森林防火工作实行"预防为主,积极消灭"的方针。森林防火工作实行各级政府行政领导负责制,加强森林防火的组织管理,实行森林防火预警制度。建设森林防火设施,各级气象部门,应当做好森林火险天气监测预报工作,任何单位和个人一旦发现森林火灾,必须立即扑救,并及时向当地人民政府或者森林防火指挥部报告。

(7) 森林病虫害防治。根据《森林病虫害防治条例》的规定,实行"预防为主,综合治理"的方针,实行"谁经营、谁防治"的责任制度。

五、草原资源法律制度

我国在 1985 年制定了《草原法》,并于 2002 年、2013 年进行了修订。此外还制定了《草原防火条例》,有关省、自治区还制定了地方性的草原保护法规。这些法律包括以下主要内容:

(1) 草原所有权和使用权。除由法律规定属于集体所有的除外,草原属于国家所有。国家所有的草原,由国务院代表国家行使所有权。国家所有的草原,可以依法确定给全民所有制单位、集体经济组织等使用。

(2) 草原实行承包经营制。集体所有的草原或者依法确定给集体经济组织使用的国家所有的草原,可以由本集体经济组织内的家庭或者联户承包经营。

(3) 草原资源的保护、建设、利用规划。国家对草原保护、建设、利用实行统一规划制度。各级政府应编制草原保护、建设、利用规划,报上级政府批准后实施。规划一经批准,必须严格执行。国家建立草原调查制度、草原统计制度,制定全国草原等级评定标准,建立草原生产、生态监测预警系统。

(4) 草原建设。国家鼓励单位和个人投资建设草原,按照谁投资、谁受益的原则保护草原投资建设者的合法权益;鼓励与支持人工草地建设、天然草原改良和饲草饲料基地建设,稳定和提高草原生产能力。

(5) 草原利用。《草原法》规定,草原承包经营者应当合理利用草原,不得超过草原行政主管部门核定的载畜量,保持草原生态平衡。

(6) 草原保护。国家实行基本草原保护制度,对草原实行以草定畜、草畜平衡制度,在具有代表性的草原类型、珍稀濒危野生动植物分布区、具有重要生态功能和经济科研价值的草原建立草原自然保护区,禁止开垦草原等。

(7) 草原防火。根据《草原防火条例》的规定,草原防火工作实行预防为主、防消结合的方针。任何单位和个人发现草原火灾,必须立即扑救,并及时向当地政府或者草原防火主管部门报告。

六、矿产资源法律制度

我国在 1986 年制定了《矿产资源法》,1996 年进行了修订。国家还于 1996 年制定了《煤炭法》,并于 2013 年进行了修订。这些法律包括以下主要内容:

(1) 矿产资源所有权、探矿权与采矿权。规定矿产资源属于国家所有,由国务院行使国家对矿产资源的所有权。

(2) 矿产资源的勘查。国家对矿产资源勘查实行统一的区域登记管理制度。勘查矿产资源,应当按照国务院关于矿产资源勘查登记管理的规定,办理申请、审批和勘查登记。

(3) 矿产资源的开采。依法成立的矿山企业,在有偿取得采矿权后,可依法开采矿产资源。开采矿产资源,必须采取合理的开采顺序、开采方法和选矿工艺。开采矿产资源,必须遵守国家劳动安全卫生规定,具备保障安全生产的必要条件;必须遵守有关环境保护的法律规定,防止污染环境;应当节约用地;耕地、草原、林地因采矿受到破坏的,矿山企业应当因地制宜地采取复垦利用、植树种草或者其他利用措施。

七、渔业资源法律制度

我国在1986年制定了《渔业法》,并于2001年、2004、2013年作了修订,进一步加强了对渔业资源的法律保护。其规定包括以下主要内容:

(1) 渔业资源保护的管理体制。国家对渔业资源实行统一领导、分级管理的管理体制。

(2) 养殖业。国家对水域利用进行统一规划,确定可以用于养殖业的水域和滩涂;鼓励全民所有制单位、集体所有制单位和个人充分利用适于养殖的水域、滩涂,发展养殖业。

(3) 捕捞业。国家根据捕捞量低于渔业资源增长量的原则,确定渔业资源的总可捕捞量,实行捕捞限额制度;实行捕捞许可证制度。

(4) 渔业资源的保护。征收渔业资源增殖保护费;禁止使用炸鱼、毒鱼、电鱼等破坏渔业资源的方法进行捕捞;禁止制造、销售、使用禁用的渔具;禁止在禁渔区、禁渔期进行捕捞;禁止使用小于最小网目尺寸的网具进行捕捞;捕捞的渔获物中幼鱼不得超过规定的比例;在禁渔区或者禁渔期内禁止销售非法捕捞的渔获物;禁止捕捞有重要经济价值的水生动物苗种;禁止围湖造田。采取措施,保护和改善渔业水域的生态环境,防治污染。

八、野生动植物资源法律制度

我国在1988年制定了《野生动物保护法》,并于2004年进行了修订。国家还颁布了《进出境动植物检疫法》《野生植物保护条例》等十余种相应的法律、法规和规章对野生动植物资源进行立法保护,主要内容包括:

(1) 野生动物资源保护的法律规定。确立野生动物资源的国家所有权,保护野生动物的生存环境,对珍贵、濒危野生动物实行重点保护,控制野生动物的猎捕,鼓励驯养繁殖野生动物,严格管理野生动物及其产品的经营利用和进出口活动,明确单位和个人保护野生动物的义务和权利,确立野生动物保护的监督管理体制,对破坏野生动物者给予严厉制裁等。

(2) 野生植物资源保护的法律规定。明确野生植物保护的基本方针;确立野生植物保护监督管理体制;保护野生植物生长环境;控制野生植物经营利用等。

（3）动植物检疫的规定。确立动植物检疫管理体制；明确动植物检疫范围；对检疫不合格的动植物给予处理。

实战案例

1998年7月，某县农民王文、刘平在县城西北方向投资280万元建设了一座窑径2.5米的水泥立窑。1998年11月下旬，县环保局责令主体工程已经完工的新兴水泥加工厂做环境影响评价报告，并按规定补办有关环保手续。1999年9月，此厂在未经环保部门审批的情况下擅自生产。接群众举报后，县环保局以未办理环保审批手续为由，通知新兴水泥加工厂立即停止建设和生产。在停产16个月后，2001年3月5日该厂又擅自恢复了生产。自2001年恢复生产至2005年，此厂在有关部门多次叫停、处罚的情况下，从未停止生产。2005年5月28日，县环保局下达了《行政处罚告知书》，责令其停止生产。2005年6月2日，对新兴水泥加工厂送达了《行政处罚告知书》。2005年6月16日，县环保局应王文、刘平的申请，依法举行了听证会。2005年6月30日，县环保局依法下达了《行政处罚决定书》，责令新兴水泥加工厂停止生产。王文和刘平二人对县环保局的行政处罚决定不服，向法院提起行政诉讼，请求法院撤销环保局的处罚决定。

问题：

该案应如何处理？

参考文献

汪劲：《环境法学》（第三版），北京大学出版社2014年版。

吕忠梅主编：《环境法导论》（第二版），北京大学出版社2010年版。

后　　记

　　随着社会主义市场经济体制在我国的逐步确立,市场经济法治化的理念已为广大民众所接受。在现实生活中,任何一种类别的经济流转都离不开法律规则的调整和规范。非法律专业特别是经济、管理类专业的学生对于与经济流转相关的法律知识有着极大的渴求,为满足这种学习需求,很多高等院校也为非法律专业学生开设了经济法的课程。我们为了适应教学和市场的需求,组织了一批长期从事经济法教学、富有经验的教学骨干编写了这本教材。本教材注重理论与实务的有机结合,每章都附有实战案例;注重新的立法动向和趋势,新的法律和法规都体现在了教材中。对于广大非法律专业学生来说,这是一本既有理论参考价值又有实践指导意义的教材。

　　本书由黎江虹担任主编,杨守信、陈虹担任副主编。各章撰稿人(以撰写章节先后为序)分别是:第一、六章:杨守信;第二章:刘桂清;第三、十五、十六章:肖金林;第四、十二章:戴盛仪;第五章:张保国;第七章:黎江虹;第八章:江蒲;第九章:刘水林;第十章:匡萍;第十一章:陈虹;第十三、十四章:赵芳春;第十七、十八章:吕萍。

　　经济法律制度体系目前在我国尚处在逐步完善之中,实践远落后于理论的发展,而本教材只是择取其中重要的法律制度规范,偏重于实务,理论上难免挂一漏万,更由于我们的水平有限,书中不足之处在所难免。我们殷切希望广大读者和同行专家提出宝贵意见,以求将来进一步修正和完善。

　　最后,要感谢所有为本书的编写辛勤耕耘的各位同仁,并对北京大学出版社为本书付出辛苦劳动的各位编辑致以衷心的感谢!

主　编
2006 年 7 月